Christoph Kleßmann
Die doppelte Staatsgründung

Schriftenreihe Band 298

Studien zur Geschichte und Politik

Christoph Kleßmann

Die doppelte Staatsgründung

Deutsche Geschichte 1945–1955

Bundeszentrale
für politische Bildung

Bonn 1991
5., überarbeitete und erweiterte Auflage

Redaktion: Rüdiger Thomas
Eine Buchhandelsausgabe besorgt der Verlag Vandenhoeck & Ruprecht, Göttingen.
Diese Veröffentlichung stellt keine Meinungsäußerung
der Bundeszentrale für politische Bildung dar.
Für die inhaltlichen Aussagen trägt der Autor die Verantwortung.
Druck: Graphischer Großbetrieb Pößneck (Thüringen)
ISBN 3-89331-104-1 ISSN 0435-7604

Inhalt

Vorwort

Am 3. Oktober 1990 haben die Deutschen die mehr als vierzig Jahre andauernde staatliche Teilung überwunden. Ein Jahr zuvor hatten mutige Bürgerinnen und Bürger auf den Straßen und Plätzen der DDR ihren Anspruch auf demokratische Selbstbestimmung bekundet und damit den Sturz des SED-Regimes eingeleitet. Nach der Verwirklichung der staatlichen Einheit gilt es nun, gemeinsam die wirtschaftliche und soziale Einheit zu gestalten und diese auch „durch die Köpfe und Herzen der Menschen selbst" (Richard von Weizsäcker) zu vollziehen. Gegenwart und Zukunft gemeinsam gestalten können wir nur, wenn wir unsere Vergangenheit kennen. Diese war vier Jahrzehnte lang durch die Existenz von zwei Staaten in Deutschland bestimmt, die in markanter Weise die Geschichte des Ost-West-Konflikts und des Systemgegensatzes zwischen parlamentarischer Demokratie und politischer Diktatur im „real existierenden Sozialismus" widerspiegelt.

Diese Veröffentlichung ist zuerst 1982 erschienen. Seinerzeit handelte es sich um den ersten umfassenden Versuch, die Geschichte der beiden deutschen Staaten nicht – wie damals allgemein üblich – in getrennten Darstellungen zu behandeln, sondern aus einer gesamtdeutschen Perspektive zu reflektieren. Dabei stand die Absicht im Vordergrund, die Geschichte der Deutschen nach dem Ende des Zweiten Weltkriegs nicht nur als Politikgeschichte, als Ablauf von Staatsaktionen wahrzunehmen, sondern vor allem auch als Gesellschaftsgeschichte zu verstehen, also die Wirkungen von Politik auf die Lebenssituation von Menschen deutlich werden zu lassen. In diesem Sinn hieß es im Vorwort zur ersten Auflage dieses Werkes: „Erst eine differenzierte, kritisch-konstruktive Auseinandersetzung mit der eigenen Geschichte kann ein Geschichtsbewußtsein vermitteln, das die ‚Einheit der Nation' nicht nur als politisches Postulat begreift, sondern als konkrete Idee lebendig werden läßt."

Die Bundeszentrale für politische Bildung war – seit ihrer Gründung vor fast vierzig Jahren – kontinuierlich in zahlreichen Publikationen bestrebt, zu einer intensiven Aufarbeitung der deutschen Geschichte im 19. und 20. Jahrhundert beizutragen. Der vorliegende Band zur deutschen Geschichte von 1945 bis 1955 unternimmt den schwierigen Versuch einer zusammenfassenden Darstellung der Ereignisse, die zur Teilung Deutschlands in zwei Staaten geführt haben, und informiert über deren Entwicklung bis zu ihrer Integration in die beiden Bündnissysteme in Ost und West. Der Autor hat durch die von ihm gewählte Form der Verbindung zwischen einer problemorientierten Analyse mit einer Auswahl von Zeitdokumenten Anregungen für eine weiterführende eigenständige Beschäftigung mit dem Thema gegeben, die das Konzept eines „Arbeitsbuches“ unterstreichen soll. Die Einbeziehung von zeitgenössischen Berichten und Bildern, die neben der „großen Politik“ auch den Alltag der frühen Nachkriegsjahre illustrieren, eröffnet vor allem jüngeren Lesern die Möglichkeit, sich nicht nur über historische Zusammenhänge zu informieren, sondern auch eine konkrete Anschauung von den Lebensumständen der Kriegs- und Wiederaufbaugeneration zu erhalten.

Auch wenn nach der Vereinigung beider deutscher Staaten den Historikern künftig wichtiges neues Material für eine wissenschaftliche Bearbeitung zur Verfügung steht, wird man die deutsche Nachkriegsgeschichte in ihren wesentlichen Zügen nicht umschreiben müssen. Aus diesem Grund hat der Autor auf eine Neufassung des Textes verzichtet. Der Band wurde aber durch einen umfangreichen Forschungsbericht ergänzt, der auf neue Quellen und wissenschaftliche Studien verweist, die das Bild der deutschen Nachkriegsgeschichte im ersten Jahrzehnt deutlicher konturieren helfen.

Es bleibt zu hoffen, daß diese Veröffentlichung auch weiterhin einen wichtigen Beitrag zu einem vertieften Geschichtsverständnis leistet und in breitem Umfang, nicht zuletzt auch in den neuen Bundesländern, genutzt wird.

Bonn, 3. Oktober 1991

Das Direktorium der Bundeszentrale für politische Bildung

Franklin Schultheiß　　Horst Dahlhaus　　Wolfgang Maurus

Einleitung

Mit dem von Peter Christian Ludz nach dem Abschluß des Grundlagenvertrages von 1972 geprägten Begriff der „doppelten Zukunft" Deutschlands begann 1982 die Einleitung zur ersten Auflage dieses Buches. Die Formel unterstrich die modifizierte Bedeutung der Nation als politischer Kategorie, die zu dieser Zeit bereits vielfach für die deutsche Nachkriegsgeschichte in Frage gestellt wurde. Der Nationalstaat als politisches Ordnungssystem war problematisch geworden, weil seine Wiederherstellung kaum vorstellbar und im Zeitalter wachsender europäischer Integration auch nicht unbedingt wünschenswert erschien. Anerkennung der Zweistaatlichkeit bedeutete jedoch keineswegs Anerkennung des politischen Status quo, sondern zielte eher auf langfristige Strategien seiner Überwindung. In diesem Sinne hat Peter Bender noch 1989 die Zukunftsperspektiven der gemeinsamen Geschichte beider Staaten pointiert so umrissen: „Ein geteiltes, aber nicht getrenntes Deutschland wäre ein historischer Kompromiß, er würde das Land in der Mitte mit Europa versöhnen."[1])

1989, als die „sanfte Revolution" in der DDR innerhalb weniger Monate durchsetzte, was sich kaum jemand noch vorstellen konnte, mußten sich handelnde Politiker ebenso wie analysierende Historiker gleichermaßen eingestehen, daß sie sich geirrt hatten. In dramatischen und faszinierenden Formen wurde uns konkret die sonst eher allgemein behauptete Erkenntnis vor Augen geführt, daß Geschichte ein offener Prozeß mit erstaunlichen Überraschungen ist. Zwar hatte in den achtziger Jahren das Thema „deutsche Frage" in der Öffentlichkeit eine neue Aktualität erhalten, aber es war andererseits unverkennbar, daß die bundesrepublikanische Deutschlandpolitik, wie sie 1972 im Grundlagenvertrag formuliert worden war, über Parteigrenzen hinweg auf die Verbesserung und Normalisierung des Verhältnisses zwischen beiden deutschen Staaten zielte. Angesichts der bornierten und im Zuge der Reformbewegungen in Osteuropa immer anachronistischer wirkenden Abgrenzungsversuche der SED blieb es schwer genug, diesem Ziel näherzukommen. Die daran orientierte Politik konnte immerhin auf beachtliche Erfolge ihrer zähen Bemühungen verweisen.

Leitfragen und Kategorien der Interpretation sind für jeden Historiker von der Gegenwart geprägt. Zeitgeschichte ist von diesem engen Zusammenhang besonders betroffen, da ihr, je näher die Ergebnisse an die Gegenwart heranrücken, die zeitliche Distanz fehlt, um langfristige Wirkungen punktueller

Ereignisse und sich wandelnder Strukturen bereits angemessen einordnen und beurteilen zu können. Daß in der „doppelten Staatsgründung" 1949 die dauerhafte Teilung Deutschlands als Produkt des Kalten Krieges ihren Ausdruck fand, war die bis 1989 vorherrschende historiographische Sicht, die sich als Irrtum erwiesen hat, auch wenn aus dem Ende des Kalten Krieges nicht zwingend die Aufhebung der Spaltung folgen mußte. Soll deswegen die neueste deutsche Geschichte umgeschrieben werden? In der Langzeitperspektive sicherlich, im einzelnen keineswegs. Es zeichnen sich gerade hier auch Gefahren ab, denen eine seriöse Geschichtsschreibung dezidiert entgegentreten sollte.

Dem von der Gegenwart ausgehenden suggestiven Eindruck, daß es irgendwann „so kommen mußte" und daß das sozialistische DDR-Experiment von vornherein zum Scheitern verurteilt war, kann man sich schwer entziehen. Hat die von Adenauer ebenso wie von Schumacher vertretene „Magnettheorie", nach der ein ökonomisch und politisch starkes Westdeutschland die östliche Zone an sich ziehen würde, jetzt nicht ihre grandiose Bestätigung erfahren? Wenn Geschichte ein offener Prozeß ist, muß diese scheinbare Evidenz problematisch bleiben. Denkt man solche Argumentationsfiguren weiter, dann erscheint zugleich die seit den siebziger Jahren verfolgte neue Politik des „Wandels durch Annäherung" bestenfalls als Umweg, wenn nicht als Sackgasse. Ich halte eine solche deterministische Interpretation für sachlich falsch und politisch gefährlich. Darauf in diesem Zusammenhang hinzuweisen, ist insofern berechtigt und notwendig, als davon auch die Urteilsmaßstäbe bestimmt werden, die dieser Darstellung zugrundeliegen. Sie scheinen mir nach wie vor „richtig" für eine Interpretation, der auch durch die völlig veränderte Gegenwart nicht der Boden entzogen worden ist.

Die mehrheitlich akzeptierte Teilung Deutschlands hatte auch wissenschaftsgeschichtlich einschneidende Konsequenzen. Nicht nur die DDR-Historiographie, der diese Sicht verordnet wurde, sondern auch die westdeutsche Forschung hat sich mit verblüffender Selbstverständlichkeit „gespalten". Sie hat bundesrepublikanische und DDR-Geschichte bei jeweils hoher Spezialisierung und institutioneller Verfestigung getrennt erforscht. „Gesamtdeutsch" konzipierte Nachkriegsgeschichte war nicht mehr aktuell, und dafür gab es – neben methodologischen Problemen der Kommunismusforschung – plausible Gründe.

Die vorliegende Darstellung, deren zweiter bis zum Jahre 1970 reichender Band (1988) vom gleichen Konzept ausgeht, ist ebenfalls nicht in diesem politischen Sinn als „gesamtdeutsche Geschichte" konzipiert worden. Dennoch habe ich aus inhaltlichen Gründen die historiographische Trennung von Bundesrepublik- und DDR-Geschichte für problematisch gehalten. Denn trotz der sich vertiefenden Abgrenzung sind die beiden deutschen Staaten von einer sich wandelnden, aber durchgängig die 40 Jahre Nachkriegsgeschichte jeweils prägenden „dialektischen Einheit"[2]) bestimmt gewesen. Diese ist ein Schlüssel zum Verständnis charakteristischer innen- und außenpolitischer Entwicklungen vor allem in der DDR, aber auch in der Bundesrepublik. Insofern ist die meiner Darstellung zugrundegelegte Konzeption durch die überraschende Herstellung der nationalen Einheit eher bestätigt worden, obwohl sie ausdrücklich nicht an der „deutschen Frage“ als Problem der Wiederherstellung eines Nationalstaats orientiert war.

Für die zeitgeschichtliche Forschung hat die Revolution in der DDR nicht minder gravierende Folgen als für das politische Bewußtsein. Der Zugang zu den Archiven und eine offene, von ideologischen Vorgaben der „führenden Partei“ befreite Diskussion historischer Vorgänge macht die bisher notwendigen, mühsamen methodischen Umwege weitgehend überflüssig. Historische Realität braucht nicht mehr aus einem Wust von politisch verordneter Färbung und Verzerrung herausgefiltert zu werden. Es wird in den nächsten Jahren viel neues Material zur Verfügung stehen, das den Kenntnisstand erweitert und differenziert. Aber die deutsche Nachkriegsgeschichte muß deshalb nicht in völlig neuem Licht erscheinen.

Aus diesem Grunde läßt sich der Verzicht auf eine Neubearbeitung des Textes rechtfertigen. Statt dessen wird in einem ausführlichen Forschungsbericht am Schluß des Bandes auf neue Quellen und Literatur hingewiesen. Er bietet wichtige Nuancierungen, aber keineswegs eine Revision der bisherigen Darstellung und Bewertung; er deutet überdies an, wo in Zukunft Akzente aufgrund neuer Materialien anders gesetzt werden müssen und wie alte Fragen besser beantwortet oder neue gestellt werden können. Das Gesamtkonzept beider Bände, die ein durchweg positives fachliches Echo gefunden haben, hat sich bewährt.

Die „doppelte Staatsgründung“ umfaßt nicht nur den Prozeß bis zur formellen, von der Bevölkerung in beiden Teilen Deutschlands relativ wenig beachteten Etablierung zweier Staaten, die nach wie vor unter Besatzungsrecht standen, sondern reicht darüber hinaus bis zur Integration beider Teilstaaten in die jeweiligen Blöcke im Ost-West-Konflikt. Dieser Prozeß erreichte 1955 einen ersten Abschluß und Höhepunkt. Innenpolitisch akzeptiert war die durch den Kalten Krieg verursachte Teilung damit noch längst nicht.

Der Untersuchungszeitraum dieser Darstellung ist unter dem Gesichtspunkt der Frage nach inneren und äußeren Weichenstellungen für die Entwicklung zweier deutscher Staaten gewählt worden. Im ersten, noch relativ „offenen“ Jahrzehnt der Nachkriegsgeschichte, so ließe sich als generelle These formulieren, sind die zentralen innenpolitischen Entscheidungen und außenpolitischen Optionen getroffen worden, die sowohl die – erhoffte wie befürchtete – Realisierung gesellschaftspolitischer Alternativen als auch eine schnelle Wiederherstellung des deutschen Einheitsstaats hinfällig gemacht haben. „Einheit“ und „Restauration“ waren die für diesen Zeitraum bestimmenden Probleme. Freilich hat hier ein wechselseitiger Verdrängungsprozeß stattgefunden: Einerseits wurde der kritische Blick auf anfangs heftig diskutierte alternative Ordnungsvorstellungen im Zeichen ungebrochener wirtschaftlicher Prosperität und antikommunistischer Ideologie von Wiedervereinigungsbeschwörungen verdeckt; andererseits ist seit Ende der sechziger Jahre unter dem Einfluß der Studentenbewegung das Thema „nationale Einheit" in der Fachwissenschaft und in einem Teil der Öffentlichkeit von der Restaurationsdebatte beiseite gedrängt worden. Beide Komplexe lassen sich jedoch als gleichgewichtige Schwerpunkte einer historischen Darstellung der frühen Nachkriegszeit verstehen.

Daß die zeitgenössische und später wieder aufgegriffene plakative Formel „Restauration" allein völlig unzureichend als Leitperspektive westdeutscher Nachkriegsgeschichte ist, dürfte kaum noch umstritten sein[3]). Das ökonomische System brauchte nicht restauriert zu werden, weil seine Grundlagen zwar in Frage gestellt, aber nie beseitigt worden waren. Im politischen, sozialen und kulturellen Bereich sind dagegen viele Neuansätze aus der Besatzungszeit in den fünfziger Jahren zurückgenommen oder beseitigt und alte Strukturen wiederhergestellt worden – das Bildungswesen und der Beamtenapparat sind hervorstechende Beispiele. Aus einer umfassenderen Perspektive wird aber deutlich, warum allen Kassandrarufen zum Trotz Bonn nicht Weimar geworden ist.

Fragt man somit nach Restauration, Neuanfang und Modernisierung in der zweiten deutschen Demokratie, so ließe sich diese Frage vor allem unter folgenden Gesichtspunkten, die den Einzelkapiteln ihre Richtung geben, konkretisieren[4]): Fortfall traditioneller sozialstruktureller Belastungen, Formen der Verarbeitung der Niederlage und der Last der Vergangenheit, Stärkung des Föderalismus als Erbe der Besatzungszeit, soziale und politische Integration entwurzelter Bevölkerungsgruppen unter den Bedingungen kontinuierlicher ökonomischer Prosperität, Konstanz und Wandlungen politischen Verhaltens und spezifische Formen der „politischen Kultur". Eine Reihe solcher Leitfragen ließe sich parallel auch für die Entwicklung der DDR stellen, jedoch aufgrund der bisherigen Quellensituation und des Forschungsstandes nur unbefriedigend beantworten. In der parallelen Nachzeichnung der Frühgeschichte von Bundesrepublik und DDR wird daher auch kein systematischer Vergleich angestrebt.

Die Eingrenzung bzw. Fortführung der Darstellung über das in der DDR und der Bundesrepublik eingebürgerte Datum der Staatsgründung von 1949 hinaus bis zum Jahre 1955 bedarf dennoch einer Erläuterung[5]). Inwiefern stellt dieses Jahr eine Zäsur dar? Von der wirtschaftlichen und sozialen Entwicklung der beiden Teilstaaten her ließe sich eine solche Periodisierung kaum rechtfertigen, weil hier weder etwas abgeschlossen wurde noch etwas Neues begann. Nicht zufällig hat daher auch nahezu die gesamte Restaurationsliteratur ihr Augenmerk vornehmlich auf die ersten Jahre nach dem Kriegsende bis etwa 1949 gerichtet. In der Tat ist seit 1947/48 das Scheitern weitreichender Neuordnungsvorstellungen, für das sich in diesen Jahren der Begriff „Restauration" einbürgerte, evident, ohne daß sich daraus schon ein abgesichertes Urteil über deren tatsächliche Reichweite ergibt. Die faktische Auseinanderentwicklung von Ostzone und Westzonen ist von diesem Zeitpunkt an ebenfalls unübersehbar.

Keineswegs war damit jedoch auch das Thema Wiedervereinigung in gleicher Weise erledigt, obwohl beide Komplexe durchaus in einem funktionalen Zusammenhang zu sehen sind. Denn die Etablierung und Festigung zweier unterschiedlicher Gesellschaftsordnungen entzog zugleich einer Wiederherstellung des Einheitsstaates tendenziell den Boden. Dieser Zusammenhang war jedoch zunächst offenbar schwer einsehbar und wurde mit einer verblüffenden Selbstverständlichkeit in Frage gestellt.

Die vorgenommene Periodisierung folgt einem methodischen Ansatz, der auf den ersten Blick vom Primat der äußeren Politik ausgeht. Denn nur außenpolitisch, vom Beitritt der Bundesrepublik zur NATO und der DDR zum Warschauer Pakt her, läßt sich das Jahr 1955 als tiefer Einschnitt klassifizieren. Dennoch bedeutet dieses Konzept nicht einfach eine Anknüpfung an die Tradition politischer Geschichtsschreibung der internationalen Beziehungen. Es zielt vielmehr auf die Sondersituation eines auch nach 1949 noch besetzten Landes, das richtungsweisende Entwicklungs- und Entscheidungsimpulse von außen erhielt.

Die äußeren Vorgaben waren jedoch in der Bundesrepublik – anders als in der DDR – von der Zustimmung der Mehrheit der Bevölkerung getragen und insofern auch innenpolitisch vermittelt. Die Bevölkerung ist zwar weder 1952 noch 1955 im Zusammenhang der sowjetischen Wiedervereinigungsinitiativen vor eine formelle Entscheidung für oder gegen den Status quo gestellt worden, dennoch läßt sich die politische Option für den Westen nicht ernsthaft bezweifeln. Mit der doppelten Blockintegration 1955 schien jedoch die deutsche Teilung auf absehbare Zeit irreversibel geworden zu sein. Auch wenn sich das „Ende der Nachkriegszeit" wirtschaftlich erst in der konjunkturellen Rezession von 1966 und politisch-kulturell in der großen inneren Umbruchkrise der folgenden Jahre manifestierte, war das Jahr 1955 der Ausgangspunkt für die spannungsreiche Konkurrenz zweier unterschiedlicher Systeme im Rahmen einer Nation. Mit der neuen Ost- und Deutschlandpolitik Anfang der siebziger Jahre wurde dieser Zustand auch politisch anerkannt.

Der für die Anfangsphase signifikante „Primat der äußeren Politik" erlaubt nun aber keineswegs, die Entwicklung Deutschlands ausschließlich unter dem Aspekt der Omnipotenz der Alliierten zu analysieren. Der volkstümliche zeitgenössische Schlager „Wir sind die Eingeborenen von Trizonesien" spiegelt zwar sicherlich ein wesentliches Bewußtseinselement der deutschen Bevölkerung in den ersten Jahren nach dem Zusammenbruch, zugleich verstellt aber ein solches Bild den Blick auf die immanenten Grenzen der Macht der Alliierten. So prägend die Ausnahmesituation in den vier Zonen für alle Schichten und Gruppen sein mochte, die Eigeninteressen der Alliierten verlangten doch nach praktikablen Formen der Kooperation und Beteiligung der Besiegten, wie unterschiedlich eine solche Kooperation je nach Interessenlage und politischer Grundeinstellung auch immer aussehen mochte. Die Interaktion zwischen Besatzern und Besetzten, die verdeckte oder offene Zusammenarbeit und die allmähliche Wiedergewinnung von Handlungsspielräumen ist daher eines der interessantesten Teilthemen gerade der Geschichte der ersten Jahre nach 1945. Vom Grad der Übereinstimmung oder des Konflikts der Interessen der Alliierten hing dieser deutsche Spielraum wesentlich ab. Er erweiterte sich formal in den Westzonen mit der Verschärfung der interalliierten Spannungen, verengte sich jedoch für die politischen Kräfte, die noch auf einen „dritten Weg" zwischen den sich herausbildenden Blöcken hofften.

Den bisherigen Überlegungen folgt die Gliederung des Stoffes. Sie skizziert für die Zeit vor 1945 und für die Jahre bis 1947/48 die zentralen außenpolitischen Determinanten der inneren Entwicklung Deutschlands. Die intensiven Kriegsziel- und deutschlandpolitischen Planungen der Alliierten müssen den Ausgangspunkt jeder deutschen Nachkriegsgeschichte bilden, weil sie vor allem die Anfangsjahre noch entscheidend bestimmten. Wie weit sie in der Praxis der Besatzungspolitik modifiziert oder fallengelassen wurden, ist dabei eine wichtige Frage, die sowohl aus der Interaktion mit den Deutschen als auch aus dem keineswegs „eingeplanten" Ausbruch und Verlauf des Kalten Krieges beantwortet werden muß.

Die Darstellung der inneren Entwicklung folgt einer Mischung aus chronologischer Abfolge und Querschnitt nach Themenbereichen. Dabei ist sachlich eine Aufgliederung nach Zonen zwingend, sie orientiert sich jedoch noch nicht von vornherein am Ost-West-Konflikt als bestimmender Determinante. Denn sowohl der Partikularismus wie die gesamtdeutschen Gemeinsamkeiten und Bindungen zwischen allen Zonen waren zunächst noch so stark, daß die Nachzeichnung der Lebenssituation und der ersten politischen Initiativen in der Arbeiterbewegung, in Parteien und Verbänden nicht entlang der späteren Grenze verlaufen muß, zumal die Herstellung der wirtschaftlichen und politischen Einheit zu den wichtigsten Diskussionspunkten der Alliierten gehörte und zunächst auch weniger am sowjetischen Veto als an französischer Obstruktion scheiterte. Zudem erscheint die parallele Analyse der Zonen wichtig wegen der Wechselwirkungen, die von ihnen ausgingen. So hatte, um ein Beispiel zu nennen, die schnelle und radikale Bodenreform in der SBZ zur Folge, daß dieses Thema in den Westzonen von vornherein negativ belastet war. Umgekehrt sind praktizierte oder unterlassene Maßnahmen in den Westzonen wesentliche Erklärungsfaktoren für die sowjetische Politik.

Spätestens seit der Ankündigung des Marshall-Plans, dem wohl signifikantesten Datum für den Beginn des offenen Kalten Krieges, und den gescheiterten Außenministerkonferenzen des Jahres 1947 änderte sich die Situation grundlegend. Der Marshall-Plan bildete den entscheidenden Katalysator, an dem nicht nur Europa sich spaltete, sondern auch die bestehenden gesamtdeutschen

Verbindungen zwischen Parteien und Gewerkschaften zerbrachen. Von da an wurden deutlich die Weichen für eine Integration in die sich beschleunigt ausbildenden Blöcke gestellt, so daß seit 1947/48 die innere Entwicklung der sowjetischen und der Westzonen getrennt behandelt wird. Sie wurde jeweils nachhaltig bestimmt von den Ebenen und Formen der äußeren Integration, entfaltete aber gleichzeitig ihre eigene Dynamik. Der Anfang der fünfziger Jahre mit Zwang und Gewalt auf allen Gebieten durchgesetzten Stalinisierung der DDR entsprachen in der Bundesrepublik neben der „Restauration" alter Besitz- und Organisationsstrukturen und einer völlig unzureichenden Auseinandersetzung mit der nationalsozialistischen Vergangenheit subtilere sozialpolitische und ideologische Integrationsklammern.

So unerquicklich die Auswüchse politischer Justiz im Kalten Krieg waren und so trist sich das geistige Klima im „motorisierten Biedermeier" (Erich Kästner) der fünfziger Jahre gegenüber der engagierten „Aufbruchstimmung" nach dem Zusammenbruch für manchen Beobachter darstellte, so wenig ist doch zu übersehen, daß vor allem die enormen wirtschafts- und sozialpolitischen Anstrengungen und Erfolge eine Integrationsleistung vollbracht haben, die ganz wesentlich zur inneren Stabilität der zweiten deutschen Republik beitrugen. Zweifellos lassen sich viele sozialpolitische Errungenschaften auch aus der Systemkonkurrenz zur DDR und aus entsprechenden Legitimationsbedürfnissen herleiten. Insofern hatte die Teilung des Landes in einem vermittelten Sinne auch eine spezifische innenpolitische Dimension. Diese Anstrengungen und Erfolge sind jedoch ebensowenig ohne die positiven Impulse und die intensiven Neuordnungsdebatten und -entwürfe der vierziger Jahre zu verstehen, die zwar in ihrer Gesamtheit scheiterten, aber keineswegs ohne Wirkung blieben.

Die ersten Nachkriegsjahre, die Etappen der Spaltung Deutschlands und die bundesrepublikanische Außenpolitik sind bereits sehr intensiv untersucht worden, während es für die innere Entwicklung beider deutscher Staaten noch viele Defizite zu konstatieren gibt. Sie können hier nicht beseitigt werden. Dennoch wird versucht, bestimmte sozialhistorische und sozialpolitische Themen stärker zu betonen, als das in bisherigen Arbeiten vergleichbaren Charakters geschehen ist[6]). Daß die Akzente in der Darstellung dennoch ungleich verteilt sind und die ersten Jahre nach dem Zusammenbruch ausführlicher berücksichtigt werden als die folgenden, spiegelt zwar den Forschungsstand wider, entspricht aber auch dem besonderen historischen Gewicht der Phase vor der Gründung zweier deutscher Staaten.

Die *Dokumentation* (D) folgt im wesentlichen der Gliederung im darstellenden Teil, der seinerseits darauf Bezug nimmt, aber nicht davon abhängig ist. Die Materialien sollen jedoch zusätzliche Details vermitteln, Rückgriffe auf den genauen Wortlaut wichtiger Texte ermöglichen und konkretere Situationsschilderungen wiedergeben, als das in einer knappen Darstellung möglich ist. Zudem soll die Verwendbarkeit des Buches für Schule, Hochschule und Erwachsenenbildung dadurch erhöht werden.

Aus der allgemeinen Zielsetzung einer Gesamtdarstellung ergeben sich verschiedene formale und inhaltliche Konsequenzen. Zwar wird auch explizit auf fachwissenschaftliche Kontroversen eingegangen, doch müssen diese zwangsläufig in den Hintergrund treten. Zugleich ist damit eine Reduktion der Literaturhinweise auf das Notwendigste verbunden. Die Liste der verwendeten Quellen und Literatur ist dennoch ziemlich lang geworden und wird durch die seit der ersten Auflage hinzugekommenen Titel noch einmal erheblich erweitert. Das verweist auf das rasante Tempo der Veränderungen gerade auf dem zeitgeschichtlichen Buchmarkt. Der separate *Literaturbericht* im Anhang (S. 561 ff.) soll daher einen schnellen Überblick über die wichtigsten Veröffentlichungen der Jahre seit 1982 erleichtern.

Anmerkungen zur Einleitung

1) P. Bender, Deutsche Parallelen. Anmerkungen zu einer gemeinsamen Geschichte zweier getrennter Staaten, Berlin 1989, S. 241.
2) Der Begriff wurde von Karl Dietrich Erdmann geprägt.
3) Vgl. H. P. Schwarz, Modernisierung oder Restauration? Einige Vorfragen zur künftigen Sozialgeschichtsforschung über die Ära Adenauer, in: K. Düwell/W. Köllmann (Hrsg.), Rheinland-Westfalen im Industriezeitalter, Bd. 3, Wuppertal 1984, S. 278–293. Dennoch läßt sich der Begriff bei einer differenzierten Verwendung sehr wohl beibehalten.
4) Vgl. dazu Dahrendorf 1965; Lepsius in: Löwenthal/Schwarz (Hrsg.) 1974, S. 263–288.
5) Vgl. zum Periodisierungsproblem M. Broszat (Hrsg.), Zäsuren nach 1945. Essays zur Periodisierung der deutschen Nachkriegsgeschichte, München 1990.
6) Zu nennen sind vor allem Vogelsang 1966; Lilge 1967; Grosser 1972; Huster u.a. 1972; Badstübner/Thomas 1975; Hillgruber 1976; Erdmann 1976; Westdeutschlands Weg 1976; Rupp 1978; Overesch 1979; Becker u.a. 1979; Weber 1979; ders. 1981; Grebing u.a. 1980; Düwell 1981; Ruhl 1982. Als „repräsentative" Gesamtdarstellung sind Eschenburg (1984) und Schwarz (1981) zu nennen. Zu den seit 1982 erschienenen Überblicken und Gesamtdarstellungen vgl. den „Forschungsbericht", S. 561 ff. Die meisten der genannten Titel enthalten ausführliche Literaturangaben. Umfassende systematische Bibliographie der älteren Literatur in: The Wiener Library, Catalogue Series 4, After Hitler. Germany 1945–1963, London 1963.
   Neuere Sammelrezensionen und Forschungsberichte: Sozialwiss. Informationen für Unterricht und Studium 6 (1977) H 3; W. Schlauch in: ASG 20 (1980); F. Pingel in: NPL 25 (1980); A. Sywottek in: NPL 26 (1981); G. Grieser in: GWU 32 (1981); G. Mai in: Hessisches Jb. f. Landesgeschichte 31 (1981); Hudemann in: NPL 26 (1981); K. Klotzbach in: ASG 24 (1984), 26 (1986), 28 (1988); C. Kleßmann in: GG 11 (1985); K. Kellmann in: GWU 36 (1985), 37 (1986); E. Holtmann in: Historische Zeitschrift 244 (1987); W. Benz in: Tel Aviver Jb. f. dt. Gesch. 16 (1987); H. Grieser in: GWU 40 (1989); U. Wengst in: ASG 30 (1990); E. Wolfrum in: NPL 35 (1990).

Kapitel I

Interessen, Planungen und Vereinbarungen der Alliierten bis zur Potsdamer Konferenz

Die Deutschlandkonzeptionen der Alliierten vor Kriegsende sollen hier nicht in ihren Einzelheiten entfaltet werden. Sie bleiben dennoch wichtig unter dem Aspekt der Vorbereitung der Besatzungszeit und der Wirksamkeit bestimmter im Krieg entwickelter und modifizierter Vorstellungen. Wieweit, so ist vor allem zu fragen, ist die Besatzungspolitik nach 1945 bereits vorher präformiert worden und wieweit waren die Konflikte, die in der Phase des offenen Kalten Krieges sichtbar in Erscheinung traten, schon Jahre zuvor angelegt? Wieweit stellten die ersten Nachkriegsjahre eine mehr oder minder offene Situation dar, der eine noch unklare Politik der Alliierten entsprach, wie sie mit der Formel „policy of ambivalence“ [1]) umschrieben worden ist?

Eine klare und übersichtliche Vorstellung über alliierte Planungen zu gewinnen, ist schwierig, weil „Deutschlandpolitik“ eine Fülle von inhaltlichen Einzelaspekten beinhaltet und zudem nicht nur die drei Alliierten unterschiedliche Konzepte entwickelten, sondern diese Konzepte jeweils in sich nicht einheitlich waren und unterschiedliche politische Repräsentanten, Interessengruppen und Entscheidungsträger reflektierten. Zudem wandelten sich bestimmte Vorstellungen unter dem Einfluß des Kriegsverlaufs und der internationalen Konstellation, wurden durch neue ersetzt oder liefen konkurrierend mit anderen parallel. Gerade an der amerikanischen, aber auch an der sowjetischen Deutschlandpolitik im Krieg läßt sich das deutlich erkennen.

1. Amerikanische open-door-Politik und die Strategie der Verschiebung konkreter Nachkriegsplanungen

Als frühester sinnvoller allgemeiner Ausgangspunkt und zugleich gemeinsamer Bezugspunkt der drei Kriegsalliierten läßt sich die Atlantik-Charta anführen [2]).

Diese Acht-Punkte-Erklärung war am 14. August 1941, also noch vor dem Kriegseintritt der USA, zwischen Roosevelt und Churchill vereinbart worden und legte „gewisse allgemeine Grundsätze der nationalen Politik" der Unterzeichnerländer fest, „von denen sie eine bessere Zukunft für die Welt erhoffen". Dies bedeutete inhaltlich:

1. den Verzicht auf territoriale Vergrößerungen;
2. das Verbot von territorialen Änderungen, „die nicht mit dem frei zum Ausdruck gebrachten Wunsch der betreffenden Völker übereinstimmen";
3. das Recht aller Völker auf freie Wahl ihrer Regierungsform;
4. Zugang für alle Völker zum „Handel und den Rohmaterialien der Welt, die sie für das Gedeihen ihrer Wirtschaft benötigen";
5. engste wirtschaftliche Kooperation aller Nationen;
6. Sicherung des Friedens nach der „endgültigen Vernichtung der Nazityrannei";
7. ungehinderten Zugang zu den Meeren und Ozeanen für alle;
8. allgemeinen Gewaltverzicht und Entwaffnung der Aggressoren.

Der allgemeine Charakter dieser Formulierung erlaubte es allen Gegnern Deutschlands, sie sich zu eigen zu machen. So stimmte die Sowjetunion dieser Erklärung im September des gleichen Jahres zu[3]). Diese Tatsache hat vor allem in der späteren exilpolnischen und deutschen Diskussion eine beträchtliche Rolle gespielt, glaubte man damit doch eine von der Sowjetunion akzeptierte Prinzipienerklärung zu haben, die flagrant von ihrer tatsächlichen Politik abwich. Eine solche Berufung deutscherseits auf die Charta ist jedoch in mehrfacher Hinsicht kurzschlüssig. Zunächst einmal wurden sowjetische Interessen durch die sowjetische Interpretation der Punkte 1 bis 3 keineswegs tangiert. Die Annexion der ostpolnischen und baltischen Gebiete 1939 und 1940 war durch eine Scheinabstimmung sanktioniert worden und entsprach somit pro forma dem angeblich „freien Willen" der betroffenen Nationalitäten. Auf eine Diskussion der Abstimmungsmethoden und damit auf eine eventuelle Revision dieser mit Rückendeckung Nazi-Deutschlands vollzogenen Annexionen hat sich die Sowjetunion niemals ernsthaft eingelassen. Darüber hinaus zeigt sich, daß auch die westalliierte Politik mit den in der Atlantik-Charta festgelegten Prinzipien im Verlauf des Krieges immer weniger übereinstimmte. Seit 1942 galt zudem eine Interpretation, die besagte, daß Prinzipien wie Annexionsverbot ohne Zustimmung der betroffenen Bevölkerung und Selbstbestimmungsrecht hinsichtlich der Regierungsform für Deutschland keine Anwendung finden sollten[4]). Für die Deutschlandpolitik war somit allen Alliierten trotz Atlantik-Charta freie Hand gelassen.

Daß diese Charta jedoch keineswegs nur, wie es vielleicht zunächst scheinen mag, eine moralisch drapierte allgemeine Willenserklärung vor allem der USA darstellte, sondern durchaus zentrale amerikanische Kriegs- und Friedensziele wiedergab, zeigt ihre Bedeutung in der historiographischen Diskussion der sogenannten „revisionistischen Schule" in den USA[5]). Die in Punkt 4 formulierte Forderung nach freiem Zugang zum Handel und zu den Rohstoffen der Welt stellte ein wirtschaftliches „essential" amerikanischer Politik dar. Darin spiegelte sich die globale Zielsetzung der amerikanischen Außenpolitk, die sich mit dem Begriff der „open-door-policy" umschreiben läßt. Gemeint ist damit die Absicht der Amerikaner, ihrer an Exportnotwendigkeiten und Rohstoffbedürfnissen orientierten Politik nach Kriegsende, wenn die USA als dominierende Wirtschaftsmacht dastehen würden, weitreichende Einflußmöglichkeiten zu sichern. Einer solchen Strategie entsprach zugleich die Ablehnung aller Vereinbarungen über Einflußsphären, wie sie von der britischen und sowjetischen Politik betrieben wurden, und auch die Ablehnung bzw. die Verschiebung konkreter Nachkriegsplanungen[6]).

Damit waren zwei für die amerikanische Kriegs- und Friedenszielplanung zentrale Punkte schon zu einem Zeitraum formuliert, bevor die USA in den Krieg eintraten. Diese Ablehnung vorzeitiger Regelungen ist nicht zuletzt vor dem Hintergrund der schlechten Erfahrungen zu sehen, welche die amerikanische Politik nach dem Ersten Weltkrieg mit Wilsons 14 Punkten gemacht hatte, die eher Ausgangspunkt als Abschluß für eine Reihe grenzpolitischer Querelen in Ost- und Mitteleuropa wurden. Die amerikanische Ablehnung detaillierter Nachkriegsplanungen im alliierten Maßstab schloß indes keineswegs die Ausarbeitung präziserer nationaler Richtlinien aus, zumal die Verschiebung von Nachkriegsplanungen innerhalb des Außenministeriums (State Department) keineswegs unumstritten war. Die 1942 eingerichtete amerikanische Planungskommission für Nachkriegs-Außenpolitik erlangte zunächst jedoch keine größere Bedeutung, und die USA blockierten durch ihre Haltung weiterreichende interalliierte Vereinbarungen.

Auf dieser Linie der Aufrechterhaltung der uneingeschränkten Handlungsfreiheit gegenüber einem besiegten Deutschland – hier waren wiederum die Erfahrungen von 1918 ein wichtiges Moment – lag auch die von Roosevelt im Januar 1943 auf der Konferenz von Casablanca aufgestellte Forderung nach der bedingungslosen Kapitulation, der „unconditional surrender", der sich auch Churchill und Stalin anschlossen. Einbezogen in diese zunächst militärische Formel war auch das politische Thema der Aufteilung Deutschlands. Es gehörte seit 1943 zu den wichtigsten Fragen interalliierter Verhandlungen. Unter den verschiedenen Varianten der teilweise recht abstrusen Pläne ist hier nur der vielzitierte Morgenthau-Plan zu nennen[7]). Henry Morgenthau, Finanzminister und einflußreicher Präsidentenberater, schlug 1944 eine vollständige Desindustrialisierung und Reagrarisierung Deutschlands vor, um es auf diese Weise als potentiellen Gefahrenherd ein für allemal unschädlich zu machen und auf der Basis einer Kooperation mit Sowjetrußland einen Rückzug der amerikanischen Truppen aus Europa zu ermöglichen[8]). „Germany's road to peace leads to the farm", lautete Morgenthaus Quintessenz[9]). Bestandteil dieses Planes waren die Abtretung des Saargebietes und der Gebiete bis zum Rhein an Frankreich, verschiedener östlicher Territorien an Polen, eine Internationalisierung des Ruhrgebiets und des Nordostsee-Kanals und schließlich die Aufteilung des übrigen Deutschland in einen nord- und einen süddeutschen Staat. Auch wenn Roosevelt, der den Plan ebenso wie Churchill billigte, sich bald darauf wieder davon distanzierte, sind Morgenthaus Vorstellungen doch für die inneramerikanische Diskussion und die amerikanische Nachkriegsplanung von unmittelbarer Bedeutung geworden. Sowohl in der von 1945 bis 1947 gültigen Direktive für die amerikanische Militärregierung JCS 1067 (D 7) wie im Text des Potsdamer Abkommens lassen sich direkte Einflüsse nachweisen, auch wenn mit solchen Formulierungen noch keineswegs die tatsächliche politische Praxis der amerikanischen Militärregierung in Deutschland zutreffend umrissen ist.

Ein wichtiger Einzelaspekt der Teilungsdiskussion war die schon früh erörterte Abtretung von Gebieten an Polen. Hier lag insofern ein besonders kompliziertes Problem vor, als sich die Grenzziehung im Westen Polens mit der Frage der Kompensation für sowjetischerseits beanspruchte ostpolnische Gebiete verquickte und schließlich auch noch mit dem politisch brisanten Thema einer neuen, sowjetfreundlichen Regierung belastet wurde. Dieses für die deutsche Nachkriegsgeschichte bedeutsame und heftig umstrittene Grenzproblem wurde auf der Konferenz von Jalta im Februar 1945 vorläufig gelöst (D 1) und präjudizierte damit die weiteren Entscheidungen.

Viel weniger genau als Grenz-, Teilungs- und Besatzungsregelungen lassen sich die amerikanischen Vorstellungen zur inneren Ordnung Nachkriegsdeutschlands verfolgen. Auch darin spiegelt sich die amerikanische Strategie des „postponement", verbunden mit der Hoffnung eines globalen Arrangements mit der Sowjetunion. Entmilitarisierung, Entnazifizierung, Dezentralisierung und strikte politische und wirtschaftliche Kontrolle sind die vier Stichworte, mit denen sich die Hauptelemente amerikanischer deutschlandpolitischer Intentionen umreißen lassen. Als grundlegendes Dokument für die offiziell gültigen Zielvorstellungen kann hier die erwähnte 1944 entstandene Direktive JCS 1067 gelten, deren endgültige Fassung vom 26. April 1945 offiziell bis 1947 in Kraft war. Um den oben genannten allgemeinen Zielen gerecht zu werden, sah diese Direktive eine rigide Aufsicht über das politische Leben vor, machte die Wiedereröffnung der Schulen auf allen Stufen von einer konsequenten Entnazifizierung abhängig und sah vor allem eine scharfe Reduktion und Kontrolle des gesamten deutschen Wirtschaftslebens vor. Die noch stark von Morgenthau bestimmte Zielrichtung wird wohl am deutlichsten in der Formulierung, daß keine Schritte unternommen werden sollten,

„die a) zur wirtschaftlichen Wiederaufrichtung Deutschlands führen könnten oder

b) geeignet sind, die deutsche Wirtschaft zu erhalten oder zu stärken".

Gerade an diesem Punkt sollte sich jedoch in der Praxis der amerikanischen Besatzungspolitik schon sehr bald heftige Kritik entzünden.

2. Großbritanniens gescheiterter Versuch der „Eindämmung" durch Festlegung von Einflußsphären und Grenzen

Churchills Unterschrift unter die Atlantik-Charta schloß keineswegs aus, daß Großbritannien eine grundsätzlich andere Politik als die USA insbesondere gegenüber der Sowjetunion verfolgte. Eine positive Fixierung von Kriegszielen ist jedoch zunächst schwer auszumachen. „Wir müssen erst den Krieg gewinnen", erklärte Lord Beaverbrook Ende September 1941 in Moskau gegenüber Stalins Wunsch nach Diskussion gemeinsamer Kriegs- und Nachkriegsziele[10]). Großbritannien weigerte sich Ende 1941 auch noch strikt, die russische Westgrenze anzuerkennen, weil sie das Ergebnis eines Gewaltakts sei und die Regelung von Grenzfragen generell auf die Nachkriegszeit verschoben werden müsse. Churchill machte jedoch in dieser Zeit bereits eine charakteristische Andeutung gegenüber seinem Außenminister Eden: „Die Trennung Preußens von Süddeutschland und die territoriale Gestaltung Preußens gehören zu den größten der zu entscheidenden Probleme"[11]). Hier werden schon ein wesentlicher Teil der britischen Vorstellung von den Ursprüngen des Nationalsozialismus und ein wichtiges Motiv für die Auflösung Preußens sichtbar, wie sie 1947 verfügt wurde. Lag damit die britische Politik zunächst auf einer ähnlichen Linie wie die amerikanische, so wurden die gravierenden Differenzen doch schnell sichtbar. Je stärker nämlich im Verlauf des Krieges die militärische und politische Position der Sowjetunion zutage trat, desto nachdrücklicher bemühte sich die britische Regierung um rechtzeitige konkrete Absprachen insbesondere territorialer Art. Das bekannteste Beispiel ist die Abgrenzung von Interessensphären in Südosteuropa zwischen Churchill und Stalin im Oktober 1944, bei der in einer von Churchill selber als makaber geschilderten Weise Prozentsätze britischen und sowjetischen Einflusses in südosteuropäischen Ländern ausgehandelt wurden[12]).

Besonders deutlich – und für Deutschland unmittelbar wichtiger – wurde diese britische Tendenz zu Festlegungen und Absprachen schon während des Krieges auch in der polnisch-deutschen Grenzfrage. Großbritannien drängte spätestens seit dem Abbruch der sowjetisch-polnischen Beziehungen 1943 auf eine Anerkennung der von der Sowjetunion geforderten polnischen Ostgrenze und bot der polnischen Exilregierung dafür Kompensationen auf Kosten Deutschlands im Westen an[13]). Diese Strategie scheiterte anfangs am amerikanischen Widerstand, wurde darüber hinaus aber auch von der polnischen Regierung prinzipiell bis Kriegsende abgelehnt. Die für die britische Haltung konstitutiven Motive sind jedoch aus der spezifisch britischen Interessenlage einleuchtend und aus Churchills Memoiren zudem klar zu belegen: Im Unterschied zur amerikanischen Politik eines globalen Engagements richteten sich die englischen Interessen viel stärker auf den europäischen Kontinent und orientierten sich am alten englischen Grundsatz des europäischen Gleichgewichts. Eben dieses war durch das Vordringen der Sowjetunion nach Westen massiv bedroht, zumal ein künftiges direktes amerikanisches Engagement in Europa nach Kriegsende sehr fraglich schien. Roosevelt machte die tiefgreifende Differenz in dieser Frage deutlich, als er in Teheran (Dezember 1943) erklärte: „Das Ärgerliche ist, daß Churchill zu sehr an die Nachkriegszeit denkt. Er fürchtet, die Russen würden zu stark werden . . . Ich sehe nicht ein, daß wir das Leben amerikanischer Soldaten allein zu dem Zweck opfern sollen, um die britischen Interessen auf dem europäischen Kontinent, ob tatsächliche oder imaginäre, zu schützen“[14]).

Das politische Motiv des englischen Widerstandes gegen die Oder-Neiße-Linie in Jalta – und noch deutlicher später in Potsdam – entsprang der gleichen Vorstellung, man dürfe den sowjetischen Einfluß keinesfalls zu weit nach Westen sich erstrecken lassen, auch wenn das in eine gegen Polen gerichtete Argumentation gekleidet wurde. Churchill erklärte in Jalta gegenüber Stalin, es sei „bedauerlich, wenn man die polnische Gans dermaßen mit deutschem Futter mäste, daß sie an Verdauungsbeschwerden eingehe“[15]). Andererseits hielt er Umsiedlungen der deutschen Bevölkerung in großem Stil technisch und politisch für möglich.

Daß Großbritannien anders als die USA und zum Teil auch die Sowjetunion erheblich stärker an konkreten Deutschland- und Kriegszielplanungen schon vor Kriegsende interessiert war, läßt sich konkret insbesondere am Beispiel der 1943 als Instrument alliierter Deutschlandplanung gegründeten „Europäischen Beratungskommission“ (EAC) fassen[16]). Hier fungierte London als eigentlicher Motor des Versuchs einer integrierten Planung über allgemeine Ziele hinaus, scheiterte jedoch letztlich am zweifachen Widerstand der USA und der Sowjetunion. Die Kompetenzen der EAC waren nie eindeutig umrissen worden, und als Planungsbehörde mit umfassenden Vollmachten hat sie nie arbeiten können. Die USA und die Sowjetunion fanden sich hier mehr oder weniger einmütig in der Absicht zusammen, ihren Großmachtstatus zu wahren. Sie handelten technische Abkommen aus, bei denen es nicht viel zu verlieren gab, entzogen sich aber einer Planung, die substantiell die künftige Besatzungspolitik festlegte. Für die Nachkriegsjahre war dieses Defizit von beträchtlicher Bedeutung. Denn auf diese Weise wurden die allgemein vereinbarte Kooperation und einheitliche Verwaltung von vornherein negativ präjudiziert. Das Fehlen gemeinsamer detaillierter Richtlinien erleichterte die relative Verselbständigung der Besatzungszonen. Das wichtigste Ergebnis der Arbeit der EAC war die Ausarbeitung der Kapitulationsurkunde, die neben dem rein militärischen Teil auch die sogenannte „Berliner Erklärung" vom 5. Juni 1945 zur Übernahme der obersten Regierungsgewalt, die Einsetzung des Kontrollrats und die Errichtung und Abgrenzung von Besatzungszonen in Deutschland und in Großberlin beinhaltete[17]).

Sowohl in der Grenzfrage wie hinsichtlich der in Jalta festgelegten vier Besatzungszonen zeichnete sich in der britischen Haltung in Umrissen ein Konzept ab, das zwar noch keineswegs im Detail die britische Politik bestimmte, das aber doch als Alternative zu einer eventuell scheiternden gemeinsamen alliierten Politik in Churchills Überlegungen im Kern auftaucht. Sehr deutlich wird die Strategie in seinem Telegramm an Truman von 12. Mai 1945 (D 4), in dem er nachdrücklich dafür plädierte, noch vor dem Rückzug auf die vereinbarten Besatzungszonen und aus einer Position der militärischen Stärke zu eindeutigen Regelungen mit der Sowjetunion zu gelangen.

Aus diesem Wunsch nach Sicherung günstiger strategischer Verhandlungspositionen erklären sich auch gewisse mißdeutbare Maßnahmen wie das Zögern, die letzte deutsche Regierung unter Großadmiral Dönitz zu verhaften und der Versuch, die Vernichtung deutscher Flugzeuge zu verhindern. Daran weitergehende Überlegungen von „Churchills deutscher Armee" zu knüpfen, ist daher ziemlich abwegig[18]). Zudem bleibt festzuhalten, daß seit Potsdam nicht Churchill und Tories, sondern Attlee und die Labour-Party die Regierungspolitik bestimmten, Kontinuitäten also nicht einfach bruchlos gegeben waren.

Die britischen Vorstellungen zur Entnazifizierung, Entmilitarisierung und künftigen politischen Struktur Deutschlands waren sehr allgemein und vage gehalten und finden sich in dieser Form im Jalta-Kommuniqué wieder. Bis zur Potsdamer Konferenz folgten die Briten in wesentlichen Punkten den Amerikanern. Eine im Geiste Morgenthaus konzipierte Politik kam den tatsächlichen oder vermeintlichen ökonomischen Interessen Englands entgegen. Sie sorgte für eine personelle Entnazifizierung, beseitigte einen Hauptkonkurrenten Englands auf dem Weltmarkt, sicherte Großbritannien und der Sowjetunion Kapitalgüter durch Industriedemontagen und schaltete damit eine deutsche Gefahr endgültig aus[19]). Hier stößt man ebenso wie bei der amerikanischen Besatzungsmacht auf ungemein charakteristische politische und ökonomische Widersprüche, die sich noch bis in den Anfang der fünfziger Jahre verfolgen lassen, als die letzten Demontagen eingestellt wurden. Sie lassen sich sowohl für die USA wie für Großbritannien auf unterschiedliche deutschlandpolitische Konzepte und konkurrierende ökonomische und politische Vorstellungen zurückführen, welche die konkrete Politik zu verschiedenen Zeitpunkten unterschiedlich stark bestimmten. Ökonomisches Wiederaufbauinteresse, um die

Besatzungslasten zu mindern, stand dabei vielfach im Konflikt mit politischen Sicherheitsinteressen und den von den Kriegsalliierten vereinbarten Grundlinien, wobei dieses Koordinatensystem noch weiter kompliziert wurde durch die keineswegs spannungsfreien Beziehungen der Regierungen zu den Militärverwaltungen in Deutschland, die zwangsläufig einen beträchtlichen Interpretations- und Handlungsspielraum besaßen oder entwickelten.

Die tendenzielle Übereinstimmung der britischen und amerikanischen Zielsetzungen für Deutschland wird schließlich in dem anfänglichen Fehlen eines positiven Demokratisierungskonzepts deutlich. Das bedeutete vor allem, daß es zur großen Enttäuschung vieler deutscher Antifaschisten kaum Platz für eine deutsche politische Betätigung in Parteien und Parlamenten gab. Auch eine deutsche spontane Reaktion auf den Zusammenbruch der NS-Herrschaft wurde durch eine solche Ausschaltung aller politischen Aktivitäten behindert oder ausgeschlossen. Erst nach Potsdam hat Großbritannien hier eine eigenständigere Besatzungspolitik entwickelt, die sich am Konzept einer konsequenten Demokratisierung „von unten" orientierte.

3. Mehrdimensionalität sowjetischer Deutschlandplanung

In der sowjetischen Kriegsziel- und Deutschlandpolitik zu eindeutigen und belegbaren Aussagen zu kommen, ist zweifellos am schwierigsten, weil die Quellenlage sehr schlecht ist. Immerhin bieten neu erschlossene Materialien gute Ansatzpunkte, um aus der Grauzone der politischen Spekulation herauszukommen und das zu Zeiten des Kalten Krieges gültige Bild sowjetischer Deutschlandpolitik beträchtlich zu modifizieren. Besonders wichtig scheint dabei die Warnung vor einer vorschnellen Konstruktion klar umrissener sowjetischer Konzepte, in die dann alle politischen Maßnahmen der Sowjetunion gepreßt werden, so daß Alternativen, Schwankungen und Widersprüche kaum noch sichtbar werden oder lediglich als taktische Manöver erscheinen. Genau so unhaltbar ist freilich das heroisch getönte Gemälde, das die offiziöse sowjetische und DDR-Historiographie von der sowjetischen Deutschlandpolitik entwirft, in dem die Sowjetunion als der große helfende Freund der Deutschen dasteht, der von Anfang an eine konsequente politische Linie verfolgt habe, die lediglich am bösen Willen der imperialistischen Gegenseite gescheitert sei. Widersprüche und Ungereimtheiten werden hier ebenfalls ausgeklammert oder bis zur Unkenntlichkeit geglättet[20]).

Alexander Fischer hat für den Verlauf der sowjetischen Deutschlandpolitik während des Krieges eine Stufenfolge von fünf Varianten herausgearbeitet, die jeweils auf die wechselnden militärischen und politischen Konstellationen bezogen werden[21]). Die Stichworte für diese fünf Varianten lauten:

1. Ideologie und Machtpolitik (1941/42);
2. das Spiel mit dem Sonderfrieden (1942/43);
3. die deutschnationale Karte (1943);
4. die antideutsche Allianz (1943/44);
5. das antifaschistische Programm (1944/45).

Wichtig sind hier nur die drei letzten Varianten. Folgt man Fischers Interpretation, so stellte die Gründung des „Nationalkomitees Freies Deutschland" (NKFD) im Sommer 1943 (die deutschnationale Karte), dessen politische Adressatengruppe das national-konservative deutsche Offizierskorps als potentielle Opposition gegen Hitler war, vor allem eine Drohung gegenüber den Westmächten dar, um mehr Entgegenkommen bei der Durchsetzung sowjetischer Ziele zu erlangen. In Teheran (Dezember 1943) wurde ein wesentliches Ziel hinsichtlich der Grenzfrage bereits teilweise erreicht, und die Variante der scharf antideutschen Allianz mit den westlichen Alliierten blieb zumindest bis Jalta bestimmend. Dennoch begann Ende 1944 – und das belegt die Mehrdimensionalität und Flexibilität der sowjetischen Politik – die Exil-KPD in Moskau mit sowjetischer Rückendeckung die Ausarbeitung eines antifaschistischen Programms, das ebenso wie die Kooperation mit dem Westen unmittelbar in die Phase der Besatzungspolitik hinüberreicht. Im Herbst 1944 gingen verschiedene Kommissionen der KPD-Führung an die Formulierung von „Grundlinien für die Gestaltung eines neuen demokratischen Deutschland"[22]). Hier wurden detaillierte Entwürfe für alle gesellschaftlichen Bereiche Nachkriegsdeutschlands konzipiert und von der Parteiführung diskutiert. Was im Oktober 1944 als „Aktionsprogramm des Blocks der kämpferischen Demokratie" (D 6) niedergelegt wurde, stellt die programmatische Grundlage für den von der Sowjetunion angestrebten Aufbau einer antifaschistisch-demokratischen Ordnung in Deutschland dar. Die Führungsrolle sollte in dieser Ordnung der KPD zufallen, ihre Existenz als Massenpartei die Voraussetzung für die Zulassung weiterer Parteien bilden. Ulbricht sprach dabei deutlich aus, daß die bestehende Staatsgewalt zerschlagen werden und die KPD die „entscheidenden Posten" in die Hand bekommen müsse. Zugleich seien die sozialdemokratischen Massen für die Einheit, d. h. für den organisatorischen Zusammenschluß, zu gewinnen. Hier sind in der Tat zentrale Punkte fixiert, die die Nachkriegsentwicklung in der sowjetischen Zone charakterisieren, auch wenn man damit noch weit von einer Erklärung des Zeitpunkts und der Methoden für die Durchführung bestimmter Maßnahmen entfernt ist. Generell wird in diesen Entwürfen eine konsequente Vollendung der Revolution von 1918 als historisch-politische Perspektive sichtbar[23]).

Bei aller Flexibilität in der Gesamtkonzeption läßt sich für die Sowjetunion dennoch eine sehr unnachgiebige Verfolgung bestimmter deutschlandpolitischer Ziele seit 1941 feststellen:

1. Bezüglich der sowjetischen Westgrenze hat sich Stalin nie auf eine ernsthafte Diskussion eingelassen. Bei der Westverschiebung Polens wurden die Forderungen allmählich hochgeschraubt und faktisch die Oder-Neiße-Linie durchgesetzt.
2. Hinsichtlich der Teilung Deutschlands schloß sich Stalin prinzipiell westlichen Vorschlägen an und verfocht noch in Jalta gegenüber einem wenig interessierten Roosevelt und einem opponierenden Churchill energisch das Aufteilungskonzept. Der entscheidende Wandel erfolgte hier jedoch bereits im März, als sich die Sowjetunion von der mit den Westmächten in Jalta vereinbarten Teilung distanzierte. Offizieller Ausdruck der Änderung in der sowjetischen Deutschlandpolitik im Hinblick auf Teilungspläne war Stalins Ankündigung vom 9. Mai in Moskau: „Die Sowjetunion feiert den Sieg, auch wenn sie sich nicht anschickt, Deutschland zu zerstückeln oder zu vernichten“ [24]).
3. Das neben der Grenzziehung wohl wichtigste Problem der Reparationen rückte vor allem in Jalta in den Mittelpunkt und bestimmte seitdem die sowjetische Deutschlandpolitik wie keine andere Frage [25]).

4. Jalta und Potsdam als Ausgangspunkt für Kooperation und Konflikt

Im Rahmen der hier geschilderten deutschlandpolitischen Konzepte der Alliierten lassen sich trotz aller Widersprüchlichkeiten und Divergenzen einige zentrale Motive und Vorstellungen ausmachen, die über das Nahziel der militärischen Zerschlagung hinaus die Kriegsallianz zusammenhielten und eine weitere Kooperation nicht von vornherein aussichtslos machten [26]). Zum einen waren das Sicherheitsbedürfnis und die Verhinderung einer künftigen erneuten Aggression Deutschlands ein bestimmendes Motiv bei allen Alliierten. Daraus folgte der Wille zur Aufteilung bzw. zur längerfristigen Kontrolle und zur politischen und wirtschaftlichen Entmachtung Deutschlands. Zum anderen war das Motiv der Bestrafung und Wiedergutmachung bei allen von großer Bedeutung, wenn auch sehr unterschiedlich akzentuiert. Drastische Reduktion der deutschen Wirtschaftskapazität und hohe Reparationen ergaben sich daraus. Strittig wurden diese Ziele erst, als man daran ging, sie zu realisieren und die entsprechenden politischen und ökonomischen Folgen sichtbar zutage traten. Schließlich ist bei allen Alliierten ansatzweise der Wille zu einer „positiven Deutschlandpolitik“ festzustellen, d. h. zum Wieder- und Neuaufbau eines anderen, demokratischen Deutschland beizutragen. Die Sowjets verfügten hier als erste über Konzepte und politisches Personal, während für Großbritannien und die USA vor Potsdam noch wenig Konkretes für eine solche konstruktive

Politik in Deutschland zu finden ist. Auf diesem Gebiet traten dann auch sehr bald tiefgreifende Meinungsverschiedenheiten zwischen den Alliierten auf.

Vor diesem Hintergrund sind abschließend die beiden wichtigsten Kriegskonferenzen in Jalta und Potsdam zu analysieren. Sie werden hier gesondert dargestellt, weil sich in Jalta ein Kooperationsmodell abzuzeichnen schien, das von Vertretern der „revisionistischen Schule" als Alternative zum Kalten Krieg interpretiert worden ist, und weil der Weg bis Potsdam bereits die schwer überbrückbaren Spannungen bloßlegte, die im Formelkompromiß des Potsdamer Abkommens nur noch notdürftig überbrückt wurden.

Die im Februar 1945 in *Jalta* auf der Krim abgehaltene Konferenz der „Großen Drei" ist stärker als jedes andere Treffen der Kriegszeit zum emotionsgeladenen politischen Begriff geworden. Die Auslieferung Osteuropas an den Bolschewismus findet sich ebenso als gängige Vorstellung wie die unter den „Revisionisten" vorherrschende Interpretation Jaltas als Höhepunkt sowjetischer Kompromißbereitschaft und als potentielle Alternative zum Kalten Krieg[27]). Diese entgegengesetzten Urteile spiegeln durchaus zeitgenössische Ansichten der am Entscheidungsprozeß beteiligten Politiker wieder (D 2,3). Der amerikanische Historiker Yergin hat die Grundlagen dieser Urteile in den USA plakativ als „Riga-Axiom" und „Jalta-Axiom" bezeichnet[28]). Damit werden zwei unterschiedliche, langfristige außenpolitische Orientierungen auf den Begriff gebracht: Einerseits die maßgeblich von George Kennan, dem Leiter der amerikanischen Beobachterkommission in Riga vor der Anerkennung der Sowjetunion 1933 und Vater der späteren „Eindämmungspolitik", verfochtene harte antisowjetische Linie, die eine Kooperation mit einem weltrevolutionären Staat wie der Sowjetunion für unmöglich hielt; andererseits die von Präsidentenberatern wie Hopkins, Davies und Stimson vertretene, stärker auf Vertrauen und Kooperation mit Sowjet-Rußland abgestellte Konzeption. Yergin weist den maßgeblichen Einfluß dieser beiden „Schulen" auf die amerikanische Außenpolitik nach und trägt damit wesentlich zur Erklärung ihrer zahlreichen Widersprüche bei. Mit dieser kritisch-abgewogenen Interpretation werden zugleich wichtige Ansatzpunkte für eine differenziertere Beurteilung der Entstehung des Kalten Krieges geboten, der sich nicht nur auf „objektive, systemimmanente Gegensätze" zurückführen läßt, sondern zu einem Großteil aus jeweils falschen Wahrnehmungen und entsprechenden Reaktionen auf die Maßnahmen der Gegenseite zu erklären ist.

In diesem Sinne ist Jalta in der Tat nur als ein sehr komplexes Arrangement der Alliierten angemessen zu verstehen, das sich einer plakativen Charakterisierung entzieht. Geht man vom offiziellen Regierungsabkommen der Konferenz aus (D 1), so wurden vor allem vier Punkte vereinbart:

1. Die Festlegung von vier Besatzungszonen, wobei Frankreichs Zone aus dem ursprünglich britisch-amerikanischen Gebiet gebildet werden sollte.

2. Die Einrichtung eines Kontrollrats in Berlin als oberste interalliierte Verwaltungsinstanz.
3. Die Liquidierung von Nationalsozialismus und Militarismus mit totaler Entwaffnung und Entnazifizierung.
4. Die Pflicht der Deutschen zur Wiedergutmachung im gleichen Umfang der von Deutschland angerichteten Zerstörungen.

Von noch größerer Bedeutung für Kooperation und Dissens der Alliierten waren jedoch die übrigen protokollarischen Festlegungen. Die Sowjetunion trat in den Krieg mit Japan ein und entsprach damit einem nachdrücklichen Wunsch der USA. Ebenfalls auf Drängen Roosevelts stimmte die Sowjetunion der Gründung der Vereinten Nationen zu. Ferner sollte die kommunistische Regierung Polens durch Hinzuziehung von Exilpolitikern zu einer neuen „Regierung der nationalen Einheit" umgestaltet und sobald wie möglich durch freie Wahlen legitimiert werden. Als Ostgrenze Polens wurde die Curzonlinie akzeptiert, dafür sollte Polen im Norden und Westen auf Kosten Deutschlands „beträchtlichen Gebietszuwachs" erhalten, dessen endgültige Festlegung jedoch bis zu einer Friedenskonferenz zurückgestellt und somit ausdrücklich offen gehalten wurde. Schließlich – und dieser Punkt sollte sich für die Zukunft als einer der wichtigsten erweisen – vereinbarten die amerikanische und sowjetische Delegation gegen britischen Widerstand deutsche Reparationsverpflichtungen in Höhe von 20 Milliarden Dollar als Diskussionsgrundlage für die weitere Behandlung des schwierigen Problems in der Reparationskommission. Die Hälfte dieses Betrages sollte die Sowjetunion erhalten.

Auch wenn Churchill mit den Konferenzergebnissen insbesondere wegen der polnischen Regelung sehr unzufrieden war, legen die überschwenglichen Kommentare der amerikanischen Präsidentenberater es durchaus nahe, Jalta als vielversprechendes Modell künftiger Kooperation zu verstehen, wie es die „Revisionisten" und auch die marxistisch-leninistischen Historiker weitgehend tun. Außenminister Stettinius schrieb: „Der Verlauf der Konferenz beweist deutlich, daß die Sowjetunion in Jalta den Vereinigten Staaten und Großbritannien größere Zugeständnisse gemacht hat als sie den Sowjets gemacht wurden"[29]).

Problematisch wird eine solche Interpretation, wenn man sie in den Gesamtzusammenhang der sowjetisch-amerikanischen Beziehungen vor und nach Jalta stellt. Denn eben hier setzte jener von Yergin treffend beschriebene Mechanismus von falscher Perzeption und Gegenreaktion ein, der angesichts der starken Kooperationsinteressen auf beiden Seiten am ehesten eine plausible Erklärung für die schnell wachsenden Spannungen zu liefern vermag. An drei Fragen läßt sich das exemplifizieren: An der Behandlung des sowjetischen Kreditwunsches, an der Entwicklung der „polnischen Frage" und an der Reparationsregelung. Die Sowjetunion hatte schon vor Jalta an die USA ein Kreditersuchen in Höhe von sechs Milliarden Dollar gerichtet für den Wiederaufbau des Landes, das neben Polen von allen kriegführenden Staaten am stärksten zerstört war. Angesichts der unterschiedlichen Meinungen innerhalb der amerikanischen Regierung dazu wurde dieser Wunsch zunächst dilatorisch behandelt und schließlich abgelehnt. Ein wichtiger Grund für die amerikanische Zurückhaltung war das sowjetische Vorgehen in Polen, das von amerikanischen Beobachtern als Testfall für oder gegen eine künftige Kooperation angesehen wurde[30]). Verärgerung und Mißtrauen erregten dabei vor allem die vorzeitige Anerkennung des „Lubliner Komitees" als kommunistische Gegenregierung durch Stalin am 1. Januar 1945 und die Präjudizierung einer Grenzregelung durch Übertragung der Gebiete bis zur Oder-Neiße an die polnische Administration. In Potsdam waren die Westalliierten hier bereits vor vollendete Tatsachen gestellt. Die Sowjetunion andererseits, deren vorrangige Kriegsziele territoriale Sicherung ihres Vorfeldes und Hilfe für den Wiederaufbau waren, betrachtete nicht nur Osteuropa als ihr legitimes Einflußfeld, sondern drängte angesichts der zögernden amerikanischen Haltung in der Kreditfrage um so mehr auf eine definitive Reparationsregelung. Die als Diskussionsgrundlage vereinbarte Summe von 20 Milliarden Dollar entsprach diesem Wunsch. Um so größer fiel jedoch die Enttäuschung aus, als die USA in den folgenden Monaten davon wieder abrückten. In Verbindung mit der sich abzeichnenden Ablehnung von Kredithilfe und dem abrupten Stop der amerikanischen Pacht-Leih-Hilfe im Mai 1945 wurde aus diesem Abrücken in sowjetischen Augen ein offener Affront[31]). Die Folge war, daß sich die Sowjetunion dort, wo es möglich war, auf eigene Faust um Sicherung ihrer Kriegsziele bemühte, ohne allerdings die Tür für eine Kooperation zuzuschlagen[32]).

Genau diese Ambivalenz von gewünschter Kooperation und beginnender Konfrontation aufgrund von Mißtrauen auf beiden Seiten spiegelten die Verhandlungen und Vereinbarungen von Potsdam.

Die *Potsdamer Konferenz* stellte den Versuch einer Generalbereinigung der im Laufe des Krieges und nach der Kapitulation aufgetauchten politischen, wirtschaftlichen und territorialen Probleme dar. Deutschland stand zwar im Mittelpunkt der Verhandlungen, jedoch ging die Tagesordnung weit darüber hinaus. „Es gab vor und nach dieser Zusammenkunft der ‚Großen Drei' keine Konferenz", so stellt Ernst Deuerlein zu Recht fest, „die sich mit einer vergleichbaren Zahl weltpolitischer Ereignisse und Entwicklungen beschäftigte"[33]). Sie stand zeitlich auf der Grenze zwischen Krieg und Frieden, aber auch in einem tieferen Sinne könnte man davon reden, daß Potsdam „zwischen Krieg und Frieden"[34]) stattfand, denn der Krieg in Europa wurde jetzt zwar politisch beendet, die Grundlage für einen dauerhaften Frieden aber nicht gelegt.

Einerseits griffen die Vereinbarungen auf frühere Absprachen zurück und setzten formal und inhaltlich die politische Zusammenarbeit in der Kriegskoalition fort. Hier liegt vor allem der Ansatzpunkt für die sowjetische und DDR-Interpretation, Potsdam als historische Möglichkeit und Chance einer Fortsetzung der interalliierten Zusammenarbeit und der Vermeidung des Kalten Krieges in Deutschland einzustufen[35]). Andererseits wurde in Potsdam aber auch schon der Dissens zwischen Ost und West in wesentlichen Fragen insofern kodifiziert, als Sicherungen in die Vereinbarungen eingebaut wurden, die dem jeweiligen militärischen und politischen Machtbereich ein hohes Maß von Handlungsfreiheit und Unabhängigkeit von den Partnern garantierten. Unter diesem Aspekt der Ambivalenz, der ja zugleich charakteristisch für die ersten Jahre der Besatzungspolitik in allen Zonen ist, sind daher die wichtigsten Bestimmungen des Abkommens zu sehen[36]). Insbesondere betrifft das die Abschnitte III und IV mit den politischen und wirtschaftlichen Grundsätzen und der Reparationsregelung sowie IX und XIII mit der Grenzfestlegung.

Die politischen Grundsätze bezogen sich auf frühere Erklärungen, verblieben aber ebenso in relativ allgemeinen und unpräzisen Zielformulierungen: Ausrottung des Militarismus und Nazismus, Friedenssicherung, Möglichkeit eines friedlichen Wiederaufbaus in Deutschland. Um diese Ziele zu realisieren, sollte zwar der Alliierte Kontrollrat gemeinsam die höchste Gewalt in Deutschland ausüben, auf der anderen Seite wurde aber die definitive Entscheidungs- und Exekutivbefugnis dem Oberbefehlshaber der jeweiligen Zone übertragen. Der Grundsatz, die deutsche Bevölkerung in allen Zonen gleich und die deutsche Wirtschaft als Einheit zu behandeln, wurde damit von vornherein gravierend eingeschränkt. Die Passagen über die Verantwortung des deutschen Volkes, über die Vorbereitung auf ein späteres demokratisches Leben und über die Entnazifizierung lehnten sich zum Teil wörtlich an die amerikanische Direktive JCS 1067 (D 7) an, dennoch gab es einige sehr wichtige Änderungen, die vielfach übersehen worden sind[37]). Insbesondere wurden über lokale Selbstverwaltung hinaus jetzt gesamtzonale deutsche Verwaltungsabteilungen zugelassen, während dies in der Direktive noch strikt ausgeschlossen war. Ferner wurden die Zulassung und Förderung politischer Parteien und freier Gewerkschaften festgelegt, während auch hier die Direktive viel restriktiver verfuhr. Diese beiden Bestimmungen waren von der Praxis der Sowjetunion bestimmt, die bereits im Juni Parteien und Gewerkschaften zugelassen hatte und schon vor Ende der Konferenz Zentralverwaltungen in ihrer Zone etablierte.

Um die wirtschaftspolitischen Grundsätze gab es ähnlich wie in der Grenzfrage heftige Auseinandersetzungen, bevor Kompromißformulierungen gefunden wurden. Neben der Vernichtung der militärischen Kapazität und der grundsätzlichen Festlegung eines Reparationsplanes für die verbleibende deutsche Industrie, verbunden mit der Dezentralisierung (Entflechtung) im Bereich von Großindustrie und Banken, war die wirtschaftliche Einheit Deutschlands als besatzungspolitisches Prinzip eine der wesentlichsten Festlegungen. Dies sollte, wie ausdrücklich festgehalten wurde, gemeinsame Richtlinien für das landwirtschaftliche und industrielle Produktionsniveau, für Löhne und Steuern sowie für ein gesamtdeutsches Import- und Exportprogramm bedeuten. Das Ziel dieser Maßnahme war eine „gleichmäßige Verteilung der wesentlichen Waren unter den verschiedenen Zonen, um ein ausgeglichenes Wirtschaftsleben in ganz Deutschland zu schaffen und die Einfuhrnotwendigkeit einzuschränken" (III. 15).

Hinsichtlich der Reparationen ging das Abkommen – anders als die provisorische Vereinbarung von Jalta – nicht mehr von einer fixen Summe aus, sondern legte die Reparationsentnahme auf Zonenbasis fest. Jede Besatzungsmacht sollte ihre Ansprüche aus ihrer Zone und aus deutschen Auslandsguthaben befriedigen, zusätzlich wurden der Sowjetunion 15 Prozent der für eine Friedenswirtschaft überflüssigen industriellen Ausrüstung aus den Westzonen gegen Nahrungsmittel- und Rohstofflieferungen und 10 Prozent ohne Gegenleistung zugestanden. Vor dem Hintergrund der Versailler Reparationsregelungen nahm sich die Potsdamer Festlegung auf dem Papier als maßvoll und vernünftig aus. Politisch bedeutete jedoch das von den USA durchgesetzte Prinzip der zonenbezogenen Reparationsentnahme, daß die zuvor proklamierte Wirtschaftseinheit faktisch unterlaufen wurde. Denn die endgültige Entscheidung über den Umfang der für Reparationszwecke zu benutzenden industriellen Ausrüstungen sollte trotz gemeinsamer Kontrollratsrichtlinien der jeweilige Zonenkommandierende treffen. Die Sowjetunion setzte ihrerseits durch, daß die Gebiete jenseits von Oder und Neiße Polen als Reparationsbasis zur Verfügung gestellt und damit aus der gemeinsamen Zonenverwaltung herausgenommen wurden. Auf diese Weise war zugleich die umstrittene Grenzregelung weiter präjudiziert.

Kaum eine Bestimmung des Potsdamer Abkommens erwies sich als so ambivalent und folgenreich für die künftige innen- und außenpolitische Entwicklung Westdeutschlands wie die Festlegung der Oder-Neiße-Linie. Faktisch wurde das Grenzproblem im sowjetischen und polnischen Sinne entschieden, nachdem es zusammen mit der Reparationsregelung als Verhandlungspaket verstanden worden war. Das zeigen nicht nur die Verhandlungsprotokolle, sondern auch die Passagen des Abkommens, in denen davon die Rede ist, daß die „früher deutschen Gebiete" östlich von Oder und Neiße unter polnische bzw. im nördlichen Ostpreußen unter sowjetische Verwaltung gestellt und die deutsche Bevölkerung „aus Polen" ausgewiesen werden sollte. Gerade mit diesem Ausweisungsbeschluß wurde eine Grenzregelung in einer Weise materiell festgeschrieben, daß sie später kaum noch rückgängig zu machen war – ein Argument, das Molotow später mit einigem Recht ins Feld führen konnte. Die schon in Jalta offenkundigen westlichen, insbesondere britischen Bedenken gegen eine zu weitgehende Westverlagerung Polens fanden dennoch Berücksichtigung durch die Vorbehaltsklausel, „daß die endgültige Festlegung der Westgrenze Polens bis zur Friedenskonferenz zurückgestellt werden soll"

(IX. b). Hier setzten schon ein Jahr später im Zeichen der wachsenden Konfrontation die westalliierten Versuche an, die Oder-Neiße-Grenze als vorläufig und reversibel zu betrachten. Von hier nahm auch eine breite völkerrechtliche und politische Diskussion in der Bundesrepublik ihren Ausgangspunkt, die bis zum Warschauer Vertrag von 1970 das außenpolitische Verhältnis zu Polen bestimmte und belastete. Aus einer nüchternen Interpretation des Potsdamer Abkommens läßt sie sich schwerlich ableiten, erklärlich ist sie nur im gesamten Zusammenhang des Kalten Krieges.

Die Interessendivergenzen und politischen Konflikte zwischen den Alliierten waren vor und während der Potsdamer Konferenz deutlicher geworden als in Jalta. Insofern fielen die Urteile über ihr Ergebnis auch viel zurückhaltender aus. Dennoch sollte nicht übersehen werden, daß in Potsdam ein Rahmenprogramm für eine einheitliche alliierte Besatzungspolitik formuliert worden ist, an dem sich alle Besatzungsmächte in unterschiedlicher Akzentuierung orientierten. Wie John Gimbel gezeigt hat, machte vor allem die amerikanische Militärregierung mit der Erfüllung des Abkommens durchaus Ernst, sah sie darin doch günstige Ansatzpunkte, um die Ziele einer Entmilitarisierung und Entnazifizierung mit den Notwendigkeiten eines wirtschaftlichen Wiederaufbaus zu verbinden. Als Hindernis einer gemeinsamen Deutschlandpolitik erwies sich nach Potsdam zunächst vor allem Frankreich, das die Vereinbarungen nur partiell als verbindlich betrachtete, da es an ihnen nicht beteiligt worden war. Die Konfliktlinien liefen 1945/46 noch keineswegs primär entlang der Grenze zur Ostzone, und es spricht einiges für die These, daß die Deutschlandfrage den offenen Ausbruch des Kalten Krieges eher verzögert hat und zunächst durchaus noch „eine Art Kitt für die zerfallene Allianz" darstellte[38]).

Anmerkungen zu Kapitel I

1) Schwarz 1980, S. 76.
2) Text in: Ursachen und Folgen Bd. 17, S. 586 f.
3) Moltmann 1957, S. 244.
4) Overesch 1979, S. 17.
5) Kolko 1968, S. 242 f. Generell zur revisionistischen Schule: Link 1971; Schröder 1976; Loth 1980.
6) Moltmann 1957, S. 245.
7) Text in: Hirsch 1967, S. 192 ff.
8) Schwarz 1980, S. 58 f.
9) Morgenthau 1945, S. 147.
10) Zit. b. Sherwood 1950, S. 304 f.
11) Churchill III 2, S. 296.

12) Ebd. VI 1, S. 269.
13) Ebd. V 2, S. 50.
14) Zit. b. Vogel 1967, S. 200.
15) Churchill VI 2, S. 39 f.
16) Kowalski 1971.
17) Text in: Ursachen und Folgen Bd. 23, S. 308 ff.
18) Nolte 1974, S. 186; Smith 1978. Vgl. die scharfe Kritik in NPL 1980, S. 126 f.
19) Rudzio 1969, S. 219; Schwarz 1980, S. 58 f.
20) Z. B. Badstübner/Thomas 1975, S. 50 f.
21) Fischer 1973.
22) Laschitza 1969; Sywottek 1971.
23) Z. B. Laschitza 1969, S. 261.
24) J. W. Stalin, Über den Großen Vaterländischen Krieg der Sowjetunion, Berlin (O) ^{3}1952, S. 223.
25) Kuklick 1972.
26) Graml in: Westdeutschlands Weg 1976, S. 26 ff.
27) Vgl. z. B. Clemens 1970. Dagegen Tolstoy 1977, der vor allem den wenig beachteten Aspekt der Auslieferung der Kriegsgefangenen beleuchtet.
28) Yergin 1979.
29) Stettinius 1950, S. 261.
30) Davis 1974, S. 235. Detailliert zur Rolle Polens in der amerikanischen Politik Lundestad 1978, S. 183 ff.
31) Herring 1973, S. 206.
32) Geyer 1972, S. 368 f.
33) Deuerlein 1963, S. 24.
34) Feis 1962.
35) Z. B. Badstübner/Thomas 1975, S. 20 f.
36) Text in: Deuerlein (Hrsg.) 1963.
37) Gimbel 1971, S. 30 ff.
38) Graml in: Westdeutschlands Weg 1976, S. 47.

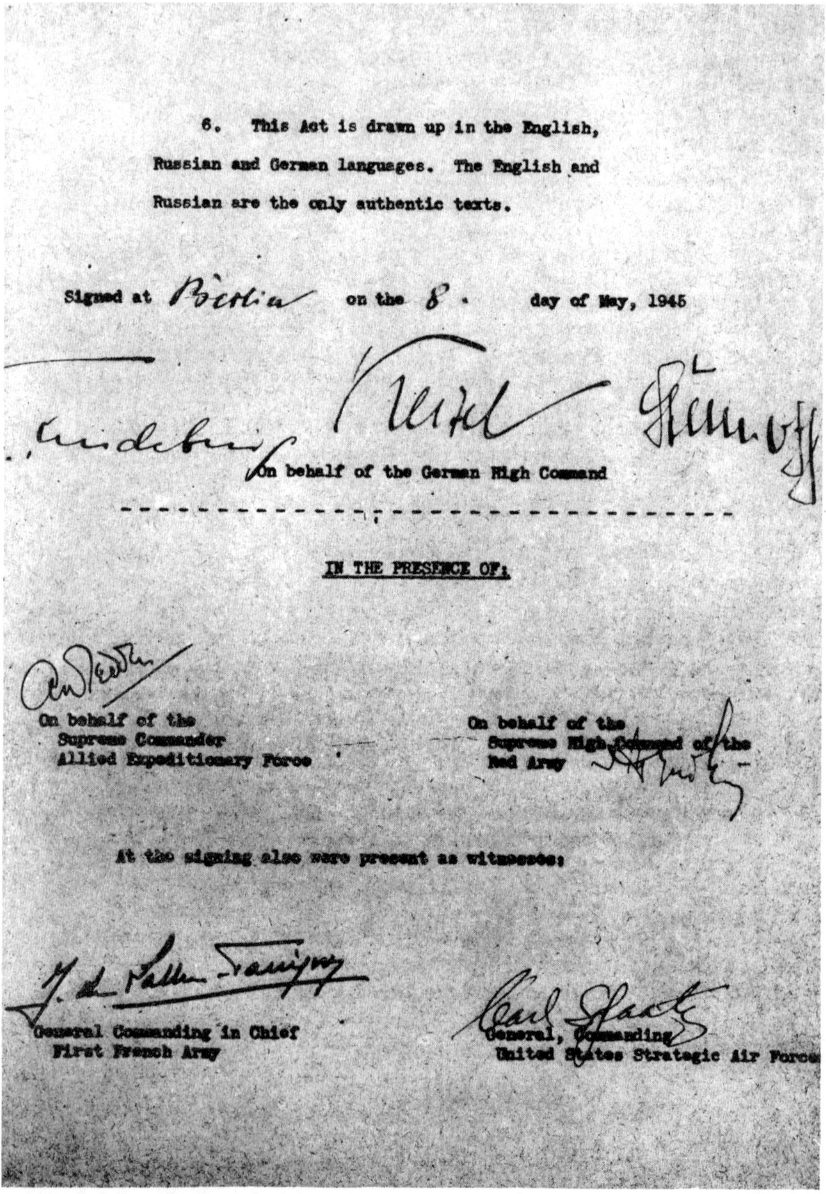

6. This Act is drawn up in the English, Russian and German languages. The English and Russian are the only authentic texts.

Signed at Berlin on the 8. day of May, 1945

On behalf of the German High Command

IN THE PRESENCE OF:

On behalf of the
Supreme Commander
Allied Expeditionary Force

On behalf of the
Supreme High Command of the
Red Army

At the signing also were present as witnesses:

General Commanding in Chief
First French Army

General, Commanding
United States Strategic Air Force

Unterschriftenseite der Kapitulationsurkunde, unterzeichnet im sowjetischen Hauptquartier in Berlin-Karlshorst am 8. Mai 1945.

Kapitel II

Die Zusammenbruchgesellschaft

Der von Goebbels 1943 erklärte „totale Krieg" endete 1945 in der totalen Niederlage und in der bedingungslosen Kapitulation vom 8. Mai 1945. Die noch von Hitler vor seinem Selbstmord eingesetzte Regierung des Großadmirals Dönitz „amtierte" zwar noch bis zu ihrer Verhaftung am 23. Mai, sie war jedoch – abgesehen von ihrer z. T. erfolgreichen Strategie von Teilkapitulationen zur Rettung deutscher Flüchtlinge und Soldaten vor der Roten Armee[1]) – ohne Bedeutung und ist wesentlich nur insofern von Interesse, als sie nicht sofort aufgelöst wurde und daher Stalins Argwohn gegenüber der britischen Deutschlandpolitik erregte.

Niederlage und militärische Besetzung bedeuteten aber auch Befreiung vom nationalsozialistischen Regime. Als solche ist das Ende des Dritten Reiches sicher nur von einer Minderheit der Bevölkerung verstanden worden. Dennoch sollte diese Perspektive im Urteil über 1945 nicht fehlen. Für Tausende von deutschen Widerstandskämpfern, politischen Häftlingen und Gegnern des Regimes und Millionen von ausländischen Kriegsgefangenen, Zwangsarbeitern und KZ-Insassen bedeutete die militärische Besatzung eine politische Befreiung. Die Gewichtung der beiden Komponenten Besatzung und Befreiung hängt somit zweifellos vom jeweiligen politischen und sozialen Standort ab, und erst beide zusammen ergeben eine zutreffende Kennzeichnung der Ausgangslage.

Auch die vielzitierte Formel von der „Stunde Null" entspricht diesen beiden Komponenten. Sie beinhaltet sowohl die Vorstellung vom totalen Zusammenbruch und der Infragestellung der bisherigen historischen Entwicklung Deutschlands als auch die Hoffnung auf einen mit diesem radikalen Kontinuitätsbruch verbundenen völligen Neuanfang. Daß es kein totaler Neubeginn war, daß vielmehr über die weltpolitische Zäsur 1945 hinweg vielerlei politische und gesellschaftliche Kontinuitätslinien bald wieder wirksam wurden und bis zu einem gewissen Grade zweifellos auch werden mußten, ist heute schon beinahe ein Gemeinplatz. „Es gab keine Stunde Null; es war eine Stunde des improvisierten Wiederaufbaus, der verschämten Reparatur diskreditierter Kontinuität."[2]) Dennoch bleibt die „Stunde Null" als Metapher für eine diffuse Stimmungslage verwendbar, die ex post schwer nachzuvollziehen und begrifflich einzufangen ist. Ein Zeitgenosse hat einen Aspekt dieser Stimmung beschrieben als ein „trotz Hunger und für Jüngere heute unvorstellbarer Unsicherheit fast schmerzendes

CONTROL COUNCIL

Proclamation No. 1

To the People of Germany:

The Commanders - in - Chief of the Armed Forces in Germany of the United States of America, the Union of Soviet Socialist Republics, the United Kingdom of Great Britain and Northern Ireland, and the Provisional Government of the French Republic, acting jointly as members of the Control Council do hereby proclaim as follows:

I

As announced on 5 June 1945, supreme authority with respect to Germany has been assumed by the Governments of the United States of America, the Union of Soviet Socialist Republics, the United Kingdom, and the Provisional Government of the French Republic.

II

In virtue of the supreme authority and powers thus assumed by the four Governments the Control Council has been established and supreme authority in matters affecting Germany as a whole has been conferred upon the Control Council.

III

Any military laws, proclamations, orders, ordinances, notices, regulations, and directives issued by or under the authority of the respective Commanders - in - Chief for their respective Zones of Occupation are continued in force in their respective Zones of Occupation.

Done at Berlin, 30 August 1945

Dwight D. Eisenhower
General of the Army

Gregory Zhukov
Marshal of the Soviet Union

Bernard L. Montgomery
Field Marshall

Pierre Koenig
General, Army Corps Commander

OMG W

KONTROLLRAT

Proklamation Nr. 1

An das deutsche Volk:

Die Oberbefehlshaber der Streitkräfte in Deutschland, der Vereinigten Staaten von Amerika, der Union der Sozialistischen Sowjetrepubliken, des Vereinigten Königreiches von Großbritannien und Nordirland und der Provisorischen Regierung der Französischen Republik, verkünden hiermit gemeinsam als Mitglieder des Kontrollrates folgendes:

I

Laut Bekanntmachung vom 5. Juni 1945 ist die oberste Regierungsgewalt in Bezug auf Deutschland von den Regierungen der Vereinigten Staaten von Amerika, der Union der Sozialistischen Sowjetrepubliken, des Vereinigten Königreiches von Großbritannien und Nordirland und der Provisorischen Regierung der Französischen Republik übernommen worden.

II

Kraft der obersten Regierungsgewalt und der Machtbefugnisse, die damit von den vier Regierungen übernommen wurden, ist der Kontrollrat eingesetzt und die oberste Machtgewalt in Angelegenheiten, die Deutschland als Ganzes angehen, dem Kontrollrat übertragen worden.

III

Alle Militärgesetze, Proklamationen, Befehle, Verordnungen, Bekanntmachungen, Vorschriften und Anweisungen, die von den betreffenden Oberbefehlshabern oder in ihrem Namen für ihre Besatzungszonen herausgegeben worden sind, verbleiben auch weiterhin in diesen ihren Besatzungszonen in Kraft.

Ausgefertigt in Berlin, 30. August 1945

Dwight D. Eisenhower
General der Armee

Gregory Zhukov
Marschall der Sowjetunion

Bernard L. Montgomery
Feldmarschall

Pierre Koenig
General,
Armee-Korps-Kommandeur

Proklamation Nr. 1 des Alliierten Kontrollrats vom 30. August 1945.

Hochgefühl von Freiheit, eine grenzenlose Erwartung. Schlimmeres als das Überlebte war nicht denkbar und diesem Schlimmen war ein Ende gesetzt. Ein Augenblick von Zeitlosigkeit, der sich rauschhaft dehnte, ein Pausenzeichen der Geschichte, nachdem alles verändert sein würde"[3]).

Mit der Formulierung „Zusammenbruchgesellschaft" wird unabhängig von diesen Erwartungen, Hoffnungen und Stimmungen zunächst nur ein äußerlich feststellbarer Tatbestand grob umschrieben, der sich auf alle Lebensbereiche erstreckte[4]). Der Versuch, die Umrisse dieser Zusammenbruchgesellschaft zu rekonstruieren, wirft freilich schwer lösbare Quellen- und Methodenprobleme auf. Das hat zur Folge, daß die Behandlung eines solchen Themas notwendigerweise wenig systematisch ausfallen und sich auf einige rekonstruierbare Aspekte mit nur begrenzter Erklärungskraft für die Gesamtsituation konzentrieren muß.

1. Demographische Verschiebungen als soziales Problem und Zerstörung tradierter Strukturen

Mit der riesenhaften Fluchtbewegung der ostdeutschen Bevölkerung vor der Roten Armee gegen Ende des Krieges und der Vertreibung und Aussiedlung der Deutschen aus Ostmitteleuropa, wie sie auf den Kriegskonferenzen prinzipiell sanktioniert worden war, begann eine weitere Etappe eines umfassenden Verdrängungs- und Wanderungsprozesses seit dem ausgehenden 19. Jahrhundert von Ost nach West, in dem sich eine ständige Eskalation der Gewaltsamkeit zeigte. Hitler leitete nach Abschluß des Paktes mit der Sowjetunion eine systematische Umsiedlung von ca. 800 000 Deutschen aus dem Baltikum und Südosteuropa ein, und die gewaltsame Völkerwanderung seit 1944/45 brachte schließlich über 12 Millionen Deutsche nach Westen[5]). Flüchtlinge und Aussiedler bildeten jedoch nur einen Strom innerhalb der tiefgreifenden demographischen Veränderungsvorgänge. Zeitlich zum Teil parallel und in quantitativ ähnlicher Größenordnung mußte 1945 das Problem der „Displaced Persons" (DP's) gelöst werden. Schließlich gehören zu diesen Bevölkerungsverschiebungen die zeitlich am frühesten beginnenden Evakuierungen von Bevölkerungsteilen aus den bombardierten Städten und die daraus resultierenden beträchtlichen Veränderungen zwischen Stadt und Land. Alle drei Komponenten zusammen, deren Gewichte sich im späteren politischen Bewußtsein einseitig auf die erste verlagert haben, markieren einen demographischen Umbruch, für den es in Deutschland kaum historische Parallelen gibt.

Schon 1943 begannen freiwillige und von den NS-Behörden gelenkte „Umquartierungen" und Evakuierungen von Stadtbewohnern, die nicht unmittelbar für den Produktionsprozeß gebraucht wurden (insbesondere Kinder, Frauen, alte

Menschen)[6]. Sie wurden vorwiegend in dörfliche oder kleinstädtische Umlandgebiete, teilweise aber auch in weiter entfernte Regionen innerhalb des „Altreichs“ geschickt. Dieser Prozeß nahm bis Kriegsende an Intensität zu, vermischte sich von da an mit der Evakuierungs- und Fluchtbewegung aus dem Osten und wurde mit dem sich allmählich wieder entwickelnden innerstädtischen Leben nur langsam rückläufig. Die Rückführung der Evakuierten blieb noch weit über das Bundesevakuiertengesetz von 1953 hinaus ein gravierendes innenpolitisches Problem. Quantitativ lassen sich diese Etappen nicht genau verfolgen. Nach detaillierten statistischen Erhebungen der NSDAP-Reichsleitung betrug die Gesamtzahl der im „Großdeutschen Reich“ „Umquartierten“ Ende 1944 (einschließlich deutscher und „fremdvölkischer“ Flüchtlinge, aber ohne Verschiebungen durch Betriebsverlagerungen) 8,944 Millionen[7]).

Einen Eindruck vom Umfang des Evakuiertenproblems im engeren Sinne vermittelt eine Statistik (D 10), die den Stand am 1. April 1947 wiedergibt. Danach gab es unter der 65,9 Millionen zählenden Gesamtbevölkerung der vier Besatzungszonen (Zählung von 1946) 3,098 Millionen (= 4,7 Prozent) Evakuierte. Sie verteilten sich mehrheitlich auf die britische und amerikanische Zone (1,108 und 0,936 Millionen), in der die Bombenschäden am größten waren. In der russischen Zone einschließlich Berlins wurden 704 000, in der französischen Zone 350 000 Evakuierte registriert. Die Evakuierungen verursachten neben den direkten Verlusten und der nach dem Zusammenbruch fortgesetzten Abwanderung in erster Linie das Absinken der Einwohnerzahlen der Großstädte und sorgten damit für eine tiefgreifende regionale Umverteilung der Bevölkerung, die durch die Flüchtlingsströme noch weiter verstärkt wurde.

Der in der westdeutschen Nachkriegsgeschichte global als „Vertreibung“ gekennzeichnete Gesamtvorgang sollte – auch wenn dieser Begriff für die ersten Phasen legitim bleibt – zutreffender nach den verschiedenen Stadien Flucht, Zwangsausweisung und Umsiedlung differenziert werden, wie es die deutsch-polnischen Schulbuchempfehlungen versucht haben[8]). Diese Phasen lassen sich nicht exakt, aber annäherungsweise in ihrer Größenordnung und zeitlichen Abfolge bestimmen. Die Gruppe der aus den Ostgebieten vor der Roten Armee seit Anfang 1945 Flüchtenden umfaßte etwa die Hälfte der 9,5 Millionen Deutsche zählenden Bevölkerung östlich von Oder und Neiße[9]). „Massenhafte Vergewaltigungen von Frauen, willkürliche Tötung vieler Deutscher, Raub und Mißhandlung während des Einzuges der Roten Armee sind in einem Maße und in solcher Gleichförmigkeit in allen Gebieten jenseits der Oder und Neiße verübt worden, daß keine Darstellung der Vertreibung daran vorübergehen kann.“[10]) In der Phase nach Abschluß der Kriegshandlungen begannen die wahllosen und irregulären Vertreibungen, die Konsequenz und Ausdruck des aufgestauten Hasses und spontanen Rachebedürfnisses bei den von der nationalsozialistischen Okkupation unterdrückten, ausgebeuteten und erniedrigten osteuropäischen Völkern waren und die nun kollektiv die gesamte deutsche

Bevölkerung trafen. Die Größenordnung lag hier bei rund 250 000 Deutschen, vor allem aus Ostbrandenburg, Ostpommern, Niederschlesien und Danzig. „Keine Etappe der späteren Ausweisungen verlief unter ähnlich unmenschlichen und so brutalen Methoden wie diese erste, noch vor Abschluß des Potsdamer Abkommens vollzogene Vertreibung. . ."[11]) Nachdem in Potsdam die Vereinbarung zur „ordnungsgemäßen Überführung der deutschen Bevölkerung" aus Polen, der ČSR und Ungarn getroffen worden war, folgte die direkte Welle von Zwangsumsiedlungen, die zunächst ebenfalls sehr gewaltsam und verlustreich verlief, sich ab etwa 1947 dann in geordneteren Formen der Aussiedlung und Familienzusammenführung bis in die fünfziger Jahre erstreckte. Der größte Teil entfiel in den Oder-Neiße-Gebieten auf die sog. „Aktion Schwalbe" des Jahres 1946 mit 2 Millionen Zwangsaussiedlern. Im Zeitraum von 1945 bis 1951 wurden insgesamt 3,5 Millionen Deutsche jenseits von Oder und Neiße vertrieben und ausgesiedelt[12]). Aus der Tschechoslowakei hatte Westdeutschland 2,921 Millionen, aus anderen osteuropäischen Staaten 1,865 Millionen Volksdeutsche bis 1950 aufzunehmen[13]).

Die enorme Zahl von Flüchtlingen und Zwangsumgesiedelten bewirkte in den Besatzungszonen eine ungeheure Verschärfung der ökonomischen, sozialen und politischen Probleme. Ihre Verteilung auf die einzelnen Zonen sah nach der Alliierten-Regelung vom November 1945 sehr unterschiedlich aus (D 10). Am 1. April 1947 verteilten sich die 10,096 Millionen „aus dem Ausland und den Ostgebieten Vertriebenen" mit 3,949 Millionen auf die sowjetische, 3,193 Millionen auf die britische, 2,904 Millionen auf die amerikanische und 50 000 auf die französische Zone[14]). Erst seit 1948 nahm auch die französische Zone in stärkerem Maße Flüchtlinge auf, so daß die Verteilung etwas ausgeglichener wurde. Die meisten Flüchtlinge mußten in ländlichen Gebieten untergebracht werden. Daher erklärt sich auch, daß etwa in der britischen Zone mit hochindustrialisierten Ballungsgebieten wie dem Ruhrgebiet, aber auch agrarisch bestimmten Flächenstaaten wie Niedersachsen und Schleswig-Holstein ein besonders großer Teil zu finden war (D 11). Zusätzliche Verschiebungen ergaben sich durch z. T. politisch motivierte, schon bald nach Kriegsende beginnende Abwanderungsbewegungen aus der sowjetischen Zone (bis April 1947: ca. 900 000)[15]) sowie die zahlenmäßig nicht genau erfaßbare Binnenwanderung innerhalb der westlichen Zonen.

Das Ergebnis der Flucht- und Wanderungsbewegungen war ein rapides Ansteigen der Bevölkerungszahlen trotz der hohen Kriegsverluste. Die Gesamtbevölkerung in den vier Besatzungszonen einschließlich Berlins war 1946 auf 65,930 Millionen (1939: 59,794 Millionen), die Einwohnerdichte je Quadratkilometer von 167,5 auf 184,6 gestiegen. Bis zum Oktober 1948 hatte die Bevölkerung der Bizone, gemessen am Vorkriegsstand des Jahres 1936, um ein Viertel zugenommen[16]). Für den wirtschaftlichen Wiederaufbau bedeutete das nicht nur im Hinblick auf Ernährung, Wohnung und soziale Versorgung ein schweres Hemmnis. Da die Verteilung relativ willkürlich erfolgte, waren vielfach Arbeitskräfte dort konzentriert, wo keine entsprechenden Arbeitsplätze zur Verfügung standen, während sie in anderen Regionen, wo man sie brauchte, fehlten. Zudem hatten sich der Altersaufbau und die Zusammensetzung der Bevölkerung nach Männern und Frauen im Gefolge des Krieges erheblich verändert. Die Überbevölkerung wurde damit durch Probleme der Verzerrung der Alterspyramide und eines großen Frauenüberschusses überlagert. In allen vier Zonen einschließlich Berlins kamen auf 29,316 Millionen Männer 36,595 Millionen Frauen, d. h. auf 100 Männer 125 Frauen. Im Altersaufbau fiel vor allem die tiefe Lücke der leistungsfähigsten Altersgruppen zwischen 25 und 40 Jahren ins Gewicht. Ihr Anteil sank im britisch-amerikanischen Besatzungsgebiet von 26,7 Prozent (1939) auf 20,5 Prozent (1946). Legt man nur die Männer zugrunde, so sank der Anteil dieser Altersgruppe sogar von 27,3 auf 17,6 Prozent[17]).

Für die deutsche Nachkriegsgeschichte sind diese demographischen Veränderungen kaum zu überschätzen. In den ersten Jahren nach dem Zusammenbruch bedeuteten die Flüchtlingsströme eine große Belastung und verschärften das soziale Elend. Die Sozialpolitik der Bundesrepublik mußte sich vorrangig auf sie ausrichten. Für den späteren industriellen Wiederaufbau Westdeutschlands sind sie jedoch als qualifiziertes Arbeitskräftepotential, das ohne Ausbildungskosten sofort zur Verfügung stand, ein bedeutsamer Faktor geworden. Durch die erzwungene Bevölkerungsdurchmischung haben sich zudem neue regionale und konfessionelle Strukturen ergeben[18]), die zum Aufbrechen alter, festgefügter Traditionen zum Beispiel im Bereich der politischen Parteien mit bestimmten konfessionellen und regionalen Zentren führten und damit letztlich auch eine größere Flexibilität des parlamentarischen Systems bewirkten. Tradierte Verhaltensweisen und Mentalitäten wurden aufgelockert und verändert, die soziale Mobilität erhöht. Neben diesen „von außen“ hervorgerufenen Veränderungen und sozialen Umschichtungen sind jedoch auch Tendenzen zur Restabilisierung überkommener Wertvorstellungen und Verhaltensmuster insbesondere im Bereich der Familie und der Einstellung zu Öffentlichkeit und Politik feststellbar, die für die innere Entwicklungsgeschichte der Bundesrepubik von zentraler Bedeutung wurden und nur vor dem Hintergrund dieser in ihrem Ausmaß bisher unbekannten sozialen Erschütterungen erklärbar sind.

Ein längerfristig für Deutschland nicht mehr ins Gewicht fallendes, zunächst aber gravierendes und den Alltag der Bevölkerung und auch die Arbeit der Behörden bestimmendes Problem waren die „Displaced Persons“ (DP's), die ebenfalls nach Millionen zählten. Unter diesem Begriff wurden sehr verschiedene Personengruppen zusammengefaßt. Überdies änderte sich die Definition des Begriffs 1947 einschneidend. Das alliierte Hauptquartier definierte im November 1944 DP's als Zivilisten, die sich aus Kriegsgründen außerhalb der nationalen Landesgrenzen befinden und die heimkehren wollen, aber ohne Hilfe nicht können und die in Feindes- oder ehemaliges Feindesland zurückzuführen sind. Im Juli 1947 dagegen bezog sich der Terminus auf Personen, die als Zwangsarbeiter oder aus rassischen, religiösen oder politischen Gründen ihr Land verlassen hatten. Die deutsche Zivilverwaltung unterschied dementsprechend Ende der vierziger Jahre zwischen Zwangsverschleppten, politischen Flüchtlingen fremder Nationalität und Ausländern ohne DP-Status[19]).

Bei Kriegsende befanden sich nach verschiedenen Schätzungen acht bis zehn Millionen DP's in Deutschland[20]), deren Unterbringung (nach wie vor in Lagern), Versorgung und Repatriierung sich zu einem schwierigen Problem für die Besatzungsmächte auswuchs. Deutsche Stellen wurden erst spät zur Bewältigung herangezogen. Von Mai bis September 1945 wurden in regulären Transporten 4,622 Millionen DP's aus den Westzonen repatriiert. Im Frühjahr 1947 hielten sich noch knapp eine Million Ausländer im Vierzonengebiet auf, davon rund 575 000 in der britischen und 275 000 in der amerikanischen Zone[21]). Insgesamt bedeutete die Repatriierung der DP's eine außerordentlich komplexe Aufgabe, in die auch die jeweiligen Heimatländer besonders in Osteuropa und im Falle Polens auch die Exilregierung in London politisch verwickelt wurden. Hier soll nur auf zwei Seiten hingewiesen werden. Aus zeitgenössischen deutschen und alliierten Berichten geht hervor, wie die DP's von der Bevölkerung vor allem als soziales Problem wahrgenommen wurden. „Es besteht die Gefahr", hieß es in dem Bericht eines amerikanischen Nachrichtenoffiziers vom April 1945[22]), „daß sich die augenblickliche Lage der ausländischen Arbeiter zu einem Skandal ausweitet. Die ungeheuer große Zahl ausländischer Arbeiter und ihr offenbar unkontrolliertes Umherziehen auf allen Straßen und Gassen in Deutschland springen ins Auge und können zu Empörung und Kritik führen, obwohl sie nicht völlig berechtigt wären."

Die unter der deutschen Bevölkerung besondere Aufmerksamkeit erregenden Berichte über Gewalttaten waren in den Augen des Nachrichtenoffiziers „maßlos übertrieben". Mochte dieses Urteil anfangs sogar zutreffend sein, so entwickelte sich die Kriminalität der DP's im Laufe des Jahres 1945 doch zu einem gravierenden Sicherheitsproblem, und die Militärregierungen versuchten, mit drastischen Mitteln (u. a. Todesurteilen gegen DP's) die Gewalttaten einzudämmen[23]). Ein Vergleich der DP-Kriminalität mit der Verbrechensrate unter der deutschen großstädtischen Bevölkerung zeigt dennoch, daß DP's bei den Kapitalverbrechen annähernd den gleichen Anteil wie die Deutschen aufwiesen, bei Eigentumsdelikten sogar unter den Ziffern der deutschen Bevölkerung lagen. Daß die Deutschen diese Ausländergruppe vor allem als Gefahr wahrnahmen und Feindbilder aufbauten oder verstärkten, ist angesichts der fehlenden beiderseitigen Kommunikation und eines schlechten politischen Gewissens ebensowenig überraschend wie die relativ hohe DP-Kriminalität, die sich leicht aus den demoralisierenden Lebensumständen in den Lagern, aus materieller Not und aus dem Zusammenbruch der öffentlichen Ordnung erklären läßt[24]).

Mit welchen sozialen, politischen und persönlichen Problemen das Zwangsarbeiter- und DP-Schicksal für den einzelnen verbunden war, welche historische Tragik sich darin manifestierte, läßt sich nicht mit wenigen Sätzen schildern. Beispielhaft seien hier die Lebensdaten eines Polen wiedergegeben[25]): „Ein polnischer Gymnasiallehrer, 1908 geboren, seit 1937 verheiratet (1 Kind), am 14. Februar 1940 bei einer sogenannten Fangaktion aus der Straßenbahn in Warschau heraus verhaftet und nach Deutschland verbracht; dort Zwangsarbeiter beim Bau der großen Schleuse in Wilhelmshaven; bei mangelhafter Verpflegung und Unterbringung 12 Stunden Arbeit täglich (in wechselnden Tag- und Nachtschichten); nach der Befreiung notdürftig in einer Bremer Kaserne untergebracht, 1947 Verweigerung der Rückkehr nach Polen wegen der dort entstandenen politischen Lage; Lagerleben bis 1949, dann Ausreisebewilligung nach Kanada; seit 1950 Industriearbeiter in Toronto, erfährt erst dort vom Tode seiner Familie im Warschauer Aufstand 1944; Wiederaufnahme akademischer Tätigkeit an Sprachschwierigkeiten und Alter gescheitert, 1956 Frühinvalide wegen schlecht verheilter TB“.

Am 1. März 1949 wurden in den drei Westzonen noch 411 654 DP's gezählt, die größtenteils in Lagern oder geschlossenen Siedlungen lebten. Den größten Anteil stellten die Polen, gefolgt von Balten, Ukrainern, Jugoslawen und Tschechen[26]). Auf westalliierten Druck hin regelte die Bundesregierung im April 1951 gesetzlich die „Rechtsstellung heimatloser Ausländer“, indem sie ihnen ein besonderes Aufenthalts- und Niederlassungsrecht, somit mehr als bloßes Asylrecht, zusicherte[27]). Die ehemaligen Zwangsarbeiter des Dritten Reiches waren damit zu einem Teil der westdeutschen Nachkriegsgesellschaft geworden. Ihre Eingliederungsprobleme sind noch weitestgehend unbekannt.

2. Kriegszerstörungen und Zonentrennung

Kriegszerstörungen traten in Deutschland vor allem in drei Formen auf: Zerstörungen durch Luftangriffe, als Folge des direkten Bodenkampfes und aufgrund von Selbstzerstörungsmaßnahmen. Der regionale Zerstörungsgrad läßt sich in seinen Auswirkungen auf den wirtschaftlichen Wiederaufbau aus mehreren Gründen schwer erfassen. Kriegszerstörungen und Demontage gingen (insbesondere in der russischen und französischen Zone) vielfach ineinander über und sind nachträglich quantitativ nicht mehr auseinander zu halten. Darüber hinaus wurden aber die östlichen und westlichen Reichsgebiete in unterschiedlicher Intensität betroffen. Die härtesten Luftangriffe gingen zweifellos über den süd- und westdeutschen Großstädten nieder, erst später auch

über mitteldeutschen (D 8). Sie zerstörten anfangs viel stärker Wohnraum als Industrieanlagen und richteten sich erst gegen Kriegsende gezielt gegen strategisch wichtige Rüstungsbetriebe. Dies traf in erheblichem Maße auch die spätere Ostzone. Darin schon Elemente des Kalten Krieges zu erkennen, wie es DDR-Autoren tun[28]), weil einige große Industrieanlagen (wie IG-Farben, Krupp u. a.) im Westen relativ verschont blieben, ist jedoch eine unbewiesene Spekulation. Die Produktionsrückgänge von Mai 1944 bis Januar 1945 lagen im Südwesten und im Ruhrgebiet am höchsten[29]). Die Folgen von Bodenkämpfen und Hitlerschen Vernichtungsbefehlen (Taktik der „verbrannten Erde“) waren andererseits in den östlichen Gebieten, wo gegen den „bolschewistischen Todfeind“ gekämpft wurde, relativ größer als im Westen. Besonders deutlich zeigte sich das in Berlin und Brandenburg[30]). Sehr hart war davon nicht zuletzt die Landwirtschaft betroffen.
Das äußerlich am stärksten ins Auge fallende Ausmaß an Kriegszerstörung betraf die Städte. 131 Städte waren durch Großangriffe aus der Luft geschädigt: 29 waren auf Berlin niedergegangen, 21 auf Braunschweig, 19 auf Ludwigshafen und Mannheim, je 18 auf Kiel, Köln, Frankfurt/M., je 16 auf Hamburg, Münster usf. Der furchtbarste einzelne Schlag war der Angriff auf das mit Flüchtlingen überfüllte Dresden am 13. Februar 1945, bei dem nach neueren Schätzungen mindestens 35 000 Menschen umkamen[31]).

Neben der katastrophalen, regional aber ebenfalls sehr unterschiedlichen Vernichtung von Wohnraum (D 12) bildete die Zerstörung des Transport- und Verkehrssystems, das gegen Kriegsende systematisch bombardiert worden war, das schwerste Hindernis für einen Wiederaufbau. Die Reichsbahn hatte vor dem Krieg rund zwei Drittel aller Gütertransporte zu bewältigen. In welchem Umfang das Straßennetz betroffen war, zeigt eine Angabe über die britische Zone: Im Mai 1945 waren von insgesamt 13 000 Streckenkilometern nur rund 1000 km befahrbar, sämtliche Rheinbrücken bis auf eine waren zerstört, alle Wasserwege und großenteils auch die Häfen wurden durch Wracks und Trümmer blockiert[32]). Das Transportsystem ließ sich zwar schon im Jahre 1945 wieder in beträchtlichem Umfang zumindest notdürftig reparieren, dennoch lag hier eines der entscheidenden Hindernisse für einen begrenzten wirtschaftlichen Aufstieg. Der ökonomische Rekonstruktionsprozeß im vorgegebenen Rahmen setzte zwar schon bald nach dem Zusammenbruch ein, wie sich am Anstieg der industriellen Produktion ablesen läßt. Eine pauschale Kennzeichnung der Jahre 1945 bis zur Währungsreform 1948 als wirtschaftlicher Zusammenbruch trifft somit nicht die Wirklichkeit. Dennoch scheiterte der erste, bis Ende 1946 dauernde „Aufschwung“ an der durch den kalten Winter drastisch verschärften Krise des Transportsystems[33]). Dieses für das Gebiet der Bizone nachgewiesene Ergebnis galt tendenziell auch für die übrigen Zonen.

So wenig dieser relative Aufschwung von den Zeitgenossen wahrgenommen wurde, so deutlich wurden die Demontagen als Unglück in engem Zusammenhang mit den Kriegszerstörungen angesehen. Tatsächlich spielten sie in den Westzonen zunächst kaum eine Rolle und hatten auch in den späten vierziger Jahren ökonomisch eine viel geringere Bedeutung, als aus zeitgenössischer Perspektive erkennbar war. Einschneidend bestimmten sie dagegen sofort nach dem Einmarsch der Roten Armee die ökonomische und soziale Situation in der SBZ. Gerade für die ersten Nachkriegsmonate waren hier die chaotischen, unkoordinierten und im Effekt oft völlig sinnlosen Demontagen charakteristisch[34]). Kriegszerstörungen und Demontagen lassen sich daher in der Gesamtbilanz kaum voneinander trennen. Erst 1946 mit der Gründung der „Sowjetischen Aktien-Gesellschaften" (SAG) wurden wahllose Aktionen in geordnetere und gezielte Formen der Reparationssicherung gelenkt.

Wirtschaftlich fatale Folgen hatte zunächst für alle Zonen, später insbesondere für das sowjetisch besetzte Gebiet die Zerschneidung eines zusammenhängenden Wirtschaftsraums durch Zonengrenzen, welche die verschiedenen Teile voneinander abschotteten. Nur mit umständlichen bürokratischen Verfahren konnten diese Grenzen überwunden werden. Angesichts des Zerstörungsgrades im Verkehrswesen, der Produktionsauflagen und der strikten Kontrolle der Alliierten wirkte sich die Zonentrennung zusätzlich hemmend auf eine Wiederankurbelung der Wirtschaft aus, weil insbesondere die Rohstoff- und Energieversorgung immer wieder in Frage gestellt war.

Einen plastischen Eindruck von den konkreten Problemen vermittelt am Beispiel eines Betriebes ein Bericht über die zu 33 Prozent völlig zerstörte und zu 61 Prozent teilbeschädigte BASF in Mannheim/Ludwigshafen (D 16).

Aber nicht nur für das Wirtschaftsleben bedeutete die Zonentrennung eine gravierende Behinderung, auch jeder einzelne war davon unmittelbar betroffen, sobald er aus einer Zone in eine andere reisen wollte. Eine solche Reise war, von allen äußeren Schwierigkeiten abgesehen, mit beträchtlichem Papierkrieg verbunden. 1947, als sich die formalen Voraussetzungen für Kommunikation schon erheblich verbessert hatten, diagnostizierte Erich Kästner bereits eine innerdeutsche Entfremdung, die sich am sinnfälligsten im „Zonendeutschtum" als einer Form „moderner Krähwinkelei" manifestiere[35]).

3. Ernährungslage, Arbeits- und Wohnsituation, Kriminalität

Zerstörung, Hunger und Schwarzmarkt bilden die mit der frühen Nachkriegszeit assoziativ am engsten verbundenen Vorstellungen. Die zeitgenössischen Quellen belegen, daß dies nicht nur die in der späteren Erinnerung dominanten Momente sind, sondern daß sich darin am unmittelbarsten die tatsächlichen Erfahrungen nach dem militärischen und politischen Zusammenbruch spiegelten. Noch bestehende Vorräte aus der Kriegszeit verhinderten zunächst, daß die Mangelsituation sofort voll auf das Leben jedes einzelnen durchschlug. Zudem war naturgemäß die städtische Bevölkerung ungleich stärker betroffen als die ländliche. Je nach Wirtschaftsstruktur und Organisation der Ernährungsversorgung unterschied sich überdies die Lage in den vier Zonen beträchtlich. Unter Berücksichtigung dieser Aspekte geben amtliche Statistiken über die durchschnittlich zur Verfügung stehenden Kalorienmengen nur eine grobe Annäherung an die Wirklichkeit, weil sie gelegentlich überschritten, meist jedoch unterschritten wurden. Dennoch können derartige Zahlen, so dürr sie auch sein mögen, einen ungefähren Eindruck der Ernährungssituation der deutschen Bevölkerung vermitteln. Innerhalb Europas lag Deutschland am Ende der Kalorienskala, so wenig in vielen Ländern auch die für einen nicht schwer Arbeitenden notwendige Menge von mindestens 2000 Kalorien erreicht wurde.

Hinsichtlich der amtlich festgesetzten Zahl rangierte unter den deutschen Besatzungszonen die amerikanische Mitte 1946 mit 1330 Kalorien an der Spitze, gefolgt von der russischen mit 1083 und der britischen mit 1050 den niedrigsten

Kalorienwaage

Quelle: H. M.-Brockmann (1947) (Pranger Verlag, München).

Satz hatte die französische mit rund 900[36]). Praktisch bedeutete die Kalorienzahl der britischen Zone nicht viel mehr als 2 Scheiben Brot mit etwas Margarine, einen Löffel voll Milchsuppe und 2 kleine Kartoffeln, wie der „Manchester Guardian" feststellte[37]). Die zunächst festgesetzte Tabelle von 1550 Kalorien (für „Normalverbraucher" 1945) umfaßte 400 g Kartoffeln, 350 g Brot, 7 g Fett, 35 g Fleisch, 43 g Eiweiß, 18 g Zucker, 4 g Käse[38]). „Die Ernährungslage ist in der französischen Besatzungszone schon jetzt nahe dem Hunger, weil die Franzosen ähnlich wie die Russen nicht nur vom Lande leben, sondern auch die Viehbestände und die geernteten Lebensmittel entweder nach Frankreich abtreiben oder plündern", – dies war der Eindruck des päpstlichen Abgesandten Zeiger von einer Informationsreise im September 1945[39]).

Vor dem Kriege stammten etwa 80 Prozent der Versorgung Deutschlands aus eigener Produktion. Durch die Gebietsabtrennungen im Osten gingen nun rund 25 Prozent der landwirtschaftlichen Nutzfläche verloren, auf verkleinerter Fläche mußte damit annäherend die gleiche Bevölkerungszahl wie vorher insgesamt versorgt werden, und die Ernten schrumpften durch Kriegseinwirkung auf etwa 50 bis 60 Prozent der Normalernte, so daß grob gerechnet nur 35 Prozent des früheren Normalbedarfs bzw. 50 Prozent bei entsprechend niedrigerem Kaloriensatz durch Eigendeckung gesichert waren[40]).

In der Bewirtschaftung aller Waren, auf denen das Versorgungssystem in den ersten Jahren beruhen sollte, gab es eine bruchlose Kontinuität zur NS-Zeit. Die schon 1935 begonnene Bewirtschaftung knapper Rohstoffe wurde gegen Kriegsende auf Konsumgüter ausgedehnt und von den Militärregierungen beibehalten. Jeder Verbraucher erhielt weiter seine Lebensmittelkarte für vier Wochen und konnte darauf die ihm zustehenden Waren zu stets gleichbleibenden Preisen kaufen – vorausgesetzt, er bekam sie. Andere Konsumgüter waren ebenfalls nur auf Bezugsschein zu erhalten, der seinerseits schwer zu erlangen war. Nicht nur der einzelne, sondern auch die Betriebe und Verwaltungen waren von Bezugsscheinen und Zuteilungen abhängig. Dieses System erforderte einen riesigen Apparat, da selbst in kleinsten Gemeinden ein Bezugsscheinamt errichtet werden mußte[41]).

Ein Teil dieses Apparats für die Ernährungsorganisation blieb zunächst ebenfalls aus der NS-Zeit erhalten. Der „Reichsnährstand" mit seinen Landes-, Kreis- und Ortsbauernschaften setzte im amerikanisch-britischen Besatzungsgebiet als Marktordnungs- und Lenkungsinstrument bis 1948 in modifizierter Form seine Arbeit fort (Gesetz des Wirtschaftsrats vom 21. 1. 1948)[42]). Als deutsche Aufsichtsbehörde mit ähnlichen Funktionen wie das frühere Reichsernährungsministerium fungierte das zunächst in Minden und seit 1947 in Stuttgart ansässige Zentralamt für Ernährung und Landwirtschaft (ZEL) unter Schlange-Schöningen. Er war ehemals prominentes Mitglied der DNVP und Osthilfe-Kommissar im zweiten Kabinett Brüning, gehörte zum Widerstandskreis um Goerdeler und zählte zu den Mitbegründern der CDU.

Relativ am besten funktionierte in den ersten Jahren die Erfassung und Verteilung von Lebensmitteln in der sowjetischen Zone aufgrund eines strengen Ablieferungssystems[43]), in der britischen Zone wurde dagegen das ZEL mit seinem hohen Anteil an politisch belastetem Personal schnell zum Ziel heftiger Angriffe. Eine durchgreifende Besserung der Ernährungssituation erfolgte erst 1948/49 in der Kombination von organisatorischen Veränderungen mit Währungsreform, Marshall-Plan und einer guten Ernte[44]).

Je knapper die Waren angesichts schnell schrumpfender Vorräte und nur langsam wieder anlaufender Produktion wurden, desto üppiger entfaltete sich der *Schwarzmarkt*. Er bestimmte mehr als jeder andere Faktor das alltägliche Leben aller Zonen, insbesondere in den Städten. Der Schwarzmarkt und die Tauschzentralen als die primitivste Form der Naturalwirtschaft wurden zum wichtigsten wirtschaftlichen Umschlagplatz. Wer in den Städten überleben wollte, war fast gezwungen, sich auf diese Weise zu versorgen. Victor Agartz, der Leiter des Verwaltungsamts für Wirtschaft der britischen Zone in Minden, schrieb im Sommer 1946 an die Militärregierung[45]): „Das System des organisierten Tauschhandels zwischen gewerblichen Unternehmungen und Bauern und die illegale Zuteilung von rationierten Verbrauchsgütern an die Industriearbeiter, die damit Lebensmittel eintauschen, hat einen solchen Umfang angenommen, daß man von der Verfolgung einzelner Fälle keinen Erfolg mehr erwarten kann. Solche irregulären Tauschgeschäfte sind gegenwärtig die Regel. Industrielle Verbrauchsgüter sind auf normalem Wege durch Kauf und Zuteilung kaum noch erhältlich. Dieses ganze Tausch- und Kompensationssystem spielt sich in aller Öffentlichkeit ab, so daß es von weiten Kreisen als absolut ordnungsgemäß und korrekt angesehen wird. Meine Mitarbeiter haben zum Beispiel festgestellt, daß Arbeiter Kohle gegen Kartoffeln tauschen. Es gibt einen festen Tauschansatz: 1 Zentner Kartoffeln gegen 15 Zentner Kohle". Ein Pfund Butter kostete in der britischen Zone im April 1947 etwa das, was ein Facharbeiter monatlich verdiente: 230 Mark. Die Preise für ein Kilogramm Fleisch lagen bei 60 bis 80 Mark, für Zucker bei 70 bis 90 Mark, ein Dreipfundbrot kostete 25 bis 100 Mark[46]). Natürlich versuchten die Militärregierungen, dagegen einzuschreiten, nicht zuletzt durch erhebliche Strafandrohungen, wenn auch die Sanktionen in keiner Weise mit denen vergleichbar waren, die in der NS-Zeit auf Wirtschaftsvergehen gestanden hatten. Auch die deutsche Bevölkerung versuchte zur Verbesserung der Ernährungssituation beizutragen, indem jedes Fleckchen Boden, das irgendwie verwertbar war, bebaut wurde. Der Berliner Magistrat empfahl, „die Kaninchenzucht besonders zu fördern und in den größeren Parks mit Ziegenzucht zu beginnen". Deutschlands Raucher zogen auf Balkons und in Hinterhöfen Tabak, im Volksmund: Marke „Siedlerstolz"[47]).

Daß viele vor dem Verhungern bewahrt wurden, war nicht zuletzt den meist privaten Hilfsmaßnahmen von Wohlfahrtsverbänden in europäischen und nordamerikanischen Ländern zu verdanken. Die bekannteste war die amerikanische CARE-Organisation (Cooperative for American Remittances to Europe). Der Gesamtwert dieser privaten Spenden amerikanischer und kanadischer Bürger für Westdeutschland betrug (bis 1960) 346 Millionen Mark (D 19). Auf Initiative des ehemaligen amerikanischen Präsidenten Hoover gingen wichtige Hilfsmaßnahmen für Kinder, insbesondere die 1947 in der Bizone generell eingeführte „Schulspeisung", zurück. Die dreieinhalb Millionen Kinder erhielten so täglich eine zusätzliche Mahlzeit. Ab September wurden auch die Hochschulen mit rund 150 000 Studenten einbezogen[48]).

Gegenüber der Aura des Abenteuerlichen und Skurrilen, die nachträglich „die Schwarzmarktzeit" umgeben hat, sollte nicht vergessen werden, wer in erster Linie die Leidtragenden dieses Zustandes waren. Überdies wirkten sich die ökonomischen Konsequenzen langfristig verheerend aus. Was der behördlichen Kontrolle entging, gelangte auf den Schwarzmarkt, und das waren vor allem lebenswichtige Güter. Die Arbeiter in den Fabriken forderten die Auszahlung eines Teils ihres Lohnes in Waren. So entstand eine Variante der Kompensation, der „graue Markt" (D 18). Betriebsräte verlegten einen erheblichen Teil ihrer Aktivität auf den Kompensationshandel. Das entsprach zwar basisnahem solidarischem Verhalten, blieb aber dennoch ein großes ökonomisches Problem[49]). Unternehmertätigkeit verlagerte sich zugleich immer mehr auf nebensächliche Gebiete, die nicht genau reglementiert waren. Der offizielle Markt degenerierte zur Kuriositätensammlung. „In den Warenhäusern wurden die wunderlichsten Erzeugnisse der ‚freien' Wirtschaft feilgeboten", stellt Knut Borchardt fest[50]). „Weder vorher noch nachher hat man in Deutschland ein so kurioses Angebot an Lampenschirmen, bemalten Holztellern, Aschenbechern, Rasierklingenschärfern, Türpuffern und Tausendzündern erlebt. Während die Knopfindustrie blühte, wurden Nähnadeln, Bänder, Nägel, Schrauben zu unerreichbaren Kostbarkeiten. Die Produktionsstatistik in den einzelnen Zonen vermittelte zwar allmählich das Bild einer zunehmenden Gütererzeugung. Aber die Versorgung der Bevölkerung mit den nötigsten Gütern des Massenbedarfs wurde nicht besser, sondern schlechter".

Derlei „Überflußproduktion" stand zwar einem nachhaltigen wirtschaftlichen Wiederaufbau im Wege, verhinderte aber neben anderen Faktoren zunächst ein rapides Anschwellen der Arbeitslosenzahlen. Ein Überangebot von Arbeitskräften auf dem Lande, Arbeitslosigkeit in bestimmten Branchen aufgrund von Kriegszerstörungen und alliierten Produktionsverboten und gleichzeitiger Arbeitskräftemangel in Bereichen wie Bergbau und Bauwesen aufgrund regionaler Fehlleistung der Arbeitskräfte kennzeichneten die Arbeitssituation der ersten Jahre nach dem Zusammenbruch (D 17). Hinsichtlich der Organisation des *Arbeitsmarktes* blieben Kontinuitäten zum Dritten Reich bestimmend. Die Direktive Nr. 14 des Alliierten Kontrollrats vom 12. 10. 1945 legte auf der Basis der entsprechenden Verordnung vom 12. 10. 1939 einen Stopp aller Löhne und

Gehälter fest, der prinzipiell bis zum Herbst 1948 dauerte. Der durchschnittliche Bruttostundenlohn eines Industriearbeiters betrug im Juni 1946 im Zweizonengebiet 88,7 Pfennig (1939: 80,8 Pf.). Dieser absolut vergleichsweise günstig erscheinende Lohn wurde nahezu wertlos, wenn man ihn in Relation zu den Schwarzmarktpreisen sieht. Der Kontrollrat schrieb am 17. 1. 1946 ferner die Registrierungspflicht aller arbeitsfähigen Männer zwischen 14 und 65 und Frauen zwischen 15 und 50 Jahren vor. Wer dieser Pflicht nicht nachkam, verlor seinen Anspruch auf Lebensmittelkarten. In der gleichen Direktive wurden wesentliche Elemente der NS-Verordnung vom 1. 9. 1939 über die Einschränkung des Arbeitsplatzwechsels übernommen[51]).

Die durchschnittliche wöchentliche Arbeitszeit in der Industrie erreichte im Frühjahr 1947 mit 38,7 Stunden für Männer und 34,5 für Frauen ihren Tiefpunkt. Eine schlagartige Erhöhung trat erst mit der Währungsreform ein, die Wiedereinführung der 48-Stunden-Woche konnte jedoch auch danach erst zögernd und gegen starke Widerstände der Belegschaften durchgeführt werden (September 1948: 45,0 Stunden für Männer, 40,5 für Frauen)[52]).

1939 war fast die Hälfte der Bevölkerung erwerbstätig, 1946 nur noch 40 Prozent. 1947 blieb dieses Bild im wesentlichen erhalten. Einer Bevölkerungszunahme von 6 Prozent stand eine Abnahme der Beschäftigten um 15 Prozent gegenüber. Während es 1939 nur 60 000 registrierte Arbeitslose gab, belief sich deren Zahl 1946 auf 1,36 Millionen (Jahresdurchschnitt). Die Hälfte von ihnen war jedoch nur teilweise erwerbsfähig. Dazu wurde für 1947 noch eine Zahl von etwa zwei Millionen „unsichtbaren", nicht registrierten Arbeitslosen geschätzt, die von Ersparnissen lebten, von der Familie unterhalten wurden, sich auf dem Schwarzmarkt den notwendigen Nebenverdienst beschafften oder Scheinarbeitsverhältnisse eingingen. Erst mit der Währungsreform wurde diese verdeckte Arbeitslosigkeit voll sichtbar. Ein großer Teil der Bevölkerung war auf öffentliche Unterstützung angewiesen. Anfang 1947 wurden in der britischen Zone 2,3 Millionen Personen (10 Prozent der Bevölkerung), in der amerikanischen Zone 1,4 Millionen (8 Prozent) öffentlich unterstützt[53]).

Alarmierend stiegen aufgrund der sozialen Notlage auch die Fälle von ansteckenden *Krankheiten*, wie die folgende Tabelle ausschnitthaft verdeutlicht[54]).

Erkrankungen auf 10 000 Einwohner

	Britische Zone		Amerikanische Zone	
	1938	1946	1938	1946
Diphtherie	29,4	41,7	15,1	24,3
Tbc	8,8	21,1	7,3	28,0
Typhus	0,9	9,3	0,9	9,6
Zusammen:	39,1	72,1	23,3	61,9

Neben der bis 1948 sich rapide verschlechternden Ernährungslage bildete die besonders in den Großstädten katastrophale *Wohnsituation* ein bestimmendes Element der sozialen Gesamtlage. Auch hier bieten statistische Übersichten wiederum nur ein grobes Raster für die Wiedergabe der Realität. Von den rund 15,8 Millionen Wohnungen vor dem Kriege (auf dem Gebiet der späteren vier Besatzungszonen) waren rund ein Viertel total zerstört oder so stark beschädigt, daß praktisch ein Neubau erforderlich war[55]). Besonders schwer betroffen waren die norddeutschen Küstenstädte, die Städte des Ruhr- und Rhein-Main-Gebiets, Süddeutschlands und die industriellen Zentren Mitteldeutschlands (D 8). Daß es mitten zwischen den Trümmerstädten unzerstörte Orte gab, wie Herne im Herzen des Ruhrgebiets, gehört freilich auch zum Gesamtbild der Zusammenbruchgesellschaft (D 15).

Die Bevölkerungszahl nahm in den Westzonen kontinuierlich zu, in der SBZ ebenfalls bis 1948. Danach setzte dort die Flucht- und Abwanderungsbewegung ein, die zu einer weiteren Verschlechterung der Ausgangslage bei der Wohnungsversorgung in der Bundesrepublik führte. Insofern besaß das Wohnungsproblem im Gebiet der DDR nur in den ersten Jahren nach 1945 die gleiche Bedeutung wie in Westdeutschland (D 12). Schon die Terminologie der Wohnungsstatistik gibt über die äußeren Wohnbedingungen von Millionen Menschen Auskunft. Für das Bundesgebiet wurden noch 1950 neben 14,634 Millionen Haushaltungen in Normalwohnungen (dazu rechneten auch 136 200 Behelfsheime von 30 qm und mehr sowie 23 400 Wohnungen in einsturzgefährdeten Gebäuden) gezählt: 626 800 Haushaltungen in Notwohnungen (Behelfsheimen unter 30 qm, Wohnbaracken, Nissenhütten, Bunkern, Wohnlauben, Wellblechbaracken, Bretterbuden, Wohnwagen, Kellerwohnungen usw.) und 762 000 Haushaltungen in Unterkünften (Lager, Fremdenheime, Gasthäuser usw.). Ermittelt man den Wohnungsbedarf im weiteren Sinne, so ergab sich im Herbst 1950, also zum Zeitpunkt einer erst beginnenden umfangreichen Bautätigkeit, für die Bundesrepublik (ohne West-Berlin) ein Defizit von 4,720 Millionen Wohnungen[56]).

Das Elend der Wohnsituation insbesondere der Flüchtlinge und Evakuierten ist von ausländischen Beobachtern und der zeitgenössischen Presse häufig geschildert worden[57]). Der alltägliche Konfliktstoff, der sich aus Wohnraumbeschlagnahmen und Umquartierungen ergab, läßt sich jedoch nur schwer wiedergeben. In Berichten der städtischen Flüchtlingsämter und in der dürren Amtssprache der Dienstanweisungen für „Wohnungseinweiser" spiegelt sich ein Stück dieses Alltags (D 13, 14).

Angesichts der großen Flüchtlingsströme und eines durch geringe Bautätigkeit im Dritten Reich hervorgerufenen Nachholbedarfs, der mit den niedrigen Nachkriegskapazitäten in keiner Weise zu bewältigen war, blieben die Ruinenstädte zunächst dauerhafte Provisorien. Die Bunkerexistenz der Kriegszeit setzte sich für zahllose Evakuierte und Flüchtlinge in anderer Form oft noch bis zum Beginn der fünfziger Jahre fort (D 101). Zerstörte Städte und Lagerexistenz wurden zum Nährboden einer neuen und für die frühe Nachkriegszeit besonders charakteristischen Form *sozialer Verwahrlosung*: der Ruinenkriminalität. Eine rapide gestiegene Gesamt- und insbesondere Jugendkriminalität gehörte zwar zum Erscheinungsbild auch der Siegerstaaten, doch lag sie in Deutschland besonders hoch. In Berlin wies die Jugendkriminalität 1946 gegenüber 1938 eine Steigerung um 850 Prozent auf[58]). Auch wenn sich hinter diesem außerordentlichen Anstieg eine Vielzahl von Bagatelldelikten verbarg, wuchs doch statistisch mit der Schwere der verübten Tat zugleich der Anteil der beteiligten Jugendlichen. Insofern resultierte die Jugendkriminalität nicht nur aus einer allgemeinen Form von Verwahrlosung, sondern zeigte auch eine tiefe Erschütterung aller Wertvorstellungen.

Neben der starken Beteiligung von Jugendlichen war die Nachkriegskriminalität durch bestimmte vorherrschende Deliktarten gekennzeichnet. Charakteristisch war die enge Verbindung von Mord und Raub, so daß der Raubmord als „der Mord der Nachkriegszeit schlechthin“ bezeichnet worden ist[59]). Dabei hing es oft vom Zufall ab, ob das Raubmotiv auch zur Mordtat führte. Besonders häufig waren ferner Einbruchdiebstähle in Bauern- und Gasthäuser oder auch Rathäuser, um Nahrungsmittel bzw. Lebensmittelkarten zu erbeuten. Der Hunger baute die Hemmschwelle zu töten ab (D 23). Allgemein zeigt sich der Anstieg der Diebstähle am Beispiel Berlins in folgenden Zahlen[60]):

1937	6 583 Fälle einfachen 5 544 Fälle schweren	Diebstahls
1946	74 597 Fälle einfachen 32 771 Fälle schweren	Diebstahls

Die gewaltige Steigerung der Kriminalität nach 1945, so stellte eine Untersuchung fest, „steht zum Anwachsen der Kriminalität nach dem Ersten Weltkrieg etwa im gleichen Verhältnis wie die Katastrophe von heute zur Niederlage von damals“[61]).

4. Elemente des Verhaltens und der politischen Einstellung der Bevölkerung

Aussagen über die Bewußtseinslage der deutschen Bevölkerung und ihre politische Einstellung entziehen sich für die frühe Nachkriegszeit einem systematischen Zugriff. Dennoch lassen sich beispielhaft charakteristische Elemente wiedergeben, aus denen sich wesentliche Determinanten für die Analyse der späteren politischen Entwicklung ergeben. Neben punktuellen Berichten über die politische Stimmungslage der Bevölkerung durch deutsche Behörden (z. B. Landräte) wurden insbesondere in der amerikanischen Zone regelmäßig Meinungsumfragen durchgeführt. Sie erfüllten zwar in keiner Weise heutige sozialwissenschaftliche Anforderungen, geben aber doch wichtige Aufschlüsse.

Da jeder Anspruch auf Repräsentativität uneinlösbar ist, sei hier lediglich auf wenige unterschiedliche zeitgenössische Eindrücke verwiesen. In einer im Auftrag der Militärregierung verfaßten Denkschrift des für das Ruhrgebiet zuständigen Regierungspräsidenten von Arnsberg vom Dezember 1945[62]), in der das sinkende „Stimmungsbarometer“ der Bevölkerung beschrieben wird, steht vor allem die schlechte Versorgung mit Kohle und Nahrungsmitteln im Vordergrund. Dabei wird auf den engen Zusammenhang einer Durchsetzung der „demokratischen Idee“ mit einer durchgreifenden Besserung der äußeren Lebenssituation hingewiesen und Versailles als warnendes Beispiel beschworen. Auch wenn die politische Zielsetzung hier deutlich wird, sind doch die der Bevölkerung auf den Nägeln brennenden alltäglichen Probleme, aber auch die immer deutlicher zu Tage tretende politische Enttäuschung unter den aktivsten und aufbauwilligsten Kräften zutreffend charakterisiert.

Einen interessanten Kontrast zu gängigen Vorstellungen über politische Ansichten der württembergischen Bevölkerung bildet ein früher Denkschriften-Entwurf des württembergischen Ministers und SPD-Politikers Carlo Schmid vom Sommer 1945 (D 24). Hier wird eine anwachsende „Orientierung auf Rußland hin“ konstatiert, die ihre Ursache im Sog der bis nach Thüringen vorgeschobenen russischen Macht habe. Darüber hinaus würden sich in der Meinung der Bevölkerung die Angelsachsen wie nach 1918 bald vom Kontinent zurückziehen, worauf schon die geringe politische und organisatorische Aktivität hindeute, während die Russen „konstruktive Aufbauarbeit trieben“ und eine Reihe führender Personen politisch aktivierten. Schließlich setzten nicht nur die wahllos aus den Ämtern gejagten Parteigenossen auf die russische Karte, sondern auch die bürgerliche Jugend werde immer stärker kommunistischem Einfluß ausgesetzt. Auch der durch die französische Reparationspolitik hervorgerufene ökonomische Lähmungseffekt verstärkte die Gefahr, die „Entscheidung für ein Leben im Schatten Rußlands als den einzigen Ausweg aus der Hoffnungslosigkeit erscheinen zu lassen“.

In diesen und anderen Berichten drückt sich deutlich die Mißstimmung über die Politik und das Vorgehen der – prinzipiell sehr unterschiedlich beurteilten – Alliierten aus, ferner die tiefe Unsicherheit über das künftige politische Schicksal, zugleich aber auch eine völlig diffuse politische Meinungsbildung (D 25). Folgt man den aufschlußreichen Reportagen, die Isaac Deutscher über die sowjetische Zone schrieb, so traf dieses Bild trotz der früheren Aktivität deutscher Kommunisten auch dort für die Stimmungslage der Bevölkerung zu. Die ersten Monate waren nach dem Abklingen der Racheorgien der Roten Armee vom völligen Fehlen jeder persönlichen Sicherheit bestimmt. „Selbst jetzt“, schrieb Deutscher im Oktober 1945, „bedeuten (den deutschen Zivilisten; C. K.) Fragen der hohen Politik wenig im Vergleich mit den dringlichen täglichen Problemen der persönlichen Sicherheit für sich selbst und mehr noch für seine Frau oder Tochter" (D 26).

Die Bedeutung und zeitliche Verschiebung der drängenden Alltagsprobleme von 1945 bis Anfang 1949 läßt sich aus den monatlichen Umfragen der

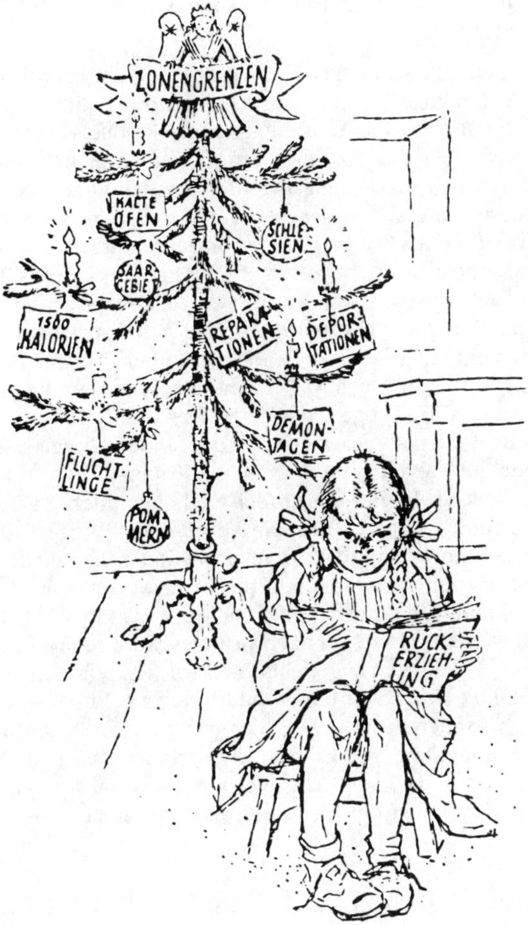

Das einzige Weihnachtsgeschenk

Quelle: Der Ruf, Nr. 9 (1946).

amerikanischen Militärregierung ablesen (D 27)[63]). In der Tendenz dürften diese Ergebnisse auch für alle anderen Zonen zutreffen, da die persönliche Betroffenheit aufgrund der äußeren Umstände überall ähnlich war. Danach blieben bis zur Währungsreform mit geringfügigen Abweichungen Ernährung und Kleidung die Hauptsorge der Bevölkerung, die auch die 1945 zunächst noch vorherrschende Sorge um Vermißte und Kriegsgefangene überdeckte. Geldnöte nahmen demgegenüber an Bedeutung bis 1948 ab, stiegen dann allerdings steil zum absolut dominierenden Problem an und ließen auch noch die Arbeitslosigkeit weit unter sich.

Aus den Umfragen läßt sich gegenüber den zeitgenössischen Eindrücken von einer diffusen Stimmungslage auch ein Element des politischen Bewußtseins relativ präzise feststellen: die Einstellung zum Nationalsozialismus. Wieweit Korrelationen zwischen der erheblich differierenden Beurteilung der Besatzungsmächte durch die Bevölkerung und ihrer Einstellung zum Nationalsozialismus bestanden, ist angesichts der verfügbaren Daten nicht auszumachen. Bemerkenswert ist jedoch die insgesamt konstante und sogar leicht steigende hohe Tendenz der positiven Antworten auf die Frage, ob der Nationalsozialismus eine gute Idee gewesen sei, die nur schlecht realisiert wurde. Aus den amerikanischen Umfragen, die von frühen deutschen Repräsentativerhebungen gestützt werden, geht hervor, daß zwischen November 1945 und Dezember 1946 in elf Umfragen durchschnittlich 47 Prozent der Befragten die gestellte Frage positiv beantworteten. Bis August 1947 stieg dieser Anteil sogar auf 55 Prozent an und blieb ungefähr auf dieser Höhe. Eine andere Frage bestätigte diese Tendenz: „Wenn Sie wählen müßten zwischen Kommunismus und Nationalsozialismus, unter welcher Regierung würden Sie lieber leben?“ Darauf gaben im November 1946 rund 15 Prozent und im Februar 1949 knapp 40 Prozent den Nationalsozialismus an, knapp 10 Prozent bzw. unter 5 Prozent den Kommunismus und etwa 65 Prozent bzw. über 50 Prozent antworteten mit „weder noch“. Der Rest hatte keine Meinung[64]). Mag auch der exakte Wert dieser Zahlen in Frage gestellt werden, so sind sie doch aussagekräftig genug, um zu verdeutlichen, mit welchen Problemen angesichts eines solchen politischen Bewußtseins nicht nur die Politik der Alliierten, sondern auch politisch aktive Kräfte in Deutschland konfrontiert waren. Die hier nur ganz grob konturierte widersprüchliche Stimmungslage, die Einflüse der Erfahrungen und der jeweiligen sozialen Situation auf das politische Verhalten lassen sich auch und z. T. deutlicher in der Familie als der kleinsten sozialen Einheit beobachten.

5. Die Familie zwischen Zerfall und Stabilisierung

Die Ereignisse des Krieges und des Zusammenbruchs brachten Erschütterungen für die Familie mit sich, für die es in der bisherigen Sozialgeschichte Deutschlands kaum Vergleiche gibt. Schon die Einziehung zum Wehr- und Arbeitsdienst hatte eine beträchtliche Mobilisierung verursacht und Familien auseinandergerissen. Noch stärker jedoch wirkten sich dann die Bombardierungen der Städte, die Folgen der Fluchtbewegung sowie Tod oder Gefangenschaft der Familienväter aus. Familien wurden zerstreut, ihre Mitglieder wußten nichts voneinander. Gewohnte Verhaltensweisen und Wertvorstellungen wurden durch die äußeren Lebensumstände in provisorischen Quartieren massiv in Frage gestellt. Der unfreiwillige Ortswechsel bedeutete häufig zugleich berufliche Deklassierung, und der Kampf ums tägliche Überleben stellte vielfach eine ständige physische und psychische Überforderung dar. Wie reagierte „die Familie" in Deutschland auf diese Herausforderungen durch eine „plötzliche und kollektive soziale Notsituation von unabsehbarer Dauer"?[65])

Zwei prinzipielle Antworten liegen hier nahe, die beide von wissenschaftlichen Untersuchungen gestützt werden, jedoch als schwer miteinander vereinbar erscheinen. Einerseits waren Symptome der Desorganisation unübersehbar (z. B. an erhöhten Scheidungsraten und Kriminalitätsziffern von Jugendlichen ablesbar). Andererseits haben empirische Untersuchungen auch die These bestätigt, daß sich die Familie in einer zusammengebrochenen politischen und wirtschaftlichen Gesamtordnung als „Stabilitätsrest" erwies, indem angesichts der äußeren Bedrohung Erhaltung und Zusammenarbeit der Familie zum „Ziel der sozialen und individuellen Bedürfnisse und Verhaltensweisen gemacht" wurden[66]).

Eine der frühesten Untersuchungen (von 1946) über die Lage von 500 Berliner Familien konstatierte als wichtigste Ursache für die Destabilisierung der Familie die innere Entfremdung der Jugendlichen. Diese Entfremdung hatte verschiedene Gründe: Den Schwund der elterlichen Autorität durch die nationalsozialistische Jugendpolitik, die Verschiebung der Autorität innerhalb der Familie zugunsten der Frau während der Abwesenheit des Mannes, die dann nach dessen Rückkehr nicht ohne weiteres in der alten Form wieder herzustellen war, die extreme Überbelastung der Mütter, die für Erziehung wenig Raum ließ[67]). Auch die Scheidungsziffern, die 1946 bei 11,2 Scheidungen auf 10 000 Einwohner lagen (gegenüber 8,9 im Jahre 1939) und bis 1948 auf 18,8 anstiegen, dann allerdings wieder absanken, wiesen auf einen zeitweiligen Destabilisierungstrend hin, selbst wenn bei solchen Zahlen zu berücksichtigen ist, daß durch den Krieg ein gewisser „Nachholbedarf" bestand. Mochte diese Tendenz zur Desorganisation in den ersten Nachkriegsjahren dominieren, weil die Familie den extremen Belastungen vielfach nicht gewachsen war, so ließ sich doch gleichzeitig eine gegenläufige Tendenz feststellen, die etwa seit 1948 dominierte und auf eine Stabilisierung der Familie hinwies.

Dieser von Schelsky ausführlich für die von den Kriegsfolgen besonders Betroffenen dargestellte Befund weist auf einen deutlichen Unterschied der

Zeiträume nach dem Ersten und Zweiten Weltkrieg hin und gibt wichtige Hinweise für die längerfristigen gesellschaftlichen und politischen Auswirkungen dieser relativen Stabilität. Sowohl bei Evakuierten wie bei Flüchtlingen entstanden gravierende Probleme der Anpassung an die neue Umwelt, die einen verstärkten Rückzug auf die Kleinfamilie zur Folge hatten. Darüber hinaus führte die unmittelbar erfahrene soziale Erschütterung dazu, daß die Vermeidung einer künftigen Gefährdung zum vorrangigen Ziel wurde[68]). Zugleich wertete die äußere Notsituation (D 30) die Familie in ihrer Ersatzfunktion für die zeitweilig ganz oder weitgehend ausfallenden öffentlichen Sicherheits- und Versorgungsleistungen auf. Die Überlebenschancen der Familie lagen angesichts des staatlichen Zusammenbruchs am ehesten in ihr selbst. Daraus resultierte nicht zuletzt die Verstärkung einer mindestens seit der Währungsreform zu beobachtenden Tendenz gesellschaftlichen Desinteresses, die in den fünfziger Jahren noch weiter anstieg[69]). Aus den Familienuntersuchungen geht deutlich hervor, daß der weitaus größte Teil der befragten Familien völlige Gleichgültigkeit oder ein sehr geringes Interesse an „öffentlichen Dingen" zeigte[70]). Aus gewerkschaftlicher Sicht wurde dieser Tatbestand eines „sozialen Defätismus" daher auch scharf kritisiert: „Das Leben der meisten hat sich seit 1948 nicht etwa individualisiert, sondern eher in einem hausbackenen Sinne privatisiert, es weicht dem objektiv unentrinnbaren gesellschaftlichen Bezug und seiner Verantwortung geflissentlich aus. Wo der einzelne heute für sich und allenfalls für die seinen eine einigermaßen zulängliche soziale Position zurückerobert hat, gilt für ihn die Problematik der Existenz als gelöst"[71]).

Mit dieser Tendenz zur Entpolitisierung und Restabilisierung der Familie ist zweifellos ein wichtiger sozialer Grundstein für die Politik der fünfziger Jahre unter der Parole „keine Experimente" gelegt worden. Dennoch bietet gerade die frühe Nachkriegszeit auch Ansatzpunkte für eine zwar von außen erzwungene, aber doch gründlich veränderte Stellung der Frau und des Vaters in der Familie, und diese Änderungen sind nur partiell wieder rückgängig gemacht worden. Die traditionelle Vormachtposition des Vaters wurde in vielen Fällen durch seine Abwesenheit während des Krieges und der Gefangenschaft geschwächt und ließ sich keineswegs vollständig wiederherstellen. Das bedeutete zugleich eine Stärkung der Rolle der Frau, auf der oftmals über lange Zeit die Hauptlast der Sorge für die Familie lastete (D 20). Der Anstieg der Frauenarbeit über die Ausnahmesituation unmittelbar nach dem Zusammenbruch hinaus, als Frauen, insbesondere in Berlin und in der sowjetischen Zone, Schwerarbeit leisten mußten, zeigt, daß langfristig der von der sozialökonomischen Entwicklung bestimmte Trend zur Veränderung nicht aufgehalten worden ist[72]).

Dennoch entwickelten sich die gesellschaftliche Stellung und die Selbsteinschätzung der Frauen gegenläufig zu diesem ökonomischen Trend. In den ersten Jahren nach dem Zusammenbruch gab es Ansätze zur Emanzipation gegenüber dem tradierten und im Dritten Reich ideologisch pervertierten Rollenverständnis der Frau als Mutter und „Hüterin des Herdes“. Es gab Ansätze zum gesellschaftlich-politischen Engagement in Frauenausschüssen in der Umbruchsituation und zur deutlicheren Interessenartikulation in fest organisierten Frauenverbänden[73]). Auch in öffentlichen Diskussionen und Zeitschriften fanden sich Zeichen eines veränderten Selbstverständnisses und Selbstbewußtseins (D 21). Jedoch blieben solche Versuche vereinzelt und gingen bald unter in einer Strömung, die an dominante Traditionslinien anknüpfte und mit dem Appell an die eigentliche Aufgabe der Frau, „das Leben als Gattin und Mutter“, das Frauenbild der fünfziger Jahre prägte (D 22).

6. Die politische und soziale Rolle der Kirchen

Die Kirchen erschienen nach dem Zusammenbruch zunächst als die einzigen Institutionen, die ohne Kompromittierung gegenüber dem Nationalsozialismus institutionell überlebt hatten. In den Augen der westlichen Besatzungsmächte und der deutschen Bevölkerung fiel ihnen eine besondere Bedeutung zu, und im Selbstverständnis beanspruchten sie eine gewichtige Rolle beim Neuaufbau. Das galt begrenzt auch für die sowjetische Zone. Das – historisch gesehen – sehr problematische und ambivalente Verhalten eines großen Teils beider Kirchen zum Nationalsozialismus wurde in der Öffentlichkeit zunächst wenig registriert und ist erst später klarer ins Bewußtsein gerückt. Insbesondere bei der katholischen Kirche blieb die anfängliche Kooperation mit dem nationalsozialistischen Regime in den ersten offiziellen Nachkriegserklärungen nur unzureichend reflektiert.

Am 23. August 1945 veröffentlichte die Fuldaer Bischofskonferenz eine Erklärung, die Bilanz zog über den deutschen Katholizismus im Dritten Reich (D 28). Dort hieß es unter anderem: „Viele Deutsche, auch aus unseren Reihen, haben sich von den falschen Lehren des Nationalsozialismus betören lassen, sind bei den Verbrechen gegen die menschliche Freiheit und menschliche Würde gleichgültig geblieben; viele leisteten durch ihre Haltung dem Verbrechen Vorschub, viele sind selber Verbrecher geworden. Schwere Verantwortung trifft jene, die aufgrund ihrer Stellung wissen konnten, was hier bei uns vorging, die durch ihren Einfluß solche Verbrechen hätten verhindern können und es nicht getan haben, ja diese Verbrechen ermöglicht haben und sich dadurch mit den Verbrechern solidarisch erklärt haben“. Die Selbstkritik in dieser Erklärung, die auch auf Widerstand und erfolgreiche Abwehr staatlicher Übergriffe hinwies, war deutlich, aber wenig präzise. Wer gehört zum Kreis derer, die Verbrechen hätten verhindern können? Welche Rolle hatte der hohe Klerus und der Vatikan gespielt – Fragen, die erst viel später zu politisch heiß umstrittenen Themen wurden.

Radikaler und offener bekannte sich demgegenüber die evangelische Kirche zu ihrem politischen Versagen im Dritten Reich. Die erste überregionale offizielle Verlautbarung stammte von der Berliner Bekenntnissynode vom 31. Juli 1945. Ihr Tenor, in dem die politische Dimension kirchlichen Verhaltens durchaus in Umrissen deutlich wurde, setzte sich fort in der Erklärung der Kirchenkonferenz von Treysa (Hessen) vom August 1945 und insbesondere im „Stuttgarter Schuldbekenntnis" der Evangelischen Kirche Deutschlands (EKD) vom Oktober 1945 (D 29)[74]). In Treysa, wo sich Vertreter fast aller Landeskirchen aus allen vier Zonen versammeln konnten – ein gegenüber anderen Organisationen einmaliges Privileg zu dieser Zeit – wurden politisch-theologische, organisatorische und auch schulpolitische Fragen (Bekenntnisschule) verhandelt. Hinter den Kulissen traten starke Spannungen zwischen den verschiedenen Flügeln des deutschen Protestantismus zutage, die selbst innerhalb der Anhänger der Bekennenden Kirche (BK) gegensätzliche Strömungen offenbarten. Ging es dabei vornehmlich um die organisatorische und inhaltliche Fortführung der im Widerstand erreichten Kooperation zwischen Lutheranern, Reformierten und Unierten, so wollten Karl Barth und Martin Niemöller als einflußreiche, aber auch heftig umstrittene Theologen und Kirchenführer noch einen Schritt weitergehen. Barth erklärte, er habe auch in Kreisen der BK „viel und mit einer verdächtigen Inbrunst von den Dämonen reden hören" und empfahl, „ohne allen Ballast erbaulicher und theologischer Erläuterungen und Vorbehalte nüchtern politisch" die Ursachen des Nationalsozialismus und der deutschen Schuld aufzudecken, und dann würden sich Dämonen „in Rauch und Gestank auflösen"[75]).

Wie berechtigt solche politisch dezidierten Warnungen waren, zeigt sich in Reaktionen auf die Stuttgarter Erklärung der EKD. Der Präses der schleswig-holsteinischen Landeskirche wies auf eine „große Erregung" hin, welche die Erklärung in den Gemeinden hervorgerufen habe, und Bischof Völkel, ein Mitglied der dortigen Kirchenleitung, unterstrich die Notwendigkeit, den Versailler Vertrag als „Grundwurzel allen Übels" in die Schulddiskussion einzubeziehen[76]).

Auch wenn von exponierten Vertretern des Protestantismus später die partielle Restauration in der evangelischen Kirche beklagt wurde[77]), gingen von diesen ersten Treffen doch wesentliche Impulse für eine veränderte Stellung der Kirche zur Öffentlichkeit aus, die in erhöhter politischer Verantwortung und Aktivität in den folgenden Jahren ihren Niederschlag fanden. Eine besonders breitenwirksame Form dieser neuen Öffentlichkeitsarbeit bildete die Gründung einer Vielzahl von Laienorganisationen, Akademien und Arbeitsgemeinschaften, aus deren Arbeit in der Bundesrepublik auch starke Impulse für politische Grundsatzdiskussionen kamen. Sogar in der SBZ konnten fünf evangelische Akademien gegründet werden[78]).

In der Zusammenbruchsituation trat jedoch zunächst viel stärker die institutionelle, soziale und politische Bedeutung der Kirchen gegenüber den Besatzungsmächten und der deutschen Bevölkerung zutage. Die Haltung der vier Besatzungsmächte zu den Kirchen war prinzipiell unterschiedlich, in der Praxis aber sowohl von Kooperation wie Konflikten bestimmt. Die relativ privilegierte Position (Rückgabe des Vermögens, keine Versammlungsverbote, Reisemöglichkeiten) und das ungebrochene Selbstbewußtsein führten dazu, daß Bischöfe und Kirchenleitungen dezidierter und häufiger mit Erklärungen und Eingaben zu drängenden Problemen Stellung bezogen, als es den Militärregierungen lieb war. Das betraf insbesondere die Ernährungssituation, Flüchtlingsprobleme, Konfessionsschulfragen, Gefangenenentlassung und die Entnazifizierungspraxis. Symptomatisch war die Aufforderung des britischen Gouverneurs für Nordrhein-Westfalen Ashbury an Kardinal Frings, seine berühmte indirekte Ermunterung zum Kohlediebstahl, die zur populären Wortschöpfung „fringsen" führte, zurückzunehmen, weil der Kohlediebstahl bedenkliche Formen angenommen habe. Die Haltung aller drei westlichen Besatzungsmächte gegenüber den Kirchen wurde nach den ersten praktischen Erfahrungen zunehmend kritischer, auch wenn sie sich kaum in innerkirchliche Belange einmischten. Ein britischer Bericht vom Frühjahr 1946 stellte fest, die katholische Kirche übe „eher einen nationalistischen als einen demokratischen Einfluß aus" – ein Urteil, das sich auch bei der amerikanischen Militärregierung findet[79]). Noch in der amerikanischen Direktive JCS 1779 vom Sommer 1947, die bereits einen deutlichen politischen Kurswechsel signalisierte, wurde ausdrücklich vor der Möglichkeit „der Wiederbelebung nationalsozialistischer und militaristischer Aktivität unter dem Deckmantel religiöser Programme und Organisationen" gewarnt[80]). Die Sorge war sicherlich unbegründet, sie zeigte aber die nicht unberechtigte Skepsis gegenüber der Rolle der Kirchen bei der beabsichtigten Umerziehung und Demokratisierung der deutschen Bevölkerung.

Grundsätzlich unterschied sich auch die Situation der evangelischen Kirche in der SBZ – die katholische spielte zahlenmäßig eine viel geringere Rolle – zunächst kaum gravierend von der in den Westzonen. In den ersten Jahren waren die Beziehungen zur SMAD erstaunlich gut. Zwar blieben auch Kirchen und Pfarrer nicht von vereinzelten Übergriffen der Roten Armee während des Einmarsches verschont, doch lag dem keine gezielte Politik zugrunde. Die sowjetische Verwaltung bemühte sich im Gegenteil, die Kirche zu gewinnen. Dabei spielte der Widerstand führender Theologen im Dritten Reich eine wichtige Rolle. So wurde Propst Heinrich Grüber Mitglied des Berliner Magistrats, und Otto Dibelius erreichte schnell seine Anerkennung als Vorsitzender der neuen Kirchenleitung von Berlin. Die Entnazifizierung der kirchlichen Amtsträger blieb kirchlichen Ausschüssen überlassen, in deren Arbeit sich die Sowjets kaum einmischten. Ansätze zu Konflikten lieferten zwar die Bodenreform von 1945 und vor allem die Schulreform von 1946, die Staat und

Kirche rigoros trennte. Aber erst die schon im Zeichen des Kalten Krieges stehenden Versuche von SED und SMAD, Predigten einer Vorzensur zu unterwerfen und die Pfarrer zu öffentlichen politischen Stellungnahmen aufzufordern, riefen harte Konfliktsituationen hervor[81]).

Als sozialer Faktor spielten Kirche und Pfarrer in der SBZ eine ähnliche Rolle wie in den Westzonen, indem sie sich um die Bewältigung der drängendsten sozialen Probleme bemühten und dabei Unterstützung von deutschen und sowjetischen Behörden fanden. Besonders nachdrücklich setzten sich überdies Dibelius und Grüber für gesamtdeutsche Aufgaben der evangelischen Kirche ein.

Im einzelnen ist die soziale Rolle der Kirchen in der Zusammenbruchgesellschaft kaum präzise faßbar. Ihr Gewicht dürfte jedoch schwer zu überschätzen sein, so wenig sich derartige Aussagen quantitativ konkretisieren und regional differenzieren lassen. Mit ihrem teils bestehenden, teils schnell wieder aufgebauten Netz von Hilfs- und Fürsorgeeinrichtungen trugen sie wesentlich zur Linderung des Elends bei und übernahmen angesichts des staatlichen Zusammenbruchs quasi-staatliche Funktionen, deren Erfüllung auch durchaus im Interesse der Besatzungsmächte lag.

Daß das kirchliche Leben in der Zusammenbruchsituation einen wesentlichen Beitrag zur Stabilisierung und sozialen Orientierung der Bevölkerung leistete, ist nicht zu bezweifeln. Doch ist die religiöse Rückbesinnung als Versuch, im Chaos der Nachkriegszeit inneren Halt zu finden, keineswegs ein generelles, durchgängig nachweisbares Charakteristikum der Zeit. Die wenigen zeitgenössischen Hinweise, die über Einzelbeobachtungen hinausgehen, zeigen vielmehr ein sehr ambivalentes Bild. Statistiken der katholischen Kirche belegen den sprunghaften Anstieg von Rücktritten und Übertritten zum Katholizismus, zeigen aber auch ein gegenüber den Kriegsjahren nur unwesentliches Anwachsen des Kirchenbesuchs, der weit von dem der zwanziger und dreißiger Jahre entfernt blieb[82]). Für die protestantischen Kirchen fehlen solche Zahlen, doch weist ein amerikanischer Bericht von 1946 neben Beispielen wachsenden Interesses an der Kirche auch auf weitverbreitete Erscheinungen von Lethargie hin, die in allen Zonen zu finden waren. Auch in späteren Familienuntersuchungen findet sich dieser Befund der Gleichgültigkeit, die aus Überlastung mit Alltagsproblemen resultierte, häufig wieder[83]).

Das insgesamt außerordentlich diffuse Erscheinungsbild der Zusammenbruchgesellschaft ist einerseits durch großräumige politische und soziale Desintegration von bis dahin unbekannten Ausmaßen bestimmt, andererseits aber auch von einer „Reduktion auf kleinräumliche Beziehungen“[84]), insbesondere in Familie und Kirchengemeinde, geprägt. Der – teils erzwungene, teils freiwillige – Rückzug in den überschaubaren Bereich war das Gegenstück zur Katastrophen-Dimension des staatlichen Zusammenbruchs, der demographischen Veränderungen, der Zerstörungen und der nackten materiellen und psychischen Not des Alltags. Ohne einen minimalen sozialen Rückhalt war die Existenz in Provisorien kaum zu bewältigen.

Gleichwohl ist nicht zu übersehen, daß zwischen dem alles bestimmenden Eindruck des totalen Zusammenbruchs und der nicht ohne weiteres sichtbaren gesamtgesellschaftlichen Realität eine beträchtliche Kluft existierte. Der Kollaps schob einseitig die Elemente der Desorganisation in den Vordergrund und verdeckte, wie stark dahinter auch alte Strukturen erhalten geblieben waren und Kontinuitäten wieder wirksam werden konnten. Gerade diese Kluft erklärt mit, warum die fünfziger Jahre in so prägender Weise als „Wunder" erlebt worden sind. Der „Aufstieg aus dem Nichts"[85]) war aber aus beiden Elementen ableitbar: dem Schockerlebnis der sozialen Erschütterung und der politischen Trennung von der Vergangenheit einerseits sowie den partiell erhalten gebliebenen Strukturen (Institutionen, Besitzverhältnisse, Qualifikationen, Wertorientierungen) andererseits. Sobald mit einer gewissen Normalisierung der äußeren Verhältnisse trotz fortdauernder Provisorien ein konkreter Hoffnungsschimmer am Horizont erschien, konnten Energien freigesetzt werden, die zu einer verblüffend schnellen Rekonstruktion führten. Spätestens mit der Währungsreform 1948 wurde dieser Punkt erreicht. Selbst wenn ihr nicht die zentrale Bedeutung zukam, die man ihr lange Zeit zugewiesen hat[86]), stellte sie für das Verhalten des einzelnen eine wirkliche Zäsur dar.

Anmerkungen zu Kapitel II

1) Hansen 1976, S. 129.
2) Niethammer 1978, S. 154.
3) Vormweg in: Born/Manthey 1977, S. 203.
4) Vgl. Arbeiterinitiative, S. 164 ff.
5) Erdmann 1980, S. 124.
6) Dokumente deutscher Kriegsschäden Bd. 1, S. 176 ff., 337 ff.
7) Ebd. Bd. II 2, S. 336.
8) Empfehlungen 1977, S. 37.
9) Dokumentation der Vertreibung Bd. I 1, S. 23 E.
10) Ebd., S. 60 E.
11) Ebd., S. 142 E.
12) Ebd., S. 155 E.
13) De Zayas 1977, S. XXV.
14) Harmssen 1947, S. 80.
15) Ebd.
16) Deutsche Wirtschaft 1947, S. 19; Abelshauser 1975, S. 103.

17) Abelshauser 1975, S. 108.
18) Vgl. Lemberg/Edding (Hrsg.) 1959, Bd. 3, S. 1–22.
19) Jacobmeyer 1977, S. 121.
20) Das DP-Problem 1950, S. 1.
21) Jacobmeyer 1981, S. 101; Harmssen 1947, Anlage V, S. 10.
22) Borsdorf/Niethammer 1976, S. 29 f.
23) Jacobmeyer 1981, S. 96 ff.
24) Ebd.; Bader 1949, S. 168 f.
25) Jacobmeyer in: Westdeutschlands Weg 1976, S. 20.
26) Das DP-Problem 1950, S. 53, 59.
27) Jacobmeyer 1981, S. 103 f.
28) Barthel 1979, S. 40.
29) Leptin 1970, S. 50.
30) Barthel 1979, S. 45.
31) Trees u. a. 1978, S. 51; Bergander 1977.
32) Abelshauser 1975, S. 152.
33) Ebd., S. 152, 167.
34) Vgl. Slusser 1953, S. XI f.
35) Kästner 1966, S. 504.
36) Der deutsche Südwesten, S. 165 f.
37) Trees u. a. 1978, S. 122.
38) Living Conditions 1947, S. 18.
39) Zeiger 1975, S. 297.
40) Deutsche Wirtschaft 1947, S. 81.
41) Stolper u. a. 1966, S. 235 ff.
42) Rohrbach 1955, S. 184.
43) Abelshauser 1979, S. 665.
44) Rohrbach 1955, S. 186 f.
45) Zit. ebd., S. 88 f.
46) Wagner 1975, S. 141.
47) Spiegel 1970 Nr. 19.
48) Rohrbach 1955, S. 121 f. Dokumente deutscher Kriegsschäden Bd. II 2, S. 217.
49) Dazu für die Ostzone: Staritz 1976, S. 104 ff.
50) Stolper u. a. 1966, S. 239.
51) Grebing u. a. 1980, S. 34 ff.
52) Deutsche Sozialpolitik 1949, S. 109 f. (Angaben für NRW).
53) Harmssen 1947, Anlage V, S. 20, 27.
54) Ebd., S. 26.
55) Deutsche Wirtschaft 1947, S. 46 f. Vgl. Mehnert/Schulte 1949, S. 289 f.
56) Jenkis 1976, S. 13 ff.
57) Vgl. z. B. den Bericht einer englischen Delegation im Ruhrgebiet b. Kleßmann/Friedemann 1977, S. 96 ff.
58) Bader 1949, S. 3, 147.
59) Ebd., S. 35.
60) Ebd., S. 76 ff.
61) Ebd., S. 130 f.
62) Wagner 1975, S. 109 ff.

63) Merritt 1970.
64) Ebd., S. 32, 55.
65) Schelsky 1954, S. 88.
66) Ebd., S. 13, 88.
67) Wirth in: Becker u. a. 1979, S. 201 f.
68) Schelsky 1954, S. 178.
69) Braun 1978, S. 291 f.
70) Thurnwald 1948, S. 177; Wurzbacher 1969, S. 248 f.
71) Gewerkschaftliche Monatshefte 2 (1951), S. 4.
72) Frauenbeschäftigung 1960, S. 16; Baumert 1954, S. 189.
73) Frauenalltag und Frauenbewegung 1980, S. 25 f.; Wiggershaus 1979, S. 92 ff.
74) Text in: Heidtmann 1964, S. 11 ff., 16 ff., 19 ff.
75) Barth 1945, S. 38 f.
76) Zit. b. Jürgensen 1976, S. 231 f. Ausführlich zur historisch-politischen Einordnung von Treysa und Stuttgart: Jochmann 1974.
77) Kloppenburg in: Bracher 1970, S. 357 f.
78) Greschkat in: Kirchen in der Nachkriegszeit 1979, S. 106 ff.; Spotts 1976, S. 114 f.
79) Spotts 1976, S. 57–102, Zitat: S. 62.
80) Germany 1947–1949, S. 41.
81) Solberg 1962, S. 37, 71 ff. Zur katholischen Kirche: Knauft 1981.
82) Kirchliches Handbuch, Bd. 24, S. 464 f.
83) Herman 1952, S. 210 ff.; Schelsky 1954, S. 270.
84) Tenbruck in: Löwenthal/Schwarz 1974, S. 290.
85) So Zentner 1954.
86) Vgl. Abelshauser 1975.

Kapitel III

Besatzer und Besetzte – Gemeinsamkeiten und Konflikte

Die deutschlandpolitischen Planungen der Kriegszeit sowie die in Potsdam fixierten inhaltlichen Grundsätze und die bei der Besetzung Deutschlands „vorgefundene“, nur begrenzt vorausgesehene und geplante Realität der Zusammenbruchgesellschaft, die nach eigenen und von niemandem gewünschten Gesetzen zu funktionieren begann, bildeten gewissermaßen die beiden Pole, von denen die politische, soziale und ökonomische Entwicklung Nachkriegsdeutschlands ihren Ausgangspunkt nahm. An dieser Realität, die teils direktes Ergebnis des Krieges, teils Ergebnis alliierter Maßnahmen war, stieß die formale Omnipotenz der Besatzungsmächte gleichzeitig an ihre Grenzen. Der auf den ersten Blick naheliegende Vergleich Deutschlands mit dem Status einer Kolonie gibt daher nur einen Aspekt wieder. Ebenso wichtig, wenn auch erst aus der Rückschau deutlich erkennbar, ist die „begrenzte Macht“ der Alliierten. Je nach Zielsetzung und Zonenstruktur waren alle Besatzungsmächte mehr oder minder auf deutsche Mitarbeit angewiesen. Diese Einsicht formulierte Feldmarschall Montgomery in einer Denkschrift vom 2. Mai 1946 in dem Satz: „Das ganze Land liegt so im argen, daß es nur in Ordnung kommen kann, wenn wir die Deutschen selbst darauf ansetzen“[1]).

Daraus ergaben sich deutsche Einfluß- und Handlungsspielräume, die zwar nur langsam und in den einzelnen Zonen sehr unterschiedlich erweitert wurden, die aber doch für die innere Entwicklung Deutschlands zentrale Bedeutung besaßen. Insofern ist das historisch Wesentliche der Besatzungszeit nicht so sehr die Prärogative der Alliierten, sondern gerade die Interaktion zwischen Besatzern und Besetzten, die sich aus Interessenparallelitäten und -konflikten ergab[2]). Insbesondere die deutschen Verwaltungen spielten unter diesem Aspekt eine wesentliche Rolle, indem sie durch die Praxis alliierte Vorgaben und Ziele beeinflußten und veränderten. Diese waren ihrerseits zwar zunächst an einheitlichen, für alle Zonen gültigen Prinzipien orientiert, wurden aber um so stärker modifiziert, je brüchiger sich der Basiskonsens der Alliierten erwies.

Neben der Entwicklung der deutschen Verwaltungen und z. T. informellen deutschen wirtschaftlichen Interessenvertretungen sind die Einflußmöglichkeiten und -verschiebungen besonders deutlich bei der Entnazifizierung und der

„Umerziehung" festzustellen. Sehr eng verflochten sich deutsche und widerstreitende alliierte Interessen dagegen im zweifellos wichtigsten und für die weitere Entwicklung Deutschlands folgenreichsten Problemkomplex, der sich mit den Stichworten Reparationen, Wirtschaftseinheit und politische Struktur umschreiben läßt. Auch am viel diskutierten Thema „Sozialisierung" lassen sich divergierende und konvergierende Interessen deutlich aufzeigen. Auf diesen sechs Themenbereichen wird deshalb hier der Akzent liegen, obwohl Spannung und Parallelität zwischen alliierten und deutschen Interessen prinzipiell für alle Bereiche einen Leitfaden der Darstellung und Interpretation abgeben können.

1. Zonenstruktur und Verwaltungsaufbau

Die Zonenaufteilung war nach den in Potsdam festgelegten Grundsätzen, insbesondere in Verbindung mit dem Prinzip der Behandlung Deutschlands als Wirtschaftseinheit, eher eine besatzungstechnische als eine politische Lösung. Insofern hätte der zufällige Charakter der Zonengrenzziehung faktisch keine allzu große Rolle spielen dürfen. Tatsächlich entwickelten jedoch die Zonen durch gegenseitige politische Abschottung ein ausgeprägtes Eigenleben, durch das die wirtschaftliche und verwaltungsmäßige Unsinnigkeit dieser Grenzziehung erst voll zur Wirkung kam. Auf diese spürbaren Konsequenzen hatten die Besatzungsmächte zu reagieren, wenn sie einen sinnvollen politischen und wirtschaftlichen Aufbau Deutschlands als Ziel verfolgen wollten.

Nach Größe, Bevölkerungszahl und Wirtschaftsstruktur waren die vier Zonen sehr heterogen. Mit 22,3 Millionen Einwohnern war die britische Zone die bevölkerungsreichste, gefolgt von der sowjetischen mit 17,3 Millionen (ohne Berlin mit 3,18 Millionen) und der amerikanischen mit 17,2 Millionen. Flächenmäßig hatten die sowjetische und amerikanische Zone nahezu den gleichen Umfang mit je etwa 30 Prozent des Gesamtterritoriums. Die britische Zone mit rund 27 Prozent war nur wenig kleiner, während die französische in bezug auf Einwohnerzahl (5,9 Millionen) und Größe (rund 43 000 qkm einschließlich Saargebiet, d. h. 12 Prozent des Gesamtterritoriums) die kleinste war[3]).

In der *sowjetischen* Zone lagen 10 Großstädte (ohne Berlin) mit insgesamt 2,355 Millionen Einwohnern. Obwohl diese Zone über große Agrargebiete verfügte, war sie insgesamt keineswegs – wie häufig vermutet – ein agrarisches Überschußgebiet. Vielmehr bedurfte es erheblicher Anstrengungen, um die Zonenbevölkerung selbst mit den niedrigen Rationen zu versorgen. Gegenüber dem agrarischen Norden gab es im Süden der Zone, insbesondere in Sachsen, eine hochentwickelte Industrie, in der die Fertigwarenproduktion ein starkes Übergewicht besaß. Charakteristisch war ferner das Fehlen von Grundstoffen – bis auf Braunkohle –, so daß die Abhängigkeit von Binnenhandel und von Rohstoffimporten besonders gravierend war.

Organisationsaufbau der Zonen 1945/46

Alliierter Kontrollrat (Berlin)

	Office of Military Government US-Zone, Berlin/Frankfurt (OMGUS)		Control Commission of Germany, British Element, Berlin (CCG/BE)	Conseil de Contrôle de la France pour l'Allemagne, Berlin	Sowjetische Militäradministration in Deutschland, Berlin-Karlshorst (SMAD)
	(McNarney, Clay)		(Montgomery, Robertson)	(Koenig)	(Sokolowski)
	Militär-regierungen d. Länder	Bayern (München)	Zonal Executive Office (Lübbecke, Herford, Bad Oeynhausen, Bünde)	Gouvernement Militaire (Baden-Baden)	Militärregierungen der 5 Länder
		Groß-Hessen (Wiesbaden)			(Sachsen, Sachsen-Anhalt, Thüringen, Brandenburg, Mecklenburg-Pommern)
		Württ.-Baden (Stuttgart)	Länder- und örtl. Militärregierungen	Länder- und örtl. Militärregierungen	Kreis- und Ortskommandanturen
	örtl. Militär-regierungen				
Alliiertes Personal	etwa 12 000		etwa 25 000	etwa 11 000	etwa 60 000
Deutsche Zentral-institu-tionen	Länderrat, Stuttgart (gegr. 1945; 4 Ministerpräsidenten)		Zonenbeirat, Hamburg (gegr. 1946; 27 Vertreter politischer Parteien, Verwaltungen, Gewerkschaften u. a.)	Sekretariat d. dt. Ministerkonferenzen (gegr. 1948; 3 Ministerpräsidenten, 3 Fachminister)	Deutsche Zentralverwaltungen, Berlin (gegr. 1945)

(Zusammengestellt nach: Vogel 1956, S. 14 f.; Zink 1957, S. 67, 29; Der Spiegel Nr. 19 [1970], S. 81)

Die deutschen Länder unter den Besatzungsmächten bis 1949

Quelle: H. Dollinger u. Th. Vogelsang (Hrsg.). Deutschland unter den Besatzungsmächten 1945–1949, München 1967, S. 148.

Prinzipiell ähnlich sah in dieser Hinsicht die Situation in der *amerikanischen* Zone aus, die neben landwirtschaftlichen Regionen über Gebiete mit hochentwickelter verarbeitender Industrie (Hessen, Württemberg-Baden) verfügte. Im Jahre 1947 waren 46,6 Prozent der Lohn- und Gehaltsempfänger in Industrie und Gewerbe beschäftigt. Die Abhängigkeit von Rohstoffen aus anderen Zonen, insbesondere aus dem Ruhrgebiet, war hier noch größer als in der sowjetischen Zone. In den 13 Großstädten der US-Zone lebten 1946 etwa 2,965 Millionen Menschen (gleich 18,3 Prozent), während die Masse der Bevölkerung (40,2 Prozent) in Dörfern bis 2000 Einwohnern wohnte[4]).

Die industriell wichtigste Zone, insbesondere hinsichtlich der Grundstoffindustrien, war die *britische* mit der höchsten Bevölkerungsdichte. Trotz der großen Bevölkerungsagglomeration des Ruhrgebiets lebten schon 1939 fast 75 Prozent der Bevölkerung der späteren britischen Zone in Orten bis 10 000 Einwohnern. Diese Situation wurde nach dem Krieg durch den Zustrom der Evakuierten und Flüchtlinge in die norddeutschen, agrarischen Flächenstaaten noch ausgeprägter. Auf die britische Zone entfielen nach der Produktionsstatistik von 1936 87 Prozent der deutschen Kohleförderung, 72 Prozent der Roheisenerzeugung und 72 Prozent der Rohstahlgewinnung. Auch in der weiterverarbeitenden Eisenindustrie war die britische Zone führend. Bereits nach den Vorkriegsdaten war sie landwirtschaftlich ein ausgeprägtes Zuschußgebiet – eine Situation, die sich nach 1945 erheblich verschärfte[5]).

Die kleinste Zone mit der geringsten Bevölkerungsdichte und nur noch einer Großstadt (Ludwigshafen), die *französische*, war insgesamt von Kleinindustrie und Kleinlandwirtschaft geprägt, wenn man vom schwerindustriellen Saarland absieht, das 1948 aus der Zone ausgegliedert und wirtschaftlich an Frankreich mit einem politischen Sonderstatus angeschlossen wurde. Die relativ geringe Bevölkerungsdichte war vor allem auf den bis 1947 fehlenden Zuwachs durch Flüchtlinge zurückzuführen. Die industriellen Schwerpunkte der französischen Zone lagen – vom Saarland abgesehen – in der Pfalz mit der chemischen Industrie von Ludwigshafen und der Schuhindustrie von Pirmasens, entwickelte leichtindustrielle Gebiete befanden sich in Südbaden und Südwürttemberg. An Rohstoffen wurden neben der Saar-Kohle vor allem die reichen Holzbestände der Zone von Bedeutung. Die Kohleförderung im Saargebiet lief sehr schnell wieder an, hatte bereits im Oktober 1947 vier Fünftel des Standes von 1938 erreicht und übertraf damit erheblich die Produktivität des Ruhrbergbaus. Auch für die französische Zone insgesamt bedeutete jedoch die Abschnürung von Absatzgebieten und Zulieferbetrieben in anderen Zonen ein gravierendes Hemmnis für den Wirtschaftsaufschwung[6]).

Die *alliierte Verwaltung* der vier Zonen war in ihrer Grobstruktur formal ähnlich aufgebaut, wies aber im einzelnen sowohl hinsichtlich des Personalbestandes und der regionalen und örtlichen Durchdringung als auch der Verzahnung mit den deutschen Auftragsverwaltungen erhebliche Unterschiede auf. Daraus ergaben sich für die jeweilige politische Entwicklung beträchtliche Unterschiede. Wie das folgende Schema zeigt, bestanden unterhalb der gemeinsamen Spitze des Alliierten Kontrollrats in Berlin auf der Ebene der Länder, Regionen und Städte alliierte Militärregierungen bzw. Kommandanturen. Den höchsten Personalbestand hatten dabei die Militärverwaltungen der sowjetischen und – gemessen an der Bevölkerungszahl – der französischen Zone, am Ende rangierte in dieser Hinsicht die amerikanische Zone.

Im einzelnen ist über Ausbildung und Qualität des Besatzungspersonals wenig bekannt. Pauschal läßt sich jedoch festhalten, daß die sowjetische Zone, insbesondere in den Spitzenpositionen und im Erziehungsbereich, viel qualifiziertes Besatzungspersonal besaß. Hingegen ließ die Vorbereitung der amerikanischen, britischen und französischen Militärverwaltungsbeamten auf ihre Aufgaben sehr zu wünschen übrig. So besaßen nach amerikanischen Schätzungen nur etwa fünf Prozent des Personals der amerikanischen Militärregierung hinreichende Deutschkenntnisse, um mit deutschen Verwaltungen verhandeln und deutsche Zeitungen und Berichte lesen zu können. In Frankreich wurden nach der Befreiung von Paris rund 8000 leitende Angestellte in Kurzlehrgängen für ihre künftige Funktion trainiert. Neben vielen qualifizierten Personen insbesondere in der Kulturverwaltung gab es eine hohe Zahl ehemaliger Vichy-Anhänger und -Mitläufer, die von den jeweiligen französischen Ministerien in die Zone abgeschoben wurden und sich dort häufig als besonders „linientreu" aufführten[7]).

Für alle Zonen – für die sowjetische gibt es allerdings nur Indizien dafür[8]) – sind mehr oder minder gravierende Konflikte zwischen den Militärregierungen in Deutschland und den jeweils verantwortlichen Ministerien in den Heimatländern festzustellen. Modifikationen und Ungereimtheiten in der Besatzungspolitik finden hierin eine wesentliche Erklärung. Die Kluft zwischen den allgemeinen Direktiven, die sich an interalliierter Gemeinschaft ausrichteten, und den Gegebenheiten und praktischen Notwendigkeiten „vor Ort" bestand überall. Sie betraf die Demontagepolitik in der SBZ, sie zeigte sich in der Spannung zwischen General Koenig – einem alten Gefolgsmann de Gaulles – und dem Verwaltungschef General Laffon, sie bestimmte die Praxis eines stark konservativ eingestellten britischen Militärpersonals gegenüber der sozialistischen Labour-Regierung und zeigte sich besonders deutlich in der US-Zone. Hier galt bis 1947 die noch von Morgenthau bestimmte Direktive JCS 1067, die General Clay zwar in der Öffentlichkeit vertrat, de facto aber nach Kräften zu unterlaufen suchte[9]).

Ohne qualifiziertes deutsches Personal, das über Ortskenntnisse und Fachkompetenz verfügte, ließen sich die schwierigen Probleme, mit denen alle Alliierten konfrontiert waren, nicht lösen. Das Fehlen der in Potsdam vorgesehenen zentralen Institutionen, die faktische Zonenautonomie und der immer deutlicher werdende Dissens der Alliierten verstärkten die Bedeutung deutscher Auftragsverwaltungen. Wenn man nach Möglichkeiten deutscher Politik in den ersten Nachkriegsjahren fragt, so sind diese im Rahmen der Verwaltungen auf lokaler und Länderebene daher viel eher zu finden als bei den mit gesamtdeutschen Ansprüchen auftretenden Parteien. Der politische Vorsprung der Administration vor der eigentlichen politischen Repräsentation wurde für die innere Entwicklung Westdeutschlands sehr bedeutsam und gibt überdies zusätzliche Hinweise auf die relativ starke föderalistische Eigenentwicklung verschiedener deutscher Regionen, die sich nicht nur aus der politisch motivierten Dezentralisierungspolitik der Westalliierten erklären läßt. Die Gründe für diesen Vorsprung sind einmal darin zu sehen, daß die Antifa-Komitees, die sich in der Umbruchphase spontan bildeten und alternative Ansätze zur traditionellen Verwaltungs- und Parteiorganisation zeigten, nach wenigen Monaten ausgeschaltet worden sind; zum anderen waren die Parteien in ihrer Entwicklung durch den Zwang zum langsamen Aufbau von unten nach oben und das anfängliche Verbot überzonaler Zusammenschlüsse erheblich behindert[10]). Indem die Alliierten gesamtdeutsche Kontakte der Parteien blockierten, förderten sie den Regionalismus und erleichterten es damit einer partikularistischen Verwaltung, sich in einem vermeintlich unpolitischen Raum zu etablieren und zu konsolidieren. Praktische Aufgaben dominierten vor programmatischen Erklärungen – das stärkte die Stellung der Verwaltungen. Ihre Aufgabe sei es, so erklärte der bayrische Ministerpräsident Ehard, „den Karren wieder so anzuschieben, daß die Nachfolgenden dann damit weiterfahren können“[11]). Daraus resultierte auch die anfangs dominierende Stellung der Ministerpräsidenten in den zumeist von allen Parteien getragenen Kabinetten, gegen die von zentralen Parteiorganisationen zunächst wenig auszurichten war. Die Ausnahme bildete hier die SBZ, wo die föderalistische Komponente lediglich formale Bedeutung hatte und zentral „von oben“ her organisierte Parteien und auch zentrale Verwaltungen bestimmenden Einfluß erlangten.

In der *SBZ* wurde auch im Verwaltungsaufbau – ähnlich wie auf anderen Gebieten – die Kontinuität zwischen der Deutschlandplanung der Exil-KPD in Moskau und der Praxis 1945 sichtbar. Drei sogenannte Initiativgruppen unter Ulbricht (Berlin), Gustav Sobottka (Schwerin) und Anton Ackermann (Dresden) wurden schon Ende April/Anfang Mai 1945 eingeflogen und begannen in den folgenden Wochen in Zusammenarbeit mit den örtlichen sowjetischen Stäben ihre Arbeit. Die Richtlinien für die Arbeit der „deutschen Antifaschisten in dem von der Roten Armee besetzten deutschen Gebiet“, die im April 1945 in Moskau ausgearbeitet worden waren[12]), legten neben allgemeinen Aufgaben – wie Herstellung der Ordnung, Kooperation mit der Roten Armee, Organisierung des Kampfes für die Ausrottung des Nazismus und Militarismus – hinsichtlich des Verwaltungsaufbaus zunächst nur lokale deutsche Administrationen fest. Für die weitere politische Entwicklung der Verwaltungen war wichtig, daß die Auswahl der lokalen Amtsträger in den Händen eines „Genossen, der in den letzten Jahren außerhalb Deutschlands als antifaschistischer Funktionär gearbeitet hat", liegen sollte[13]). Damit blieb die Kaderauswahl unter der Kontrolle der ZK-Beauftragten. Auf diese Weise sollte dafür gesorgt werden, daß das seit 1945 gültige Volksfrontkonzept, wie es einen Monat später im KPD-Gründungsaufruf bekräftigt wurde, personell von vornherein abgesichert war.

In den Anfängen der Verwaltungsrekonstruktion zeigte sich in der SBZ in einer Hinsicht eine ähnliche Erscheinung wie in den Westzonen: der Rückgriff auf tradierte Verwaltungsstrukturen. Sie wurden hier jedoch personell gezielt ausgefüllt, so daß auf diese Weise durchaus ein Stück nachgeholter Revolution von 1918 realisiert wurde. Damit waren aber zugleich ältere Konzepte, wie sie während des Krieges von der KPD in Moskau im „Programm der kämpferischen Demokratie" (D 6) diskutiert worden waren, nämlich Volksausschüsse als Alternative zum alten Verwaltungsapparat, partiell aufgegeben worden. Als Gründe dafür lassen sich nennen: die nüchterne Einschätzung der relativen Passivität der deutschen Bevölkerung und der kommunistische Avantgarde- und Kontrollanspruch, den Ulbricht 1944 mit dem Satz formulierte, es sei wichtig, die „entscheidenden Posten" in die Hand zu bekommen[14]).

Gemäß diesem Konzept paßten spontane deutsche Initiativen nicht in die politische Linie, und die Antifa-Ausschüsse erfuhren ein ähnliches Schicksal wie im Westen. Die lokale Verwaltungszusammensetzung erfolgte nach dem politischen Grundprinzip, daß je nach Bevölkerungs- und Sozialstruktur zumeist Sozialdemokraten, Christen oder Parteilose zu Bürgermeistern ernannt wurden, das wichtige Personalamt aber in der Regel in der Hand von Kommunisten lag. Die äußere Erscheinung spiegelte auf diese Weise nicht die tatsächliche Machtverteilung wider. Nach diesem Prinzip wurde auch bei der in der SBZ schon früh vollzogenen Bildung von Länder- und Zentralverwaltungen verfahren. Bereits vor Beginn der Potsdamer Konferenz wurden im Juli Landesverwaltungen für Mecklenburg, Sachsen, Thüringen und Provinzialverwaltungen für Brandenburg und Sachsen-Anhalt geschaffen, die nach der Auflösung Preußens als Länder im Status gleichgestellt wurden. Noch während der Potsdamer Konferenz schuf die SMAD oberhalb der Länderebene elf deutsche Zentralverwaltungen (1947: 15) für die sowjetische Zone, die als Hilfsorgane der Besatzungsmacht und gleichzeitig als Keimzelle künftiger deutscher zentraler Regierungsbehörden fungieren sollten. Von den Präsidenten dieser Zentralverwaltungen gehörten fünf der KPD, drei der SPD, je einer der CDU und der LDP an, einer war parteilos[15]). Das relative Übergewicht von KPD-Vertretern war auf dieser zentralen Ebene im Unterschied zur Länder- und Gemeindeebene eindeutig.

Mit der frühen Zulassung von politischen Parteien (Juni 1945) und der Schaffung von Zentralverwaltungen entstand somit in der SBZ eine grundlegend andere Situation als in den Westzonen. Das Schwergewicht der Verwaltungsbefugnisse verlagerte sich von der Länderebene immer stärker auf die Zentralbehörden. Der Föderalismus der Länder konnte sich hier – obwohl er pro forma bestand – kaum auswirken, zugleich konnte sich das Übergewicht der Bürokratien gegenüber den politischen Parteien nicht so deutlich ausbilden.

In den *Westzonen* wurden nach dem Einmarsch der Alliierten deutsche Bürgermeister, Landräte und schließlich auch Provinzial- und Länderverwaltungen eingesetzt. Das hatte aber zunächst wenig mit Staatlichkeit zu tun. Es waren Provisorien, die primär alliierten Interessen zur Sicherung der Versorgung und der öffentlichen Ordnung dienten. Diese Provisorien wurden revidiert, als die Anfangsprobleme überwunden waren und in Potsdam Grundzüge einer gemeinsamen Regelung vereinbart wurden. 1945 gab es daher ständig Veränderungen, die eine Konsolidierung behinderten: Provinzen wurden eingerichtet und wieder umorganisiert, Beamte ein- und wieder abgesetzt, Kompetenzen übertragen und wieder entzogen. Dennoch führten die praktischen Notwendigkeiten zu verstärkter Eigenaktivität und zur tendenziellen Verselbständigung der provisorischen Verwaltungen, da es eine Zentrale nicht gab[16]). In Ländern mit starker eigener Tradition wurde diese Tendenz schon sehr früh sichtbar, und zwar nicht zuletzt als Gegenreaktion gegen den Zentralismus der NS-Zeit. Vor allem in Bayern waren das Bewußtsein der Befreiung vom Zentralismus und die Betonung der Eigenständigkeit sehr ausgeprägt.

Das Bild der deutschen Kommunalverwaltungen war anfangs sehr uneinheitlich. Zuweilen fanden die Sieger beim Einmarsch einen funktionierenden Apparat vor, der dann vorläufig weiterzuarbeiten hatte. In vielen Fällen waren aber auch Bürgermeister und höhere Verwaltungsfunktionäre geflohen. Amerikaner und Briten beließen deutsche Verwaltungsfachleute an untergeordneter Stelle zunächst vielfach in ihren Positionen. Konsequente politische Säuberungen begannen erst später. Als Verwaltungsleiter wurden jedoch durchweg unbelastete Personen eingesetzt. In der Regel waren es erfahrene kommunale Fachbeamte mit überwiegend bürgerlicher politischer Orientierung[17]). Damit war von vornherein ein starkes Element bürokratischer Kontinuität gesichert. Innerhalb der Auftragsverwaltungen hatte der Oberbürgermeister die dominierende Stellung. Er trug gegenüber der Militärregierung die alleinige Verantwortung, dafür wurden ihm innerhalb seiner Behörden und gegenüber der deutschen Bevölkerung weitgehende Vollmachten eingeräumt. Er hatte der Militärregierung in kurzen Abständen zu berichten und Befehle entgegenzunehmen, besaß auf der anderen Seite aber auch so etwas wie ein Informationsmonopol[18]).

Auch auf Länderebene zeigte sich ein ähnliches Bild. Die ersten Ministerpräsidenten und Regierungschefs der Länder wurden direkt ernannt. Sie waren allein

Oberregierungspräsidium
Mittelrhein-Saar

Mitteilung Nr. 1

An die Bevölkerung der Regierungsbezirke Pfalz Saarland, Rheinhessen, Trier und Koblenz!

Landsleute!

Unser Land ist besiegt, verwüstet und besetzt. Die Naziverbrecher haben sich kläglich davon gemacht. Hitler ist tot. Er hat uns in den Krieg getrieben und im Elend zurückgelassen. Wir haben einen ungeheuren Preis gezahlt und werden noch weiter leiden müssen, aber wir sind von der Tyrannei befreit. **Darum atmet auf!**

Jetzt aber müssen wir uns selbst helfen. Es gilt zu erhalten, was uns geblieben ist, zu flicken, was zerrissen und zerbrochen ist, zu beleben, was gelähmt ist. **Packt an!**

Es gilt, das göttliche Gesetz zu achten und das menschliche Recht wieder herzustellen. Es wird kein Unschuldiger mehr gequält noch getötet werden. Es fallen keine Bomben mehr. Die Zeiten der Angst sind vorüber. **Habt Zuversicht!**

In Neustadt an der Haardt ist ein Oberregierungspräsidium „Mittelrhein-Saar" errichtet und von der Militärregierung bestätigt worden. Die neuen Männer stehen vor Ruinen, aber sie nehmen die Last auf sich und gehen an die Arbeit. Unterstützt sie! **Wir brauchen alle, die reine Gesinnung und guten Willen haben.**

Das Oberregierungspräsidium
Mittelrhein-Saar
Dr. Heimerich

Aufruf an die Bevölkerung zur Mitarbeit beim Neubeginn, 18. Mai 1945.

verantwortlich gegenüber der Militärregierung, im Kabinett galt nicht das Kollegialprinzip, sondern die Minister waren eher Berater des Ministerpräsidenten[19]). Die ersten Regierungen, meist Allparteienkabinette, standen damit schnell vor politischen Legitimationsproblemen, denen man nicht beliebig lange ausweichen konnte. Die ersten Gemeinde- und Kreistagswahlen 1946 in allen Zonen und die Wahlen zu den Landtagen und verfassunggebenden Versammlungen der Länder 1947 waren die wichtigsten Schritte auf diesem Weg[20]). Dadurch wurde für eine stärkere politische Durchdringung der Regierungen gesorgt und das Übergewicht der „unpolitischen" Verwaltungen verringert.

Der inneren Struktur nach zeigten die vier Zonen im Hinblick auf Zentralismus und Föderalismus ein deutliches Gefälle: In der SBZ war die faktische Zentralisierung am stärksten ausgeprägt; es folgte die britische Zone, in der es seit Ende 1945 zentrale Zonenorgane gab, allerdings nur mit beratender Funktion; die amerikanische Zone war durch einen früh ausgeprägten Länderföderalismus gekennzeichnet, der aber durch Koordinationsgremien auf Zonenebene abgeschwächt wurde; in der französischen Zone war der Föderalismus am stärksten ausgebildet. Oberhalb der Länderebene gab es keinerlei Kontakte zwischen deutschen Verwaltungen und Regierungen, und auch die Parteibildung war hier erst Anfang 1947 abgeschlossen.

Im Oktober 1945 errichtete die amerikanische Militärregierung für ihre Zone den *Länderrat*, in dem die Ministerpräsidenten der drei Länder Bayern, Württemberg-Baden, Groß-Hessen und der Senatspräsident von Bremen sich regelmäßig trafen, um wichtige administrative und wirtschaftliche Maßnahmen zu besprechen und zu koordinieren (die Hansestadt Bremen hatte zunächst eine gemeinsame britisch-amerikanische Verwaltung und gehörte ab Januar 1947 zur amerikanischen Zone). Nachdem sich herausgestellt hatte, daß eine effektive Kontrollratspraxis durch die französische Obstruktionspolitik blockiert wurde und die in Potsdam anvisierten Zentralverwaltungen auf dem Papier blieben, erhielt der Länderrat mehr Kompetenzen und ein immer größeres Gewicht im Vorgriff und als Ersatzlösung für die nach wie vor von den Amerikanern gewünschten überzonalen zentralen Institutionen. Die amerikanische Militärregierung konnte sich durch diese erweiterte Kompetenzübertragung im wesentlichen auf die Kontrolle der Ministerpräsidenten beschränken und unterhalb der Länderebene ihre eigene Militärverwaltung abbauen. Hier fielen jedoch wichtige Entscheidungen über Fragen der Wirtschaft sowie der staatlichen Neuordnung in den Ländern. Der Länderrat hatte ein Generalsekretariat, an dessen Spitze Erich Roßmann (SPD) stand, der die laufenden Geschäfte zu erledigen und Kontakt mit OMGUS zu halten hatte. Die Beschlüsse des Länderrats mußten einstimmig gefaßt werden[21]).

In der *britischen Zone* verlief die Schaffung zentraler Institutionen seit Ende 1945 auf drei Ebenen[22]). Die ersten zonalen Beratungsorgane für einzelne

Verwaltungszweige waren die Zonen-*Zentralämter*, die etwa mit den ehemaligen Reichsministerien zu vergleichen waren. Im Laufe der Zeit erhielten sie über ihre reine Hilfs- und Beratungsfunktion hinaus immer stärker exekutive Befugnisse, wurden jedoch deutscherseits von keinem parlamentarischen Gremium kontrolliert, waren somit ohne demokratische Legitimation. Den jeweiligen Fachabteilungen der britischen Militärregierung für Wirtschaft, Landwirtschaft, Justiz, Verkehr usf. entsprachen jeweils deutsche Zentralämter, deren wichtigstes und bekanntestes, das Zentralamt für Wirtschaft in Minden, unter Leitung des linken Sozialdemokraten Victor Agartz stand. Die zweite Ebene war die Konferenz der Chefs der Länder und Provinzen. Zur britischen Zone gehörten die Länder Nordrhein-Westfalen (im Juli 1946 aus den preußischen Provinzen Westfalen und Rheinland gebildet), Schleswig-Holstein, Niedersachsen (im November 1946 aus den Provinzen und Ländern Hannover, Schaumburg-Lippe, Braunschweig und Oldenburg gebildet) und die Hansestadt Hamburg. Diese Konferenz der Länderchefs war Ende 1945 auf deutsche Initiative zustandegekommen, während der Länderrat der US-Zone von der Militärregierung ins Leben gerufen worden war. Ziele und Kompetenzen der Konferenzen überschnitten sich stark mit der dritten Ebene zonaler Institutionen: dem *Zonenbeirat*. Im März 1946 in Hamburg als lediglich beratende Körperschaft für die Militärregierung konstituiert, lief dessen Arbeit neben den Zentralämtern und auch neben der Konferenz der Länderchefs her. Die Länderchefs versuchten sich offenbar mit Erfolg einer Unterordnung unter den Zonenbeirat zu entziehen und damit ihr relatives Eigengewicht zu erhalten bzw. zu stärken. Gegenüber den Zentralämtern hatte der Zonenbeirat keine koordinierenden Befugnisse, vielmehr lief der Verkehr mit der britischen Militärregierung über ein eigenes Verbindungsbüro, den British Liaison Staff. Ähnlich wie der Länderrat hatte auch er ein eigenes Sekretariat mit Ausschüssen. Generalsekretär war der SPD-Politiker Gerhard Weisser. Hervorzuheben ist die besondere Zusammensetzung des Zonenbeirates, der eine eigenartige Mischform darstellte: Vertreten waren die Zentralämter, die Länder- bzw. Regierungschefs und Repräsentanten der Parteien, der Gewerkschaften und Verbrauchergenossenschaften. Die Parteiführer Adenauer, Schumacher und Max Reimann (KPD) gaben hier ihr politisches Debüt. Wichtige Beratungsgegenstände waren unter anderem die Länderneugliederung und die Bodenreform, daneben aber vor allem Ernährungsfragen, kulturpolitische Probleme u. ä. Der Zonenbeirat hatte als Entscheidungshilfe vor allem Gutachten und Empfehlungen abzugeben. Trotz seiner formal sehr eingeschränkten Kompetenz war seine praktische Bedeutung nicht unbeträchtlich, da sich die Militärregierung meist an die Empfehlungen hielt[23]).

In der *französischen Zone* war bis 1948 keine institutionelle Zusammenarbeit der vier Länder Württemberg-Hohenzollern, Süd-Baden, Rheinland-Pfalz und Saargebiet (ab 1. 4. 1948 wirtschaftlich mit Frankreich vereinigt) möglich. Erst aus gelegentlich zu bestimmten Themen von der Militärregierung zusammengerufenen Konferenzen der Ministerpräsidenten oder Fachminister entwickelten sich allmählich regelmäßige Tagungen. Da andererseits naturgemäß auch die französische Militärregierung nicht ohne deutsche Mitarbeit auskommen konnte, wurden 26 sogenannte Hilfsbüros als Dienststellen der französischen Militärregierung mit deutschem Personal eingerichtet. Deutsche Länderministerien hatten keinen Einblick in ihre Tätigkeit. Gesamtzonale Behörden gab es dort, wo es unmittelbar zweckmäßig und notwendig schien, zum Beispiel bei Post und Eisenbahn[24]).

Die Heterogenität und Vielfalt im administrativen Aufbau der Zonen, die für die Realisierung übergeordneter Ziele ineffektiv war, verschärften zwangsläufig die wirtschaftlichen und politischen Probleme, so daß eine gewisse Angleichung der Zonen unausweichlich wurde, wenn die in Potsdam vereinbarte Wirtschaftseinheit nicht allein schon von den Verwaltungsprozeduren her in Frage gestellt werden sollte. Die Schaffung der Bizone gehört in diesen Zusammenhang. Sie war zumindest von amerikanischer Seite aus zunächst primär als Provisorium zur Verbesserung der Wirtschaftssituation geplant, entwickelte sich aber sofort zu einem explosiven Politikum, das die politische Einheit Deutschlands weiter in Frage stellte[25]).

2. Entnazifizierung zwischen Struktureingriff und „Revolution auf dem Papier"

Die „vier D" (Demilitarisierung, Denazifizierung, Dekartellisierung, Demokratisierung) als inhaltliche Umschreibung des Entnazifizierungskonzepts gehörten seit den Kriegskonferenzen zum Kernbestand gemeinsamer Zielsetzungen der Alliierten. Der Kontrollrat erließ dazu eine Reihe von spezifizierten Richtlinien, welche die Bedeutung dieser Gemeinsamkeit spiegelten (D 32). Dennoch fiel die Entnazifizierung in den vier Zonen im Verfahren und im Endergebnis völlig unterschiedlich aus. Dabei läßt sich ein Gefälle von der SBZ über die amerikanische und britische bis zur französischen Zone konstatieren. Diese unterschiedliche Ausführung ergab sich zunächst aus divergierenden gesellschaftspolitischen Konzepten und Vorstellungen über den Ursprung des Nationalsozialismus und aus unterschiedlichen Interessen und Prioritätensetzungen, wurde dann aber immer stärker auch von den wachsenden Ost-West-Spannungen geprägt.

Der „einfachste" und am stärksten von alliierter Gemeinsamkeit bestimmte Teil der Entnazifizierung war der Nürnberger Hauptkriegsverbrecher-Prozeß[26]). Der internationale Militärgerichtshof (IMG) begann entsprechend einem Grundsatzbeschluß der Moskauer Außenministerkonferenz vom Oktober 1943 im Herbst 1945 seine Verhandlungen in Nürnberg, dem Ort der Parteitage und Aufmärsche des NS-Regimes. Er bestand aus vier Repräsentanten und je einem Stellvertreter der Siegermächte. Angeklagt waren die Mitglieder der NS-Führungselite sowie kollektiv die Organisationen: NSDAP, Gestapo und SD, SS, SA, Reichsregierung und OKW. Die vier Anklagepunkte lauteten: Teilnahme am Plan einer Verschwörung zu einem Verbrechen gegen den Frieden; Verbrechen gegen den Frieden, d. h. Angriffskrieg; Kriegsverbrechen, d. h. Verletzung der internationalen Kriegskonventionen; Verbrechen gegen die Menschlichkeit, vor allem Völkermord. Hitler, Goebbels und Himmler hatten sich der Verantwortung bereits durch Selbstmord entzogen, Bormann, der Chef der Parteikanzlei, war verschwunden und vermutlich ebenfalls tot. Gegen ihn wurde dennoch in Abwesenheit verhandelt. Ley, der Führer der Deutschen Arbeitsfront, verübte vor Prozeßbeginn Selbstmord. Das Verfahren gegen Gustav Krupp als Repräsentanten der Großindustrie mußte abgetrennt werden, weil der Angeklagte nicht verhandlungsfähig war.

Nach einjähriger Verhandlung wurden von den 22 Angeklagten 12 zum Tode durch den Strang verurteilt (einschließlich Bormann): Göring, lange Zeit der „zweite Mann" nach Hitler in der NS-Hierarchie (er vergiftete sich vor der Urteilsvollstreckung); Ribbentrop, Außenminister seit 1938; Keitel, Chef des OKW; Kaltenbrunner, Leiter des Reichssicherheitshauptamtes; Rosenberg, Chefideologe und Reichsminister für die besetzten Ostgebiete; Hans Frank, Generalgouverneur in Polen; Frick, Innenminister und seit 1943 Reichsprotektor in Prag; Streicher, Herausgeber des antisemitischen Hetzblattes „Der Stürmer"; Sauckel, Generalbevollmächtigter für den Arbeitseinsatz; Jodl, Chef des Wehrmachtsführungsstabes; Seyß-Inquart, Reichskommissar in den Niederlanden. Zu lebenslanger Haft wurden verurteilt: Heß als Stellvertreter des Führers; Funk, seit 1938/39 Reichswirtschaftsminister und Reichsbankpräsident; Raeder, Chef der Marine bis 1943. Langjährige Haftstrafen erhielten: Rüstungsminister Speer und Reichsjugendführer von Schirach (je 20 Jahre); von Neurath, bis 1938 Außenminister und später zeitweilig Reichsprotektor in Prag (15 Jahre); Großadmiral Dönitz, der Nachfolger Raeders (10 Jahre). Freigesprochen wurden: Schacht, bis 1938 Reichsbankpräsident und Wirtschaftsminister; von Papen, bis 1934 Vizekanzler; Fritzsche, Ministerialdirektor in Goebbels' Propagandaministerium[27]).

Neben diesem Prozeß vor dem Internationalen Militärgerichtshof in Nürnberg gab es in allen vier Zonen weitere Kriegsverbrecherprozesse vor Militärtribunalen. In den drei Westzonen – für die SBZ existieren bislang keine Angaben – wurden dabei 5133 Personen angeklagt und 668 Todesurteile gefällt[28]).

Die Problematik des Nürnberger Hauptkriegsverbrecher-Prozesses lag vor allem darin, daß die Alliierten mit den vier allgemeinen Anklagepunkten zwar ein streng rechtsförmiges Gerichtsverfahren abwickelten, dabei aber nicht von einem rechtspositivistischen Standpunkt ausgehen konnten und versuchen mußten, der Wirklichkeit des totalitären Staates und des totalen Krieges gerecht zu werden. Mit dem juristischen Prozeß verband sich die politische Absicht der Aufklärung über die Verbrechen des Nationalsozialismus, der Umerziehung und der Friedenssicherung für die Zukunft. Ob diese erzieherische Intention beim deutschen Volk überhaupt Resonanz fand oder ob der Prozeß eher als Ritual zur Selbstbeweihräucherung der Alliierten angesehen wurde, ist umstritten[29]). Die zeitgenössische Diskussion entzündete sich vor allem an der ex-post-Rechtsetzung. Der Charakter eines einseitigen Gerichts der Sieger über die Besiegten fand zudem, wie die Kritiker meinten, darin seinen Ausdruck, daß sich der Gerichtshof nur auf deutsche Kriegsverbrechen beschränkte, obwohl das Völkerrecht seinem Wesen nach unteilbar sei. Vor allem aber erwies sich die im Prozeß angelegte, auf die Zukunft ausgerichtete Idee, den Beziehungen der Völker und Staaten eine neue rechtlich-moralische Basis zu geben, angesichts der beginnenden Ost-West-Konfrontation als illusionär und folgenlos. In diesem Sinne zog später der Philosoph Karl Jaspers sein kritisches Fazit über den Prozeß: „Er war im Effekt ein einmaliger Prozeß von Siegermächten gegen die Besiegten, bei dem die Grundlage des gemeinsamen Rechtszustandes und Rechtswillens der Siegermächte fehlte. Daher hat er das Gegenteil erreicht von dem, was er sollte. Nicht Recht wurde begründet, sondern das Mißtrauen gegen das Recht gesteigert. Die Enttäuschung ist angesichts der Größe der Sache niederschmetternd."[30]).

So verständlich dieses Urteil eines radikalen Moralisten erscheint, so wenig wird es den unübersehbar positiven Aspekten der alliierten Justiz gegenüber NS-Verbrechen gerecht. Denn zum einen bleibt das schlichte Faktum festzuhalten, daß auf diese Weise die politische NS-Elite ausgeschaltet wurde und keine Rolle mehr spielen konnte. Zum anderen wurden durch den Prozeß und die vorgelegten Materialien erstmals die NS-Verbrechen in einem bisher nicht bekannten Ausmaß sichtbar. Die publizierten Dokumente stellten für viele Jahre die Hauptbasis zeithistorischer Forschung und Öffentlichkeitsarbeit dar. Schließlich boten die verschiedenen alliierten Prozesse für die deutsche Justiz Ansatzpunkte für eine gründliche strafrechtliche Vergangenheitsbewältigung, die jedoch Anfang der fünfziger Jahre ins Stocken geriet und erst viel später wiederaufgenommen wurde[31]). Kurz- und langfristig von sehr viel nachhaltigerer Wirkung als die Nürnberger Prozesse war die Entnazifizierung, von der jeder einzelne betroffen wurde.

In der *SBZ* läßt sich entsprechend dem Aufruf der neu gegründeten KPD vom Juni 1945, der konsequente Lehren aus den historischen Fehlschlägen seit 1848 forderte (D 52), die Entnazifizierung insgesamt formal als nachgeholte Revolution von 1918 verstehen. Die Strukturschwächen der Weimarer Republik sollten jetzt behoben und damit eine Wiederholung von 1933 ein für allemal unmöglich gemacht werden. Ob darüber hinaus von vornherein die Sowjetisierung Ostdeutschlands ins Auge gefaßt und radikaldemokratische Strukturreformen nur als erster Schritt auf diesem Wege gedacht waren, läßt sich nicht entscheiden. Die scheinbar folgerichtige Entwicklung zum Stalinismus sollte jedoch nicht von vornherein den Blick für Varianten und Alternativen auch der sowjetischen Politik verstellen. Die tiefen sozialökonomischen Struktureingriffe in der SBZ lassen sich daher sinnvoller in den Rahmen einer umfassenden Entnazifizierung einordnen als in den einer ersten Sowjetisierungsetappe.

Bodenreform, Enteignung und Verstaatlichung der großen Industriebetriebe und personelle Säuberung im öffentlichen Dienst bildeten die drei Bereiche, in denen in der SBZ eine radikale Umgestaltung vollzogen wurde. Nach den im Exil von der KPD-Führung ausgearbeiteten Richtlinien sollte eine Bodenreform erst 1946 durchgeführt werden, sie wurde dann aber offenbar auf Druck der SMAD auf den Herbst 1945 vorgezogen[32]). Die politische Zielsetzung war zumindest unter SPD und KPD nicht umstritten. So erklärte der Sprecher der Ost-SPD, Otto Grotewohl, 1945: „Die politische Seite der Bodenreform ist die Beseitigung des verderblichen Einflusses der Junker auf die Geschicke Deutschlands. Durch Jahrhunderte war der Großgrundbesitz der Träger der Reaktion. Aus ihren Reihen stammten zahlreiche Offiziere, Beamte, Minister und Höflinge. Sie waren die Feinde jeder freiheitlichen Entwicklung in Deutschland“[33]). Aber auch die bürgerlichen Parteien der Ostzone stimmten der Bodenreform teilweise zu, wenn auch nicht ohne Einschränkungen und Druck der SMAD. So wurde die CDU-Führung unter Andreas Hermes und Walter Schreiber, die sich für eine Entschädigung einsetzten und daher opponierten, im Dezember 1945 abgesetzt und durch Jakob Kaiser und Ernst Lemmer ersetzt[34]).

Die folgende Tabelle zeigt, wie sich der Bodenbesitz nach der Reform auf die einzelnen Bevölkerungsgruppen verteilte[35]):

Stand der Aufteilung in Individualeigentum aus dem Bodenfonds am 1. 1. 1950

Zahl	Empfänger	Bodenfläche in ha	Durchschnittsgröße in ha	Prozent des Bodenfonds
119 121	Landlose Bauern und Landarbeiter	932 487	7,8	28,3
82 483	Landarme Bauern	274 848	3,3	8,3
91 155	Umsiedler	763 596	8,4	23,1
43 231	Kleinpächter	41 661	1,0	1,2
183 261	Nichtlandwirtschaftliche Arbeiter und Angestellte	114 665	0,6	3,5
39 838	Waldzulagen an Altbauern	62 742	1,6	2,0
559 089	Bodenempfänger	2 189 999	3,9	66,4

„Junkerland in Bauernhand" – das war die griffige Parole, unter der die Bodenreform ablief. Alle Betriebe über 100 ha wurden entschädigungslos enteignet. Sie umfaßten zusammen 45 Prozent der Gesamtfläche und 30 Prozent der landwirtschaftlichen Nutzfläche in der Ostzone. Nutznießer der Reform waren besitzlose Landarbeiter, Flüchtlinge, Klein- und Mittelbauern, in geringerem Umfang auch Arbeiter und Angestellte und der Staat.

Das Tempo und die Radikalität dieses Struktureingriffs haben nicht nur die wirtschaftliche und politische Entwicklung der SBZ nachhaltig beeinflußt, sondern auch erhebliche Rückwirkungen auf die Bodenreformdiskussion und -praxis in den Westzonen gehabt[36]).

Unter ähnlichen politischen Vorzeichen wie die Bodenreform spielte sich die Umgestaltung des industriellen Sektors mit der Parole „Enteignung der Naziaktivisten und Kriegsverbrecher" ab. Die Begriffe Sozialisierung und Sozialismus wurden dabei sorgfältig vermieden[37]). Insgesamt vollzog sich der Enteignungs- und ökonomische Transformationsprozeß auf drei Ebenen[38]):

1. Es gab faktische Enteignung durch Belegschaften, vor allem dort, wo alte Besitzer geflohen oder politisch stark belastet waren.

2. Durch den SMAD-Befehl 124 vom 30. Oktober 1945[39]) wurde die Beschlagnahme allen Eigentums des deutschen Staates, der NSDAP und ihrer Organisationen, der Verbündeten des Nazi-Reiches und darüber hinaus aller jener „Personen, die von der SMAD durch besondere Listen oder auf andere Weise bezeichnet werden", verfügt, was praktisch einem Freibrief gleichkam. Zu Treuhändern beschlagnahmter Betriebe wurden bis zur endgültigen Regelung der Eigentumsverhältnisse – anders als in den Westzonen – häufig Arbeiter ernannt[40]).

3. Deutsches Recht legitimierte beide Enteignungsformen und führte sie zu Ende. Die Grundlage dazu bot ein im Sommer 1946 von der SED initiierter Volksentscheid in Sachsen über die „Überführung der Betriebe von Kriegs- und Naziverbrechern in das Eigentum des Volkes", der stellvertretend auch für die anderen Länder der SBZ gelten sollte[41]). Das Instrument der Volksabstimmung sollte dabei nach der Interpretation der SMAD als eine „besondere Schule der Massen für die Demokratie" dienen[42]).

Bei diesem Volksentscheid stimmten 77 Prozent mit Ja, 16 Prozent mit Nein. Dem sächsischen Beispiel folgend, verabschiedeten dann alle übrigen Länder der SBZ ähnliche Gesetze. Auf diese Weise wurden praktisch alle Großbetriebe betroffen. 1947 erbrachten die Volkseigenen Betriebe (VEB), wie sie von nun an hießen, und die in russische Hand übergegangenen Sowjetischen Aktiengesellschaften (SAG) zusammen 56 Prozent der industriellen Bruttoproduktion der SBZ[43]). Von der Verstaatlichung ausdrücklich ausgenommen waren dagegen die beschlagnahmten kleingewerblichen Betriebe, deren Eigentümer nur nominelle Nazis waren. Ihnen wurde ihr Besitz bereits vor der Abstimmung demonstrativ zurückgegeben[44]).

Auch die sowjetischen Eingriffe in das Bankwesen trugen zunächst noch nicht den Charakter einer formellen Enteignung. Zwar wurden 1945 alle Banken geschlossen und mit der Errichtung von staatlichen Landesbanken faktisch liquidiert, in der Folgezeit wurden jedoch kleine private Kreditinstitute wieder zugelassen. Erst nach der Währungsreform begann mit der Gründung der Deutschen Investitionsbank im Oktober 1948 die planmäßige Sozialisierung des Bankensystems[45]).

Nicht minder konsequent als die strukturelle Entnazifizierung wurde in der sowjetischen Zone die personelle Säuberung, insbesondere im öffentlichen Dienst, betrieben[46]). Im August 1945 ordnete die SMAD die Registrierung aller Offiziere der Wehrmacht und aller Angehörigen der NSDAP, der SA und SS an. Eine große Verhaftungswelle begann. Im November kam der Befehl, alle Justizbediensteten, die Mitglied der NSDAP oder einer ihrer Gliederungen gewesen waren, zu entlassen. Auch das gesamte Erziehungswesen wurde erfaßt. Nach Angaben des „Neuen Deutschland“ sind von 1945 bis 1948 insgesamt ca. 520 000 Nazis aus allen Bereichen der öffentlichen Verwaltung und der Industrie entfernt worden. Von den 39 348 Lehrern allgemeiner Schulen bei Kriegsende hatten 71,6 Prozent der NSDAP angehört. Rund 20 000 von ihnen wurden entlassen[47]). Von den etwa 16 000 in der Justiz Beschäftigten waren rund 2500 Richter und Staatsanwälte, die zu etwa 80 Prozent Mitglieder der NSDAP gewesen waren. Insgesamt wurden vier Fünftel aller Staatsanwälte und Richter entlassen oder nicht wieder eingestellt. Bei den Rechtsanwälten wurde weniger rigide verfahren, so daß sich noch Ende 1949 unter den 999 zugelassenen Rechtsanwälten 224 (22 Prozent) ehemalige Mitglieder der NSDAP oder ihrer Gliederungen befanden[48]).

Anders dürfte das Bild für dringend benötigte Spezialisten wie beispielsweise Ärzte oder Techniker ausgesehen haben. Dazu liegen zwar keine exakten Zahlen vor, jedoch ist bekannt, daß im Bereich der SAG für die SMAD das Interesse an Fachpersonal, auch wenn es politisch belastet war, eindeutig vor politischer Prinzipientreue rangierte[49]).

Die gezielte politische Säuberung war jedoch nur die eine Seite. Denn bereits im Juni 1946, bei Bekanntgabe des Termins für die ersten Gemeindewahlen, erklärte die SED den Zeitpunkt für gekommen, die einfachen Mitglieder und

Mitläufer der ehemaligen Nazipartei in den demokratischen Aufbau einzugliedern (D 33). Sonderstrafkammern bei den Landgerichten ordneten eine scharfe Bestrafung der Schwerbelasteten an, die „kleinen Pg's" dagegen wurden wieder gleichgestellt und erhielten ihr aktives und passives Wahlrecht zurück (SMAD-Befehl vom 16. August 1947[50]). Auf einer von der SED veranstalteten Versammlung mit ehemaligen Pg's, so berichtet Wolfgang Leonhard, soll ein ehemaliger Pg die Parole formuliert haben: „Es lebe die SED, der große Freund der kleinen Nazis". Im Februar 1948 erklärte die SMAD die Entnazifizierung für beendet[51]).

In der Grundkonzeption war die sowjetische Form der Entnazifizierung in der Verbindung von schnellen und einschneidenden Struktureingriffen mit umfassender, aber gezielter personeller Säuberung und frühzeitiger Reintegration der Mitläufer ohne Zweifel das konsequenteste und effektivste System aller Besatzungszonen. Daß dieses Gesamturteil mit Einschränkungen verbunden werden muß, ist einmal darauf zurückzuführen, daß der Konflikt zwischen politischem Entnazifizierungsprinzip und wirtschaftlichem Interesse an belasteten qualifizierten Fachleuten auch in der SBZ auftrat. Zum anderen aber – und insgesamt gesehen dürfte dieser Gesichtspunkt viel wichtiger sein – war das Bild der sowjetischen Besatzungsmacht durch tiefsitzende antikommunistische Einstellungen und durch das zügellose Verhalten der Roten Armee in der Endphase des Krieges so negativ geprägt (D 26), daß die Maßnahmen der SMAD, so sinnvoll sie auch sein mochten, niemals auf eine breite positive Resonanz rechnen konnten. Ob somit die radikale strukturelle Entnazifizierung auch eine innere Verarbeitung und „Reinigung" bei der Bevölkerung zur Folge hatte, wird man nachdrücklich bezweifeln müssen.

Anders als in der SBZ hatten Bodenreform und Veränderung der Besitzverhältnisse der Großindustrie in den Westzonen keinen zentralen Stellenwert für die Entnazifizierung, dagegen stand die personelle Säuberung hier im Vordergrund.

In der *amerikanischen Zone* behandelte Clay den Auftrag zur Bodenreform sehr pragmatisch und dilatorisch[52]). Tiefgreifende Änderungen paßten nicht in den Rahmen der konsequent verfolgten Rekonstruktionspolitik. Im August 1946 verabschiedete der Länderrat immerhin ein „Gesetz zur Beschaffung von Siedlungsland und zur Bodenreform". In dieser Reihenfolge kam schon ein wichtiges Ziel zum Ausdruck: Schaffung von Siedlungsland angesichts des Flüchtlingsproblems und der Ernährungsschwierigkeiten, aber möglichst keine oder geringe Eingriffe in die Eigentumsstruktur. Zudem wurden die Länder mit der Ausführung des Gesetzes beauftragt, so daß hier erhebliche Möglichkeiten zur Umgehung lagen. Das Gesetz legte den Akzent auf Siedlung und Produktionssteigerung. So wurde der Großgrundbesitz nicht enteignet, sondern lediglich mit einer Abgabe von 10 bis 90 Prozent der 100 ha übersteigenden Fläche belegt. Danach hätten immerhin 290 000 ha abgegeben werden müssen. Durch den Widerstand der Großgrundbesitzer und die Verzögerungstaktik der deutschen Behörden wurden tatsächlich bis zum Herbst 1947 weniger als ein Zehntel davon (24 000 ha) zur Verfügung gestellt. Auch ein Gesetz zur „beschleunigten Durchführung der Bodenreform" schuf hier keine Abhilfe.

In der *französischen Zone*, wo der Großgrundbesitz nur 4 Prozent der landwirtschaftlichen Nutzfläche, wenn auch 36 Prozent des gesamten Bodens ausmachte, verlief die Entwicklung ähnlich. Erst spät legte die französische Militärregierung überhaupt ein Gesetz vor. Sie verzichtete dabei auf jede politische Begründung und überließ den deutschen Länderregierungen ebenfalls die Durchführung, so daß es auch hier kaum zu Enteignungen und nur in geringem Umfang zu Neusiedlerstellen kam.

Ein deutlich größeres Gewicht besaß die Bodenreform in der *britischen Zone*. Sowohl für die Besatzungsmacht wie für die linken deutschen Parteien hatte sie im wesentlichen drei Aspekte: Politisch sollte sie gemäß dem Potsdamer Abkommen einen Beitrag zur Zerschlagung des Großgrundbesitzes und zur demokratischen Strukturreform liefern, ökonomisch hatte sie angesichts der akuten Hungerkrise die Ernährungsbasis möglichst zu verbessern und sozial sollte sie durch Bereitstellung von Siedlungsland das Flüchtlingsproblem bewältigen helfen. Das Beispiel der britischen Zone erlaubt am besten, das Wechselspiel zwischen Besatzungsbehörden und deutschen Länderregierungen, Parlamenten, bürgerlichen Parteien und Interressenverbänden bis 1949 im einzelnen zu verfolgen. Es zeigt, wie gründlich die beabsichtigte Strukturreform schließlich gescheitert ist. Verantwortlich dafür waren sowohl die Besatzungsmacht, die von ihrer Entscheidungskompetenz nur zögernd und widersprüchlich Gebrauch machte, als auch der frühzeitige erbitterte Widerstand deutscher Parteien und Verbände, denen langfristig eine sehr effektive Torpedierung des Reformvorhabens gelang. Ein von den Gegnern immer wieder bemühtes Argument, das im Zeichen des beginnenden Kalten Krieges immer größeres Gewicht erlangen konnte, war dabei die Radikalität der Bodenreform in der SBZ.

Kaum minder groß war die Kluft zwischen anfänglicher Absicht und schließlichem Effekt im Bereich der Großindustrie. Nach dem Zusammenbruch wurden zunächst zahlreiche Großbetriebe, insbesondere der Bergbau-, Eisen-, Stahl- und chemischen Industrie, beschlagnahmt. Schon im November 1945 war durch Kontrollratsgesetz der gesamte Besitz des I.G. Farbenkonzerns davon betroffen „mit Rücksicht auf die Tatsache, daß die I.G. Farbenindustrie sich wissentlich und in hervorragendem Maße mit dem Aufbau und der Erhaltung des deutschen Kriegspotentials befaßt hat"[53]). Die britische Regierung ließ sogar erklären, daß die beschlagnahmten Werke ihren früheren Eigentümern nicht wieder zurückgegeben werden würden[54]), was den deutschen Sozialisierungshoffnungen bzw.

-befürchtungen entsprechenden Auftrieb gab. Anders als in der SBZ wurden die beschlagnahmten Konzerne und Betriebe jedoch nicht der öffentlichen Verwaltung unterstellt, sondern Treuhändern übergeben, die sich vielfach aus dem alten Führungspersonal rekrutierten. Spätestens seit 1947 wurden dann auch die durchaus ernsthaften, aber ohne Nachdruck verfolgten Sozialisierungsabsichten der britischen Regierung auf amerikanischen Druck hin zurückgestellt und deutsche Sozialisierungsgesetze blockiert[55]).

Was blieb bzw. realisiert wurde, war die in Potsdam als Teil der strukturellen Entnazifizierung beschlossene Entflechtung, die freilich erst nach langwierigen Voruntersuchungen vorgenommen wurde und deren Umfang zwischen den westlichen Alliierten kontrovers war[56]). Sie konzentrierte sich auf drei große Komplexe: den IG-Farben-Konzern, die Konzerne der Montan-Industrie und die Großbanken. Erst 1955 wurde der IG-Farben-Konzern endgültig aufgelöst, nachdem bereits bis 1952 in Westdeutschland vier Nachfolgegesellschaften geschaffen worden waren (BASF, Bayer-Leverkusen, Farbwerke Hoechst und Cassella Farbwerke). Die ehemals zum Konzern gehörigen Teile in der Ostzone, die Leunawerke, waren seit 1946 Volkseigene Betriebe.

Eine durchgreifende Neuordnung wurde mit der durchgeführten Entflechtung nicht geschaffen. Die Eigentumsverhältnisse blieben unangetastet, und eine wirksame Dekartellisierung blieb aus. „Formell waren an die Stelle eines Monopol-Unternehmens mehrere zumindest den Binnenmarkt beherrschende Großgesellschaften getreten, die hinsichtlich ihrer Zielsetzung die Unternehmenspolitik ‚im alten I.G.-Geist' fortführten"[57]). Aus den zwölf größten Montangesellschaften, die rund 90 Prozent der Stahlproduktion und über die Hälfte der Steinkohlengewinnung beherrschten, wurden seit 1947 28 voneinander unabhängige Unternehmungen gemacht. Die drei Großbanken (Deutsche Bank, Commerzbank, Dresdner Bank), die über Kreditgewährung und Aufsichtsratsmandate erheblichen Einfluß auf die deutsche Großwirtschaft ausgeübt hatten, wurden in 30 Nachfolgeorganisationen aufgelöst, die sich jedoch schnell im Rahmen der jeweiligen Zonen wieder zusammenschlossen und einige Jahre später im wesentlichen in gleicher Form und unter gleichem Namen in der Bundesrepublik wieder entstanden waren.

Sieht man von den strukturellen Eingriffen in Gestalt der Entflechtung ab, so blieb als Kernstück der westalliierten Entnazifizierungspolitik die *personelle Säuberung*. Bei weitem am radikalsten verfuhr hier die amerikanische Militärregierung. Die erste Besatzungsdirektive JCS 1067 (D 7) schrieb vor, daß alle, die mehr als nominelle Mitglieder der NSDAP gewesen waren, aus dem öffentlichen Dienst und wichtigen Stellungen in Wirtschaft, Verbänden, Presse und Bildungswesen zu entlassen seien. Der Kontrollrat ergänzte diese Direktive durch eine Liste verdächtiger Organisationen und Personengruppen, die nach drei Kategorien entweder „automatisch zu verhaften", „automatisch zu entlassen“ oder „nach Ermessen zu entlassen“ (D 32) waren. Vergegenwärtigt man sich, daß der NSDAP etwa 8 Millionen Deutsche angehört hatten, dazu nochmals ca. 4 Millionen den verschiedenen Unterorganisationen[58]), so zeigen schon diese Zahlen, welche Größenordnung eine personelle Entnazifizierung annehmen mußte, wenn die genannten Kriterien angewandt werden sollten. Etwa ein Fünftel der gesamten Bevölkerung hätte demnach einem Verfahren unterzogen werden müssen.

Die erste Phase begann mit Verhaftungen und Internierungen. Das Ergebnis bestand Ende 1945 grob gesprochen „aus vollen Internierungslagern und leeren Ämtern“. Bei den Aktionen des Jahres 1945 wurden in der US-Zone 117 512, in der britischen 68 500, in der französischen 18 963 und in der russischen 67 179 Personen verhaftet. Bis Anfang 1947 waren davon insgesamt 93 000 wieder entlassen[59]). Außerdem wurden viele Betriebe beschlagnahmt, Entlassungen und Berufsverbote ausgesprochen. Es folgte die Ausgabe des berühmten „Fragebogens“, der von Ernst von Salomon zum Gegenstand eines der meist gelesenen gleichnamigen Nachkriegsromane gemacht worden ist. Der von den Amerikanern ausgearbeitete, 132 Rubriken umfassende Fragebogen sollte genaueste Aufschlüsse liefern über persönliche Daten, politische Vergangenheit, insbesondere Mitgliedschaft in Organisationen, Bildungsstand, Berufsleben, Vermögensverhältnisse und Auslandsaufenthalte. Auf Fälschung und Unterschlagung von belastenden Tatsachen standen schwere Strafen. Theoretisch ermöglichte das Wiederauffinden der Mitgliederkartei der NSDAP in einer Münchener Papierfabrik die Überprüfung dieser Angaben. Missionarischer Eifer, Strenge und Perfektionsstreben dominierten anfangs in der US-Praxis. Ein riesenhaftes bürokratisches Verfahren rollte an. Bis März 1946 wurden der Militärregierung 1,39 Millionen Fragebogen in der US-Zone eingereicht, davon 58 Prozent aus Bayern. 92 Prozent von diesen wurden für Bayern bearbeitet, und zwar mit dem Ergebnis: 19 Prozent entlassungspflichtig, 7 Prozent Entlassung empfohlen, 25 Prozent Entlassung anheimgestellt, während bei 49 Prozent „kein Anzeichen für NS-Aktivität“ vorlag[60]).

An der Fragebogenpraxis wurde schnell Kritik laut. Soweit sie von deutscher Seite kam, war sie zunächst noch verhalten, überdies konnte man sie übergehen. Wichtiger aber und symptomatisch für das schließliche Scheitern dieses personellen Säuberungskonzepts war die Verflechtung in die aktuellen amerikanischen außenpolitischen, wirtschaftlichen und verwaltungstechnischen Interessen und Bedürfnisse. „Die Amerikaner“, stellte Gimbel fest[61]), „wollten Deutschland und die Deutschen nicht nur entnazifizieren, entmilitarisieren, entflechten, demokratisieren und reorientieren, sie waren auch im Interesse der Wahrnehmung ihrer eigenen Sicherheit darauf bedacht, Deutschland und Europa wieder wirtschaftlich gesunden zu lassen und den Bestand des freien Unternehmertums zu gewährleisten. Sie wollten den Sozialismus verhindern, dem Kommunismus zuvorkommen, das Geld des amerikanischen Steuerzahlers

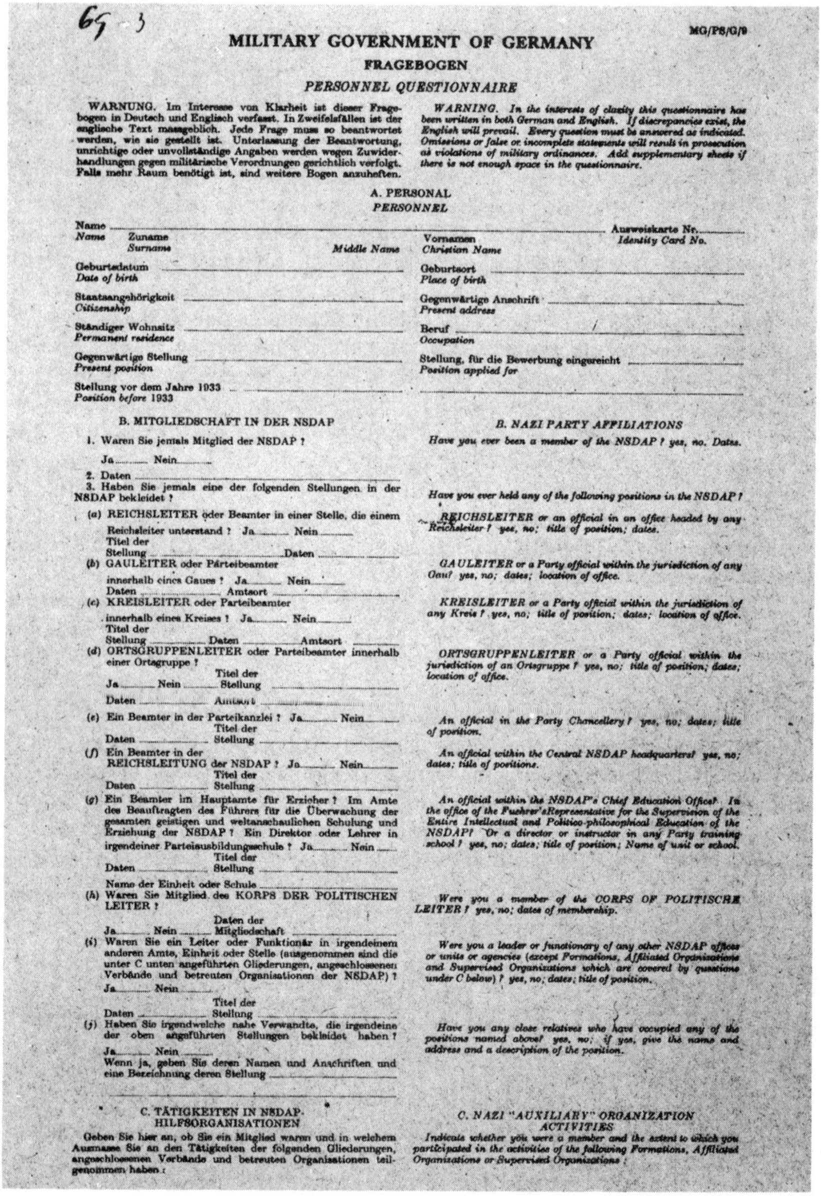

65 – 3

MG/PS/G/9

MILITARY GOVERNMENT OF GERMANY

FRAGEBOGEN

PERSONNEL QUESTIONNAIRE

WARNUNG. Im Interesse von Klarheit ist dieser Fragebogen in Deutsch und Englisch verfasst. In Zweifelsfällen ist der englische Text massgeblich. Jede Frage muss so beantwortet werden, wie sie gestellt ist. Unterlassung der Beantwortung, unrichtige oder unvollständige Angaben werden wegen Zuwiderhandlungen gegen militärische Verordnungen gerichtlich verfolgt. Falls mehr Raum benötigt ist, sind weitere Bogen anzuheften.

WARNING. In the interests of clarity this questionnaire has been written in both German and English. If discrepancies exist, the English will prevail. Every question must be answered as indicated. Omissions or false or incomplete statements will result in prosecution as violations of military ordinances. Add supplementary sheets if there is not enough space in the questionnaire.

A. PERSONAL
PERSONNEL

Name ______ Ausweiskarte Nr. ______
Name Zuname *Surname* — *Middle Name* — Vornamen *Christian Name* — *Identity Card No.*

Geburtsdatum ______ *Date of birth*
Geburtsort ______ *Place of birth*

Staatsangehörigkeit ______ *Citizenship*
Gegenwärtige Anschrift ______ *Present address*

Ständiger Wohnsitz ______ *Permanent residence*
Beruf ______ *Occupation*

Gegenwärtige Stellung ______ *Present position*
Stellung, für die Bewerbung eingereicht ______ *Position applied for*

Stellung vor dem Jahre 1933 ______ *Position before 1933*

B. MITGLIEDSCHAFT IN DER NSDAP — *B. NAZI PARTY AFFILIATIONS*

1. Waren Sie jemals Mitglied der NSDAP ? Ja ______ Nein ______
2. Daten ______

Have you ever been a member of the NSDAP ? yes, no. Dates.

3. Haben Sie jemals eine der folgenden Stellungen in der NSDAP bekleidet ?

Have you ever held any of the following positions in the NSDAP ?

(a) REICHSLEITER oder Beamter in einer Stelle, die einem Reichsleiter unterstand ? Ja ______ Nein ______ Titel der Stellung ______ Daten ______

REICHSLEITER or an official in an office headed by any Reichsleiter ? yes, no; title of position; dates.

(b) GAULEITER oder Parteibeamter innerhalb eines Gaues ? Ja ______ Nein ______ Daten ______ Amtsort ______

GAULEITER or a Party official within the jurisdiction of any Gau? yes, no; dates; location of office.

(c) KREISLEITER oder Parteibeamter innerhalb eines Kreises ? Ja ______ Nein ______ Titel der Stellung ______ Daten ______ Amtsort ______

KREISLEITER or a Party official within the jurisdiction of any Kreis ? yes, no; title of position; dates; location of office.

(d) ORTSGRUPPENLEITER oder Parteibeamter innerhalb einer Ortsgruppe ? Ja ______ Nein ______ Titel der Stellung ______ Daten ______ Amtsort ______

ORTSGRUPPENLEITER or a Party official within the jurisdiction of an Ortsgruppe ? yes, no; title of position; dates; location of office.

(e) Ein Beamter in der Parteikanzlei ? Ja ______ Nein ______ Daten ______ Titel der Stellung ______

An official in the Party Chancellery ? yes, no; dates; title of position.

(f) Ein Beamter in der REICHSLEITUNG der NSDAP ? Ja ______ Nein ______ Daten ______ Titel der Stellung ______

An official within the Central NSDAP headquarters? yes, no; dates; title of positions.

(g) Ein Beamter im Hauptamte für Erzieher ? Im Amte des Beauftragten des Führers für die Überwachung der gesamten geistigen und weltanschaulichen Schulung und Erziehung der NSDAP ? Ein Direktor oder Lehrer in irgendeiner Parteiausbildungsschule ? Ja ______ Nein ______ Daten ______ Titel der Stellung ______ Name der Einheit oder Schule ______

An official within the NSDAP's Chief Education Office? In the office of the Fuehrer'sRepresentative for the Supervision of the Entire Intellectual and Politico-philosophical Education of the NSDAP? Or a director or instructor in any Party training school ? yes, no; dates; title of position; Name of unit or school.

(h) Waren Sie Mitglied des KORPS DER POLITISCHEN LEITER ? Ja ______ Nein ______ Daten der Mitgliedschaft ______

Were you a member of the CORPS OF POLITISCHE LEITER ? yes, no; dates of membership.

(i) Waren Sie ein Leiter oder Funktionär in irgendeinem anderen Amte, Einheit oder Stelle (ausgenommen sind die unter C unten angeführten Gliederungen, angeschlossenen Verbände und betreuten Organisationen der NSDAP) ? Ja ______ Nein ______ Daten ______ Titel der Stellung ______

Were you a leader or functionary of any other NSDAP offices or units or agencies (except Formations, Affiliated Organizations and Supervised Organizations which are covered by questions under C below) ? yes, no; dates; title of position.

(j) Haben Sie irgendwelche nahe Verwandte, die irgendeine der oben angeführten Stellungen bekleidet haben ? Ja ______ Nein ______ Wenn ja, geben Sie deren Namen und Anschriften und eine Bezeichnung deren Stellung ______

Have you any close relatives who have occupied any of the positions named above? yes, no; if yes, give the name and address and a description of the position.

C. TÄTIGKEITEN IN NSDAP-HILFSORGANISATIONEN — *C. NAZI "AUXILIARY" ORGANIZATION ACTIVITIES*

Geben Sie hier an, ob Sie ein Mitglied waren und in welchem Ausmasse Sie an den Tätigkeiten der folgenden Gliederungen, angeschlossenen Verbände und betreuten Organisationen teilgenommen haben :

Indicate whether you were a member and the extent to which you participated in the activities of the following Formations, Affiliated Organizations or Supervised Organizations :

Fragebogen zur Entnazifizierung 1946.

sparen, französische Pläne zur Zerstückelung Deutschlands vereiteln und die Sowjetunion in Mitteleuropa in Schranken halten".

Ein Ausfluß dieser immer deutlicher werdenden Priorität ökonomisch-administrativer Interessen war die begrenzte Delegation der Entnazifizierungspraxis an die Deutschen selber. Im März 1946 wurde in München in einem feierlichen Staatsakt das vom Länderrat mit OMGUS vereinbarte „Gesetz zur Befreiung von Nationalsozialismus und Militarismus", kurz „Befreiungsgesetz" genannt, für die US-Zone verkündet. Nun kam den deutschen Instanzen die delikate Aufgabe zu, die „Spreu vom Weizen zu sondern"[62]). Nach diesem Befreiungsgesetz mußte jeder Deutsche über 18 Jahre einen Meldebogen zur politischen Überprüfung ausfüllen. Von der Abgabe dieses neuen Fragebogens waren der Empfang von Lebensmittelkarten und eine Beschäftigung abhängig. Gegen eine Reihe von belasteten Personen mußte automatisch Anklage erhoben werden, gegen die anderen je nach Ergebnis des Meldebogens. In allen Stadt- und Landkreisen wurden Spruchkammern gebildet, die in einem prozeßähnlichen Verfahren die Betroffenen in fünf Hauptkategorien (Hauptschuldige, Schuldige Belastete, Minderbelastete, Mitläufer, Entlastete) einstufen und entsprechende Strafen verhängen mußten. Deren Skala reichte von Einweisung ins Arbeitslager bis zur Zahlung einer Geldbuße für die ersten vier Kategorien. Berufungskammern dienten als zweite und Revisionsinstanz. Die politische Spitze für die Durchführung des Gesetzes bildeten die „Staatsminister für Sonderaufgaben". In der US-Zone waren von diesem Meldebogenverfahren rund 13 Millionen Menschen betroffen. Aus dieser Zahl von Meldebogen ergaben sich etwa 3,5 Millionen Fälle, die zu verhandeln waren. Auf dem Höhepunkt der Aktion arbeiteten in der US-Zone 545 Spruchkammern mit insgesamt 22 000 Mitgliedern. Dabei machte die Besetzung dieser Spruchkammern verständlicherweise große Schwierigkeiten, da nur wenig politisch unbelastetes Fachpersonal – der Vorsitzende sollte die Befähigung zum Richteramt oder zum höheren Verwaltungsdienst haben – zur Verfügung stand und die Aufgabe als höchst undankbares Geschäft galt[63]). So kam es schließlich Ende 1946 gar zu einem Gesetz, das die Ministerien zur Dienstverpflichtung geeigneter Personen ermächtigte, „eine Art Kidnapping zur Befreiung des deutschen Volkes vom Nationalsozialismus und Militarismus", wie es der bayrische Ministerpräsident Hoegner später nannte[64]).

Aufgrund der widersprüchlichen besatzungspolitischen Zielsetzungen der USA und des Widerwillens deutscher Instanzen geriet die Durchführung dieses Gesetzes immer mehr ins Gegenteil von Entnazifizierung. Säuberung und Rehabilitierung verschmolzen, wie Niethammer gezeigt hat, immer mehr zu einem Vorgang, bis schließlich die Rehabilitierung die Säuberung völlig überholte. Mit zunehmender zeitlicher Entfernung vom Zusammenbruch und deutlicherem Hervortreten des Kalten Krieges verschärfte sich die inneramerikanische und die deutsche Kritik am Verfahren. Symptomatisch dafür war die

Haltung der Kirchen, die zu den frühesten, konsequentesten und wohl auch wirksamsten Kritikern der Entnazifizierungspraxis gehörten. Sie erhoben schon Bedenken gegen das Befreiungsgesetz in der US-Zone. Wenngleich insbesondere die evangelische Kirche mit ihrem inneren Entnazifizierungsproblem der „Pg-Pfarrer" belastet war, konnte sie doch unter Hinweis auf das Stuttgarter Schuldbekenntnis (D 29) ihren Interventionen bei den Besatzungsmächten besonderen moralischen Nachdruck verleihen[65]). Für die Praxis der Entlastung spielten daher die Kirchen und die einzelnen Geistlichen eine bedeutsame Rolle. „In einer Gemeinde", hieß es in einem Bericht der amerikanischen Militärregierung, „kam fast jede zur Ermittlung ihrer Nazitätigkeit vorgeladene Person mit einem Zeugnis eines Pfarrers oder Priesters an, das ihren untadeligen christlichen Charakter bestätigte"[66]). Waren derartige Fälle auch eher die Ausnahme, so beleuchteten sie doch drastisch die Problematik des ganzen Verfahrens, von dem sich auch die deutschen Parteien – aus z. T. entgegengesetzten Motiven – immer stärker distanzierten oder zurückzogen[67]). Einen Höhepunkt der öffentlichen Opposition stellte die Kanzelabkündigung Martin Niemöllers dar, der – als hessischer Kirchenpräsident und exponierter Repräsentant der Bekennenden Kirche — 1948 zum passiven Widerstand gegen das Entnazifizierungsgesetz aufrief (D 34).

Das durch das Befreiungsgesetz nur wenig modifizierte Kategoriensystem der amerikanischen Säuberungsvorstellungen ging nach Meinung vieler Deutschen an der Wirklichkeit des Dritten Reiches vorbei und richtete mit seinem bürokratischen Formalismus großen politischen Schaden an (D 35). Das Waschvokabular offenbarte die Oberflächlichkeit des Verfahrens auf beiden Seiten: Die Militärregierung sprach von „white wash", für die Deutschen waren die eidesstattlichen Erklärungen über die politische Harmlosigkeit der Betroffenen „Persilscheine". Während somit die amerikanische Vorstellung zunächst von einer gründlichen Säuberung des deutschen Hauses ausging, wurde nun durch die Spruchkammerpraxis der einzelne Nazi – sofern er zu den kleineren gehörte – „von seiner braunen Tünche gereinigt und mit frischer Weste in die Gesellschaft zurückgeschickt"[68]). Nachdem im Februar 1948 die SMAD die Entnazifizierung in der SBZ offiziell für beendet erklärt hatte und der amerikanische Kongreß die bisherige Entnazifizierungspolitik für rundweg verfehlt hielt, kam es in der zweiten Hälfte 1948 zu einem abrupten Bruch und zur Aufhebung der amerikanischen Überwachung der Gesetzesdurchführung. Von den Fällen der Schwerbelasteten abgesehen, versandete damit die Entnazifizierung endgültig in der Rehabilitierung.

Die hier für die amerikanische Zone dargestellte Entwicklung ließe sich mit bestimmten Modifikationen auch für die britische und französische Zone beobachten. Insgesamt wurde dort das Verfahren jedoch pragmatischer und weniger umfassend gehandhabt, so daß auch der Bruch seit 1948 nicht so krass in Erscheinung trat[69]).

Folgende amtliche Zahlen von 1949/50 verdeutlichen den Gesamtumfang der Entnazifizierung in den Westzonen. Insgesamt wurden von den deutschen Spruchkammern 3,660 Millionen Fälle bearbeitet, davon 950 126 (bei 3,45 Millionen Betroffenen) in der amerikanischen, 2,041 Millionen in der britischen und 669 068 in der französischen Zone. Davon fielen (ohne Amnestierte) in die Gruppe

		US-Zone	Brit. Zone	Franz. Zone
Hauptschuldige	(Gr. I)	1 654	keine Angaben, da Einstufung durch brit. Mil.Reg.	13
Schuldige				
Belastete	(Gr. II)	22 122		938
Minderbelastete	(Gr. III)	106 422	27 177	16 826
Mitläufer	(Gr. IV)	485 057	222 028	298 789
Entlastete	(Gr. V)	18 454	1 191 930	3 489

Da der Kreis der Betroffenen in den Zonen unterschiedlich eng oder weit gefaßt wurde und die Einstufung sehr uneinheitlich ausfiel, sind diese Zahlen kaum miteinander vergleichbar. Sie zeigen aber die abgestufte Schärfe der Durchführung und damit auch besonders deutlich die Problematik eines völlig uneinheitlichen Verfahrens[70]).

Versucht man ein Fazit aus der Entnazifizierung zu ziehen, so läßt sich feststellen, daß damit die Einstellung zum Nationalsozialismus kaum tiefgehend beeinflußt wurde. Auch eine merkliche Veränderung der Sozialstruktur hat die Entnazifizierung in den Westzonen nicht bewirkt. Nach den Meinungsumfragen von OMGUS zeigte die Kurve derer, die den Nationalsozialismus für eine gute Idee hielten, die nur schlecht ausgeführt worden sei, von 1945 bis 1948 mit Schwankungen eine steigende Tendenz bis auf 55 Prozent, während die Zahl derer, die den Nationalsozialismus für eine schlechte Idee hielten, von 41 auf 30 Prozent sank[71]).

Der Deutsche Bundestag billigte am 15. Dezember 1950 Richtlinien für eine einheitliche Ländergesetzgebung (D 36), durch die das Entnazifizierungsverfahren formell abgeschlossen wurde. Der damit verbundene Appell, „strafrechtlich schuldig gewordene nationalsozialistische Aktivisten wirksam zur Rechenschaft" zu ziehen, blieb unter den Bedingungen des Kalten Krieges und der Teilung Deutschlands ohne große Wirkung. Die Zahl der Ermittlungsverfahren und der Verurteilungen wegen NS-Verbrechen nahm in den fünfziger Jahren rapide ab, und erst 1958 wurden mit der Errichtung der zentralen Stelle der Landesjustizverwaltungen in Ludwigsburg die organisatorischen Voraussetzungen für eine systematische Aufklärung unverfolgter Verbrechen geschaffen[72]).

Zweifellos bestehen Zusammenhänge zwischen den Auswirkungen der Entnazifizierung und den für die fünfziger Jahre bestimmenden Erscheinungen der

Entpolitisierung in der Bundesrepublik. Man sollte sie jedoch nicht überschätzen. Sicherlich wurden schon vorhandene autoritäre Dispositionen verstärkt. Das im Entnazifizierungsverfahren erlebte Risiko politischen Engagements hat den Rückzug in Beruf und Privatleben gefördert und statt aktiver Umorientierung eher eine innere Abwehrhaltung forciert. Da zugleich die westlichen Besatzungsmächte eigenständige deutsche antifaschistische Ansätze mit dem Ziel gesellschaftlicher Strukturreformen abblockten, wobei der beginnende Kalte Krieg eine wichtige Determinante bildete, wurden im Ergebnis der Entnazifizierung wesentliche soziale Grundlagen für die vergleichsweise reibungslos verlaufende Westintegration gelegt[73]).

3. „Reeducation" und Bildungspolitik

Das positive Gegenstück zur „Säuberung" sollte die Umerziehung, die Erziehung zur Demokratie sein[74]). Vor allem in den *amerikanischen* Diskussionen während des Krieges spielte das Erziehungswesen eine zentrale Rolle. Hitler hatte bewiesen, daß der Erfolg einer Ideologie in hohem Maße auch von ihrer Akzeptierung durch die Jugend abhing. Eben deshalb richteten die Besatzungsoffiziere ihr besonderes Augenmerk auf die Lehrerschaft an Schulen und Hochschulen mit dem Ziel einer demokratischen Beeinflussung der Jugend. Die in allen Zonen überdurchschnittlich hohe Entnazifizierungsquote unter der Lehrerschaft und die anfänglich rigorose Ausschaltung Belasteter sollten eine wichtige Voraussetzung für einen erfolgreichen demokratischen Neubeginn bilden. In manchen Gegenden wurden bis zu 90 Prozent der Lehrer entlassen. Auf das Land Hessen umgerechnet ergab sich anfangs eine Quote von nicht verwendungsfähigen Lehrern zwischen 55 und 75 Prozent. Die Folgen waren Lehrermangel und große Klassen. Es wurde versucht, die Lücken durch sogenannte Schulhelfer zu schließen und Pensionäre sowie 1933 von den Nazis Entlassene wieder einzusetzen. Daraus ergab sich eine deutliche Überalterung des Lehrkörpers. 1947 waren fast 50 Prozent der Lehrer in der US-Zone über 60 Jahre alt. Für Grundschullehrer und Schulhelfer wurde bereits vor Eröffnung der Schulen im Herbst 1945 ein mindestens zweiwöchiges Reorientierungsprogramm durchgeführt. Neben diese Intensivkurse traten Dauerprogramme mit der Verpflichtung zu wöchentlichem Besuch. Amerikanische Reeducation-Teams reisten herum und versuchten in Vorträgen, Diskussionen und „demonstrations" die neue Philosophie zu vermitteln[75]).

Mit der Wiedereröffnung der Pädagogischen Hochschulen 1946 wurde dieses Notprogramm auf – vorweg gründlich „gereinigte" – deutsche Bildungsinstitutionen übertragen. „Deutsche Lehrerbildungsanstalten sollen überzeugt werden", hieß es in einem amerikanischen Memorandum, „eine Philosophie anzunehmen, die auf der Verpflichtung beruht, Lehrer auf die Beteiligung an

Plakat der Militärregierung für die Besatzungstruppen. Deutschland am Scheideweg: Führt Dein Beispiel sie auf den richtigen Weg?

einer freien und kooperativen Gesellschaft vorzubereiten. Durch die Förderung von Probeunterricht von Lehrern soll die Erziehungsreform wirksam werden, die den deutschen Schüler davon überzeugen wird, daß die demokratische die bessere Lebensweise ist"[76]). Was hier schon vage angedeutet wurde, hatte einen bedeutenden Stellenwert in der amerikanischen Schul- und Bildungspolitik: Reeducation sollte sich nicht nur auf den inhaltlichen Bereich der Unterrichtsstoffe, sondern auch auf die Vermittlungsmethoden und die Organisationsformen des gesamten Bildungswesens erstrecken. Dabei waren sich die zuständigen amerikanischen Beamten durchaus im klaren, daß sie hier nur Anstöße geben könnten und eine tiefgehende inhaltliche und strukturelle Reform Sache der Deutschen selbst sein müsse. Noch in der Direktive JCS 1779 vom Juli 1947 wurde Reeducation als „eines der primären Mittel" bezeichnet, „um ein demokratisches und friedliches Deutschland zu schaffen"[77]).

Während die Amerikaner sich für eine solche Reform mit Nachdruck einsetzten, läßt sich bei der *britischen* Besatzungsmacht eine erheblich größere Zurückhaltung feststellen. Der Begriff „reeducation" (als umfassendes Konzept mit weitreichenden gesellschaftspolitischen Implikationen) wurde charakteristischerweise immer seltener verwandt und eher durch „reorientation" oder „reconstruction" ersetzt[78]). Von den personellen Entnazifizierungsmaßnahmen abgesehen, zogen sich die Briten in der Bildungspolitik viel konsequenter als die Amerikaner auf das Prinzip der Nichteinmischung zurück. Zwar trafen sich britische und amerikanische Reformvorstellungen durchaus mit denen deutscher Reformer, doch fehlte es diesen gegenüber den starken konservativen Kräften in den bürgerlichen Parteien an Durchsetzungsmöglichkeiten. Angesichts der Erfahrungen mit dem Nationalsozialismus erhielt der Trend zur Rückkehr zu „bewährten" Wertvorstellungen und Organisationsstrukturen starken Auftrieb[79]). Besonders deutlich zeigte sich diese Tendenz schon 1945 im Engagement der Kirchen für die Bekenntnisschule (D 37). Eine Umfrage vom Februar 1948 bestätigte, daß eine große Mehrheit der deutschen Bevölkerung die Einführung einer gemäßigten Variante der Einheitsschule mit sechsjähriger Grundschulzeit ablehnte, weil dadurch das Niveau der höheren Schulen beeinträchtigt werden könne[80]). Bis auf das Berliner Schulgesetz ist von den westalliierten Bemühungen um eine demokratische Erneuerung der Formen des deutschen Schulsystems nicht viel geblieben. In diesem Bereich wurden die deutschen Möglichkeiten, die Umsetzung alliierter Vorstellungen zu torpedieren, besonders deutlich. Im Extrem zeigte sich diese Konstellation in Bayern. Dort setzte die Militärregierung angesichts der deutschen Obstruktion 1948 sogar genaue Termine für die Einführung von Schulgeldfreiheit, die Schaffung von Planungskommissionen und die Ernennung eines Landeselternbeirats. In der Begründung für diesen massiven Eingriff der Militärregierung hieß es: „Der Widerwille der bayerischen Regierung, von sich aus die Durchführung dieser Reform in die Hand zu nehmen, hat es notwendig gemacht, daß diese Termine von der Militärregierung gesetzt wurden. Die Hauptgründe für die Opposition der bayerischen Behörden lagen in ihrer Gegnerschaft gegen kostenlose Schulbildung, gegen die geplante Änderung der Vorschriften für den Religionsunterricht und gegen das System der neuen sechsjährigen Grundschule“[81]).

Auch in der *französischen* Besatzungszone fiel die Bilanz letztlich kaum anders aus. Die französische Militärregierung ging in der Entnazifizierung pragmatischer vor und benutzte sie auch als Mittel, um sich die Loyalität der Lehrer zu sichern. So waren im August 1947 zwar insgesamt 65 Prozent der Volksschullehrer von Sanktionen betroffen, während der Rest mit Auflagen wieder eingestellt wurde[82]). Die Schule sollte, wie es der verantwortliche französische Offizier Raymond Schmittlein formulierte, die deutsche Jugend von den Ketten der Disziplin, die ihr Urteil zerstören, und von den „vergiftenden wagnerianischen Alpträumen“ befreien. Konkrete Konzepte, wie das zu bewerkstelligen war, hatten die Franzosen jedoch nicht. Der Wiederbeginn des Schulwesens 1945 war von provisorischen Regelungen bestimmt, eine Reform sollte erst später einsetzen. Doch diese Provisorien (u. a. Konfessionsschule, Beibehaltung des Gymnasiums) wurden von deutscher Seite bald heftig verteidigt. Die Kontrollratsdirektive Nr. 54 vom Juni 1947[83]), die nicht nur zentrale Vorstellungen der Alliierten wiedergab, sondern auch an Schulreformkonzepte aus der Weimarer Republik anknüpfte, wurde unter dem Einfluß der Kirchen von der deutschen Kultusverwaltung erfolgreich torpediert, indem die Ausführung solange verschoben wurde, bis die französische Aufsicht nicht mehr existierte. Bis Ende 1948 unterstand zwar das gesamte Bildungswesen direkt der Militärregierung, und den demokratisch gewählten Länderregierungen blieben Eigeninitiativen in diesem Bereich untersagt, dennoch hatten die vor allem gegen Konfessionsschulen und den Einfluß der Kirchen auf das Bildungswesen gerichteten französischen Maßnahmen über 1949 hinaus keinen Bestand. Angesichts der veränderten gesamtpolitischen Konstellation konnte und wollte Frankreich keine bildungspolitischen Vorstellungen mehr durchsetzen, die auf zähen deutschen Widerstand stießen[84]).

Das tatsächliche Reformpotential nach 1945 kann angesichts der widerstreitenden Interessen nicht allzu hoch eingeschätzt werden. Jedoch hat die neuere bildungspolitische Diskussion in der Bundesrepublik die überwiegend negativen zeitgenössischen Urteile über diesen Bereich der Reeducation eher als Vorurteile erwiesen. „Es ist nicht auszudenken“, schrieb die Kulturpolitikerin Hildegard Hamm-Brücher 25 Jahre später[85]), „wie viele Umwege, Irrtümer, ideologiebefrachtete Schulkämpfe und Fehlinvestitionen wir uns hätten ersparen können, wenn sich die Schul- und Reformvorschläge der Alliierten, die ja im wesentlichen den Reformprogrammen der fortschrittlichen Parteien entsprachen, bereits in den ersten Nachkriegsjahren durchgesetzt hätten“.

Erheblich anders verlief die Entwicklung in der *sowjetischen Zone*. Hier deckten sich die politischen Konzepte der Besatzungsmacht zunächst mit denen der KPD und SPD, partiell auch der LDP. Konturen einer formal und inhaltlich veränderten Schule machte schon der gemeinsame Aufruf von KPD und SPD zur Schulpolitik vom November 1945 deutlich (D 38). Er stellte bereits die Weichen für das Einheitsschulgesetz, das im Mai 1946 gegen vielfältigen Widerstand von Eltern, Parteigruppierungen und Kirchen von den Landes- und Provinzialregierungen verabschiedet wurde (D 39). Prinzipiell fand seine Zielsetzung trotz dieser Opposition bei allen Parteien Zustimmung. Das stark von reformpädagogischen Vorstellungen der Weimarer Zeit geprägte Gesetz sollte der Sicherung gleicher Bildungschancen durch Einführung der achtklassigen Grundschule und einer darauf aufbauenden vierklassigen Ober- oder dreiklassigen Berufsschule dienen. Ferner wurden Schulgeldfreiheit und finanzielle Beihilfen für sozial Schwache festgelegt. In der Wirkung dieser tiefgreifenden Schulreform läßt sich ein für Nachkriegsdeutschland sehr charakteristisches und ebenfalls auf vielen anderen Feldern feststellbares Phänomen beobachten. Die Einheitsschule bekam, obwohl sie durchaus in bürgerlich-liberaler und stärker noch in sozialdemokratischer Tradition stand, durch die Radikalkur in der SBZ im Westen den politischen Anstrich der roten Kaderschmiede, den sie bis heute nicht losgeworden ist[86]).

Auch in der inhaltlichen Ausgestaltung der Lehrplan-Richtlinien fand zunächst noch keineswegs eine kommunistische Ausrichtung statt. Diese wurde erst seit 1948 sukzessive durchgesetzt. Die Neulehrer als fachlich kaum befriedigend ausgebildete, aber politisch zuverlässige Kräfte einer neuen Schulpolitik nach der radikalen Entnazifizierung bildeten dabei einen wichtigen Faktor der Loyalitätssicherung für die Politik der SED[87]).

Ein außerordentlich heterogenes Gesamtbild zeigt sich in der Situation der deutschen *Hochschulen* nach 1945. An der Spitze einer aktiven und mit viel Beifall bedachten Universitätspolitik stand die *französische* Besatzungsmacht. Sie eröffnete bereits im Herbst 1945 wieder die Universitäten Tübingen und Freiburg. 1946 wurden in Mainz und Saarbrücken zwei neue Universitäten gegründet, 1947 kam die Verwaltungsakademie in Speyer hinzu. Ihnen haftete zwar das Odium der französischen Besatzungsgründung an, aber die liberale französische Hochschulpolitik konnte diesen Eindruck schnell konterkarieren. Von der Universität des Saarlandes gingen darüber hinaus wichtige Impulse zur „Europäisierung" der Saarfrage und zum Abbau der deutsch-französischen Spannungen aus[88]).

Um eine schnelle Wiedereröffnung der *sowjetzonalen* Universitäten bemühte sich auch die SMAD[89]). War auch die personelle Entnazifizierung gründlich, so verlief doch formal und inhaltlich der Universitätsbetrieb zunächst in traditionellen Bahnen der Weimarer Republik. Es wurden jedoch gezielte Maßnahmen zur Förderung von Studenten aus Unterschichten ergriffen. Aus den 1946 geschaffenen „Vorbereitungskursen" und „Vorstudienanstalten" gingen 1949 die an allen Universitäten gegründeten „Arbeiter- und Bauernfakultäten" hervor[90]). Damit war ein wichtiger Schritt sowohl zur Veränderung der sozialen Zusammensetzung der Studentenschaft als auch zur Schaffung einer politisch loyalen Gruppierung getan, mit deren Hilfe unter Stalins Parole „Stürmt die Festung Wissenschaft" die alte Universität von innen her aufgebrochen werden konnte.

Seit dem Wintersemester 1945/46 konnten auch die Universitäten in der *britischen* und *amerikanischen* Zone teilweise wieder arbeiten[91]). Die Zulassung der Studenten war jedoch einem komplizierten politischen Überprüfungsverfahren unterworfen. Zeitgenössische Berichte sind voll von Klagen sowohl über die politische Haltung der Studenten wie der Professoren. Ein amerikanischer Report vom Januar 1946 berichtete von nationalistischen Studentendemonstrationen in Göttingen und Erlangen[92]). Der zeitweilige niedersächsische Kultusminister Adolf Grimme erwähnte 1946 vor dem Zonenbeirat Hakenkreuzschmierereien von Gymnasiasten in der Provinz Hannover und bemerkte: „Wäre die Besatzungsarmee nicht im Lande – ich möchte schon heute die Zahl der Rathenau-Morde nicht sehen"[93]).

Walter Dorn, der Berater Clays, stellte in einer Denkschrift vom Mai 1946 über die Lage in Bayern fest, daß sich die „Ordnungszelle Bayern" als deutscher Ausdruck für die bayerische Reaktion überall wiederbilde, unter entnazifizierten Lehrern, im Beamtentum, in den Universitäten und in den Kirchen beider Konfessionen. Es gebe hier eine ostentative Sympathie für hinausgeworfene Nazis, verdeckte Sabotage des Beamtentums und deutlichen Fremdenhaß. Zur inneren Situation der Münchener Universität schrieb Dorn[94]): „Nach meiner unmaßgeblichen Meinung hat die Militärregierung einen nahezu nicht wiedergutzumachenden Fehler begangen, indem sie die alte Universität München und andere Hochschulen wiederbelebte. Anstatt eine Gruppe politisch verläßlicher und energischer Professoren mit dem Aufbau einer wirklich demokratischen Universität zu beauftragen, hat die Militärregierung versucht, die alte Universität München wiederherzustellen, ohne Nazis natürlich. Was war das Ergebnis? Es werden keine Lehrstühle besetzt, solange auch nur die geringste Möglichkeit besteht, daß dieser oder jener Nazi-Professor doch noch entlastet werden könnte. Das hat sich bisher als unübersteigbare Hürde für die Schaffung einer demokratischen und antimilitaristischen Universität erwiesen. Dieselbe Feststellung trifft auch für viele Gymnasien zu. Professoren und Dozenten stehen zur Verfügung. Die Universitäten Breslau und Königsberg gibt es nicht mehr. Dutzende fähiger Anti-Nazi-Gelehrter aus Wien und Berlin hätten bereitwillig einen Ruf nach München angenommen. Viele von ihnen haben sich beworben. Die Antwort lautete immer gleich: Man müsse abwarten, ob dieser oder jener Nazi-Professor noch ‚entlastet' werden könnte und würde. Es herrschte die eigentümliche Auffassung, daß die Lehrstühle für die Leute des Naziregimes freigehalten werden müßten, eine Auffassung, die an geistliche Pfründen und

Sinekuren der katholischen Kirche vor der Französischen Revolution erinnert".

Sicher können solche Warnungen politisch scharf blickender Beobachter nicht den inneren Zustand der westdeutschen Hochschulen ausreichend charakterisieren, sie weisen jedoch zumindest auf ein besonders gravierendes Problem des politischen Neubeginns hin. Reformdiskussionen versandeten noch schneller als im schulischen Bereich. Die Restauration der alten deutschen Universität aus der Zeit vor 1933 vollzog sich schnell und nahezu perfekt, so daß auch die Auseinandersetzung mit der eigenen Vergangenheit lange Zeit verdrängt wurde.

Die nach 1945 zu findenden Elemente eines neuen politischen Selbstverständnisses blieben merkwürdig blaß. Die Universität verstand sich zwar auch als Träger eines politischen Bildungsauftrages und entsprach damit den Zielen der alliierten „reeducation". Doch war diese Vorstellung politischer Bildung von einer Partnerschaftsideologie geprägt, die leicht ins Unpolitische abglitt. Ein charakteristisches Beispiel dafür ist eine Erklärung der Rektorenkonferenz der amerikanischen Zone im November 1946[95]): „Für die Hochschule ist die allgemeine politische Erziehung der Studierenden eine besonders vordringliche Aufgabe. Das gegebene Mittel sind vor allem entsprechende Vorlesungen. Die Hochschulen sollen jede Form politischer Diskussion und Erziehung zur Fairneß im politischen Kampf fördern". Gleichzeitig wurde aber eine echte politische Auseinandersetzung in Frage gestellt, wenn es hieß: „Im Interesse freier und überzeugender Aussprache zwischen den Studenten werden parteipolitisch gebundene Organisationen der Studenten im Rahmen der Hochschule als unerwünscht angesehen".

Eine weitere wichtige Ebene der strukturellen „reeducation" war die konsequente Umgestaltung der *Justiz* in der sowjetischen Zone. Es gibt kaum einen anderen gesellschaftlichen Bereich, in dem der Kontrast zur Entwicklung in den Westzonen so scharf ist. Mit der Entlassung aller belasteten Richter stellte sich in der SBZ das Problem, wie die personellen Lücken im Justizapparat schnell geschlossen werden konnten. Formal ähnlich wie bei den Neulehrern wurden im April 1946 in den fünf Ländern bzw. Provinzen der SBZ Kurse für Volksrichter geschaffen, in denen in drei Lehrgängen zwischen sechs und zwölf Monaten Richter, Staatsanwälte und Mitarbeiter der Justizverwaltung ausgebildet wurden. Die Mehrzahl der Absolventen rekrutierte sich aus Arbeitern und Angestellten. Dabei berücksichtigte man erstmals in größerem Umfang gezielt auch Frauen. Auf diese Weise sollte, wie Ulbricht auf der ersten Juristenkonferenz der SED 1947 feststellte, das alte Juristenmonopol gebrochen und eine Demokratisierung der Justiz gesichert werden. Zugleich sollte damit die Ausbildung eines politisch nicht „zuverlässigen" Nachwuchses an den juristischen Fakultäten unterlaufen werden. Gegen erhebliche Widerstände wurde so in wenigen

Jahren ein tiefgreifender Umbau der Justiz erreicht, wie er aus folgenden Daten ablesbar ist: Am 1. 1. 1950 waren von 1022 Richtern 47,1 Prozent und von 260 Staatsanwälten 62,3 Prozent Absolventen der Volksrichterkurse[96]).

Die politische Problematik der Reeducation manifestierte sich schließlich in den alliierten Anweisungen für die Presse und die politischen Parteien (D 40). Das Ziel, Demokratie in öffentlicher politischer Auseinandersetzung zu praktizieren, setzte die Möglichkeit der freien Meinungsäußerung voraus. Diese wurde den Deutschen zwar prinzipiell gewährt, aber zugleich wieder erheblich eingeschränkt: Wer sich in seinem Urteil über die Politik der Alliierten zu weit vorwagte, riskierte zumindest Verbote oder Kürzungen der Papierzuteilung. Das Maß demokratischer Freiheiten blieb zunächst wohldosiert.

4. Wirtschaftseinheit, Reparationen und politische Struktur Deutschlands

Schon aus den wenigen angeführten Daten zur Wirtschaftsstruktur der Zonen und den Motiven zur schnellen Etablierung deutscher Verwaltungen (vgl. S. 67ff.) läßt sich in Umrissen das Hauptproblem der amerikanischen und britischen Besatzungspolitik erkennen: die Verhinderung eines totalen Zusammenbruchs der deutschen Wirtschaft und einer Hungerkatastrophe, damit verbunden die Reduktion der Besatzungskosten, die insbesondere durch Lebensmittelimporte verursacht wurden. Ende 1945 mehrten sich die Berichte untergeordneter Dienststellen, die auf die unmittelbar drohenden Gefahren hinwiesen, die sich aus dem Zusammenbruch des Transportsystems, dem Flüchtlingsproblem, der Erschöpfung bislang noch existierender Produktions- und Ernährungsreserven in kurzer Zeit ergeben würden. „Während ein hohes Maß solcher wirtschaftlicher Nöte wahrscheinlich nicht zu vermeiden ist", hieß es in einem amerikanischen Bericht, „sollte auf keinen Fall zugelassen werden, daß Verzögerungen oder Unsicherheiten in unserer Politik diese Not noch unnötig vergrößern"[97]). Dieser Situation entsprangen die intensiven amerikanischen Bemühungen, die in Potsdam festgelegte Wirtschaftseinheit für Deutschland zu realisieren und so einen minimalen interzonalen Ausgleich für die auf Grund ihrer inneren Struktur wirtschaftlich nicht lebensfähige amerikanische Zone zu schaffen. Konkret bedeutete das: 1. verstärkte Bemühungen um die Schaffung von deutschen Zentralbehörden, um von der organisatorischen Seite her die Wirtschaftseinheit voranzubringen; 2. die Intensivierung der Bemühungen um den weiteren Aufbau einer effektiven deutschen Verwaltung. Die Schaffung des Länderrates ist unter diesem Aspekt als Zwischenstufe auf dem Weg zu interzonalen Vereinbarungen zu verstehen[98]).

Die Errichtung von Zentralverwaltungen als erster Schritt zur Wirtschaftseinheit scheiterte zunächst am französischen Veto, und eben hier und nicht im

Konflikt mit der sowjetischen Besatzungsmacht lag anfänglich der wichtigste und für die weitere amerikanische Besatzungspolitik einschneidende Konfliktherd. Hinzu kam freilich die sowjetische Praxis der Reparationsentnahme aus der laufenden Produktion, die zwar nicht eindeutig gegen das Potsdamer Abkommen verstieß, aber doch gegen die dort festgelegte Priorität, die laufende Produktion vor allem für den Export und somit für ein ausgeglichenes Export-Import-Programm zu verwenden. Eben daran waren die Amerikaner, deren Zone neben der britischen der größte Zuschußbetrieb war, vital interessiert.

Hier zeigte sich somit das grundlegende Dilemma der amerikanischen Besatzungspolitik: Einer von Clays Beratern hatte die Direktive JCS 1067 als das Werk „ökonomischer Idioten" bezeichnet[99]) und damit wohl einigermaßen auch die Einschätzung seines Chefs wiedergegeben. Clay interpretierte aber das Potsdamer Abkommen als Revision dieser Direktive in wichtigen Punkten, legte überdies die Bestimmungen von Potsdam sehr extensiv in seinem Sinne aus, war dann aber auf dieser Basis entschlossen, eine Politik zu realisieren, die beide Elemente enthielt: ökonomische Rekonstruktion und Stabilisierung ebenso wie Entnazifizierung, Umerziehung und strikte militärische und politische Kontrolle einschließlich der dazugehörigen Demontagen. Dieses Konzept hat Clay selbst in seinem Bericht an das Kriegsministerium vom 19. Juli 1946 klar formuliert (D 31)[100]). Charakteristisch war die Reaktion Washingtons darauf: Die von Clay beabsichtigte Veröffentlichung wurde zunächst untersagt. Die Rücksicht auf wesentliche Teile der öffentlichen Meinung und der Gegner der Clayschen Politik in den Ministerien erforderte behutsames Vorgehen, obwohl insgeheim über eine Revision der amerikanischen Politik angesichts der mit Frankreich und der Sowjetunion auftretenden Schwierigkeiten längst diskutiert wurde. Von dieser besatzungspolitischen Konzeption, deren übergeordnetes und integrierendes Element der Wunsch nach Herstellung wirtschaftlicher Einheit war, erhalten eine Reihe amerikanischer Maßnahmen einen anderen Akzent, als ihnen in der zeitgenössischen Beurteilung und auch in der gängigen Interpretation der Literatur zugedacht worden ist. Zuerst ist hier der viel diskutierte Stopp der Demontage durch Clay vom 3. Mai 1946 zu nennen. Gimbel hat – sehr pointiert – darauf hingewiesen, daß diese Maßnahme alle Zonen betraf und besonders die Franzosen viel stärker in Mitleidenschaft zog als die Sowjets. Clay erläuterte seine Maßnahme mit dem Hinweis, sie solle solange gelten, bis die wirtschaftliche Einheit und damit die Basis einer gesamtdeutschen Reparationsregelung hergestellt sei. Damit erhielt der Reparationsstopp neben seiner unzweifelhaft antisowjetischen auch eine stark antifranzösische Note und stellte sich als Druckmittel gegenüber Sowjets und Franzosen zur Erzwingung der Wirtschaftseinheit dar[101]).

Mit Einschränkungen gilt diese Zielsetzung auch für die berühmte Rede Außenminister Byrnes' vom September 1946 in Stuttgart, die im zeitgenössischen Deutschland als Wendepunkt der amerikanischen Deutschlandpolitik aufgefaßt wurde. Ludwig Erhard gab den Eindruck in der deutschen Öffentlichkeit einen Tag später mit den Worten wieder: „Seit dem Zusammenbruch wurde keine Tat so befreiend empfunden wie die durch die Rede des amerikanischen Außenministers proklamierte Absicht, dem deutschen Volk die Möglichkeit zu eröffnen, sein eigenes Schicksal zu gestalten“[102]). Vor dem Hintergrund der Clayschen Politik waren die Äußerungen von Byrnes kaum ein so dramatischer Wendepunkt, sie bestätigten jedoch erstmals öffentlich die von Clay verfolgten Leitlinien. Hierin lag ihre wesentliche Bedeutung. Dem Text der Byrnes-Rede lag sogar auf weite Strecken Clays Memorandum zugrunde. Zudem war sie an die Ohren der deutschen Ministerpräsidenten gerichtet, die gegen den amerikanischen Plan der Schaffung der Bizone starke Bedenken äußerten. Ob die unüberhörbar antisowjetischen Akzente Byrnes' zentrale Intention waren und somit eine außenpolitische Neuorientierung gegen die Sowjetunion signalisierten, ist umstritten[103]).

Eine Konsequenz der in Byrnes' Rede angesprochenen ökonomischen Probleme war die *Bizone*. So sehr sie nachträglich gesehen als Vorstufe der Teilung Deutschlands erscheinen mag, war sie zunächst doch vor allem eine Reaktion auf die gescheiterten Bemühungen um einen umfassenderen interzonalen Zusammenschluß. Der Vorschlag stammte von Byrnes vom Juli 1946 und wurde im Herbst vertraglich in der Weise realisiert, daß gegen starke deutsche Widerstände fünf bizonale Ämter geschaffen wurden, deren wichtigstes der Verwaltungsrat für Wirtschaft mit Sitz in Minden bildete.

Frankreich und die Sowjetunion protestierten gegen die Schaffung der Bizone als Bruch des Potsdamer Abkommens[104]). Das war von ihren Interessen her verständlich, von der Sache her aber kaum berechtigt. Die Bizone war eine Not- und Zwischenlösung mit der ausdrücklich offengehaltenen Option einer Ausdehnung auf die beiden übrigen Zonen. Sie war aus amerikanischer Sicht bis zur Moskauer Außenministerkonferenz vom Frühjahr 1947 primär ein ökonomisch und weniger ein politisch verfaßtes Provisorium. So erklärte Clays Wirtschaftsreferent, William Draper, auf der dritten Sitzung des Verwaltungsrats für Wirtschaft im Oktober 1946, die USA wünschten die wirtschaftliche und politische Einheit ganz Deutschlands, aber „wenn wir versuchen, zu schnell vorzugehen und zugleich mit der wirtschaftlichen auch die politische Vereinigung zu erreichen, könnten wir das ganze Unternehmen zum Scheitern bringen. Wir wünschen, wenn es möglich ist, daß sich auch die sowjetische und französische Zone an der wirtschaftlichen Einheit beteiligen und daß dann eine provisorische Regierung für ganz Deutschland gebildet wird. Wenn jetzt eine provisorische Regierung für diese beiden Zonen auf politischer Basis gebildet würde, dann könnte sich das später nachteilig auf das größere Ziel auswirken oder seine Verwirklichung unmöglich machen“[105]).

Gegenüber dieser insgesamt vorsichtigen Haltung der Amerikaner hat die britische Politik – wie neuere Untersuchungen zeigen[106]) – bereits 1946 viel dezidierter auf den Zusammenschluß beider Zonen unter bewußter Inkaufnahme einer verstärkten Konfrontation mit der Sowjetunion hingearbeitet, ohne daß diese politische Leitlinie über den internen Kreis der Entscheidungsträger hinaus in die Öffentlichkeit drang. In einem wesentlichen Sachproblem wird damit die bislang falsch eingeschätzte aktive und initiierende Rolle der britischen Deutschlandpolitik nachweisbar. Maßgeblich waren dafür zum einen der ständig steigende Druck, der von den Kosten für die Unterhaltung der britischen Zone ausging und den die britische Regierung auf die USA abzuwälzen suchte, zum andern die immer stärker als Bedrohung empfundene Politik der Sowjetunion in ihrer Zone.

Die politischen Entscheidungsprozesse, die zur Bizone und damit im Ergebnis – wenn auch nicht in der Intention – zur Präjudizierung der Spaltung Deutschlands führten, entwickelten sich über die Köpfe der deutschen Politiker hinweg. Sie vollzogen sich dennoch nicht gegen eine dezidierte und massive Opposition, so sehr auch deutsche Bedenken im Hinblick auf die Gefährdung der deutschen Einheit offenkundig wurden. Adenauers frühe Analyse, die bereits 1945 von einer Spaltung Europas und damit auch Deutschlands ausging (D 57), war ohne Zweifel zunächst völlig „unzeitgemäß", jedoch zeigte sie bereits eine Verschiebung der Prioritäten zwischen Erhaltung der Einheit und Westintegration an, die mindestens seit 1947 zum Imperativ westdeutscher Politik wurde und insofern die britisch-amerikanischen Ziele wirksam unterstützte, selbst wenn diese nicht unmittelbar beeinflußbar waren.

Eng verflochten mit dem Problem der Wirtschaftseinheit war die *Reparations- und Demontagefrage*. Die amerikanische Haltung dazu läßt sich aus den bisher genannten Zielsetzungen ableiten. Die vom Alliierten Kontrollrat vereinbarten Richtlinien für das deutsche Industrieniveau (erster Industrieplan vom 28. 3. 1946) wurden zwar formell von allen Besatzungsmächten akzeptiert, de facto aber waren sie bedeutungslos, da Franzosen und Sowjets diesen Rahmen in einzelnen Produktionsbereichen überschritten, während Briten und Amerikaner ihre Ausführung eher verzögerten und im April 1947 den Plan für die Bizone revidierten[107]). Ohnehin lag die Auslastung der industriellen Kapazität zunächst noch unter der vom ersten Industrieplan vorgesehenen Grenze.

Amerikanischerseits war die ernsthafte Absicht zu einer korrekten Reparationsabwicklung im Jahre 1945 nicht zweifelhaft[108]). Im Herbst inspizierten zehn interalliierte Schätzungskommissionen die zur baldigen Demontage bestimmten Werke in den Westzonen. Auf dieser Basis verabschiedete der Kontrollrat im Dezember 1945 eine Liste von 84 westdeutschen Fabriken, die „als Vorauslieferung auf die Reparationen" demontiert werden sollten. Davon lagen 25 in der US-Zone (6 Maschinenfabriken, 2 Werke für Schiffbau, 3 für Flugzeugbau, 4 für Rüstung, 4 für Elektrizität, je eine Fabrik für Metallwaren und optische Erzeugnisse und 4 chemische Werke). Die Demontage selbst begann im Januar 1946, überwacht von einer Spezialgruppe der Wirtschaftsabteilung von OM-

GUS. Am 1. April veröffentlichte das Wirtschaftsdirektorium des Kontrollrats eine Liste von 415 Fabriken, die als Reparationsleistung demontiert werden sollten (130 aus der amerikanischen, 262 aus der britischen, 23 aus der französischen Zone). Im gleichen Monat ging eine Bremer Werft, mit deren Demontage und Verpackung 750 Arbeiter drei Monate lang beschäftigt gewesen waren, an Bord eines sowjetischen Frachters. Zu dieser Zeit geriet die Reparationsabwicklung im Kontrollrat jedoch schon in die Sackgasse, weil die in Potsdam vereinbarten sowjetischen Gegenlieferungen ausblieben und keine Balance zwischen Reparationen einerseits und Export-Import-Ausgleich andererseits gefunden werden konnte. Die Konsequenz war Clays Reparationsstop vom Mai 1946.

Die *britische* Interessenlage kam der amerikanischen am nächsten. Die ökonomischen Realitäten der britischen Zone waren von den industriellen Ballungsgebieten an Rhein und Ruhr bestimmt, die sich nicht aus eigener Kraft ernähren konnten, sondern auf umfangreiche Importe angewiesen waren. Wenn eine gesamtdeutsche Besatzungspraxis, die diese Importlasten mindern konnte, nicht zustande kam, mußten die Engländer im wohlverstandenen Eigeninteresse versuchen, auf anderen Wegen die Kosten für ihre Zone zu senken. Konsequenterweise hatte sich Großbritannien schon vor der offiziellen Revision des ersten Industrieplans 1947 für eine wesentlich höhere Stahlkapazität für Deutschland eingesetzt, als sie dort vorgesehen war, um so den Export als Ausgleich für die notwendigen Importe ankurbeln zu können[109]). Von dieser Interessenlage her führte der Weg folgerichtig zur Bizone und zur Abwälzung finanzieller Lasten auf den leistungsfähigeren Partner USA. Der Konflikt mit Frankreich und der Sowjetunion war damit vorprogrammiert. Die Franzosen verlangten nach Ruhrkohle, die Großbritannien als Exportgut selber dringend benötigte, wollte es Import und Export annähernd ausgleichen. Die französische und russische Forderung nach Internationalisierung des Ruhrgebiets und Mitspracherecht war unter diesem Aspekt schwerlich akzeptabel, sollten die konkreten Probleme nicht noch größer werden. Die Zusammenlegung der preußischen Provinzen Westfalen und Rheinland und die Gründung des Landes Nordrhein-Westfalen im Juli 1946 setzte einen vorläufigen britischen Schlußstrich unter derartige Internationalisierungsbemühungen und machte das britische Festhalten am Ruhrgebiet als integralem Bestandteil der britischen Zone nach außen deutlich[110]). Die britische Regierung, die schon im September 1945 einen großen Kredit von den USA erhalten hatte, ohne den die Besatzungskosten noch drückender geworden wären, mußte im Rahmen der Bizone in einem Ergänzungsabkommen vom September 1947 die USA um Übernahme des größeren Lastenanteils bitten und büßte damit zwangsläufig als eigenständiger Faktor der Besatzungspolitik erheblich an Gewicht ein[111]). Daß diese Situation gravierende Konsequenzen für die britische Wirtschafts- und Gesellschaftpolitik hatte, liegt auf der Hand.

Ein paradoxer und grotesker Nachklang zu dieser Rolle als „mißvergnügter Juniorpartner der USA“ war es dann allerdings, daß die Briten zu einem Zeitpunkt mit ihrer Demontage-Politik in größerem Umfang begannen, als sie gesellschaftspolitisch das Heft schon aus der Hand gegeben hatten. Bevor die Weichen für die Westintegration endgültig gestellt waren, versuchten sie, noch einen bescheidenen Gewinn aus der deutschen Konkursmasse einzustreichen[112]). 1948, als die USA bereits mit dem Marshallplan die Wende vollzogen hatten und Deutschland mit Krediten aufbauten, ordnete Großbritannien die Demontage und somit die Vernichtung von Arbeitsplätzen an – eine Maßnahme, die in Deutsschland mit besonderer Erbitterung aufgenommen wurde, auch wenn die nachträgliche wirtschaftshistorische Analyse in diesen Demontagen längerfristig kaum einen negativen Effekt sehen kann, weil veraltete Produktionsanlagen durch modernere ersetzt werden mußten.

Die *französischen* deutschlandpolitischen Ziele hatte de Gaulle schon Ende des Krieges gegenüber Stalin in wesentlichen Umrissen formuliert. Sie wurden von französischen Politikern auch nach 1945 hinreichend deutlich artikuliert: militärische und politische Sicherheit durch Abtrennung des Rheinlandes und Internationalisierung des Ruhrgebiets sowie Reparationslieferungen (D 5). Die beiden zentralen Ziele lassen sich vereinfacht mit der Formel „Sicherheit und Kohle“ umschreiben. Das bedeutete konkret: eine linksrheinische Sicherheitszone, die Internationalisierung des Ruhrgebiets und eine extreme Föderalisierung Deutschlands; eine radikale Reduzierung der Industrie; langfristige Reparationssicherungen sowie kurzfristige Wiedergutmachungsleistungen durch unmittelbare Ausbeutung der eigenen Zone[113]). Dem Potsdamer Abkommen war Frankreich zwar beigetreten, hatte aber ausdrücklich Vorbehalte gegen die einheitliche Behandlung Deutschlands, gegen Zentralverwaltungen und gegen Wirtschaftseinheit angemeldet[114]). Diesen Vorbehalten folgte die französische Politik bis 1948, und hieraus resultierten die meisten Schwierigkeiten im Kontrollrat.

Aus der ökonomischen Lage Frankreichs, das im Krieg schwere Verluste erlitten hatte – die französische Delegation auf der Reparationskonferenz vom Dezember 1945 bezifferte die französischen Kriegsschäden auf 40 Milliarden Dollar[115]) – ergab sich der Wille zur Ausbeutung der französischen Zone und des Saargebietes. Die Deutschen sollten mit „Kohle von der Saar, dem Holz aus dem Schwarzwald und den Agrarprodukten aus Württemberg und der Pfalz“ zahlen, erklärten die französischen Kommunisten[116]) und brachten damit durchaus die Ansichten der französischen Parteien insgesamt zum Ausdruck.

Politisch und ökonomisch wirkte sich jedoch seit 1947/48 die Abhängigkeit von amerikanischer Hilfe voll aus. Bereits im Frühjahr 1946 wurden zwischen dem

State Department und einer französischen Delegation unter dem Sozialisten Léon Blum Kreditverhandlungen geführt. Das Ergebnis war zwar nur ein Kredit in Höhe eines Drittels der ursprünglich gewünschten 3 Milliarden Dollar, dennoch verstärkte dieser Kredit die politische Bindung an die USA. Mit der drastischen Verschlechterung der französischen Wirtschaftssituation und insbesondere der Ernährungslage in der französischen Zone 1948 – zwei Landesregierungen traten im August aus Protest gegen Demontagen und Hungersnot zurück – blieb der französischen Regierung schließlich keine andere Wahl, als mit der Marshallplanhilfe auch deren politische Implikationen zu akzeptieren: eine integrierte westeuropäische Wiederaufbauplanung und die Schaffung eines westdeutschen Staates[117]).

Die Demontagen als Bestandteil der Reparationsleistungen hatten in den Westzonen in der Gesamtbilanz keine große Bedeutung. Das hieß freilich nicht, daß sie nicht von den Zeitgenossen als außerordentlich gravierendes Problem empfunden worden wären und zunächst z. T. auch schwerwiegende Auswirkungen hatten. Im Falle einer Verwirklichung des Industrieplans vom März 1946 wären in den drei Westzonen 1.800 Fabriken demontiert und die deutsche Industrieproduktion etwa auf den Stand des Krisenjahres 1932 festgeschrieben worden. Dieser „Plan des Alliierten Kontrollrats für die Reparationen und die Kapazität der deutschen Volkswirtschaft" konnte Morgenthau als einen seiner geistigen Väter nicht verleugnen. Unter die Verbote und die zu demontierenden Anlagen fielen nicht nur Fabriken, die Kriegsgerät hergestellt hatten, sondern generell die Produktion von Kugellagern, schweren Werkzeugmaschinen, die synthetische Gewinnung von Benzin, Öl, Gummi. Daß die Abgrenzung zwischen Kriegs- und Friedensindustrie kaum möglich war, liegt auf der Hand. Als noch einschneidender erwiesen sich die generellen, prozentualen Beschränkungen der Grundstoff- und Produktionsgüterindustrie sowie der Investitions- und Konsumgüterindustrien. Wenn sich dieser Industrieplan in den Westzonen dennoch viel weniger auswirkte als auf dem Papier zu vermuten war, so lag das unter anderem daran, daß selbst diese reduzierten Quoten zunächst noch nicht erfüllt werden konnten, daß die regulären Demontagen hier – im Unterschied zur Ostzone – zögernd anliefen und vor allem, daß bereits im August 1947 auf deutsche Widerstände und einen allmählichen alliierten Sinneswandel hin, die erste Revision des Industrieplans erfolgte. Die ursprüngliche Liste wurde schon im Herbst 1947 auf 858 Anlagen zusammengestrichen, 1949 wurden noch zweimal Einschränkungen vorgenommen, und im April 1951 hörten die Demontagen schließlich ganz auf. Die Demontagen erreichten nach Höchstschätzungen nur ein Viertel des ursprünglich in Aussicht genommenen Umfangs, wobei der größte Teil auf das Jahr 1949 entfiel. Borchardt kommt zu der groben Gesamtbilanz, daß das durch Krieg und Demontage Zerstörte etwa dem entsprach, was in den Jahren 1939 bis 1944 an Anlagen hinzugekommen war[118]).

Vor dem Hintergrund der dargestellten Auseinandersetzungen um Reparationen ist es leicht erklärlich, daß Demontagen und Reparationen eine besonders wichtige Rolle für die *sowjetische Zone* spielten. Die Sowjetunion war schon deshalb prinzipiell ein nachdrücklicher Verfechter der Wirtschaftseinheit, weil nur so ihre Reparationsansprüche aus ganz Deutschland politisch langfristig abzusichern waren und sie an der Kontrolle des Ruhrgebiets beteiligt werden wollte. Jedoch gerieten diese beiden Ziele schnell in Konflikt. Offensichtlich hatte die Reparationssicherung bei der sowjetischen Besatzungsmacht um so mehr Vorrang, je weniger sie ein Mitsprache- und Kontrollrecht für Gesamtdeutschland durchsetzen konnte. Insofern wirkte sich die Potsdamer Regelung der zonenbezogenen Reparationsentnahme nachhaltig negativ auf die einheitliche Behandlung Deutschlands aus.

Der Zerstörungsgrad der Industrie in der Ostzone war insgesamt geringer als in den Westzonen, die den Luftbombardements der Westalliierten unmittelbar offengelegen hatten. Diese geringeren Verluste wurden aber durch die Demontagen und Reparationen aus der laufenden Produktion mehr als kompensiert. Die Zahlenangaben dazu sind auf ost- und westdeutscher Seite nicht frei von politischen Verzerrungen: Während die SED Interesse daran hatte, das Bild deutsch-sowjetischer Freundschaft nicht zu stark zu trüben, spielt bei westlichen Berechnungen häufig das Motiv eine Rolle, den Anteil der Sowjetunion am Substanzverlust der DDR möglichst hoch anzusetzen[119]). Zudem ergeben sich stark differierende Angaben, weil die Basisjahre, auf die sich Zerstörungsteile beziehen, oft unterschiedlich sind.

Die anfänglichen, in chaotischen Formen ablaufenden Demontagen lassen sich quantitativ kaum erfassen und sind hypothetisch damit zu erklären, daß entweder mit einem baldigen Rückzug aus der SBZ oder einer funktionierenden interalliierten Verwaltung gerechnet wurde. Die gezielteren Formen der Reparationsentnahme seit 1946 durch die SAG lassen sich demgegenüber eher in ein deutschlandpolitisches Konzept einordnen, das zwar keineswegs definitiv war, aber doch von der Möglichkeit einer Teilung Deutschlands ausging, so daß für eine längerfristige Nutzung nur die eigene Zone in Betracht kam. In jedem Falle besaß die Reparationspolitik seit Jalta für die Sowjetunion größtes Gewicht. Hier kam es zum eigentlichen Konflikt mit den USA und nur so ist es zu erklären, warum in der Frage der politischen Struktur und der Einheit Deutschlands keine Kompromißlösungen zustande kamen.

Nach westlichen Berechnungen wurde das ostdeutsche Industriepotential durch Demontagen und Kriegsschäden bis 1947 um mindestens 40 Prozent gegenüber 1936 verringert. Für einzelne Industriezweige lassen sich dabei folgende Größenordnungen schätzen[120]):

Demontageverluste in der SBZ Ende 1946 in Prozent der Kapazität von 1936

Industriezweig	*Deutsche Schätzung*	*Englische Schätzung* (Manchester Guardian)
Eisengießerei und Hüttenwerke	50–55	80
Schwere Maschinenindustrie	55–63	55
Kraftfahrzeugindustrie	55–63	55
Elektroindustrie	55–63	60
Feinmechanische und Optische Industrie	55–63	60
Zellstoff- und Papierindustrie	40–50	45
Stickstoffindustrie	50–55	60
Textilindustrie	20–30	15

Mit den SAG ging die SMAD von der reinen Demontagepolitik ab und verwandelte stattdessen die wichtigsten Großbetriebe in sowjetisches Eigentum. Diese Betriebe arbeiteten mit deutschen Belegschaften unmittelbar für die Sowjetunion. Auf diese Weise wurde ein Teil der Arbeitslosigkeit aufgefangen, vor allem aber dürfte für diese Kursänderung der Reparationspolitik maßgeblich gewesen sein, daß diese neue Form der Reparationssicherung ungleich effektiver war.

Auch nach der Gründung der SAG gingen die Demontagen dennoch in nicht unerheblichem Umfang weiter[121]). Wie unterschiedlich die Gesamtberechnungen über Reparationen an die Sowjetunion bis zu ihrem definitiven Abschluß 1953 auch sein mögen, als unstrittig kann gelten, daß die in Jalta provisorisch für ganz Deutschland fixierte Summe von 10 Milliarden Dollar in jedem Falle von der SBZ aufgebracht worden ist. Die Spaltung Deutschlands hat sich daher auch ökonomisch sehr einseitig auf Kosten der DDR-Bevölkerung ausgewirkt. Das Verhältnis zur sowjetischen Besatzungsmacht erfuhr dadurch eine zusätzliche schwere Belastung. Zur politischen Demoralisierung gerade der Arbeiterschaft, deren antifaschistische Loyalität von der SMAD nachdrücklich gefördert wurde, trugen die Reparationen ebenfalls bei und stempelten die SED zur „Russenpartei“[122]).

Die Verbitterung über die ökonomisch sinnlose Demontage und die Zerstörung von Arbeitsplätzen dürfte zwar in den Westzonen kaum geringer gewesen sein, wie Stimmungsberichte und Streikdrohungen zeigen[123]). Mit der Veränderung der politischen Konstellation durch den Marshall-Plan verloren die Demontagen hier jedoch an Bedeutung. Die These, daß das alliierte Zerwürfnis über die Reparationsfrage die Teilung Deutschlands zur Folge gehabt habe (Kucklick), mag eine monokausale Überspitzung sein. Sie verdeutlicht jedoch den zentralen Stellenwert, den dieses Problem für die Sowjetunion seit der Kriegskonferenz hatte.

Das unter den Alliierten von Anfang an völlig kontrovers diskutierte Thema der *politischen Struktur* Deutschlands hatte zwar prinzipiell einen geringeren Stellenwert, war aber wegen des inneren Zusammenhangs mit der Reparationsfrage doch von großer Bedeutung. Sowohl in der politischen Vorstellungswelt der Sowjets als auch in der Tradition der deutschen Kommunisten hatte der Föderalismus keinen oder bestenfalls einen theoretischen Platz. Gerade für die Sicherung der Reparationen und zur Realisierung gesamtdeutscher politischer Einflußnahme boten zentralistische politische Strukturen, wie sie in der SBZ schon früh mit der Etablierung von Zentralverwaltungen sichtbar wurden, entscheidende Ansatzpunkte. Der Kampf gegen föderalistische Vorstellungen fügte sich darüber hinaus in ein Konzept ein, das die gesellschaftliche Umgestaltung „von oben" sichern und eine effektive Kontrolle der strukturellen Entnazifizierung garantieren sollte. Hier trafen sich sowjetische und kommunistische Vorstellungen formal mit denen der sozialdemokratischen Führungsspitze, die ihr Sozialisierungsprogramm ebenfalls an eine stark zentralistische politische Ordnung gebunden sah.

Das entgegengesetzte Konzept einer Föderalisierung Deutschlands mit dem Ziel einer definitiven Ausschaltung der deutschen Gefahr verfocht die französische Besatzungsmacht. Daraus folgte nicht nur die Blockierung aller gesamtdeutsch orientierten Beschlüsse des Alliierten Kontrollrats, sondern auch die verspätete Zulassung und weitgehende Abschottung deutscher Parteien, Gewerkschaften und sonstiger Verbände in ihrer Zone von den übrigen Zonen. Noch bis ins Frühjahr 1949 dauerten die hartnäckigen französischen Dezentralisierungsbemühungen und Versuche, dementsprechend die deutschen Verfassungsberatungen zu beeinflussen[124]). Die Briten favorisierten demgegenüber eine langsam von unten aufgebaute, gemäßigt zentralistische Struktur, wie sie in der eigenen Zone praktiziert wurde. Entscheidend für die künftige Entwicklung Deutschlands blieb jedoch das Föderalismuskonzept der Amerikaner. Es wirkte sich bereits in der frühen Förderung der Länder aus. Es war verbunden mit dem Ziel der wirtschaftlichen Einheit und unterschied sich insofern substantiell von französischen Vorstellungen, stand aber in striktem Gegensatz zum sowjetischen Konzept. Auf der Moskauer Außenministerkonferenz 1947 stießen beide Vorstellungen aufeinander und ließen angesichts der verfahrenen Diskussion um Reparationen kaum Kompromißperspektiven erkennen.

In seiner Rede an die amerikanische Nation nach Beendigung der Konferenz[125]) begründete Außenminister Marshall die amerikanische Haltung mit der politischen Gefährlichkeit zentralistischer Strukturen: „Die Vereinigten Staaten und

Großbritannien lehnen eine solche Regierung ab, weil sie ihrer Meinung nach zu leicht in eine Regierungsform nach dem Muster des Naziregimes umgewandelt werden könnte". Dies war sicher ein nach außen hin wirksames Argument, angesichts der geplanten langfristigen militärischen Kontrolle über Deutschland verlor es jedoch an Überzeugungskraft. Ausschlaggebend war vielmehr das Mißtrauen gegenüber der sowjetischen Strategie, mit Hilfe der Berliner Parteiführungen ihr zentralstaatliches Reichskonzept durchzusetzen und sich so Einfluß auf ganz Deutschland zu sichern. Erst unter dieser Perspektive wird der hartnäckige Streit um scheinbare Nebensächlichkeiten – wie die Zusammensetzung des geplanten deutschen Konsultativrats – verständlich[126]).

Die Differenzen der Alliierten im Hinblick auf die Ausbildung einer politischen Struktur fanden ihre Spiegelung in den Positionen der deutschen Parteien, wenngleich es innerhalb der einzelnen Parteien recht unterschiedliche, regional gefärbte Konzepte gab. Diese Situation erwies sich für die Ausbildung der staatlichen Struktur der Bundesrepublik als sehr bedeutsam, konnten doch Parteien, denen föderalistische Prinzipien viel bedeuteten – wie die CDU und CSU oder auch die bayrische SPD – darauf rechnen, angesichts alliierter Divergenzen besonders „umworben" zu werden und an Einfluß zu gewinnen. Der westdeutsche Föderalismus, der sich freilich im Endergebnis vor allem im kulturpolitischen Bereich als problematisch erwiesen hat, entsprang somit nicht nur einem Diktat der westlichen Besatzungsmächte, sondern war ein gemeinsames Produkt alliierter und deutscher Vorstellungen[127]).

Resümiert man die Entwicklung bis zum Bruch von 1947 so lassen sich vor allem drei zentrale Punkte fixieren, an denen der Dissens der Alliierten in Deutschland sichtbar wird, obwohl prinzipiell darüber in Potsdam Einigkeit erzielt worden war:

1. Der wichtigste Punkt war das Reparationsproblem. Hier schlug der widersprüchliche Charakter des Potsdamer Abkommens am deutlichsten durch. Der verständliche und legitime Reparationshunger der Sowjetunion führte zu einer Praxis, die einen Import-Export-Ausgleich und eine interzonale Reparationsregelung auf der Basis der Wirtschaftseinheit unmöglich machte. Eine Ankurbelung der deutschen Wirtschaft insgesamt war schwer erreichbar, solange es willkürliche und unkontrollierte Demontagen und Reparationen aus der laufenden Produktion gab.

2. Aus ökonomischen und politischen Gründen war die Sowjetunion ein entschiedener Verfechter nicht nur der Wirtschaftseinheit, sondern auch der dazugehörigen Zentralverwaltungen und schließlich einer zentralistischen Struktur Deutschlands. Entsprechende Ansätze wurden daher auch in der SBZ am weitesten forciert. Ein solcher Zentralismus lief jedoch französischen Sicherheitsvorstellungen und amerikanischen Föderalisierungskonzepten strikt zuwider.

3. Hinsichtlich einer rigiden militärischen Kontrolle konnte die Sowjetunion auf die Zustimmung der USA rechnen. Prinzipiell gab es auch eine Reihe gemeinsamer Ansatzpunkte für die Entnazifizierung, wie sie aus den Clayschen Grundsätzen ablesbar sind (D 31). Aber die Praxis führte auf beiden Seiten schnell zu tiefen Differenzen, die ihren Grund in ganz unterschiedlichen Analysen der Ursachen des Nationalsozialismus hatten. Form und Tempo der strukturellen Entnazifizierungseingriffe in der sowjetischen Zone ohne irgendeine Absprache mit den westlichen Alliierten verstießen gegen den Geist von Potsdam oder machten zumindest eine so unterschiedliche Interpretation des Abkommens deutlich, daß die Interessengegensätze kaum noch überbrückbar schienen.

5. „Speck oder Sozialisierung?" – Das Ruhrgebiet als Modellfall für Probleme der Neuordnung

Keine Region in Deutschland – ausgenommen vielleicht Berlin – hat so im Mittelpunkt des Interesses der deutschen und internationalen Öffentlichkeit gestanden wie das Ruhrgebiet. Hatte sich dessen tatsächliche rüstungswirtschaftliche Bedeutung als „Waffenschmiede der Nation" im Dritten Reich auch schon verlagert, weil moderne Waffen eben kaum noch geschmiedet werden, so blieb doch das Ruhrgebiet als schwerindustrielles Zentrum und früherer Hort der politischen Reaktion[128]) ein wichtiger Gegenstand alliierter Konferenzen, wenn Internationalisierung, Entflechtung, Sozialisierung, wirtschaftliche Kontrolle und Dezentralisierung in Deutschland zur Diskussion standen. Von der Entwicklung des Bergbaus an der Ruhr hing nach dem Zusammenbruch nicht nur der deutsche, sondern auch der westeuropäische ökonomische Wiederaufbau in hohem Maße ab, so daß sich politische und wirtschaftliche Interessen im Ruhrgebiet auf alliierter und deutscher Seite eng verquickten.

Auf der anderen Seite war das Ruhrgebiet nicht nur Ausgangs- und Schwerpunkt politischer Einflußnahme der organisierten Schwerindustrie zur Zerstörung der Weimarer Republik gewesen, sondern auch Zentrum einer starken und kämpferischen, wenn auch in sich tief gespaltenen Arbeiterbewegung, deren politische Substanz und deren Organisationspotential vom Nationalsozialismus zwar geschwächt, aber nicht zerschlagen werden konnte. Daher waren nach dem Zusammenbruch betriebliche und gewerkschaftliche Interessenvertretungen im Ruhrgebiet sofort wieder präsent und lösten starke Impulse zur Neu- und Wiedergründung von Gewerkschaften, Betriebsräten und Parteien aus.

Eine der verbreitetsten und zugleich verschwommensten Forderungen der frühen Nachkriegszeit, die Sozialisierung, traf damit auf eine Konstellation, die wie eine Sternstunde für die Realisierung dieses alten Postulats insbesondere der Bergarbeiter aussah[129]). Über vage Andeutungen hinaus, wie sie überall zu finden waren, manifestierte sich im Ruhrgebiet der Wille zur Neuordnung besonders nachdrücklich, und er konnte dabei auf seiten der britischen Besatzungsmacht nicht nur auf ein wohlwollendes Echo, sondern auch auf nachdrückliche Förderung rechnen. Denn für die britische Politik waren nicht nur die Beschlagnahme und Entflechtung der Ruhrindustrie ein zentrales sicherheitspolitisches Ziel, sondern die Sozialisierung (verstanden als Verstaatlichung) bildete auch eine nahezu selbstverständliche ideologische Orientierung. Warum scheiterte die von deutscher und britischer Seite gewollte Neuordnung an Rhein und Ruhr – ebenso wie insgesamt im westlichen Deutschland – trotz dieser günstigen Konstellation dennoch?

Eine Antwort auf diese Frage ist schwieriger, als sie beliebte Formeln wie „verhinderte Neuordnung" oder „erzwungener Kapitalismus" suggerieren[130]). Da die Restaurationsdebatte auf einer allgemeinen Ebene kaum weiterführt, bietet sich das Ruhrgebiet als regionalhistorischer Ansatzpunkt für eine differenzierte Analyse an, die der Vielfalt der Erklärungsfaktoren gerecht zu werden versucht. Auch wenn die historiographische Diskussion um die Sozialisierung an der Ruhr nach wie vor kontrovers ist, lassen sich fünf Faktoren als Antwort anführen.

1. Die britische Politik wurde zunächst von sicherheitspolitischen Erwägungen bestimmt. Darin stimmte sie mit den anderen Alliierten überein. Die Beschlagnahme der Zechen im Dezember 1945 sowie der Eisen- und Stahlwerke im August 1946 und die Schaffung von Kontrollbehörden über Kohle und Stahl (North German Coal Control, North German Iron and Steel Control, NGCC, NGISC) diente vor allem diesem Ziel. Daraus konnten sich sowohl Maßnahmen zur Entflechtung wie zur Sozialisierung ergeben. Daß dabei der Entflechtung Priorität zukam, darauf deutet ihre schnelle Realisierung hin, die mit der Einführung der paritätischen Mitbestimmung in 25 Eisen- und Stahlwerken 1947/48 gekoppelt wurde. Gerade um die Entflechtung zu verhindern, boten Vertreter der deutschen Schwerindustrie auf der anderen Seite von sich aus weitreichende Mitbestimmungsregelungen an (D 41). Demgegenüber scheint die Sozialisierung britischerseits eher „eine inhaltlich wie strategisch wenig entwickelte Perspektive" gewesen zu sein, die mit nur begrenzter Intensität vertreten wurde[131]). Nicht die prinzipielle Absicht zur Sozialisierung, die im damaligen Europa nahezu selbstverständlich war, stand dabei in Frage, sondern die Priorität gegenüber anderen Zielen und der Nachdruck, auch gegen Widerstände Sozialisierungsmaßnahmen durchzusetzen. Diese Widerstände aber zeigten sich vor allem von amerikanischer Seite.

2. Die amerikanische Wirtschafts- und Ordnungspolitik in Deutschland war keineswegs so eindeutig wie ihre Kritiker unterstellen[132]). Zwar hat Clay nie einen Hehl aus seiner Abneigung gegen Sozialisierung und Mitbestimmung gemacht, wie sich vor allem in seiner Suspendierung entsprechender Gesetze und Artikel zeigte. Jedoch läßt sich daraus allein nicht das Scheitern der Sozialisierung im Ruhrgebiet erklären. Clay selber war im übrigen weniger die –

nicht realisierte – Sozialisierung als vielmehr die – 1947/48 bzw. 1951 durchgesetzte – Mitbestimmung ein Dorn im Auge[133]). Maßgeblich für diese Einstellung waren einerseits grundsätzliche Überzeugungen, andererseits Effektivitätsüberlegungen. Angesichts amerikanischer Opposition gewinnt vielmehr die Frage nach deutschen und britischen Prioritäten besonderes Gewicht. Die USA erhielten mit der Gründung der Bizone und den Ruhrkohleverhandlungen im Sommer 1947, aus denen die Deutsche Kohlenbergbauleitung (DKBL) als deutsche Treuhandgesellschaft hervorging, entscheidendes Mitspracherecht im Ruhrbergbau und setzten vor allem ein Moratorium von fünf Jahren für eine Grundsatzentscheidung über die Sozialisierung durch. Daß die britische Politik diesem Druck nachgegeben hat, ist jedoch nicht nur aus der ökonomischen Schwäche und der daraus resultierenden politischen Abhängigkeit von den USA zu erklären, sondern auch aus mangelndem „Druck von unten" durch die deutsche Bevölkerung.

3. In der Sozialisierungsdiskussion liefen die Politik der Besatzungsmacht und der deutschen Befürworter und Entscheidungsträger zeitlich auffällig auseinander. Während 1947 das Interesse an der Sozialisierung bei der britischen Politik im Ruhrgebiet abflaute, erreichte es bei Gewerkschaften und Parteien und im nordrhein-westfälischen Landtag zu dieser Zeit erst seinen Höhepunkt und trat 1948 in sein Entscheidungsstadium ein[134]). Damit fand ein unzweifelhaft schon seit dem Zusammenbruch feststellbares, aber in seiner Intensität schwer meßbares Verlangen der Bevölkerung nach gesellschaftspolitischer Neuordnung erst zu einer Zeit seinen massiven Ausdruck, als außenpolitisch die Weichen in eine andere Richtung gestellt waren. Die großen Massendemonstrationen und Hungerstreiks im Ruhrgebiet im Frühjahr 1947 (D 42) und Anfang 1948 und die parallel laufenden Auseinandersetzungen über Entwürfe für ein Sozialisierungsgesetz belegen zweierlei: Der Ruf nach Überführung der Zechen in Gemeineigentum wurde im Ruhrgebiet fast zu einer Selbstverständlichkeit, gleichwohl besaß er gegenüber den unmittelbar auf den Nägeln brennenden Versorgungs- und Ernährungsproblemen keine Priorität[135]). Auch ist von den Bergarbeitergewerkschaften kein unauflösliches Junktim zwischen Sozialisierung und Produktionssteigerung hergestellt worden und konnte wohl auch schwerlich geschaffen werden. Vielmehr wurde die ökonomisch dringend notwendige Steigerung der Kohleförderung durch das Punktesystem erreicht, nach dem eine gute Förderleistung mit einem Prämiensystem von Lebens- und Genußmitteln und hochwertigen Konsumgütern stimuliert und belohnt wurde. In der Tat erfüllte dieses System die Funktion eines Marshall-Plans im Kleinformat: „Es diente der Wiederingangsetzung eines Teils der deutschen Wirtschaft, ohne die Voraussetzungen, die von den deutschen Gewerkschaften daran geknüpft worden waren, zu erfüllen. Es bewies den Gewerkschaften, daß der von ihnen behauptete Zusammenhang zwischen Wachstum und Strukturreform nicht so eng war, als daß er nicht hätte aufgelöst werden können"[136]).

Der Konsens, von dem die Gesetzesvorlage des NRW-Landtages zur Sozialisierung getragen wurde, war keineswegs von eindrucksvoller Breite. Um die Einheitsgewerkschaft nicht zu gefährden, ließ die CDU das Gesetz 1948 auf Druck ihres starken linken Flügels schließlich mit Stimmenthaltung passieren, offenbarte damit aber die durchaus grundsätzlichen Differenzen, die zwischen den Parteien auch in der Sozialisierungsfrage bestanden. Und eben dieser fehlende Nachdruck von deutscher Seite ließ auch die britische Besatzungsmacht zurückhaltend in ihren eigenen Sozialisierungswünschen und nachgiebig gegenüber den USA reagieren. Der Beschluß des Landtages wurde von der britischen Militärregierung nicht bestätigt und war damit zunächst gegenstandslos[137]).

4. Eine Sozialisierung wäre auch nach dem alliierten Veto prinzipiell möglich gewesen, hätten Parteien und Regierung dies gewollt. Über eine marginale Existenz in Partei- und Gewerkschaftsprogrammen und auch in der nordrhein-westfälischen Verfassung ist jedoch die Sozialisierungsforderung in den fünfziger Jahren nicht mehr hinausgelangt. Darin kam zweifellos auch die spezifische Situation Deutschlands als eines geteilten Landes zum Ausdruck. Die in der SBZ schon 1946 vorgenommene Verstaatlichung und die auf ihrer Basis vollzogene stalinistische Transformation brachten in der Phase des Kalten Krieges Begriffe wie Sozialisierung und Sozialismus in Westdeutschland so gründlich in Mißkredit, daß ihre Anhänger bald auf verlorenem Posten im Kampf gegen zugkräftige Wahlkampfklischees ihrer konservativen Gegner standen. Auch dies erklärt, warum selbst bei einer so gut organisierten und politisch bewußten Gruppe wie den Bergarbeitern die uralte Forderung nach Sozialisierung seit 1948 immer mehr an Wirksamkeit verlor.

5. Es sollte schließlich nicht vergessen werden, daß die Sozialisierung nur ein Teilstück im Neuordnungsprogramm der Arbeiterbewegung war und daß ein wesentlicher weiterer Teilbereich, die paritätische Mitbestimmung im Montanbereich, realisiert werden konnte. Mit dieser Feststellung wird sowohl die Bedeutung der Sozialisierung als auch der Eindruck der Passivität der Gewerkschaften relativiert. Hypothetisch läßt sich feststellen, daß der Spielraum für eine Sozialisierung des Ruhrbergbaus größer war, als die Akteure glaubten, wenn Parteien und Gewerkschaften wirklich dezidiert ihre Anhänger für dieses Ziel mobilisiert hätten[138]). Der strukturverändernde Effekt einer solchen Maßnahme muß dennoch in Frage stehen, wie ein vergleichender Blick auf Österreich oder Großbritannien zeigen mag. Die Montanmitbestimmung war demgegenüber ein neuer Ansatz, deren stabilisierende Wirkung für die Bundesrepublik schwer zu überschätzen ist. Ihre Durchsetzung verweist ebenso wie das Scheitern der Sozialisierung auf Möglichkeiten und Grenzen ordnungspolitischer Reformen im komplizierten Wechselspiel alliierter Vorgaben und deutscher Zielvorstellungen.

6. Formen wirtschaftlicher Interessenvertretung

Folgt man Selbstdarstellungen der Geschichte der Unternehmer- und Arbeitgeberverbände nach 1945, so waren die Jahre bis zur Gründung der Bundesrepublik eine Zeit der Restriktion und Benachteiligung gegenüber den schon schnell wieder etablierten und geförderten Gewerkschaften[139]). Daran ist soviel richtig, daß sich zentrale Spitzenverbände erst wieder 1949/50 gründeten und ins Bewußtsein der Öffentlichkeit traten. Dennoch blieb der Zeitraum bis zur Staatsgründung im Hinblick auf wirtschaftliche Interessenorganisationen keineswegs ein Vakuum. Vielmehr läßt sich an diesem Beispiel besonders instruktiv die nach außen vielfach verdeckte, aber dennoch intensive und wirkungsvolle Interaktion zwischen Besatzern und Besetzten beobachten.

Die verbandliche Rekonstruktion begann gleich nach dem Kriege. Sie vollzog sich zunächst in informellen Kontakten und Ersatzinstitutionen. Unter diesen waren besonders die Industrie- und Handelskammern (IHK) von großer Bedeutung[140]). Sie hatten trotz ihrer formellen Auflösung und Integration in die nationalsozialistischen Gauwirtschaftskammern das Dritte Reich relativ intakt überstanden und konnten daher 1945 schnell wieder an die alten Strukturen der Weimarer Zeit anknüpfen. Als Selbstverwaltungsorgane der Wirtschaft mit halbamtlichem Charakter und mit Aufgaben wie Beratung der Unternehmer über gesetzliche Vorschriften, Versorgung der Stadtverwaltungen mit statistischen Unterlagen, Lehrlingsausbildung, Stellungnahmen zur Wiederaufnahme der Produktion, Mitarbeit beim Entnazifizierungsverfahren hatten die IHK in der Wiederaufbauphase für Alliierte, städtische Verwaltungen und Industrie gleichermaßen zentrale Bedeutung. Die Alliierten waren auf Beratungsorgane angewiesen, die über genaue Kenntnisse der örtlichen Bedingungen und wirtschaftlichen Ressourcen und über qualifiziertes Personal verfügten. Bis zur Reorganisation der Industrieverbände waren sie die wichtigsten Organe, über die sich Interessenwahrnehmung und begrenzter politischer Einfluß der Industrie geltend machen konnte.

Der Wiederbeginn der IHK in den Westzonen unmittelbar nach dem Zusammenbruch ist aus zahlreichen Städten belegt. Sie entstanden zum Teil aus eigener Initiative, zum Teil auf Betreiben der Besatzungsmacht. Das Spitzenpersonal wurde, wenn es politisch belastet war, zumeist ausgewechselt, nachgeordnete Mitläufer blieben in der Regel im Amt. Da die Funktionäre der IHK meist politisch nicht allzustark kompromittiert waren, boten sich hier besonders günstige Ausgangsbedingungen für eine indirekte Interessenvertretung. Obwohl die rechtliche Basis der Kammern anfangs noch völlig unklar blieb, war ihr praktisches Aufgabenfeld sehr breit und betraf nahezu alle Bereiche der lokalen und regionalen Wirtschaftsprobleme. „Alles, was nur von weitem wie ein ‚wirtschaftliches Ding‘ ausschaute, wurde damals ungesehen an die Kammern herangebracht“ – so beschreibt eine Festschrift der Duisburger Kammer das

Verhalten der Militärregierung [141]). Die rechtlichen Rahmenbedingungen waren in allen Zonen unterschiedlich und wurden erst 1956 durch ein Bundesgesetz vereinheitlicht. Während in der französischen Zone im wesentlichen das alte Recht der Weimarer Zeit galt, stuften die Amerikaner die Kammern als privatrechtliche Vereine mit freiwilliger Mitgliedschaft ein. Die Briten akzeptierten demgegenüber zwar die Zwangsmitgliedschaft und den öffentlich-rechtlichen Status, lehnten aber einen Beitragszwang ab[142]).

Einen völlig anderen Charakter erhielten dagegen die Kammern in der SBZ. Sie wurden zunächst aufgelöst und im Herbst 1945 von den Länderverwaltungen als neue Institutionen wieder zugelassen. Sie setzten sich drittelparitätisch aus Gewerkschaften, Unternehmern und Repräsentanten der Landes- und Bezirksverwaltungen zusammen. In ihren einzelnen Fachausschüssen waren Gewerkschaften und Unternehmer paritätisch vertreten – ein Modell, das auch die Gewerkschaften in den Westzonen für die gesamte Kammerorganisation forderten. Dieser Konstruktion entsprechend hatten sie die Interessen von Unternehmern und Arbeitnehmern zu vertreten und dabei auch exekutive Funktionen gegenüber staatlichen Instanzen zu erfüllen. „Ihre Aufgabe ist insbesondere", hieß es in den Ausführungsbestimmungen für Sachsen vom Oktober 1945, „die an sie ergehenden Weisungen der Zentralverwaltungen und der Landesverwaltung unter Einschaltung der freien Initiative der in der Wirtschaft Tätigen zu verwirklichen"[143]).

Neben den überall schnell wieder präsenten, aber bis zur Gründung des Deutschen Industrie- und Handelstages (DIHT) 1949 noch nicht zentral zusammengeschlossenen IHK hatten die industriellen Spitzenverbände einen viel schwierigeren und verzögerten Start. Insbesondere die britische Politik war 1945 keineswegs unternehmerfreundlich. Für Großgrundbesitzer, Mitglieder von Aufsichtsräten und Bank- und Industriedirektoren verfügte die Militärregierung im Juli 1945 eine Vermögenssperre. Im Herbst wurden darüber hinaus zahlreiche führende Industrielle unabhängig von ihrer Mitgliedschaft in der NSDAP verhaftet. Dennoch war die Praxis gegenüber den IHK und den wiederentstehenden Fachverbänden der Wirtschaft auffallend großzügig[144]). Erste Ansätze lokaler Fachverbände gab es bereits im Mai 1945, im Herbst wurden sie in der britischen und amerikanischen Zone nach ähnlichen Grundsätzen zonenweit erlaubt. Ihre Funktion war zunächst jedoch auf Beratung der Militärregierung, Unterstützung einzelner Firmen und Vergabe von Gutachten ausgerichtet.

Auf große Schwierigkeiten stießen dagegen Versuche zur überfachlichen und überregionalen Organisation von Unternehmern. „To much power in one hand" war meist die übliche Begründung[145]). Bis 1946/47 sind hier deutliche Parallelen zum restriktiven britisch-amerikanischen Kurs gegenüber den Gewerkschaften erkennbar. Dennoch zeigt die Vorgeschichte der westdeutschen Spitzenverbände, daß solche Restriktionen unterlaufen werden konnten und auf diese Weise durchaus über die IHK hinaus indirekte Formen wirtschaftlicher Interessenvertretung und Einflußnahme möglich wurden. So schlossen sich bereits im Oktober 1945 einige Fachverbände in der britischen Zone zum „Wirtschaftsverband Eisen-, Blech- und Metallwarenindustrie" zusammen, zu dessen Präsident 1946 Fritz Berg, der spätere BDI-Vorsitzende, gewählt wurde. Als dieser erweiterte Fachverband sich im August 1946 mit 23 anderen Verbänden zusammenschließen wollte, wurde das von der britischen Militärregierung verboten. Als Ersatz fungierte daraufhin eine Konferenz der Verbandsgeschäftsführer. Im Februar 1948 ging daraus die „Arbeitsgemeinschaft für Eisen und Metall" unter Vorsitz von Hermann Reusch (Vorstandsvorsitzender der Gutehoffnungshütte und Sohn des führenden Verbandsfunktionärs der Weimarer Zeit Paul Reusch) hervor, bis schließlich im Januar 1950 der Bundesverband der Deutschen Industrie (BDI), der rund 90 Prozent der Industrie der westlichen Besatzungszonen umfaßte, entstand. Eine Vorform der ebenfalls 1950 gegründeten Bundesvereinigung der Arbeitgeber (BDA) entstand im Mai 1947 in der Bizone als „Arbeitsgemeinschaft der Arbeitgeber der Westzonen (Vereinigtes Wirtschaftsgebiet)", der sich die Arbeitgeber der französischen Zone nach Gründung der Bundesrepublik anschließen konnten[146]).

In der sowjetischen Zone gab es zwar Ansätze privatwirtschaftlicher Interessenorganisationen, sie wurden jedoch unterdrückt und blieben angesichts der veränderten ökonomischen und politischen Rahmenbedingungen völlig bedeutungslos[147]). Einige der verbliebenen Unternehmer paßten sich individuell den neuen Gegebenheiten an. Ein kurioses, aber symptomatisches Beispiel dafür war ein Unternehmeraufruf zur Unterstützung des sächsischen Volksentscheides zur Enteignung der Großindustrie[148]).

Die Frage nach dem tatsächlichen Einfluß der wirtschaftlichen Interessenorganisationen auf Entscheidungsprozesse alliierter und deutscher Politik ist nicht präzise zu beantworten. Die frühe Verbandsgeschichte zeigt jedoch, daß es auch ohne Spitzenorganisationen zahlreiche Nahtstellen gab, wo ein solcher Einfluß wirksam werden konnte, weil die Alliierten auf Fachkompetenz angewiesen waren. In der Krisensituation 1950/51 ist das Gewicht der wirtschaftlichen Verbände dann in einem Ausmaß gewachsen, daß die Prinzipien der 1948 proklamierten sozialen Marktwirtschaft durch ausgeprägt korporatistische Züge der Wirtschaftsverfassung unterlaufen und verändert wurden[149]). Schließlich verweist die starke personelle Kontinuität in den Verbänden auf Geschäftsführerebene (23 von 98 Geschäftsführern von Kammern, Reichs- und Wirtschaftsgruppen des Jahres 1944 waren 1950 wieder oder noch in einer entsprechenden Position) auf Ziele und Chancen effektiver Interessenrealisierung hin[150]). Diese setzte allerdings einen doppelten Anpassungsprozeß voraus, der trotz personeller Kontinuität auch den politischen Bruch mit der Weimarer Tradition belegt. Zum einen erfolgte eine Anpassung an die föderalistischen Strukturen der entstehenden Bundesrepublik, wie sie unter anderem von den Amerikanern und der CDU favorisiert wurden, während die industrienahe Presse eher eine zentralistische Staatsstruktur verfocht und damit den Vorstellungen der SPD in dieser Hinsicht näher stand. Das bedeutete, daß politische Einflußnahme nicht oder noch nicht über industrielle Spitzenverbände möglich war. Zum andern fand eine politische Anpassung statt, ohne die auch eine wirksame Interessenwahrnehmung kaum möglich gewesen wäre. Bei aller Kontinuität ist nicht zu übersehen, daß die westdeutsche Wirtschaftselite 1945 radikaler und eindeutiger mit dem alten politischen und gesellschaftlichen System gebrochen hat als 1918 und daß sich somit die neuen industriellen Interessenorganisationen im Vergleich zur Weimarer Republik reibungslos in das neue sich entwickelnde parlamentarische System eingefügt haben, so daß zugleich auch eine wichtige Barriere der Durchsetzung eines funktionierenden parlamentarischen Systems fortfiel[151]).

Anmerkungen zu Kapitel III

1) Zit. b. Trees u. a. 1978, S. 143.
2) Dorn 1973, S. 7.
3) Wirtschaftliche Kapazität 1947; Harmssen 1947, Anlage V, S. 10.
4) Wirtschaftliche Kapazität 1947, S. 2, 7f.
5) Ebd., S. 3, 13, 16.
6) Ebd., S. 32ff.
7) Nettl 1953, S. 18–22; Zink 1957, S. 13; May/Paterson in: Scharf/Schröder 1977, S. 84; Thies/Daak 1979, S. 38.
8) Nettl 1953, S. 17; Gräfe/Wehner 1976.
9) Gimbel 1971, S. 24f.
10) Dazu: Foelz-Schroeter 1974.
11) Zit. ebd., S. 41.
12) Text: Laschitza 1969, S. 247ff.
13) Zit. b. Staritz 1976, S. 85.
14) Zit. b. Fischer 1973, S. 398.
15) H. Weber 1968, S. 23.
16) Foelz-Schroeter 1974, S. 15f.
17) Pietsch 1978, S. 44ff., 313ff.
18) Arbeiterinitiative 1976, S. 649.
19) Eschenburg 1976, S. 58f.
20) Wahlergebnisse bei Schachtner 1956.
21) Foelz-Schroeter 1974, S. 20f.; Weisz in: Westdeutschlands Weg 1976, S. 56. Ausführliche Dokumentation zu Aufbau und Funktion der zonalen Spitzengremien in: Akten zur Vorgeschichte Bd. 1.
22) Ausführlich dazu: Girndt 1971.

23) Hinweis von Falk Pingel, dessen Arbeit über die britische Besatzungspolitik kurz vor dem Abschluß steht. Anders: Girndt 1971, S. 64 f.
24) Vogel 1956, S. 20 f.
25) Zur britischen Rolle in der Vorgeschichte der Bizone jetzt: Pingel 1982.
26) J. Weber 1968; Smith 1979. Text in: Das Urteil von Nürnberg 1946, dtv-Dokumente München 1977.
27) Smith 1979, S. 19 ff.
28) Broszat 1981, S. 477 f.
29) Smith 1979, S. 327.
30) Zit. b. J. Weber 1968, S. 27.
31) Broszat 1981, S. 540 ff.
32) H. Weber 1968, S. 25.
33) Zit. H. Weber 1968, S. 26.
34) Dazu Hermes 1963.
35) Stöckigt 1964, S. 266.
36) Trittel 1975, S. 170.
37) Zur Diskussion um eine sozialistische Revolution: Doernberg 1959, S. 450, 453.
38) Staritz 1976, S. 101.
39) Text in: Dokumente 1945–1949, S. 189 ff.
40) Krause 1958, S. 53.
41) Text in: Dokumente 1945–1949, S. 288 f.
42) Tägliche Rundschau v. 2. 7. 1946, zit. b. Doernberg 1959, S. 334.
43) Staritz 1976, S. 100 f.
44) Doernberg 1959, S. 337.
45) Deckers 1974, S. 123 f.
46) Fritzsch 1972, S. 21 f.
47) Doernberg 1959, S. 97; Günther/Uhlig 1974, S. 41 f.
48) Benjamin 1976, S. 71 f., 83 f.
49) Suckut 1978, S. 401 ff., 477 ff.; Wolfram 1977, S. 112.
50) Text in: Dokumente 1945–1949, S. 489 ff.
51) Leonhard 1955, S. 457; Text des SMAD-Befehls v. 26. 2. 1948 in: Dokumente 1945–1949, S. 588 ff.
52) Das Folgende nach: Trittel 1975.
53) Zit. b. Latour/Vogelsang 1973, S. 156.
54) Britische Mitteilung an die Presse v. 20. 8. 1946, zit. b. Potthoff 1957, S. 34.
55) Vgl. unten S. 110 ff.
56) Stolper 1966, S. 226 ff.; Kreikamp 1977.
57) Kreikamp 1977, S. 250.
58) Balfour 1959, S. 261.
59) Friedmann 1947, S. 332. Die höhere Zahl für die US-Zone nach Niethammer 1972, S. 255. Die bei Friedmann genannte Zahl von 95 250 bezieht sich vermutlich auf einen Zeitpunkt vor Dezember 1945.
60) Niethammer 1972, S. 248.
61) Gimbel 1971, S. 13.
62) R. Maier 1964, S. 219.
63) Fritzsch 1972, S. 16.
64) Hoegner 1959, S. 236.

65) Spotts 1976, S. 87 ff.; Boyens in: Kirchen in der Nachkriegszeit, S. 50 f.
66) Zit. b. Spotts 1976, S. 88.
67) Fürstenau 1969, S. 202 ff., 101 f.
68) Niethammer 1972, S. 13.
69) Zu einem Land der französischen Zone jetzt: Henke 1981.
70) Fürstenau 1969, S. 228 ff.
71) Merritt 1970, S. 32 f.
72) Broszat 1981, S. 541 ff.
73) Niethammer 1972, S. 653 ff.
74) Dazu jetzt für alle Zonen: Heinemann 1981.
75) Bungenstab 1970, S. 70–78.
76) Zit. ebd., S. 81.
77) Zit. ebd., S. 180 f.
78) Pakschies 1979, S. 269.
79) Halbritter 1979, S. 237.
80) Pakschies 1979, S. 257 ff.
81) Zit. b. Bungenstab 1970, S. 96. Vgl. Gimbel 1971, S. 310 ff.
82) Ruge-Schatz 1977, S. 73.
83) Text in: Hohlfeld Bd. 6, S. 247 ff.
84) Winkeler 1971, S. 78 ff.; Ruge-Schatz, S. 141.
85) In: Bracher 1970, S. 154. Im Urteil ähnlich Lange-Quassowski 1978.
86) betrifft: erziehung 12 (1979) H. 10, S. 25.
87) Duhnke 1955, S. 345.
88) Dazu Kloss 1982.
89) Dazu Handel 1975; Richert 1967.
90) Stallmann in: Heinemann 1981, S. 268–277.
91) Eröffnungsdaten und Studentenzahlen für alle Hochschulen in: Keesings Archiv 15 (1945), 16/17 (1946/47).
92) Borsdorf/Niethammer 1976, S. 281.
93) Referat A. Grimmes auf der 3. Sitzung des Zonenbeirats am 3. 5. 1946, DGB-Archiv Düsseldorf, Ordner Zonenbeirat 1946, S. 3.
94) Dorn 1973, S. 87.
95) Zit. b. Bungenstab 1970, S. 127.
96) Anders 1973, S. 403.
97) Zit. b. Gimbel 1971, S. 60.
98) Ebd., S. 63 f.
99) Zit. ebd., S. 16.
100) Gimbel 1971, S. 107 ff. Vgl. dazu auch Backer 1971.
101) Gimbel 1971, S. 87 ff.; Jerchow 1978, S. 218, der zu Recht gegen Gimbel die doppelte Stoßrichtung betont.
102) Zit. b. Schwan/Steininger 1979, S. 25. Auszug der Byrnes-Rede in: Ursachen und Folgen Bd. 25, S. 31 ff.
103) Gimbel 1971, S. 121 ff.; dagegen Kreikamp 1981.
104) Gimbel 1971, S. 156.
105) Zit. ebd., S. 118.
106) Watt in: Scharf/Schröder 1979, S. 20 f.; Thies in: ebd., S. 47 f.; Pingel 1982.
107) Text der Industriepläne: Ursachen und Folgen Bd. 23, S. 380 ff.; Bd. 25, S. 254 ff.

108) Latour/Vogelsang 1973, S. 157 ff.
109) Schwarz 1980, S. 166 ff.
110) Hüttenberger 1973.
111) Huster u. a. 1970, S. 42 ff.
112) Schwarz 1980, S. 174.
113) Jerchow 1978, S. 40 ff. Kiersch in: Scharf/Schröder 1977, S. 65 f.
114) Willis 1962, S. 31 f.
115) Manz 1968, S. 53.
116) Zit. b. Willis 1962, S. 127 f.
117) Kiersch in: Scharf/Schröder 1977, S. 74 ff.
118) Stolper 1964, S. 219 f., 257.
119) Die beste gegenüberstellende Berechnung gibt Staritz 1976, S. 14 ff.
120) Nettl 1953, S. 185; Staritz 1976, S. 17.
121) DDR-Handbuch 1975, S. 725 f.
122) Staritz 1976, S. 20.
123) E. Schmidt 1970, S. 146 ff.
124) Schwarz 1980, S. 192.
125) Text in: Europa-Archiv 2 (1947), S. 748 ff.
126) Schwarz 1980, S. 245; Vogelsang 1966, S. 37 f.; Overesch 1979, S. 117.
127) Vgl. Foelz-Schroeter 1974.
128) Vgl. B. Weisbrod, Schwerindustrie in der Weimarer Republik, Wuppertal 1978.
129) Rudzio 1978, S. 1 ff.
130) E. Schmidt 1970; Schmidt/Fichtner 1971. Neben den im folgenden genannten Arbeiten ist vor allem noch zum Sozialisierungsproblem zu verweisen auf: Lademacher in: Scharf/Schröder 1979, S. 51 ff.; Steininger in: Winkler 1979, S. 111 ff. und in: VfZ 1979, S. 167 ff.
131) Rudzio 1978, S. 10.
132) Link 1978; D. Winkler in: Winkler 1979, S. 88 ff.
133) Link 1978, S. 74.
134) Rudzio in: Mommsen/Borsdorf 1979, S. 382 ff.
135) Kleßmann/Friedemann 1977.
136) Borsdorf in: Mommsen/Borsdorf, S. 361.
137) Hüttenberger 1973, S. 417 f.
138) Kleßmann in: Winkler 1979, S. 72.
139) Vorwerk 1959, S. 34; Erdmann 1966, S. 227 f.
140) Homburg/Schissler 1977, S. 117 ff.; Plumpe 1981.
141) Helmrich/Herker 1956, S. 140.
142) Jäkel 1974, S. 16.
143) Zit. b. Klein 1974, S. 291.
144) Hüttenberger in: VfZ 1970, S. 173 f. Tornow in: Becker u. a. 1973, S. 240.
145) Vorwerk 1959, S. 34.
146) Tornow in: Becker u. a. 1973, S. 242 ff.
147) O. Schröder 1965, S. 46 ff.
148) Faksimile in: Dreißig Jahre 1976, S. 123.
149) Ausführlich dazu Adamsen 1981, bes. S. 236 ff.; Abelshauser 1981 a.
150) Berechnung nach Tornow in: Becker u. a. 1979, S. 250.
151) Homburg/Schissler 1977, S. 120.

Kapitel IV

Neuansätze und Traditionsbindung der Arbeiterbewegung und der bürgerlichen Parteien

Die Wiederentstehung von Parteien und Gewerkschaften, ihre Binnenorganisation und politische Praxis waren nach 1945 in starkem Maße vom unmittelbaren Einfluß der Besatzungsmächte bestimmt. Insofern gehört auch dieses Kapitel in den Zusammenhang der Frage nach der Interaktion von Besatzern und Besetzten. Dennoch erscheint hier eine andere Akzentsetzung sinnvoll. Der leitende Gesichtspunkt liegt weniger in der Frage nach äußeren Vorgaben als vielmehr nach der inneren strukturellen Entwicklung und den aus der Weimarer Tradition und der Erfahrung des Nationalsozialismus herrührenden organisatorischen und programmatischen Impulsen für den Neubeginn und deren Wirkungen auf die weitere Entwicklung der Zonen.

1. Antifas und Betriebsausschüsse

Die deutsche Arbeiterbewegung war der Teil der deutschen Gesellschaft gewesen, der am ehesten und unmittelbarsten den nationalsozialistischen Zugriff zu spüren bekommen und auch zuerst Widerstand geleistet hatte. Man kann heute feststellen, daß dieser Widerstand wesentlich breiter und verzweigter war, als es die westdeutsche Historiographie lange Zeit wahrhaben wollte. Dennoch ist er zu keinem Zeitpunkt zu einem wirklichen Massenwiderstand angewachsen, der dem Regime ernstlich gefährlich werden konnte. Wesentliche Ansätze zu einer Selbstbefreiung in der Phase der Agonie des Dritten Reiches, worauf zeitweise die sowjetische Deutschlandpolitik gesetzt hatte, gab es nicht oder sie blieben vereinzelt[1]). Wichtig für die Möglichkeiten eines Neubeginns waren jedoch die unmittelbar in der Umbruchsituation entstandenen und vielfach direkt aus den Widerstandszirkeln sich herleitenden antifaschistischen Ausschüsse und Komitees, die „Antifas“, deren Existenz, Zielsetzung und Verbreitung lange Zeit nahezu unbekannt war, paßten sie doch schwer in das Bild östlicher und westlicher Historiographie. Zudem waren sie bis auf wenige

Ausnahmen bereits im Sommer 1945 in allen Zonen ausgeschaltet, verboten oder in neue Verwaltungen sowie Parteien und Gewerkschaften integriert.

Quantitativ lassen sich kaum zuverlässige Aussagen über die Bedeutung der Antifas treffen, qualitativ waren sie jedoch keineswegs nur „periphere Randphänomene“[2]). Zwar zeigt die Karte ihrer Verbreitung 137 über ganz Deutschland zerstreute Orte, aus denen zumindest Hinweise vorliegen und eine DDR-Untersuchung geht von mindestens 500 Antifas aus[3]), doch war die Bandbreite ihrer Aktivität äußerst unterschiedlich und reichte von großen, gut organisierten und ganze Stadtgebiete umfassenden Gruppen bis zu winzigen, lockeren Zusammenschlüssen in der Form von Nachbarschaftshilfen, die keine archivalischen Spuren hinterlassen haben. Die Charakteristika von Organisation, sozialer Struktur und politischer Zielsetzung lassen sich dennoch an Hand zusammenfassender Berichte des US-Geheimdienstes und lokaler Beispiele gut erfassen (D 43). „Diese Gruppen“, so lautete das Fazit eines amerikanischen Berichts vom Juni 1945, „sind Ausdruck der aktivsten Kräfte im politischen Leben, – Kräfte, die wir entweder unterdrücken oder uns zunutze machen können“[4]).

Zwei Beispiele dieser Antifa-Ausschüsse sollen hier näher beleuchtet werden: 1. Leipzig als Beispiel des bruchlosen Übergangs einer aus dem Exil mitgesteuerten Tätigkeit des „Nationalkomitees Freies Deutschland“ (NKFD) im Krieg zur Arbeit unter zunächst amerikanischer, dann sowjetischer Besatzung; 2. Die Bremer „Kampfgemeinschaft gegen den Faschismus“ (KGF) als Beispiel und Ausnahmefall anfänglich offizieller Legalisierung durch die Besatzungsmacht.

Leipzig war eine der Hochburgen der deutschen Arbeiterbewegung und der Zentren des Linkssozialismus in der Weimarer Zeit[5]). Die KPD hatte hier einen besonders hohen Organisationsgrad, auch wenn sie gegenüber der SPD deutlich unterlegen war. Ansätze zur Zusammenarbeit zwischen SPD und KPD, die es bereits vor 1933 gab, verstärkten sich im Widerstand, der jedoch in organisierter Form in den dreißiger Jahren schnell zerschlagen wurde. Während des Krieges bildete sich als Zentrum verschiedener illegaler Gruppen das NKFD. Hier lassen sich in der ersten Phase deutlich jene ideologisch selbständigen Ansätze fassen, die von der politischen Linie des Exil-ZK der KPD in Moskau abwichen und die sich an verschiedenen Orten in der Umbruchphase 1945 wiederfinden. Im April 1945, als die amerikanischen Truppen Leipzig eingekreist hatten, versuchte das NKFD vor allem, Widerstand zu eliminieren und die kampflose Übergabe der Stadt zu erreichen. Das war mit hohem Risiko verbunden, wurden doch noch wenige Tage vor dem Einmarsch Nazi-Gegner erschossen. Nach der Übergabe der Stadt am 19. April bot das NKFD seine Mitarbeit an und schlug ein ehemaliges Leipziger Stadtratsmitglied als Bürgermeister vor. Der amerikanische Stadtkommandant akzeptierte ihn jedoch nicht, sondern setzte einen parteilosen Rechtsanwalt, ehemals Mitglied des „Stahlhelm“, ein.

Obwohl es bei der Besetzung wichtiger Verwaltungsposten nicht berücksichtigt wurde, setzte das NKFD seine Arbeit intensiv fort. Es veröffentlichte sein Programm und organisierte Meldestellen. Dort konnten sich alle Leipziger, die sich zu diesem Programm bekannten, in Listen eintragen. Kernpunkte dieses Programms waren: republikanische Regierungsform, friedlicher Wiederaufbau, Pflicht zur Wiedergutmachung, radikale Entnazifizierung, Vorbereitung gleicher und geheimer Wahlen, Einrichtung freier, allgemeiner Gewerkschaften. Nach Angaben des Beraters von General Clay, Walter Dorn, hatte das Leipziger NKFD 38 Ortsausschüsse und 4.500 Mitglieder, die ihren Willen zur Mitarbeit bekundeten. Darüber hinaus schätzte er, daß es in Leipzig 150.000 nichtaktive Anhänger gäbe. Dorn betonte, das NKFD setze sich aus SPD, KPD und bürgerlichen Parteivertretern zusammen und sei nicht kommunistisch beherrscht. Das Komitee beschlagnahmte NSDAP- und DAF-Gebäude, verteilte Flugblätter und klebte Plakate. Ein wichtiges Moment war auch die Propagandaarbeit unter den zahlreichen ehemaligen Fremdarbeitern.

Diese weitreichende Aktivität widersprach der amerikanischen Direktive JCS 1067 zur Unterbindung jeder deutschen politischen Tätigkeit. Ende April wurde das NKFD von den Amerikanern verboten, wobei ein Aufruf zur 1. Mai-Demonstration, an der auch Fremdarbeiter teilnehmen sollten, den Anlaß bildete. Mit der Übernahme Leipzigs durch die sowjetischen Truppen am 2. Juni vollzog sich dann eine charakteristische Entwicklung: Einerseits wurden die Verwaltungsspitze umbesetzt und die bislang von den Amerikanern verweigerte Genehmigung für einen vorbereitenden Gewerkschaftsausschuß sofort erteilt. Andererseits gab es heftige Diskussionen über die Nachfolgeorganisation des NKFD, den „antifaschistischen Block". Einzelne KPD- wie SPD-Vertreter forderten paritätische Zusammensetzung nach Parteien, andere dagegen die Beibehaltung des Blocks als überparteilicher selbständiger Organisation. Durch massives Eingreifen des Berliner ZK der KPD (u. a. durch personelle Umbesetzungen) wurde diese Diskussion zugunsten der Parteien und der aktuellen KPD-Linie beendet. Mitte September war damit das antifaschistische Komitee in Leipzig aufgrund personeller Eingriffe „von oben" praktisch aufgelöst.

Die *Bremer Arbeiterbewegung*[6]) war ursprünglich stark reformistisch geprägt gewesen. Das Übergewicht der SPD blieb bis zum Ende der Weimarer Republik eindeutig. Im Widerstand vermochten nur linkssozialistische Gruppen wie die „Sozialistische Arbeiterpartei" (SAP) eine organisatorische Kontinuität aufrecht zu erhalten. Ende April 1945 wurde Bremen von britischen Truppen besetzt, es folgte eine komplizierte Doppelverwaltung zwischen Briten und Amerikanern, die den Hafen als Enklave für ihre Zone beanspruchten.

Am 3. Mai traten 23 Vertreter ehemaliger Arbeiterorganisationen zusammen und gründeten die „Kampfgemeinschaft gegen den Faschismus" (KGF). Es wurde ein Vorstand gewählt, der sich ausschließlich aus Sozialisten zusammensetzte, auf Wunsch der Amerikaner wurde ein parteiloser Studienrat als Präsident kooptiert. Nach ihrer politischen Zusammensetzung kamen von den Vorstandsmitgliedern drei aus der SPD, zwei aus der KPD, drei aus der SAP, zwei aus dem „Internationalen Sozialistischen Kampfbund" (ISK) und einer aus der „KPD-Opposition" (KPO). In einem Aufruf an alle existierenden antifaschistischen Gruppen in den verschiedenen Stadtteilen erläuterte der Vorstand die Zielsetzung der KGF: „Die Kampfgemeinschaft gegen den Faschismus ist eine politische Zweckorganisation, die in ihrem Rahmen bereits Vorarbeiten zu leisten hat für Organisationen, die im Laufe der Zeit von den angloamerikanischen Besatzungsbehörden wieder zugelassen werden (Parteien, Gewerkschaften usw.). Das bedeutet nicht, daß die Kampfgemeinschaft nur eine Zusammenfassung aller Antifaschisten für eine beschränkte Zeit ist, sondern sie wird als Dachorganisation aller Antifaschisten und der neu erstehenden Organisation von langer Dauer sein". Mitte Mai hatte die KGF bereits 6.495 Mitglieder. Bis zur Auflösung wurden etwa 5.000 Mitgliederausweise ausgestellt, davon hatten etwas über 3.000 Mitglieder früher einer Arbeiterpartei angehört.

Anders als bei den meisten anderen Antifas läßt sich über konkrete Tagesforderungen hinaus in Umrissen ein gesellschaftliches Konzept erkennen, das die Beseitigung von Monopolkapital und Großgrundbesitz, staatliche Wirtschaftsplanung und ein weitreichendes Mitbestimmungs- und Kontrollrecht durch „Organe des schaffenden Volkes" forderte. In der Übergangszeit bis zum Abzug der Briten konnte sich die KGF am stärksten entfalten. Am 20. Mai jedoch wurden alle KGF-Büros auf Veranlassung der amerikanischen Militärregierung von deutscher Polizei vorübergehend beschlagnahmt und versiegelt. Dennoch wurde die KGF nicht ausdrücklich aufgelöst, sie sollte jedoch nicht mehr nach außen in Erscheinung treten. Daß sie somit im Unterschied zu vielen anderen Städten unter amerikanischer Besatzung weiterarbeiten konnte, verdankte sie u. a. einigen sympathisierenden Angehörigen unter den amerikanischen Besatzungsoffizieren.

Erheblich eingeengt wurde ihr Spielraum dann durch die Ernennung des Bremer Senats, der sich aus drei ehemaligen SPD-, einem KPD- und drei Senatoren aus DDP, DVP und DNVP zusammensetzte. Ein Teil der führenden KGF-Mitglieder wurde aber in diesen Senat übernommen, so der Sozialdemokrat und spätere langjährige Senatspräsident Wilhelm Kaisen. Entnazifizierung, Wohnungsbeschaffung und -verteilung sowie Arbeitspolitik waren die drei Schwerpunkte, bei denen die KGF mitwirken konnte.

Die Ansätze zur Integration in traditionelle Organisationen, die sich hier zeigten, lassen sich auch auf dem anderen Hauptbetätigungsfeld der KGF beobachten: im betrieblichen Bereich. Die KGF rief am 1. Juni die „aktivsten Antifaschisten" zur Bildung provisorischer Betriebsausschüsse auf, die als vorläufige Betriebsräte gedacht waren. Bevor jedoch dieses Rundschreiben der

KGF seine Adressaten erreichte, existierten in vielen Betrieben bereits derartige, zumeist von ehemaligen Arbeiterfunktionären ins Leben gerufene Ausschüsse. Diese Betriebsausschüsse orientierten sich in ihrer Arbeit an den unmittelbaren Belangen der Belegschaft und erhoben darüber hinaus konkrete Mitbestimmungs- und Kontrollforderungen wie Beteiligung bei Einstellung und Entlassung, bei der Festsetzung der Löhne, bei der Aufstellung der Produktionspläne. Bremen bietet jedoch auch eines der wenigen Beispiele, wo größere Zusammenschlüsse von Betriebsausschüssen zustande kamen. Am 17. Juni 1945 bildete sich der „Zentralausschuß der Belegschaftsvertretungen der Bremer Enklave", in dem alle 35 Betriebsausschüsse in Bremen vertreten waren. In diesem Zentralgremium wurde ein siebenköpfiger Ausschuß geschaffen, der sich zugleich als Organ der KGF verstand. In einem Dokument dieses Siebenerausschusses wird das politische Selbstverständnis der frühen Betriebsräte so umrissen: „Das erforderliche Vertrauen der Belegschaft genießen jene Kollegen, die in den Jahren der Hitlerherrschaft aufrecht und mannhaft ihrer proletarisch-revolutionären Überzeugung treu geblieben sind, in diesem Sinne unter der Belegschaft gewirkt und sich jetzt in der KGF zusammengefunden haben. Solange also eine Wahl noch nicht stattfinden kann, können daher Mitglieder einer Betriebsvertretung nur jene Kollegen sein, die von der KGF als solche anerkannt werden"[7]).

Verfolgt man die Entwicklung der KGF weiter, so zeigt sich auch hier der Weg einerseits in die alten Parteien, andererseits in die Gewerkschaft. Beide Arbeiterparteien begannen schon bald nach der Besetzung, ihre Mitglieder wieder zu sammeln. Dennoch gab es ein Einheitsaktionsabkommen zwischen SPD und KPD. Auch Wilhelm Kaisen, der dem rechten SPD-Flügel zuzurechnen war, vertrat diese Linie der Zusammenarbeit, und zwar noch zu einer Zeit, als Schumacher sich schon mit seinem Kurs erfolgreich erwies. Etwas anders sah es im gewerkschaftlichen Bereich aus. In Bremen setzten sich – wie an vielen Orten – zunächst Ansätze einer zentralistischen Einheitsgewerkschaft durch, die dann aber von der Militärregierung – möglicherweise im Zusammenwirken mit ehemaligen ADGB-Funktionären wie im Falle Hamburgs – zugunsten von autonomen Einzelverbänden verboten wurden. Insgesamt war die KGF ein herausragendes Beispiel politischer Aktivität in der Umbruchphase. Ihr gelang in dieser Zeit eine ungewöhnliche Monopolisierung antifaschistischer Tätigkeit, bis sie allmählich von innen und außen (Traditionsorientierung der alten Arbeiterorganisationen und Militärregierung) ausgehöhlt und aufgesogen wurde.

Bei aller Unterschiedlichkeit ihrer Ausprägung und Wirkungsmöglichkeit hatten alle unter dem Begriff „Antifa" zusammengefaßten Gruppen eines gemeinsam: die politische Perspektive der Einheit auf der Basis eines antifaschistischen Konsenses[8]). Diese war mehr als eine bloße Stimmungslage, sie war von der Erfahrung der politischen Spaltung der Arbeiterklasse und ihrer Unterdrückung im Dritten Reich geprägt. Dennoch fehlte den Antifas – und aus ihrer Entstehungssituation konnte das kaum anders sein – ein umrissenes politisches Konzept als klare Orientierung. Auf die politische Rätebewegung von 1918/19 ist kaum ausdrücklich Bezug genommen worden. Lediglich in den Betrieben bildete die Wiederherstellung der Betriebsräte der Weimarer Zeit – zum Teil in hoher personeller Kontinuität – eine konsensfähige Zielsetzung. Mit der meist später, teilweise aber schon parallel laufenden Wiedergründung der Gewerkschaften und Parteien zeichneten sich jedoch schon frühzeitig Spannungen und Konflikte ab, die auch durch die Erfahrung des Nationalsozialismus nicht ausgeräumt waren und die Antifas, wäre ihnen eine längere Tätigkeit möglich gewesen, zweifellos einer harten inneren Belastungsprobe ausgesetzt hätten. Einheit und Spaltung wurden sowohl für die Gewerkschaften wie für die Parteien zu einem zentralen Problem der ersten Nachkriegsjahre.

2. Organisationsprobleme und politischer Anspruch der Gewerkschaften

Trotz aller ideologischen Gegensätze und organisationspolitischen Differenzen, die schon im gewerkschaftlichen Widerstand und unter den Exilgruppen sichtbar wurden[9]), war nach dem Zusammenbruch die Einheitsgewerkschaft als Prinzip völlig unumstritten. Ansätze dazu gingen schon auf Diskussionen der Jahre 1931/32 zurück. Grundsätzlich konnte dieser Begriff dreierlei bedeuten:

a) das Ende der alten Richtungsgewerkschaften, die jeweils bestimmten Parteien nahegestanden hatten;
b) die Aufhebung der organisatorischen Trennung zwischen Arbeitern, Angestellten und Beamten in jeweils eigenen Gewerkschaften;
c) die zentralistische, nur nach Branchen oder Berufsgruppen untergliederte allgemeine Gewerkschaft, von den Gegnern auch „Eintopfgewerkschaft“ genannt[10]).

Allgemein war der Wunsch nach Überwindung der Richtungsgewerkschaften, der auch - von unbedeutenden christlichen Neugründungen abgesehen – überall in Deutschland realisiert wurde. Weitgehende Einigkeit bestand ebenfalls darüber, daß es keine Aufsplitterung in Arbeiter, Angestellte und Beamte mehr geben sollte[11]). Dieses Ziel ließ sich jedoch nicht realisieren. Von Hamburg aus gelang es der Deutschen Angestellten Gewerkschaft (DAG) bereits 1946, in der britischen Zone eine reine Angestelltenorganisation ins Leben zu rufen, ohne daß damit jedoch schon deren Stellung innerhalb einer gewerkschaftlichen Gesamtorganisation endgültig präjudiziert war. Nach langwierigen Auseinandersetzungen kam es Mitte 1948 zum offenen Bruch zwischen DGB (britische Zone) und DAG[12]). Auf Initiative der Gewerkschaftsbünde und Angestelltenorganisationen der amerikanischen und französischen Zone gab es auch danach noch Versuche zur überzonalen Einigung, so daß das Angestelltenproblem zu einer schweren Belastungsprobe für Kooperation und Zusammenschluß der Gewerkschaften der *Westzonen* wurde. An der beiderseitigen kompromißlosen Haltung in der britischen Zone scheiterte schließlich eine Einbeziehung der DAG in den DGB, so daß in diesem Punkt das Prinzip der Einheitsgewerkschaft durchbrochen wurde und sich die Angestellten sowohl in der DAG wie innerhalb des DGB organisierten. Eine gleichartige Entwicklung ließ sich im Hinblick auf die Organisation der Beamten registrieren, die mit dem 1950 neu gegründeten und etwa 228.000 Mitglieder umfassenden (1951) Deutschen Beamtenbund eine eigenständige Organisation außerhalb des DGB schufen[13]).

Im Fall der DAG waren die Hauptgründe für die organisatorische Eigenentwicklung eine traditionell starke Betonung der Sonderstellung der Angestellten, die zwar durch den Zusammenbruch massiv in Frage gestellt, aber gerade deshalb aus Angst vor dem Statusverlust um so nachdrücklicher betont wurde. Ferner zeigte sich auf beiden Seiten eine gewisse Starre zwischen den Anhängern eines Industrieverbands-Prinzips und den Befürwortern des Berufsverbandsprinzips. Konkreter Hintergrund dafür war vor allem die Furcht der Angestellten, innerhalb reiner Industrieverbände allzu leicht in ihrer spezifischen Interessenvertretung majorisiert zu werden. Aus beiden Momenten resultierte schließlich ein scharfer gegenseitiger Kampf um die Mitglieder, der das Verhältnis beider Organisationen zueinander vergiftete und kaum Kompromißmöglichkeiten offen ließ.

Die generelle Auseinandersetzung um die Organisationsform, die auch den Streit mit der DAG wesentlich bestimmte, bildete das Zentralproblem der frühen deutschen Gewerkschaftsgeschichte nach 1945. Sie war der Hauptkonfliktpunkt zwischen den Besatzungsmächten und den Gewerkschaften, aber auch innerhalb der Gewerkschaften selbst.

Die erste Gewerkschaftsgründung entstand noch während des Krieges im Oktober 1944 in Aachen trotz eines amerikanischen Verbots. Erst im März 1945 wurde sie von der Militärregierung offiziell genehmigt. Sie verstand sich als parteipolitisch neutraler Zentralverband von Arbeitern, Angestellten und Beamten mit dem Namen „Freier Deutscher Gewerkschaftsbund". Nach diesem Muster vollzogen sich in den folgenden Wochen schon vor der Kapitulation eine Reihe von Gewerkschaftsgründungen, so in Gelsenkirchen-Buer, wo 120 Delegierte aus 22 Bergbaubetrieben und 3 chemischen Werken den FDGB Industriegruppe Bergbau ins Leben riefen[14]). Wichtig für die weitere Entwicklung wurde insbesondere die Gründung der Gewerkschaft in Köln durch Hans Böckler, den späteren Zonen- und Bundesvorsitzenden des DGB. Böckler war ein starker Verfechter der „Eintopfgewerkschaft" (D 45). Er liebäugelte sogar mit der Zwangsmitgliedschaft, die ihm erst sein enger Mitarbeiter Werner Hansen ausreden konnte. Hansen hatte im Londoner Exil gelebt, besaß daher gute

Kenntnisse des britischen Gewerkschaftswesens und wußte, daß eine solche Zwangsmitgliedschaft nie die britische Zustimmung gefunden hätte.
Die Kölner Gewerkschaftsgründung wurde auf der Basis eines von Böckler entworfenen Fünf-Punkte-Programms am 2. August von der britischen Militärregierung genehmigt, am gleichen Tag, als die Potsdamer Konferenz zu Ende ging, auf der die offizielle Zulassung von Gewerkschaften und Parteien durch die Besatzungsmächte vereinbart wurde. Böcklers Optimismus, sein zentralistisches Einheitsgewerkschaftsmodell über die örtliche Ebene hinaus schnell auf regionaler und Zonenebene durchsetzen zu können, erwies sich jedoch als verfrüht. Noch im August erschienen zwei Bekanntmachungen, die jede Gewerkschaftsgründung nicht nur einer stärkeren britischen Kontrolle unterwarfen, sondern auch direkt in den Organisationsprozeß eingriffen, indem ausdrücklich eine langsame Entwicklung vorgeschrieben wurde (D 46). In einer späteren Direktive wurde ein Drei-Phasen-Modell festgelegt (Vorbereitung, vorläufige Entwicklung, errichtete Gewerkschaft), nachdem das Gründungs- und Genehmigungsverfahren ablaufen sollte[15]). Die auf diese Weise praktizierte Verzögerungsstrategie der Briten hatte zur Folge, daß die Gewerkschaften als handlungsfähiger politischer Faktor nicht gleich auf den Plan treten konnten und ihre Energien durch den von außen bürokratisierten Wiederaufbau absorbiert wurden. In noch stärkerem Maß galt dies für die amerikanische und französische Zone, in denen es nur auf Länderebene Zusammenschlüsse gab[16]).

Ebenso gravierend war jedoch, daß Böckler mit seinen zentralistischen Organisationsvorstellungen bei den Briten auf dezidierten Widerstand stieß. Das Organisationsmodell, das schließlich für den 1947 in der britischen Zone und 1949 für die Bundesrepublik gegründeten DGB maßgeblich wurde und den britischen Vorstellungen entsprach, war der Dachverband mit autonomen Industrieverbänden, die in Berufsgruppen und Sparten unterteilt und regional gegliedert sind[17]). Die britische Opposition gegen eine zentralisierte Organisation entsprang nicht nur – wie häufig zu lesen ist[18]) — antikommunistischen Befürchtungen. Zwar waren diese ohne Zweifel ein wichtiges Moment, zumal die britischen Politiker die Gewerkschaftsentwicklung in der sowjetischen Zone, die genau umgekehrt verlief, mit großem Mißtrauen verfolgten[19]). Daneben aber spielte eine demokratische und „erzieherische“ Komponente eine wichtige Rolle. Sie drückte sich u. a. in einem Schreiben einer englischen Gewerkschaftsdelegation an Böckler aus, in dem es hieß: „Anscheinend fühlt sich der Deutsche wohl, wenn er Befehle ausführen kann, . . . wir fürchten, daß, falls die Arbeiter zu weit von der Zentrale entfernt sind (wie das sehr wohl sein könnte in einer großen Gewerkschaft), sie das Interesse verlieren werden und nur noch Anordnungen von oben gehorchen werden“[20]).

Neben diesen britischen Einwänden gab es jedoch auch eine starke innergewerkschaftliche Opposition, die sowohl nach Branchen wie regional unterschiedlich ausgeprägt war. Im IV Bergbau schlug hier wohl am stärksten der

Wille zur Betonung der Eigenständigkeit eines großen Verbandes durch. Bei Franz Spliedt in Hamburg, auf dessen Aktivität wesentlich die Auflösung der ersten, syndikalistisch gefärbten „Sozialistischen Freien Gewerkschaft" (SFG) zurückging, standen zwar antikommunistische Motive im Vordergrund, aber daneben waren die Sorge vor der Bürokratisierung und der Entfremdung durch einen zentralen Mammut-Verband ein gewichtiges Argument für eine stärker föderative Struktur. Spliedt kleidete diesen von seinen späteren Kritikern häufig unterschlagenen Aspekt in die Frage: „Wie soll das Eigenleben der einzelnen Gewerkschaft . . . gewahrt werden? . . . Wie verträgt sich euer Aufbau mit der gerade von uns allen gewünschten Stärkung des demokratischen Prinzips?"[21]) Der eigentlich brisante politische Kern des Organisationsproblems war dabei die Frage, ob die Finanz- und Tarifhoheit und die Entscheidung über Streiks bei der Zentrale oder bei den autonomen Industrieverbänden liegen sollte.

Der in der britischen Zone mit besonderer Heftigkeit ausgetragene Organisationsstreit findet sich in der amerikanischen Zone ebenso wieder wie die doppelte antikommunistische und konsequent demokratische Motivation[22]). Auch in der französischen Zone, in der die Entfaltungsmöglichkeiten deutscher Organisationen am nachhaltigsten verzögert wurden, standen den deutschen Wünschen nach einer zentralistischen Einheitsgewerkschaft französische Vorstellungen einer dezentralisierten Organisation gegenüber, doch gab es hier kaum ernsthafte Konflikte, und die deutschen Gewerkschaften fügten sich ohne nennenswerten Widerspruch dem Willen der Besatzungsmacht[23]). Lange vor der Gründung des DGB waren somit in allen Westzonen die schon im Widerstand und Exil entwickelten zentralistischen Organisationskonzepte sowohl an äußeren wie inneren Widerständen gescheitert. „Wir haben nach dem Zusammenbruch 1945 geglaubt", so resümierte das Vorstandsmitglied Hans vom Hoff 1948 auf dem außerordentlichen DGB-Kongreß (britische Zone) in Recklinghausen, „daß wir bald unsere ganze Kraft zum Aufbau der Gewerkschaften entfalten könnten. Aber wir alten Gewerkschaftsfunktionäre sind erheblich enttäuscht worden. In Rundfunksendungen wurde zwar wiederholt davon gesprochen, die Gewerkschaftsbewegung solle gefördert werden, aber als wir uns nach dem Zusammenbruch in den ersten Monaten zur Verfügung stellten, wurde uns meist nur die kalte Schulter gezeigt"[24]). Trotz dieser Enttäuschung über die einen schnellen Aufbau hemmenden alliierten Eingriffe gelang es den Gewerkschaften, in kurzer Zeit eine erstaunliche hohe Mitgliederzahl zu gewinnen, zumal bis zur Aufhebung des Lohnstopps im Herbst 1948 die wichtigste gewerkschaftliche Aufgabe, die Tarifpolitik, außer Kraft gesetzt war. Im hohen Organisationsgrad der mitgliederstärksten Einzelgewerkschaften (IG-Metall, IG-Bergbau) in den frühen fünfziger Jahren spiegelte sich noch die politische Bedeutung dieser Ausgangssituation (D 48, 50, 51).

Ganz anders als in den Westzonen, von oben nach unten und unter Ausschaltung innergewerkschaftlicher Widerstände gegen eine strikte Zentralisierung, verlief der gewerkschaftliche Organisationsprozeß in der *sowjetischen Zone*. Das bedeutete noch keineswegs eine frühzeitige Sowjetisierungspolitik, schuf aber prinzipiell doch eine wesentliche Voraussetzung dafür und vertiefte die Kluft zwischen West und Ost. Bereits fünf Tage nach dem Befehl Nr. 2 der SMAD vom 10. Juni 1945, der die Gründung von Parteien und Gewerkschaften erlaubte, wurde ein stark politisch geprägter gewerkschaftlicher Gründungsaufruf erlassen (D 44), so daß mit der organisatorischen Arbeit begonnen werden konnte. Ähnlich wie bei der Wiedergründung der Parteien hatte die KPD durch ihre Vorbereitung im Exil und ihren Informationsvorsprung dank ihrer engen Verbindung zur SMAD deutlich die Initiative in der Hand[25]).

Zuerst entstand der FDGB für Groß-Berlin, der bereits in den ersten Monaten 140 000 Mitglieder registrierte. Im Gegensatz zu den Westzonen verlief der Organisationsaufbau strikt zentral von Berlin aus, und das Problem bestand hier in der Schaffung eines regionalen und betrieblichen Unterbaus. Über die allgemeinen programmatischen Aussagen gab es kaum Differenzen. Wenn sie doch auftraten, wie in Ansätzen bei Jakob Kaiser, dem ehemaligen christlichen Gewerkschaftsführer und CDU-Gründer in der Sowjetzone, wurden sie kaum wahrgenommen und durften in der Presse auch nicht erwähnt werden. Dank der schnellen Initiative des vorbereitenden Gewerkschaftsausschusses war bereits im Juli 1945 die Berliner Gewerkschaft als zentralistische Einheitsorganisation mit 18 Branchenverbänden realisiert. Wenn auch die Widerstände gegen diesen Organisationsprozeß gering blieben, kam es doch zu heftigen Kontroversen über die Stellung der Industrieverbände in der Einheitsgewerkschaft, insbesondere hinsichtlich ihrer Finanzhoheit. Auch beim Angestelltenproblem wurde zunächst mit Rücksicht auf die Westzonen die Form einer eigenen Berufsorganisation zugestanden. Das politische Gewicht dieses Organisationsproblems spiegelte sich darin, daß die stärkste Opposition innerhalb des FDGB und schließlich auch die Abspaltung der „Unabhängigen Gewerkschaftsorganisation“ (UGO) 1948 von den Angestellten ausging[26]).

Berlin gab auch das Modell für die sowjetische Zone ab. Schon im Sommer 1945 schlossen sich örtlich entstandene Gewerkschaften landesweit zusammen. Die zweite Phase der gesamtzonalen Vereinigung begann Ende 1945 und erreichte ihren Abschluß mit dem ersten FDGB-Kongreß, der am 9. Februar 1946 zusammentrat. Für die weitere Gewerkschaftsentwicklung in der SBZ sind drei charakteristische Punkte hervorzuheben:

1. die Absage an die parteipolitische Neutralität,
2. die gewichtige Stellung, die sich Gewerkschaftsvertreter entsprechend einem umfassenden gesellschaftspolitischen Anspruch in Verwaltungen und Betrieben mit nachdrücklicher Hilfe der Besatzungsmacht sichern konnten,
3. der Konflikt mit den Betriebsräten.

In einer richtungweisenden Rede vom August 1945 lehnte Ulbricht die Forderung nach parteipolitischer Neutralität ausdrücklich ab und charakterisierte sie als „Ausdruck der Furcht gewisser Kreise vor der einigenden Kraft der Arbeiterklasse. Diese Einheit hat ihre Grundlage in der Einheitsfront der kommunistischen Partei und der sozialdemokratischen Partei und in der engen freundschaftlichen Zusammenarbeit der beiden Parteien und der freien Gewerkschaften“[27]). Diese Absage war nicht nur ein offener Affront gegen CDU und Liberale (LDP), sondern bedeutete in der Praxis auch, daß sich die KPD mit Erfolg im Vorfeld der Vereinigung der beiden Arbeiterparteien Schlüsselpositionen sicherte, auch wenn formal Parität mit den Sozialdemokraten zugestanden wurde. Bei den Ende 1945 anlaufenden gewerkschaftlichen Delegiertenwahlen (Stadt-, Kreis-, Landes-, Zonenebene) schlug bereits die Parteibindung gegenüber der Gewerkschaftsloyalität bei KPD und SPD stark durch. Bei den Groß-Berliner Delegiertenwahlen errangen daher die Kommunisten, nachdem Ulbricht inoffiziell die Parole ausgegeben hatte, nur Kommunisten zu wählen, 312 Delegiertenmandate, die SPD nur 226 und die CDU lediglich drei (17 waren parteilos). Gewerkschaftsvertreter rückten in der SBZ schnell in wichtige Positionen in den lokalen, regionalen und zentralen Verwaltungen ein, in den umgeformten Industrie- und Handelskammern nahmen sie ein Drittel der Sitze ein.

Weniger glatt und im Sinne der KPD erfolgreich verlief demgegenüber die betriebliche Absicherung der Gewerkschaftsorganisation. Denn hier hatten sich – zunächst mit Duldung oder auch Förderung der SMAD – schon in der Umbruchphase die Betriebsräte überall eine starke Position erobert. Daraus ergab sich ein charakteristischer struktureller und politischer Konflikt, der sich auch in den Westzonen in anderer Form zeigte und zu den interessantesten Einzelproblemen der ersten Jahre der SBZ gehört[28]). Schon im August 1945 versuchten die SMAD und zumindest ein Teil der KPD-Führung, die Betriebsräte den Gewerkschaften strikt unterzuordnen, ihre faktisch oft weitreichenden ökonomischen und politischen Mitbestimmungsrechte einzuschränken und so eine zentrale Kontrolle über spontane Basisaktivitäten im betrieblichen Bereich zu bekommen. Dieses Ziel scheiterte jedoch, weil es zunächst von der SMAD angesichts der Widerstände offenbar fallengelassen wurde. In einer außen- und innenpolitisch veränderten Konstellation 1947/48 wurde es erst im zweiten Anlauf realisiert. Dies läßt sich als ein wichtiges Indiz gegen die Interpretation der ostzonalen Entwicklung als konsequenter und geradliniger Sowjetisierung verstehen.

Der sukzessive Übergang von der antifaschistisch-demokratischen zur stalinistischen Phase wird im betrieblichen Bereich durch diesen Konflikt und die Auflösung der Betriebsräte 1948 markiert[29]). Die Betriebsräte als basisnahe Vertretung waren die Hauptorganisatoren des Kompensationshandels. Sie sorgten für Tauschhandelsproduktion, um damit die Probleme zu „lösen", die den Belegschaften am meisten auf den Nägeln brannten. War dieser Tauschhandel auch anfangs durchaus ein Motor zur Stimulierung der wirtschaftlichen Entwicklung, so bedeutete er doch längerfristig ein schweres Hindernis jedes planmäßigen Wiederaufbaus. Mit der Zentralisierung der Wirtschaftsorganisation (1947 Vereinigung Volkseigener Betriebe, VVB) und der beginnenden Wirtschaftsplanung wurde es daher für die Partei immer dringlicher, diesen – aus der höheren Warte – betriebsbornierten Widerstand der Betriebsräte zu brechen. Dazu dienten u. a. die Betriebsgewerkschaftsleitungen (BGL) des FDGB, die ihrerseits weitgehend von der SED kontrolliert waren. 1947 fanden in der SBZ die letzten Betriebsratswahlen statt und im Herbst 1948 wurden auf der Bitterfelder Konferenz Betriebsräte de facto aufgelöst und in die BGL überführt (D 113).

Die gewerkschaftlichen Neuordnungsvorstellungen deckten sich zunächst in allen Zonen in ihren generellen Zielen. Wie sie jedoch konkretisiert und in die Praxis umgesetzt wurden, hing ebenso von den Besatzungsmächten wie von der innergewerkschaftlichen Willensbildung und Strategie ab. Nimmt man die Erklärungen der gewerkschaftlichen Interzonenkonferenzen von 1946 bis 1948 und das Grundsatzprogramm des Münchener DGB-Kongresses von 1949[30]) gewissermaßen als Kondensation gewerkschaftlicher Entwürfe und Diskussionen seit 1945, so waren Vollbeschäftigung, Mitbestimmung, Überführung der Schlüsselindustrien in Gemeineigentum und volkswirtschaftliche Planung die wichtigsten Forderungen. In dieser grundsätzlichen Form standen sie in einer langen Tradition der Arbeiterbewegung. Ihre Realisierungschancen wurden nach dem Zusammenbruch für sehr groß gehalten, weil die Gewerkschaften (und großenteils auch die Parteien) davon ausgingen, daß der Kapitalismus „in seinen letzten Zügen" liege, wie Böckler 1946 erklärte[31]). Die Fehleinschätzung, die in diesem Optimismus steckte, erwies sich beispielhaft an der Debatte um die Sozialisierung des Bergbaus. Aus dem umfassenden Gesamtkonzept ordnungspolitischer Reformforderungen ist schließlich in Westdeutschland – neben der im Zuge der Hochkonjunktur der fünfziger Jahre sich einstellenden Vollbeschäftigung – nur die Mitbestimmung als eigentliches Herzstück gewerkschaftlicher Zielsetzungen übriggeblieben, während Sozialisierungs- und Lenkungsmaßnahmen schon 1949 de facto keine zentrale Rolle mehr spielten.

Die Mitbestimmung ging auf das Weimarer Konzept der Wirtschaftsdemokratie zurück, erfuhr jedoch insofern eine wesentliche Veränderung, als der betrieblichen Mitbestimmung jetzt eine größere Bedeutung zugemessen wurde. Auf betrieblicher und Länderebene bildete die Mitbestimmung das Feld politischer Auseinandersetzung, um das am ehesten mit konkreten Ergebnissen gekämpft wurde. Schon aus der Entstehungssituation der Gewerkschaften, die 1945 häufig ihren Ursprung in den Betrieben hatten, ist die große Bedeutung betrieblicher

Vertretung und Mitbestimmung erklärlich. Die alte Konfrontation von (Betriebs-)Räten und Gewerkschaften, die die Revolution von 1918/19 bestimmt hatte, war damit weitestgehend verschwunden. Nicht nur in der Ostzone hatten sich Betriebsräte im Zusammenbruch eine starke Position erobert, sondern auch in den Westzonen gab es deutliche Ansätze dazu, so daß sich die Alliierten veranlaßt sahen, diese zu dulden und zu kanalisieren.

In diesen Zusammenhang gehört das Betriebsrätegesetz des Alliierten Kontrollrats vom April 1946. Es war ein allgemein gehaltenes Rahmengesetz, dessen Ausfüllung stark von den gegebenen Machtverhältnissen abhing. Es erlaubte Betriebsräte, schrieb sie aber nicht zwingend vor. Es sah Betriebsvereinbarungen vor, deren inhaltliche Reichweite nicht näher eingegrenzt wurde. Im Rahmen des Gesetzes sollten die Betriebsräte ihre Aufgaben selbst bestimmen. Charakteristisch ist, daß an dieser Formulierung die FDGB-Interpretation ansetzte und das Gesetz als Chance zur Mobilisierung und inhaltlichen Weiterentwicklung positiv beurteilte, während in den Westzonen das Echo zunächst eindeutig negativ ausfiel, weil es an den Detailregelungen des Betriebsrätegesetzes von 1920 gemessen wurde und überdies die politische Position der westdeutschen Gewerkschaften ungleich schwächer war[32]). Die westdeutschen Gewerkschaften wählten den Weg bzw. hatten die Hoffnung, über gesetzliche Regelungen auf Länderebene eine günstige Ausfüllung dieses Rahmengesetzes zu erreichen und ließen sich nur zögernd auf Unterstützung betrieblicher Konflikte um Betriebsvereinbarungen ein. Freilich hatten sie dabei gegen eine doppelte Front zu kämpfen: einerseits gegen die wiederentstehenden Unternehmerverbände, die naturgemäß weitgehende wirtschaftliche Mitentscheidungen abzuwehren versuchten, andererseits auch gegen eine restriktive Auslegung des Kontrollratsgesetzes durch die Militärregierung. Auch wenn diese Strategie der Verlagerung der Konflikte von den Betrieben auf die Ebene des Kampfes um Länderbetriebsrätegesetze durchaus sinnvoll scheinen mochte, zeigte sich doch gerade hier, wie massiv die Widerstände insbesondere seitens der amerikanischen Militärregierung gegen substantielle wirtschaftliche Mitbestimmungsrechte waren.

So setzte General Clay Ende August 1948 das nach langen Auseinandersetzungen zustande gekommene Betriebsrätegesetz in Hessen in dem Teil außer Kraft, der die wirtschaftliche Mitbestimmung regelte[33]). Als Begründung diente dabei das gleiche Argument, das er auch bei der Blockierung des schon begonnenen Sozialisierungsverfahrens in Hessen und dem Aufschub einer Sozialisierung des Ruhrbergbaus verwendet hatte: Eine solche weitreichende Entscheidung müsse einer gesamtstaatlichen Regelung vorbehalten bleiben, um nicht unterschiedliches Recht in den deutschen Ländern zu schaffen. Im Hintergrund stand Clays Befürchtung, die Mitbestimmung werde die Gewerkschaften gegenüber den Unternehmensleitungen stärken, die durch die Entnazifizierung ohnehin geschwächt seien, sie werde den Kommunisten in den Betriebsräten ein Mitspracherecht einräumen, das in keinem Verhältnis zu ihrem zahlenmäßigen Gewicht stehe und werde die Bergleute an der Ruhr ermuntern, ähnliche Forderungen zu stellen. Damit aber würden die Kohleförderung und der Wiederaufbau in Frage gestellt[34]).

Was von den gewerkschaftlichen Forderungen realisiert wurde bzw. erhalten blieb, war die 1947/48 von den Briten eingeführte paritätische Mitbestimmung in der Eisen- und Stahlindustrie. Die Entstehungsgeschichte dieser Mitbestimmung ist jedoch in engem Zusammenhang mit der in Potsdam beschlossenen und 1947 erstmals durchgeführten Entflechtung der großen Konzerne zu sehen und fiel von daher den Gewerkschaften fast ohne Kampf in den Schoß. Die Unternehmensvertreter versuchten, sich mit den Gewerkschaften zu verständigen, um eine für sie akzeptable Form der Entflechtung zu erreichen und boten dafür von sich aus paritätische Mitbestimmung an (D 41). Zum Konflikt kam es erst 1950/51, als die Mitbestimmung hier rückgängig gemacht und im Bergbau verhindert werden sollte[35]).

Gemessen an ihren programmatischen Ansprüchen, sind die deutschen Gewerkschaften gescheitert. Daran hat sich in der Literatur zur westdeutschen Arbeiterbewegung die Diskussion um „Restauration“ und „verhinderte Neuordnung“ und um die objektiven und subjektiven Handlungsmöglichkeiten von Gewerkschaften und Parteien entzündet. So hat Theo Pirker vom Fehlen eines umfassenden „politischen Programms mit dem Betrieb als Mittelpunkt“ als der „Erbsünde der deutschen Arbeiterbewegung nach dem Kriege“ gesprochen. Andere Kritiker haben in der Streikfeindlichkeit der Gewerkschaftsführungen ein entscheidendes Hindernis gesehen[36]). Die plakativen Restaurationsthesen können inzwischen als viel zu grobrastrig gelten, berücksichtigen sie doch zu wenig, daß es zum einen keineswegs eine vollständige Restauration gegeben hat (Einheitsgewerkschaft, Mitbestimmung) und daß zum anderen die von den Alliierten vorgegebenen Rahmenbedingungen, aber auch die sozialpsychologische Disposition bei der Arbeiterschaft selbst, für eine grundlegende Neuordnung alles andere als günstig und insofern auch mit 1918 kaum vergleichbar waren. Ob die Spielräume nicht tatsächlich größer waren, als sie von den Gewerkschaften wahrgenommen wurden, wird gleichwohl eine berechtigte Frage bleiben.

Zu den positiven Faktoren in der Bilanz der ersten Nachkriegsjahre sind schließlich noch die gesamtdeutschen Interzonen-Konferenzen zu rechnen, die einerseits die starken gesamtdeutschen Verbindungen und den inhaltlichen Konsens der Zonengewerkschaften zeigten, andererseits die außen- und weltpolitische Entwicklung des Kalten Krieges spiegeln.

Von 1946 bis 1948 fanden insgesamt neun derartige Konferenzen in allen vier Zonen statt[37]). Sie waren vom Weltgewerkschaftsbund initiiert worden, der die Aufnahme deutscher Gewerkschaften von einer gesamtdeutschen Organisation abhängig gemacht hatte. In zentralen Fragen konnte weitgehende Übereinstimmung erzielt werden: Es gab gemeinsame Resolutionen zu Fragen der Entnazifizierung, Mitbestimmung (D 47), Planwirtschaft, Bodenreform, Stellung der Betriebsräte, Sozialisierung des Bergbaus. Aber der Vorrat an Gemeinsamkeiten schmolz mit dem beginnenden Kalten Krieg immer mehr dahin. Stellt man die Interzonenkonferenzen in einen größeren europäischen Zusammenhang, so zeigt sich, daß 1948 die Phase der einheitsgewerkschaftlichen Entwicklung in Westeuropa endete: Sozialisten und Christen spalteten sich von den kommunistisch dominierten Einheitsgewerkschaften ab und lehnten sich an das amerikanische Modell der lohnpolitisch orientierten Interessenorganisation an[38]). In Deutschland drückte sich die parallele Bewegung im Zerfall der Interzonenkonferenzen aus, ohne daß es in Westdeutschland zum Bruch kam, zumal der innergewerkschaftliche Einfluß der Kommunisten immer geringer wurde. Gleichwohl blieb die Einheitsgewerkschaft erheblichen inneren Spannungen und Belastungsproben ausgesetzt, weil sich die politischen Parteien gerade innerhalb dieser neuen parteipolitisch neutralen Organisationsform um Einfluß und Repräsentanz bemühten und damit zwangsläufig Konflikte hervorriefen, die mehrfach die Einheitsorganisation zu sprengen drohten[39]).

In der Auseinandersetzung um den Marshall-Plan war der Punkt erreicht, an dem die grundsätzlichen Meinungsunterschiede und die außenpolitischen Bindungen zwischen Ost und West nicht mehr durch Formelkompromisse zu überbrücken waren[40]). Der geplante gesamtdeutsche Gewerkschaftskongreß kam daher nicht mehr zustande. Immerhin fand die letzte Interzonenkonferenz noch im August 1948, zur Zeit der Berliner Blockade, statt. Berlin war aber auch der Anlaß – allerdings nicht die Ursache – des endgültigen Bruchs. Dort hatte sich mit der Berliner „Unabhängigen Gewerkschaftsorganisation“ (UGO) eine Abspaltung vollzogen, die das Ende der einheitlichen Berliner Gewerkschaft markierte, die 1945 als eine der ersten großräumigen Einheitsgewerkschaften entstanden war.

3. Einheit und Spaltung als Problem von SPD und KPD

Die Entwicklung der Parteien gehört zwar zu den relativ weit aufgearbeiteten Bereichen der frühen Nachkriegsgeschichte. Dennoch erlauben die Quellen kaum, alle Fragen zu beantworten, die in der neueren Parteienforschung im Vordergrund des Interesses stehen: Mitgliederrekrutierung und soziale Zusammensetzung (D 64–66), innerparteiliche Willensbildungsprozesse, Verflechtung von Parteien mit bestimmten Interessengruppen, Stellung im politischen Gesamtsystem. Darauf kann hier nur punktuell eingegangen werden. Viel deutlicher faßbar ist dagegen das Thema „Einheit“, das für die beiden Arbeiterparteien, die als erste organisatorisch und politisch wieder präsent waren, eine ähnliche Bedeutung besaß wie für die Gewerkschaften. Die Forcierung der organisatorischen Einheit in der sowjetischen Zone verhalf zugleich ihren Gegnern zum Sieg, und die nationale Spaltung wurde durch die Spaltung der Arbeiterbewegung zwischen Ost und West in einer Weise vorgeprägt, deren politische Bedeutung schwer zu überschätzen ist.

Organisatorisch verlief die Entwicklung der Parteien in den einzelnen Zonen stark unterschiedlich (D 63). Während sie in der sowjetischen Zone schon im Sommer und in der britischen im September 1945 zonenweit erlaubt wurden, kam es in der amerikanischen und vor allem in der französischen Zone erst mit erheblicher Verzögerung zum überlokalen Parteiaufbau. Die bürokratischen Zulassungsprozeduren waren jedoch überall einschneidend[41]).

Am Anfang der Gründungsgeschichte der deutschen Parteien nach dem Zusammenbruch standen die Aufrufe der als erste zugelassenen Ostzonen-Parteien[42]), die mit gesamtdeutschem Anspruch auftraten (D 52, 53, 55, 60). Charakteristisch ist, daß diese ersten programmatischen Erklärungen durchweg von kleinen, mehr oder minder selbst ernannten Gruppen ohne breitere innerparteiliche Diskussionen und Legitimation formuliert wurden. Insofern sind sie auch nur begrenzt aussagekräftig. Die wichtigsten Gemeinsamkeiten und Differenzen zwischen KPD und SPD lassen sich daran jedoch deutlich ablesen. Der KPD-Aufruf vom 11. Juni 1945 brachte eine wohlüberlegte politische Strategie zum Ausdruck, die an die Volksfrontbeschlüsse der dreißiger Jahre anschloß. Die hervorstechenden Merkmale des KPD-Aufrufs, der bis zum Ende der antifaschistisch-demokratischen Phase 1948/49 die generelle politische Leitlinie bildete und sich in wichtigen Punkten mit den Entwürfen der Exil-KPD deckte, waren: eine deutliche Selbstkritik („wir deutschen Kommunisten erklären, daß auch wir uns schuldig fühlen"); die Forderung „keine Wiederholung der Fehler von 1918", ohne daraus jedoch mehr zu folgern als die Schaffung eines Blocks der antifaschistischen Parteien; die Anknüpfung an 1848 mit dem Postulat einer parlamentarisch-demokratischen Republik und der ausdrücklichen Ablehnung des Sowjetsystems. Indirekt wurden zwar Überführungen in Gemeineigentum und ausdrücklich die Enteignung von „Nazibonzen und Kriegsverbrechern" gefordert, aber weder die Begriffe Sozialismus, Sozialisierung noch Verstaatlichung tauchten auf. Statt dessen fand sich im Text die Formulierung von der „völlig ungehinderten Entfaltung des freien Handels und der privaten Unternehmerinitiative auf der Grundlage des Privateigentums".

Demgegenüber nahm sich der vier Tage später erschienene Aufruf des Zentralausschusses (ZA) der SPD in vielen Punkten präziser, radikaler und sozialistischer aus. Seine Forderungen waren zusammengefaßt in der Parole „Demokratie in Staat und Gemeinde, Sozialismus in Wirtschaft und Gesellschaft!" Vor allem wurde ausdrücklich die „organisatorische Einheit der deutschen Arbeiterklasse“ gefordert. Die politische Praxis in den ersten Monaten nach dem Ende des Dritten Reiches entsprach in Ost und West häufig eher diesem SPD-Konzept, und die KPD hatte Schwierigkeiten mit ihren „Sektierern“, die entweder wie SPD-Anhänger den „Sozialismus als Tagesaufgabe“ forderten oder alten bolschewistischen Vorstellungen der Weimarer Zeit anhingen. Gerade in den Antifas und in den Betrieben, teilweise aber auch in regionalen Parteigruppen praktizierten SPD- und KPD-Anhänger die Einheit, die aus entgegengesetzten Motiven sowohl Ulbricht wie Schumacher ablehnten. Daß Schumacher, ehemals eher zum linken SPD-Flügel gehöriger Reichstagsabgeordneter, als KZ-Häftling zur Symbolfigur sozialdemokratischen Widerstandes und nationalen Selbstbewußtseins geworden, sehr schnell zum führenden Kopf der West-SPD und zum dezidierten Gegner aller Einheitsbestrebungen werden konnte, zeigt die Stärke der Vorbehalte, die die SPD gegenüber der KPD nach wie vor hatte.

Parallel zu den Bemühungen Schumachers, von der Spitze her eine klare antikommunistische programmatische und organisatorische Linie durchzusetzen (D 54), lassen sich daher schon sehr früh auch entsprechende Tendenzen in den regionalen Organisationseinheiten feststellen. Als exemplarisches Beispiel wäre hier der mitgliederstärkste SPD-Bezirk „Westliches Westfalen“ anzuführen. Aber auch für die SBZ ist davon auszugehen, daß viele Sozialdemokraten auf der mittleren und unteren Ebene den anfänglichen Forderungen des ZA nach Einheit und sozialistischer Umgestaltung nicht folgten, sondern sich eher an Weimarer Traditionen orientierten[43]). Am stärksten hat jedoch die kommunistische Strategie selbst zu diesem Ergebnis beigetragen. Offenbar auf Weisung aus Moskau und entgegen älteren Exilkonzepten hatte sich die KPD als selbständige Partei wieder etabliert und mußte sich damit der spontanen Einheitswelle unter Kommunisten und Sozialdemokraten in den ersten Wochen und Monaten nach dem Zusammenbruch entgegenstellen. Das wesentliche Motiv dafür dürfte die organisatorische Sammlung der alten KPD-Kader und ihre einheitliche programmatische Ausrichtung auf die neue antifaschistisch-demokratische Linie gewesen sein[44]). Die offizielle Begründung für diesen Kurs schien durchaus einleuchtend.

Einer Verschmelzung beider Parteien müsse, so betonte Ulbricht, ein politischer Klärungsprozeß vorangehen, sollte die organisatorische Einheit nicht gleich wieder von innen her zerbrechen[45]). Eine konsequente Verfolgung dieses Konzepts hätte einerseits einen längeren Zeitraum erfordert, in dem ein solcher Klärungsprozeß stattfinden konnte, und zum andern eine faire Kooperation beider Parteien und Gleichbehandlung durch die SMAD vorausgesetzt. Die politische Realität jedoch sah anders aus. Bis zum Herbst 1945 wurden die Klagen im ZA der Ostzonen-SPD unter Otto Grotewohl über eine materielle und politische Bevorzugung der KPD immer lauter, und der anfängliche Enthusiasmus für die Einheit kühlte merklich ab[46]). Darüber hinaus setzte

Plakat zur Vereinigung von KPD und SPD 1946.

Wilhelm Pieck als KPD-Vorsitzender bereits am 19. September, also nur wenige Monate nach der Wiedergründung der Parteien, das erste öffentliche politische Signal für eine schnelle Vereinigung[47]), die dann unter dem Eindruck des katastrophalen Wahlergebnisses der ungarischen und österreichischen Kommunisten im November 1945 (16,9 Prozent bzw. 5,4 Prozent) von der KPD-Spitze und der SMAD mit großem Tempo und unter beträchtlichem Propagandaaufwand forciert wurde[48]). Damit verlor das Argument vom notwendigen ideologischen Klärungsprozeß vollends seine innere Glaubwürdigkeit.

Dennoch läßt sich die am 21./22. April 1946 durchgeführte Fusion der KPD und SPD in der Ostzone nicht einfach als „Zwangsfusion" klassifizieren. Die Elemente des Zwangs waren gravierend und reichten von indirektem Druck durch die SMAD, Verbot von Versammlungen, gezielter Unterstützung der Einheitsbefürworter bis zur massiven Einschüchterung und Verhaftung von Einheitsgegnern. Daneben aber existierte nach wie vor eine breite Einheitsströmung besonders in den Betrieben, so daß dem fusionsunwilligen ZA schließlich die Kontrolle zu entgleiten und er in die Isolierung zu geraten drohte. Das neben der Erbitterung über Benachteiligungen und Repressionen schwerwiegendste Argument gegen die Fusion formulierte Grotewohl in seiner brisanten und in den Medien unterdrückten Rede vom 11. November anläßlich der sozialdemokratischen Veranstaltung zum 30. Jahrestag der Novemberrevolution, in der er sogar die Oder-Neiße-Grenzziehung offen angriff, so: „Eine zonenmäßige Vereinigung würde vermutlich die Vereinigung im Reichsmaßstab nicht fördern, sondern nur erschweren und vielleicht das Reich zerbrechen"[49]).

Ob und warum dieses Argument von SMAD und KPD-Führung verkannt oder beiseite geschoben worden ist, darüber läßt sich nur spekulieren. Die schnelle frühe Fusion war im Vergleich zu den übrigen Ländern im sowjetischen Kontrollbereich Osteuropas durchaus untypisch. Im Nachbarland Polen erfolgte sie beispielsweise erst nach langen Auseinandersetzungen im Dezember 1948. Grotewohls Prognose sollte für Deutschland in mehrfacher Hinsicht zutreffen. Der besonders im betrieblichen Rahmen keineswegs schwachen Einheitsbewegung in den Westzonen[50]) wurde mit der SED-Gründung letztlich der Boden entzogen, und Schumachers Position festigte sich zu der einer unangefochtenen Autorität. Seine Vorstellungen von einer Neugründung der SPD statt einer Wiedergründung fielen aber ebenfalls der Auseinandersetzung mit den Einheitsanhängern und der SED zum Opfer. Nach bruchstückhaften Daten vom Ende des Jahres 1945 war etwa die Hälfte der SPD-Mitglieder in den Westzonen zwischen 41 und 65 Jahren und nur 15 bis 20 Prozent unter 40 Jahren. Ehemalige Funktionäre aus der Zeit vor 1933 stellten rund ein Zehntel der Mitglieder[51]). Ließ sich schon unter solchen personellen Voraussetzungen Schumachers Wille zum Abrücken von der Weimarer Tradition kaum realisieren, so machte der Kampf mit dem ZA und den Einheitsanhängern die alten Kader vollends

Wahlplakat der SED 1946.

unentbehrlich. Bei aller antikommunistischen und nationalistischen Schärfe ist Schumacher somit weniger durch seine politischen Leitlinien (D 54) als vielmehr durch die parteipolitische Entwicklung in der SBZ zu dem „Buhmann" geworden, als der er in der zeitgenössischen und heutigen SED- und Restaurationshistoriographie erscheint[52]). Schumacher verstand sich trotz aller vehementen Abgrenzung gegen die KPD als Marxist. Sein politischer Stil war neben den scharfen nationalistischen Tönen vom Klassenkampfvokabular geprägt, aber nicht zuletzt deswegen wurde die SPD das Stigma der marxistischen Klassenpartei bis zum Godesberger Programm von 1959 nie wirklich los, und Schumachers richtige soziologische Analyse, der proletarisierte Mittelstand müsse und könne für die SPD gewonnen werden, ließ sich auf diese Weise sicherlich nicht in konkrete Politik umsetzen[53]).

Beide Faktoren, eine Ablehnung der forcierten Vereinigung und eine breite Bereitschaft zur Kooperation und Überwindung der politischen Spaltung der Arbeiterbewegung kamen auch in der viel zitierten, aber selten korrekt interpretierten Urabstimmung unter den SPD-Mitgliedern der Westsektoren Berlins am 31. 3. 1946, also drei Wochen vor dem Vereinigungsparteitag, zum Ausdruck. Von 32 547 Westberliner SPD-Mitgliedern – im Ostsektor war die Urabstimmung verhindert worden – nahmen 23 755 an der Abstimmung teil (= 72,9 Prozent). Davon stimmten 19 526 (82 Prozent) gegen eine *sofortige* Vereinigung mit der KPD, 2937 (12 Prozent) dafür, 14 883 (62 Prozent) sprachen sich jedoch für eine Zusammenarbeit und nur 5559 (23 Prozent) dagegen aus[54]). Dieses eindeutig interpretierbare Ergebnis ist von zeitgenössischen Kommentatoren und von der SED-Historiographie ins Gegenteil verkehrt worden, indem der Prozentsatz der Abstimmenden auf die gesamte Berliner Mitgliederzahl von über 66 000 in allen Sektoren bezogen wird[55]). Andererseits wird häufig auch die präzise Frage nach der sofortigen Vereinigung und die hohe Zustimmung zur Frage nach der Zusammenarbeit unterschlagen.

Mit der SED-Gründung war nicht nur die SPD als stärkste politische Kraft und potentielle gesamtdeutsche Klammer gespalten und geschwächt, vielmehr ging davon auch ein wichtiger Anstoß für eine grundsätzliche Umorientierung der britischen Politik in Deutschland aus[56]). Britische Regierungsmitglieder sahen in der Fusion eine innere Bedrohung ihrer Zone durch die Kommunisten, beobachteten die Vorgänge im Osten Deutschlands mit erhöhtem Mißtrauen und steuerten zielstrebig auf die Schaffung der Bizone hin. Die britische Militärregierung verbot schließlich – ebenso wie die amerikanische – alle Vereinigungsversuche und Ersatzformen wie die „Arbeitsgemeinschaft SED-KPD"[57]).

Mit der aus der Fusion resultierenden scharfen Spannung zwischen SED und SPD wuchsen angesichts der völlig unkritischen Loyalität der Westzonen-KPD auch die politischen Probleme innerhalb der parteipolitisch neutralen Gewerkschaften. Kampf gegen die KPD wurde gerade im betrieblichen und gewerkschaftlichen Bereich, in dem Kommunisten ihren starken Rückhalt besaßen, zu einem Angelpunkt der politischen Strategie. Die Schaffung von Betriebsparteigruppen und die Parteipolitisierung der Betriebsratswahlen, die auf diese Weise zeitweilig – so im Oktober 1947 im Ruhrbergbau – ganz im Schatten des Ost-West-Konflikts standen, waren die organisatorischen und politischen Konsequenzen dieser Konstellation[58]).

Ob man somit die Entstehung der SED – wie die Partei es sah[59]) – als „das bedeutendste Ereignis“ seit dem Kommunistischen Manifest feiert oder ob man die Fusion eher als schwarzen Tag der deutschen Arbeiterbewegung beklagt – für die deutsche Nachkriegsgeschichte verbindet sich mit diesem Datum eine tiefe Zäsur, von der eine Vielzahl unterschiedlicher und so zunächst kaum beabsichtigter Wirkungen ausging. Für die SED blieb nach ihrer stalinistischen Umformung in eine bolschewistische Kaderpartei seit 1948 der „Sozialdemokratismus“ bis in die fünfziger Jahre ein brisantes Problem, das mit Parteiausschluß und Verfolgung gelöst wurde. Die KPD andererseits geriet nach ihrem punktuellen Wahlerfolg von 1947 in Nordrhein-Westfalen immer stärker in die politische Isolierung und war lange vor ihrem Verbot durch das Bundesverfassungsgericht 1956 trotz ihres erheblichen Propagandaaufwandes zu einem faktisch völlig bedeutungslosen politischen Faktor geworden[60]).

4. Die CDU als Sammlungsbewegung und ihr Konzept der sozialen Marktwirtschaft

Folgten SPD und KPD 1947/48, als der Kalte Krieg zur bestimmenden Determinante innenpolitischer Entwicklungen wurde, organisatorisch und programmatisch im wesentlichen wieder ihren Traditionen der Weimarer Zeit, so ist die Gründung der CDU der deutlichste parteigeschichtliche Neuansatz, der für die Geschichte der Bundesrepublik von weittragender Bedeutung werden sollte. Das Erbe des Widerstandes hatte auch hier insofern Einheitstendenzen Auftrieb gegeben, als die traditionelle konfessionelle Spaltung im politischen Bereich überwunden und so eine christlich-bürgerliche Partei mit starkem Arbeiterflügel nicht mehr so eng wie das Zentrum an die katholische Kirche und damit programmatisch an die katholische Soziallehre gebunden werden sollte. Daß dies längerfristig im wesentlichen gelang, auch wenn das katholische Übergewicht in der CDU offenkundig blieb und die Rolle des katholischen Klerus in Grundsatzfragen sowie bei Wahlen ein wichtiger Faktor und – für linke und liberale Kritiker – ein Ärgernis bundesdeutscher Politik in den fünfziger Jahren wurde, ist nach der SED-Gründung das wohl wichtigste parteihistorische Ergebnis dieser Zeit. Dabei verdeutlicht die Organisationsgeschichte der CDU ihre Herkunft aus unterschiedlichen ideologischen und regionalen Parteitraditionen. Programmatisch trug sie den Charakter einer breiten bürgerlichen Sammlungsbewegung, die schnell zum Hauptkonkurrenten der zunächst als potentieller Block wahrgenommenen Linksparteien aufstieg. Im Begriff Union kam dieses Ziel der Sammlungsbewegung zum Ausdruck. Der hohe, zwischen 50 und 60 Jahren liegende Altersdurchschnitt der Gründungsmitglieder verweist jedoch auch auf eine starke personelle Kontinuität zu Weimar[61]).

Deutsches Volk!

In der schwersten Katastrophe, die je über ein Land gekommen ist, ruft die Partei

Christlich-Demokratische Union Deutschlands

aus heißer Liebe zum deutschen Volk die **christlichen, demokratischen und sozialen Kräfte zur Sammlung**, zur Mitarbeit und zum Aufbau einer neuen Heimat. Aus dem Chaos von Schuld und Schande, in das uns die Vergottung eines verbrecherischen Abenteurers gestürzt hat, kann eine Ordnung in demokratischer Freiheit nur erstehen, wenn wir uns auf die kulturgestaltenden sittlichen und geistigen Kräfte des Christentums besinnen und diese Kraftquelle unserem Volke immer mehr erschließen.

. . .

Berlin, den 26. Juni 1945.

Andreas Hermes

Heinrich F. Albert	**Wilhelm Happ**	**Elfriede Nebgen**
Hans von Arnim	**Peter Hensen**	**Otto Nuschke**
Eduard Bernoth	**Artur Herzog**	**Rudolf Pechel**
Theodor Bohner	**Ernst Hülse**	**Eberhard Plewe**
Emil Dovifat	**Paulus van Husen**	**Ferdinand Sauerbruch**
Margarete Ehlert	**Jakob Kaiser**	**Walter Schreiber**
Josef Ersing	**Heinrich Krone**	**Martin Schwab**
Johann Eudenbach	**Ernst Lemmer**	**Hildegard Staehle**
Ferdinand Friedensburg	**Otto Lenz**	**Theodor Steltzer**
Willy Fuchs	**Hans Lukaschek**	**Heinrich Vockel**
Otto-Heinrich von der Gablentz	**Reinhard Moeller**	**Graf York von Wartenburg**
	Katharina Müller	

Gründungsaufruf der CDU in Berlin vom 26. Juni 1945.

Die Frühgeschichte der CDU ist – anders als die der Arbeiterparteien und ähnlich derjenigen der Liberalen – in besonderem Maße von programmatisch stark divergierenden regionalen Parteigründungen bestimmt. Eine französische Zeitung formulierte diesen Sachverhalt 1946 sehr pointiert, aber tendenziell richtig in dem Satz: „Diese Partei ist sozialistisch und radikal in Berlin, klerikal und konservativ in Köln, kapitalistisch und reaktionär in Hamburg und gegenrevolutionär und partikularisch in München"[62]). Mindestens die Frankfurter Gruppe um Walter Dirks, die in ihrer sozialistischen Begründung am weitesten ging, müßte hier jedoch noch ergänzt werden[63]). In den meisten CDU-Gründungen lassen sich personell ehemalige Zentrums-, DDP- und christliche Gewerkschaftsmitglieder feststellen. Bei der als erste an die Öffentlichkeit tretenden Ostzonen-CDU gehörten von den 50 Gründungsmitgliedern 20 ehemals zum Zentrum, 20 entstammten dem protestantisch-konservativen Lager und 10 waren frühere DDP-Mitglieder[64]). Daß gerade hier mit Jakob Kaiser und Ernst Lemmer der Gewerkschaftsflügel bestimmend wurde, ist vor allem auf die politische Konstellation dieser Zone zurückzuführen. Nur von einer linken Position her war eine erfolgversprechende Konkurrenz mit KPD und SPD möglich. Der mit gesamtdeutschem Anspruch formulierte, aber doch nur für den ostzonalen Bereich gültige und wirksame Gründungsaufruf der CDU vom 26. Juni 1945 (D 55) betonte denn auch neben spezifisch christlichen Forderungen besonders die Notwendigkeit von Strukturreformen (Verstaatlichung von Bodenschätzen und Schlüsselindustrien, Bodenreform, einheitliche Gewerkschaftsbewegung). Von Jakob Kaiser wurde das Konzept eines „christlichen Sozialismus" als eines „dritten Weges" ausgearbeitet und vertreten, das Parallelen in Frankfurt und in den rheinisch-westfälischen Christlichen Sozialausschüssen (CSA) fand. Bei den CSA als Arbeitnehmerflügel der entstehenden CDU fand Kaiser daher auch die stärkste Resonanz[65]).

Den dominierenden Einfluß übten jedoch nicht die linken Parteigruppierungen aus. Für die Zukunft bestimmend wurde vielmehr der rheinische Flügel unter Konrad Adenauer. Den Vorgängen in der britischen Zone kommt daher eine besondere Bedeutung zu. Die gleichen Faktoren, die Adenauers Politik zum Durchbruch verhalfen, förderten auch seinen Aufstieg zum unumstrittenen Parteiführer. Seine politische Analyse der Zweiteilung Deutschlands und der Welt war 1945 inopportun und untypisch (D 57). Mit dem Durchbruch des Kalten Krieges dagegen arbeitete die Zeit für ihn. Seinen profiliertesten Gegenspielern wie Jakob Kaiser und Karl Arnold in Nordrhein-Westfalen wurde damit der Boden entzogen[66]).

Die erste Initiative in der britischen Zone ging von Köln aus, wo sich zeitlich parallel zur Berliner Gründung, aber ohne deren Kenntnis am 17. 6. 1945 ehemalige Zentrumsmitglieder (noch ohne Adenauer) trafen. Hier wurde ein „Ruf zur Sammlung des deutschen Volkes" vorgelegt, der als „vorläufiger Entwurf zu einem Programm der Christlichen Demokraten Deutschlands" verstanden werden sollte[67]). Diese „Kölner Leitsätze" (D 56) wurden zu einem der wichtigsten programmatischen Dokumente in Westdeutschland, von Köln aus wurden die CDU-Gründungen in Norddeutschland und – über Adam Stegerwald, der in Würzburg als Regierungspräsident amtierte, – auch in Bayern beeinflußt[68]). In der Reihenfolge, Formulierung und Gewichtung der 20 Forderungen dieses vorläufigen Programms finden sich alle wesentlichen Aussagen, die spätere CDU-Programme prägten. Auch das Ahlener Programm von 1947 hatte hier seinen ideellen Ursprung.[69]).

Nach seiner Absetzung als Kölner Oberbürgermeister im Herbst 1945 widmete sich Konrad Adenauer ganz der Arbeit in der CDU und wurde schnell zu ihrer dominierenden Figur in der britischen Zone und in den Westzonen. Dies ist nicht zuletzt deshalb von großer Bedeutung, weil Adenauer trotz Festhaltens an bestimmten christlichen Grundvorstellungen und trotz nachdrücklicher Ablehnung aller Sozialismuskonzepte relativ wenig von Parteiprogrammen hielt und sie vornehmlich als Instrumente zur Gewinnung von Wahlen verstanden wissen wollte. Die taktische Integration heterogener Programmelemente erlaubte ihm zudem den politischen Zusammenschluß der recht unterschiedlichen christlichen Parteigruppen, die sich erstmals auf dem Reichstreffen in Bad Godesberg im Dezember 1945 auf den Namen „Christlich Demokratische Union" einigten[70]), ohne daß damit inhaltlich ihre Positionen schon einander angenähert waren.

Dieses taktische Moment läßt sich am besten anhand des lange Zeit vergessenen, in den siebziger Jahren aber wieder besonders intensiv diskutierten CDU-Programms verfolgen, das 1947 in Ahlen verabschiedet wurde. Adenauer selbst hat gegenüber diesem Wirtschaftsprogramm das erste offizielle politische Programm der CDU vom 1. 3. 1946 von Neheim-Hüsten (D 58) für politisch wichtiger gehalten, weil hier die Kräfte „überwunden worden seien, die eine Sozialisierung wünschten[71]). Dieses Programm beinhaltete in Weiterführung der „Kölner Leitsätze" sehr allgemein eine Mischung von privat- und gemeinwirtschaftlichen Formen und unterstrich die Sozialbindung des Eigentums. War damit auch der Konflikt mit den christlich-sozialistischen Gruppen noch keineswegs ausgetragen, so wurde hier doch die zukünftige Marschrichtung erfolgreich von Adenauer vorgezeichnet. „Mit dem Wort Sozialismus", erklärte er im Sommer 1946 bündig, „gewinnen wir fünf Menschen und zwanzig laufen weg"[72]). Mochte inhaltlich das knapp ein Jahr später entstandene Ahlener Programm den Höhepunkt des Einflusses des „christlichen Sozialismus" bedeuten[73]), so tauchte doch dieser Begriff im Text charakteristischerweise nicht auf. Funktion und Bedeutung lagen primär im partei- und wahltaktischen Bereich[74]). Angesichts der intensiven Sozialisierungsdebatte und der bevorstehenden Landtagswahlen in Nordrhein-Westfalen gelang es der CDU der britischen Zone mit diesem Programm, den linken Parteien wirksam entgegenzutreten, weil es nach Adenauers Meinung bewies, daß es keinen linken und keinen rechten Flügel in der CDU gebe und daß die CDU nicht reaktionär sei[75]). Das Wahlergebnis vom 20. 4. 1947 in Nordrhein-Westfalen wies die CDU als deutlich stärkste Partei aus, wenngleich im Zonendurchschnitt die SPD vorn lag.

In den folgenden Jahren bemühte sich Adenauer im Interesse des überzonalen Zusammenschlusses der CDU und der Gewinnung der CSU, den Stellenwert des Ahlener Programms wieder herunterzuspielen und Erhards Konzept der sozialen Marktwirtschaft in der CDU Geltung zu verschaffen. Auf dem von Erhards Referat „Marktwirtschaft moderner Prägung" beherrschten CDU-

Parteitag der britischen Zone im August 1948 betonte Adenauer gegen Einwände der CSU, Programme hätten keinen Ewigkeitswert, sondern sollten sich mit Dingen beschäftigen, die jetzt akut seien, und akut sei die Frage: bürokratische Planwirtschaft oder soziale Marktwirtschaft[76]). Aus dieser Diskussion gingen unter maßgeblichem Einfluß Erhards die „Düsseldorfer Leitsätze" vom 15. Juli 1949 hervor, die als Wahlkampfprogramm von CDU und CSU der US-Zone übernommen wurden und bis heute das grundlegende Dokument des christlich-demokratischen Verständnisses sozialer Marktwirtschaft bilden[77]).

Für die organisatorische Entwicklung der CDU – ganz im Gegensatz etwa zur SPD – ist ihr verzögerter landesweiter Zusammenschluß charakteristisch, der erst im Mai 1950 von den Landesvorständen beschlossen wurde. Auf dem Parteitag in Goslar im Herbst 1950 wurde mit der Verabschiedung eines Parteistatuts und der Wahl Adenauers zum Parteivorsitzenden die Etablierung der bundesdeutschen CDU formell abgeschlossen[78]).

Die so geschaffene CDU läßt sich als Prototyp einer Integrationspartei verstehen, die eine Vielzahl sozialer und politischer Elemente zu vereinigen versucht und sich „der Festlegung auf eine soziale Formel entzieht"[79]). Die CDU selber hat sich programmatisch jedoch auf eine politisch ungemein erfolgreiche Formel festgelegt, die zur Basis ihres Erfolges wurde: *soziale Marktwirtschaft.*

Die Durchsetzung der sozialen Marktwirtschaft, die in der Währungsreform ihren ersten Höhepunkt fand, ist nicht nur in der späteren Parteigeschichte der CDU, sondern weit darüber hinaus als der entscheidende Durchbruch für die wirtschaftliche und soziale Entwicklung und politische Stabilität der Bundesrepublik gefeiert worden. Auch wenn man der neueren Restaurationsliteratur, die dieses Urteil von ihren gesellschaftspolitischen Prämissen her eher umgekehrt hat, nicht folgt, läßt sich diese Einschätzung mit guten Gründen relativieren. Abelshausers vergleichende Analysen der deutschen und westeuropäischen Wirtschaftsentwicklung haben vielmehr deutlich gemacht, daß – entgegen dem Augenschein für die Zeitgenossen – nicht nur die Wirtschaftsliberalisierung zum „Wirtschaftswunder" führt. „Nachkriegseuropa ist ein ordnungspolitisches Wunderland: Alle Strategien wurden gleichermaßen mit wirtschaftlichem Erfolg belohnt – sofern sie nur den Rekonstruktionsprozeß nicht nachhaltig behinderten."[80]) Insofern wäre auch bei der Realisierung von Alternativen Westdeutschland nicht im Sumpf eines bürokratischen Staatssozialismus und Kollektivismus untergegangen, wie die zeitgenössische und spätere Polemik oft unterstellte. Mit der sozialen Marktwirtschaft sollte nach Erhard und seinem intellektuellen Mentor Müller-Armack das soziale Leben in Deutschland auf eine neue Grundlage ohne „kollektivistische Lösungen" gestellt werden. Da Planwirtschaft zur Zwangs- und Behördenwirtschaft und schließlich zum Totalitarismus führe, sei das Ziel der CDU die sozialverpflichtete Marktwirtschaft, die das Individuum und seine Leistung obenan stelle[81]) (D 59).

Schon hieraus wird die wichtige politische Integrationsfunktion eines ordnungspolitischen Schlagworts erkennbar, das sich insbesondere in Westdeutschland bruchlos in die politischen und ideologischen Rahmenbedingungen eines geteilten Landes einfügen ließ. Mit diesem Begriff wurde – gekoppelt mit dem seit der Währungsreform erstmals sichtbaren ökonomischen Aufschwung – ein erfolgverheißendes Konzept angeboten, dessen politische Wirksamkeit trotz aller berechtigten Kritik aus den eigenen Reihen und von links letztlich durchschlagend war[82]). Daraus mag sich erklären, daß in der Öffentlichkeit kaum registriert wurde, wie wenig neu dieses Konzept tatsächlich war und wie eng es im Grunde einem traditionellen Wirtschaftsliberalismus verhaftet blieb. Noch weniger blieb im öffentlichen Bewußtsein haften, daß nicht nur die soziale Komponente der neuen Politik ins Hintertreffen geriet, sondern daß auch die Ansätze einer vom Wettbewerb bestimmten Marktwirtschaft schon nach wenigen Jahren, nämlich in der Energiekrise 1950/51, durch die Verbände und ihren bestimmenden Einfluß unterlaufen wurden. Das Scheitern einer effektiven Kartellgesetzgebung zur Ausschaltung gravierender Wettbewerbsverzerrungen war schließlich auch öffentlich einer der schlagendsten Belege dafür[83]). Insofern regten sich unter der Decke des neuen Konzepts soziale Marktwirtschaft die alten Kräfte eines korporativ und monopolistisch geprägten Wirtschaftssystems viel schneller und kräftiger, als es deren Väter wahrhaben wollten.

5. Liberale und Splitterparteien

Der Prozeß der Wiederherstellung liberaler Parteien verlief formal ähnlich wie bei der CDU[84]). Unter verschiedenen Namensgebungen tauchten sie unabhängig voneinander in Zonen und Ländern auf. Am stärksten waren die Liberalen in einem ihrer Stammländer, in Württemberg. Beachtliches Gewicht entwickelten sie jedoch anfänglich auch in der sowjetischen Zone. Hier trat die Liberal-Demokratische Partei Deutschlands (LDPD) bereits am 5. Juli 1945 mit ihrem Aufruf öffentlich in Erscheinung (D 60). Sie war jedoch keineswegs gleich „von oben" durch die SMAD ins Leben gerufen worden, vielmehr entstanden unabhängig voneinander in verschiedenen Städten der Ostzone liberale Zirkel, von denen die Berliner Gründung dann das offizielle Placet der SMAD erhielt[85]).

Charakteristisch für die LDPD waren – nach den fragmentarischen Daten zu urteilen – die starke Kontinuität in der sozialen Zusammensetzung ihrer Mitglieder (D 61) und die schnellen und relativ erfolgreichen Bemühungen um einen gesamtdeutschen interzonalen Zusammenschluß. Programmatisch zeigte die unter Führung des ehemaligen Reichsinnenministers Wilhelm Külz stehende Partei, von einigen Konzessionen an die politischen Umstände abgesehen, eine

P r o t o k o l l der Gründungssitzung der Liberal-Demokratischen Partei am 16. Juni 1945.

Nachdem der Befehl Nr. 2 des Obersten Chefs der Sowjetischen-Militärischen Administration vom 10.6.1945 die Bildung und Tätigkeit antifaschistischer Parteien erlaubt, beschlossen die heute zusammengekommenen Unterzeichneten die sofortige Errichtung der Liberal- Demokratischen Partei.

Dr. Koch legte den Entwurf einer Satzung der Partei vor, der angenommen wurde.

Di-e nunmehr gegebene Mitgliederversammlung wählte entsprechend § 5 der Satzung sämtliche Mitglieder in den Hauptausschuss.

Die Versammelten konstituierten sich dann als Hauptausschuss. Sie wählten zum Vorsitzenden der Partei Dr. Waldemar Koch. Ferner wurden in den Vorstand die Herren Reichsminister a.D. Dr. Wilhelm Külz und Schriftsteller Franz Xaver Kappus gewählt.

Berlin, den 16. Juni 1945.

Dr. Waldemar Koch
Prof. Dr. Wilhelm Külz
Arthur Lieutenant
Willy Meyer
i. V. Wilhelm Külz
Franz Xaver Kappus
Dr. Eugen Schiffer

starke Ausrichtung auf tradierte liberale Vorstellungen. Gegenüber den anderen Parteien fiel sie insbesondere mit ihren ordnungspolitischen Zielen auf: „Die Erhaltung einer einheitlichen deutschen Volkswirtschaft, des Privateigentums und der freien Wirtschaft“ hieß es im Gründungsaufruf, „ist die Voraussetzung für Initiative und erfolgreiche wirtschaftliche Betätigung. Die Unterstellung von Unternehmungen unter die öffentliche Kontrolle ist nur gerechtfertigt, wenn die betreffenden Betriebe hierfür geeignet und reif sind und wenn ein überwiegendes Interesse des Gesamtwohls dieses gebietet“ (D 60). Immerhin war hier die Möglichkeit gemeinwirtschaftlicher Formen nicht ausgeschlossen. Die Programme der Liberalen in den Westzonen waren in diesem Punkt viel zurückhaltender (D 62).

Von Berlin aus liefen schon im Herbst 1945 Kontakte in die Westzonen, und im Juli 1947 trat die „Demokratische Partei Deutschlands“ in Eisenach als einheitliche Partei mit Repräsentanten aller vier Zonen und mit Theodor Heuss und Wilhelm Külz als gleichberechtigten Vorsitzenden zusammen.

Hier wurden die „Grundsätze der Demokratischen Partei Deutschlands“ verabschiedet und ein Verfassungsentwurf für ein einheitliches Deutschland debattiert[86]). Auf der Sitzung des Vier-Zonen-Vorstandes in Frankfurt im Januar 1948 brach jedoch diese locker gefügte Einheit schon auseinander. Anlaß für den Bruch war die Zustimmung der LDPD zum von der SED initiierten deutschen Volkskongreß (D 79), die die westdeutschen Vertreter mit der Forderung nach dem Rücktritt von Külz beantworteten. Damit endete eine gesamtdeutsche liberale Parteiorganisation. In Berlin hatte sich schon 1947 der Landesverband abgespalten, weil er Külz' Politik nicht billigte[87]).

Weniger anpassungsbereit als die Parteiführung der LDPD zeigte sich die Parteijugend, insbesondere an den Hochschulen. Hier fand die LDPD beträchtlichen Widerhall und noch bis 1948 gab es in mehreren Studentenparlamenten liberal-christliche Mehrheiten und starke Opposition gegen die Fraktionen der SED, die für ihre Jugendorganisation FDJ ein Monopol beanspruchte[88]).

1948 schlossen sich die westzonalen liberalen Parteien in Heppenheim, dem Ort, an dem 1847 die südwestdeutschen Liberalen ihr Programm formuliert hatten, zur FDP zusammen. Damit war zwar eine liberale Partei auf Bundesebene mit Theodor Heuss als Vorsitzendem geschaffen, doch wirkten in den süddeutschen Landesverbänden einerseits und den nordrhein-westfälischen und hessischen andererseits die links- bzw. nationalliberalen Traditionen spürbar nach[89]). Mit der 1948 beginnenden Gleichschaltung der LDPD setzten gleichzeitig Versuche ein, einen neuen „fortschrittlichen Liberalismus“ in der DDR ideologisch zu definieren[90]), doch wirkten solche Ansätze reichlich gekünstelt und entwickelten keine größere Bedeutung.

Programmatisch war insgesamt die Traditionsbindung der FDP nicht zu übersehen. Sie vertrat vor allem von Anfang an und sehr konsequent die Grundsätze

Erste Wahlplakate aus den Westzonen 1946/1947.

des Wirtschaftsliberalismus. Eben hier lag auch trotz ihrer relativ geringen Stärke ihre große politische Bedeutung, weil sie bei allen Unterschieden im kulturpolitischen Bereich im Zweifelsfalle mit der CDU koalierte und so schon im Wirtschaftsrat und im ersten Bundestag für eine bürgerliche Mehrheit zur Abwehr planwirtschaftlicher Konzepte und weitreichender Mitbestimmungsregelungen sorgte. „Die FDP bildet(e) sich um all jene Kreise, die wirtschaftspolitisch nicht in der SPD, kulturpolitisch nicht in der CDU und staatspolitisch in keiner der beiden Parteien einen angemessenen Ausdruck ihres politischen Wollens finden konnten“[91]). In der sozialen Zusammensetzung ihrer Mitglieder und Wähler wies sich die frühe FDP als klassische Mittelstandspartei mit starkem Rückhalt bei Unternehmern aus (D 64). Dennoch war die FDP – sieht man von der ab 1948/49 gleichgeschalteten und politisch bedeutungslosen LDPD in der SBZ einmal ab – insofern ein Neuansatz, als sie die traditionelle Spaltung in Links- und Nationalliberalismus überwinden und überdies ein starkes Potential ehemaliger Mitglieder und Wähler der Deutsch-Nationalen Volkspartei (DNVP) an sich binden konnte.

Für die Wiederentstehungsphase bot in allen Zonen zunächst das Vier-Parteien-Schema – wenn auch keineswegs konsequent – die Leitlinie alliierter Zulassungspolitik. Besonders deutlich zeigte sich das in der SBZ. Ende der vierziger Jahre trat jedoch eine Reihe zusätzlicher Parteien in Erscheinung, deren Bedeutung insgesamt gering einzuschätzen ist, die aber für bestimmte regionale und soziale Sonderentwicklungen oder – in der SBZ – gezielte politische Strategien charakteristisch sind. Bayern, Nordrhein-Westfalen und Niedersachsen bildeten die Zentren regional geprägter alter und neuer Parteien, die zeitweilig auch bundespolitisch eine gewisse Bedeutung erlangen konnten.

Die 1948 landesweit zugelassene *Bayern-Partei* knüpfte an monarchistisch-bayerische Traditionen an und trieb den Regionalismus bis zur Forderung nach einem autonomen Bayern. Die *Wirtschaftliche Aufbauvereinigung* (WAV), bereits im Dezember 1945 zugelassen, beschränkte sich ebenfalls nur auf Bayern und war eine Mischung aus Mittelstands-, Flüchtlings- und Interessenpartei. Die im Januar 1946 lizenzierte „Niedersächsische Landespartei“ stellte sich in die Tradition der Welfenpartei, versuchte aber seit 1947 als *„Deutsche Partei“* (DP) über Niedersachsen hinaus in Westdeutschland Fuß zu fassen. Ihre politische Orientierung war betont föderalistisch, christlich und antisozialistisch. Ihr Wählerpotential fand sie vor allem unter den Alteingesessenen[92]).

Vom Ansatz her keineswegs regional begrenzt war dagegen die Wiedergründung des *Zentrums* 1945. De facto erlangte es jedoch nur in Rheinland-Westfalen wieder Einfluß, wo auch früher die Hochburgen gelegen hatten. Immerhin gelang es hier der CDU zunächst nicht, das Zentrum organisatorisch aufzusaugen. Diese Partei spielte daher als links von der CDU stehende politische Kraft eine gewisse Rolle und war im Landtag noch bis 1958 und im Bundestag bis 1953 vertreten[93]).

Ausgesprochene Rechtsparteien konnten sich erst nach Fortfall des alliierten Lizenzierungszwanges entwickeln und spielten daher keine Rolle in der Gründungsphase. Wenn auch quantitativ ohne Bedeutung, erregte doch die *„Sozialistische Reichspartei“* (SRP) bis zu ihrem Verbot von 1952 aufgrund ihres unverhüllt nationalsozialistischen Charakters ein gewisses öffentliches Interesse[94]).

Insgesamt zeigt jedoch die geringe Lebensdauer der kleineren Parteien, daß die Integrationskraft der großen stark war und die veränderten sozialen Rahmenbedingungen (Mischung der Bevölkerung durch Krieg, Flucht, Umsiedlung) dauerhaften regionalen, weltanschaulichen oder Interessenparteien wenig Raum ließen.

Auch in der sowjetischen Zone wurde das Spektrum der vier Parteien 1948 durch zwei weitere ergänzt. Als ausgesprochene Hilfsorganisationen der SED im Prozeß der Zersetzung und Ausschaltung bürgerlicher Opposition müssen die im Frühjahr 1948 erfolgten Gründungen der *Nationaldemokratischen Partei Deutschlands* (NDPD) und der *Demokratischen Bauernpartei Deutschlands* (DBD) angesehen werden. Sie verstanden sich selber als Verbündete der SED, ihre Instrumentalisierung kam aber auch besonders deutlich in der von der SED gesteuerten Auswahl ihrer Vorsitzenden zum Ausdruck, die beide altgediente Kommunisten waren. Während sich die DBD programmatisch für die Vertiefung des Bündnisses zwischen Bauern und Arbeitern einsetzte, zielte die NDPD auf ehemalige kleine PG's als Adressatengruppe ab und appellierte angesichts der sich abzeichnenden Spaltung Deutschlands unverblümt an das National- und Einheitsgefühl rechtskonservativer Gruppen[95]), so daß ein britischer Vertreter im Alliierten Kontrollrat diese Partei vor ihrer Zulassung polemisch als „Auferstehung der NSDAP mit Unterstützung der sowjetischen Militäradministration“ bezeichnete. Interessant erscheint auch die frappierend offen geäußerte Kritik der LDPD an dieser Neugründung. „Man kann nicht Blockpolitik daherbeten“, schrieb „Der Morgen“ am 16. 2. 1949, „um dann aus einem Kreis, zu dem man nur durch die Hintertür Zutritt gefunden hat, andere herauszuboxen. Was diese Herren von der NDP betreiben, das ist politische Auseinandersetzung, das ist Parteigezänk schlechtester Weimarer Tradition“[96]).

Anmerkungen zu Kapitel IV

1) Vgl. Arbeiterinitiative 1976.
2) So Schwarz 1980, S. LXIV.
3) Benser 1978, S. 787.
4) Borsdorf/Niethammer 1976, S. 115.
5) Das Folgende nach: Arbeiterinitiative 1976, S. 219 ff.
6) Ebd., S. 386 ff.
7) Zit. ebd., S. 408.
8) Ebd., S. 705 f.
9) Vgl. ebd., S. 82–104.
10) Vgl. die Dokumentation von Borsdorf u. a. 1977.
11) Die Gewerkschaftsbewegung in der brit. Besatzungszone, S. 517.
12) Dazu Mielke 1978a; Kocka 1981, S. 210 ff.
13) Breitling 1955, S. 146, 273 Anm. 523.
14) Borsdorf in: Reulecke 1974, S. 401 ff.
15) Text in: Die Gewerkschaftsbewegung in der brit. Besatzungszone, S. 15 ff.
16) Dazu Klein 1974.
17) Protokoll der Gewerkschaftskonferenz in Bielefeld, S. 66.
18) E. Schmidt 1970, S. 35.
19) Steininger 1978, S. 50 ff., 68.
20) Zit. b. Kleßmann/Friedemann 1977, S. 80.
21) Zit. b. Klein 1974, S. 305. Zur SFG vgl. Christier 1975.
22) Dazu Mielke 1978b, S. 187 ff.
23) Klein 1974, S. 330.
24) Protokoll Recklinghausen, S. 88.
25) Das Folgende nach Klein 1974, S. 232 ff.; 285 ff. Wichtige Texte in: Gewerkschaftlicher Neubeginn 1975.
26) Klein 1974, S. 280 f.
27) Zit. ebd., S. 288.
28) Vgl. Kleßmann in: Winkler 1979, S. 44–73; ausführlich dazu Suckut 1978.
29) Staritz 1976, S. 102 ff.
30) Text bei Huster u. a. 1972, S. 388 ff.
31) Protokoll der ersten Gewerkschaftskonferenz Hannover-Linden, S. 18.
32) Kleßmann in: Winkler 1979, S. 54 f.
33) Weiß-Hartmann 1977, S. 199 ff.
34) Gimbel 1971, S. 304.
35) Siehe Kap. VII 2.
36) Pirker 1960 Bd. 1, S. 117; E. Schmidt 1970; Schmidt/Fichtner 1971; Huster u. a. 1972.
37) Dazu Behrendt 1960; Versprochen – Gebrochen 1961.
38) Niethammer in: Vetter 1975, S. 303–358.
39) Dazu Kleßmann 1983.
40) Borsdorf 1977.
41) Girndt 1971, S. 21. Zur Genehmigungsprozedur vgl. die britische Verordnung v. 15. 9. 1945, in: Flechtheim, Dokumente Bd. 1, S. 109 ff.
42) Vollständige Texte für KPD, SPD, CDU, LDP in: Dokumente 1945–1949, S. 56 ff., 67 ff., 78 ff., 88 ff.

43) Pietsch 1978, S. 160 ff.; Bouvier 1976, S. 468.
44) Staritz 1976, S. 66 ff.
45) Ebd., S. 64.
46) Dazu Gniffke 1966.
47) Staritz 1976, S. 72.
48) Ausführlich dazu Moraw 1973.
49) Zit. b. Kaden 1964, S. 189; vgl. Gniffke 1966, S. 104 ff.
50) W. Müller 1979, S. 188.
51) Kaden 1964, S. 125. Moraw 1973, S. 74 f.
52) Vgl. Badstübner/Thomas 1975, S. 154 ff. Huster 1978, S. 25 f., 34.
53) Edinger 1965, S. 228 ff. Vgl. Klotzbach 1976, S. 471. Zu Schumachers Selbstverständnis als Marxist vgl. seine Rede von 1947 „Karl Marx und die Deutschen", in: Scholz/Oschilewski 1953 Bd. 2, S. 298 ff.
54) Kaden 1964, S. 256 (nach Angaben des „Telegraf"). Vgl. die ausführliche Darstellung eines Beteiligten: Schulz 1965.
55) Z. B. Doernberg 1968, S. 79.
56) Pingel 1982.
57) Hauth 1978, S. 144 ff.
58) Kleßmann 1983.
59) Geschichte, Lehrbuch für Klasse 10, Berlin (O) ^{2}1978, S. 67.
60) Dazu Kluth 1959.
61) G. Schulz in: Parteien 1955, S. 6.
62) L'Ordre v. 21. 9. 1946, zit. b. Kaack 1971, S. 172.
63) Narr 1966, S. 81.
64) H. Weber 1968, S. 19.
65) Focke 1978, S. 223 ff.
66) Dazu Hüwel 1980.
67) Schwering 1963, S. 55.
68) Ebd., S. 87.
69) Uertz 1981, S. 207 f.
70) Schwering 1963, S. 152.
71) Adenauer 1965, S. 61. Dagegen: Uertz 1981. Die wichtigsten programmatischen Texte bei: Pütz 1975.
72) Zit. b. Pütz 1975, S. 43.
73) Grebing u. a. 1980 Bd. 2, S. 62.
74) Focke 1978, S. 256 ff.
75) Pütz 1975, S. 46.
76) Ebd., S. 49.
77) Text in: Huster u. a. 1971, S. 429 ff.
78) Dittberner in: Staritz (Hrsg.) 1976, S. 136 f.
79) G. Schulz in: Parteien 1955, S. 123.
80) Abelshauser 1976, S. 45. Vgl. Abelshauser 1981b.
81) Pütz 1975, S. 48.
82) Ambrosius 1977, S. 205 f.
83) Abelshauser 1981 a; Hüttenberger 1976.
84) Ausführlich zur frühen FDP: M. G. Lange in: Parteien 1955, S. 275–391.
85) Krippendorf 1960, S. 290 ff.

86) Grundmann 1978, S. 94.
87) Mattedi 1966, S. 93 ff., 116.
88) Krippendorf 1961, S. 120.
89) Dittberner in: Staritz (Hrsg.) 1976, S. 137.
90) Hoyer 1978.
91) R. Wildemann, Partei und Fraktion, Meisenheim 1955, S. 77.
92) Grebing u. a. 1980 Bd. 2, S. 67.
93) Wieck 1953, S. 133 ff.; Tormin 1967, S. 278 f.
94) Vgl. Rechtsradikalismus im Nachkriegsdeutschland 1957.
95) Die Gründungsaufrufe in: Dokumente 1945–1949, S. 631 ff., 643 ff.
96) Beide Zitate bei Mattedi 1966, S. 128 f.

Kapitel V

„Aufbruch" in Kunst und Literatur

Im Bild der frühen deutschen Nachkriegsgesellschaft würde ein wesentliches Element fehlen, wenn die kulturelle Szene darin nicht wenigstens in Umrissen auftauchte. Daß sie bislang in Überblicksdarstellungen kaum zu finden ist, erscheint um so verwunderlicher, als damit auch ein wesentliches Stück politischer Geschichte ausgeblendet wird. Denn gerade in den ersten Nachkriegsjahren war das kulturelle Leben partiell von einer „Aufbruchstimmung" geprägt, die auch Ausdruck eines neuen – wenngleich vielfach verschwommenen – politischen Bewußtseins war. Dieser „Aufbruch" kann hier nur sehr knapp und exemplarisch an einigen Beispielen dargestellt werden.

Kultur hatte in der Trümmerlandschaft Nachkriegsdeutschlands prinzipiell drei Funktionen und Ziele. Zum einen war sie, insbesondere für die Amerikaner, aber auch für die Russen, ein Instrument der Umerziehung. Mit einem neuen kulturpolitischen Anfang sollte im literarisch-publizistischen und filmischen Bereich in künstlerisch anspruchsvoller Form für den Bruch mit der Vergangenheit und einen demokratischen Neubeginn geworben werden. Daneben sollten Film, Musik und Theater zur Sicherung der Ordnung dienen: Sie sollten der drohenden allgemeinen Apathie entgegenwirken und einer von der Verzweiflung bedrohten Bevölkerung Zerstreuung bieten. Wenn es schon nicht genügend Brot gab, sollte es wenigstens Spiele geben. Schließlich war das kulturelle Leben – und hier besonders Literatur und Publizistik – Ausdruck eines spontanen Willens der Besiegten zum programmatischen Neuanfang, zur kritischen Auseinandersetzung mit der Vergangenheit und zur Mitarbeit beim Aufbau einer neuen demokratischen Gesellschaft. Dazu gehörte auch das Bemühen, das intellektuelle Vakuum, welches das „Tausendjährige Reich" hinterlassen hatte, auszufüllen und Anschluß an die internationale Kunstentwicklung zu finden[1]). Daneben gab es freilich auch klägliche Apologie (D 71), starke traditionalistische Tendenzen, den Hang zur Flucht in die ästhetische Idylle und ins Apolitische.

1. Kultur auf Trümmern – das Beispiel Berlin

Daß die Vorstellung von einer überwiegend apathischen, resignierten und nur mit dem Kampf ums tägliche Überleben beschäftigten Großstadtbevölkerung nur eine Teilwahrheit wiedergibt, läßt sich wohl an keiner Stadt eindrucksvoller zeigen als an der alten deutschen Hauptstadt[2]) (D 68), die zu den am stärksten zerstörten deutschen Großstädten gehörte. Sie war überdies der Punkt, an dem die divergierenden alliierten Interessen und Zielvorstellungen am unmittelbarsten aufeinanderstießen und damit ein Spannungsfeld erzeugten, von dem das kulturelle Leben seine besondere Prägung erhielt. Am 1. Juli 1945 kam das von sowjetischen Truppen eroberte Berlin unter Drei-Mächte-Kontrolle (Frankreich übernahm seinen Sektor erst am 12. August nach Abschluß der Potsdamer Konferenz). Bis zu diesem Zeitpunkt war die sowjetische Besatzung jedoch nicht untätig geblieben. Bereits wenige Tage nach der Kapitulation hatten sich Berliner Künstler (unter ihnen Gustaf Gründgens und Paul Wegener) auf Einladung des sowjetischen Stadtkommandanten getroffen, um über Möglichkeiten zum Wiederaufbau des Kulturlebens in Berlin zu beraten. Noch im Mai gab es bereits erste öffentliche Konzerte und Theaterpremieren. Das ehemals von Max Reinhardt geleitete „Deutsche Theater“ und die Staatsoper hatten ihren Betrieb schon aufgenommen, bevor die westalliierten Truppenteile in ihren Sektoren einrückten.

Diese Entwicklung entsprach ohne Zweifel einem durchdachten politischen Konzept der Sowjets. Daß solche Bemühungen aber überraschend schnellen Erfolg hatten, lag auch an entsprechenden Dispositionen und organisatorischen Voraussetzungen, die von Deutschen selbst geschaffen wurden, so daß sich die Russen auf indirekte Kontrolle beschränken konnten. Im Berliner Magistrat wurde bereits im Mai das Amt für Volksbildung eingerichtet, das von Otto Winzer, einem alten KPD-Mitglied und Moskau-Emigranten, geleitet wurde. Er war später langjähriger Außenminister der DDR. Innerhalb dieses Amtes wurde die „Kammer der Kunstschaffenden“ eingerichtet. Als Präsident wurde der 70jährige Schauspieler Paul Wegener ernannt. Er besaß zwar wenig politischen Einfluß, konnte aber künstlerische Entscheidungen weitgehend selbständig treffen. Die eigentliche politische Kontrolle der Kammer übte dagegen ihr Sekretär, Wolfgang Harich, aus. Harich war zu dieser Zeit konsequenter Anhänger eines kommunistischen Deutschland[3]). Nach einem amerikanischen Bericht betrachtete sich Harich als „politischer Mentor“ Wegeners und versuchte, diesen daran zu hindern, aus künstlerischen Erwägungen gegenüber denen, die sich im Dritten Reich exponiert hatten, zu viel Toleranz zu üben. Die Westalliierten übernahmen diese Kammer und arbeiteten zunächst trotz einiger Schwierigkeiten mit ihr gut zusammen. Die Hauptprobleme resultierten daraus, daß die Amerikaner sehr bald darauf drängten, ihre rigiden Entnazifizierungsvorstellungen stärker durchsetzen zu können, als das unter sowjetischer Besatzung der Fall war. Auch Winzer selbst wurde vorgeworfen, er habe ein ehemaliges NSDAP-Mitglied als seinen Berater eingestellt. Bis zur Auflösung im Dezember 1945 kooperierten jedoch die vier Allierten mit der Kammer.

Um die praktischen Koordinationsprobleme besser lösen zu können, wurde zudem am 18. Juli 1945 bei der „Kommandantura", der alliierten Spitzenbehörde in Berlin, ein Kulturkomitee gegründet, so daß sich Winzer nicht jeweils mit den Einzelbehörden der Alliierten auseinanderzusetzen hatte.

„Wenn man die große Zerstörung und andere Faktoren bedenkt", stellte der erste Bericht der amerikanischen „Information Control Section" (ICS) vom 8. Juli fest[4]), „so gibt es in Berlin noch erstaunlich viele Theater und Filmleute. Fast täglich werden neue Theater eröffnet, und an der Volksoper in der Kantstraße sind die Proben für Opernaufführungen in vollem Gange. Vorbehaltlich einer genaueren Überprüfung dieser Aktivitäten kann festgestellt werden, daß die Künstler – als Folge der russischen Praktiken – die Erlaubnis zu arbeiten als selbstverständlich ansehen und beträchtliche Anstrengungen unternehmen, manchmal nehmen sie Fußmärsche bis zu drei Stunden zu ihrem Arbeitsplatz in Kauf . . . Allgemein kann über das Personal gesagt werden, daß aufgrund der geringen russischen Intervention und vielleicht aufgrund der Temperamentsunterschiede die Berliner Bevölkerung eher zur Mitarbeit bereit und viel weniger unterwürfig ist, weniger dienert, schmeichelt und zu gefallen sucht, als beispielsweise unsere Münchener Klienten".

Das amerikanische Umerziehungsziel trat besonders deutlich in der Filmpolitik in Erscheinung, weil der Film das verbreiteste und beliebteste Medium war. Vor allem Dokumentarfilme sollten diese erzieherische Funktion übernehmen. In den ersten Monaten waren die Berliner Kinos voll, auch wenn es nicht immer Kassenschlager wie Chaplins „Goldrausch" gab[5]). Fraglich blieb jedoch, wie lange die Attraktivität des Kinos es erlaubte, auf indirekte Weise „reeducation" zu betreiben. „Werden die Deutschen Woche für Woche ins Kino kommen", hieß es in einem Bericht vom August 1945[6]), „um den schuldbewußten Schüler zu spielen? Wir werden ihnen selbstverständlich unsere Spielfilme zeigen, die reine Unterhaltung neben den Dokumentarfilmen. Und sie werden natürlich kommen. Aber wir werden sie wahrscheinlich apathisch durch diese Dokumentarfilme und erzieherischen Wochenschauen dösen sehen – dann wach und bereit für Rita Hayworth in ‚Cover Girl'".

Abstimmungsprobleme gab es im Hinblick auf die Zulassung von Filmen in den verschiedenen Sektoren. Die Amerikaner schlugen einen freien Austausch vor. Dem stimmten jedoch die Russen nicht zu. Da jeder Sektor zugänglich war, stand den Berlinern – von den beschränkten Verkehrsmöglichkeiten abgesehen – unabhängig von diesen unterschiedlichen Regelungen ein einmalig breites Angebot offen. Ein zeitgenössischer Beobachter schrieb 1947 darüber: „Am glücklichsten sind die Männer von der Filmkritik. Täglich singen sie ihr Loblied der Vier-Sektoren-Stadt Berlin. Wo in der Welt, so fragen sie, gibt es einen zweiten Punkt, an dem die Spitzenfilme der führenden Länder sich ein Stelldichein geben? Wir schwimmen in Zelluloid. Vorgestern sahen wir den großartigen politischen Dokumentarfilm aus der Sowjetunion, gestern die muntere Gespenstergeschichte aus England, heute hat uns ein Meisterwerk René Clairs erschüttert, für morgen steht ein Monstre-Revuefilm aus den USA bevor. Und bald werden neue deutsche Erzeugnisse sich präsentieren, Filme der rührigen DEFA, die mit russischer Lizenz arbeitet und einen gewaltigen Apparat aufgebaut hat; . . . und dazwischen sehen wir die neuen Filme aus Italien, Österreich, aus der Schweiz. Wir sind das Filmparadies! Hoch leben die Sektoren!"[7])

Die offizielle Eröffnung des „Deutschen Theaters" am 7. September 1945 kommentierte ein amerikanischer Bericht so[8]): „Es wurde Lessings ‚Nathan der Weise' gegeben, ein deklamatorischer Klassiker. Ein angemesseneres Stück hätte man kaum wählen können, wenn man den Stil des Theaters und die Zeiten bedenkt. Die erregenden Bekenntnisse zur Toleranz gegenüber allen Religionen und Rassen wurden von Paul Wegener in überzeugender Weise gebracht . . . Die Russen, denen das Deutsche Theater untersteht . . ., haben das Programm in zweifacher Ausfertigung – in deutscher und in russischer Sprache – gedruckt. Vielleicht haben sie von der Papierknappheit nichts mitbekommen. Ihr Spielplan für diese Saison ist sehr anspruchsvoll und materiell unmöglich zu realisieren."

Auch auf musikalischem Gebiet betonten die Amerikaner den Aspekt der Umerziehung, ohne daraus jedoch ein engstirniges Dogma zu machen. Sie legten Wert darauf, den Deutschen klar zu machen, daß entgegen der NS-Propaganda die deutsche Musik nur „Teil einer universellen Musikkunst" sei und daß ihnen durch die Isolierung wesentliche internationale Entwicklungen entgangen seien. „Aus diesem Grund ist es dringend notwendig, in Deutschland Musikwerke der Alliierten sobald wie möglich aufzuführen", forderte ein ICS-Bericht[9]). Er gab zu, daß entsprechende Wünsche auch von deutschen Dirigenten und Künstlern geäußert würden, daß sie jedoch an fehlenden Partituren scheiterten. „Das Resultat davon ist, daß die Deutschen nur klassische Musik spielen, mit Nachdruck auf Mendelssohn, der als jüdischer Komponist unter dem Nazi-Regime verboten war."

Selbst der Zirkus fehlte nicht im Berlin des Jahres 1945. Der Zirkus Busch – oder was davon übrig geblieben war – begann im September zu spielen. „Es gab wieder einen Zirkus – die älteste Unterhaltung der Zivilisation", berichtete ein amerikanischer Report. „Er hatte keinen Flitter und keine Fanfaren, aber das bäuerliche Publikum mit seinen Kindern amüsierte sich nicht weniger großartig, als wenn der ganze Firlefanz dagewesen wäre"[10]).

2. Politisch-literarische Publizistik*)

Schon 1945 begann eine angesichts der existenziellen Not in Deutschland überraschende und in ihrer Quantität phänomenale Zeitschriftenblüte. Sie stieß auf ein allgemeines Informations-, Bildungs-, und Unterhaltungsbedürfnis, das aus dem vom Dritten Reich hinterlassenen Vakuum und der Suche nach einer neuen Identifikationsbasis zu erklären ist[11]). „Noch war es zu übersehen. Doch die Flut stieg weiter. Noch mehr kulturelle Zeitschriften! Jede Zusammenstellung der Titel und Erscheinungsorte mußte unvollständig bleiben. Die Bibliotheken verzweifelten, eine Übersicht war kaum zu erlangen. Die Fülle ist nicht mehr zu bändigen". Diese Charakterisierung in der „Neuen Zeitung" vom 13. 1. 1947[12]) wird durch die verfügbaren Daten vollauf bestätigt. So existierten bereits 1946/47 rund 200 kulturelle Zeitschriften (Literatur, Religion, Politik, Jugend, Familie, Frau, Unterhaltung usw.)[13]), und sie alle fanden ihren Leserkreis. Einen Großteil davon machte die politisch-literarische Publizistik aus. Während z. B. die Tageszeitungen in der amerikanischen Zone bis 1949 eine Durchschnittsauflage von 79 246 und in der britischen Zone von 131 987 Exemplaren erreichten[14]), gab es nicht wenige literarische Zeitschriften, die zeitweise weit darüber lagen. Aus dieser unübersehbaren Vielzahl von Zeitschriften sollen hier einige knapp vorgestellt werden, die durch ihre Auflagenstärke sowie durch ihre Resonanz in der Öffentlichkeit und in den alliierten Zensurinstitutionen besonders hervorstachen und zugleich unterschiedliche Typen politisch-literarischer Publizistik repräsentieren[15]):

„Der Ruf – unabhängige Blätter der jungen Generation", hervorgegangen aus einer Zeitschrift der deutschen Kriegsgefangenen in den USA, erschien in München vom August 1946 bis zum März 1949 und wurde zunächst herausgegeben von Alfred Andersch und Hans Werner Richter. Die durchschnittliche Auflagenstärke betrug 50 000 Exemplare, die Höchstauflage 120 000 Exemplare;

„Ende und Anfang – Zeitung der jungen Generation", wurde in Augsburg vom April 1946 bis zum Februar 1949 veröffentlicht, ihr Herausgeber war Franz Josef Bautz. Die Auflagenstärke wurde durch knappe Papierzuteilung der Amerikaner auf durchschnittlich 12 000 bis 20 000 Exemplare beschränkt, nach den Vorbestellungen hätten 200 000 Exemplare verkauft werden können;

Die „Frankfurter Hefte – Zeitschrift für Kultur und Politik –" kamen seit 1946 in Frankfurt heraus, redigiert von Eugen Kogon unter Mitwirkung von Walter Dirks, mit einer durchschnittlichen Auflage von 60 000 Exemplaren (Höchstauflage vor der Währungsreform 75 000);

*) Verfaßt von Michael Streich

„Ulenspiegel, Literatur – Kunst – Satire“, wurde in Berlin vom Dezember 1945 bis 1950 von Herbert Sandberg und Günther Weisenborn herausgegeben, seine Auflage betrug bis zu 120 000 Exemplaren;

„Ost und West – Beiträge zu kulturellen und politischen Fragen der Zeit“, erschien in Berlin vom Juli 1947 bis zum Dezember 1949 mit einer Auflage bis zu 100 000 Exemplaren;

„Aufbau – kulturpolitische Monatsschrift“, wurde in Berlin vom „Kulturbund zur demokratischen Erneuerung Deutschlands“ von 1945 bis 1958 herausgegeben und hatte eine durchschnittliche Auflage von 120 000 bis 150 000 Exemplaren.

Drei große Themen beherrschten die publizistische Diskussion der Jahre 1945 bis 1949: 1. die Frage nach der zukünftigen politischen, sozialen und ökonomischen Verfassung Deutschlands und Europas, 2. die Auseinandersetzung mit dem nationalsozialistischen Gewaltregime, 3. die Erörterung der besatzungspolitischen Situation; dazu gehörte seit 1947/48 dann zunehmend das Problem des Kalten Krieges und der Spaltung Deutschlands.

Sozialismusmodelle und europäische Integrationsdiskussion

„Der Ruf“ war sich mit anderen Zeitschriften der jungen Generation darin einig, daß ein kapitalistisches Deutschland nicht fortexistieren dürfe. Diese Überzeugung resultierte aus der Erkenntnis, daß der Nationalsozialismus die letzte Zuflucht des kapitalistischen Systems vor nicht mehr lösbaren Problemen gewesen sei. „Der Ruf“ entwickelte das Konzept eines humanistischen Sozialismus, das bereits in der ersten Nummer von Alfred Andersch unter dem programmatischen Titel „Das junge Europa formt sein Gesicht“ umrissen wurde (D 74).

Die Zielrichtung dieses Programms war die Realisierung einer sozialistischen europäischen Föderation mit einem voll integrierten Deutschland. Insgesamt blieb das Konzept jedoch verschwommen. Die neuen humanistischen Ideale erfuhren kaum eine befriedigende Konkretisierung. In der intensiven Sozialismusdiskussion, die im „Ruf“ stattfand, wurde zwar die Notwendigkeit ökonomischer Transformationsprozesse betont, zuvor sollten jedoch grundsätzliche „humanistische Voraussetzungen“ geschaffen und garantiert werden. „Darum muß bei jedem Schritt, der hinfort getan wird, bedacht werden, ob er zur Erfüllung oder zur Entleerung des Menschen führt. Neben seinem materiellen Wohlergehen, und vor diesem, ist einmal das tägliche Brot gesichert, kommt alles auf die freie Entfaltung und die eigene Selbstbestimmung des Menschen in allen seinen Fähigkeiten an“[16]).

„Der Ruf“ setzte sich primär mit der Erneuerung von Wert- und Moralvorstellungen auseinander, und versuchte in geringerem Maße, Chancen, Formen und

Realisierungskonzepte von Sozialismusmodellen zu bestimmen. Er beharrte auf dem „Primat des Geistes vor der Ökonomie“, und verfocht das „geistige Ringen um den Menschen“, demgegenüber die „Mechanik der ökonomischen Gesetzmäßigkeit, die das menschliche Sein bedingen und bestimmen soll . . . sekundär“ sei[17]). Deutschland sollte innerhalb eines von England und Frankreich ausgehenden sozialistischen Europas die Mittlerrolle zwischen Ost und West übernehmen. Völlig verkannt wurde dabei, daß Deutschland nur den Status eines politischen Objekts besaß. Für die irrige Annahme einer totalen Nullpunktsituation war nicht zuletzt der intensiv diskutierte französische Existenzialismus verantwortlich. „Der Ruf“ vertrat die Auffassung, daß Deutschland nach dem völligen Zusammenbruch seine soziale und politische Existenz weitgehend in eigener Verantwortung neu aufbauen könne. Dies war zwar ein attraktives Programm, aber kaum eine objektive Analyse der politisch-ökonomischen Realitäten[18]).

„Ende und Anfang“ begann gegenüber dem Aufbruchpathos des „Ruf“ ausgesprochen konventionell. Auf den Zusammenbruch reagierte die Zeitschrift zunächst mit einem Festhalten an ungebrochener christlicher Tradition und negierte die Möglichkeit menschlicher Selbstbestimmung von Politik und Geschichte: „Geschichte ist viel größer und zugleich viel reicher an Geheimnissen, als die Wissenschaft von der Geschichte uns zu lehren vermag. Geschichte ist Gottes Brückenbau über unerhörte Abgründe. Wir müssen über diese Brücke gehen“[19]). Bald aber wandte sich die Redaktion von der katholischen Soziallehre her einem sozialen und politischen Programm zu, das christliches Gedankengut und sozialistische Thesen zu verbinden suchte. Unter dem Einfluß Theo Pirkers (Jahrgang 1922) und Ernst Schumachers (Jahrgang 1921) engagierte sich das Blatt 1946 für „die konsequente Durchführung des christlichen Gedankens in der Welt, was ja im heutigen Gesamtzustande dieser Welt praktisch zu einem Sozialismus führen wird“[20]). Ähnlich wie im „Ruf“ wurden wenige Gedanken auf die Realisierung dieses Konzepts verwandt, im Mittelpunkt stand die Erarbeitung eines durch christliche Grundwerte „humanisierten“ Sozialismusbegriffs. Auch Walter Dirks setzte in den „Frankfurter Heften“, der profiliertesten Zeitschrift der frühen Nachkriegszeit (D 73), auf die „produktive Utopie“ des Sozialismus und definierte die politische Situation 1945/46 als revolutionäre. Anders als die Zeitschriften der jungen Generation aber sahen die „Frankfurter Hefte“ die Lage nüchterner. Dirks empfahl zur Realisierung des Fernziels Sozialismus „den Weg der Improvisation, der kleinen Lösungen von Fall zu Fall, . . . den Weg des geringsten Widerstandes“. Obgleich auch die „Frankfurter Hefte“ von dem politischen Pathos des Neubeginns geprägt waren, kündigten sich in solchen Erwägungen schon realistische Einsichten hinsichtlich der zu erwartenden Konflikte an. Wie „Der Ruf“ verfochten die „Frankfurter Hefte“ den europäischen Integrationsgedanken und sahen das „Ende des souveränen Nationalstaats“ gekommen[21]). Über diese Perspektive einer sozialistischen europäischen Föderation bestand darüber hinaus in zahlreichen politischen und kulturellen Zeitschriften Westdeutschlands weitgehende Übereinstimmung.

Wesentlich anders argumentierten die überwiegend in der SBZ verbreiteten Zeitschriften. Der „Kulturbund zur demokratischen Erneuerung Deutschlands", der am 25. 6. 1945 von der SMAD die Erlaubnis zur Konstituierung erhielt, ging aus einer Initiative von KPD- und SPD-Mitgliedern hervor, an der auch christliche Intellektuelle beteiligt waren. Nicht zuletzt dank der von der SMAD reichlich gewährten materiellen Unterstützung, erlangten der Kulturbund und die von ihm herausgegebene Zeitschrift „Aufbau" schnell eine dominierende Stellung im gesamten kulturellen Leben der SBZ und darüber hinaus auch in einigen Städten der Westzonen. Der Kulturbund vertrat ein Programm (D 69), das sich „einer streitbaren demokratischen Weltanschauung"[22]) verpflichtet fühlte, ohne näher zu bestimmen, ob diese Demokratie bürgerlicher oder sozialistischer Couleur sein sollte. Ein so allgemein gehaltenes Programm, das sich lediglich auf den Antifaschismus als kleinsten gemeinsamen Nenner stützte, zielte vor allem darauf ab, Intellektuelle aller Richtungen anzusprechen. „Es gilt, das Deutschland zu schaffen", schrieb Johannes R. Becher im „Aufbau", „das einzig und allein Bestand hat, das freiheitliche,

Typen des Alltags

„Verzeihung, was gibt's denn hier?" „Det kann ick Sie nich sagen, ick stell mir prinzipiell an jede Schlange, irgend wat wird's schon geben."
Herbert Sandberg, 1946.

Quelle: Ulenspiegel, August 1946.

demokratische. Es gilt ein sauberes Deutschland zu bauen, das ohne Arg und Falsch ist und das ohne imperialistische Hintergedanken beweist, daß das Gute im deutschen Wesen nicht ausgestorben, sondern nur elend verkümmert und tief verschüttet ist"[23]). Demgemäß versuchte der „Aufbau", sich entschieden am „kulturellen Erbe" der Klassik zu orientieren, wodurch die Diskussion neuer kultureller Konzepte, die letztlich auch politische Grundsatzdebatten unvermeidlich gemacht hätten, zunächst ausgeklammert werden konnte.

Ähnlich ging der „Ulenspiegel" vor. Auch diese Zeitschrift vertrat prinzipiell ein antifaschistisches Konzept. Da der „Ulenspiegel" fast ausschließlich Satiren, Lyrik und Karikaturen publizierte (D 70), war es schwierig, eine spezifische

Sachwerte

„Was? Fünftausend Mark für diesen Schinken? Dafür kriegt man ja'n richtigen."
Jeanne Mammen, 1948.

Quelle: Ulenspiegel, Juli 1948.

Programmatik zu entwickeln. Er proklamierte eine alle Opfer und Gegner des Faschismus umfassende Solidarität, verharrte aber ansonsten in einer diffusen „linken“ Einstellung. In diesem Sinne war programmatisch im ersten Heft zu lesen: „For Heavens Sake! 10 + 3 = 13 Jahre hinter Gittern habt ihr zwei Herausgeber hinter euch? Und dann macht ihr eine Zeitschrift zum Lachen? Fragte uns ein verdutzter Amerikaner. Klar, erwiderten wir beide vergnügt, wir haben es nicht verlernt. Was denken Sie, wie wir im Knast manchmal gelacht haben? Und das tun wir heute und gedenken es auch morgen zu tun, na klar . . . Was aber die halbverhungerten armen Teufel angeht, die blau gefroren hinter irgendeiner windgeschützten Mauer auf einem Bein stehen (das kennen wir, Jungens), die Heimatlosen, Heimkehrer, Herumirrenden, denen können wir verraten, daß sich unser Papier glänzend für ‚Tüten‘ eignet und daß man sich, zündet man den Rest an, ein wenig daran die Hände wärmen kann. Den emsigen, glattrasierten Schweinsbacken der Reaktion werden wir inzwischen ein wenig den Hut vom Kopf schlagen“[24]). Der „Ulenspiegel“ karikierte vorwiegend Verhaltensweisen und Einstellungen der deutschen Bevölkerung während des Dritten Reiches und versuchte so, Einsichten in persönliches Fehlverhalten zu wecken. Solche Einsichten sollten Grundvoraussetzungen für den demokratischen Neubeginn schaffen.

Faschismusanalyse und Vergangenheitsbewältigung

Die Diskussion um die politische Zukunft Deutschlands wurde von der Auseinandersetzung mit dem Faschismus stark beeinflußt. „Der Ruf“ erklärte ihn (neben ansatzweisen Versuchen einer politisch-ökonomischen Analyse) vor allem mit massenpsychologischen Argumenten. Danach war Faschismus das „verzerrte Spiegelbild jener tieferen, seelischen Verschiebungen, die aus dem Unterbewußtsein der Massenseele kommen“[25]). Ganz offenkundig wurde hier eines der wichtigsten Momente im Erscheinungsbild des Nationalsozialismus, die Faszination breiter Volksmassen in den Großveranstaltungen der NSDAP, mit den tatsächlichen Ursachen verwechselt. Im „Ruf“ überwog die Tendenz, den Faschismus zu „dämonisieren“[26]). Eben deshalb bezog sich die Sozialismusdiskussion weitgehend auf humane Werte, denn die Redaktion glaubte in diesem „riesenhaften und dunklen Prozeß der Geschichte“[27]) die deutsche Bevölkerung völlig korrumpiert.

„Ende und Anfang“ konstatierte eine begrenzte Kollektivschuld der deutschen Bevölkerung an den Verbrechen des NS-Regimes, entwickelte daraus aber später die Überzeugung, daß nur prinzipielle ökonomische Umgestaltungen Wiederholungen solcher Katastrophen verhindern könnten.

Die „Frankfurter Hefte“ lieferten eine differenzierte Faschismusanalyse. Walter Dirks erklärte, Faschismus sei eine Koalition aus „großen Kapitalisten und Monopolisten“ und näherte sich damit einem politisch-ökonomischen Interpretationsansatz. Darüber hinaus sei der Faschismus „die Massenbewegung des verzweifelnden Mittelstandes“ gewesen, „der in der Zange zwischen dem Kapitalismus und den sozialistischen Massen mit der alten liberalen Parole nicht mehr durchkam“[28]). Andererseits führte Eugen Kogon den Erfolg des Faschismus auf spezifische Charaktereigenschaften der Deutschen zurück: „Betriebsam, Minderwertigkeitsgefühl durch Überhebung kompensierend, romantisch und materialistisch zugleich, politisch ohne fundierte Kritik, autoritätsergeben, disziplinsüchtig, nach oben gerne kuschend, nach unten gerne tretend, und voll Bewunderung für alles, was mit dem Militär zusammenhing – waren sie das nicht?“[29]).

Gerade diese psychologischen Erklärungsversuche machen das Bedürfnis nach Überwindung der alten Werte durch kulturelle Innovation verständlich. Das gilt auch für den „Aufbau“, der die Legitimation für sein allgemein-politisches Erziehungsprogramm aus solchen Erkenntnissen zog: „Welch unbegreifliches Volk, das nicht einmal schonend schweigen kann, das den anders Denkenden sofort denunzieren muß!“[30]). Dementsprechend hatten die Artikel des „Aufbau“ über den Faschismus primär die „bürgerliche Geisteswelt, auf die sich die Nazis stützten“[31]), zum Inhalt. Dadurch erschien der Nationalsozialismus vor allem als Resultat typisch deutscher Eigenarten. Besonderes Merkmal des „Aufbau“ war andererseits die Stilisierung eines Teils der Intelligenz zu einer moralisch integren Widerstandskraft gegen den Nationalsozialismus. Um die Kluft zwischen den aus dem Exil zurückgekehrten Literaten und den in Deutschland Verbliebenen zu überbrücken, trugen alle Artikel, die sich mit dem Verhalten der Intellektuellen im Dritten Reich auseinandersetzten, vorsichtigen, bisweilen sogar beschwichtigenden Charakter. Lediglich relativ eindeutig als zeitweilige Apologeten des Nationalsozialismus zu klassifizierende Autoren wie Ernst Jünger oder gar Erich Edwin Dwinger fanden sich einer scharfen Kritik ausgesetzt.

Konflikt und Konformität: Die Auseinandersetzung mit den Besatzungsmächten

Zwischen 1947 und 1949 erfolgte unter den Bedingungen des Kalten Krieges eine radikale Änderung der alliierten literaturpolitischen Vorgaben. Im Zuge dieser Entwicklung trat besonders auf amerikanischer und sowjetischer Seite der instrumentale Charakter der Literaturpolitik immer schärfer hervor. Für die amerikanische Zone bedeutete das den Wechsel vom Konzept der Werbung für eine westlich geprägte Demokratie zur antikommunistischen Propagandakampagne[32]). Der Kulturbund wurde im Oktober/November 1947 in der amerikanischen und englischen Zone verboten[33]). Antisowjetische Literatur wurde nun in hohen Auflagen gefördert. George Orwells antistalinistische Satire „Animal Farm“, Anfang 1947 mit Rücksicht auf die Sowjets von den Amerikanern in ihrer Zone noch verboten, erlebte 1948 eine enorme Verbreitung[34]). Die

Sowjets ihrerseits schränkten den kulturellen Austausch zwischen den Zonen und das literarische Angebot in der SBZ zunehmend ein. Verschiedene amerikanische Dramen durften ab September 1947 nicht mehr aufgeführt werden, und im Juli 1947 erließ die SMAD ein Ausreiseverbot für ostzonale Künstler[35]).

Die politisch-literarische Publizistik hatte sich mit den neuen, von massiven Restriktionen bestimmten Bedingungen auseinanderzusetzen und konnte dabei den Konflikt riskieren oder die Anpassung wählen, wobei letztere oft genug durch scharfe Sanktionen der Alliierten erzwungen wurde. „Der Ruf" hatte beständig gegen heuchlerische Untertöne und Widersprüche des amerikanischen Demokratisierungsprogramms opponiert. Am 1. 4. 1947 veröffentlichte er eine seiner schärfsten Attacken auf die amerikanische Besatzungspolitik und bezichtigte sie einer Orientierung an vornehmlich ökonomisch-restaurativen Interessen: „Nur daß es jetzt der Weltkapitalismus ist, der sich hinter den demokratischen Redensarten verbirgt. Man spricht von Demokratie und meint dabei die Ausschaltung mißliebiger Konkurrenten. Man spricht von der Befreiung der Völker und spannt sie in die eigenen imperialistischen Pläne ein"[36]). Die lokale Münchener Behörde der amerikanischen Information Control Division (ICD) drohte daraufhin offen mit Lizenzentzug. Gleichzeitig akzeptierten die Herausgeber Richter und Andersch die ihnen vom Verlag nahegelegte Kündigung. Kurz darauf ging ein vorläufiges Publikationsverbot der ICD beim Verlag ein[37]). Die Zeitschrift stellte sich schließlich nach einer Phase des Übergangs (unter Leitung des früheren deutschen ICD-Mitarbeiters Erich Kuby), in die sich bereits resignative Tendenzen mischten, mit Übernahme der Chefredaktion durch Walter von Cube ab Januar 1948 konsequent auf den Ton des Kalten Krieges ein. Sie engagierte sich vehement für einen westdeutschen Teilstaat und brandmarkte nach dem Prager Umsturz Kommunismus und Sozialismus tendenziell als Rotfaschismus[38]). Damit hatte das Blatt die allgemeine Tendenzwende erzwungenermaßen nachvollzogen.

„Ende und Anfang" war ähnlichen Pressionen ausgesetzt. Mitte 1947 hatte die Redaktion begonnen, ein eindeutig sozialistisches Programm zu entwickeln und zu konkretisieren, was dem „Ruf" nie gelungen war. Als konstitutive Elemente einer sozialistischen Wirtschaftsordnung wurden gefordert: Bodenreform, Vergesellschaftung der Schlüsselindustrien und Dienstleistungsbetriebe, Einrichtung von Produktionsgenossenschaften, autonome Gewerkschaften und maßgebender Einfluß von Betriebsräten in den betrieblichen Leitungsgremien[39]). Zudem plante die Redaktion, über lokale Diskussionszirkel eine lockere organisatorische Verbindung mit den Lesern der Zeitschrift aufzubauen[40]). Zum offenen Konflikt mit den Amerikanern führten Anfang 1948 vehemente Angriffe auf die Besatzungspolitik. Ernst Schumacher warf den USA vor, Differenzen unter den Westalliierten mittels ihres Finanzpotentials ständig zu ihren Gunsten zu entscheiden und so z. B. „Großbritannien . . . trotz seiner Labourregierung zum Juniorpartner der Wallstreet" zu machen. Aufgrund der eindeutig ökonomisch-restaurativ geprägten Interessen der USA sei es „bezeichnend, daß die Nutznießer des nazistisch-faschistischen Mord- und Vernichtungssystems wie Generale, Rüstungsfabrikanten, Bankherren usw. sich heute des größtmöglichen Wohlergehens erfreuen“[41]). Auf diesen Affront reagierte die ICD ab Juni 1948 mit einem dreimonatigen Lizenzentzug. Die Redaktion von „Ende und Anfang“ mobilisierte daraufhin ihre seit langem gepflegten Verbindungen zu europäischen und internationalen Publizisten. Nach einem Hagel von Protesten konnte die Zeitschrift ab Herbst 1948 wieder erscheinen. Sie setzte ihr altes sozialistisches Engagement fort, wenngleich in vorsichtigeren Formen. In Absetzung vom Modell der sich allmählich etablierenden Volksdemokratie in der SBZ betonte die Redaktion nun wieder stärker das Gebot der Humanität in einer sozialistischen Gesellschaft und näherte sich damit ihrem ursprünglichen Konzept einer Synthese von Christentum und Sozialismus.

Die Amerikaner drohten auch dem „Ulenspiegel“ wegen seines Linksdralls mit Papierkürzungen[42]). Als im Sommer 1948 die Reduzierung der bisherigen Papierzuteilung auf die Hälfte zu erwarten war, gab die Redaktion die amerikanische Lizenz zurück und wechselte in den sowjetischen Sektor Berlins über. Ab 1948 brachte Sandberg in alleiniger Verantwortung die Zeitschrift mit sowjetischer Lizenz heraus[43]). Durch den Wechsel in die SBZ wurden zwar die unmittelbaren materiellen Sorgen ausgeräumt, doch der Preis dafür war hoch. Schon die letzten Hefte des Jahres 1949 zollten dem Kalten Krieg ihren vollen Tribut: Mit Vorliebe wurden Adenauer und der westdeutsche Teilstaat attakkiert, während die Gründung der DDR als Friedensakt erschien[44]).

Relativ ungeschoren blieben die „Frankfurter Hefte“, obwohl sie die USA heftig kritisierten. Dirks diagnostizierte 1947, daß „Faschismus . . . als latente Gefahr im amerikanischen System selbst enthalten“ sei. Käme es deshalb in Europa zur Entscheidung für die sozialistische Alternative, „so besteht Gefahr, daß sich Amerikas maßgebende Männer, die Männer der Wirtschaft und der Armeen, kraft ihrer geheimen Verwandtschaft mit den entsprechenden europäischen Kräften für die faschistische Lösung entscheiden, für ein Regime der ‚Ordnung‘, der Wohlfahrt und des Sachverstandes“[45]). Möglicherweise besaßen die „Frankfurter Hefte“ zu diesem Zeitpunkt schon ein solches Renommee, daß die amerikanische Militärregierung nicht mehr offen gegen sie vorzugehen wagte.

In der SBZ kam es unter den veränderten Rahmenbedingungen gar nicht erst zu offenen Konflikten. Becher und die anderen alten KPD-Mitglieder begannen, den Kulturbund und damit auch den „Aufbau“ immer stärker auf die Interessen der Besatzungsmacht auszurichten. Das übergreifende Konzept des „Aufbau“ wirkte freilich noch insofern nach, als das klassische Kulturerbe nun vor allem als Klammer zwischen den beiden Teilen Deutschlands beschworen wurde. Andererseits flossen immer stärker Elemente der ideologischen Auseinandersetzung zwischen Ost und West in die Zeitschrift ein. Die Sowjetunion wurde glorifiziert, und die Politik der SMAD und SED erhielt offene publizistische Unterstützung. Klaus Gysi nahm die offizielle SED-Kulturpolitik der fünfziger Jahre schon vorweg, wenn er die Instrumentalisierung der Kultur für die Erfüllung des Zweijahrplanes (1949-1950) forderte[46]): „Aber der entscheidende Faktor dieses planmäßigen Wiederaufbauprogramms ist die Hebung der Arbeitsproduktivität. Zu dieser Hebung tragen auf direktem oder indirektem Wege alle bei. Sie hängt nicht zuletzt ab von der Arbeitsfreude, und alles, was diese steigert, dient auch dem Plan . . . Hier liegt eine wichtige Verknüpfung zwischen kultureller Arbeit, neuer Moral, geistiger Klärung, künstlerischen und wissenschaftlichen Leistungen und der wirtschaftlichen Entwicklung".

Dennoch gab es gegenläufige Tendenzen und Residuen literarisch-politischer Publizistik, in denen solche ideologischen Ansprüche noch nicht voll durchschlugen. Das herausragendste Beispiel ist die Zeitschrift „Ost und West". Der programmatische Akzent im Titel sollte auf „und" liegen (D 75). Im Sommer 1947 startete der Schriftsteller und Journalist Alfred Kantorowicz den Versuch, der bereits erkennbaren Ost-West-Konfrontation wenigstens im innerdeutschen Bereich entgegenzuwirken. Kantorowicz, 1899 als Sohn jüdischer Eltern geboren, 1931 Mitglied der KPD, Spanienkämpfer und Frankreich- und USA-Emigrant[47]), entwickelte ein Konzept, das durch umfassende kulturelle Information und Diskussion in einem überparteilichen Forum die geistige und politische Teilung Deutschlands verhindern wollte. Um auch in seiner Person Überparteilichkeit zu demonstrieren, lehnte Kantorowicz das ihm angetragene SED-Parteibuch ab und plante, von allen vier Besatzungsmächten Lizenzen für sein publizistisches Diskussionsforum einzuholen. Zunächst beantragte er im Februar 1947 bei der ICD und bei der Informationsabteilung der SMAD in Berlin eine Lizenz. Die gleichlautenden Anträge formulierten zugleich die Zielrichtung der geplanten Zeitschrift: „Es wird eine in jeder Weise unabhängige deutsche Zeitschrift sein . . . Deutschland in seiner gegenwärtigen Situation kann weder die amerikanischen Lebensform noch die Entwicklung des Sozialismus in der Sowjetunion schematisch adoptieren. Wir Deutsche müssen die unseren gegenwärtigen Bedingungen angemessene Lösung der sozialen, ökonomischen und ideologischen Probleme unseres Zeitalters selber finden"[48]).

Nachdem die Sowjets im März 1947 eine Lizenz erteilt hatten, nicht aber die Amerikaner, versuchte es der Herausgeber bei den Briten und Franzosen erst gar nicht mehr. Das erste Heft von „Ost und West" erschien im Juli 1947, erörterte internationale kulturelle Fragen, verzichtete aber weitgehend auf politische Themen im engeren Sinne. Fraglich blieb jedoch, ob eine primär kulturell orientierte Zeitschrift tatsächlich kurzfristig politisch wirksam werden konnte. Die wenigen politischen Essays blieben dazu noch reichlich vordergründig und attackierten polemisch die Westzonen. Kritische Repliken auf solche Angriffe wurden allerdings immer gedruckt. Insofern leistete die Zeitschrift (viel stärker als der „Aufbau“) tatsächlich Widerstand gegen die politische Polarisierung und bot sich für politische Meinungen jeder Couleur als Plattform an. Erst die von der SED erzwungene Veröffentlichung von Grußadressen zur Gründung der DDR, von Piecks Antrittsrede und Grotewohls Regierungserklärung – allesamt Dokumente der Teilung – stellte den Charakter eines gesamtdeutschen kulturellen Forums massiv in Frage. Finanzielle Schwierigkeiten und die von der SED zynisch abgelehnte Bitte um Unterstützung[49]) engten die Redaktion schließlich so ein, daß Kantorowicz resignierte. Das letzte Heft erschien im Dezember 1949[50]).

Das neue Reichswappen

ZWEI VOLK – ZWEI REICH – ZWEI FÜHRER

Quelle: „Simpl“, Heft 23 (1949).

3. „Lyrikschwemme" und „Kahlschlagliteratur"

Die Redaktion des Berliner „Ulenspiegel" bat schon wenige Wochen nach dem Erscheinen der Zeitschrift, „uns möglichst keine Gedichte mehr zu schicken. Oder zu uns zu kommen und uns zu besuchen. Wir sind fast nicht mehr da, die Gedichte haben uns überschwemmt. Schreibt Prosa, statt Gedichte. Aber nichts ist schwerer, als Prosa zu schreiben". Diese mit Spott verpackte Bitte traf einen Nerv der literarischen Nachkriegsszene. Der Mitteilungsdrang war ungeheuer groß. Hans Egon Holthusen charakterisierte das breite Lyrikinteresse als eine „Art Volksseuche". Ungezählte Autoren ohne schriftstellerische Erfahrung artikulierten ihr Bedürfnis nach Ruhe oder Vergessen, ihre Schuldgefühle, Schreckensträume, Anklagen und Hoffnungen in Form von Gedichten. Was dabei herauskam, war oftmals bombastischer Schwulst, so daß heute viele dieser Gedichte nur noch als „Dokumente eines irritierten Bewußtseins" lesbar sind[51]).

Peter Rühmkorf hat rückblickend die deutsche Nachkriegslyrik mit ätzender Schärfe kritisiert. „Wenn wir das legendäre Elend der Nachkriegszeit über seine Dichtkunst, über seine poetische Produktivität befragen, so wollen diese grauen Jahre durchaus nicht so golden erscheinen, wie unsere Erinnerung sie gelegentlich malt . . . Zwar ist nicht zu leugnen, daß dieser Zeitraum zwischen 1945 und 1947 sein eigenes Fluidum besaß aus Veränderungselan und Überlebenslust, und dennoch führten alle guten Vorhaben noch nicht zu Gedichten, die, gemessen an dem, was nach dem Ersten Weltkrieg Lyrik hieß, stand- und stichhalten können". Rühmkorf konstatiert mit Überraschung, daß „die ersten Nachkriegspublikationen mit Umbruch und Erschütterung, mit Wandlung oder Neubeginn nicht das mindeste zu tun hatten und daß die Überkatastrophe anscheinend nichts erheblicheres als die perfekte Mittelmäßigkeit gezeugt hatte". Wo zeigte sich, so fragt er, „nur der Hauch einer Auf- und Umbruchsliteratur, ein Wagnis aus Stil, ein Neubeginn aus Sprache, eine Wendung im Satzbau?"[52])

Dies mag eine unter rein ästhetischen Kriterien zutreffende Kritik sein. Dem Anspruch und der Absicht der frühen Poesie wird sie bestenfalls partiell gerecht. Das Ausweichen vor den Schatten der Vergangenheit und der Hoffnungslosigkeit der Gegenwart in die heile Welt der Naturlyrik war zweifellos eine – vielleicht sogar die dominierende – Form der Reaktion auf den Zusammenbruch. Es gab jedoch auch die andere. Zu den berühmtesten Beispielen gehören Paul Celans „Todesfuge" als Versuch einer Bewältigung von Auschwitz im Medium des Gedichts und Günter Eichs „Inventur" (beide 1945 entstanden)[53]). Nüchtern und in „vorsätzlicher Wortkargheit"[54]) wurde hier mit einer schon im Titel ausgedrückten Konsequenz ohne jedes Beiwerk die „Bestandsaufnahme" des entlassenen Kriegsgefangenen wiedergegeben und mit jeder Art von Pathos gebrochen. Die beiden ersten Strophen dieses Gedichtes, das im übrigen auf ein Vorbild aus der Zeit des Ersten Weltkrieges zurückging[55]), lauteten:

„Dies ist meine Mütze,
dies ist mein Mantel,
hier mein Rasierzeug
im Beutel aus Leinen.

Konservenbüchse:
Mein Teller, mein Becher,
ich hab in das Weißblech
den Namen geritzt."

Dieses Gedicht wurde zum Inbegriff eines Programms, für das Wolfgang Weyrauch 1949 den Begriff „Kahlschlagliteratur" prägte. Neben dem der „Trümmerliteratur" ist dieser Begriff für die Kennzeichnung der frühen literarischen Nachkriegsentwicklung zentral geworden[56]). Daß nach den Maßstäben der literaturästhetischen Kritik der „Kahlschlag" nur selten gelang, ist – im historischen Kontext gesehen – von geringer Bedeutung gegenüber der Tatsache, daß es ein solches „Programm" gab. Angesichts propagandistisch aufgeblähter, politisch verhunzter Sprache und verlogener Dichtung im Dritten Reich kam hier die Absicht zur konsequenten Reduktion der Sprache zum Ausdruck, zur Eliminierung aller falschen und verbrauchten Begriffe und Sentimentalitäten, zum Neubeginn, der sich auch ästhetisch in neuen Formen und in einer neuen Sprache niederschlagen sollte.

Das bekannteste Beispiel ist Wolfgang Borcherts Drama „Draußen vor der Tür", von 1947, das einer der größten Bühnenerfolge der frühen Nachkriegszeit wurde. Borchert schrieb das Stück in einer Woche nieder und gab ihm den Untertitel: „Ein Stück, das kein Theater spielen und kein Publikum sehen will". Natürlich war es das Thema des Heimkehrers, das die Zeitgenossen erregte. Bereits die Vorrede umriß dieses Schicksal mit wenigen Satzfragmenten: „Ein Mann kommt nach Deutschland. Er war lange weg, der Mann. Sehr lange. Vielleicht zu lange. Und er kommt ganz anders wieder, als er wegging. Äußerlich ist er ein naher Verwandter jener Gebilde, die auf den Feldern stehen, um die Vögel (und abends manchmal auch die Menschen) zu erschrekken. Innerlich – auch". Den moralischen Anspruch, der sich in diesem Stück manifestierte, hatte Borchert mit den Sätzen formuliert: „Zu guter Grammatik fehlt uns die Geduld . . . Sag deinem Kumpel die Wahrheit, beklau ihn im Hunger, aber sag es ihm dann. Und erzähl deinen Kindern nie vom heiligen Krieg: Sag die Wahrheit, sag sie so rot wie sie ist: Voll Blut und Mündungsfeuer und Geschrei"[57]).

So spektakulär Borcherts Erfolg auch war, er konnte nicht darüber hinwegtäuschen, daß sich im deutschen Lese-, Theater- und Filmpublikum unter der Oberfläche des lizenzierten Kulturbetriebes Ende der vierziger Jahre immer stärker Ermüdungserscheinungen und Tendenzen zum Eskapismus gegenüber der Trümmer- und der vor allem von den Amerikanern geförderten Reeducationliteratur[58]) breitmachten. Als mit der Währungsreform und der Aufhebung der Papierbewirtschaftung nicht nur äußere Barrieren fielen, sondern auch die

„normalen ökonomischen Gesetze einer kapitalistischen Gesellschaft wieder in Kraft traten“[59]), verschwand ein großer Teil der Zeitschriften von der Bildfläche und machten Verlage mit Reeducationliteratur bankrott. Statt dessen erlebten Illustrierte eine Auflagenexplosion und Margaret Mitchells Roman aus dem amerikanischen Bürgerkrieg „Vom Winde verweht“ (1936) wurde zum Bestseller[60]).

Die kurze Periode der Trümmerliteratur bietet „insgesamt ein höchst widerspruchsvolles Bild: Radikal in der programmatischen Poetik des ‚Kahlschlags‘, die dennoch nur ausnahmsweise verwirklicht werden konnte; Wirklichkeitszukehr, Vergangenheitsbewältigung, Zukunftsorientierung – und doch vielfach Zurücknahme des Realitätssinnes in traditionellen literarischen Formen und Wortbombast; Euphorie und Aufbruchstimmung unmittelbar verschränkt mit Resignation und Hoffnungslosigkeit. Die ‚Trümmerliteratur‘ ist der angemessene Ausdruck ihrer Zeit gewesen, die sie zugleich auch wesentlich mitgeprägt hat“[61]).

Eines der wichtigsten Elemente der Fortwirkung aus dieser Zeit in die fünfziger und sechziger Jahre war die „Gruppe 47“, deren Initiator und Mentor nach seiner Kündigung im „Ruf“ Hans Werner Richter war und blieb. Als locker organisierte Schriftstellergruppierung, als „mobile Akademie“ und „literarische Ersatzhauptstadt“[62]) hat sie für zwei Jahrzehnte die westdeutsche Literaturentwicklung entscheidend mitbestimmt.

Anmerkungen zu Kapitel V

1) Hinweise zur „Kunstinflation“ in Ausstellungen und zum deutschen Film: Der deutsche Südwesten 1975, S. 180 f.; Pleyer 1965.
2) Das Folgende basiert auf Chamberlin 1980, Einleitung S. 9–29.
3) Ebd., S. 58.
4) Ebd., S. 35.
5) Ebd., S. 160.
6) Ebd., S. 79.
7) H. Borgelt, in: So lebten wir, 1948, S. 54.
8) Chamberlin 1980, S. 148 f.
9) Ebd., S. 192 f.
10) Ebd., S. 163.
11) G. Böhringer, in: Hay 1977, S. 86.
12) Zitiert nach: „Als der Krieg zu Ende war“ 1973, S. 161.
13) Europa-Archiv 1 (1946/47), S. 149–253, 664–665. Die Anzahl ergibt sich, wenn man reine Fachblätter und Parteiorgane aus der Gesamtaufstellung des Europa-Archivs

abzieht. Diese Aufstellung ist jedoch unvollständig. Den besten Gesamtüberblick bietet der Katalog: Als der Krieg zu Ende war, 1973. Zeitschriftenreprints und Anthologien gibt es u. a. von: Frankfurter Hefte, Ulenspiegel, Ost und West, Der Ruf, Nordwestdeutsche Hefte.

14) G. Schroeder, in: Hagemann 1949, S. 4.
15) Die folgenden Angaben nach: King 1974, S. 16, 24 f.; Hay 1977, S. 95, 169; Pross 1980, S. 55; Baerns 1968, S. 84 f.
16) W. Maunzen, Die Selbstentfremdung des Menschen, in: Der Ruf I, Nr. 2, S. 3 f.
17) Redaktionsartikel: Warum schweigt die junge Generation?, in: Der Ruf I, Nr. 2, S. 2. Arnold 1980, S. 37.
18) K. Esselborn 1977, S. 26.
19) R. Schneider: Ein Wort an die Jugend, in: Ende und Anfang I, Nr. 1, S. 1 f.
20) Ende und Anfang I, Nr. 14, S. 11 f.
21) W. Dirks, Die Zweite Republik, in: Frankfurter Hefte I, H. 1, S. 15 f.
22) Der Kulturbund in Berlin, 1948, S. 5 f.
23) Aufbau 1 (1945), S. 9 f.
24) G. Weisenborn, Sollen die Armen lachen?, in: Ulenspiegel I, Nr. 1, S. 2, zitiert nach Sandberg/Kunert 1978, S. 12.
25) Der Ruf I, Nr. 2, S. 12.
26) Arnold 1980, S. 81.
27) A. Andersch, in: Der Ruf I, Nr. 2, S. 9.
28) Frankfurter Hefte I, H. 1, S. 12.
29) Ebd., S. 66.
30) H. Fallada: Über den doch vorhandenen Widerstand der Deutschen gegen den Hitlerterror, in: Aufbau I, H. 3, S. 213.
31) G. Weisenborn: Rede über die deutsche Widerstandsbewegung, in: Aufbau II, H. 6, S. 572.
32) Gehring 1976, S. 111.
33) H. Müller 1980, S. 179 f.
34) Gehring 1976, S. 74 f.
35) Ebd., S. 84.
36) W. Heist: Das deutsche Volk und die Demokratie, in: Der Ruf I, Nr. 16, S. 1 f.
37) J. Vaillant 1978, S. 123, 134, 229.
38) So E. Franzel: Fenstersturz und Logik in Prag, in: Der Ruf III, Nr. 7, S. 5 f.
39) P. W. Haurand, in: Ende und Anfang II, Nr. 15, S. 6 f.
40) Ende und Anfang III, Nr. 1/2, S. 2.
41) E. Schumacher: Deutschland 1947 – Ein Rückblick, in: Ende und Anfang II Jg., Nr. 19, S. 1–3.
42) Sandberg/Kunert 1978, S. 7.
43) Hofmann/Präger 1980, S. 52.
44) Sandberg/Kunert 1978, S. 212.
45) W. Dirks, Ein falsches Europa?, in: Frankfurter Hefte III, H. 7, S. 698–711.
46) H. Gysi: Symptom, in: Aufbau IV (1948), S. 642.
47) B. Baerns 1968, S. 51 ff.
48) A. Kantorowicz: Einführung, in: Ost und West I (1947) H. 1, S. 7 f.
49) B. Baerns 1968, S. 179 f.
50) Vgl. den ausführlichen Artikel des Hrsg. „Abschied“, H. 12 (Dez. 1949), S. 77–101.

51) G. Zürcher in: Born/Manthey 1977, S. 322 f. Dort auch die Zitate.
52) In: Richter 1962, S. 447 f. Ähnlich im grundsätzlichen Urteil Raddatz 1979.
53) Zürcher in: Born/Manthey 1977, S. 320.
54) Rühmkorf in: Richter 1962, S. 450.
55) Raddatz 1979.
56) Deutsche Literaturgeschichte 1979, S. 444.
57) Zitiert nach Raddatz 1979, S. 33.
58) Dazu ausführlich: Gehring 1976.
59) Schmieding in: Bracher 1970, S. 190.
60) Wehdeking in: Born/Manthey 1977, S. 149.
61) Deutsche Literaturgeschichte 1979, S. 448 f.
62) H. Böll in: Born/Manthey 1977, S. 151.

Kapitel VI

Kalter Krieg und Spaltung Deutschlands

1. Der Kalte Krieg als „reaktive Mechanik“

Der Begriff des Kalten Krieges ist bis heute in der historisch-politischen Literatur ebenso verbreitet wie inhaltlich unscharf. Populär gemacht wurde er 1947 durch den amerikanischen Journalisten Walter Lippmann, der sich mit einem berühmt gewordenen, mit „X“ gezeichneten Artikel von George Kennan, dem führenden Kopf im Planungsstab des Außenministeriums, auseinandersetzte. Kennan hatte in diesem Artikel über die „Ursachen des sowjetischen Verhaltens“ die Grundlinien seiner „containment“-Politik formuliert[1]). Diese Begriffsgeschichte trägt jedoch nur insoweit zur Klärung der Sache bei, als sie einen Anhaltspunkt dafür liefert, den Beginn des Kalten Krieges in seiner manifesten Form im Jahr 1947 anzusetzen. Denn über seine Ursachen, seinen Beginn und sein Ende existiert bislang in der Literatur kein Konsens. Die Fülle der Arbeiten dazu ist kaum noch übersehbar[2]).

Grob vereinfacht lassen sich unter den Historiographen des Kalten Krieges drei Gruppen unterscheiden. Die bis in die sechziger Jahre dominierenden „Traditionalisten“ sahen den Ursprung der harten Ost-West-Konfrontation im ideologisch oder machtpolitisch motivierten Expansionsstreben der Sowjetunion, auf das Amerika erst nach einigem Zögern mit der Strategie der „Eindämmung“ reagiert habe. Die in der Schule des amerikanischen Historikers Williams stehenden „Revisionisten“, die vor allem in der Zeit des Vietnam-Krieges auf ein gesteigertes Interesse stießen, gehen demgegenüber davon aus, daß die ökonomischen Globalziele der USA, die 1945 als stärkste Macht angesehen werden mußten, die legitimen Sicherheits- und Wiederaufbauinteressen der im Krieg ruinierten Sowjetunion in Frage gestellt und damit entsprechende sowjetische Gegenreaktionen provoziert habe. Die radikale Richtung unter der in sich sehr heterogenen Gruppe der Revisionisten sieht im amerikanischen Wirtschaftssystem die letztlich entscheidende Antriebskraft für die politische Expansion. In den außenwirtschaftlichen Interessen der USA zur Durchsetzung einer liberalen Welthandelsordnung, zur Sicherung von Absatzmärkten und Kapitalanlagen und zur Vermeidung einer Depression vom Ausmaß der dreißiger Jahre ist nach dieser Interpretation die Ursache des Kalten Krieges zu sehen. Radikale Traditionalisten und Revisionisten gehen somit im Grund beide von einem Systemdeterminismus mit entgegengesetzten Vorzeichen aus.

Eine vor allem die jüngste Diskussion bestimmende dritte Gruppe versucht, die Ergebnisse der Revisionisten aufzunehmen, aber ihre unübersehbaren Einseitigkeiten und Schwächen zu vermeiden. Konkret bedeutet dies vor allem, trotz der sehr ungleichen Quellensituation für die Rekonstruktion des amerikanischen und sowjetischen Entscheidungsablaufs stärker den Wechselprozeß in der amerikanisch-sowjetischen Politik zu erfassen. Auch wenn die Forschung noch weit davon entfernt ist, insbesondere die innenpolitischen Bedingungen des Kalten Krieges[3]) hinreichend klären und plausibel machen zu können, dürfte dieser dritte Ansatz am ehesten weiterführen.

Kalter Krieg soll hier, anders als bei Autoren, die ihn als Systemkonflikt bereits mit der Oktoberrevolution beginnen lassen oder ihn gar als Variante eines universalhistorischen Konflikttypus auffassen[4]), als eine spezifische zeitlich eingrenzbare Form der bipolaren Blockkonfrontation verstanden werden, die sich nach 1945 herausbildete und 1947 in ihr offenes Stadium trat. Sie ist durch hohe Integrationsdichte der beiden Blöcke und eine scharfe, aber nichtkriegerische Spannung bestimmt, die auf nahezu alle Ebenen der jeweiligen Innenpolitik und der gegenseitigen Beziehungen zurückwirkt. Das Grundmuster der Entstehung des Kalten Krieges wird hier im Anschluß an Loth u. a. als eine Art „reaktiver Mechanik"[5]) verstanden, d. h. als „Mechanismus wechselseitiger Fehlwahrnehmungen und Konflikteskalation: Die amerikanischen Entscheidungsträger mißdeuteten die Sicherheitspolitik der Sowjetunion als Beleg für prinzipiell unbegrenzten sowjetischen Expansionismus und reagierten mit der Verweigerung weiterer Kooperation; die sowjetische Führung mißdeutete diese Kooperationsverweigerung als Beleg für einen notwendigerweise aggressiven Charakter des expandierenden US-Kapitalismus und reagierte mit weiterer Verhärtung ihrer Sicherheitspolitik"[6]).

Obwohl sich bereits vor 1947 mehrere Stufen in diesem Prozeß beobachten lassen, bildete erst dieses Jahr mit der Verkündung der Truman-Doktrin und des Marshall-Plans und der Kominform-Gründung den Ausgangspunkt für eine bis 1955 formell abgeschlossene Blockbildung zwischen Ost und West, die zugleich die zentrale Determinante für die Geschichte der Teilung Deutschlands ist. Deutschland war nicht die Ursache des Kalten Krieges, aber es wurde von seinen Folgen am unmittelbarsten getroffen. Auf beiden Seiten gab es zumindest starke Kräfte, die aus verschiedenartigen Gründen an einer Fortführung der Kooperation der Kriegszeit interessiert waren. Das Hauptproblem bestand jedoch darin, ob Bedingungen herstellbar waren, unter denen sich trotz gravierender Interessendifferenzen und eines strukturellen Übergewichts der ökonomisch starken USA gegenüber der kriegszerstörten Sowjetunion eine solche Kooperation herstellen ließ[7]).

Für die USA war das sowjetische Verhalten in Osteuropa und insbesondere in Polen ein wichtiger Testfall für eine derartige Möglichkeit[8]). Dieser Test verlief negativ, insofern er das amerikanische Mißtrauen verstärkte und eine allmähliche Konzentration des amerikanischen Interesses auf die Gebiete förderte, die von zentraler Bedeutung waren: Westeuropa, Deutschland und den Vorderen Orient. Andererseits nährten die USA durch ihre unklare und mißdeutbare Osteuropa-Politik, durch die Verweigerung eines von der Sowjetunion 1945 erbetenen 6-Milliarden-Dollarkredits, durch ihre gegenüber der Sowjetunion restriktive Reparationspolitik, die Schaffung der Bizone und die Verweigerung einer Beteiligung an der Ruhrgebietskontrolle und schließlich durch ihr Atomwaffenmonopol das Mißtrauen der schon traditionell unter einem Einkreisungstrauma leidenden Sowjetunion. Diese zog sich immer stärker auf den unter ihrer unmittelbaren Kontrolle stehenden Machtbereich zurück und praktizierte dort immer deutlicher einen rüden Stil der Machtsicherung und der Reparationseintreibung, um sich so in Osteuropa und in Deutschland eine feste Position für den Fall des Scheiterns der Kooperationsstrategie, an der prinzipiell bis 1947 festgehalten wurde, zu schaffen. Während der aus dieser Zielsetzung resultierende Integrations- und Uniformierungsprozeß seit 1947 für die osteuropäischen Länder definitiv war, stand er trotz vieler äußerer und innerer Parallelen für die SBZ hypothetisch zumindest bis 1952 noch unter einem gesamtdeutschen Vorbehalt und schloß politische Alternativen nicht völlig aus. In den Rahmen dieses Interpretationskonzepts sind die markanten Knoten- und Höhepunkte des Kalten Krieges vom Jahre 1947 bis zum Abschluß der Blockintegration 1955 einzuordnen.

Am 12. März 1947, zwei Tage nach der Eröffnung der mit vielen Hoffnungen verbundenen Moskauer Außenministerkonferenz, die jedoch in den zentralen Fragen keine Einigung brachte, hielt Präsident Truman vor dem Kongreß eine Rede, deren wesentlicher Inhalt als „Truman-Doktrin" in die Geschichte eingegangen ist. Sie wurde durch die krisenhafte innenpolitische Situation in Griechenland und in der Türkei veranlaßt, die nach dem unmittelbar bevorstehenden Rückzug Großbritanniens als ernste Bedrohung der amerikanischen Interessen im Mittelmeer und im Vorderen Orient angesehen wurde. Die Bitte des Präsidenten an den Kongreß um finanzielle und personelle Hilfe war jedoch in eine politische Form gekleidet, die nur noch wenig mit diesem Anlaß zu tun hatte und eine unübersehbare antisowjetische Note besaß, obwohl die Sowjetunion nicht genannt wurde. „Im gegenwärtigen Abschnitt der Weltgeschichte", hieß es in einem zentralen Passus der Rede[9]), „muß fast jede Nation ihre Wahl in bezug auf ihre Lebensweise treffen. Nur allzu oft ist es keine freie Wahl. Die eine Lebensweise gründet sich auf den Willen der Mehrheit und zeichnet sich durch freie Einrichtungen, freie Wahlen, Garantie der individuellen Freiheit, Rede- und Religionsfreiheit und Freiheit vor politischer Unterdrückung aus. Die zweite Lebensweise gründet sich auf den Willen einer Minderheit, der der

Mehrheit aufgezwungen wird. Terror und Unterdrückung, kontrollierte Presse und Rundfunk, fingierte Wahlen und Unterdrückung der Freiheiten sind ihre Kennzeichen. Ich bin der Ansicht, daß es die Politik der Vereinigten Staaten sein muß, die freien Völker zu unterstützen, die sich der Unterwerfung durch bewaffnete Minderheiten oder durch Druck von außen widersetzen."

Als Formulierung einer globalen außenpolitischen Maxime war diese Rede eine klassische Vorwegnahme der Kalte-Kriegs-Ideologie, indem sie die Welt säuberlich in zwei Lager einteilte und dazwischen keine dritte Option offenließ. Dennoch muß vor allem die innenpolitische Funktion dieser Rede gesehen werden. Der Präsident zog alle rhetorischen Register – dabei war eine antikommunistische Argumentation besonders wirksam –, um die Bewilligung der Gelder durchzusetzen. Das Erschrecken über die globale Form der Zielformulierung war denn auch bei nüchternen Beobachtern wie George Kennan beträchtlich[10]). Interessanterweise hat jedoch die sowjetische Politik zunächst auf diesen Frontalangriff kaum reagiert. Die Moskauer Parteipresse referierte vor allem die inneramerikanische Kritik an Truman[11]), und noch während der Außenministerkonferenz gab Stalin am 9. April dem amerikanischen Journalisten Stassen ein Interview, in dem er die Möglichkeit einer Kooperation zwischen den USA und der Sowjetunion nachdrücklich unterstrich und für wünschenswert erklärte. Als Bedingung nannte er freilich die wechselseitige Anerkennung der unterschiedlichen Gesellschaftssysteme: „Man dürfe sich nicht dazu hinreißen lassen", hieß es in dem veröffentlichten Text[12]), „das System des anderen zu kritisieren. Jedes Volk halte an dem System fest, an dem es festhalten wolle und könne . . . Man müsse die vom Volk gebilligten Systeme achten. Nur unter dieser Bedingung sei eine Zusammenarbeit möglich".

Die wenige Monate darauf erfolgende Marshall-Plan-Initiative, die sich als ökonomische Ergänzung der Truman-Doktrin verstehen ließ, rief dagegen ein dezidiert negatives sowjetisches Echo hervor, weil damit offensichtlich der von Stalin geforderte Grundsatz der Respektierung unterschiedlicher Systeme in Frage gestellt wurde. Insofern läßt sich diese Initiative im Ergebnis als die entscheidende Zäsur für den offenen Ausbruch des Kalten Krieges interpretieren. Entstehung und Zielsetzung des Marshall-Plans waren und sind dennoch umstritten. Im Text der Rede Marshalls vom 5. Juni 1947 findet sich ein Kernsatz, der eher eine gegenläufige Tendenz zur Truman-Doktrin beinhaltet: „Unsere Politik richtet sich nicht gegen irgendein Land oder irgendeine Doktrin, sondern gegen Hunger, Armut, Verzweiflung und Chaos"[13]). Die entscheidende Vorbedingung für eine amerikanische Hilfeleistung zur „wirtschaftlichen Wiederaufrichtung Europas" sollte jedoch ein „gemeinsames Programm" der europäischen Staaten, d. h. eine koordinierte Planung über die Verwendung der Kredite sein. Darin lag in sowjetischen Augen der eigentliche „Pferdefuß" des Planes, der schließlich in der gesamten osteuropäischen und sowjetzonalen Öffentlichkeit zu einem gigantischen Manöver zur Versklavung

Quelle: R. Wildermuth, Als das Gestern heute war, München 1981.

Europas, zur gesellschaftlichen Restauration und zur Teilung Deutschlands durch den US-Imperialismus hochstilisiert wurde (D 77).

Zunächst bestand nicht nur bei den osteuropäischen Regierungen, insbesondere Polen und der Tschechoslowakei, sondern auch in Moskau selbst Interesse an einer Beteiligung. Zur Konferenz in Paris, auf der die Modalitäten des Marshall-Vorschlags, der ja auch noch kein ausgearbeiteter Plan war, und erst seit April 1948 „European Recovery Program" (ERP) hieß, beraten werden sollte, reiste Außenminister Molotow am 27. Juni mit einem Stab von 89 Experten an – ein deutliches Zeichen der Bedeutung dieser Konferenz für die Sowjetunion und ihr ungemindertes Interesse an amerikanischer Kredithilfe (D 76). Als Molotow jedoch mit seinen Vorstellungen von bilateraler Kreditvergabe nicht durchdringen konnte, reiste er nach drei Tagen wieder ab. Damit war zugleich negativ über eine Einbeziehung Polens und der ČSR in den Marshall-Plan entschieden[14]).

Diese Absage ist von den USA von vornherein einkalkuliert worden. Das Kernstück des Planes, die zumindest grobe Abstimmung der europäischen Volkswirtschaften, schien der Sowjetunion inakzeptabel, weil es die Offenlegung von Planungsdaten bedeutet hätte und außerdem die Furcht auslöste, Osteuropa solle auf diesem Weg auf einem relativ niedrigen Niveau in die Rolle eines Lieferanten von Rohstoffen und Agrarprodukten gedrängt werden. Zudem war die Zielsetzung, Deutschlands ökonomischen Wiederaufbau mit amerikanischen Krediten voranzutreiben, ein Stein des politischen Anstoßes. Noch bedrohlicher wurde die Situation in den Augen der Sowjetunion, als die meisten osteuropäischen Regierungen trotz Molotows Abreise weiterhin Interesse am Marshall-Plan bekundeten und z. T. bereits Zusagen für die Teilnahme an einer weiteren Konferenz in Paris gegeben hatten, um auf der Basis der britisch-französischen Vorschläge weiterzuverhandeln. Denn damit drohten sich die Bindungen zwischen der Sowjetunion und den Staaten in ihrem Vorfeld, die ohnehin noch starken innenpolitischen Belastungen ausgesetzt waren, zu lockern, und ein zentrales sowjetisches Ziel schien in Frage gestellt. Unter massivem sowjetischen Druck wurden daher die Zusagen zurückgenommen und eine große Propagandakampagne gegen den Marshall-Plan entfacht.

John Gimbel hat die Entstehungsgeschichte des Marshall-Plans in völlig neuem Lichte dargestellt[15]). Danach gab es weder einen ausgearbeiteten Plan, noch lag ihm primär eine antisowjetische Eindämmungsstrategie zugrunde. Vielmehr sei, so meint Gimbel, die ökonomische Misere Deutschlands und insbesondere der Bizone der eigentliche Auslöser umfassender amerikanischer Hilfsmaßnahmen gewesen. Um eine derartige Hilfe jedoch für die übrigen Europäer tragbar und politisch akzeptabel zu machen, habe sie in ein europäisches Gewand gekleidet werden müssen. So wichtig die bis dahin unterbewertete deutschlandpolitische Komponente ist, so muß sie doch für die Gesamtbeurteilung des Plans ergänzt werden durch zwei weitere Faktoren: die ökonomisch-politische Stabilisierung Westeuropas und damit indirekt auch der USA und die strategische Eindämmung des Kommunismus[16]). Mag auch die Gewichtung dieser drei Elemente umstritten bleiben, so ist sie zumindest für die faktische Wirkung des Marshall-Plans bedeutungslos. Die Sowjetunion sah aus den angegebenen Gründen ihre Interessen ernsthaft gefährdet. Sieht man von den publizistischen Kampagnen und der Mobilisierung der westeuropäischen kommunistischen Parteien gegen den Plan einmal ab[17]), so läßt sich die sowjetische Gegenreaktion vor allem in zwei Formen fassen: in der Gründung des Kommunistischen Informationsbüros (Kominform) im September 1947 als politischer Koordinationsstelle und in der Schaffung des Rats für gegenseitige Wirtschaftshilfe (RGW) im Januar 1949 als Gegenstück zur europäischen Marshall-Plan-Organisation OEEC (Organization for European Economic Cooperation).

Auf der Gründungssitzung des Kominform in Szklarska Poręba (Schreiberhau) in Polen formulierte Andrej Shdanow die ideologische Maxime, der Osteuropa

Werbeplakat für den Marshall-Plan und den europäischen Wiederaufbau 1948.

und alle moskautreuen westeuropäischen Kommunisten fortan zu folgen hatten: Nach dem Ende des Zweiten Weltkrieges hätten sich zwei Lager in der Welt herausgebildet, das imperialistische und antidemokratische unter Führung der USA einerseits, das antiimperialistische und demokratische mit der Sowjetunion an der Spitze andererseits. Den Kommunisten wurde es zur Pflicht gemacht, „alle wirklich patriotischen Elemente (zu) unterstützen“ und die führende Kraft im Kampf gegen „die neuen amerikanischen Expansionspläne zur Versklavung Europas“ zu bilden[18]). Mit diesem Programm verfielen alle Versuche nationalkommunistischer Varianten und Zwischenformen, wie sie die ersten Nachkriegsjahre gekennzeichnet hatten, dem ideologischen Verdikt, insbesondere seit im Frühjahr 1948 der Konflikt mit Belgrad die Gefahr des „Titoismus“ für die Uniformität des östlichen Lagers offenkundig gemacht hatte[19]). Der damit einsetzende Stalinisierungsprozeß in Osteuropa und im östlichen Deutschland gab seinerseits einem immer entschiedeneren Antikommunismus in Westeuropa und den USA ständig neue Nahrung, der seinerseits wieder als Rechtfertigung stalinistischer Herrschaftspraxis fungierte.

Die ökonomische Antwort der Sowjetunion auf den Marshall-Plan, der RGW, blieb dagegen wenig wirksam. Als multilaterale Organisation paßte er im Grunde nicht in das stalinistische Konzept von Außenbeziehungen, die sich im wesentlichen auf bilateraler Basis abspielten. Gerade das gelang nicht, was als Antwort auf den Marshall-Plan gedacht war: eine volkswirtschaftliche Arbeitsteilung und Koordination unter den Beteiligten[20]).

Für die westlichen Besatzungszonen war mit der Annahme des Marshall-Plans, über die es unter allen relevanten politischen Kräften – mit Ausnahme der KPD – keinen ernsthaften Dissens gab[21]), der Weg zur Westintegration vorgezeichnet. Insbesondere die Gewerkschaften diskutierten den Marshall-Plan zwar kontrovers, jedoch erhielt Böckler auf dem außerordentlichen DGB-Kongreß der britischen Zone im Juni 1948 eine große Mehrheit für seinen zustimmenden Antrag. „Wir halten es als Realpolitiker, die wir sind“, erklärte er[22]), „für richtig, uns zum Marshall-Plan zu bekennen und alle Kräfte darauf zu konzentrieren, die Vorteile restlos auszuschöpfen und all dem rechtzeitig zu begegnen, was wir als Nachteile des Plans empfinden“. Abgesehen davon, daß für eine Ablehnung keine Mehrheit unter den Gewerkschaftsmitgliedern zu bekommen war, hätte sie mit Sicherheit eine Spaltung der Einheitsgewerkschaft zur Folge gehabt.

Es spricht einiges für die These, daß – entgegen der Wahrnehmung der Zeitgenossen – die primäre Bedeutung des Marshall-Plans auf politischem und nicht auf wirtschaftlichem Gebiet lag. Die Mittel, die Westdeutschland aus dem amerikanischen Hilfsprogramm für die besetzten Länder (GARIOA) seit 1946 bekam, waren mit 1,620 Milliarden Dollar höher als die gesamte westdeutsche Marshall-Plan-Hilfe von 1,537 Milliarden Dollar (bis 1952)[23]). Die Möglichkeit zum gezielten Einsatz von Investitionen in Engpaßbereichen durch die amerikanischen Gelder ist für den schnellen ökonomischen Rekonstruktionsprozeß sicherlich nicht zu unterschätzen. Dennoch sind langfristig die außenwirtschaftliche, außenpolitische und militärpolitische Einbindung in das westliche Bündnissystem noch folgenreicher gewesen, die mit dem Marshall-Plan schon vorbereitet wurde[24]). In diesem Sinne stellte das State-Department kurz vor der Gründung der NATO (April 1949) fest: „The Northern Atlantic Pact is a necessary complement to the broad economic coordination now proceeding under the ERP"[25]).

2. Ausbau der Bizone, Währungsreform und Berlin-Blockade

„Deutschland befindet sich in einer Lage", schrieb die „Rheinische Zeitung" im März 1947[26]), „die in vielen Dingen den Verhältnissen vor der Errichtung des Deutschen Zollvereins gleicht, auch wenn die Zollgrenzen fehlen, an deren Stelle allerdings die Zonengrenzen getreten sind". Dieses harte Urteil charakterisierte nicht nur den Zonenseparatismus und seine verhängnisvollen ökonomischen und politischen Konsequenzen, sondern auch den anfänglichen Mißerfolg der Bizone. In ihrer ersten Stufe war sie ein System von Provisorien, dessen unzureichende Funktionsfähigkeit sich schon in der Verteilung der Verwaltungsämter auf weit auseinanderliegende Städte der britischen und amerikanischen Zone zeigte. So residierte das Amt für Wirtschaft in Minden, für Ernährung und Landwirtschaft in Stuttgart, für Verkehr in Bielefeld, für Finanzen in Bad Homburg und für Post in Frankfurt. Überdies konnten die Verwaltungsämter nicht unmittelbar Recht setzen, sondern waren für die Durchführung ihrer Beschlüsse von entsprechenden Gesetzen und Verordnungen der Länder abhängig. Gab es hier Konflikte, mußte ein alliierter Zwei-Mächte-Rat entscheiden.

War somit die Bizone zunächst als – wenig erfolgreiches – ökonomisches Provisorium, als Druckmittel gegen Paris und Moskau zur Herstellung der Wirtschaftseinheit und als Alternative für den Fall konzipiert, daß die Kooperation mit der Sowjetunion nicht funktionierte, so kehrte sich mit der in ihren wichtigsten Punkten gescheiterten Moskauer Außenministerkonferenz diese Reihenfolge um. Die Integration der Westzonen wurde immer stärker zu einem vorrangigen Ziel, demgegenüber die Wirtschaftseinheit eine zweitrangige Stelle einnahm. Kennan formulierte im Herbst 1947 als Ziel der amerikanischen Deutschland- und Europa-Politik, „Westdeutschland von kommunistischer Kontrolle freizuhalten" und dafür zu sorgen, daß es „besser in Westeuropa integriert wird" (D 78). Die Viermächteverhandlungen im Dezember 1947 in London und im Frühjahr 1948 dienten daher zunehmend nur noch „als Alibi im künftigen Prozeß über die Schuld an der Teilung Deutschlands"[27]).

Die innenpolitisch folgenreichste Entscheidung war die Schaffung des Bizonen-Wirtschaftsrats in Frankfurt am 29. Mai 1947 durch Clay und Robertson. Dieser Wirtschaftsrat stellte eine Art Quasi-Parlament dar und setzte sich aus 52 von den Länderparlamenten nach Parteiproporz gewählten Vertretern zusammen. Daneben gab es einen Exekutivrat, der von den Länderregierungen gebildet wurde, und ein Direktorium aus den Leitern der nun z. T. in Frankfurt konzentrierten Verwaltungsämter. Anfang 1948 fand nochmals eine Umbildung der Organisation statt: Die Zahl der Mitglieder im Wirtschaftsrat wurde auf 104 verdoppelt, der Exekutivrat zum Länderrat umgestaltet und das Direktorium in einen personell und in seinen Kompetenzen erweiterten Verwaltungsrat umbenannt. Damit war im Kern die spätere verfassungsmäßige Gliederung in Parlament, Ländervertretung und Regierung vorgebildet[28]). Dieser Ausbau der Bizone bedeutete auch eine verstärkte Parlamentarisierung und Politisierung. Wirtschafts- und gesellschaftspolitische Entscheidungen des Wirtschaftsrats erhielten ein größeres Eigengewicht und lassen sich nicht mehr nur als Ausführung amerikanischer Direktiven verstehen. Folgenschwer wurde insbesondere die Entscheidung der SPD, sich im Wirtschaftsrat auf die Rolle der „konstruktiven Opposition" zu beschränken, nachdem es ihr nicht gelungen war, den Posten des Direktors für Wirtschaft zu besetzen. Als die bürgerliche Mehrheit im Wirtschaftsrat den SPD-Kandidaten Alfred Kubel nicht wählte, zog sich die SPD zurück und überließ alle Direktorenposten den bürgerlichen Parteien. An die Stelle Kubels trat der neoliberale Ludwig Erhard. Die SPD glaubte mit dieser Strategie – getreu ihren gesellschaftspolitischen Vorstellungen –, eine realistische Alternative zur Erhardschen Politik aufzeigen und nach deren bald erwartetem Scheitern realisieren zu können[29]).

Mit dieser Politik erfolgten nicht nur wesentliche Weichenstellungen für die gesellschaftliche Entwicklung Westdeutschlands, wie sich insbesondere im Zusammenhang mit der Währungsreform und der Aufhebung der Zwangsbewirtschaftung erwies, sondern die Tatsache des Bizonenausbaus entwickelte zugleich ihre eigene Dynamik und stellte damit die gefährdete Einheit Deutschlands zusätzlich in Frage. Die Folgen dieser Entwicklung waren auch deutschen Politikern bewußt. So gab es nicht nur bei Parteien und Gewerkschaften, sondern auch seitens der Länder Versuche, der Separatstaatenentwicklung entgegenzuwirken und durch deutsche politische Initiativen den gesamtnationalen Zusammenhalt zu unterstreichen. Neben verschiedenen Versuchen und einer interzonalen Konferenz der Kultusminister im Februar 1948[30]) ist die vieldiskutierte Münchener Ministerpräsidentenkonferenz im Juni 1947 in diesen Zusammenhang einzuordnen[31]). Zumindest ist sie von den Zeitgenossen und lange Zeit auch von der Historiographie fast ausschließlich unter diesem

Aspekt, gewissermaßen als innerdeutsches Pendant zur Moskauer Außenministerkonferenz, gesehen worden.

Die Länderregierungschefs standen 1947 vor einem erheblichen Dilemma. Sie verstanden sich einerseits als Vertreter regionaler Interessen, andererseits gewissermaßen als Treuhänder der Reichseinheit, solange die Parteien ihre politischen Funktionen noch nicht wieder voll erfüllen konnten. Mit der Bizonenorganisation erfolgte nun aber eine stärkere Politisierung des Wirtschaftsrats in Frankfurt und eine Aufwertung der Parteien als Träger gesamtnationaler Verantwortung. Zugleich bedrohte diese potentiell zentralistische Organisation die föderalistischen Interessen. Erst vor diesem Hintergrund wird die – bezeichnenderweise von Bayern ausgegangene – Initiative zu einer gesamtdeutschen Konferenz voll verständlich. „Indem sie sich zugleich partikularistisch und reichstreu verstanden, versuchten die Landespolitiker das deutsche Schifflein zwischen der Skylla des drohenden Auseinanderfalls und der Charybdis eines zentralistischen Einheitsstaates hindurchzusteuern"[32]). Somit spielte hinter der gesamtdeutschen Fassade dieser Konferenz der Grundsatzkonflikt der Parteien untereinander und zwischen Parteiführung und Ministerpräsidenten eine zentrale Rolle.

Die Initiative zu dem Treffen ging vom bayerischen Ministerpräsidenten Ehard aus. In seinem Einladungsschreiben vom 7. Mai formulierte er als Ziel, die Konferenz solle den Weg zur wirtschaftlichen Zusammenarbeit und „künftiger politischer Zusammenfassung" ebnen. Um dieses Telegramm überhaupt abschicken zu dürfen, hatte er lange mit General Clay verhandeln müssen[33]). Angesichts der – wenn auch vorsichtig formulierten – politischen Ansprüche stieß die Einladung sofort auf heftige Kritik vor allem der SPD-Führung. Die Parteiführung in Hannover bestritt dem Ministerpräsidenten das Recht, als Sprecher des deutschen Volkes aufzutreten, dies sei vielmehr Sache der Parteien. Schumacher machte darüber hinaus das spezifische Dilemma der SPD deutlich, indem er darauf hinwies, daß sich kein sozialdemokratischer Ministerpräsident mit Vertretern der SED treffen könne, solange die SPD in der SBZ nicht zugelassen sei. Angesichts dieser Kritik steckte Ehard zurück und erklärte wirtschaftliche Verbesserungen zum Hauptziel der Konferenz. Demgegenüber forderten jedoch die Ministerpräsidenten der sowjetischen Zone, auch über die deutsche Einheit zu sprechen und als Tagungsort die alte Reichshauptstadt zu wählen. Die Länderchefs der britischen Zone beschlossen intern, auf keinen Fall die Diskussion politischer Fragen zuzulassen und folgten damit Schumachers Linie. In dieser politisch delikaten Situation „rettete" das französische Außenministerium die vom Scheitern bedrohte Konferenz insofern, als es den Vertretern seiner Zone die Teilnahme ausdrücklich nur unter der Bedingung erlaubte, daß keine politischen Fragen verhandelt würden. Damit waren Ehard und die deutschen Ministerpräsidenten den „schwarzen Peter" los und konnten ihn nach dem Scheitern der Konferenz in der Öffentlichkeit erfolgreich den ostzonalen

Ministerpräsidenten zuschieben. Diese reisten noch vor der Eröffnung der Konferenz wieder ab, als alle Vermittlungsversuche über die Tagesordnung gescheitert waren. Mit diesem Eklat – der sich im übrigen keineswegs auf die Konferenz insgesamt bezog, die unter den westzonalen Länderchefs fortgesetzt wurde – war deutlich geworden, wie weit die innerdeutsche Spaltung schon fortgeschritten war, wobei der SPD-SED-Konflikt eng mit der Spannung zwischen zentralen Parteien und föderalistischen Ländervertretungen verflochten war.

Der sowjetzonale Versuch vom Dezember 1947, im Vorfeld der Londoner Außenministerkonferenz mit der Volkskongreßbewegung eine Mobilisierung „von unten" für die deutsche Einheit zu initiieren und dafür alle Parteien und Massenorganisationen zu gewinnen, war unter diesen Umständen von vornherein zum Scheitern verurteilt.

Angesichts der in London deutlich gewordenen aussichtslosen Verhandlungssituation und der französischen Widerstände gegen einen Ausbau der Bizone begannen im Februar 1948 in London Sechsmächte-Gespräche (neben den drei Westalliierten wurden die Benelux-Länder eingeladen) über eine längerfristige Deutschlandpolitik[34]). Sie wurden zum Ausgangspunkt für das Auseinanderbrechen des Alliierten Kontrollrats und schließlich für den ersten Höhepunkt des Kalten Krieges, die Berliner Blockade. Neben wirtschaftlichen Beschlüssen wie der Teilnahme der Westzonen am Marshall-Plan und der Einrichtung der Kontrollbehörde für das Ruhrgebiet war die Empfehlung zur Bildung einer westdeutschen Regierung das wichtigste Ergebnis dieser Konferenz. Damit war der Weg zum westdeutschen Teilstaat auch nach außen hin vorgezeichnet. Die Sowjetunion protestierte gegen die Londoner Beschlüsse, und Marschall Sokolowski verließ am 20. März den Kontrollrat. Bereits jetzt kam es zu mehrfachen Behinderungen im Berlin-Verkehr und zu „kleinen Luftbrücken"[35]).

In seiner ganzen Schärfe brach der Berlin-Konflikt jedoch erst unmittelbar nach der *Währungsreform* aus. Denn damit war in der Tat der eigentliche Nerv jeder Form staatlicher Einheit getroffen. Sie war seit Jahren Gegenstand alliierter und deutscher Diskussionen gewesen, die Art ihrer Realisierung war jedoch nahezu ausschließlich das Produkt einer amerikanischen Entscheidung. Auf deutscher Seite wurden etwa 250 Pläne entwickelt[36]). Die Notwendigkeit einer Geldreform aufgrund des großen Geldüberhangs sowohl an Bargeld wie an Bankguthaben war unbestritten. Ohne sie war eine durchgreifende Besserung der deutschen Wirtschaftssituation nicht möglich. Durch neuere Untersuchungen hat freilich auch der Mythos der am 20. Juni durchgeführten Währungsreform als Start für das „Wirtschaftswunder" an Glanz eingebüßt[37]). Daß buchstäblich über Nacht die Schaufenster wieder voll waren und insgesamt der radikale Geldschnitt zu einem ökonomischen Erfolg wurde, war nur aufgrund eines vorausgegangenen kontinuierlichen Produktionsanstiegs möglich, der jedoch

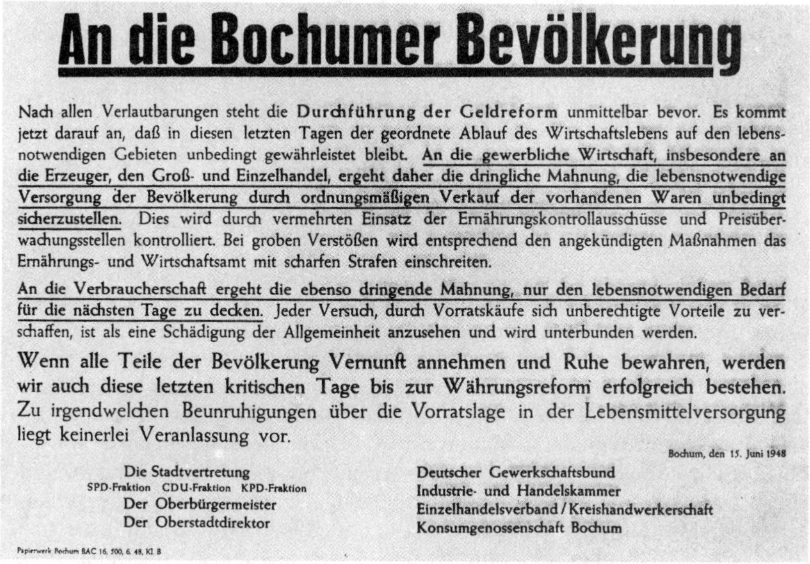

An die Bochumer Bevölkerung

Nach allen Verlautbarungen steht die **Durchführung der Geldreform** unmittelbar bevor. Es kommt jetzt darauf an, daß in diesen letzten Tagen der geordnete Ablauf des Wirtschaftslebens auf den lebensnotwendigen Gebieten unbedingt gewährleistet bleibt. An die gewerbliche Wirtschaft, insbesondere an die Erzeuger, den Groß- und Einzelhandel, ergeht daher die dringliche Mahnung, die lebensnotwendige Versorgung der Bevölkerung durch ordnungsmäßigen Verkauf der vorhandenen Waren unbedingt sicherzustellen. Dies wird durch vermehrten Einsatz der Ernährungskontrollausschüsse und Preisüberwachungsstellen kontrolliert. Bei groben Verstößen wird entsprechend den angekündigten Maßnahmen das Ernährungs- und Wirtschaftsamt mit scharfen Strafen einschreiten.

An die Verbraucherschaft ergeht die ebenso dringende Mahnung, nur den lebensnotwendigen Bedarf für die nächsten Tage zu decken. Jeder Versuch, durch Vorratskäufe sich unberechtigte Vorteile zu verschaffen, ist als eine Schädigung der Allgemeinheit anzusehen und wird unterbunden werden.

Wenn alle Teile der Bevölkerung Vernunft annehmen und Ruhe bewahren, werden wir auch diese letzten kritischen Tage bis zur Währungsreform erfolgreich bestehen. Zu irgendwelchen Beunruhigungen über die Vorratslage in der Lebensmittelversorgung liegt keinerlei Veranlassung vor.

Bochum, den 15. Juni 1948

Die Stadtvertretung
SPD-Fraktion CDU-Fraktion KPD-Fraktion
Der Oberbürgermeister
Der Oberstadtdirektor

Deutscher Gewerkschaftsbund
Industrie- und Handelskammer
Einzelhandelsverband / Kreishandwerkerschaft
Konsumgenossenschaft Bochum

Papierwerk Bochum BAC 16. 500. 6. 48. Kl. B

Aufruf der Parteien und Berufsverbände zur Währungsreform 1948.

kaum als Gesamtprozeß wahrgenommen werden konnte. Die Waren aus dieser Produktion wurden systematisch bis zum Tag der Währungsreform gehortet.

Der Gesamtkomplex „Währungsreform" bestand im wesentlichen aus vier Gesetzen[38]):

1. Das „Gesetz zur Neuordnung des deutschen Geldwesens" führte die DM-Währung ein und erlaubte jedem Einwohner, 50 DM (davon 40 DM sofort) einzutauschen. Ferner wurden die notwendigen Regelungen für Körperschaften, Gewerbebetriebe, Länder und Gemeinden getroffen. Nicht abgeliefertes oder nicht deklariertes Altgeld verfiel am 26. Juni.
2. Das „Emissionsgesetz" verlieh der im März 1948 neu gegründeten Bank deutscher Länder das Recht zur Ausgabe der Noten und begrenzte ihren Umlauf auf insgesamt zehn Milliarden DM.
3. Das „Umstellungsgesetz" hatte mit der einschneidenden Abwertung aller Guthaben im Verhältnis 10:1 vor allem für die Sparer und Schuldner die größte Bedeutung. Regelmäßige Leistungen wie Löhne, Gehälter, Renten, Pensionen, Mieten, aber auch Aktien, wurden im Verhältnis 1:1 umgestellt. Von den umgestellten Guthaben bis zu 500 DM sollte die Hälfte sofort verfügbar sein.

4. Das „Festkontengesetz“ vom 4. Oktober verfügte eine nochmalige Abwertung der blockierten Guthaben, so daß im Endeffekt die Altsparer eine Abwertung im Verhältnis von 100 Reichsmark zu 6,50 DM hinnehmen mußten.

Dieser Währungsschnitt, der erheblich schärfer ausfiel, als es Erhard geplant hatte, bedeutete eine große soziale Härte und Ungerechtigkeit, da er einseitig die Sparer traf und die Sachwertbesitzer verschonte. Die Diskussion um eine Währungsreform war daher auf deutscher Seite von Anfang an mit der nachdrücklichen Forderung nach einem Lastenausgleich verbunden. Besonders SPD und Gewerkschaften stellten die Notwendigkeit eines solchen Junktims immer wieder heraus. Auch Clay anerkannte diese Forderung, wenn er erklärte[39]): „In jedem Land, und ganz gewiß in Deutschland mit seinem Hang zum Sozialismus, würde eine Währungsreform ohne einen gewissen Lastenausgleich politisch unbeliebt sein. In Deutschland müßte sie das Zutrauen in die freie Marktwirtschaft herabsetzen“. Diese Einsicht schlug sich in der Präambel des Umstellungsgesetzes nieder, in der bis zum 31. Dezember 1948 ein entsprechendes deutsches Gesetz angekündigt wurde. Damit blieb die technisch und politisch besonders schwierige Ergänzung der Geldreform den Deutschen überlassen. Mit dem Soforthilfegesetz vom 8. 8. 1949[40]) wurde hier ein erster Schritt getan; daß aber ein umfassendes Lastenausgleichsgesetz erst 1952 zustandekam, bewies die Schwierigkeit, eine angemessene Lösung zu finden.

Ökonomisch wurde die Währungsreform hinsichtlich ihres stimulierenden Effekts für die Produktion ein durchschlagender Erfolg, obwohl die neue Währung eine reine Papierwährung ohne Deckungsvorschriften war und lediglich auf der Anwesenheit der Besatzungsmächte und dem Vertrauen der Bevölkerung in eine auf Knappheit ausgerichtete Geldpolitik beruhte[41]). Über Nacht wurde jetzt all das angeboten, was bisher gehortet worden war. Ebenso plötzlich verschwand der Schwarzmarkt. Dieser Effekt hing jedoch wesentlich mit der wichtigsten ordnungspolitischen Maßnahme zusammen, die zeitlich parallel lief und für die Erhard allein die entscheidende Verantwortung trug. Bereits vor der Währungsreform hatte der Wirtschaftsrat das „Leitsätzegesetz“ (D 80) verabschiedet, das dem Wirtschaftsdirektor weitreichende Vollmachten zur Wiederherstellung des Wettbewerbs einräumte. Erhard machte davon schon vor dem Inkrafttreten des Gesetzes Gebrauch. Er hob – entgegen bestehenden alliierten Vorschriften, aber mit nachträglicher Deckung durch Clay[42]) – die Preisbindung in den wichtigsten Bereichen auf. „Der einzige Bezugsschein ist jetzt nur noch die Deutsche Mark“, verkündete er in seiner Rundfunkrede[43]). Dies war insofern übertrieben, als nach wie vor die wichtigsten Rohstoffe und Nahrungsmittel bewirtschaftet wurden, aber rund 90 Prozent der Preisvorschriften wurden mit dem neuen Gesetz innerhalb eines Monats außer Kraft gesetzt. Hier ist somit der eigentliche Beginn der „sozialen Marktwirtschaft“ zu sehen, wenngleich sie zunächst alles andere als sozial war, weil die Verbindung mit dem

Lastenausgleich fehlte und die Preise selbst für bewirtschaftete Waren bis Ende des Jahres sprunghaft stiegen, so daß sich die Lebenshaltungskosten im zweiten Halbjahr 1948 um 17 Prozent erhöhten, und weil die Arbeitslosenzahlen sich bis Jahresende auf fast eine Million verdoppelten[44]).

Die mit einigen Tagen Verzögerung in der *SBZ* durchgeführte Währungsreform sah in ihrer Anlage ähnlich aus, war freilich weniger hart und hatte, da sie sich im Rahmen der Beibehaltung einer Planwirtschaft vollzog und auch von anderen Voraussetzungen ausgehen konnte, nicht die gleichen Auswirkungen[45]).

Der hohe Geldüberhang bei Kriegsende war in der SBZ durch die Sperrung aller Bank- und Sparguthaben schon erheblich verringert worden. Die so erreichte Geldblockierung war so stark, daß die deutsche Verwaltung sogar von der SMAD einen Kredit in Höhe von etwa 800 Millionen RM in Besatzungsgeld erhalten mußte. Überdies war das Rationierungs- und Lenkungssystem straffer, so daß zwar auch hier das grundsätzliche Problem einer Währungsreform bestand, aber nicht von so hoher Dringlichkeit war. Von der westzonalen Reform wurde die Sowjetunion daher zumindest insoweit überrascht, als sie zunächst noch keine neuen Geldscheine zur Verfügung hatte, sondern die alten Noten mit aufgeklebten Coupon verwenden mußte. Die Abwertung erfolgte auch hier im Verhältnis 10:1, die „Kopfquote" betrug jedoch 70 Mark und wurde sofort ausgezahlt. Die Sparguthaben wurden gestaffelt abgewertet: bis 100 RM im Verhältnis 2:1, bis 1000 RM 5:1, bis 5000 RM 10:1. Altsparguthaben vor 1945 wurden generell 10:1 umgestellt, die neuen Beträge jedoch nicht ausgezahlt, sondern in eine Zwangsanleihe umgewandelt. Da jedoch das System der Zwangsbewirtschaftung insgesamt bestehen blieb, dauerten in reduziertem Umfang zunächst auch Hortungs- und Schwarzmarktprobleme an. Das fehlende Vertrauen in die neue Währung zeigte sich nicht zuletzt in Berlin, wo beide Währungen anfangs gleichberechtigt nebeneinander existierten, bis sich im Oktober 1948 bereits ein Kurs von 1:4 zwischen West- und Ostmark eingependelt hatte.

Eine unmittelbare Folge der Währungsreform in den Westzonen war die *Berliner Blockade*. Ihre Ursachen lagen jedoch tiefer. Tatsächlich war sie ein letzter massiver Versuch, die Bildung eines westdeutschen Staates doch noch zu verhindern. Sie war weder auf östlicher noch auf westlicher Seite Bestandteil einer langfristigen politischen Strategie, vielmehr zeigt ihr Ablauf fast modellhaft die reaktive Mechanik der Konflikteskalation. Eine wirkliche Kriegsgefahr, so läßt sich heute feststellen, bestand zwar nicht, sieht man von Churchills schon zwei Monate zuvor gemachtem Vorschlag eines präventiven Atomschlags ab, gleichwohl glaubten damals Politiker und Teile der Öffentlichkeit an eine solche unmittelbar bevorstehende Gefahr[46]).

In der DDR-Historiographie wurde die Blockade als defensive „vorübergehende Sperrung" der Verkehrsverbindungen dargestellt[47]). Daran ist soviel richtig, daß die sowjetische Zone solange vor der Überschwemmung mit entwerteter Reichsmark geschützt werden mußte, bis dort ebenfalls eine Währungsreform durchgeführt worden war[48]). Die zeitliche Abfolge der Ereignisse zeigt indes, daß die ursächlichen Zusammenhänge anders waren. Zudem gab Marschall Sokolowski in einem Gespräch mit Clay offen zu verstehen, daß die „technischen Schwierigkeiten“, mit denen die Blockade offiziell begründet wurde, solange dauern würden, bis der Plan eines westdeutschen Staates begraben sei[49]).

Am 18. Juni gaben die Westmächte die bevorstehende Währungsreform bekannt, in die Berlin zunächst nicht einbezogen werden sollte. Am folgenden Tag erließ die SMAD einen Aufruf, das neue Geld sei in der SBZ und in Groß-Berlin nicht zugelassen, gegebenenfalls seien zur Verhinderung wirtschaftlicher Desorganisation „weitere Maßnahmen“ erforderlich. Es setzten scharfe Kontrollen und Behinderungen, aber noch keine vollständige Blockade ein. Am 22. Juni kündigte Sokolowski den Westmächten an, die Sowjetunion sei gezwungen, aufgrund der schwierigen Lage jetzt in ihrer Zone und in Groß-Berlin eine Währungsreform durchzuführen. Am gleichen Tag erörterten Finanzexperten der vier Mächte die Auswirkungen getrennter Währungen auf Berlin. Mit dem sowjetischen Vorschlag, die Ost-Währung in ganz Berlin einzuführen, erklärte sich nur der französische Vertreter einverstanden, während er von den angelsächsischen Mächten abgelehnt wurde. Als es zu keiner Einigung kam, verfügten die Sowjets die Gültigkeit ihrer Währung auch in den Westsektoren. Daraufhin dehnten die Westmächte ihre Währungsreform am 23. Juni auch auf Westberlin aus. In der folgenden Nacht begannen die Sperrungen im gesamten Personen- und Güterverkehr, in den Lebensmittel- und Stromlieferungen. Daraufhin wurde schon am 24. Juni eine westliche wirtschaftliche Gegenblockade wirksam: Aus der Bizone kamen keine Kohle- und Stahllieferungen mehr in die Ostzone. Am 24./25 Juni setzte Clay den Entschluß zur Luftbrücke durch. Die Luftkorridore waren die einzige schriftlich bestätigte Verbindung nach Berlin, während die übrigen Zugangsrechte lediglich, wie die Amerikaner überrascht feststellen mußten, auf Gewohnheitsrecht und „einer mündlichen Vereinbarung“ beruhten. Zugleich ließ der Nationale Sicherheitsrat der USA 60 B-29-Bomber, auch als „Atombomber“ bekannt, nach England verlegen[50]). Die Drohung eines atomaren Gegenschlags wurde damit deutlich gemacht. Den Vorschlag Clays, mit einem bewaffneten Konvoi die Blockade aufzubrechen, akzeptierte Washington jedoch wegen der damit verbundenen kriegerischen Risiken nicht.

Wie sehr sich der Konflikt verselbständigte und mit dem Anlaß der Währungsreform kaum noch etwas zu tun hatte, zeigten die Verhandlungen der folgenden Monate. Bereits am 29. Juni forderte Sokolowski zur Wiederherstellung des Interzonenhandels auf. Im August kam es in Moskau zu interalliierten Verhandlungen, an denen streckenweise sogar Stalin selbst beteiligt war und die mit einer

Direktive an die Berliner Kommandanten endete, die Blockade aufzuheben und die Ost-Währung in ganz Berlin einzuführen. Diese Direktive scheiterte jedoch an der technischen Umsetzung. Das Signal zur Beendigung der Krise setzte Stalin mit einem Interview im Januar 1949, in dem von den Währungsfragen gar nicht mehr die Rede war. Auf dieser Basis wurden dann am 12. Mai Blockade und Gegenblockade aufgehoben[51]).

Waren zunächst weder die Sowjetunion auf eine separate Währungsreform noch die USA auf eine Luftbrücke vorbereitet gewesen, so hatte der Berlin-Konflikt doch schnell symbolischen und damit grundsätzlichen Charakter erhalten. Wenn die sowjetische Intention gewesen war, Verhandlungen über die Gründung eines Weststaates und dessen Westintegration zu erzwingen, so erwies sich die Blockade als ein totaler Fehlschlag. Zwar ist eine solche Suspendierung der Weststaatsgründung in Washington während der Blockade durchaus ernsthaft diskutiert worden, jedoch hat sich die von Clay vertretene harte Position behauptet. Möglich wurde dieser schnelle Erfolg nicht zuletzt deswegen, weil „das Spektakel der Blockade den antikommunistischen Konsens in Westdeutschland, Westeuropa und den USA in einem Ausmaß förderte, daß sich ein Rückzug innenpolitisch kaum mehr durchsetzen ließ“[52]). Das sowjetische Ziel, die Verhinderung eines westdeutschen Staates, wurde ins Gegenteil verkehrt. Unter dem Druck der Blockade liefen die Beratungen über eine westdeutsche Verfassung in erhöhtem Tempo an.

3. Parlamentarischer Rat, Grundgesetz und Besatzungsstatut

Die Londoner Sechs-Mächte-Konferenz und die auf ihr verabschiedeten Empfehlungen, die in leicht veränderter Form als „Frankfurter Dokumente“ den deutschen Ministerpräsidenten übergeben wurden, bildeten den formalen Ausgangspunkt für die Entstehung des Grundgesetzes und der Bundesrepublik Deutschland. Dieser ersten Phase der westalliierten Verständigung folgte eine zweite Phase der Beratungen der deutschen Ministerpräsidenten und Parteiführer untereinander und mit den Besatzungsmächten. Die dritte Phase bildeten schließlich die vor allem auf den Ergebnissen des Verfassungskonvents von Herrenchiemsee basierenden Beratungen des Parlamentarischen Rats in Bonn, die dann freilich nochmals mit den Alliierten abgestimmt werden mußten, bevor das Grundgesetz durch die Länderparlamente ratifiziert werden konnte.

Die Londoner Empfehlungen legten erstmals seit dem Bruch im Kontrollrat die Arbeitsgrundlage der westlichen Deutschlandpolitik fest und leiteten damit einen neuen Abschnitt der Besatzungszeit ein[53]). Sie blieben nur hinsichtlich der Aufrechterhaltung von Entmilitarisierung und Sicherheit im Rahmen des

Potsdamer Abkommens. Im übrigen lösten sie sich aber doch davon, indem sie den europäischen und deutschen Wiederaufbau eng miteinander verzahnt sahen. Frankreich war erst nach massivem amerikanischem Druck auf diese gemeinsame Position eingeschwenkt[54]). Der Wortlaut der Londoner Empfehlungen und der Frankfurter Dokumente verdeckte somit durch allgemein gehaltene Formulierungen gravierende Meinungsverschiedenheiten unter den Westalliierten. Eben daraus sollten sich harte Konflikte ergeben.

Die „Frankfurter Dokumente" vom 1. 7. 1948 bestanden aus drei Teilen[55]). Im ersten wurden Auftrag und Grundzüge für eine westdeutsche Verfassungsgebung skizziert, im zweiten die Aufforderung zur Neugliederung der Länder formuliert und im dritten die Umrisse eines Besatzungsstatuts wiedergegeben (D 81). Sieht man von dem durchaus wichtigen, aber politisch weniger brisanten Problem einer territorialen Neugliederung der in Größe, Bevölkerungszahl und Leistungskraft extrem unterschiedlichen Länder ab, so bildete insbesondere die Verbindung von Verfassungsrichtlinien und Besatzungsstatut mit Hinweisen auf Ruhrgebietskontrolle, Demontage und generelle innenpolitische Eingriffsmöglichkeiten ein schwerwiegendes politisches Problem für die Deutschen. Trotz aller Versuche der Alliierten, die deutschen Bedenken durch den Hinweis zu zerstreuen, es handele sich um zwei völlig getrennte Dinge und die Verfassungsberatungen sollten dadurch nicht beeinträchtigt werden, wurde mit dieser Verbindung der tatsächliche Zustand eines besetzten Landes und einer auch nach der Verfassungsgebung gravierend eingeschränkten Souveränität unterstrichen. Hier lag denn auch der eigentliche Kern der innenpolitischen Konflikte um die außenpolitische Orientierung in der Frühphase der Bundesrepublik.

Die Formulierungen zur künftigen Verfassung im ersten Frankfurter Dokument weckten unter den deutschen Politikern einerseits Befürchtungen hinsichtlich einer extremen Föderalisierung, andererseits sahen die süddeutschen Föderalisten dadurch ihr Konzept tendenziell bestätigt. Insgesamt gab es jedoch Anhaltspunkte, daß die Westalliierten sich noch nicht auf ein gemeinsames verfassungspolitisches Konzept geeinigt hatten und somit den Deutschen beträchtliche Gestaltungsmöglichkeiten offenblieben[56]). Auf eine solche Situation war die deutsche Seite auch durchaus vorbereitet. Verschiedene Parteigremien hatten sich mit den Problemen einer künftigen Verfassung beschäftigt, so daß ein Berater Clays bissig bemerkte: „Every German has a constitution in his pocket"[57]). Dabei lassen die von der SPD auf ihrem Nürnberger Parteitag 1947 offiziell verabschiedeten „verfassungspolitischen Richtlinien"[58]) ein Konzept erkennen, das sich „kaum von einem dezentralisierten Einheitsstaat Weimarer Prägung unterschied"[59]). Dagegen waren die in sich keineswegs einheitlichen CDU-Vorstellungen viel stärker vom föderalistischen Prinzip geprägt, wobei insbesondere die extremen süddeutschen Föderalisten ihre Grundsätze für den Parlamentarischen Rat im „Ellwanger Kreis"[60]) vorformulierten, während die

CDU der britischen Zone unter Adenauer stärkere bundesstaatliche Kompetenzen wünschte.

Über die Frage, wer primär zur Stellungnahme zu den Frankfurter Dokumenten legitimiert sei, brach erneut der schon früher scharf zutage getretene Konflikt zwischen Ministerpräsidenten und Parteiführern auf. In der Ablehnung eines weiterreichenden politischen Anspruchs auf nationale Repräsentation, wie er sich in der Einberufung einer verfassunggebenden Versammlung dokumentiert hätte, waren sich Schumacher und Adenauer einig. Die Stellungnahme, welche die Ministerpräsidenten auf ihrer Koblenzer Konferenz am 7. Juli formulierten[61]), war daher auch in hohem Maße von den Parteien mitgeprägt. Nach kontroversen Verhandlungen einigten sich die Ministerpräsidenten unter dem Einfluß der Parteien auf eine Antwort, die offenbar von der Annahme eines großen deutschen Spielraums ausging und die Frankfurter Dokumente als Beginn eines echten deutsch-alliierten Dialogs auffaßte. Der Kernpunkt ihrer Stellungnahme bestand in der mit der Rücksicht auf die deutsche Einheit motivierten Ablehnung einer verfassunggebenden Versammlung und eines Referendums über die Verfassung, ohne daß damit eine schnelle wirtschaftliche und administrative Konsolidierung und straffe Zusammenfassung der drei Westzonen in Frage gestellt werden sollte. Die Formulierungen des Besatzungsstatuts wurden hinsichtlich der Abgrenzung deutscher und alliierter Rechte für ungenügend angesehen, und im Hinblick auf die Länderneugliederung wurde ebenfalls der gesamtdeutsche Aspekt stark hervorgehoben. Die Quintessenz von Koblenz bestand somit darin, mit Hilfe eines staatlichen Provisoriums eine Überwindung der westlichen Zonenteilung zu erreichen und die angebotene Kompetenzerweiterung wahrzunehmen, ohne dadurch jedoch eine reguläre Staatsgründung und somit die deutsche Teilung politisch sanktionieren zu müssen.

Dieser Drahtseilakt konnte kaum gelingen. Die Koblenzer Stellungnahme löste bei Clay tiefe Enttäuschung und Verstimmung aus[62]), während sie General Koenig einen willkommenen Vorwand bot, die ungeliebten Londoner Empfehlungen erneut in Frage zu stellen. Das Provisoriumskonzept, das sich in Koblenz nicht zuletzt dank der eindringlichen Warnungen der Berliner Vertreter vor endgültigen Lösungen durchgesetzt hatte, erschien Clay als harter Rückschlag in seinem Bemühen, unter dem Eindruck der Berlin-Krise die Weststaatsgründung zu forcieren. Er benutzte daher in seiner Kritik das Berlin-Argument mit umgekehrtem Vorzeichen: Die deutsche „Scheu vor der Verantwortung" könne ernste Rückwirkungen auf die Sicherheitsgarantien für Berlin haben. Solche Argumente mochten vorgeschoben sein. Dennoch zerbrach angesichts der massiven amerikanischen Kritik, die durch eine bessere Information der Ministerpräsidenten über den engen Spielraum der Militärgouverneure gegenüber ihren Regierungen verstärkt wurde, die deutsche Front, die ohnehin nur nach außen einheitlich und stark erschienen war.

Auf der Ministerpräsidentenkonferenz von Rüdesheim am 21./22. Juli wurde ein Memorandum formuliert, das eine enge Anlehnung an die alliierten Wünsche zeigte[63]). Auf dieser Basis schien dann ein Kompromiß mit den Militärgouverneuren möglich. So wurden die Frankfurter Dokumente trotz zunächst fortbestehender Differenzen über die Bezeichnung „Grundgesetz", das vorgesehene Referendum und den Termin einer Neugliederung zur letztlich doch akzeptierten „Geburtsurkunde der Bundesrepublik Deutschland"[64]).

Bis zum 1. September wurden die Vorbereitungen zur Einberufung des Parlamentarischen Rats getroffen. Er sollte entsprechend den Landtagswahlergebnissen zusammengesetzt werden. Darüber hinaus beriefen die Ministerpräsidenten einen Verfassungskonvent nach Herrenchiemsee (10.–23. August), in den die Länder je zwei Sachverständige entsenden konnten. Obwohl formal lediglich als Expertengremium ohne politische Legitimation konzipiert – die Parteien unterstrichen diesen Aspekt nachdrücklich[65]) – wurden hier die Grundzüge der bundesrepublikanischen Verfassung entworfen und als Arbeitsgrundlage dem Parlamentarischen Rat zugeleitet, der am 1. September in Bonn seine Arbeit begann.

Der Ablauf der Diskussionen und Verhandlungen im Parlamentarischen Rat kann und soll hier ebensowenig nachgezeichnet wie das Ergebnis in Gestalt des Grundgesetzes analysiert werden. Lediglich auf drei wichtige Problemkomplexe ist kurz einzugehen: die politische Zusammensetzung und Interessenvertretung, bestimmte verfassungspolitische Grundpositionen und den Einfluß der Alliierten.

1. Der Parlamentarische Rat setzte sich aus 65 Abgeordneten zusammen, von denen je 27 zur SPD und CDU/CSU gehörten sowie 5 zu den Liberalen und je 2 zum Zentrum, zur KPD und DP. Hinzu kamen 5 nicht stimmberechtigte Berliner. Das Durchschnittsalter von 55 Jahren zeigt, daß es sich mehrheitlich um erfahrene Politiker handelte, die bereits in der Weimarer Republik aktiv gewesen waren. Schwierig ist eine eindeutige Beantwortung der Frage nach der Interessenvertretung. Die Gewerkschaften als größte Interessenorganisation waren erstaunlicherweise direkt gar nicht vertreten, obwohl es innerhalb der Spitze der Gewerkschaftsorganisation eine intensive Debatte und konkrete Vorschläge nicht nur für die Länder-, sondern auch für eine Bundesverfassung gegeben hatte[66]). Ihr Wunsch war vor allem die Kodifizierung mehrerer Artikel zur Sozial- und Wirtschaftsverfassung. Zweifellos gehörten die schwachen Versuche zur Verwirklichung dieser Zielsetzung zu den erstaunlichsten politischen Blindstellen in der frühen westdeutschen Gewerkschaftsgeschichte. Andere Interessengruppen wie Beamte und Kirchen insistierten mit ungleich größerer Hartnäckigkeit und mit Erfolg auf bestimmten Positionen[67]), während sich die Gewerkschaften vor allem durch den SPD-Abgeordneten und nordrhein-westfälischen Innenminister Walter Menzel repräsentieren ließen. Daß

das Problem der Repräsentanz im Parlamentarischen Rat von der Gewerkschaftspresse kaum reflektiert wurde[68]), zeigt, wie stark hier offenbar noch das traditionelle Konzept der „Arbeitsteilung" zwischen Gewerkschaften und Parteien nachwirkte, obwohl es keineswegs mehr zum politischen Selbstverständnis der Einheitsgewerkschaft paßte.

Daß von den weitergehenden gewerkschaftlichen Vorstellungen letztlich nichts ins Grundgesetz einging, hatte jedoch auch noch einen anderen wesentlichen Grund. Die Mehrheit des Parlamentarischen Rats wurde sich darüber einig, aus verschiedenen grundsätzlichen Erwägungen keine Festlegungen zur Sozial- und Wirtschaftsverfassung zu treffen. Damit ist der nächste Problemkomplex angesprochen.

2. Von großer Bedeutung für die inhaltliche Ausgestaltung des Verfassungsentwurfs war die gemeinsame Überzeugung der großen Fraktionen, angesichts des Gewichts von Verfassungsfragen müßten Kampfabstimmungen und knappe Mehrheitsentscheidungen möglichst vermieden werden[69]). Maßgeblich dafür waren nicht nur die Mehrheitsverhältnisse zwischen zwei gleich starken Konkurrenten, sondern auch die erheblichen Auffassungsunterschiede innerhalb der CDU/CSU-Fraktion und der stets im Hintergrund stehende Zwang zum Arrangement mit der Haltung der Alliierten. Im übrigen erfolgten die einzelnen Abstimmungen mit wechselnden Mehrheiten und verliefen keineswegs entlang der Abgrenzungslinie eines bürgerlichen Blocks wie im Frankfurter Wirtschaftsrat. In vielen wichtigen Festlegungen arbeiteten vielmehr Liberale und Sozialdemokraten gegen Christdemokraten zusammen. Die drei wohl gewichtigsten Grundsatzprobleme waren die Kompetenzverteilung zwischen Bund und Ländern, die Finanzverfassung und die Gestaltung der Sozial- und Wirtschaftsordnung.

In der Frage der Kompetenzverteilung näherte sich die CDU im Verlauf der Beratungen den SPD-Positionen an, so daß sich die föderalistischen Vorstellungen, die von einem Gleichgewicht zwischen Bund und Ländern ausgingen, nicht durchsetzen konnten. Das formale Ergebnis war der Bundesrat mit suspensivem Veto (Art. 77 des GG). Eine Finanzverfassung, die dem Bund eine ausreichende Basis sicherte und die angesichts der großen wirtschaftlichen Wiederaufbauaufgaben unerläßlich schien, war heftig umstritten, wurde schließlich aber nach einem massiven Protest der SPD gegen ein alliiertes Veto durchgesetzt[70]). Dieser Sieg Schumacherscher Hartnäckigkeit über die größere Kompromißbereitschaft der CDU und über die zunächst unnachgiebige Position der Militärgouverneure war nicht nur dank der indirekten Unterstützung der SPD durch die britische Regierung, sondern vor allem durch den sich anbahnenden Wandel der amerikanischen Politik möglich geworden. Das State Department gewann gegenüber dem Heeresministerium als vorgesetzter Behörde Clays größeres Gewicht in der Deutschlandpolitik. Clays von einem starken Affekt gegen die

SPD und Schumacher bestimmte harte Position in der Föderalismusfrage geriet damit ins Wanken, so daß ein „Hyperföderalismus", wie Schumacher überspitzt formulierte, von der SPD verhindert werden konnte[71]).

Weitgehende Übereinstimmung zwischen alliierten und deutschen Vorstellungen herrschte in der ausschließlichen Zuweisung kultur- und bildungspolitischer Kompetenzen an die Länder. Die gesamtgesellschaftliche Bedeutung der Bildungspolitik wurde hier noch kaum erkannt[72]).

Eher beiläufig wurde ferner die erst später viel umstrittene und extensiv interpretierte Sozialstaatsproblematik erörtert. Maßgeblich war dafür vor allem die Überlegung, daß möglicherweise soziale Grundrechte als Kompromißformulierungen von der Rechtsprechung künftig in einer Weise ausgelegt werden könnten, die den ursprünglichen Intentionen des Gesetzgebers widersprach. Die Weimarer Situation war hier ein warnendes Beispiel. Beide großen Fraktionen maßen jedoch der Wirtschafts- und Sozialpolitik eine so große Bedeutung zu, daß sie sich nicht vorzeitig durch Kompromißformulierungen binden wollten. Vielmehr hofften sie, ihre – entgegengesetzten – gesellschaftspolitischen Vorstellungen auf politischem Weg durchsetzen zu können. Ausführliche sozial- und wirtschaftsrechtliche Bestimmungen im Grundgesetz sind somit – so das paradox erscheinende Urteil Hartwichs[73]) – wegen ihrer besonderen Bedeutung nicht in den Verfassungstext gelangt. Vielmehr hat der Parlamentarische Rat eine in sozialer und wirtschaftlicher Hinsicht „offene Verfassung" geschaffen und die Ausgestaltung der Sozial- und Wirtschaftsordnung bewußt dem politisch-parlamentarischen Prozeß überlassen, in dem sich jeder der beiden großen Kontrahenten in Zukunft einen Vorteil versprach[74]). Demgegenüber enthielten die meisten Länderverfassungen noch ausführliche Artikel zur Wirtschafts-, Sozial- und Kulturpolitik. Auch der in Art. 20 GG knapp und apodiktisch formulierte Sozialstaatsgrundsatz widerspricht in seiner Entstehungsgeschichte nicht dem Offenheitspostulat. Der auffällig geringe Beratungsaufwand belegt diese Feststellung. Vielmehr spiegelt sich hier positiv die erwähnte Auffassung vom notwendigen politischen Gestaltungsspielraum einer modernen Demokratie, die nicht mehr von einer prinzipiellen Trennung von Staat und Gesellschaft ausgehen könne und daher auch den gesellschaftlichen Bereich unmittelbar mitbeeinflussen müsse.

Diese Grundsatzposition war indes weder innerhalb noch zwischen den Fraktionen unumstritten. Daß sie sich dennoch relativ leicht durchsetzen und z. B. auch gegenüber den dezidierten Wünschen der Gewerkschaften verteidigen ließ, ist auf ein weiteres wichtiges Moment zurückzuführen, das für den Entscheidungsprozeß des Parlamentarischen Rats und damit für die Struktur des Grundgesetzes insgesamt von großer Bedeutung war. Das schon in der Terminologie als Provisorium angelegte und nicht einer Volksabstimmung, sondern lediglich einem Ratifizierungsverfahren durch die Länder unterworfene „Grundgesetz" sollte in absehbarer Zeit durch eine von einer gesamtdeutschen Konstituante legitimierte Verfassung abgelöst werden, in der dann alle jene Wünsche und Vorstellungen zum Tragen kommen sollten, die jetzt zurückstehen mußten[75]).

3. Den alliierten Einfluß auf die Beratungen wird man insgesamt geringer veranschlagen können, als einige Konflikte nach außen hin vermuten ließen. Föderalistische Positionen waren keineswegs ein alliierter Import, sondern wurden von Anfang an nachdrücklich von den Süddeutschen verfochten. Die den provisorischen Charakter betonende Terminologie haben die Alliierten schließlich akzeptiert und in der wirklich gravierenden Auseinandersetzung über die Finanzverfassung gaben sie angesichts Schumachers vehementer Opposition schnell nach. Auch in einem eher kurios anmutenden Detail steckten sie zurück: Der KPD-Vorsitzende und Abgeordnete Max Reimann wurde wegen Verstoßes gegen ein Kontrollratsgesetz vor Gericht gestellt und zu einer Gefängnisstrafe verurteilt. Daraufhin drohte Adenauer sein Präsidentenamt im Parlamentarischen Rat niederzulegen, wenn dieser flagrante Verstoß gegen die Abgeordnetenimmunität nicht aufgehoben würde. Unter diesem Druck setzten die Alliierten den Vollzug des Urteils aus[76]).

Manifest wurde der alliierte Einfluß im vor dem Grundgesetz verkündeten Besatzungsstatut (D 81). Es bekräftigte die Zuständigkeiten, die sich die Alliierten im dritten Frankfurter Dokument ausdrücklich vorbehalten hatten (insbesondere Außenbeziehungen, Ruhrkontrolle, Dekartellisierung und Reparationen), ging aber in einer Generalklausel noch drastisch darüber hinaus, in der die Alliierten das Recht unterstrichen, „auf Weisung ihrer Regierungen die Ausübung der vollen Gewalt ganz oder teilweise wieder zu übernehmen, wenn sie dies als wesentlich erachten für ihre Sicherheit oder zur Aufrechterhaltung der demokratischen Regierungsform in Deutschland oder in Verfolg der internationalen Verpflichtungen ihrer Regierungen“ (Abschn. 3).

Die Entstehungsgeschichte des Grundgesetzes spiegelt noch einmal sehr eindrucksvoll die für die frühe deutsche Nachkriegsgeschichte bestimmende politische Grundkonstellation. Die Rahmenbedingungen wurden von außen durch die Alliierten in einer veränderten weltpolitischen Situation vorgegeben. Ihre Ausfüllung konnte jedoch von ihnen nicht per Oktroi erzwungen werden, ohne völlig unglaubwürdig zu werden und damit eigene Ziele in Frage zu stellen. Im Dualismus von Grundgesetz und Besatzungsstatut fand diese begrenzte Entscheidungsfreiheit Westdeutschlands ihren sichtbarsten Ausdruck. Auch hinter dem anfänglichen Zögern der deutschen Politiker sowie in der Benennung und im Inhalt des Grundgesetzes selbst spiegelte sich die „schauderhafte Gewissensqual“, von der Württembergs Ministerpräsident Reinhold Maier in Rüdesheim gesprochen hatte[77]).

So sehr die grundsätzliche politische Marschrichtung der Westintegration und der Schaffung politischer Verhältnisse mit größerer deutscher Eigenverantwort-

Manuskript... 13
Plenarsit...

12,14
Dr.Pe/Sch

Meine Damen und Herren! Wir sind der festen Überzeugung, daß wir durch unsere Arbeit einen wesentlichen Beitrag zur Wiedervereinigung des g a n z e n deutschen Volkes und auch zur Rückkehr unserer Kriegsgefangenen und Verschleppten leisten.

(Beifall.)

Wir wünschen und hoffen, daß bald der Tag kommen möge, an dem das ganze deutsche Volk unter dieser Fahne wiedervereint sein wird.

(Beifall und Händeklatschen.)

Uns alle leitete bei unserer Arbeit der Gedanke und das Ziel, das die Präambel des Grundgesetzes in so vortrefflicher Weise in folgenden Worten zusammenfasst:

> Im Bewußtsein seiner Verantwortung vor Gott und den Menschen,
> von dem Willen beseelt, seine nationale und staatliche Einheit zu wahren und als gleichberechtigtes Glied in einem vereinten Europa dem Frieden der Welt zu dienen, hat das deutsche Volk...
> dieses Grundgesetz beschlossen.

Möge allezeit der Geist und der Wille, der aus diesen Sätzen spricht, im deutschen Volk lebendig sein.

Ich schließe die Sitzung.

(Lebhafter Beifall. - Gemeinsamer Gesang des Liedes [illegible] "Ich hab mich ergeben".)

Schluß der S i t z u n g 17 Uhr 3 Minuten.

Konrad Adenauer spricht zur Verkündung des Grundgesetzes die Schlußworte. Entwurf des Stenoprotokolls mit Rednerkorrekturen.

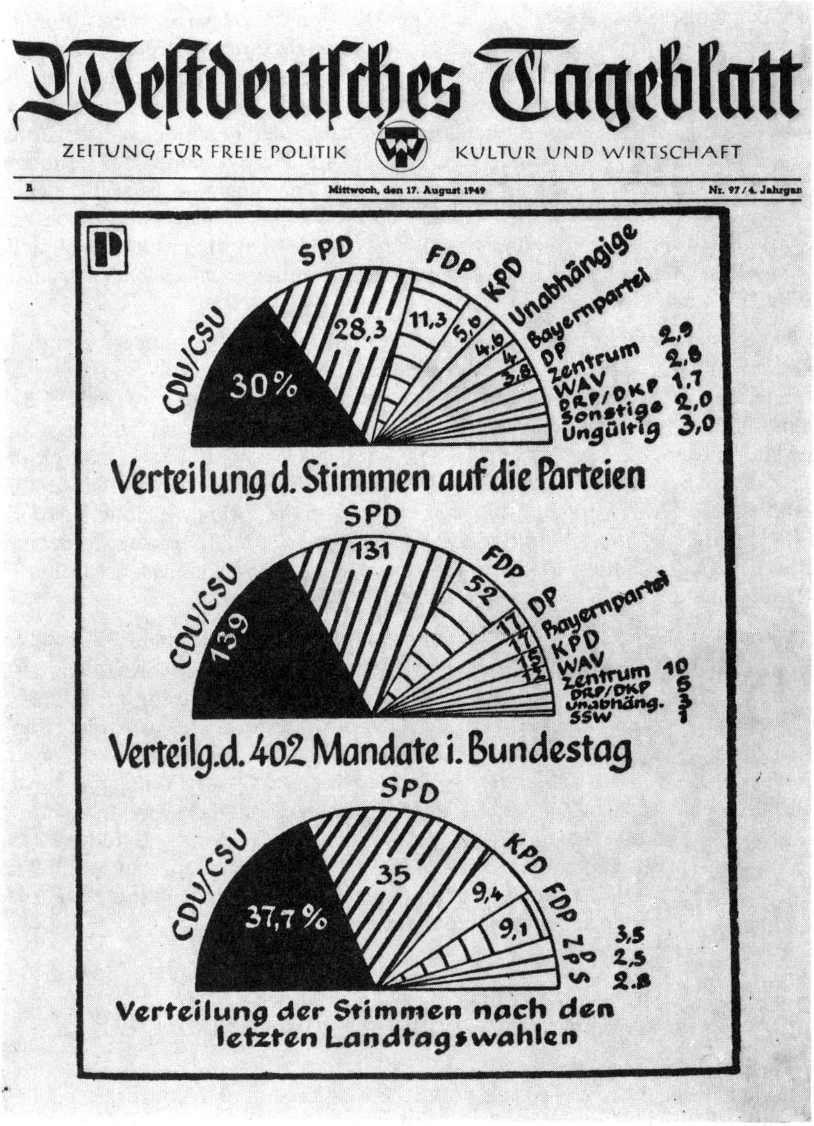

Westdeutsches Tageblatt

ZEITUNG FÜR FREIE POLITIK KULTUR UND WIRTSCHAFT

B Mittwoch, den 17. August 1949 Nr. 97 / 4. Jahrgan

Wahlergebnis der Bundestagswahlen vom 14. August 1949.

lichkeit unter den tragenden politischen Kräften der Westzonen Zustimmung fand, so nachdrücklich versuchten zumindest viele ihrer Vertreter doch auch, der deutschlandpolitischen Logik dieses Prozesses entgegenzuwirken, um die deutsche Frage offenzuhalten. Dieser Wunsch durchzieht die Beratungen über das Grundgesetz wie ein roter Faden und hat in der Präambel seinen verfassungsrechtlichen Niederschlag gefunden. Inhaltlich zeigt jedoch das Grundgesetz durch seinen offenen Charakter und vor allem durch die Tatsache, daß es von allen relevanten Gruppen – anders als die Weimarer Verfassung – politisch wirklich akzeptiert wurde, ein wesentliches Stück Neuordnung, durch die jede pauschale zeitgenössische und spätere Restaurationskritik nachdrücklich in Frage gestellt wird.

Am 8. Mai, dem Jahrestag der Kapitulation, wurde das Grundgesetz mit den Stimmen der CDU, SPD und FDP angenommen, je zwei Vertreter der Liberalen, des Zentrums und KPD lehnten es ebenso ab wie sechs CSU-Mitglieder. Nachdem die strittigen Punkte bereinigt waren, stimmten die Alliierten am 12. Mai zu, am 23. Mai wurde es nach Ratifikation durch die Länderparlamente offiziell in Bonn verkündet. Einen Monat später gingen die Befugnisse der bisherigen Militärregierungen an die „Alliierte Hohe Kommission“ (HICOG) mit Sitz in Bad Godesberg über. Sie nahm bis zur Aufhebung des Besatzungsstatuts 1955 die Interessen der drei westalliierten Mächte in Deutschland wahr.

Aus den Wahlen zum ersten Deutschen Bundestag am 14. August 1949 (D 67) ging die CDU / CSU mit 31 Prozent als Sieger hervor, gefolgt von SPD mit 29,2 Prozent, FDP 11,9 Prozent, KPD 5,7 Prozent. Unter 5 Prozent der Stimmen, aber in der ersten Legislaturperiode noch mit Abgeordneten vertreten waren Bayern-Partei, Deutsche Partei, Zentrum, Wirtschaftliche Aufbauvereinigung (WAV), Deutsche Rechtspartei, Südschleswigsche Wählervereinigung, Parteilose. Noch im August stellte Adenauer gegen mannigfache Widerstände in seiner Partei die Weichen für eine bürgerliche Koalition ohne Beteiligung der SPD[77]). Am 7. September trat der Bundestag zusammen und wählte am 15. September Konrad Adenauer mit einer (seiner eigenen) Stimme Mehrheit zum ersten Kanzler der Bundesrepublik.

4. Volkskongreßbewegung und Gründung der DDR

Zeitlich parallel zur verfassungspolitischen Diskussion und Konstituierung der Bundesrepublik wurde in der SBZ die Volkskongreß-Bewegung organisiert. Sie läßt sich als „von oben“ inszenierte Gegenbewegung gegen die immer sichtbarer werdende Spaltung Deutschlands seit dem Scheitern der Moskauer Außenministerkonferenz verstehen. Ihr Ergebnis war ebenfalls eine Verfassung und eine provisorische Staatsgründung, für die um so lauter nationale Legitimität reklamiert wurde, je mehr sich die realpolitischen Bedingungen einer Wiederherstellung des Nationalstaates verflüchtigten.

Bereits Anfang 1947 wurde in der SBZ die Idee einer „nationalen Repräsentation" diskutiert. Sie beruhte auf der Vorstellung, angesichts der zunehmenden Spaltungstendenzen sei eine deutsche politische Vertretung notwendig, die gegenüber den Besatzungsmächten deutsche Interessen artikuliere, solange es keine gesamtdeutsche Regierung gab. Zu den nachdrücklichsten Verfechtern dieser Idee gehörte der Vorsitzende der Ost-CDU Jakob Kaiser, während Schumacher sie aus den gleichen Gründen ablehnte, die er gegenüber der Münchener Ministerpräsidenten-Konferenz geäußert hatte[79]). Aus diesem – in seinen Einzelheiten sehr unklaren – Konzept einer nationalen Repräsentation entwickelte sich die Initiative zur Einberufung eines „Deutschen Volkskongresses für Einheit und gerechten Frieden", zu dem die SED am 26. November 1947 aufrief[80]). Seine konkrete Aufgabe sollte darin bestehen, auf der Londoner Außenministerkonferenz dem Willen zur nationalen Einheit nachdrücklich Geltung zu verleihen.

Dieses Ziel wurde nicht erreicht, weil eine Delegation nichteinmal Zutritt zur Konferenz erhielt. Folgenreicher waren die innenpolitischen Rückwirkungen. Der erste Volkskongreß trat am 6./7. Dezember 1947 in Berlin zusammen. Ihm fehlte jedoch – anders als später dem Parlamentarischen Rat – eine demokratische Legitimation, da seine Mitglieder nach nicht klar erkennbaren politischen Kriterien teils von Parteien und Massenorganisationen, teils von öffentlichen und Betriebsversammlungen delegiert wurden. Nach den auf dem Kongreß vorgelegten aufgeschlüsselten Zahlen, die sich nicht genau mit der offiziell genannten Gesamtzahl decken, setzten sich die 2225 Delegierten folgendermaßen zusammen:

Aus der SBZ (einschl. Groß-Berlin) kamen 1761 (davon: 605 SED, 249 LDPD, 215 CDU, 27 SPD, 225 Parteilose, 440 Mitglieder von Massenorganisationen); aus den Westzonen kamen 464 Personen (davon: 244 KPD, 64 SPD, je 4 CDU und LDP, 148 Parteilose)[81]). Im Gefolge dieses auf nationale Einheit abzielenden Kongresses spalteten sich endgültig die bislang noch gesamtdeutsch organisierten Parteien der Christdemokraten und Liberalen.

Die Vorsitzenden der Ost-CDU Kaiser und Lemmer weigerten sich, die Volkskongreßbewegung zu unterstützen und wurden daraufhin – pro forma über den Druck der Landesverbände, de facto durch die SMAD – abgelöst und durch Otto Nuschke und Georg Dertinger ersetzt[82]). Weil er den manipulatorischen Charakter der Kampagne durchschaute, lehnte aber auch Theodor Heuss als gleichberechtigter Vorsitzender der Liberalen für die Westzonen den Kongreß ab, während der LDPD-Vorsitzende Külz sich aus nationaler Überzeugung dafür ausgesprochen hatte (D 79). „Konnte ein Mann von ihrer politischen Erfahrung", schrieb Heuss an Külz in einem Brief voll bitterer Kritik, „einen Augenblick ernsthaft daran denken, daß die Londoner Konferenz den Applaus einer Zweitausend-Menschenversammlung in Berlin, die höchst zufällig zusammendirigiert war, als Geschichtsauftrag für Deutschland empfände? . . . Einem halbwegs nüchternen Urteil mußte doch von Anbeginn klar sein, daß derlei nicht der Start ist, um zu einer Delegation von Rang zu kommen." Ungeachtet ihrer weitgehenden politischen Erfolglosigkeit im Westen und ihres offiziellen Verbots durch die Westalliierten wurde die Volkskongreßkampagne fortgesetzt[83]). Der zweite Volkskongreß im März 1948 – bewußt und programmatisch in den Traditionsrahmen der 1848er-Revolution gestellt[84]) – beschloß die Konstituierung eines „Deutschen Volksrates" von 400 Delegierten (davon 100 aus den Westzonen) unter dem Vorsitz von Pieck, Külz und Nuschke. Er sollte die politische Arbeit zwischen den Kongressen fortführen und überdies ein Volksbegehren über die deutsche Einheit vorbereiten. Ein vom Volksrat gebildeter Verfassungsausschuß wurde mit der Ausarbeitung eines Verfassungsentwurfs beauftragt, den er im Oktober 1948 – basierend auf einem SED-Entwurf aus dem Jahre 1946 – vorlegen konnte[85]).

Hier zeigte sich eine charakteristische Doppelfunktion, die viele politische Initiativen und Gremien der folgenden Jahre in der DDR kennzeichnet. Der Volksrat verstand sich in demonstrativem Kontrast zum Parlamentarischen Rat als eine Art gesamtdeutsches Vorparlament, das jedoch im Falle seines Scheiterns konkrete Vorarbeit für die Bildung eines ostdeutschen Separatstaates leistete, der sich substanziell ohnehin in der beginnenden stalinistischen Transformation der SBZ abzeichnete. Besonders deutlich wurde diese Ambivalenz beim dritten Deutschen Volkskongreß, der im Mai 1949 im Zeichen der Verabschiedung des Bonner Grundgesetzes zusammentrat. Anders als seine Vorgänger wurde er zwar gewählt, jedoch folgte diese Wahl schon dem Prinzip der Einheitsliste (25 Prozent der Sitze für die SED, je 15 für CDU und LDPD, 7,5 für die ein Jahr zuvor neugeschaffenen NDPD und DBD, 10 für den FDGB, die restlichen 20 für FDJ, Kulturbund, Vereinigung der Verfolgten des Naziregimes [VVN], Demokratischer Frauenbund, VdgB u. a.). Die Stimmabgabe war verbunden mit einer Volksabstimmung über die Frage: „Willst Du die Einheit Deutschlands und einen gerechten Frieden?" Nicht nur der platte Suggestivcharakter der Frageformulierung, sondern auch gezielte Einschüchterung politischer Gegner durch die politische Polizei[86]) und offene Manipulation durch Zählung der Enthaltungen als Ja-Stimmen[87]) führten zu einem Ergebnis von 61,1 Prozent (in Ost-Berlin nur 51,6 Prozent) positiver Antworten. Gemessen an späteren Wahlen trat hier immerhin ein breites Oppositionspotential noch deutlich in Erscheinung.

Der Deutsche Volksrat bestätigte den vorgelegten Verfassungsentwurf und konstituierte sich am 7. Oktober als Provisorische Volkskammer, die Otto

Entwurf

Aufgaben des Deutschen Volksrates

Der Deutsche Volkskongreß beschließt die Wahl eines Deutschen Volksrates, bestehend aus 400 Mitgliedern.

Der Deutsche Volksrat ist das beratende und beschließende Organ, das zwischen den Tagungen des Volkskongresses tätig ist.

Der Deutsche Volksrat führt den Kampf für die Einheit Deutschlands und für einen gerechten Friedensvertrag.

Der Deutsche Volksrat nimmt aktiven Anteil an allen Fragen, die sich aus der programmatischen Zielsetzung des Deutschen Volkskongresses ergeben.

Zu diesem Zweck werden beim Volksrat Fachausschüsse, bestehend aus etwa 25 Personen, gebildet, und zwar:

Ausschuß für den Friedensvertrag,
Verfassungsausschuß,
Wirtschaftsausschuß,
Justizausschuß,
Volksbildungsausschuß,
Ausschuß für Sozialpolitik.

Der Deutsche Volksrat gibt sich für seine Arbeit eine Geschäftsordnung. Er hält ständige Verbindung zu den staatlichen und wirtschaftlichen Organen in allen Gebieten Deutschlands sowie zu den Landesparlamenten und demokratischen Massenorganisationen. Das Publikationsorgan des Volkskongresses und des Deutschen Volksrates ist die Zeitung „Deutschlands Stimme".

Die Tätigkeit des Deutschen Volksrates wird von einem Präsidium, bestehend aus 29 Personen, mit 3 Vorsitzenden an der Spitze, geleitet.

Beim Präsidium des Volkskongresses werden gebildet:

ein Sekretariat,
eine Redaktionskommission (für Herausgabe der Zeitung „Deutschlands Stimme"),
eine Werbekommission,
eine Organisationskommission,
eine Verlagskommission.

Berlin, 18. März 1948

Ziele, Strukturen und Funktionen des Deutschen Volksrates 1948.

STIMMZETTEL

für den Stimmkreis 3 Land Sachsen-Anhalt zum 3. Deutschen Volkskongreß

Ich bin für die Einheit Deutschlands und einen gerechten Friedensvertrag

Ich stimme darum für die nachstehende Kandidatenliste zum Dritten Deutschen Volkskongreß

1. **Prof. Agricola, Rudolf**, SED . . . Halle/Saale
2. **Beck, Arnold**, FDGB . . . Halle/Saale
3. **Biering, Walter**, VdgB . . . Söhesten
4. **Bierks, Hans**, SED . . . . Zschornewitz
5. **Bininda, Robert**, CDU . . Düben
6. **Bock, Erich**, LDP . . . . Halle/Saale
7. **Böhland, Max**, FDGB . . Merseburg
8. **Büttner, Thekla**, LDP . . Zeitz
9. **Dr. Damerow, Erich**, LDP Halle/Saale
10. **Dittmar, Karl**, FDGB . . Halle/Saale
11. **Diez, Käte**, LDP . . . . Halle/Saale
12. **Einicke, Ludwig**, SED . . Halle/Saale
13. **Prof. D. Fascher, Erich**, CDU Halle/Saale
14. **Feist, Gotth.**, FDGB . . . Halle/Saale
15. **Feist, Margot**, FDJ . . . Halle/Saale
16. **Prof. Dr. Frank, Heinrich**, SED . . . . Berlin
17. **Freyhof, Theo**, FDGB . . Schkopau
18. **Fritzsch, Max**, FDGB . . Halle/Saale
19. **Gieß, Hans**, SED . . . . Leuna
20. **Götting, Gerald**, CDU . . Nietleben
21. **Gutjahr, Karl**, SED . . . Halle/Saale
22. **Günther, Elfriede**, SED . Merseburg
23. **Gutsch, Heinrich**, CDU . . Naundorf
24. **Gysi, Klaus**, KB . . . . Berlin
25. **Dr. Hauck, Kurt**, NDP . . Weißenfels
26. **Prof. Dr. Heilmann, Adolf**, NDP . . . . Halle/Saale
27. **Herbert, Otto**, Genossenschaft . . . . Halle/Saale
28. **Dr. Hertwig, Paula**, DFD Halle/Saale
29. **Dr. Herwegen, Leo**, CDU . Halle/Saale
30. **Prof. Hopp, Hanns**, KB . . Halle/Saale
31. **Horn, Richard**, KB . . . . Halle/Saale
32. **Jünger, Emanuel**, SED . . Weißenfels
33. **Kammerahl, Heinz**, SED . Halle/Saale
34. **Kamps, Otto**, LDP . . . . Halle/Saale
35. **Kern, Käte**, DFD . . . . Berlin
36. **Prof. Dr. Klemperer, Viktor**, KB . . . . Halle/Saale
37. **Knauf, Christa**, LDP . . Dölau
38. **Prof. Koenen, Bernard**, SED Halle/Saale
39. **Lahne, Gustav**, FDGB . . Muldenstein
40. **Dr. Lautz, Hermann**, LDP Bitterfeld
41. **Lehnig, Walter**, SED . . . Halle/Saale
42. **Lorenz, Ernst**, LDP . . . Halle/Saale
43. **Dr. Maaß, Hans**, LDP . . Halle/Saale
44. **Maier, Inge**, SED . . . . Halle/Saale
45. **Prof. Dr. Menner, Erich**, KB . . . . Bitterfeld
46. **Mertke, Willi**, SED . . . Ammendorf
47. **Menzel, Robert**, FDJ . . Halle/Saale
48. **Miller, Anton**, CDU . . . Halle/Saale
49. **Mittelstädt, Bruno**, LDP . Brehna
50. **Mödersheim, Karl**, SED . Leuna
51. **Prof. Oppenheim, Hans**, VVN Bitterfeld
52. **Posselt, Willi**, SED . . . Halle/Saale
53. **Dr. Rexrodt, Wilhelm**, LDP Halle/Saale
54. **Richter, Richard**, DBD . . Halle/Saale
55. **Rühle, Else**, NDP . . . . Halle/Saale
56. **Rühle, Otto**, NDP . . . . Halle/Saale
57. **Saulich, Johannes**, SED . Zeitz
58. **Schäfer, Paul**, CDU . . . Merseburg
59. **Schneider, Alwin**, FDGB . Delitzsch
60. **Schlegel, Max**, LDP . . . Lauchstädt
61. **Dr. Schwarze, Kurt**, LDP Halle/Saale
62. **Schwarzer, Rudolf**, SED . Halle/Saale
63. **Schütze, Wolf**, SED . . . Halle/Saale
64. **Selbmann, Käte**, SED . . Teltow/Potsdam
65. **Siewert, Robert**, SED . . Halle/Saale
66. **Stascewski, Walter**, SED . Bitterfeld
67. **Stein, Richard** SED . . . Kötzschen
68. **Taube, Paul**, SED . . . . Bitterfeld
69. **Teller, Günter**, SED . . . Halle/Saale
70. **Tittmann, Walter**, DBD . Burgwerben
71. **Walther, Alfred**, CDU . . Weißenfels
72. **Weidner, Fritz**, LDP . . . Naumburg
73. **Werner, Wilhelm**, LDP . . Naumburg
74. **Wiesenthal, Hans**, CDU . Zeitz
75. **Prof. Dr. Winter, Ed.** . . . Halle/Saale
76. **Dr. Wirth, Gustav**, SED . Leuna
77. **Prof. Dr. Zetkin, Maxim.**, SED . . . . Berlin

JA ◯

◯ NEIN

H (43) MDV Halle (S), Gr. Ulrichstr. 16 E - 50111 - 3. 5. 49 - 87500

Wahl zum 3. Deutschen Volkskongreß. Stimmzettel der Einheitsliste, 15./16. Mai 1949.

Staatsaufbau der DDR (November 1949)

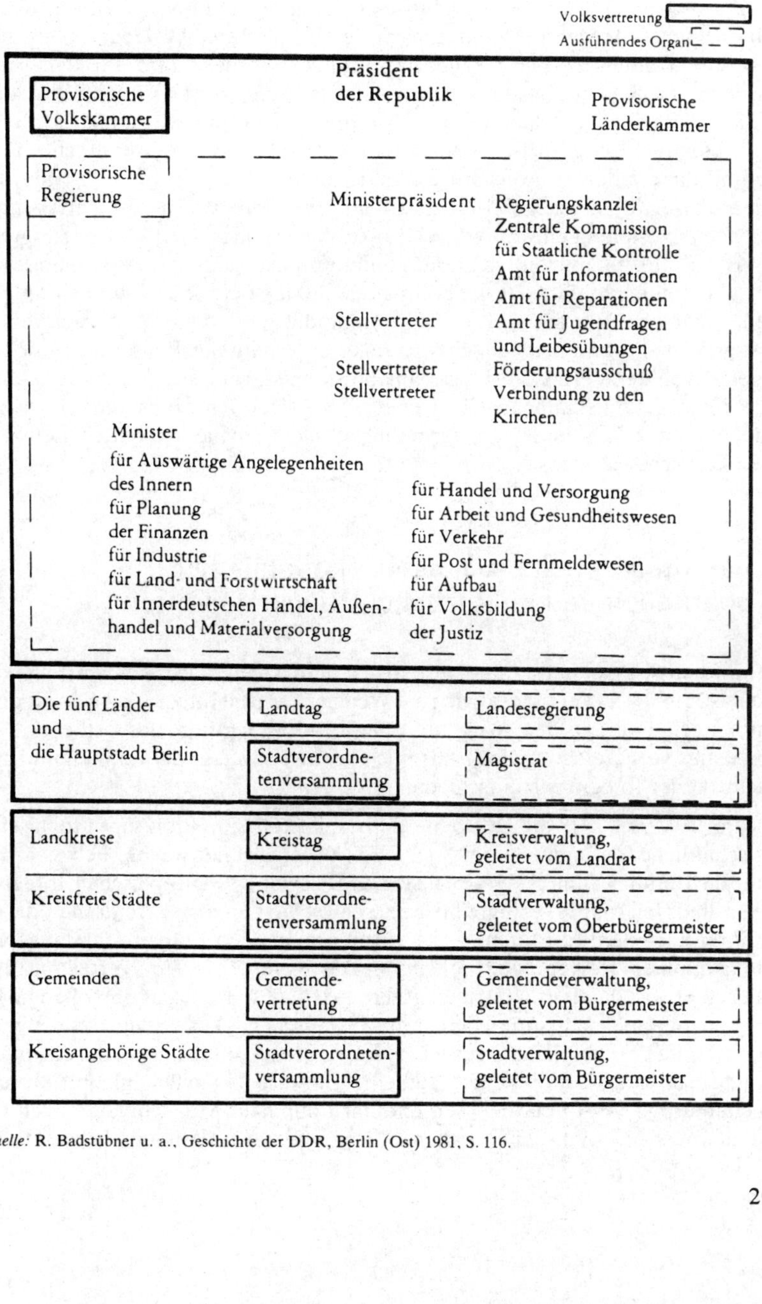

Quelle: R. Badstübner u. a., Geschichte der DDR, Berlin (Ost) 1981, S. 116.

Grotewohl zur Bildung einer Regierung aufforderte. Der Volkskongreß wurde in die „Nationale Front des demokratischen Deutschland" umgewandelt, welche die Aufgaben des bisherigen antifaschistisch-demokratischen Blocks übernahm. Somit war wenige Monate nach der Bundesrepublik Deutschland die Deutsche Demokratische Republik gegründet worden. Ihre Proklamation wurde mit großem propagandistischen Aufwand gefeiert, sie beanspruchte, der wahre nationale Kernstaat zu sein[88]). Ihre Verfassung trug äußerlich den Charakter einer bürgerlichen Konstitution mit umfassendem Grundrechtskatalog und ohne jeden Hinweis auf die führende Rolle der marxistisch-leninistischen Partei[89]). Sie zeigte starke Anklänge an die Weimarer Verfassung. Zentrale Feststellungen wie Art. 6 (Boykotthetze) oder Art. 92 (Übertragung des Blockprinzips auf die Regierungsbildung), die faktische Aufhebung der Gewaltenteilung und die starke politische Bindung der Gerichtsbarkeit an die Volkskammer (Art. 63, 131), der Wahlmodus und der sich verstärkende Polizeiterror bestimmten jedoch vorrangig die politische Realität, die sich – abgelöst von der Verfassung – zunehmend stalinistischer Praxis annäherte und jede reale gesamtstaatliche Chance erstickte. Der Anspruch darauf wurde jedoch apodiktisch in Art. 1 formuliert: „Deutschland ist eine unteilbare demokratische Republik".

5. Faktoren und Stationen der ökonomischen, politischen und militärischen Blockintegration

Der Marshall-Plan hatte für Westeuropa und somit auch die entstehende Bundesrepublik zwar grundsätzlich die Weichen für eine Integration gestellt und damit auch indirekt den Weg für eine Blockintegration des ostdeutschen Teilstaates vorgezeichnet, doch war noch keineswegs über die Formen und die Intensität der Integration entschieden[90]).

Als am 16. April 1948 die Konvention über die „Organisation für europäische wirtschaftliche Zusammenarbeit" *(OEEC)* unterzeichnet wurde, ließ sich die neue Institution kaum als eindrucksvolles Beispiel westeuropäischen Integrationswillens feiern. Sie verfügte über ein schwaches Generalsekretariat und war mit ihrer nach dem Einstimmigkeitsprinzip arbeitenden Vollversammlung von den nationalen Regierungen abhängig. Die Kompetenz zur Verteilung der Hilfsgelder war damit erheblich eingeschränkt. Diese Konstruktion blieb nicht nur weit hinter den ursprünglichen amerikanischen Vorstellungen über eine abgestimmte Bedarfsplanung zurück, sondern desavouierte auch jene, die unter dem Schlagwort „Dritte Kraft" auf eine stärkere Unabhängigkeit Europas gegenüber den USA hinarbeiteten und dazu durchaus Möglichkeiten auch im Rahmen des Marshall-Planes sahen. Die Folge der amerikanischen Enttäuschung war u. a., daß das State Department die USA „in einem weit stärkeren Maße als Führungsmacht des westlichen Europa, als dies ursprünglich für notwendig und möglich gehalten worden war“[91]), engagierte. Dieser Einfluß zeigte sich u. a. in der Konstruktion des Gegenwertfonds. Ein Großteil der Marshall-Plan-Gelder wurde in Form von Dollar-Subventionen für die Einfuhr von amerikanischen Waren und Investitionsgütern gewährt, die nicht zurückzuzahlen waren, deren Gegenwert in Landeswährung aber auf ein Sonderkonto eingezahlt werden und dort unter amerikanischer Kontrolle zu Zwecken des nationalen Aufbaus zur Verfügung stehen sollte.

War die rein ökonomische Integrationswirkung des Marshall-Plans auf das durch die Militärgouverneure vertretene Westdeutschland zunächst relativ schwach, so brachten der Prager Umsturz im Februar 1948, die Berliner Blockade und schließlich vor allem der Korea-Krieg auf politischem und militärischem Gebiet eine schnelle Tendenzwende in der Integrationsbereitschaft der Westeuropäer, durch die auch die ökonomische Verflechtung der Bundesrepublik forciert wurde. Der westdeutsche Außenhandel mit Westeuropa und den USA zeigte seit 1948 einen kontinuierlichen Anstieg, während gleichzeitig der Interzonenhandel und der Austausch mit osteuropäischen Ländern absank (D 91).

Für beide deutsche Staaten war es 1949/50 eine entscheidende Frage, ob und wieweit sie Anschluß an eine internationale Arbeitsteilung finden und damit auch die wirtschaftlichen Folgen der Teilung kompensieren konnten. Daß diese weltwirtschaftliche Reintegration Westdeutschlands schnell und intensiv erfolgte, erwies sich als einer der wichtigsten Faktoren des „Wirtschaftswunders“[92]).

Neben der OEEC ging von der Organisation der Ruhr-Industrie eine starke Integrationswirkung für die Bundesrepublik aus. Mit der Unterzeichnung des *Petersberger Abkommens* am 22. November 1949 (der Petersberg bei Bonn war der Sitz der Hohen Kommissare) wurde nicht nur die Beendigung der Demontage in Aussicht gestellt, sondern in modifizierter Form auch ein Relikt der Internationalisierungspläne für das Ruhrgebiet fixiert. Durch den Beitritt zum Ruhrstatut (28. 4. 1949) anerkannte die Bundesregierung das Aufsichtsrecht der sechs Mächte (der drei westlichen Großmächte und der Beneluxstaaten) über die westdeutsche Schwerindustrie. Wenngleich innenpolitisch heftig umstritten[93]), bildete das Ruhrstatut doch einen Übergang zum zweiten Schritt einer engeren wirtschaftlichen Integration Westeuropas, der *Montanunion*, durch die das Ruhrstatut 1952 abgelöst wurde.

Dieser 1950 vom französischen Außenminister Schuman vorgeschlagene und auf den Planungschef der französischen Regierung Monnet zurückgehende Plan (D 82) sah den Zusammenschluß der westeuropäischen Schwerindustrie und eine gemeinsame Verwaltung unter einer supranationalen Behörde vor. Standen dahinter auch in erster Linie politische und ökonomische Ambitionen,

Frankreich eine starke Stellung gegenüber den USA und dem wiedererstarkenden Deutschland zu sichern[94]), so bot sich hier für die deutsche Politik doch die Chance, über eine ökonomische Integration die westdeutsche Gleichberechtigung anzustreben und zu realisieren. Die Front der Befürworter und der Gegner dieses Plans war in Frankreich ebenso heterogen wie in der Bundesrepublik[95]). Indem jedoch die politischen Impulse der Europa-Bewegung partiell in das Projekt mit einbezogen wurden (Schaffung einer parlamentarischen Kontrolle und eines europäischen Gerichtshofes), konnten Schuman und Adenauer ihm letztlich eine breite Mehrheit sichern, so daß am 18. April 1951 als Grundstein der westeuropäischen ökonomischen Integration mit einer durchaus politischen Perspektive die „Europäische Gemeinschaft für Kohle und Stahl" (EGKS) gegründet wurde[96]).

Eines der schwersten Hindernisse der Integration, das auf diese Weise zwar noch nicht aus dem Wege geräumt, aber zumindest in seiner politischen Brisanz entschärft wurde, war die *Saar-Frage*. Mit dem EGKS-Vertrag wurde Frankreich die angestrebte alleinige Verfügungsgewalt über die Schwerindustrie an der Saar entzogen, so daß dem Saar-Problem zumindest der nationalistische Zündstoff genommen war, der leicht den Integrationskurs insgesamt hätte in Frage stellen können[97]).

Auf der im engeren Sinne politischen Ebene kam die westeuropäische Integration dagegen nur sehr langsam und schwach voran. Der im Mai 1949 in Straßburg gegründete *Europarat*, dem neben den EGKS-Staaten auch Großbritannien und die skandinavischen Staaten angehören und dem die Bundesrepublik im Mai 1951 beitrat, war und blieb ein politisch relativ bedeutungsloses offizielles Diskussionsforum für europäische Probleme[98]) und erst im Zusammenhang der Planungen einer „Europäischen Verteidigungsgemeinschaft" (EVG) nahmen auch Vorstellungen einer politischen Gemeinschaft konkrete Formen an.

Hochgespannte europäische Föderationswünsche, die gerade zur Signatur der politischen Nachkriegsdiskussion in Europa gehörten[99]), waren an der Realität nationalstaatlicher Traditionen und Egoismen gescheitert, so daß die im Zuge der Ausweitung des amerikanischen Strategiekonzepts sich vollziehende Debatte um die westdeutsche Wiederbewaffnung wohl die stärksten Integrationswirkungen für das geteilte Deutschland in die jeweiligen Blöcke auslöste. Zugleich stellte die Sowjetunion mit ihren diplomatischen Vorstößen in diesem Zusammenhang die scheinbar unaufhaltsame Logik der Westintegration noch einmal ausdrücklich in Frage.

Im April 1950 legte der amerikanische Außenminister Dean Acheson dem Nationalen Sicherheitsrat ein Memorandum vor (NSC 68), das „einen beschleunigten Aufbau politischer, wirtschaftlicher und militärischer Stärke" forderte[100]) und dafür eine beträchtliche Erhöhung der Militärausgaben vorsah. Der Hintergrund dieser Forderung war die als globale Bedrohung wahrgenommene Vision eines expansiven Sowjetkommunismus, die u. a. in der chinesischen Revolution und der Explosion einer sowjetischen Atombombe 1949 ihren konkreten Anhaltspunkt fand. Daß dieses Programm Realität wurde und in diesem Kontext auch die noch bestehenden Hindernisse gegenüber einer westdeutschen Wiederbewaffnung fielen, war jedoch erst eine Folge des *Korea-Krieges*[101]). Dessen „ungeplanter“ Verlauf wiederum war ein besonders dramatischer Indikator des allgemeinen Spannungszustandes zwischen Ost und West und der „reaktiven Mechanik“ des Kalten Krieges. „Die Wiederaufrüstung Deutschlands steckt im Atlantikpakt wie der Keim im Ei“ schrieb am 6. April 1949 nach der Gründung der NATO die französische Zeitung „Le Monde“[102]) und formulierte damit eine Einsicht, die zunächst verdrängt worden war, sich aber im Schatten des Korea-Krieges nicht mehr leugnen ließ, zumal die Analogien zwischen den beiden geteilten Ländern sich suggestiv anboten, so schief sie bei näherem Hinsehen auch sein mochten. Innerhalb weniger Monate änderte sich die ablehnende Haltung der Westeuropäer gegenüber einem deutschen militärischen Beitrag, so daß im August 1950 im Europarat das Projekt einer integrierten westeuropäischen Armee bereits eine große Mehrheit fand.

Das auf den französischen Ministerpräsidenten Pleven zurückgehende EVG-Projekt sollte das Unvermeidliche mit dem Wünschbaren verbinden: Die deutsche Wiederaufrüstung sollte durch die Form integrierter deutscher Einheiten auf unteren Ebenen politisch möglichst entschärft werden. Die Konstruktion der Führungsspitze sollte zudem die französische Vormachtstellung innerhalb der europäischen Armee soweit wie möglich absichern[103]). Die im ursprünglichen Plan enthaltenen Diskriminierungen ließen sich nach langen Verhandlungen nicht aufrechterhalten, drängten doch die USA entschieden auf die westdeutsche Wiederbewaffnung. Damit bot sich für die Adenauersche Politik ein wirksamer Hebel, um die politische Gleichberechtigung auf dem Wege der europäischen militärischen Integration zu erreichen. In der Koppelung von EVG- und Deutschland-Vertrag (D 86, 87), die beide im Mai 1952 von der Bundesregierung unterzeichnet wurden, kam dieses politische Junktim zum Ausdruck. Das Besatzungsstatut wurde dadurch abgelöst und der Bundesrepublik die Souveränität zugestanden, allerdings mit drei wesentlichen Einschränkungen: Die Westalliierten behielten sich alle Rechte vor, die „Deutschland als Ganzes“ betrafen, und ebenso das Notstandsrecht sowie die Befugnis zur Truppenstationierung.

In der Integrationswirkung und in der Absorption möglicher nationalistischer Energien eines wiederbewaffneten, geteilten Deutschlands bestand eine wesentliche Leistung des EVG-Projekts[104]), so heftig es auch in Deutschland und Frankreich umstritten war[105]) und so vage die in diesem Zusammenhang angedeutete Perspektive einer europäischen politischen Union zunächst blieb. Daß der Preis dafür ein Verzicht auf eine deutsche Wiedervereinigung auf absehbare Zeit sein mußte, gehörte freilich zu den unausweichlichen Folgen dieses Konzepts, so sehr sich auch die politische Führung der Bundesrepublik und große Teile der Öffentlichkeit weigerten, im Zeichen der amerikanischen Universalisierung der Eindämmungspolitik unter dem Schlagwort „roll back" diese Konsequenz wahrzunehmen.

Eben hier setzten die sowjetischen Versuche an, in letzter Minute die Vollendung der Westintegration doch noch zu verhindern und dabei mit dem stärksten Trumpf, der Wiederherstellung des Nationalstaates, zu locken. Die Beurteilung der sowjetischen politischen Offensiven des Jahres 1952 (D 84, 85), der Monate nach Stalins Tod 1953 und der Wochen nach der Ablehnung der EVG durch die französische Nationalversammlung im Herbst 1954 ist nach wie vor umstritten und wird es bleiben, solange über die Ziele und den Entscheidungsprozeß im Kreml keine gesicherten Quellen bekannt sind. Wichtiger erscheint jedoch, daß sowohl auf westeuropäischer und amerikanischer wie auf westdeutscher Seite keine ernsthafte Bereitschaft vorhanden war, in diesem Stadium der Entwicklung das Integrationskonzept überhaupt noch in Verhandlungen zur Debatte zu stellen, so unterschiedlich im einzelnen die Motivationen dafür auch sein mochten.

Den formalen Vorwand für die Ablehnung sowjetischer Intitiativen bildeten die Modalitäten für freie Wahlen und die – für die Sowjetunion gänzlich inakzeptable – außen- und bündnispolitische Optionsfreiheit eines wiedervereinigten Deutschland. „Die Forderung nach freien Wahlen in der sowjetischen Besatzungszone", so hat Besson nüchtern festgestellt, „war der tatsächlichen Machtlage in Mitteleuropa nicht angemessen. Sie drohte der Sowjetunion ihre Kriegsbeute zu nehmen, ohne die Frage der Kompensationen auch nur anzuschneiden"[106]). Aus der sowjetischen Interessenlage – bestimmende Faktoren waren die noch nicht überwundenen Kriegsfolgen, der Zwang zu schneller Aufrüstung und die schlechte Konsumgüterversorgung – spricht durchaus vieles für die Ernsthaftigkeit des Angebots, um das Kernstück der westlichen Blockbildung zu verhindern und sich um den Preis eines Verzichts auf eine vollständige Ostintegration der DDR einen gewissen Einfluß auf ein blockfreies Gesamtdeutschland zu sichern[107]). Gerade darin dürfte jedoch auch ein wesentliches Motiv für die westliche und westdeutsche Ablehnung jeder Verhandlungsbereitschaft gelegen haben, wären andernfalls doch nicht nur die außenpolitischen, sondern auch die gesellschaftspolitischen Prioritäten und der antikommunistische Grundkonsens der Bundesrepublik nachdrücklich in Frage gestellt worden[108]).

Wie stark trotz aller Konflikte um die Form die Westintegration unter dem Eindruck tatsächlicher oder vermeintlicher sowjetischer Bedrohung vorangeschritten war, zeigte sich, als nach dem Scheitern der EVG innerhalb weniger Wochen die atlantische Ersatzlösung realisiert wurde. Damit kam das Konzept zum Zuge, das die USA von Anfang an bevorzugt hatten[109]). Die Bundesrepu-

Gesetz betreffend das Protokoll vom 23. Oktober 1954 über die Beendigung des Besatzungsregimes in der Bundesrepublik Deutschland.

Vom 24. März 1955.

Der Bundestag hat mit Zustimmung des Bundesrates das folgende Gesetz beschlossen:

Artikel 1

Dem am 23. Oktober 1954 in Paris unterzeichneten Protokoll über die Beendigung des Besatzungsregimes in der Bundesrepublik Deutschland nebst den diesem Protokoll beigefügten Listen I bis V sowie dem Briefwechsel vom 23. Oktober 1954, der sich auf im Jahre 1952 gewechselte Briefe bezieht, und dem Briefwechsel vom 23. Oktober 1954 betreffend Erleichterungen für Botschaften und Konsulate wird zugestimmt.

Artikel 2

(1) Das Protokoll ~~nebst den~~ beigefügten Listen I bis V und die in Artikel 1 genannten Briefwechsel werden nachstehend veröffentlicht.

(2) Der Tag, an dem das Protokoll nebst den beigefügten Listen I bis V nach seinem Artikel 3 Abs. 2 und die in Artikel 1 genannten Briefwechsel in Kraft treten, ist im Bundesgesetzblatt bekanntzugeben.

Artikel 3

Der Bundesminister des Auswärtigen wird ermächtigt, den Wortlaut der in Artikel 1 des Protokolls genannten Abmachungen in der geänderten Fassung bekanntzumachen.

Artikel 4

Dieses Gesetz tritt am Tage nach seiner Verkündung in Kraft.

Das vorstehende Gesetz wird hiermit verkündet.

Bonn, den 24. März 1955.

Der Bundespräsident

Der Bundeskanzler
und Bundesminister des Auswärtigen

Der Bundesminister des Innern

Der Bundesminister der Justiz

Der Bundesminister der Finanzen

II/213

blik trat als gleichberechtigtes und souveränes Mitglied der NATO bei, der Deutschlandvertrag von 1952 wurde mit gewissen Modifikationen übernommen (D 87). Mit den Pariser Verträgen, die am 5. Mai 1955 in Kraft traten, war die Blockbildung im Zeichen des Kalten Krieges vollendet[110]). Zugleich waren aber auch die Grenzen der westeuropäischen Integration sichtbar geworden, so daß sich der Weg von der EVG zu den Pariser Verträgen auch als ein Lern- und Ernüchterungsprozeß gegenüber allzu hochgespannten Europa-Hoffnungen erwies[111]). In diesem Rahmen stellte die definitive Regelung des Saar-Problems ein wichtiges „Nebenprodukt" dar, sie war zugleich ein Indiz für die Tragfähigkeit der nun gefundenen Lösung. Das Saar-Statut als Bestandteil der Verträge sah eine enge wirtschaftliche Bindung an Frankreich und darüber hinaus eine europäische Regelung der Außenvertretung vor. In einem Referendum wurde dieses Statut jedoch zur Überraschung der Beteiligten von der Saarbevölkerung mit großer Mehrheit abgelehnt, so daß die Saar am 1. Januar 1957 an die Bundesrepublik angegliedert wurde[112]). Es ist nicht ohne eine fast tragische Note, daß damit zugleich der saarländische Ministerpräsident Johannes Hoffmann, ein Zentrumspolitiker, der 1934 energisch gegen die Rückkehr der Saar gekämpft hatte und zur Emigration gezwungen war, nun als vermeintliche „Marionette" der französischen Regierung von der politischen Bildfläche verschwand[113]).

Die seit 1948 überall in Westeuropa feststellbare „Trendumkehr hin zu reformkapitalistischen Konzepten" wurde außenpolitisch durch den westeuropäischen Zusammenschluß mit antikommunistischer Grundausrichtung begleitet, der Vorstellungen vom „dritten Weg" immer deutlicher in den Hintergrund treten ließ. In diesem „System von 1948" war die endgültige Position der Bundesrepublik (und damit indirekt auch die Ausschließung der DDR) bereits angelegt, wenn auch der Integrationsprozeß erst sieben Jahre später formal abgeschlossen war[114]). Daß diese Entwicklung einen tiefen Einschnitt und das definitive Ende einer gesamtstaatlichen Entwicklung bedeutete, machte die Sowjetunion unmittelbar nach Abschluß der Pariser Verträge mit dem Abschluß der formalen Blockintegration der DDR deutlich[115]).

Die Blockintegration der DDR

Im Vergleich zur Bundesrepublik ist der innere Transformations- und Angleichungsprozeß der DDR an das osteuropäische volksdemokratische Modell viel deutlicher erkennbar als die außenpolitische, außenwirtschaftliche und militärische Blockintegration. Dies belegt indirekt den gesamtdeutschen Vorbehalt, unter dem die DDR in ihren ersten Jahren stand, und eine möglicherweise noch nicht völlig aufgegebene alternative Option für die DDR außerhalb des Ostblocks, die von der Sowjetunion parallel zum Prozeß der Ostintegration offengehalten wurde. Obwohl die formalen Parallelen zur westdeutschen Entwicklung weniger ausgeprägt waren, lassen sich hier ebenfalls eine politische, wirtschaftliche und eine militärische Ebene der Integration erkennen.

Dem Kominform als Koordinations- und Beratungsgremium der kommunistischen Parteien gehörte die SED formell nicht an, doch lag die SED seit 1948 voll auf dessen Linie und übernahm entsprechende Erklärungen als Maximen für die eigene Partei[116]). De facto hat das Kominform nur eine untergeordnete Bedeutung gehabt, da es zahlreiche formelle und informelle Mechanismen zur Durchsetzung der sowjetischen Wünsche in den osteuropäischen Staaten gab[117]). Für die DDR als besetztes Land galt dies noch viel mehr. Insofern boten hier – wie auch in allen Volksdemokratien – die innerparteilichen, personellen und organisatorischen Veränderungen die wirksamsten Voraussetzungen für die volle politische Einfügung in den seit 1947 sich herausbildenden Ostblock.

Konkreter Ausdruck dieser Ostblockintegration war die unmittelbar nach der Staatsgründung erfolgte Anerkennung der DDR und die Aufnahme diplomatischer Beziehungen (zunächst freilich noch auf der Ebene unterhalb von Botschaften) durch die Sowjetunion und alle osteuropäischen Staaten außer Jugoslawien. Die Sowjetunion ersetzte überdies im November 1949 die Sowjetische Militäradministration durch die Sowjetische Kontrollkommission und schuf damit eine Entsprechung für die Hohen Kommissare in Westdeutschland[118]). Darüber hinaus schloß die DDR seit 1950 eine Reihe von Freundschaftsverträgen und Abkommen über kulturelle und wissenschaftlich-technische Zusammenarbeit ab. Das generelle Charakteristikum dieser Verträge war ihre ausnahmslos bilaterale Beschränkung[119]).

Als Beispiel einer multilateralen – jedoch nicht institutionalisierten – politischen Zusammenarbeit im Ostblock wird heute die Warschauer Außenministerkonferenz vom 24. Juni 1948 angesehen, die eine kollektive Stellungnahme gegen die Deutschlandpolitik der Westmächte als Bruch des Potsdamer Abkommens abgab[120]). Zwei Jahre später reihte sich die DDR auf der Konferenz in Prag, die erneut gegen die Verletzung der Potsdamer Vereinbarungen durch Remilitarisierung und Spaltungspolitik protestierte (D 83), in dieses Gremium ein. Im Herbst 1950 unterstrich die DDR-Regierung diesen Protest mit einer eigenen Kampagne, die unter der programmatischen Parole „Deutsche an einen Tisch" begonnen wurde. Sie hatte vorbereitende Schritte beider deutscher Staaten zur Wiederherstellung der nationalen Einheit zum Ziel, stieß jedoch in Bonn auf taube Ohren, weil der Regierung in Pankow jede politische Legitimation abgesprochen wurde[121]).

Von der politischen Ebene gingen auch die ersten Impulse zum engeren wirtschaftlichen Zusammenschluß aus. Der im Januar 1949 in Moskau gegründete Rat für gegenseitige Wirtschaftshilfe (RGW), dem zunächst neben der Sowjetunion nur die osteuropäischen Blockstaaten angehörten, war als Antwort auf den Marshall-Plan gedacht. Er erreichte jedoch weder dessen ökonomische noch politische Bedeutung. Politisch primär als „Instrument zur Stärkung der weltpolitischen Positionen des Sozialismus“[122]) gemeint, fehlten ihm die institutionellen Voraussetzungen und angesichts des unterentwickelten Standes der meisten ost- und südosteuropäischen Volkswirtschaften auch die objektiven Möglichkeiten für eine wechselseitig abgestimmte Wirtschaftsplanung, Standardisierung und Typisierung der Produktion der Mitgliedsländer[123]). Schon die Tatsache, daß der RGW in den Jahren 1950 bis 1954 lediglich vier Vollsitzungen einberief, verweist auf seinen fassadenhaften Charakter. Erst seit 1954 trat hier eine deutliche Aufwertung ein, die sich auch in verstärkter Koordination ausdrückte[124]).

Der RGW sanktionierte für die DDR im wesentlichen nur noch formell einen bereits bestehenden Zustand wirtschaftlicher Abhängigkeit und Umorientierung. Insofern gingen ursächlich nur geringfügige Integrationswirkungen von ihm aus. Die Außenhandels-Daten zeigen ab 1948 die tiefgreifende Verschiebung der ostdeutschen Außenwirtschaft. Während 1947 nur 8,7 Prozent des Außenhandels der SBZ in die Länder des späteren RGW, der weitaus größte Teil dagegen nach Westen gingen, fand zwischen 1948 und 1951 nahezu eine Umkehrung statt, verursacht durch Berlin-Blockade, westliches Handelsembargo, Korea-Krise und die Entscheidung Moskaus, die DDR in den Ostblock zu integrieren[125]). Der Anteil Osteuropas am Außenhandel stieg 1950 auf 72,3 Prozent. Den Hauptanteil hatte die Sowjetunion mit 39,7 Prozent. Dieser Anteil wurde noch erheblich gesteigert (1954: 48,2 Prozent), als die Sowjetunion 1950 die Hälfte der noch ausstehenden 6,3 Milliarden Dollar Reparationen erließ und mit der Rückgabe der SAG-Betriebe begann, die 1953 abgeschlossen wurde[126]). Durch diese Intensivierung des Außenhandels wurden die Auswirkungen des westlichen Handelsembargos für die DDR zwar nicht ausgeglichen, aber doch abgemildert. Darüber hinaus schufen die 1950/51 abgeschlossenen langfristigen Handelsverträge mit den osteuropäischen Volksdemokratien wichtige Voraussetzungen für die Realisierung des ersten Fünfjahrplans der DDR[127]).

So offensichtlich die DDR damit die politische Umorientierung auf wirtschaftlichem Gebiet nachvollzog, so wenig waren auf diese Weise – ähnlich und vermutlich noch stärker als in Westeuropa – die Barrieren aus dem Weg geräumt, welche aufgrund der Politik des Dritten Reiches und der Umsiedlungsaktionen bei und nach Kriegsende das Verhältnis zwischen den Ländern Osteuropas (insbesondere Polen) und der DDR belasteten[128]). Der mit großem Propagandaaufwand in Görlitz am 6. Juni 1950 unterzeichnete Grenzvertrag mit Polen bildete zwar eine unerläßliche Vorbedingung für den östlichen Integrationsprozeß, er konnte jedoch das tiefsitzende Mißtrauen nur sehr langsam abbauen, zumal die dabei beanspruchte gesamtdeutsche Handlungsbefugnis ohnehin papierne Deklamation blieb[129]). Einen wichtigen Schritt in diese Richtung konnten prinzipiell die seit 1950 abgeschlossenen zahlreichen Kulturabkommen bedeuten. Unter den Bedingungen des Stalinismus wird man jedoch die tiefe Kluft zwischen Absichtserklärung und Realität in den gegenseitigen Beziehungen unterstreichen müssen, weil die verordnete Freundschaft im ideologischen Klischee steckenblieb[130]). Dennoch sollte deren langfristig positive Wirkung nicht übersehen werden, wurden auf diese Weise doch alte Konflikte einfach stillgelegt und so einem Gewöhnungs- und Normalisierungsprozeß der Weg geebnet.

Den Abschluß des politischen Integrationsprozesses bildete neben dem Vertrag mit der Sowjetunion vom 20. September 1955, der offiziell die vollständige Souveränität der DDR erklärte (mit einem Deutschland als Ganzes betreffenden Vorbehalt ähnlicher Art, wie er für die Bundesrepublik in den Pariser Verträgen festgelegt war), vor allem aber der Warschauer „Vertrag über Freundschaft, Zusammenarbeit und gegenseitigen Beistand" vom 14. Mai 1955 (D 88). Als militärisch gleichberechtigtes Mitglied trat ihm die DDR im Januar 1956 bei. Sie wandelte ihre über 100 000 Mann starke kasernierte Volkspolizei in die „Nationale Volksarmee" (NVA) um[131]).

Mit den Verträgen von Paris und Warschau wurde nicht nur der Prozeß der Blockbildung und der beiderseitigen deutschen Blockintegration formell abgeschlossen, vielmehr hatte damit auch der Kalte Krieg seinen Höhepunkt überschritten. Indem der Status quo als Ergebnis des Weltkrieges de facto festgeschrieben wurde, ergaben sich prinzipiell neue Perspektiven für eine europäische Entspannungspolitik[132]), deren Realisierung freilich erst sehr viel später begann.

Anmerkungen zu Kapitel VI

1) The Sources of Soviet Conduct, in: Foreign Affairs 25 (1947), S. 567–582; Lades u. a. 1968, Sp. 465 ff.
2) Umfassende, kritische Literaturübersichten in der Zeitschrift NPL: Link 1971; Nolte 1975; H. J. Schröder 1976; die beste deutsche Gesamtdarstellung: Loth 1980. Vgl. jetzt ferner Daniel 1982.
3) Dazu sehr anregend, wenn auch teilweise nicht überzeugend Bonwetsch 1980.
4) Vgl. Nolte 1974.
5) Der Begriff stammt von Geyer 1972, S. 373.
6) Loth 1980, S. 118.
7) Vgl. Link 1971.
8) Davis 1974, S. 235; Lundestad 1978.
9) Text in: Huster u. a., 1972, S. 335 ff.
10) Kennan 1968, S. 317 f.

11) Haberl 1977.
12) Zit. ebd., S. 15 (Stalin, Works, hrsg. v. R. H. McNeal Bd. 3 [XVI] Stanford 1967, S. 79 [russ.]).
13) Text in: Huster u. a. 1972, S. 341 ff.
14) Loth 1980, S. 172 ff.
15) Gimbel 1976.
16) Ausführlich zur Kritik Gimbels: Knapp 1978.
17) Vgl. Loth 1980, S. 181 f.
18) Shdanow 1947, S. 1–22.
19) Brzezinski 1962.
20) Hoensch in: Geyer 1972, S. 422 f.
21) Ott 1980, S. 32 f.
22) Protokoll Recklinghausen, S. 64.
23) Knapp 1978, S. 61.
24) Knapp in: Scharf/Schröder 1977, S. 42.
25) Erklärung v. 20. 3. 1949, FRUS 1949 IV, S. 240 f.
26) Zit. b. Vogel 1956, S. 24.
27) Schwarz 1980, S. XLIV.
28) Weisz in: Westdeutschlands Weg 1976, S. 59 f.; Gimbel 1971, S. 168 ff.
29) Pünder, 1966, S. 97 ff.; Huster u. a. 1972, S. 163 f.
30) Dazu die Dokumentation von Overesch 1980.
31) Vgl. dazu aus der Literatur besonders Steininger 1975 und Foelz-Schroeter 1974, Kap. VIII. Akten zur Vorgeschichte Bd. 2, S. 511 ff.
32) Foelz-Schroeter 1974, S. 19.
33) Gimbel 1971, S. 180. Das Folgende nach Gimbel.
34) Ebd., S. 260 ff.
35) Yergin 1979, S. 355.
36) Gebhardt 1964, S. 1181.
37) Abelshauser 1975, S. 168.
38) Zur Währungsreform zusammenfassend: Möller 1977.
39) Clay 1950, S. 239.
40) Vgl. unten, S. 241.
41) Winkel 1974, S. 57.
42) Gespräch mit Erhard, Frankfurter Rundschau v. 21. 6. 1978. Zum Gesetz: Ambrosius 1977, S. 171 ff.
43) Zit. b. Trees u. a. 1978, S. 213.
44) Ambrosius 1977, S. 82.
45) Winkel 1974, S. 58 f.
46) Die besten knappen Darstellungen und Einordnungen bei Yergin 1979, Kap. XIV; Loth 1980, S. 221 ff.
47) Z. B. DDR, Werden und Wachsen 1975, S. 142.
48) Vysockij 1975, S. 385.
49) Die folgende Zusammenstellung nach Vysockij 1975 und Rexin in: Lilge 1967, S. 46 ff.
50) Yergin 1979, S. 463.
51) Text des Befehls Tschujkows v. 9. 5. 1949 in: Hohlfeld Bd. 6, S. 346 ff.
52) Loth 1980, S. 227.

53) Rothstein 1968, S. 190 f.
54) Watt in: Scharf/Schröder 1979, S. 27.
55) Kommentierter deutscher Text in: Der Parlamentarische Rat, Bd. I, S. 40 ff.
56) Das Folgende im wesentlichen nach der präzisen Zusammenfassung der Vorgänge in J. V. Wagners Einleitung zu: Der Parlamentarische Rat, Bd. I, S. XXVII ff. Vgl. auch Gimbel 1971, S. 272 ff.; Morsey 1974; Otto 1971.
57) Zit. in: Der Parlamentarische Rat, Bd. I, S. XXVIII.
58) Text in: Protokoll Nürnberg, S. 225–227.
59) Sörgel 1969, S. 58.
60) Dazu Benz 1977.
61) Text in: Der Parlamentarische Rat, Bd. I, S. 145 ff.
62) Ebd., S. 151 ff.
63) Text ebd., S. 270 ff.
64) Wagner, ebd., S. LII.
65) Ebd., Bd. II, S. CXX ff.
66) Beier 1974, S. 42 ff.
67) Sörgel 1969, S. 120 ff., 167 ff.
68) Beier 1974, S. 53.
69) Niclauß 1974, S. 220 f. Das Folgende im wesentlichen im Anschluß an Niclauß.
70) Köhle 1971, S. 611 f.
71) Ausführlich zum deutsch-alliierten Konflikt um das GG: Grabbe 1978.
72) Niclauß 1974, S. 226 f.
73) Hartwich 1978, S. 50.
74) Niclauß 1974, S. 235.
75) Beier 1975, S. 32.
76) Köhle 1971, S. 611 f.
77) Zit. Morsey 1974, S. 15.
78) Ausführlich dokumentiert durch Morsey 1980.
79) Gimbel 1971, S. 181.
80) Dokumente der SED I, S. 260 f.
81) Protokoll Volkskongreß 1948, S. 96.
82) H. Weber 1968, S. 39. Eine instruktive Schilderung der Krise im Zusammenhang mit der Volkskongreßkampagne aus der Sicht eines beteiligten CDU-Politikers gibt Gradl 1981, S. 123 ff.
83) W. Müller 1979, S. 373 ff.
84) Von der Paulskirche bis zum Volkskongreß, Politische Richtlinien zur Durchführung der Veranstaltungen „1848 bis 1948“, in: Dokumente der SED I, S. 265 ff.
85) Staritz 1976, S. 172 f.
86) Rundschreiben der Deutschen Verwaltung des Innern v. 30. 5. 1949 an alle Dezernate K 5 [politische Polizei] der SBZ, Sopade-Informationsdienst, Sonderdienst Nr. 307 (Archiv der Sozialen Demokratie, Bonn-Bad Godesberg).
87) Lilge 1967, S. 55.
88) Doernberg 1959, S. 123.
89) Zur Analyse der Verfassung Mampel 1964, S. 511 ff., im Anhang dort auch der Text.
90) Zum Folgenden Loth 1980, S. 199–215.
91) Loth 1980, S. 203.
92) Handbuch der deutschen Wirtschafts- und Sozialgeschichte II, S. 728.

93) Vgl. Kap. VII, S. 229. Text des Abkommens in: Die Auswärtige Politik, S. 158ff.
94) Ziebura 1970, S. 50f.
95) Loth 1980, S. 248–252.
96) Textauszug in: Die Auswärtige Politik, S. 174f. Dazu im einzelnen: Haas 1968; Dichgans 1968. Interpretation aus DDR-Sicht: S. Thomas 1976.
97) Besson 1970, S. 92; Ziebura 1970, S. 51 ff.
98) Vgl. Loth 1980, S. 240 ff.
99) Dazu ausführlich Lipgens 1977.
100) Zit. b. Loth 1980, S. 237.
101) Ebd., S. 256 ff. Mai 1977.
102) Zit. Ziebura 1970, S. 54.
103) Vgl. Loth 1980, S. 275 ff.
104) Ebd., S. 280.
105) Vgl. unten Kap. VII, S. 230ff.
106) Besson 1970, S. 118.
107) Meyer 1970, S. 133; Erdmenger 1967, S. 143 ff.; Schlarp 1976, S. 233. Neben Dittmann 1981 sind die wichtigsten Argumente gegen eine Interpretation der Noten von 1952 als Chance zusammengefaßt bei Graml 1977 und 1981. Einen gewichtigen Einwand gegen Graml bringt Loth 1980, S. 289. Vgl. jetzt März 1982. Eine handliche Zusammenstellung von Materialien zur ersten sowjetischen Note von 1952 bei Schneider/Uffelmann 1977, S. 361 ff. Die Texte des gesamten Notenwechsels in: Jäckel 1957. Zu den sowjetischen Initiativen 1953 und 1955 Löwenthal in: Löwenthal/Schwarz 1974, S. 621 ff.; Loth 1980, S. 325.
108) Vgl. Loth 1980, S. 293. Vgl. Meyer 1970, S. 5.
109) Besson 1970, S. 104.
110) Text des umfangreichen Vertragswerks in: Europa-Archiv 1954, S. 7019 ff., 7127 ff., 7171 ff.
111) Ziebura 1970, S. 80f.
112) Besson 1970, S. 160, 189f. Aus der Sicht eines führenden FDP-Politikers an der Saar umfassend: H. Schneider 1974.
113) Vgl. D. M. Schneider 1977.
114) Schwarz in: Löwenthal/Schwarz 1974, S. 40.
115) Vgl. Thomas 1978, S. 334; Hänisch 1972, S. 276f.
116) Z. B. hinsichtlich der Kampagne gegen den Titoismus, Erklärungen der SED v. 3. 7. 1948, in: Dokumente der SED Bd. 2, Berlin (O) 1952, S. 81 f. Marcou 1977, S. 43, 89.
117) Vgl. Brzezinski 1960, Kap. VI.
118) Zeittafel über die Aufnahme diplomatischer Beziehungen bei Jacobsen (Hrsg.) 1980, S. 857. DDR-Handbuch, S. 131.
119) DDR-Handbuch, S. 952f.; Brzezinski 1960, S. 131; Hänisch 1972, S. 120.
120) Hegemann 1972, S. 91. Text in: Dokumente 1945–1949, S. 667 ff.
121) Brief Grotewohls v. 30. 11. 1950 und Erklärung Adenauers v. 15. 1. 1951, Texte in: Keesings Archiv 1950, S. 2699; 1951, S. 2773.
122) Hegemann 1972, S. 103.
123) Ebd. Pritzel 1966, S. 42f.
124) Ebd., S. 57f. Ausführlich zur Struktur und Entwicklung der RGW Köhler 1965, Kap. 3; Damus 1979.
125) Köhler 1965, S. 72.

126) Jacobsen u. a. (Hrsg.) 1980, S. 297, 384.
127) Hänisch 1972, S. 84 f., 113 ff.
128) Köhler 1965, S. 71; Sikora 1977, S. 120 f.
129) Jacobsen u. a. 1980, S. 281; Sikora 1977, S. 123 f., 131. Text des Görlitzer Vertrages in: Dokumente zur Außenpolitik Bd. 1, S. 342 f.
130) Vgl. für Polen und die CSR Sikora 1972, S. 138, 84.
131) Wettig 1967, S. 627 f.; Hänisch 1972, S. 276 f. Texte in: Dokumente zur Außenpolitik III, S. 280 ff., 161 ff.
132) Vgl. Görtemaker 1979, S. 33 f.

Bundesrepublik Deutschland und Westsektoren von Berlin
Stand 31. 12. 1952

Quelle: Statistisches Jahrbuch für die Bundesrepublik Deutschland 1953, S. 20.

Kapitel VII

Die innenpolitische Absicherung der Westintegration

1. Probleme des ökonomischen Aufschwungs

Ob die in Form und Zeitpunkt heftig umstrittene Westintegration innenpolitisch durchzusetzen und abzusichern war, hing von einer Reihe von Faktoren ab, zu denen vor allem eine erfolgreiche Wirtschaftspolitik zählte. Der Streit um die Wirtschaftsordnung hatte mit der Weichenstellung durch Marshall-Plan und Währungsreform noch keineswegs sein Ende gefunden. Der Start der „sozialen Marktwirtschaft“ blieb vielmehr von düsteren Prognosen begleitet, für deren Berechtigung sich zahlreiche Anhaltspunkte in der ökonomischen Landschaft finden ließen. Der Mythos des „Wirtschaftswunders“ hat nachträglich überdeckt, wie mühsam seine Anfänge waren und wie wenige Zeitgenossen an einen schnellen politischen und ökonomischen Wiederaufstieg Deutschlands glaubten. Darüber hinaus belegen allerdings westeuropäische Vergleiche auch, daß die wirtschaftlichen Erfolge nicht so beispiellos waren, wie der Mythos nahelegt. Nahezu alle europäischen Länder konnten in dieser Periode mit enormen Wachstumsraten aufwarten[1]).

In dem „ordnungspolitischen Wunderland“ Westeuropa schlugen jedoch für die Bundesrepublik zunächst spezifisch deutsche Aufbauprobleme stark zu Buche. Eine gleichmäßige und stetige Aufwärtsentwicklung setzte erst ab Mitte 1952 ein, die dann bis zum ersten großen Einbruch von 1966/67 – wenn auch mit erheblichen konjunkturellen Schwankungen – anhielt. Zu den Hauptproblemen der westdeutschen Wirtschaftsentwicklung seit der Währungsreform gehörten: die Kluft zwischen Preis- und Lohnentwicklung bei schnell wachsenden Unternehmergewinnen; die ebenfalls nach der Währungsreform steil angewachsene und bis Mitte der fünfziger Jahre nur sehr langsam abgebaute hohe Arbeitslosigkeit; strukturelle Produktions- und Versorgungsengpässe im Energiesektor (insbesondere bei der Ruhrkohle). Diese Krisenfaktoren konnten zwar innerhalb weniger Jahre entschärft werden, dennoch entzündete sich an ihnen zunächst nicht nur die aktuelle scharfe Kritik der Opposition. Auch ordnungspolitische Alternativen und das Kalkül der politischen Gegner Adenauers auf einen baldigen politischen Machtwechsel in Bonn erhielten vor diesem Hintergrund ihre Brisanz[2]).

Aus: Die Quelle (1951).

Der inflationäre Preisanstieg nach der Währungsreform, der große Unruhen der Bevölkerung und im November 1948 den größten Demonstrationsstreik der Arbeiterschaft seit dem Kapp-Putsch hervorgerufen hatte[3]), war zwar Anfang 1950 beendet, doch ließ zugleich das Wirtschaftswachstum nach und die Arbeitslosigkeit nahm dramatische Formen an. Im ersten Quartal 1950 gab es rund 2 Millionen Arbeitslose (12,2 Prozent) (D 89). Unter den Vertriebenen lag die Arbeitslosigkeit etwa dreimal so hoch wie bei den Einheimischen[4]). In dieser Situation reichte die Front der Kritiker der Erhardschen Wirtschaftspolitik von SPD und Gewerkschaften über Kabinettsmitglieder bis zur alliierten Hochkommission, und die Forderung der SPD nach einem Programm zur Bekämpfung der Arbeitslosigkeit fand im Februar 1950 sogar eine Mehrheit im Bundestag. Erhard war nun gezwungen, ein Bündel staatlicher Hilfsmaßnahmen zu konzipieren. Bevor diese jedoch überhaupt wirksam werden konnten, löste der Korea-Boom Wirkungen aus, die einerseits zu einem kräftigen Wachstumsschub von außen führten, andererseits aber auch die strukturellen Engpässe in der Energieversorgung der Bundesrepublik offenbar machten. Die Arbeitslosigkeit blieb zugleich, insbesondere aufgrund des ständigen Zustroms von Flüchtlingen aus der DDR, trotz steigender Beschäftigtenzahlen ein gravierendes Problem. Die Beschränkung der Stahlproduktion durch die Alliierten wurde im Gefolge des Korea-Krieges zunächst stillschweigend unterlaufen und im August 1951 offiziell unter Hinweis auf die Förderung der Verteidigungsanstrengungen aufgehoben[5]).

Der Hauptengpaß lag jedoch in der Kohleproduktion. Aus strukturellen Gründen (unzureichende Modernisierung nach dem Raubbau im Dritten Reich, Arbeitskräftemangel wegen fehlender Bergarbeiterwohnungen) konnte der Ruhrbergbau nicht weiter expandieren, und die Förderung stagnierte seit Herbst 1950. Um den gesteigerten Bedarf zu befriedigen und die Teilnahme der übrigen Industrien am Boom nicht zu gefährden, kaufte die Bundesregierung Kohle aus dem Ausland. Die Folge war eine defizitäre Zahlungsbilanz, weil ein Großteil der Exporterlöse zur Finanzierung der Kohleeinfuhren verwandt werden mußte[6]). Dieses hohe Zahlungsbilanzdefizit drohte das System der westeuropäisch-amerikanischen Wirtschaftsbeziehungen zu stören und alarmierte McCloy, den amerikanischen Hohen Kommissar und Sonderbeauftragten der Marshall-Plan-Verwaltung. Er forderte in scharfer Form „eine bedeutsame Modifizierung der freien Marktwirtschaft", um die Anforderungen der Rüstungsproduktion mit Vorrang sicherstellen zu können. Konkret bedeutete dies die Forderung nach Kontrolle der Prioritäten in der Industrieproduktion, der Verteilung der Rohstoffe und der Preise, weil eine Politik der freien Wirtschaft, so wichtig sie nach der Währungsreform war, in den Augen der Hohen Kommission nun unter veränderten weltpolitischen Bedingungen „ein Anachronismus und ein Luxus"[7]) war.

Daß die westdeutsche Wirtschaft auf diese ökonomische und politische Herausforderung ohne massive plan- und staatswirtschaftliche Antworten reagierte, war vor allem der Initiative der Verbände zuzuschreiben, denen es gelang, diese Krisensituation weitgehend in Selbsthilfe zu bewältigen. Die seit der Liberalisierung der Wirtschaft 1948 entstandene „Lenkungslücke" versuchten die Spitzenverbände der Industrie durch organisatorische Neuerungen auszufüllen[8]). Der 1950 als Koordinationsgremium gegründete „Gemeinschaftsausschuß der deutschen gewerblichen Wirtschaft" legte einen Plan vor, durch den die notwendige Investitionslenkung in den Engpaßbereich Bergbau vorgenommen werden sollte. Durch das Investitionshilfegesetz vom Januar 1952 wurde dieses Konzept politisch abgesichert[9]).

Mit der Lösung dieser – aus der kollektiven Erinnerung offenbar fast verschwundenen – Energiekrise hatte eine neue „korporative Durchdringung der westdeutschen Marktwirtschaft" stattgefunden[10]), welche die Realität des Wirtschaftssystems noch weiter vom Idealbild der „sozialen Marktwirtschaft" entfernte, das Erhard in der Öffentlichkeit als politisches Programm proklamiert hatte. Überzeugte Wirtschaftsliberale nahmen daher diese Investitionshilfe durch Initiative der Spitzenverbände zum Anlaß, um vor einem „ständischen Aufbau des Gemeinwesens" durch berufsmäßig gegliederte Organisationen zu warnen, welche die von der Verfassung vorgesehenen Regierungs- und Verwaltungsorgane ersetzten[11]).

Noch von einer anderen Seite her wurde jedoch dieses Leitbild massiv in Frage gestellt. Neben dem Montanbereich, der Landwirtschaft, dem Wohnungsbau und einem Teil des Verkehrswesens überließ der Staat vor allem die Kapitalbildung keineswegs dem freien Spiel der Kräfte des Marktes, sondern griff massiv über die Steuerpolitik ein. Die günstigen Rahmenbedingungen (Nachfrage auf dem Weltmarkt, niedrige Löhne) führten in Verbindung mit hohen Abschreibungsmöglichkeiten, geringer Gewinnbesteuerung und niedriger Veranschlagung beim Lastenausgleich dazu, daß die Selbstfinanzierung (d. h. die Einbehaltung und Investition der Gewinne im Unternehmen) zur Hauptquelle der Kapitalbildung wurde. Ihr prozentualer Anteil war 1949 bis 1953 viermal größer als im Zeitraum von 1926 bis 1929 und kehrte damit die traditionelle Reihenfolge von Kapitalmarkt, Staat und Selbstfinanzierung um[12]).

Dieser schnelle Start der gewerblichen Wirtschaft produzierte erhebliche soziale Ungerechtigkeiten und eine sehr unausgeglichene Vermögensverteilung. „Unternehmen und Kapitalgesellschaften konnten in diesen Jahren schon beträchtliche Vermögen ansammeln, als die Masse der Arbeitenden noch kärglich lebte"[13]). Nach gewerkschaftlichen Berechnungen lag das Existenzminimum eines Dreipersonenhaushalts 1952 bei ca. 366 DM. Der Durchschnittsverdienst männlicher Industriearbeiter betrug demgegenüber wöchentlich 82,90 DM, der Lohn von Arbeiterinnen in der Industrie nur 47,96 DM[14]). Erst als die ärgsten Disproportionen der Nachkriegszeit (Bevölkerungsdruck bei verminderter Fläche, zu geringes Arbeitsplatzangebot) überwunden und die Energieprobleme gelöst waren, konnte sich der wirtschaftliche Rekonstruktionsprozeß voll entfalten (D 90, 92). Der ständig wachsende Wohlstand überdeckte die Ungleichheit in der Verteilung der Lasten. Die Gewerkschaften übten in dieser Phase eine beträchtliche Zurückhaltung, so daß Verteilungskonflikte selten waren[15]). Der reale Einkommenszuwachs schuf vor dem Hintergrund der erlebten Vor- und Nachkriegsmisere eine private Wohlstandsorientierung, auf der die politische Stabilität der fünfziger Jahre wesentlich aufbaute. Aus dieser Einstellung dürfte auch in erster Linie zu erklären sein, warum die Wiederaufrüstung trotz heftiger emotionaler Ablehnung letztlich relativ problemlos durchsetzbar wurde.

2. Konflikte um Außenpolitik und Wiederaufrüstung

Die westdeutsche Außenpolitik in der Phase bis zum Abschluß der Westintegration gehört zu den umstrittensten, aber auch am gründlichsten aufgearbeiteten Themen bundesrepublikanischer Geschichte. Beides dürfte damit zusammenhängen, daß in dieser formativen Phase Grundsatzentscheidungen realisiert wurden, die weit über die rein außenpolitische Dimension hinausgingen und die innenpolitische Entwicklung nachhaltig prägten[16]). Ein Spezifikum dieser frühen Phase ist außerdem der hohe Grad der Personalisierung außenpolitischer Konzeptionen und Entscheidungen. „Außenpolitik in Adenauers Kanzlerdemokratie“[17]) vollzog sich in einer in vieler Hinsicht einmaligen Konstellation, in der Deutschland noch kein voll handlungsfähiges Subjekt war, in der demokratische Institutionen erst wieder seit kurzer Zeit existierten und in der ein großer Teil der deutschen Bevölkerung verschreckt, entnazifiziert, entpolitisiert und anfällig für autoritären Führungsstil war. In einer solchen Situation konnte ein Politiker wie Adenauer mit einem einfach strukturierten, dichotomischen Weltbild, das aber der weltpolitischen Konstellation seit 1947 immer mehr entsprach, mit einer gewissen Monopolstellung gegenüber den Alliierten und mit einem hohen Maß an Selbstbewußtsein, Durchsetzungsvermögen und taktischem Geschick zur bestimmenden Figur deutscher Außenpolitik werden. Daß Adenauer eben nicht in Weimar, sondern erst in der Bundesrepublik Karriere machte, zeigt, wie gründlich sich die Konstellationen verändern mußten, bevor er mit einem politischen Grundkonzept, dessen Hauptelemente erstaunlich konstant geblieben waren[18]), zum Zuge kam. Adenauer war einer der ersten, die schon 1945 von einer künftigen Teilung Europas und Deutschlands ausgingen (D 57). Mit dieser Beurteilung stand er 1945 unter deutschen Politikern ziemlich allein da. 1950 dagegen besaß er damit genau das Konzept, mit dem er außen- und innenpolitisch die stärkeren Bataillone auf seiner Seite hatte.

Auch für Adenauers härtesten Gegenspieler, Kurt Schumacher, läßt sich ein außergewöhnliches Maß an Personalisierung in der Ausrichtung und Durchsetzung der politischen Marschrichtung der SPD konstatieren, war er doch sehr schnell nach 1945 – und viel früher als Adenauer – zur absolut dominierenden Führungsfigur der SPD geworden.

In erlaubter Vereinfachung lassen sich daher die entgegengesetzten politischen Positionen und Kontroversen um die beiden Hauptkontrahenten Adenauer und Schumacher zentrieren. Beide unterschieden sich nicht in ihrem Antikommunismus, auch nicht in ihrer prinzipiellen Option für Westeuropa, obwohl die Ansichten über die gesellschaftspolitische Struktur Westeuropas konträr zueinander standen. Beide standen aber im Gegensatz zu Jakob Kaisers Vorstellungen von Deutschland als Brücke zwischen Ost und West. Selbst in der Wiederaufrüstungsfrage waren die Gegensätze nicht so prinzipiell, wie es aufgrund der harten Polemiken scheinen mag. Neben den fundamentalen gesellschaftspolitischen Unterschieden lag die Hauptdifferenz in der Beurteilung der konkreten Möglichkeiten deutscher Politik. Schumacher war von einem Nationalismus geprägt, der ihn in scharfen Gegensatz zu Adenauer brachte. Besson hat den Kern der unterschiedlichen und gleichwohl nahe beieinanderliegenden außenpolitischen Zielvorstellungen Adenauers und Schu-

Denkmal einer großen Freundschaft

Quelle: H. M. Brockmann, Das deutsche Wunder, Pranger Verlag, München.

machers mit der prägnanten Formel wiedergegeben: Adenauer wollte einen Weststaat mit „westeuropäischem Vorbehalt“ (d. h. die volle Integration), Schumacher wollte den Weststaat mit „gesamtdeutschem Vorbehalt“ d. h. jeder Schritt auf dem Wege zur Westintegration wurde primär unter dem Aspekt seiner gesamtdeutschen Rückwirkungen beurteilt[19]). Vor diesem Hintergrund lassen sich die scharfen Konflikte erklären, die im Vollzug der einzelnen Etappen der Außenpolitik das politische Klima und die öffentliche Meinung bestimmten.

1. Das *Petersberger Abkommen* vom November 1949, das ein Ende der Demontagen in Aussicht stellte und den Beitritt der Bundesrepublik zum Ruhr-Statut vorsah, war praktisch ohne Beteiligung der Parteien und des Bundestages zustandegekommen. Schumacher sah im Beitritt der Bundesrepublik einen Verrat an deutschen Interessen, weil ihr damit die Verfügungsgewalt über die Ruhr entzogen würde. Er sah darin zugleich eine Taktik Adenauers zur Verhinderung der Sozialisierung der Schwerindustrie. In der parlamentarischen Debatte um das Petersberger Abkommen fiel dann der wohl berühmteste Zwischenruf in der Geschichte des Bundestages, der bitterböse Angriff auf Adenauer als „Kanzler der Alliierten“, der Schumachers Ausschluß von den Sitzungen für 20 Tage zur Folge hatte[20]). Dies war im übrigen kein Einzelfall, vielmehr spiegelte sich die Heftigkeit der politischen Auseinandersetzungen im Stil des ersten Bundestages insgesamt: Mit 150 Ordnungsrufen und Rügen, 35 Wortentziehungen, 17 Sitzungsausschlüssen und 43 Aufhebungen der Immunität stellte er einen Rekord in der westdeutschen Parlamentsgeschichte auf[21]).

2. Auch in der *Saar-Frage* prallten die Gegensätze aufeinander. Diese war für Adenauer ein Problem mit viel nationalem Zündstoff, der die angestrebte Verständigung mit Frankreich in Frage stellen konnte. Eben diesen Zündstoff wollte er auf dem Wege der Europäisierung der Saar beseitigen, um durch partiellen nationalen Verzicht das übergeordnete Ziel nicht zu gefährden. Hätte Adenauer hier ähnliche Bedingungen gestellt, wie sie gegenüber der Sowjetunion im Hinblick auf die DDR zum Grundbestand seiner Ostpolitik gehörten (freie Wahlen, Optionsfreiheit eines vereinigten Deutschland), so wäre mit hoher Wahrscheinlichkeit die Lösung des Saarproblems kaum einen Schritt weitergekommen[22]). Eben diese Politik der Vorleistungen war für Schumacher jedoch ein Ärgernis, wünschte er doch die Westintegration nur im Zeichen gleichberechtigter Partnerschaft unter Wahrung spezifisch nationaler Interessen.

3. Aus der anderen Prioritätensetzung und dem gesamtdeutschen Vorbehalt gegenüber allen Integrationsschritten, die eine weitere Gefährdung der Wiedervereinigung bedeuten konnten, aber ebenfalls aus konkreten Bedenken gegenüber dem Konzept funktionaler Teilintegration erklärt sich auch Schumachers Ablehnung der *Montanunion*, weil er ihren Mißbrauch für französische nationa-

le Ziele befürchtete[23]). Daß damit das so heftig bekämpfte Ruhrstatut hinfällig und somit auch das Saarproblem entschärft wurde, wog demgegenüber weniger schwer für die SPD. Schumachers konzessionsloses „Nein“ stieß nun aber bereits auf verhaltene Kritik in den eigenen Reihen, vor allem aber folgten ihm in dieser Frage die Gewerkschaften nicht mehr, so daß schließlich 1954 die SPD ihre Opposition in diesem Punkt aufgab[24]). Bis dahin führte die unterschiedliche Beurteilung der Montanunion jedoch zu scharfen Kontroversen zwischen SPD und DGB[25]). Für die positive Haltung der Gewerkschaftsführung – unter den Mitgliedern gab es ablehnende Strömungen, doch blieben sie ohne Durchschlagskraft – waren vor allem drei Momente bestimmend:

a) Die Montanunion wurde als erster Schritt zu einer Wirtschaftsunion gesehen, die eine positive Voraussetzung für einen großen europäischen Binnenmarkt und für optimales Wirtschaftswachstum bilden konnte. Damit rückte die konkrete Verbesserung der ökonomischen Situation der Arbeitnehmer in den Vordergrund des Interesses.

b) Daneben war für den DGB das wirtschaftliche, aber auch nationale Ziel einer Befreiung der Schwerindustrie von den alliierten Restriktionen von Bedeutung.

c) Schließlich sah der DGB in der Montanunion beispielhafte Formen einer überbetrieblichen Mitbestimmung angelegt und hoffte auf größere Realisierungschancen für seine Forderungen nach Wirtschaftsplanung und -lenkung – Forderungen, mit denen er in der Bundesrepublik immer stärker in die Defensive geriet[26]).

Eine anfänglich vergleichbare Konstellation von Ablehnung der Regierungspolitik durch die SPD und Zustimmung durch den DGB ergab sich in der ungleich brisanteren Frage der deutschen Wiederaufrüstung.

4. Der Ausbruch des *Korea-Krieges* im Juni 1950 machte die Wiederaufrüstung zum beherrschenden innenpolitischen Thema in Deutschland. Bereits seit dem Herbst 1949 hatte Adenauer in Zeitungsinterviews unter Hinweis auf die Stärke der im Aufbau befindlichen Polizei in der DDR einen deutschen Verteidigungsbeitrag im Rahmen einer europäischen Streitmacht in die Diskussion gebracht[27]). Dahinter stand kaum eine echte Furcht vor diesem halbmilitärischen Potential der DDR – 1950 wurde die Zahl der bewaffneten Volkspolizisten auf 50 bis 60 000 geschätzt[28]) –, der eigentliche Sinn war vielmehr, mit der Diskussion eines Verteidigungsbeitrags einen Hebel zur Revision des Besatzungsstatuts und zur Rückgewinnung der Gleichberechtigung Westdeutschlands im Rahmen einer westeuropäischen Allianz anzusetzen. Hierin wird man auch für die Folgezeit ein wesentliches Motiv der Adenauerschen Außen- und Wiederaufrüstungspolitik sehen müssen, so sehr auch die Bedrohung aus dem Osten dabei als zugkräftige Begründung diente. Daß diese Instrumentalisierung der Wiederaufrüstung gelang, war jedoch wesentlich den Auswirkungen des

Korea-Krieges zuzuschreiben. De facto bestanden mehr Unterschiede als Parallelen zwischen dem geteilten Korea ohne Besatzungstruppen und dem geteilten Deutschland mit Besatzungstruppen. Aber die Ähnlichkeiten reichten aus, um Korea zu einem wirksamen Drohmoment zu machen. Der CDU-Pressedienst sprach von Korea als „Anschauungsunterricht". Alles sei wie in einem Lehrfilm abgelaufen und könne sich in Deutschland in ähnlicher Form unter Umständen wiederholen[29]). Lehrte der Korea-Krieg somit die deutsche Bevölkerung innenpolitisch das Gruseln und baute er Hemmschwellen gegen eine Diskussion der Wiederaufrüstung ab, so galt das vielleicht noch stärker für Westeuropa. „Der Gedanke an eine deutsche Wiederbewaffnung breitet sich bei den Siegermächten aus wie ein Ölfleck", schrieb Paul Sethe in der „Frankfurter Allgemeinen"[30]). In der Tat bedeutete der Korea-Krieg für die Öffentlichkeit in Westeuropa und in den USA eine Enttabuisierung der deutschen Wiederaufrüstung.

In dieser Konstellation wird wiederum bei prinzipiell ähnlicher Zielsetzung die ganz unterschiedliche außenpolitische Strategie Adenauers und Schumachers deutlich. Adenauer wurde von sich aus aktiv, um über das Angebot eines deutschen Beitrags das Besatzungsstatut aus der Welt zu schaffen. Am 29. August reichte er dem amerikanischen Hochkommissiar McCloy unter strenger Geheimhaltung ein entsprechendes Memorandum ein. Da nicht einmal das Bundeskabinett darüber informiert worden war, nahm der Innenminister Gustav Heinemann diesen Vorgang zum Anlaß, seinen Rücktritt einzureichen[31]). Die politischen und strategischen Implikationen und Ziele der Wiederaufrüstung wurden erstmals ausführlich in der von Adenauer in Auftrag gegebenen „Himmeroder Denkschrift" dargelegt[32]), die eine militärische Expertengruppe ausgearbeitet hatte.

Auch für Schumacher und die SPD-Führung war spätestens seit dem Korea-Krieg ein deutscher Militärbeitrag keineswegs tabu. Schumacher vertrat sogar ein ausgesprochen offensives Konzept, nach dem die Sowjetunion durch eine militärische Überlegenheit des Westens zum Rückzug gezwungen werden sollte[33]). Grundsätzlich unterschied er sich aber von Adenauer darin, daß er einen deutschen Verteidigungsbeitrag nicht anbieten, sondern von den Westmächten unter bestimmten Bedingungen erbitten lassen wollte. Er ergänzte mit diesem Konzept die sogenannte „Magnettheorie", d. h. die Vorstellung, eine sozial und wirtschaftlich vorbildlich gestaltete Bundesrepublik werde auf die DDR eine so starke Anziehungskraft ausüben, daß die Sowjetunion genötigt wäre, sie freizugeben[34]).

Die Haltung Schumachers war jedoch nicht immer identisch mit der Gesamtpartei, so daß das Bild der SPD insgesamt militärpolitisch auch von starken pazifistischen und neutralistischen Strömungen geprägt wurde. Mit Rücksicht auf diese starken Tendenzen, aber auch aus Einsicht in die schwindenden politischen Chancen der Magnettheorie, änderte Schumacher seine Haltung

Ende 1951. Die Wiedervereinigung erlangte definitiv Priorität vor einer militärischen Westintegration, und seit Herbst 1952 verfocht die SPD als Alternative zur Regierungspolitik ein „kollektives Sicherheitssystem" (D 93). Es sollte die Ziele militärischer Sicherheit und Wiedervereinigung verklammern, war aber eher eine „regulative Idee" als ein realisierbares Programm, solange sich die Großmächte darauf nicht einigen konnten und die SPD kaum Einfluß auf die Außenpolitik hatte[35]). Der SPD gelang es weder, der Bevölkerung dieses komplizierte Konzept eines kollektiven Sicherheitssystems nahezubringen, noch die Priorität der Wiedervereinigung vor der Westintegration mehrheitsfähig zu machen. Gleichwohl gab es eine breite Oppositionsbewegung gegen die Wiederaufrüstung, die in fast allen großen Parteien, in Gewerkschaften, Kirchen und Vereinen beheimatet war. Besonders in den Gewerkschaften fand sie eine starke Stütze, so daß nach der anfänglichen Zustimmung durch die DGB-Spitze und nach den enttäuschenden Erfahrungen mit dem Betriebsverfassungsgesetz seit 1952 ein deutlicher Kurswechsel in der gewerkschaftlichen Haltung zur Wiederaufrüstung feststellbar ist. Einer der profiliertesten politischen Sprecher der Oppositionsbewegung war Gustav Heinemann. In einem Memorandum über die deutsche Sicherheit vom Oktober 1950 legte er dar, daß die Aufstellung deutscher Truppen eine schwere Belastung der sozialen Gestaltungsmöglichkeiten und der jungen deutschen Demokratie bedeuten würde. Er stellte darüber hinaus die Frage, ob eine westdeutsche Wiederaufrüstung auf die Sowjetunion nicht provozierend wirken und somit die Gefahr heraufbeschwören könne, daß Deutschland erneut zum Hauptschauplatz eines europäischen Krieges werden würde. Damit „die Chance für eine friedliche Lösung nicht verloren geht", plädierte er daher gegen einen deutschen militärischen Beitrag[36]).

Die Gesamtbewegung war in sich sehr heterogen. Die gemeinsame Basis läßt sich am ehesten als „Ohne-mich-Haltung" charakterisieren[37]). Nach einer EMNID-Umfrage von 1952 waren etwa drei Viertel der deutschen Bevölkerung gegen deutsche Soldaten. Die Ergebnisse der Landtagswahlen 1951 brachten für die Regierungsparteien erhebliche Verluste und die innenpolitische Basis von Adenauers Außenpolitik schien ins Wanken zu geraten[38]). Die SPD zog zugleich alle Register der nationalen Propaganda gegen EVG- und Deutschlandvertrag und blieb damit auf der gleichen Linie, die schon die Debatte um das Petersberger Abkommen gezeigt hatte. „Wer diesem Generalvertrag zustimmt", erklärte Schumacher im Mai 1952 in einem Interview, „hört auf, ein Deutscher zu sein"[39]). Eine breite publizistische Opposition, deren herausragende Wortführer Rudolf Augstein im „Spiegel" und Paul Sethe in der „FAZ" waren, warf Adenauer vor, er habe mit den Westmächten ohne Möglichkeit des „Nein" verhandelt und ihnen deutsche Divisionen wie „türkischen Honig" angeboten[40]). Warum ließ sich dieses breite Oppositionspotential dennoch nicht in eine klare politische Entscheidung umsetzen?

Heinemann mag nicht mehr mitspielen.

Quelle: Spötterfunken, Eulenspiegel Verlag, Berlin (1959).

Ansteckend? „Michael, komm sofort rein – du bist in letzter Zeit so leicht anfällig!"

Quelle: H. E. Köhler (Deutsche Zeitung, April 1955)

Unterredung zwischen Kanzler und Oppositionsführer.

Quelle: Hicks (Die Zeit, Mai 1955)

Die Antwort scheint eindeutig: Die Wähler gaben letztlich der Sicherung durch Westintegration den Vorrang vor dem Risiko einer Wiedervereinigung. Eine genaue Analyse der innenpolitischen Auseinandersetzungen um die sowjetischen Noten von 1952 (D 84) zeigt, daß der Gedanke einer Neutralität – als zwingende Prämisse einer ernsthaften Diskussion der sowjetischen Initiative – in der Öffentlichkeit auf nur geringe Resonanz stieß, eben weil darin ein hoher Risikofaktor steckte. Demgegenüber versprach Adenauers Politik der Stärke nicht nur Sicherheit, sondern zusätzlich auch die Wiedervereinigung als langfristiges Ergebnis dieser Politik und machte so Westintegration und Wiederaufrüstung innenpolitisch vermutlich erst konsensfähig und durchsetzbar[41]). Zwar gab es gegenüber der starren Fixierung der Regierungspolitik auf die Westintegration und der rückwärts gewandten Orientierung der Opposition am Nationalstaat flexiblere Konzeptionen wie die des FDP-Politikers Pfleiderer, die von der Legitimität eines starken sowjetischen Sicherheitsbedürfnisses ausgingen und auf den inneren Widerspruch der geforderten gesamtdeutschen Optionsfreiheit verwiesen[42]). Jedoch hatten solche differenzierten Überlegungen weder bei der Masse der Gegner noch der Befürworter der Wiederaufrüstung eine Chance auf Resonanz. Wenngleich die Einstellungen der Bevölkerung zur Wiederbewaffnung in den Jahren 1950 bis 1953 erheblich schwankten, gab doch die Bundestagswahl von 1953, die Adenauer fast die absolute Mehrheit brachte, eine eindeutige Antwort auch auf die Prioritäten in der deutschen Außenpolitik[43]).

Die Auseinandersetzungen um Westintegration und Wiederaufrüstung erreichten nochmals einen Höhepunkt nach dem Scheitern der EVG und im Vorfeld der Ratifizierung der Pariser Verträge von 1955 (D 94). Die grundsätzliche Konstellation jedoch änderte sich wenig: Einer Regierungspolitik, die aus ihrer westeuropäischen Integrationspolitik sowohl wirtschaftliche Prosperität wie die Grundvoraussetzung einer künftigen Wiedervereinigung abzuleiten verstand, trat die SPD mit einem Konzept gegenüber, das die Priorität umkehrte, aber gleichwohl in sich nicht konsequent war, weil es die Unvereinbarkeit von sowjetischen Interessen und Wiedervereinigung auf der Basis einer gesamtdeutschen Entscheidungsfreiheit nicht ausreichend reflektierte. Ein breites Protestpotential – ein markanter Ausdruck davon war die Paulskirchenbewegung (D 96) – blieb ohne organisatorische Konzentration und politische Durchsetzungskraft, so daß es den Regierungsparteien leicht fiel, ihre Gegner als gefährliche Illusionisten gegenüber einer zielstrebigen sowjetischen Strategie abzuwerten (D 95).

Im Gegensatz zur heftig umstrittenen West- und Wiedervereinigungspolitik hat es eine Ostpolitik in den fünfziger Jahren faktisch nicht gegeben. Die Potsdamer Grenzregelung gegenüber Polen wurde von den Parteien in einer politisch verzerrten, einseitig formal-juristischen Interpretation zur Basis des innenpolitischen Kampfes um Wählerstimmen von Flüchtlingen und Zwangsumsiedlern gemacht, die jeden Ansatz einer Normalisierung der Beziehungen mit Polen von vornherein verbaute. Der Potsdamer Vorbehalt, die endgültige Grenzregelung könne erst auf einer Friedenskonferenz erfolgen, diente als Vorwand eines territorialen Revisionsanspruches, der zwar durch ein prinzipielles Bekenntnis zum Gewaltverzicht abgemildert, aber damit für Polen nicht zuletzt vor dem historischen Hintergrund der Weimarer Erfahrungen keineswegs akzeptabler wurde. Daß die materielle Endgültigkeit der Grenzregelung, wie sie im Umsiedlungsartikel des Potsdamer Abkommens und in den vom Alliierten Kontrollrat im November 1945 vereinbarten Umsiedlerquoten für die Besatzungszonen unterstrichen wurde, einer generellen Revisionsmöglichkeit diametral widersprach, wurde in der innenpolitischen Debatte ignoriert. Seit Kriegsende waren sich alle großen Parteien – bis 1947 auch die Kommunisten – darin einig, daß es eine Anerkennung der Oder-Neiße-Linie und damit einen Verzicht auf die früheren Ostgebiete nicht geben könne[44]). Bereits in der ersten Bundestagsdebatte vom 20. September 1949 äußerten Adenauer und Schumacher ihre dezidierte Ablehnung der Oder-Neiße. Dementsprechend legten alle Fraktionen des Bundestages (außer der KPD) im Juni 1950 eine förmliche Rechtsverwahrung gegen das bevorstehende Grenzabkommen von Görlitz zwischen der DDR und Polen ein[45]). Noch dezidierter erklärte Adenauer in einem Memorandum an den amerikanischen Präsidenten Eisenhower: „Keine deutsche Regierung wird je in der Lage sein, die Oder-Neiße-Linie anzuerkennen“[46]).

Die Westalliierten, die seit der Stuttgarter Rede des US-Außenministers Byrnes 1946 im Zeichen des beginnenden Kalten Krieges viel dazu beigetragen hatten, das politische Terrain für eine derartige Revisionspolitik aufzulockern, versagten sich einer von Adenauer gewünschten ausdrücklichen Festlegung auf eine Wiederherstellung Deutschlands in den Grenzen von 1937 und verwiesen dabei auf den Unterschied, den sie stets in der Behandlung der Gebiete jenseits und diesseits der Oder-Neiße gemacht hatten. Weiter gingen sie jedoch nicht. Die unverbindliche Kompromißformulierung, die dann in den Deutschland-Vertrag von 1955 einging (D 87), lehnte sich erneut an das Potsdamer Abkommen an[47]). Die „endgültige Festlegung der Grenzen Deutschlands“ sollte damit bis zum Friedensvertrag aufgeschoben werden.

Der breite innenpolitische Konsens in der Oder-Neiße-Frage wurde erst im Herbst 1956 im Zeichen des „Tauwetters“ in Polen in Frage gestellt, als vereinzelt auch profilierte Politiker vorschlugen, die Oder-Neiße-Linie hinzunehmen und diplomatische Beziehungen zu Warschau herzustellen. Da 1957 Bundestagswahlen anstanden, wurden solche vorsichtigen Ansätze jedoch angesichts massiver Kritik durch Vertriebenenpolitiker auf dem Altar wahltaktischer Opportunität geopfert. Anders als bei der von der Bevölkerung schnell akzeptierten Westintegration bedurfte es hier erst eines langdauernden sozialen Integrationsprozesses und einer verstärkten innenpolitischen Diskussion, verbunden mit einem außenpolitischen Konstellationswandel, bis die Bundesrepublik auch formell anerkannte, daß Deutschlands Osten 1945 Polens Westen geworden war.

3. Sozialpolitische Integrationsklammern

In der Geschichte des Begriffs Sozialpolitik spiegelt sich der allmähliche Funktionswandel der Sozialpolitik. Während sie im 19. Jahrhundert primär Fürsorge für die Unterprivilegierten und von Unfall, Krankheit und Not Betroffenen meinte, ging schon die Weimarer Republik von einem Verständnis aus, demzufolge Sozialpolitik in einem umfassenderen Sinne Gesellschaftspolitik war und somit nicht nur Schutz und Hilfe, sondern auch die soziale Untermauerung des Rechts auf freie Entfaltung und gesellschaftliche Partizipation umschloß[48]). An diese Tradition knüpfte die Bundesrepublik an. Auch wenn im Grundgesetz konkret formulierte Normen zur Wirtschafts- und Sozialordnung als Auftrag des Gesetzgebers in der Art der Weimarer Verfassung fehlen, stand hinter dem Sozialstaatspostulat des Art. 20 ein umfassend verstandener Begriff von Sozialpolitik. Die frühe bundesrepublikanische Sozialpolitik ist daher sowohl von den Aufgaben bestimmt, für die auf den Nägeln brennenden Kriegsfolgelasten eine Lösung zu finden, als auch von dem Ziel, gesellschaftspolitische Umgestaltungen in Angriff zu nehmen[49]). Insofern gehörten nicht nur der Wiederaufbau einer umfassenden Sozialversicherung, Lastenausgleich und Wohnungsbau, sondern auch die von allen großen Parteien und insbesondere von den Gewerkschaften geforderte Mitbestimmung in den Rahmen umfassender Sozialpolitik.

a) Mitbestimmung

Die alte Forderung der deutschen Arbeiterbewegung nach Sozialisierung war schon in Weimar nachdrücklich mit dem Ziel der Mitbestimmung verbunden worden. Der Neuansatz der Nachkriegszeit lag vor allem darin, daß der betrieblichen Ebene nun erstmals ein größeres Gewicht eingeräumt wurde. Damit wurde auch den starken Impulsen entsprochen, die 1945 von den Betrieben für die Rekonstruktion der organisierten Arbeiterbewegung ausgingen. Die wichtigsten Stationen betrieblicher und überbetrieblicher Mitbestimmung lassen sich am Kontrollratsgesetz (KRG) von 1946 und seiner Umsetzung in verschiedenen Ländergesetzen, am Montanmitbestimmungsgesetz von 1951 und am Betriebsverfassungsgesetz (BVG) von 1952 verfolgen[50]).

Der Kontrollrat versuchte mit seinem Rahmengesetz, die divergierenden Tendenzen in den Zonen in eine einheitliche Bahn zu lenken, ließ dabei aber den Ländern und auch den Betrieben Möglichkeiten zur unterschiedlichen Ausfüllung dieses Rahmens in Landesgesetzen und in Betriebsvereinbarungen offen. Die Besatzungsmächte griffen jedoch ein, sobald ihnen eine zu weitreichende Festlegung von Mitbestimmungsrechten präsentiert wurde. Die zeitweilige Suspendierung aller Bestimmungen zur wirtschaftlichen Mitbestimmung der Betriebsräte im hessischen Betriebsrätegesetz durch General Clay war in dieser

Hinsicht der offenkundigste Eingriff[51]). Gleichwohl blieben der deutschen Politik für die Zukunft weitreichende sozialpolitische Gestaltungsmöglichkeiten. Im April 1950 wurden die suspendierten Paragraphen vom amerikanischen Hohen Kommissar McCloy wieder in Kraft gesetzt[52]), und die Entstehungsgeschichte des BVG läßt sich im wesentlichen als Problem eines deutschen Willensbildungsprozesses ohne allierte Einflußnahme beschreiben.

Als die betrieblichen und länderbezogenen Regelungen 1950/51 für eine bundeseinheitliche Kodifikation zur Disposition standen, hatte sich jedoch bereits eine innenpolitische Kräfteverschiebung ergeben, welche die Durchsetzung weitreichender Mitbestimmungsforderungen aus den Programmen der ersten Nachkriegsjahre unwahrscheinlich oder nur noch gegen massive Widerstände möglich machte. In der veränderten politischen Landschaft des beginnenden Wirtschaftswunders machten sich zudem nicht nur Widerstände auf Seiten der bürgerlichen Parteien und Unternehmerverbände, sondern auch eine wachsende Gleichgültigkeit in Teilen der Arbeiterschaft bemerkbar[53]). Angesichts der Chancen eines schnellen persönlichen „Wiederaufstiegs“ aus dem Nachkriegselend verlor zumindest das Mitbestimmungsziel die Priorität, deren es bedurft hätte, um einer Massenbewegung Nachdruck zu geben.

Jongleur Adenauer.

Quelle: H. Kolfhaus (Münchener Merkur, Januar 1951).

Die erste Lesung der von CDU/CSU, SPD und Bundesregierung eingebrachten Entwürfe für ein BVG fand bereits im Juli 1950 statt[54]). Der offene Konflikt brach jedoch erst knapp zwei Jahre später aus, als nach vergeblichen Verhandlungen die Verabschiedung des von der SPD abgelehnten und von den Gewerkschaften bekämpften Regierungsentwurfs bevorstand. In vielen Städten kam es zu Massendemonstrationen, Kundgebungen und Warnstreiks. Besonderes Aufsehen erregte der von der IG Druck und Papier durchgeführte zweitägige Druckerstreik Ende Mai 1952. Er bedeutete nicht nur einen taktischen Fehlschlag, weil selbst die wohlwollenden Teile der Öffentlichkeit ihn ablehnten, sondern zog auch gerichtliche Auseinandersetzungen nach sich, in denen es um die Legitimität politischer Streiks und die Grenzen des grundgesetzlich verankerten Koalitionsrechts ging.

Trotz massiver gewerkschaftlicher Widerstände und Drohungen, die freilich nicht in eine gezielte und konsequent geführte Streikaktion umgesetzt wurden, verabschiedete der Bundestag das Gesetz schließlich am 27. Juli 1952 mit deutlicher Mehrheit (195 gegen 139 Stimmen bei 7 Enthaltungen). Es blieb weit hinter den von Gewerkschaften und SPD geforderten Regelungen zurück (D 99). In seiner Grundstruktur ging das Gesetz von der Partnerschaftsideologie aus, die besonders im Art. 49 (vertrauensvolle Zusammenarbeit) ihren Niederschlag fand. Die Mitbestimmung des Betriebsrats war im wesentlichen auf soziale und personelle Angelegenheiten beschränkt. An der Wahl der Aufsichtsratsmitglieder in Gesellschaften von Unternehmen mit über 500 Arbeitnehmern waren diese nur mit einem Drittel der Sitze beteiligt. Die Wahl des Betriebsrats erfolgte getrennt nach Arbeitern und Angestellten. Ein wichtiges Merkmal des Gesetzes war schließlich die Herausnahme des öffentlichen Dienstes aus seinem Geltungsbereich. Für ihn wurde 1955 das Personalvertretungsgesetz geschaffen. Damit war eine Trennung geschaffen, die weder das Weimarer BRG noch die Ländergesetze nach 1945 gekannt hatten.

Der DGB zog aus seiner eklatanten Niederlage bei der Verabschiedung des BVG die Konsequenz, auf eine Änderung der politischen Mehrheitsverhältnisse im Bundestag zu setzen, um so im zweiten Anlauf sein Ziel zu erreichen. Daß diese Einschätzung eine Verkennung der tatsächlichen Stimmungslage in der Bevölkerung – zumal angesichts massiver Gegenpropaganda der Unternehmerverbände[55]) – war, zeigte sich in der Bundestagswahl von 1953, die Adenauer fast die absolute Mehrheit brachte (D 67). Ob die in der Historiographie heftig diskutierte Alternative einer verstärkt und konsequent betriebenen Massenmobilisierung tatsächlich einen Erfolg gebracht hätte, muß angesichts der innen- und außenpolitischen Gesamtkonstellation zweifelhaft bleiben. Gleichwohl hinterließ der Ausgang des Kampfes um das BVG bei den Betroffenen Enttäuschung und Verbitterung, die sich nicht zuletzt darin äußerte, daß Christian Fette, der Nachfolger Böcklers im DGB-Vorsitz, nicht wiedergewählt und durch Walter Freitag ersetzt wurde.

Es bleibt dennoch zu fragen, ob dieses in der Grundstruktur dem Weimarer Betriebsrätegesetz sehr ähnliche Gesetz nicht ebenso wie sein Vorbild zwar hochgespannte Erwartungen tief enttäuschte, gleichwohl aber faktisch eine starke Integrationswirkung ausübte, indem es betriebliche Konflikte im Sinne des Gesetzes „zum Wohl des Betriebes und seiner Arbeitnehmer unter Berücksichtigung des Allgemeinwohls“ (Art. 49 BVG) kanalisierte, wie ideologisch befrachtet man diese Zielsetzung des BVG auch einstufen mag. Die unzureichende Mitbestimmungsregelung im BVG wurde zudem durch den gewerkschaftlichen Erfolg im Montanbereich partiell kompensiert[56]).

Die paritätische Besetzung der Aufsichtsräte in Unternehmen mit mehr als 1000 Beschäftigten (in der Rechtsform einer Kapitalgesellschaft) war 1947 von der britischen Besatzungsmacht in der entflochtenen, aber nicht enteigneten Eisen- und Stahlindustrie eingeführt worden. Als 1950 die Diskussion um die Eigentumsform begann und durch aktienrechtliche Neuregelungen die Parität verloren zu gehen drohte, setzten sich die Gewerkschaften massiv zur Wehr. Unter maßgeblichem persönlichem Einsatz von Hans Böckler wurden Urabstimmungen in der Eisen- und Stahlindustrie sowie im Bergbau, für den die Einführung der gleichen paritätischen Regelung anstand, durchgeführt. Die Arbeiterschaft sprach sich darin mit erdrückender Mehrheit für Streiks zur Erhaltung der Mitbestimmung aus. Unter dieser „Drohung“, die zu heftigen politischen Grundsatzkontroversen über die Zulässigkeit einer solchen Beeinflussung von Parlamentsentscheidungen führte (D 97), gab Adenauer, der sich selbst in die Verhandlungen zwischen Gewerkschaften und Unternehmern eingeschaltet hatte, nach. Sein wichtigstes Motiv dürfte gewesen sein, daß er auf diese Weise nicht nur innenpolitische Unruhe vermied, sondern sich auch die Zustimmung der Gewerkschaftsführung zur Politik der Westintegration und prinzipiell auch der Wiederaufrüstung sichern konnte[57]).

Das am 10. April 1951 mit knapper Mehrheit – nach einem ersten nicht bekannt gegebenen Wahlgang ohne Mehrheit[58]) – verabschiedete Gesetz sieht in seinen wichtigsten Bestimmungen vor, daß sich der Aufsichtsrat paritätisch aus Vertretern der Kapital- und der Arbeitnehmerseite zusammensetzt, wobei ein neutrales zusätzliches Mitglied, auf das sich beide Parteien einigen müssen, eventuelle Patt-Situationen verhindern soll. Ferner wird als gleichberechtigtes Mitglied des Unternehmensvorstandes durch den Aufsichtsrat ein Arbeitsdirektor bestellt, der nicht gegen die Stimmen der Arbeitnehmerseite im Aufsichtsrat gewählt werden kann (D 98).

Die politische Wirkung dieses Gesetzes ging weit über den Bereich der Montanmitbestimmung – in einem ökonomisch anfangs zentralen, langfristig aber schrumpfenden Sektor der Volkswirtschaft – hinaus[59]). Nicht zufällig wurde daher fast 30 Jahre später die Infragestellung der paritätischen Mitbestimmung bei Mannesmann als Angriff auf einen tragenden Pfeiler der inneren Stabilität der Bundesrepublik gewertet.

b) Lastenausgleich

Angesichts der sozialen Ausgangssituation und der Härte des Währungsschnitts insbesondere für diejenigen, die schon fast alles verloren hatten, gehörte die Forderung nach einer gerechten Verteilung der Kriegsfolgelasten zu den zentralen politischen Diskussionspunkten in der Öffentlichkeit. Diese Forderung war daher auch wichtiger Bestandteil der meisten Währungsreformpläne, da eine Währungsreform unbedingte Voraussetzung eines effektiven Lastenausgleichs war und dieser andererseits eine notwendige soziale Ergänzung einer Geldreform bildete. Dieser immer wieder betonte innere Zusammenhang wurde auch von den Alliierten keineswegs bestritten. Daß sie sich dennoch auf die Durchsetzung der Währungsreform – ohne erkennbare deutsche Einflußnahme – beschränkten und den anderen Teil den Deutschen überließen, läßt wohl die Vermutung zu, daß sie die technischen und politischen Schwierigkeiten eines Lastenausgleichs realistischer einschätzten, als das in der deutschen Öffentlichkeit der Fall war. Denn in den zahlreichen Vorschlägen der Parteien, der Vertriebenenorganisationen und der Gewerkschaften wurde bis 1948 mit einer verblüffenden Selbstverständlichkeit die Koppelung der Geldreform an einen Lastenausgleich gefordert[60]), ohne daß die beträchtlichen Probleme einer

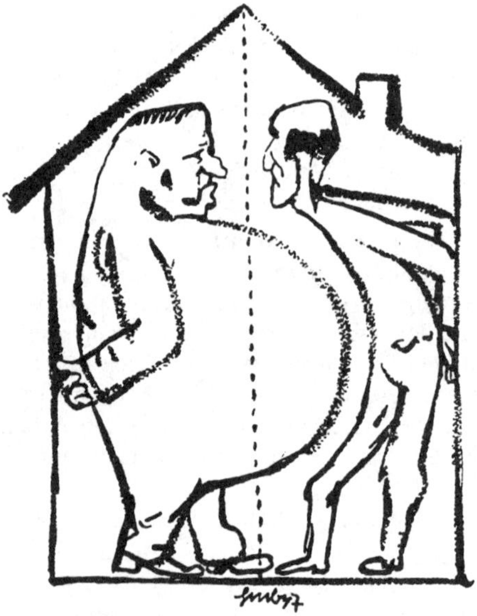

Lastenausgleich

Quelle: H. M.-Brockmann (1947) (Alle Rechte Pranger Verlag, München).

gleichzeitigen Durchführung hinreichend reflektiert und im Detail diskutiert worden wären. Auf eben diese Tatsache dürfte es daher auch wesentlich zurückzuführen sein, daß eine umfassendere gesetzliche Regelung des Lastenausgleichs erst vier Jahre nach der Währungsreform zustandekam.

Das „Gesetz zur Neuordnung des Geldwesens" stellte in der Präambel lapidar fest: „Den deutschen gesetzgebenden Stellen wird die Regelung des Lastenausgleichs als vordringliche, bis zum 31. Dezember 1948 zu lösende Aufgabe übertragen"[61]). In Gestalt des „Ersten Lastenausgleichsgesetzes" legte der Wirtschaftsrat fristgemäß einen entsprechenden Entwurf vor. Das darin erkennbare Prinzip der individuellen Entschädigung fand jedoch nicht die Billigung der Alliierten. Die Beschränkung auf soziale Hilfen wurde zur Bedingung gemacht. Auch der Begriff „Entschädigung" stieß auf politische Bedenken. Aber selbst das inhaltlich und in der Namensgebung abgeänderte „Gesetz zur Milderung dringender sozialer Notlagen (Soforthilfegesetz)" wurde erst nach langem Zögern genehmigt und trat am 8. August 1949 in Kraft. Es zielte auf die Förderung der Eingliederung und damit die Ausschaltung der Fürsorge ab, die bislang über die Wohlfahrtsverbände die Flüchtlinge und Aussiedler hatte unterstützen müssen. Das Gesetz gewährte nach dem Bedürftigkeitsprinzip ohne vorhergehende Schadensfeststellung eine „Unterhaltshilfe" in Form von Maßnahmen und Hilfen für Arbeitsplatzbeschaffung, Wohnungsbau, Ausbildung, Renten usf., während ein vorgezogener Ausgleich für verlorene Sparguthaben der Vertriebenen erst mit dem Währungsausgleichsgesetz vom 21. März 1952 realisiert wurde. Insgesamt wurden über das Soforthilfegesetz 6,339 Milliarden DM bereitgestellt[62]).

Dem eigentlichen Lastenausgleich gingen lange Diskussionen der Interessenverbände und Parteien sowie Grundsatzdebatten um das Prinzip der Entschädigung voran (D 100). Die entgegengesetzen Positionen lassen sich mit den Begriffen sozialer und quotaler Lastenausgleich bezeichnen. In idealtypischer Zuspitzung umrissen zwei Redner von SPD und CDU in einer Debatte des Wirtschaftsrats 1948 diese Prinzipien. Walter Seuffert (SPD) forderte den sozialen Lastenausgleich: „Wir können nicht an eine Wiederherstellung früherer Vermögensverhältnisse denken, auch nicht in verkleinertem Maßstabe, und wir wollen es nicht. Wir wollen aber, daß alle Geschädigten, soweit nur irgend möglich, einen Rechtsanspruch auf Versorgung und Beihilfe zu einer *Neueingliederung in die Wirtschaft* bekommen"[63]). Demgegenüber erklärte der CDU-Abgeordnete Holzapfel: „Es soll aber in erster Linie so sein, daß der *individuell erlittene Schaden ersetzt* wird. Wer sein eigenes Haus, sein eigenes Geschäft gehabt hat, soll wieder auf eigenen Füßen stehen können, damit er wieder eine neue Existenz hat"[64]). Während sich somit die CDU primär an der Wiederherstellung früherer Eigentumsstrukturen orientierte, sah die SPD im Lastenausgleich einen Ansatzpunkt zur Herstellung größerer sozialer Gerechtigkeit und Egalität. In diesem Sinne ging Erich Ollenhauer, der Nachfolger Kurt Schumachers als Oppositionsführer im Bundestag, sogar soweit, das geplante Gesetz als „ein zweites Grundgesetz“ zu bezeichnen[65]).

Tatsächlich wurde das Gesetz ein Kompromiß zwischen beiden Prinzipien[66]), wenn auch das quotale Prinzip sich gegenüber Versuchen zur Änderung von überkommenen Eigentumsstrukturen deutlicher durchsetzte. Als erster Schritt wurde das „Feststellungsgesetz“ zur individuellen Fixierung der erlittenen Schäden im April 1952 verabschiedet. Nach einem komplizierten System sollten damit die verschiedenen Formen der Schäden (Vertreibungsschaden, Kriegssachschaden, Ostschaden) erfaßt und eine genaue Grundlage für die Anmeldung individueller Ansprüche geschaffen werden[67]).

Im einzelnen sah das am 16. Mai 1952 gegen die Stimmen von SPD und KPD verabschiedete LAG vor, daß alle Vermögen, die am Stichtag der Währungsreform 5000 DM überstiegen, mit einer Abgabe von 50 Prozent belegt wurden. Dieser zunächst radikal erscheinende Zugriff wurde dadurch erheblich abgemildert, daß immobile Vermögenswerte nach dem Einheitswert und nicht nach dem Verkehrswert, der erheblich höher lag, berechnet wurden und daß diese Bemessungsgrundlage in den folgenden Jahren unverändert blieb. Auf diese Weise fiel die tatsächliche Belastung der Vermögenden in kurzer Zeit immer geringer aus. Aus den Mitteln dieser Vermögensabgabe, ergänzt um direkte Zuschüsse aus dem Staatshaushalt, wurden in den folgenden Jahrzehnten nach einem gestaffelten System Entschädigungen in verschiedenen Formen gezahlt. Bis Ende 1978 wurden insgesamt 110,4 Milliarden Mark aufgebracht und verteilt, rund die Hälfte davon als Bundes- und Landeszuschüsse[68]).

Insgesamt war der Lastenausgleich zweifellos die „größte Vermögensabgabe der Geschichte“ in Deutschland (D 102). Dennoch hat er weder zu einer deutlichen Vermögensumschichtung noch zur Änderung der Sozialstruktur geführt. Er hat aber zur sozialen Befriedung eines großen deklassierten Bevölkerungsteils beigetragen und so letztlich eine beträchtliche Integrationsleistung erbracht. Diese gesetzgeberischen Maßnahmen griffen jedoch nur, weil eine Reihe von anderen Faktoren den Integrationsprozeß ebenfalls begünstigte[69]). In der Anfangsphase bis etwa 1948 machte ein alliiertes Koalitionsverbot umfassende organisierte Zusammenschlüsse von Flüchtlingen und Vertriebenen unmöglich. Um so stärker wirkte sich die Primärgruppenbindung in der Familie und in lokalen „Heimatgemeinschaften“ aus. Mit den 1949 gegründeten „Vereinigten Ostdeutschen Landsmannschaften“ und dem „Zentralverband der Vertriebenen“ entstanden dann Interessenorganisationen, die sich einerseits konkrete Hilfestellungen und Traditionspflege, andererseits Gleichstellung und Integration durch aktive Einflußnahme auf den politischen Entscheidungsprozeß zum Ziel setzten. Aus dem Zentralverband entwickelte sich der im Januar 1950 in Kiel gegründete und in der zweiten Legislaturperiode des Bundestages nicht unwichtige „Block der Heimatvertriebenen und Entrechteten“ (BHE)[70]). Die

Landsmannschaften erwiesen sich darüber hinaus als sehr dauerhafte und auch politisch einflußreiche Traditionsverbände.

Im Zeichen einer prosperierenden Wirtschaft gelang vor allem eine relativ schnelle Wiedereingliederung in den Arbeitsprozeß, wenngleich damit für viele, insbesondere für Arbeiter und Bauern, eine soziale Deklassierung verbunden war, weil sie nicht mehr den alten Beruf ausüben konnten. Die engere Verschmelzung mit der ansässigen Bevölkerung verlief überdies zwischen Stadt und Land stark unterschiedlich, waren doch Großstädte viel offener und absorptionsfreudiger als ländliche Regionen.

Die in den Diskussionen um Lastenausgleich oft beschworene Gefahr der sozialen Radikalisierung der Flüchtlinge wurde nie wirklich aktuell[71]). Dafür war neben den Integrationsmaßnahmen vor allem maßgebend, daß diese Bevölkerungsgruppe kein ausgeprägtes Klassen- oder homogenes Gruppenbewußtsein ausbildete und angesichts der Erfahrung mit der Roten Armee gegenüber sozialrevolutionären Vorstellungen immun war. Es spricht vielmehr einiges für die These, daß die Vertriebenen wesentlich zu einem „Modernisierungsschub unter konservativem Vorzeichen“ in der Bundesrepublik beigetragen haben[72]). Durch die erzwungene hohe Berufsmobilität, durch ausgeprägte Leistungsorientierung und durch ihr Festhalten an konservativen kulturellen und politischen Leitbildern prägten sie der westdeutschen Gesellschaft ihren Stempel auf.

c) Wohnungsbau

Der Wohnungsbau gehörte angesichts der ungeheuren Kriegszerstörung und Bevölkerungsverschiebungen zu den drängendsten sozialpolitischen Aufgaben. Die Notsituation erforderte schnelles Handeln, das zunächst durch die fehlende politische Zentralgewalt erschwert wurde. Wesentliche Impulse gingen daher zunächst von den Aufbaugesetzen der Länder aus.

Eine bundeseinheitliche Regelung des Wohnungsbaus brachte das Erste Wohnungsbaugesetz vom 24. April 1950. Geht man für das Jahr 1951 von 2,3 Millionen durch den Krieg vernichteten Wohnungen und einem Bedarf in gleicher Größenordnung zur dauernden Unterbringung von rund 9,25 Millionen Vertriebenen und Flüchtlingen sowie von 1,2 Millionen zusätzlichen Wohnungen (durch Haushaltsneugründungen) aus, so lag das Gesamtdefizit nach Abzug der etwa 1 Million zwischen 1945 und 1950 wiederhergestellten oder neu gebauten Wohnungen bei 4,8 Millionen[73]). Je nach Berechnungsgrundlage erhöhte sich darüber hinaus dieser Bedarf, war doch noch über 1955 hinaus ein erheblicher Teil der Bevölkerung in Notunterkünften verschiedenster Art untergebracht (D 103). Anders als in der DDR mußte damit in großem Umfang und weit über die Wiederherstellung des Wohnungsbestandes der Vorkriegszeit hinaus mit Neubauten begonnen werden. Bis 1949 ging die vorhandene Baukapazität nahezu ausschließlich in die Wiederherstellung kriegszerstörter Wohnungen, und erst danach gewannen Neubauten ständig an Bedeutung.

Das Erste Wohnungsbaugesetz bedachte daher den sozialen Wohnungsbau durch Einsatz öffentlicher Mittel mit besonderer Priorität. Durch Zuschüsse und Darlehen an Wohnungsbaugesellschaften beteiligten sich Bund und Länder – in Form indirekter Lenkung – an der Wohnungsbauwirtschaft, ohne selbst die Trägerschaft zu übernehmen. Um die Mieten für die neugeschaffenen Wohnungen tragbar zu halten, wurde die Gesamtwohnfläche der Sozialwohnungen auf 32 bis 65 qm begrenzt (Normalwohnung), für die Unterbringung großer Familien konnte sie bis 120 qm ansteigen. Die Mietsätze durften 1 DM pro qm (in Ausnahmefällen 1,10 DM) nicht übersteigen und wurden nach Gemeindegrößen, Lage und Ausstattung der Wohnungen gestaffelt. Die Vergabe dieser Sozialwohnungen war an Einkommensgrenzen gebunden, die 1951 bei 7200 DM Bruttoverdienst lag. Im Laufe von sechs Jahren sollten 1,8 Millionen Sozialwohnungen geschaffen werden, im Jahresdurchschnitt somit 300 000. Gemessen an den besten Baujahren der Weimarer Republik 1928 und 1929, in denen jeweils nur 200 000 Wohnungen – bezogen auf das Gebiet der Bundesrepublik – gebaut wurden, war dies ein beachtlicher, in der Praxis zudem noch erheblich übertroffener Planansatz.

Darüber hinaus sah das Gesetz erste Maßnahmen zur Auflockerung der Wohnungszwangswirtschaft und Steuervergünstigungen vor, um für private Bauherren Anreize zu schaffen, privates Kapital in den Wohnungsbau zu investieren. Schließlich regte das Gesetz Maßnahmen zur Senkung der Baukosten durch Rationalisierung an (Bauforschung, Entwicklung von Normen und Bautypen usf.)[74]).

Während im Ersten Wohnungsbaugesetz der Schwerpunkt eindeutig auf der Förderung des Massenwohnungsbaus lag, verschoben sich seit 1953 mit dem Ersten Änderungsgesetz und vor allem seit dem Zweiten Wohnungsbaugesetz von 1956 diese Prioritäten zugunsten des privaten Eigenheimbaus. Auch das Wohnungsbauprämiengesetz von 1952 diente diesem Ziel. Abgesehen von frei finanzierten Wohnungen, für die Marktmieten erhoben werden durften, blieb jedoch für den sozialen und den steuerbegünstigten Wohnungsbau bis 1960 grundsätzlich die Wohnraumbewirtschaftung und somit auch die Mietpreisbindung erhalten, auch wenn es in der Zwischenzeit eine Reihe von Lockerungen gab[75]). Seit Mitte der fünfziger Jahre sank der Anteil des sozialen Wohnungsbaus langsam aber stetig zugunsten des privaten. Da die Einkommensgrenze für Sozialwohnungen zunächst relativ hoch angesetzt war, so daß beispielsweise auch Akademiker anspruchsberechtigt waren, die Wohnberechtigung aber nur einmal beim Einzug nachgeprüft wurde, tauchte schon frühzeitig das in der Folgezeit immer wieder diskutierte Problem einer hohen Zahl von Fehlbelegungen auf.

Bevor der ökonomische Aufschwung sich im vollen Umfang auswirkte, stellte die Verbindung von Wohnungsbau und Arbeitsmarkt ein besonderes Problem dar[76]). Das Gefälle zwischen Regionen mit hoher, verfestigter Arbeitslosigkeit und Industriegebieten mit Arbeitermangel war Anfang der fünfziger Jahre noch recht ausgeprägt. Krieg und Kriegsfolgen hatten gewachsene Arbeitsmarktstrukturen und ausgeglichene Beziehungen zwischen Wohnort und Arbeitsplatz zerstört. Gerade der Mangel an Wohnraum in industriellen Ballungsgebieten erschwerte hier einen Ausgleich zwischen Angebot und Nachfrage bei den Arbeitskräften. Die Engpässe im Ruhrkohlebergbau, die u. a. auf fehlende Arbeitskräfte zurückzuführen waren, wobei dieses Defizit wiederum mit dem Mangel an Bergarbeiterwohnungen zusammenhing[77]), verdeutlichten diesen Zusammenhang in exemplarischer Weise. Es wurden daher an den sozialen Wohnungsbau weiterreichende Forderungen gestellt, als lediglich angemessene Unterkünfte zu schaffen. Die Wohnungsbaupolitik sollte weniger lokalen Interessen folgen, als zur Sanierung der Wirtschafts- und Sozialstruktur beitragen, indem sie den Zusammenhang von Arbeitsmöglichkeiten und Wohnungsangebot stärker berücksichtigte und diesem Gesichtspunkt bei der Verteilung der öffentlichen Gelder deutlicher Rechnung trug. Das hätte u. a. eine Abkehr vom üblichen Verteilungsschlüssel (nach Bevölkerungszahl, Zerstörungsgrad, Flüchtlingszahl usf.) bedeutet. In welchem Umfang die Regierungen von Bund und Ländern solchen Forderungen und Gesichtspunkten gerecht wurden, ist beim derzeitigen Stand der Forschung nicht eindeutig erkennbar. Durch den schnellen Konjunkturaufschwung wurde dieses Problem jedenfalls teilweise entschärft.

Deutlich faßbar sind dagegen die schon früh formulierten gesellschaftspolitischen Implikationen der Wohnungsbaupolitik. Obwohl diese in den Grundsatzerklärungen und -debatten der politischen Parteien und Verbände einen erstaunlich geringen Stellenwert besaßen, zeigen zahlreiche programmatische Verlautbarungen, wie eng sich wohnungspolitische Zielsetzungen in mittelständische Leitbilder einfügten, so sehr auch die soziale Realität hinter dem 1953 von Schelsky geprägten Begriff der „nivellierten Mittelstandsgesellschaft“[78]) zurückstand. Dabei waren die Differenzen zwischen den beiden großen politischen Parteien SPD und CDU/CSU eher graduell als prinzipiell. Das Dortmunder Aktionsprogramm der SPD formulierte in recht allgemein gehaltener Form die Forderung[79]): „Das Einfamilienhaus mit Garten und die Stockwerkswohnung, die Kleinsiedlung, das Heim im individuellen Einzeleigentum, die Wohnung im genossenschaftlichen Gemeinschaftseigentum und die Mietwohnung sollen in dem Umfang zur Verfügung stehen, in dem ein Bedarf an ihnen besteht“. Dabei wurde jedoch ausdrücklich begrüßt, daß das Verständnis „für die besonderen Werte der Kleinsiedlung und des Kleineigentums“ wieder wachse. Die mögliche Kehrseite einer solchen Zielsetzung, rasch steigende Bodenpreise, wurde zumindest gesehen und mit der Forderung nach einer Reform des Bodenrechts beantwortet.

ALLTAG 1949

Freude über Demontagestop

Hamburg, 25. Nov. (dpa)

Der verkündete Demontagestop hat in den betroffenen Betrieben große Freude ausgelöst. Über den Werken wehte am Freitagmorgen die schwarz-rot-goldene Fahne, und die Eingangstore waren mit Girlanden geschmückt. An einem der Betriebe verkündete ein Schild: „Die größte Freude vom heutigen Tage ist der Stop der Demontage".

In Duisburg wurde auf allen öffentlichen Gebäuden für zwei Tage die Bundesflage gesetzt.

477 Heimkehrer in Hof-Moschendorf

München (SZ)

Mit zwei Transporten trafen in der Nacht zum Donnerstag im Entlassungslager Hof-Moschendorf 477 Heimkehrer aus Lagern bei Simferopol, Sewastopol, Kertsch und Rostow ein. 355 davon bleiben in Bayern.

Deutschland wieder Reiseziel

Frankfurt a. M., 25. März. (ap) In Frankfurt a. M. sind die ersten amerikanischen Touristen dieses Jahres eingetroffen. — Die alliierten Behörden wollen Deutschland in diesem Jahre erstmalig seit Beendigung des Krieges dem internationalen Reiseverkehr zugänglich machen. Für 1949 werden etwa 200 000 Besucher aus dem Ausland erwartet, die, so heißt es in der Meldung, „Millionen von Dollar nach Deutschland bringen werden".

Kohlenberge wachsen in den Himmel

Volle Lager — wenig Kunden / Nur scheinbarer Ueberfluß

(SZ) Die Geldknappheit weiter Kreise der Bevölkerung hat zur Folge, daß zur Zeit riesige Kohlenberge die Lager der Münchner Kohlenhändler füllen. Selbst die Befürchtungen einer Erhöhung des Kohlenpreises im Zusammenhang mit der Herabsetzung des Umrechnungskurses der D-Mark haben keine gesteigerte Kauflust verursacht, sondern beschränkten sich lediglich auf Anfragen. Inzwischen hat Bundeswirtschaftsminister Erhard erklärt, der Preis für Inlandskohle werde nicht erhöht. Im folgenden berichten wir über die augenblickliche Lage der Brennstoffversorgung.

Umsiedlung von 150 000 Flüchtlingen

Eig. Ber. Bonn, 10. November

Der Bundesrat beschloß gegen eine **Stimme** die Annahme der von **Schleswig-Holstein** geforderten Rechtsver**ordnung** über den Bevölkerungsaus**gleich.** Die Verordnung sieht vor, daß **bis** Ende des nächsten Jahres 150 000 **Flüchtlinge** aus Schleswig-Holstein **und je 75 000** aus Niedersachsen und **Bayern in die** übrigen Länder der **Bundesrepublik** umgesiedelt werden.

2000 Gramm Fett im September

Frankfurt (SZ/Ffm) — Das Zweimächte-Kontrollamt genehmigte eine von der Ernährungsverwaltung beantragte Sonderzuteilung an Fett. Die Fettration für Normalverbraucher erhöht sich demnach im September auf insgesamt 2000 Gramm. Der Butteranteil beträgt wie bisher 375 Gramm. Kleinkinder von eins bis sechs Jahren erhalten zusätzlich 125 Gramm Fett.

Teuerungszulage für die Wohlfahrtsunterstützten

(SZ) In unserer Samstagausgabe berichteten wir kurz von der Absicht des Wohlfahrtsreferates, die Unterstützungssätze für die etwa 22 000 Münchner Wohlfahrtsunterstützten vom 1. November an zu erhöhen. Der vorgeschlagenen Teuerungszulage hat nun auch der Wohlfahrtsausschuß unter dem Vorsitz des Stadtrates Fackler nach dem Vortrag des Wohlfahrtsreferenten Dr. Hamm, zugestimmt. Einschließlich der bereits am 1. September gewährten Erhöhung sehen die neuen Sätze eine monatliche Aufbesserung der Unterstützung für Alleinstehende um fünf Mark, für Alleinstehende mit Anschluß an einen fremden Haushalt und für Haushaltungsvorstände um vier Mark und für mitunterstützte Hausangehörige um zwei Mark vor.

Berlin ist froh, aber skeptisch

Nu. **Berlin** (Eig. Ber.) — Die Reaktion auf die Blockadeaufhebung war hier trotz der großen Freude gleichzeitig skeptisch. Man wolle erst die weitere Entwicklung abwarten, erklärte der FDP-Vorsitzende Schwennicke. Der „Telegraf" schrieb, für die Berliner Bevölkerung sei eine Regelung nicht ausreichend, die sich mit der eingleisigen Verbindung nach dem Westen begnüge. Der einfache Mann freut sich vor allem darauf, daß die täglich 20stündige Stromsperre, die ewige Trockennahrung und die Verkehrsruhe nach 18 Uhr aufhören werden.

ALLTAG 1955

Löhne und Gehälter erhöht

Deutsche Presse-Agentur

Dortmund. Um 15 Pfg. werden die Stundenlöhne für die gewerblichen Arbeitnehmer im Betonsteingewerbe von Nordrhein-Westfalen in allen Tarif- und Ortsklassen vom 1. September an erhöht. Gleichzeitig steigen die Gehälter für die technischen und kaufmännischen Angestellten des Gewerbes um 5 Prozent und die Ausbildungsbeihilfen für Lehrlinge um monatlich vier Mark. Dies teilte die Bezirksleitung Westfalen der IG Bau, Steine und Erden mit. Die Stundenlöhne betrugen bisher 1,40 bis 1,74 Mark. Die Angestelltengehälter 143 bis 671 Mark und die Lehrlingsbeihilfen 19 bis 36,50 Mark monatlich.

Heimkehrer frei ins Kino

Deutsche Presse-Agentur

Düsseldorf. Der Wirtschaftsverband der Filmtheater Nordrhein-Westfalen e. V. hat seinen Mitgliedern empfohlen, allen in diesen Tagen heimkehrenden Kriegsgefangenen freien Eintritt zu drei Filmveranstaltungen für je zwei Personen zu gewähren. Die Gutscheine dafür sollen die örtlichen Sozialämter an die Heimkehrer verteilen.

Wohnungstausch bleibt genehmigungspflichtig

N. Bonn. Wohnungstausch soll nach wie vor genehmigungspflichtig bleiben. Der Wohnungsbauausschuß des Bundestages lehnte am Donnerstag den Vorschlag der Bundesregierung ab, den Wohnungstausch künftig von der Genehmigungspflicht auszunehmen. Der Ausschuß hält die Genehmigungspflicht für erforderlich, um sozial schwachen Schichten einen Schutz zu erhalten.

Wohnungen für 500 000 Familien

Deutsche Presse-Agentur

Bonn. Rund 500 000 Familien erhielten im vergangenen Jahr in der Bundesrepublik eine Neubauwohnung. Wie aus einer Veröffentlichung des Bundeswohnungsbauministeriums hervorgeht, wurden 1954 in der Bundesrepublik 541 000 Wohnungen gebaut. Das sind 23 000 Wohnungen mehr als im Vorjahr.

Pakete kommen an

Deutsche Presse-Agentur

Braunschweig. Nach einer DRK-Mitteilung werden alle Pakete an Kriegsgefangene in der Sowjetunion, wenn die Empfänger in ein anderes Lager verlegt worden sind, nicht mehr an die Absender zurückgeschickt, sondern an die Empfänger weitergeleitet.

„Verfeinerte Freßwelle"

Deutsche Presse-Agentur

Münster. Von einer „verfeinerten Freßwelle" ist im Bericht der Handwerkskammer Münster auf Grund von Beobachtungen der Fleischer die Rede. Mehr und mehr habe sich eine Änderung der Geschmacksrichtung durchgesetzt, da sich die Nachfrage auf feine Fleisch- und Wurstwaren konzentriere.

Die Preise für Schweinefleisch hätten merklich angezogen. Das Fleischerhandwerk habe bei niedrigen Einkaufspreisen und bei teilweise nicht folgenden Verkaufspreisen eine klare Gewinnchance gehabt. Der Brotumsatz sei dagegen rückläufig gewesen. Die Bäckereien wären ohne gesteigerten Umsatz von Brötchen und Feingebäck nicht existenzfähig gewesen.

Eine verbesserte Speisekarte

weist die Statistik auch im Jahre 1954 für die durchschnittliche Arbeitnehmerfamilie aus. Sie gab bei einem monatlichen Einkommen von 467,73 DM für Nahrungsmittel 179,86 DM aus und bevorzugte noch stärker als in den früheren Jahren Nahrungsmittel tierischer Herkunft. Der Anstieg der Ernährungsausgaben von 131 DM 1949 auf fast 180 DM je Monat im Jahre 1954 ist zum größten Teil der qualitativen Verbesserung zugute gekommen. Die Preiserhöhungen der letzten Jahre haben die tierischen Nahrungsmittel weniger betroffen als die pflanzlichen. Aufs Ganze gesehen mußte unsere Arbeitnehmerfamilie bei gleichem Verbrauch an Nahrungsmitteln 1954 monatlich 20 DM mehr aufwenden als 1950. (Globus)

Kohlenvorräte knapp

Eigener Nachrichtendienst

Bonn. In der Kohlenversorgung der Großverbraucher sind in letzter Zeit einige Engpässe aufgetreten, die hauptsächlich auf die Exportverpflichtungen zurückzuführen sind. Die Versorgungsbetriebe klagen über unzureichende Lieferungen.

Im Bundeswirtschaftsministerium wird die Kohlenversorgung weniger kritisch gesehen. Es wird darauf hingewiesen, daß der Kohlenhandel bisher mit den gleichen Mengen Hausbrand beliefert worden sei wie im Vorjahr. Lediglich die Koksversorgung weise einen kleinen Engpaß auf.

Sehr viel deutlicher wurden alte Leitbilder von Heim und Herd im Hamburger Programm der CDU von 1953[80]): „Menschliche Würde und Existenz sind schwer bedroht durch die kollektivistischen Tendenzen unserer Zeit. Deswegen verlangen wir Eigentum für alle Schichten unseres Volkes . . . Je mehr Eigentümer, desto ausgewogener ist das soziale Gefüge und desto gesicherter der soziale Friede. Daher fordern wir Eigentum an der Wohnung. Wir fordern, wo immer nur möglich, den Bau von Eigenheimen . . . Nur so ist es möglich, breiten Schichten unseres Volkes persönliches Eigentum an Herd und Heim zu schaffen".

Wieweit die Folgen solcher wohnungspolitischer Programmatik für die Entwicklung der Städte mitbedacht wurden und übersehbar waren, ist hier nicht darzustellen. Auch blieb eine befriedigende Wohnungsversorgung erheblich länger hinter dem Niveau der Vorkriegszeit zurück als andere Bereiche. Entscheidend dürfte jedoch gewesen sein, daß eine schnelle Aufwärtsentwicklung sichtbar und damit für den einzelnen eine Perspektive gegeben war, in absehbarer Zeit aus dem Wohnungselend der frühen Nachkriegszeit herauszukommen.

d) Sozialversicherung

Die Geschichte der Sozialversicherung nach dem Zusammenbruch gehört zu den wenigen detailliert aufgearbeiteten sozialpolitischen Themen der frühen Nachkriegszeit[81]). Sie bietet interessante Aufschlüsse zum Verhältnis alliierter Politik und deutscher Opposition, zur partiellen Gemeinsamkeit und zur Auseinanderentwicklung von Ost- und Westzonen mit Berlin als Drehscheibe, zur gesellschaftspolitischen Grundsatzdiskussion und zum Einfluß der Verbände. Die Sozialversicherung ist schließlich mit der Einführung der dynamischen Rente 1957 eine der tragenden Säulen für die politische und soziale Geschichte der Bundesrepublik und ihrer Regierungsmehrheit geworden.

Ihre Organisation stand zunächst, solange noch keine gemeinsamen Richtlinien der Alliierten vereinbart waren, zur Disposition der Zonenbefehlshaber bzw. der Länder. Da Regelungen über Renten-, Kranken-, Unfall- und Arbeitslosenversicherung schnell getroffen werden mußten, sahen entsprechende organisatorische Maßnahmen in den einzelnen Zonen anfangs sehr unterschiedlich aus. Dennoch gehörte erstaunlicherweise gerade diese komplizierte und traditionsreiche Materie zu den Problemen, für die sich der Kontrollrat bereits im September 1946 auf einen gemeinsamen Gesetzentwurf einigte (eine zweite Fassung wurde im Dezember verabschiedet)[82]).

Dieser Entwurf folgte dem in den Programmen der deutschen Arbeiterbewegung schon seit Bismarcks Sozialgesetzen geforderten Prinzip der Einheitsversicherung, das zu dieser Zeit in Berlin und in der SBZ bereits in Grundzügen realisiert wurde. Danach wurden die verschiedenen selbständigen und in sich vielfältig gegliederten Versicherungszweige (Unfall, Renten, Krankheit; Arbeiter, Angestellte, Selbständige; regionale und berufliche Organisationen) zusammengefaßt. Ferner wurde die Versicherungspflicht auf alle Arbeitnehmer, einschließlich der höherverdienenden Angestellten und Beamten, sowie auf die Selbständigen, sofern sie nicht mehr als fünf Arbeitnehmer beschäftigten, ausgedehnt. Damit orientierte sich der Entwurf am Modell der Volksversicherung, wie es Gewerkschaften, Sozialdemokraten und Kommunisten forderten.

Daß dieser Entwurf trotz alliierten Konsenses scheiterte, war sowohl auf massive deutsche Widerstände als auch auf die gesamtpolitische Konstellationsveränderung zurückzuführen. Zugleich wurde damit die weitere innerdeutsche und westdeutsche Diskussion um die Gestaltung der Sozialversicherung tiefgreifend präjudiziert. Das dezidierte „Nein" kam zwar vor allem von den verschiedenen betroffenen Interessenorganisationen der Angestellten, Ärzte, Arbeitgeber und von den bürgerlichen Parteien. Aber auch SPD und Gewerkschaften stimmten dem Entwurf wegen verschiedener Einzelfragen nicht voll zu. „Der Gegensatz zwischen prinzipiellen Gegnern und Befürwortern einer Einheitsversicherung war auf deutscher Seite also überlagert von gemeinsamer Kritik an der speziellen Ausformung des Kontrollratsentwurfs, der seinerseits jedoch die einzig mögliche Grundlage für eine Einigung der vier Siegermächte bildete."[83])

Daß der Einfluß der deutschen Gegner so effektiv werden konnte, hing jedoch vor allem damit zusammen, daß seit 1947 insbesondere bei Clay nur noch geringes Interesse an entsprechenden gemeinsamen Beschlüssen bestand. Er lehnte daher auf der Kontrollratssitzung am 4. Februar 1948 die mehrfach veränderte und unter den Alliierten im Grunde konsensfähige Vorlage ab. Die Einheitsversicherung war damit gescheitert.

Sie blieb in der SBZ und zunächst auch in Berlin erhalten, während in Westdeutschland die Debatte um die Organisationsform und um die verteilungspolitischen Aspekte der Sozialversicherung vehement weitergeführt wurde. Auf eine allgemeine Formel gebracht, bestand das Ergebnis schließlich darin, daß das alte, vielfach gegliederte Sozialversicherungssystem der Weimarer Zeit in den Grundzügen wiederhergestellt wurde. Auch das 1957 verabschiedete „Gesetz über Arbeitsvermittlung und Arbeitslosenversicherung" griff unmittelbar auf das Weimarer Vorbild zurück[84]).

Gewissermaßen als Nachklang zur fehlgeschlagenen Einheitsversicherung wurde jedoch ab 1953 von den Regierungsparteien und von der SPD eine prinzipielle und sehr kontroverse Diskussion um die „große Sozialreform" geführt. Sie sollte im Endergebnis die verschiedenen, unter dem Druck der Not der Nachkriegsjahre isoliert und ad hoc durchgeführten Einzelmaßnahmen zu einem Gesamtkonzept bündeln und ausgleichen. Der Zwang, möglichst vielen durch den Krieg besonders geschädigten Gruppen auf spezifische Art zu helfen, hatte ein Paragraphengestrüpp entstehen lassen, das die Effizienz des Leistungssystems in Frage stellte. Es waren z. B. Fälle denkbar, in denen eine invalide Witwe auf 10 verschiedene Rentenleistungen Anspruch hatte[85]).

Bei dem Versuch der Vereinheitlichung und Vereinfachung des Sozialrechts offenbarten sich jedoch schnell die grundsätzlichen Differenzen darüber, was Sozialpolitik sei und was sie leisten könne. Während die SPD unter Hinweis auf schwedische und englische Vorbilder verstärkt staatliche Leistungen unter Einbezug der Gesamtbevölkerung wünschte (Gesundheitssicherung, Berufssicherung, Einkommenssicherung sollten die drei Säulen des Systems sein), lehnte die CDU derartige Vorstellungen als „bürokratische Staatsversorgung" ab und setzte sich unter Beibehaltung der klassischen Sozialversicherung für eine möglichst weitgehende Begrenzung der Staatsleistungen ein.

Den Kern der Differenz formulierte das auf dem Düsseldorfer Parteitag der SPD 1948 diskutierte Sozialprogramm mit den Sätzen: „Bürgerliche Sozialpolitik versucht lediglich, die Ausbeutung des arbeitenden Menschen zu begrenzen. Sie will jedoch das kapitalistische Wirtschaftssystem bewahren und durch sozialpolitische Teilmaßnahme stützen. Konsequente Sozialpolitik stößt gegen die Grenzen des kapitalistischen Profitsystems. Sozialistische Politik hat sich die Aufgabe gestellt, diese Grenzen zu sprengen".[86])

Da eine deutliche Verbesserung der Rentenleistungen in der ersten Hälfte der fünfziger Jahre besondere Priorität besaß, konzentrierte sich diese Grundsatzdebatte bald immer klarer auf eine Reform der Alters- und Invalidenversicherung. Die durchschnittliche Höhe von netto 62,40 DM im Herbst 1953, die sich für 13,8 Millionen Sozialleistungsfälle ergab, lag beträchtlich unter dem Fürsorgesatz für ein Großstadtehepaar. Da rund die Hälfte der Bevölkerung ganz oder stark von Sozialleistungen abhängig war, verwies dieser Durchschnittswert auf die verbreitete nackte Armut unter Millionen. Vor allem die ca. 4,2 Millionen über 60 Jahre alten Sozialleistungsempfänger, die ebenso wie die Invaliden in der Regel nicht mehr in den Arbeitsprozeß eingegliedert werden konnten, gehörten zu den Stiefkindern des Wirtschaftswunders[87]).

Mit dem Vorschlag einer dynamischen Rente durch den Bonner Volkswirtschaftler Schreiber kam hier 1955 ein völlig neues Element in die politische Diskussion, das innerhalb des Regierungslagers und in der Öffentlichkeit Aufsehen und erhebliche Widerstände hervorrief. Dieser Plan der Bindung der Renten an die Lohnentwicklung durchbrach bisheriges sozialpolitisches Denken so konsequent, daß die FDP als Koalitionspartner ihn nicht einmal als ernsthafte Diskussionsgrundlage akzeptieren wollte. Die Beitragsrente, die bislang auf dem Ertrag des angesammelten Kapitals basierte, sollte durch die Arbeitswertrente ersetzt werden, d. h. die eingezahlten Beiträge der Arbeitenden wurden nach Rücklagenbildung sofort im Wege eines Umlageverfahrens in Renten für die nicht mehr Arbeitenden verwandelt[88]).

Da die SPD-Fraktion mit einer Gesetzesvorlage auf der gleichen Basis der Regierung zuvorkam, setzte Adenauer alles daran, nach dem Versanden der „Gesamtreform“ nun dieses zentrale Teilstück gegen den Widerstand in den eigenen Reihen, bei der FDP und bei den Arbeitgeberverbänden zu realisieren. Dabei spielten sowohl wahltaktische Überlegungen – die „dynamische Rente“ als positive Ergänzung zur Parole „keine Experimente“ – als auch grundsätzliche gesellschaftspolitische und gesamtdeutsche Überlegungen eine zentrale Rolle. Durch Abbau von Spannungsherden sollte die bestehende Gesellschaftsordnung gefestigt werden und damit zugleich die Bundesrepublik „attraktiv bleiben“ für die „Menschen in der Zone“[89]).

Diese Rechnung ging vollständig auf. Nach viertägiger Debatte – der längsten im Bundestag bis zu diesem Zeitpunkt – wurde das Rentenreformgesetz ohne die Stimmen der Koalitionspartner FDP und (eines großen Teils der) DP, aber mit den Stimmen der SPD verabschiedet. Gleichzeitig mit der Einführung der dynamischen Rentenformel hob die Regierung das Rentenniveau um durchschnittlich 65 Prozent an. Der DGB begrüßte die Reform als „das bedeutendste Sozialgesetzeswerk seit der Einführung der Sozialversicherung überhaupt“[90]). Daß die Bundestagswahl mit einer absoluten Mehrheit für die CDU endete, stand ohne Zweifel in ursächlichem Zusammenhang damit. „Bisher ist kein Beispiel dafür bekannt“, stellte das Institut für Demoskopie in Allensbach fest, „daß irgendein Gesetz, eine Institution oder sogar Verfassung und Symbole des Staates eine auch nur annähernd so positive Resonanz gehabt haben wie die Rentenreform“[91]).

4. Restauration im öffentlichen Dienst und Antikommunismus als Legitimationsideologie

„Ihr naht euch wieder . . .“ – unter dieser aus dem „Faust“-Prolog entlehnten Überschrift brachte die „Frankfurter Rundschau“ im September 1951 eine Artikelserie, die sich mit der personellen Kontinuität zwischen dem Auswärtigen Amt im Dritten Reich und dem neu entstehenden Ressort der Bundesrepublik beschäftigte und in der deutschen und internationalen Öffentlichkeit einigen Staub aufwirbelte. Ein Untersuchungsausschuß des Bundestages wies die journalistischen Anschuldigungen zwar als zu weitgehend zurück, in der anschließenden Debatte kam jedoch ans Tageslicht, daß 66 Prozent der leitenden Beamten des Auswärtigen Dienstes ehemalige Mitglieder der NSDAP waren. Auf die SPD-Kritik gegenüber den starken „restaurativen Tendenzen“, die in diesem Fall sichtbar würden, antwortete Adenauer mit dem Hinweis auf die dringend benötigten Fachkräfte und dem Appell, „jetzt mit der Naziriecherei einmal Schluß (zu)machen“[92]).

In dieser Auseinandersetzung zeigte sich exemplarisch das Problem der Reichweite der personellen Restauration, das im öffentlichen Dienst besonders akut war. Für die Alliierten war dieses Problem als Spannung zwischen Entnazifizierungsinteresse und Bedarf an geschultem Verwaltungspersonal bereits unmittelbar nach der Besetzung Deutschlands aufgetaucht. Spätestens mit der Gründung der Bundesrepublik wurde es dagegen erstmals quantitativ zu einem bestimmenden Faktor der zweiten deutschen Republik, so daß Karl Jaspers, einer der scharfen Kritiker bestimmter Erscheinungen des politischen Lebens, 1964 formulierte: „Dies Fortwirken der alten Nationalsozialisten ist ein Grundgebrechen der inneren Verfassung der Bundesrepublik“[93]).

Es ist zwar sicher richtig, daß weder 1947 in Frankfurt (bei der Etablierung der Bizonenverwaltung) noch 1949 in Bonn die Möglichkeit bestand, eine Zentralverwaltung von einer „tabula rasa“ aus neu aufzubauen[94]), wenn die anstehenden immensen Probleme mit einiger Aussicht auf Erfolg überhaupt gelöst werden sollten. Dennoch gehört das Ausmaß der Restauration im öffentlichen Dienst und das fehlende politische Fingerspitzengefühl in einigen herausgehobenen Personalentscheidungen zu jenen fatalen Hypotheken, die nicht zuletzt bei der nachgewachsenen jüngeren Generation die innere Glaubwürdigkeit eines freiheitlich-demokratischen Rechtsstaates belastet haben.

Die starke Kontinuität des Berufsbeamtentums läßt sich geradezu als ein generelles Merkmal aller großen Umbrüche der deutschen Geschichte des 20. Jahrhunderts verstehen. Wenn auch in unterschiedlichen Erscheinungsformen und Auswirkungen, hat sich das Berufsbeamtentum 1918, 1933 und 1945 mit dem ihm eigenen Beharrungsvermögen zu halten gewußt[95]). Die Versuche der Westalliierten zur strukturellen Reform des öffentlichen Dienstes (allgemeine Zugänglichkeit, Leistungsprinzip, Einschränkung der aktiven politischen Tätigkeit ohne Aufgabe des Beamtenstatus, Beseitigung der Privilegien, Ablehnung des Juristenmonopols) wurden von der Bundesregierung – seit dem Zusammentritt des zu 61 Prozent aus Beamten bestehenden Parlamentarischen Rats von der Beamtenlobby wirkungsvoll unterstützt – erfolgreich torpediert, so daß im Bundesbeamtengesetz von 1953 die zuletzt im Reichsbeamtengesetz von 1937 fixierten Grundsätze des Beamtentums für Bund, Länder und Gemeinden voll wiederhergestellt wurden[96]). Darüber hinaus kehrte das alte Personal in großem Umfang zurück. Daß dieser Prozeß nach dem Ende des Dritten Reiches erneut unaufhaltsam schien, war freilich nicht nur auf die Sachzwänge zurückzuführen, sondern wesentlich auch auf den durch den weltpolitischen Konstellationswandel und die Teilung Deutschlands hervorgerufenen Stopp des Entnazifizierungsverfahrens, das schließlich in eine umfassende Rehabilitierung einmündete.

Auf Veranlassung Adenauers als Präsident des Parlamentarischen Rates stellte ein Sachverständigengremium bereits Ende 1948 Überlegungen zum Personal einer künftigen Bundesverwaltung an. Das Ergebnis lautete: Es gebe nur ein geringes Potential an für die Bundesministerien geeigneten Kräften, da politisch nicht belastetes geeignetes Personal zumeist schon in festen und befriedigenden Stellungen sei. Verblieben seien im wesentlichen solche, die zumindest formale Beziehungen zum Nationalsozialismus gehabt hätten. Eine Liste von 26 Kandidaten für ein künftiges Bundesinnenministerium enthielt dann auch nur einen Namen ohne jede NS-Belastung. Von diesen 26 hatten 15 im Reichsinnenministerium gearbeitet (darunter auch Hans Globke), acht im preußischen Innenministerium. Drei von ihnen waren beim Entnazifizierungsverfahren in die Gruppe IV (Mitläufer), 20 (darunter Globke) in V (Entlastete) eingestuft worden[97]).

Inwieweit die beiden hier genannten Ministerien hinsichtlich ihres Pg-Anteils repräsentativ für die Bundes- und Länderministerien sind, läßt sich nicht sagen, da derartige Angaben über die personelle Erstausstattung fehlen oder nur fragmentarisch vorliegen. Verbietet sich über Einzelbeispiele hinaus eine generelle Aussage, zumal eine im administrativen Bereich ohnehin hohe nominelle NSDAP-Mitgliedschaft allein noch wenig Hinweise auf den Grad der politischen Belastung bot, gab es andererseits herausragende Einzelfälle, die bereits in der zeitgenössischen Diskussion Gegenstand heftiger Kritik wurden. Zu ihnen gehörte in erster Linie der von 1949 bis 1953 als Abteilungsleiter und danach zehn Jahre als Staatssekretär im Bundeskanzleramt fungierende Jurist Hans Globke. Obwohl sich Politiker wie Bundesinnenminister Heinemann und der ehemalige Widerstandskämpfer Jakob Kaiser für ihn einsetzten – er selber hielt einen Staatssekretärposten für inopportun und bot später auch mehrmals seinen Rücktritt an –, war sein Name mit dem Kommentar zu den Nürnberger Rassegesetzen von 1935 verbunden. Globke hatte zwar nicht der NSDAP angehört, der Grund dafür lag jedoch darin, daß sein Aufnahmeantrag von 1940 am Einspruch des Leiters der Parteikanzlei Bormann gescheitert war. Dabei spielten seine politische Tätigkeit im früheren Zentrum und seine Verbindung zu kirchlichen Kreisen eine wesentliche Rolle. Globke wurde zur Schaltstelle der Personalpolitik im Bundeskanzleramt[98]). Daß seine überragenden administrativen Fähigkeiten und seine engen, in die Nähe des Widerstands gerückten Verbindungen zum katholischen Klerus im Dritten Reich für die Verteidiger Globkes seinerzeit schwerer wogen als seine erhebliche politische Kompromittierung, wirft ein bezeichnendes Schlaglicht auf die Form der Auseinandersetzung mit dem Dritten Reich in der frühen Bundesrepublik. Ein gravierender Fall war auch die Ernennung Theodor Oberländers zum Minister für Vertriebene (1953–1960). Ihm wurde vorgeworfen, als Kommandeur des Bataillons „Nachtigall" 1941 in Lemberg für Massenhinrichtungen verantwortlich gewesen zu sein, doch wurde ein Ermittlungsverfahren eingestellt. Adenauer selber bezeichnete dessen Vergangenheit als „tiefbraun"[99]).

Auf einer prinzipiell anderen Ebene wird man demgegenüber die Ausfüllung des Artikels 131 des Grundgesetzes ansiedeln müssen, der eine bundesgesetzliche Regelung für die öffentlichen Bediensteten vorschrieb, die „aus anderen als beamten- oder tarifrechtlichen Gründen ausgeschieden“ und noch nicht wieder eingesetzt waren. Ein entsprechendes Gesetz, das mit den Stimmen der Regierungsparteien und der SPD verabschiedet wurde, trat im Mai 1951 in Kraft[100]). Danach erhielten ca. 150 000 Angehörige des öffentlichen Dienstes, die durch die Entnazifizierung ihre Stellung verloren hatten, ihre Versorgungsansprüche und Arbeitsmöglichkeit im Staatsdienst zurück. Das Gesetz verpflichtete die öffentlichen Arbeitgeber, 20 Prozent ihrer Etats für die Einstellung dieses Personenkreises zu verwenden, dabei jedoch darauf zu achten, daß untragbare Personen keinen Anspruch haben sollten. In der Praxis boten sich hier jedoch zahlreiche Schlupflöcher, durch die auch schwer belastete Beamte wieder in den Staatsdienst gelangen konnten[101]). Eine fast völlig ungebrochene Kontinuität ergab sich vor allem im Bereich der Justiz. Auch belastete Richter wurden in großer Zahl wieder eingestellt[102]).

Das Rehabilitierungsproblem stellte sich auch noch auf einer weiteren Ebene. Die seit Ausbruch des Korea-Krieges forcierte deutsche Wiederbewaffnung ließ sich nicht ohne Unterstützung des alten militärischen Personals realisieren. Auch hier forcierten somit die äußeren Umstände eine starke personelle Kontinuität. Darüber hinaus aber war es zur inneren Legitimation einer neuen Armee notwendig, Politik und Militär im Dritten Reich sorgsam voneinander zu trennen und so eine „reine“ soldatische Tradition zu erhalten. In diesem Sinne gab Adenauer am 3. Dezember 1952 vor dem Bundestag eine pauschale Ehrenerklärung ab, welche die Verstrickung der Armee in verbrecherische Angriffskriege ausklammerte: „Ich möchte heute vor diesem Hohen Hause im Namen der Bundesregierung erklären, daß wir alle Waffenträger unseres Volkes, die im Namen der hohen soldatischen Überlieferungen ehrenhaft zu Lande, auf dem Wasser und in der Luft gekämpft haben, anerkennen. Wir sind überzeugt, daß der gute Ruf und die große Leistung des deutschen Soldaten trotz aller Schmähungen während vergangener Jahre in unserem Volke noch lebendig sind und auch bleiben werden. Es muß unsere gemeinsame Aufgabe sein – und ich bin sicher, wir werden sie lösen –, die sittlichen Werte des deutschen Soldatentums mit der Demokratie zu verschmelzen“[103]).

Bei aller Betonung von Kontinuitäten in der personellen und sozialen Rekrutierung der Verwaltung, der Justiz und des Militärs in der frühen Bundesrepublik kann gleichwohl nicht übersehen werden, daß im Unterschied zu Weimar diese Gruppen nach der Erfahrung von Nationalsozialismus und Entnazifizierung nun erstmals bereit waren, einen demokratischen Staat und seine Spielregeln zu akzeptieren[104]). Insofern stand neben dem starken Element der Kontinuität auch das des Kontinuitätsbruchs.

Daß dieser Neubeginn mit altem Personal relativ reibungslos verlief, lag jedoch nicht nur an den günstigen ökonomischen Startbedingungen der Bundesrepublik, sondern auch daran, daß er sich auf dem Boden einer konsensfähigen Integrationsideologie in Gestalt des Antikommunismus vollzog. Dieses vielschichtige Phänomen, das angesichts der Teilung des Landes zu den konstitutiven Faktoren der inneren Geschichte Westdeutschlands gehört, ist vor allem aus der Rückschau im Zeichen der Lockerung der Ost-West-Konfrontation vielfach beschrieben und kritisiert worden[105]). Hier soll lediglich ein Bereich erwähnt werden, der in Ausschnittvergrößerung das Grundsatzproblem verdeutlichen kann: die politische Justiz gegen Kommunisten und alle diejenigen, die oberhalb einer rein privaten Ebene Kontakte zwischen beiden deutschen Staaten praktizierten[106]).

Politische Justiz als Dienstbarmachung gerichtsförmiger Verfahren für politische Zwecke (O. Kirchheimer) neigt ihrem Wesen nach dazu, sich nicht auf politisches Strafrecht im engeren Sinne (wie Hochverrat, Staatsgefährdung) zu beschränken, sondern in alle Rechtsbereiche einzudringen und auch den administrativen Sektor einzubeziehen[107]). Den Ausgangspunkt entsprechender administrativer Maßnahmen bildete der Beschluß der Bundesregierung vom 19. September 1950 über die „politische Betätigung von Angehörigen des öffentlichen Dienstes gegen die demokratische Grundordnung“ (D 104). Darin hieß es: „Wer als Beamter, Angestellter oder Arbeiter im Bundesdienst an Organisationen oder Bestrebungen gegen die freiheitliche demokratische Staatsordnung teilnimmt, sich für sie betätigt oder sie sonst unterstützt . . ., macht sich einer schweren Pflichtverletzung schuldig“. Zu den genannten Organisationen gehörten neben der KPD und der FDJ, dem „Kulturbund zur demokratischen Erneuerung Deutschlands“ und der „Vereinigung der Verfolgten des Nazi-Regimes“ (VVN) auch Otto Strassers „Schwarze Front“ und die rechtsradikale „Sozialistische Reichspartei“. Die Bundesbehörden wurden aufgefordert, „die erforderlichen Maßnahmen zu ergreifen“, und auch den Landesregierungen wurde der Erlaß entsprechender Bestimmungen empfohlen. In einem weiteren Beschluß der Bundesregierung vom 27. Februar 1951 wurden die aufgeführten Organisationen erstmals direkt als „verfassungsfeindlich“ bezeichnet[108]).

Obwohl es um die Reichweite dieses Beschlusses in der Öffentlichkeit lebhafte Diskussionen gab, setzte sich bei den Arbeitsgerichten bald überwiegend die Ansicht durch, daß die bloße Mitgliedschaft und ferner jede kommunistische Betätigung am Arbeitsplatz oder schon der Verdacht einer strafbaren politischen Handlung eine Entlassung rechtfertigen würden.

Die Praxis des Vorgehens gegen kommunistische Betätigung war, solange es kein ausdifferenziertes politisches Strafrecht gab, von einer extensiven Anwendung des Polizeirechts bestimmt. Dies traf besonders Versammlungen und Demonstrationen, aber auch offizielle gesamtdeutsche Kontakte. So mußten beispielsweise die 10 000 westdeutschen Teilnehmer am Deutschlandtreffen der

FDJ zu Pfingsten 1950 in Ostberlin bei ihrer Rückkehr zunächst an der Zonengrenze für eineinhalb Nächte biwakieren und sich registrieren lassen[109]).

Die Gerichte folgten zwar in letzter Instanz keineswegs durchweg den Wünschen der Bundesregierung – so beim Verbot einer Volksbefragung gegen die Wiederaufrüstung oder beim Verbot der FDJ –, doch reichte das Verbot durch die Bundesregierung und die oft sehr widersprüchliche Rechtsprechung der unteren und mittleren Instanzen aus, um einen politischen Kriminalisierungseffekt zu erreichen. Hinsichtlich der generellen Bedeutung der politischen Justiz gegen Kommunisten und ihre unmittelbaren Sympathisanten lassen sich vor allem zwei Feststellungen treffen:

1. Die weithin konsensfähige Legitimation für die Anwendung politischer Justiz lautete: Die Kommunisten gefährden die Verfassungsordnung, und zwar sowohl im Hinblick auf deren demokratische wie nationale Komponente[110]). Theoretisch stimmte dieser Vorwurf ohne Zweifel. Die KPD – strikt am Modell der Sowjetunion bzw. der inneren Ordnung der DDR orientiert – rief zum Sturz des „Adenauer-Regimes" auf und bestritt der Bundesrepublik ihre demokratische Legitimität. Daneben sprach sie dem westdeutschen Staat seine nationale Legitimität ab, indem sie ihn als „Kolonialregime" der Alliierten hinstellte. In der politischen Praxis jedoch entbehrte das Argument der Gefährdung jeder Grundlage. Der tatsächliche Einfluß der KPD, soweit er an Wahlen ablesbar war, schwand immer mehr dahin. Konkrete praktische Handlungen, die auf eine Umsetzung der Ziele hindeuteten und eine meßbare Gefahr bedeutet hätten, waren kaum nachweisbar. So stellte der damalige Rechtsanwalt Diether Posser rückblickend 1956 fest, es habe bei den Kommunisten „keine politischen Morde, keine Attentate, keine Aufstandsversuche, keinerlei Gewalttaten, keine geheimen Waffenlager, keine Liquidationslisten gegeben". Umgekehrt aber seien „Kommunisten verfolgt, ihre Parteibüros demoliert, ihre Schaukästen zertrümmert, ihre Redner mißhandelt, ihre Funktionäre verleumdet und verunglimpft, ja sogar mit Mord bedroht" worden[111]). So richtig dieser Hinweis war, so zugkräftig blieb dennoch das Argument der Gefährdung, weil die Bundesrepublik als junger Staat noch nicht über gefestigte demokratische Institutionen verfügte und die deutschen Kommunisten angesichts des übermächtig erscheinenden außenpolitischen Gegners, der Sowjetunion, als eine gefährliche „fünfte Kolonne" wahrgenommen wurden.

2. Von diesem antikommunistischen Legitimationsmuster gingen starke integrative Wirkungen aus, die von dem SPD-Politiker Adolf Arndt mit der Freund-Feind-Orientierung des Antisemitismus früherer Jahrzehnte verglichen wurden[112]). Der Antikommunismus verstärkte die Verankerung im westlichen Bündnis, befestigte das System der parlamentarischen Demokratie im politischen Bewußtsein und beeinflußte das gesamte innenpolitische Klima, indem Forderungen von links nach Veränderung der Eigentumsverhältnisse und der

Wirtschaftsordnung tendenziell als kommunistisch diskreditiert werden konnten. Trotz der fragwürdigen Grundsätze und der verheerenden Details – bis hin zur schon kurios anmutenden Strafbarkeit roter Nelken im Knopfloch am 1. Mai –, trotz der Unverhältnismäßigkeit der Mittel in der Verfolgung von Kommunisten, blieb der rechtsstaatliche Rahmen insofern prinzipiell gewahrt, als keine Beliebigkeit herrschte und keine willkürlich konstruierten Anklagen ohne empirische Beweise erhoben wurden[113]). Schließlich gab es auch keine Einbeziehung der nichtkommunistischen sozialistischen Opposition in direkte Verfolgungsmaßnahmen (z. B. der „Gruppe Arbeiterpolitik" oder der „Deutschen Friedensunion"), obwohl die Grenzen hier leicht fließend wurden.

Insgesamt ging der Antikommunismus aber über die legitime Abwehr kommunistischer Machtansprüche hinaus, er verselbständigte sich zur Weltanschauung und zu einem sozialen Disziplinierungsmittel von beträchtlicher gesellschaftlicher Bedeutung[114]). Daß er ein solches Gewicht erhalten konnte, ist jedoch kaum erklärbar ohne die Teilung des Landes und ohne die Deformation des Kommunismus in der DDR: den Stalinismus.

Anmerkungen zu Kapitel VII

1) Adamsen 1978, S. 218 f.; Abelshauser 1981b, S. 574 ff.
2) Vgl. z. B. ein SPD-Flugblatt vom Mai 1951 „Bonner Bilanz", Faksimile b. Schwarz 1981, S. 81.
3) Dazu Beier 1975.
4) Abelshauser in Winkler 1979, S. 240 f.; Waldmann in: Becker u. a. 1979, S. 178.
5) Abelshauser in: Winkler 1979, S. 244.
6) Abelshauser 1981a, S. 295 f.
7) Zitate ebd., S. 296.
8) Ebd., S. 312.
9) Zu dessen Entstehung ausführlich Adamsen 1981.
10) Abelshauser 1981a, S. 315.
11) So Franz Böhm, zit. ebd.
12) Abelshauser in: Winkler 1979, S. 247; Huster 1972, S. 101 ff.
13) Borchardt in Stolper 1966, S. 263; vgl. Schwarz 1981, S. 83.
14) Geschäftsbericht 1950–1952 des Vorstandes der IG Metall für die Bundesrepublik Deutschland, o.O. 1952, S. 69 f. Verdienst-Angaben nach: Statistisches Jb. f. d. Bundesrepublik Deutschland 1953, S. 506, 520 f.
15) Vgl. Adamsen 1978, S. 244.
16) Die wichtigsten neueren Arbeiten dazu: Schubert 1970; Aspekte der westdeutschen Wiederbewaffnung 1975; Mai 1977; Sywottek 1976; Vogel 1978; Langner 1978; Dittmann 1981.

17) So der Titel der Untersuchung Barings von 1969.
18) Schwarz 1980, S. 430.
19) Besson 1970, S. 67. Vgl. auch Schmitz 1978, S. 194.
20) Stenographische Berichte 1949, S. 525 f.
21) Schwarz 1981, S. 86 f.
22) Vgl. Hanrieder 1971, S. 98.
23) Hrbek 1972, S. 290 ff. Der Schuman-Plan führt nicht nach Europa, hrsg. v. Parteivorstand der SPD, Bonn o. J.
24) Hanrieder 1971, S. 149 f.
25) Vgl. Baring 1969, S. 203.
26) Ich stütze mich hier auf die Ergebnisse der auf breitem Quellenmaterial basierenden Examensarbeit von J. Brinkhoff über Gewerkschaften und Montanunion (Bielefeld 1979). Vgl. auch E. Potthoff 1957, S. 136–140. Haas 1968, S. 219 f.
27) Baring 1969, S. 70 ff.
28) Schubert 1970, S. 24.
29) Ebd.; Jacobsen in: Aspekte 1975, S. 63; Mai 1977.
30) FAZ 14. 7. 1950.
31) Schubert 1970, S. 39. Text des Memorandums in: Sicherheitspolitik 1978, S. 79 ff.
32) Vollständiger Text in: Rautenberg/Wiggershaus 1977, S. 168 ff.
33) Buczylowski 1971, S. 24 f. In anderer Akzentuierung Löwke 1976, S. 126.
34) Löwke 1976, S. 128; Hrbek 1972, S. 287 f.
35) Ebd., S. 133 f.
36) Text in: Hohlfeld Bd. 6, S. 542–546.
37) Dazu Sywottek 1976, S. 534 f.; Jacobsen in: Aspekte 1976, S. 61–98; Vogel 1978 (mit Dokumentation); Doering-Manteuffel 1981.
38) Besson 1970, S. 109.
39) Zit. ebd., S. 137.
40) So Augstein im Spiegel v. 12. 3. 1952.
41) Dittmann 1981, S. 317 ff.; Graml 1977; Schwarz in: Gotto 1975, S. 119 f.
42) Erdmenger 1967, S. 159.
43) Schubert 1970, S. 188.
44) Schwarz in: Handbuch 1975, S. 648.
45) Maas 1960, S. 31 f.
46) Ebd., S. 82 (Memorandum v. 29. 5. 1953).
47) Schwarz in: Handbuch 1975, S. 649.
48) Vgl. Preller 1978 Vorwort.
49) Lampert 1980, S. 158 ff. Wichtiger Gesamtüberblick über alle Teilbereiche: Bartholomäi u. a. 1977.
50) Vgl. (mit weiteren Literaturangaben) Kleßmann in: Winkler 1979, S. 44–73.
51) Weiß-Hartmann 1977, S. 200 f.
52) Vgl. Link 1978, S. 76.
53) Jb. d. öffentlichen Meinung 1947–1955, S. 247.
54) Zum Folgenden Hirsch-Weber 1959, S. 104 ff.; Schmidt 1970, S. 211 f.; Hartwich 1978, S. 180 ff.
55) Hirsch-Weber 1959, S. 111 f.
56) Dazu ebd., S. 88 ff.; Martiny in: Mommsen/Borsdorf 1979, S. 389–414.
57) Baring 1969, S. 198 f.

58) Dieses Kuriosum erwähnt Carlo Schmid, der damals den Vorsitz im Bundestag führte, in seinen Erinnerungen, Bern 1979, S. 480.
59) Vgl. H. Mommsen, Frankfurter Rundschau v. 31. 7. 1979, S. 12.
60) Vgl. Möller 1961.
61) Die Währungsgesetze, S. 7.
62) Mehnert/Schulte 1953, S. 211.
63) Wörtliche Berichte Bd. 3, S. 1091.
64) Ebd., S. 1085 (Sperrungen v. Verf.).
65) Sopade-Informationsdienst Nr. 922 (Juni 1952), S. 26. Eine umfangreiche Dokumentation des Gesamtkomplexes bieten: Die Lastenausgleichsgesetze, 8 Bde. 1962 ff.
66) Spitaler 1959, S. 407 f.
67) Nahm in: Löwenthal/Schwarz 1974, S. 821 f.
68) Frankfurter Rundschau v. 10. 2. 1979.
69) Das Folgende nach Waldmann in: Becker u. a. 1979, S. 163–192.
70) Dazu Neumann 1968.
71) Vgl. dazu als Fallstudie: Grieser 1980.
72) Waldmann in: Becker u. a. 1979, S. 188 f.
73) Der Wohnungsbau, S. 47.
74) Ebd., S. 63 f., S. 7; Hartwich 1978, S. 195 f.
75) Hartwich 1978, S. 210 ff.
76) Dazu Siebrecht 1951.
77) Abelshauser 1981a, S. 301.
78) Schelsky 1954, S. 218 ff.
79) Text in: Flechtheim Bd. 3, S. 110 f.
80) Ebd. Bd. 2, S. 102.
81) Grundlegend: Hockerts 1980. Wichtig für die französische Zone bis 1949: Hudemann 1979.
82) Ebd., S. 26 f.
83) Ebd., S. 426.
84) Hartwich 1978, S. 160 f.
85) Hockerts 1977, S. 346.
86) Jb. der SPD 1946–1949 (Nachdr. 1976), S. 122.
87) Hockerts 1977, S. 351 ff.
88) Vgl. neben Hockerts: Schreiber in: Löwenthal/Schwarz 1974, S. 801 ff.
89) Zit. ebd., S. 371 (CDU-Vorstandssitzung v. 13. 1. 1956).
90) Welt der Arbeit v. 25. 1. 1957.
91) Zit. b. Hockerts 1977, S. 372.
92) Zit. b. Overesch 1978, S. 9–11.
93) Jaspers 1967, S. 183.
94) Morsey 1977, S. 237.
95) Eschenburg 1976, S. 70.
96) Benz 1981; Sörgel 1969, S. 261.
97) Morsey 1977, S. 208 f.
98) Baring 1969, S. 5 f. Ausführlich zu Globke: Gotto 1980. Dazu kritisch: Konrad Raiser in: Die Zeit v. 19. 6. 1981.
99) Vgl. Drozdżyński/Zaborowski 1960. Der Spiegel 1960, Nr. 17, S. 16.
100) BGBl. 1951 I S. 307 ff.

101) Badstübner/Thomas 1975, S. 386; Eschenburg in: Löwenthal/Schwarz 1974, S. 80.
102) Bracher 1970, S. 131. Dazu jetzt detailliert für die britische Zone Wenzlau 1979, bes. S. 138 f.
103) Verhandlungen des Deutschen Bundestages, Bd. 14, S. 11141 (A).
104) Löwenthal in: Löwenthal/Schwarz 1974, S. 10.
105) Vgl. Hofmann 1967.
106) Grundlegend dazu: Brünneck 1978.
107) Ebd., S. 11 f.
108) Ebd., S. 57.
109) Ebd., S. 61.
110) Ebd., S. 336 ff.
111) Zit. ebd., S. 339.
112) Ebd., S. 346.
113) Ebd., S. 359 ff.
114) Erdmenger 1967, S. 99 ff.; Hofmann 1967, S. 131, 165.

Kapitel VIII

Stalinismus in der DDR

Der Begriff „Stalinismus“ ist zu einer diffusen und inflationär verwendeten politischen Bezeichnung geworden und in dieser Hinsicht dem Faschismusbegriff vergleichbar. Trotz einer kaum noch übersehbaren Literatur gibt es keine umfassende und befriedigende Stalinismustheorie[1]). Vor allem aber bleiben Erklärungsansätze, die sich meist am Entstehungsland des Stalinismus, der Sowjetunion, ausrichten, ganz unzureichend für die Erfassung des Problems der Übertragung des sowjetischen Staats- und Wirtschaftsmodells auf die ostmitteleuropäischen Länder und die DDR. Der Versuch, zumindest wichtige Teilaspekte des Stalinismus mit dem Begriff der „Modernisierungsdiktatur“ rational zu erklären, greift für hoch entwickelte Länder wie die Tschechoslowakei und die DDR zu kurz. Denn sie waren nicht nur durch einen hohen sozialökonomischen Entwicklungsstand, sondern auch durch eine lange demokratische Tradition der Arbeiterbewegung und einen bestimmten Stand „politischer Kultur“ gekennzeichnet. Nicht zufällig ist daher von polnischen, tschechischen und auch DDR-Kritikern die voluntaristische Übertragung des sowjetischen Modells auf „unpassende“ Bedingungen als zentraler Ansatz zur Kritik des Stalinismus in diesen Ländern aufgegriffen worden[2]).

Eine eindeutige Periodisierung einer stalinistischen Entwicklungsphase läßt sich kaum vornehmen, doch ist der Beginn des Stalinismus in Ostmitteleuropa klar zu fixieren: mit dem Ende der zunächst 1945 proklamierten „nationalen Wege“ zum Sozialismus und der uniformen Ausrichtung am sowjetischen Vorbild seit Ende der vierziger Jahre. Gleichwohl bedeutete das Ziel einer solchen Ausrichtung noch nicht dessen schnelle Realisierung, und gerade in der DDR lassen sich beträchtliche Abweichungen vom sowjetischen Modell ausmachen. Daß dieses Ziel dennoch bis zum 20. Parteitag der KPdSU 1956 offiziell unangefochten galt, legitimiert die Verwendung des Stalinismus-Begriffs zumindest für diese Phase. W. Hofmanns Definition als „exzessiv machtorientierte Ordnung der Innen- und Außenbeziehungen einer Gesellschaft des erklärten Übergang zum Sozialismus“ kann dabei als Ausgangspunkt dienen. Der von Max Weber als „amorph“ charakterisierte Begriff der Macht bezeichnet hier die Möglichkeit, „innerhalb einer sozialen Beziehung den eigenen Willen auch gegen Widerstreben durchzusetzen“, und geht somit über Herrschaft hinaus[3]).

Die DDR-Historiographie, die das Phänomen lediglich auf Begriffe wie „Dogmatismus“ und „Personenkult“ reduzierte, bot zumindest insofern theoretische und Periodisierungsansätze, als sie mit den viel diskutierten Begriffen der „Volksdemokratie“ und der „volksdemokratischen Revolution“ Ansatzpunkte zur Herausarbeitung inhaltlich deutlich unterschiedener Phasen lieferte, so sehr auch versucht wurde, diese als einheitliche revolutionäre gesetzmäßige Entwicklung zu harmonisieren[4]). Diesem Ansatz zufolge gab es nach 1945 einen einheitlichen revolutionären Prozeß, der in zwei zusammenhängenden Phasen verlief und dessen Ziel der Aufbau einer sozialistischen Gesellschaftsordnung war. Die Zäsur zwischen diesen Phasen fällt dabei annähernd mit dem Gründungsjahr der DDR zusammen.

1. Die Durchsetzung des uneingeschränkten Führungsanspruchs der SED

Die Realisierung des unbedingten politischen Primats der SED gehörte zu den wichtigsten Voraussetzungen und Erscheinungsformen des Stalinismus in der DDR und hatte einschneidende organisatorische sowie ideologische Veränderungen zur Folge. Diese wurden auf der Ersten Parteikonferenz der SED vom Januar 1949 und auf dem Dritten Parteitag vom Juli 1950 vollzogen (D 106). Die Parteikonferenz definierte die SED jetzt als „Partei neuen Typs“, die sich aus den ideologischen Auseinandersetzungen der vergangenen Jahre im Kampf gegen Opportunismus, Schumacher-Agenten, Titoismus und die falsche Theorie vom besonderen deutschen Weg als höhere Form herausgebildet habe. Sie wurde als bewußte, organisierte Vorhut und höchste Form der Klassenorganisation des Proletariats gekennzeichnet, die strikt auf den Grundsätzen des demokratischen Zentralismus und des Fraktionsverbots aufbaut und vom Geist des Internationalismus durchdrungen ist[5]). Der Dritte Parteitag erklärte auch formell die „Grundsätze und Ziele der SED“ von 1946 für überholt, kündigte ein neues Parteiprogramm an – es wurde jedoch erst 1963 verabschiedet – und beschloß ein neues Parteistatut, das die Prinzipien verankerte, die 1949 proklamiert worden waren[6]).

Organisatorisch und personell bedeuteten diese Beschlüsse die Aufgabe des ursprünglichen Paritätsprinzips zwischen KPD- und SPD-Mitgliedern bei der Besetzung von Parteifunktionen und die Ausschaltung nicht völlig linientreuer ehemaliger Sozialdemokraten. Unter den neun Vollmitgliedern des Politbüros waren mit Otto Grotewohl und dem Ostberliner Oberbürgermeister Friedrich Ebert (dem ältesten Sohn des früheren Reichspräsidenten) nur noch zwei frühere SPD-Mitglieder, unter den sechs Kandidaten nur noch ein ehemaliger

Sozialdemokrat vertreten. Neben dem Ausschluß von rund 150 000 Mitgliedern aus der SED in den Jahren 1950/51 wurden Kampagnen gegen einzelne führende Funktionäre durchgeführt und politische Schauprozesse nach dem Muster der in der ČSR und in Ungarn inszenierten Prozesse gegen Slansky und Rajk vorbereitet[7]). Daß sie nicht zustandekamen, war für die Festigung der politischen Position Walter Ulbrichts in der Entstalinisierungskrise von 1956 von großer Bedeutung.

Ein für die Steuerung und Kontrolle des gesamten Partei-, Staats- und Wirtschaftsapparats konstitutives Element bildete die Einführung des Nomenklatursystems. Es erfaßt alle wichtigen Funktionen und Personen (Kader) und ordnet sie hierarchisch nach Entscheidungsebenen. Spitzenfunktionäre in Staat und Wirtschaft fallen demnach in die personalpolitische Zuständigkeit und Kontrolle des Politbüros[8]).

Zur Phänomenologie des Stalinisierungsprozesses der Partei seit 1949 gehört neben einer in zahllosen Verlautbarungen zu findenden Spionen- und Agentenhysterie, die vor allem zur Entschuldigung eigener Fehler und Probleme diente, ein vielfach groteske Formen annehmender Kult um die Partei und ihre ideologische Unfehlbarkeit. Es gab Diskussionen, wo man das Parteidokument aufbewahren solle, damit „das Wertvollste, was ein Mensch in seinem Leben besitzen kann", nicht dem Klassenfeind in die Hände falle. Im gleichen Zusammenhang steht Louis Fürnbergs zum Dritten Parteitag verfaßtes Gedicht, dessen Schluß lautete[9]):

„Die Partei, die hat immer recht!
Und Genossen, es bleibe dabei;
Denn wer kämpft für das Recht,
Der hat immer recht
Gegen Lügen und Ausbeuterei.
Wer das Leben beleidigt,
Ist dumm oder schlecht.
Wer die Menschheit verteidigt,
Hat immer recht.
So, aus Leninschem Geist,
Wächst, von Stalin geschweißt,
Die Partei, die Partei, die Partei!"

Den Höhepunkt dieser Entwicklung markierte die Zweite Parteikonferenz im Juli 1952, die im Selbstverständnis der SED zugleich den Beginn einer qualitativ neuen Phase bildete. Das theoretische Organ der SED „Einheit" kennzeichnete sie als „einen Wendepunkt in der geschichtlichen Entwicklung der deutschen Arbeiterklasse und der ganzen deutschen Nation"[10]). Der wichtigste Beschluß der Konferenz bestand darin, den „Aufbau des Sozialismus zur grundlegenden

Aufgabe“ in der DDR zu machen[11]) (D 107). Dazu gehörte als neues Element die erstmals öffentlich als Ziel ins Auge gefaßte Kollektivierung der Landwirtschaft. Die 1952 gegründeten „Landwirtschaftlichen Produktionsgenossenschaften“ (LPG) erfaßten zwar zunächst nur eine ganz geringe Minderheit der Bauern. Die in den Beschluß aufgenommene, von Stalin entwickelte These von der Notwendigkeit der „Verschärfung des Klassenkampfes“ in der Phase des Aufbaus des Sozialismus fand jedoch ihren unmittelbaren Niederschlag in verstärktem Vorgehen der Partei gegen die Großbauern, die mit 24,4 Prozent der landwirtschaftlichen Nutzfläche (1950) noch über eine starke ökonomische Stellung verfügten. Diese Konfliktstrategie führte mit dazu, daß die Fluchtbewegung nach Westen unter der Landbevölkerung sprunghaft anstieg, eine große Zahl von Wirtschaften herrenlos wurde (Ende 1952 13 Prozent der landwirtschaftlichen Nutzfläche) und so die Versorgungslage sich zunehmend verschlechterte[12]).

Zeitlich stand diese Konferenz im Zusammenhang mit der Unterzeichnung des EVG- und Deutschland-Vertrages in der Bundesrepublik. Einen Tag danach erließ die DDR-Regierung die Verordnung über die „Einführung einer besonderen Ordnung an der Demarkationslinie“[13]), durch die nicht nur der bis dahin bestehende „kleine Grenzverkehr“ erschwert, sondern auch die Fluchtbewegung nach Westen eingedämmt werden sollte. Die mit dem Grenzausbau verbundenen umfangreichen Evakuierungen lösten freilich zunächst eine neue Fluchtwelle aus.

Der qualitativ neue Führungsanspruch der SED fand seit 1948/49 auch im konsequenten Umbau des Staatsapparates seinen Niederschlag. Die aus dem dritten Volkskongreß hervorgegangene Volkskammer war bereits 1949 durch zusätzliche SED-loyale Parteien (NDPD, DBD) und durch die Beteiligung der Massenorganisationen so zusammengesetzt, daß die SED gegenüber den bürgerlichen Parteien CDU und LDPD eine sichere Mehrheit besaß. Im gleichen Jahr beschloß die Volkskammer die Einsetzung eines Obersten Gerichts und der Obersten Staatsanwaltschaft der DDR. Damit waren Institutionen für die Verfolgung von Straftaten besonderer Bedeutung und für die Auslegung der Verfassung geschaffen[14]). Personell wurden seit 1948 alle wichtigen Posten im Staatsapparat mit zuverlässigen SED-Mitgliedern besetzt (D 105): „Ebenso wie in der Regierung übernahmen im gesamten Staats- und Wirtschaftsapparat erfahrene und im Klassenkampf bewährte Mitglieder der SED die entscheidenden Positionen“[15]).

Auf der administrativen Ebene wurde wie in anderen Bereichen der Zentralisierungsprozeß vorangetrieben. Mit der Verwaltungsreform vom Juli 1952 löste die Regierung die fünf Länder (Mecklenburg, Brandenburg, Sachsen, Sachsen-Anhalt, Thüringen) auf und führte eine territoriale Gliederung nach 14 Bezirken und 217 Kreisen ein[16]). Damit waren die letzten Reste von Föderalismus und

Quelle: R. Badstübner u. a., Geschichte der Deutschen Demokratischen Republik, Berlin (Ost) 1981, S. 151.

Staatsaufbau der DDR (August 1952)

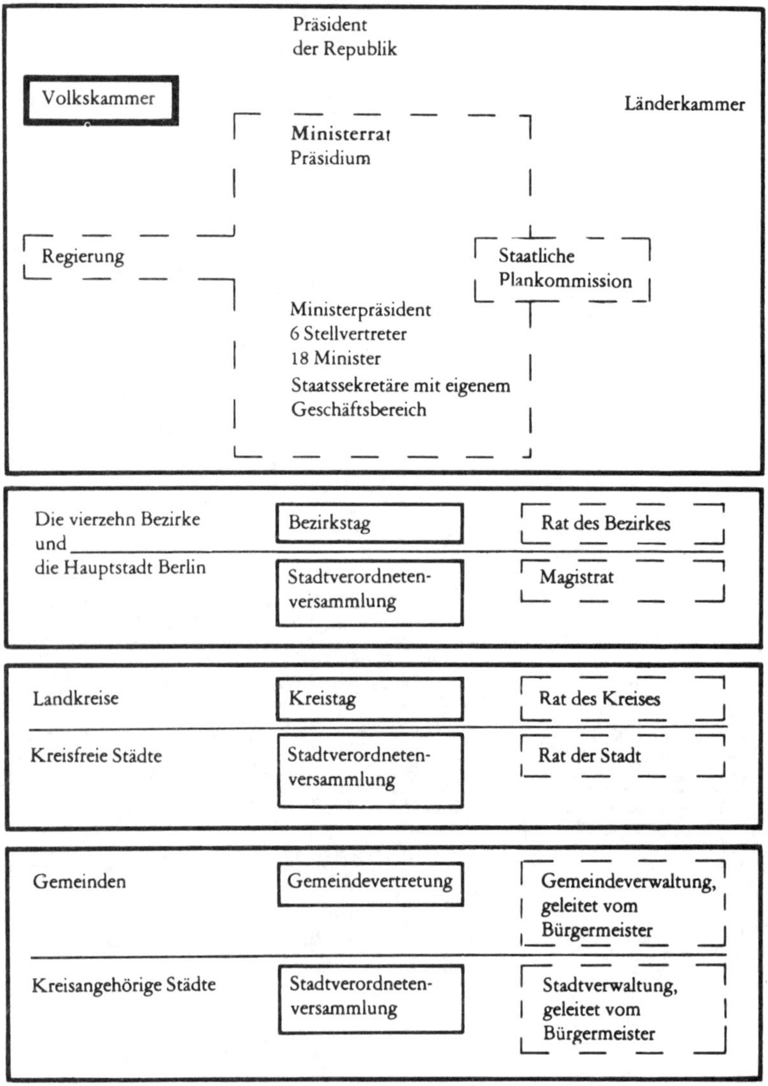

Quelle: R. Badstübner u. a., Geschichte der Deutschen Demokratischen Republik, Berlin (Ost) 1981, S. 152.

Ländertradition beseitigt. Bezirkstag und Bezirksrat wurden nun die Spitzen der mittleren Verwaltungsebene, politisch kontrolliert und angeleitet vom Ersten Sekretär der Bezirksleitung der SED.

Massenorganisationen und bürgerliche Parteien, in denen sich Reste von Eigenständigkeit gehalten hatten, wurden durch innerorganisatorischen und äußeren Druck gleichgeschaltet und konsequent als Transmissionsriemen und Hilfsorgane der Staatspartei funktionalisiert. Der FDGB (1950: 4,7 Millionen Mitglieder) (D 49) anerkannte in seiner Satzung von 1950 die SED als „bewußten organisierten Vortrupp der Arbeiterklasse", die FDJ (1950: 1,5 Millionen Mitglieder) als einzige ursprünglich überparteiliche Jugendorganisation vollzog diesen Schritt 1952 in ihrem Statut nach[17]). Sie entwickelte sich zugleich zur Kaderreserve der SED. Als formales Integrations- und Koordinationsinstrument für Parteien und Massenorganisationen ersetzte die 1949 geschaffene „Nationale Front" zunehmend den politisch ohnehin ausgehöhlten „Block der antifaschistisch-demokratischen Parteien". Ihre primäre Aufgabe war propagandistisch-gesamtdeutscher Natur. Außerdem war sie der organisatorische Rahmen für die Einheitswahlen. So forderte das 1950 verabschiedete Programm mit Blickrichtung nach Westen: Schaffung eines einheitlichen, demokratischen Deutschlands, Beseitigung des Besatzungsstatuts, „Kampf gegen die Aufstellung einer deutschen Söldnerarmee, gegen die Remilitarisierung Westdeutschlands und gegen seine Einbeziehung in Atlantikpakt und Europarat"[18]).

Im Zuge der Ausschaltung politischer und ideologischer Widerstände gegen den totalitären Anspruch der stalinistischen SED gerieten nun auch die Kirchen zunehmend in scharfe Konfrontation mit dem Staat. Die Protestantische Kirche, zu der ca. 80 Prozent der DDR-Bevölkerung zählten, war insbesondere seit der Zweiten Parteikonferenz starkem Druck und teilweise direkter Verfolgung ausgesetzt, während sich Staat und Partei vorher meist auf atheistische Propaganda beschränkt hatten[19]). Vor allem durch die „Junge Gemeinde" sah sich die FDJ in ihrem organisatorischen und ideologischen Machtmonopol im Bereich der Jugendarbeit in Frage gestellt. Auf Schülerversammlungen wurden Jugendliche aufgefordert, die Entfernung von Mitgliedern der „Jungen Gemeinde" aus der Schule zu verlangen. Das FDJ-Organ „Junge Welt" berichtete über Proteste in Schulen unter der Überschrift „Schläger und Ketzer unter religiöser Maske", und der FDJ-Vorsitzende Erich Honecker bezeichnete die „Junge Gemeinde" als „Tarnorganisation für Kriegshetzer, Sabotage und Spionage im amerikanischen Auftrag"[20]). Angesichts der besonderen Gehässigkeit persönlicher Angriffe auf einzelne Geistliche stellte Bischof Dibelius 1953 einen Strafantrag gegen das FDJ-Organ unter Berufung auf Art. 41 der DDR-Verfassung (Schutz der Glaubensfreiheit). Den Höhepunkt erreichte die Kampagne gegen die Kirche im Frühjahr 1953, als insgesamt etwa 50 Pastoren, Diakone und Laienhelfer verhaftet und ca. 300 zur „Jungen Gemeinde" gehörende Schüler relegiert wurden[21]).

Mit dem Politbürobeschluß vom 9. Juni, der den „Neuen Kurs“ einleitete (D 117), wurden derartige Aktionen abgebrochen und die relegierten Schüler wieder zugelassen. In der kritischen Bestandsaufnahme nach dem 17. Juni (D 119) distanzierte sich das ZK sogar ausdrücklich von den „administrativen Maßnahmen“ und der „Einmischung staatlicher Organe in die inneren Angelegenheiten der Kirche“[22]).

Im Instrumentarium zur Machtsicherung der SED und zur Ausschaltung und präventiven Unterdrückung von Opposition fehlten schließlich auch Terror und Willkürjustiz nicht – jene Elemente, die assoziativ am engsten mit dem Begriff Stalinismus verbunden sind, so wenig auch die Erscheinungsformen und der Umfang in der DDR mit denen in der Sowjetunion unter Stalin vergleichbar sind. Insbesondere der Art. 6 der Verfassung (Boykotthetze) und das „Gesetz zum Schutze des Friedens“ vom Dezember 1950 boten eine formale Handhabe zu drakonischen Urteilen wegen vergleichsweise geringfügiger Vergehen.

Herausragende Fälle politischer Justiz bis zum „Neuen Kurs“ waren: Die „Waldheimer Prozesse“ gegen von den Sowjets Internierte nach Auflösung der Lager, der Prozeß gegen 18 Werdauer Oberschüler, die Bilder des Staatspräsidenten Pieck überklebt hatten, das Todesurteil gegen den 18jährigen Oberschüler Hermann Josef Flade, das dann allerdings aufgrund internationaler Proteste in eine 15jährige Zuchthausstrafe verwandelt wurde, die Schauprozesse gegen Prof. Willi Brundert und Dr. Leo Herwegen wegen Wirtschaftsvergehen[23]). Die Anweisung des Generalstaatsanwalts und des Justizministers vom 3. Januar 1952 über die Auswahl und Durchführung bestimmter Verfahren zeigt, in welchem Ausmaß Strafprozesse eine politische Erziehungs- und Abschreckungsfunktion haben sollten[24]). Danach sollten Verfahren vor einer erweiterten Öffentlichkeit stattfinden, wenn die Straftat von allgemeinem Interesse sei, „weil sie sich gegen die Grundlagen unserer antifaschistisch-demokratischen Ordnung, insbesondere gegen die Erfüllung des Fünfjahrplans richtet“, und wenn die Durchführung des Verfahrens „auf weitere Bevölkerungskreise erzieherisch einwirken soll“.

Ein genauer Überblick über die Zahl der Opfer politischer Justiz in der DDR läßt sich nicht gewinnen. 1950 wurden insgesamt 78 293 und 1951 insgesamt 61 710 Angeklagte zu Zuchthaus und Gefängnis verurteilt. Wie hoch dabei der Anteil politischer und wirtschaftlicher Delikte war, ist nicht bekannt. Die Grenzen waren hier ohnehin fließend. Für Anfang der fünfziger Jahre (nach Auflösung der Internierungslager) wird die Zahl der politischen Häftlinge auf etwa 20 000 geschätzt[25]). Selbst wenn keine sicheren Zahlen vorliegen, zeigt nicht zuletzt die offizielle Kritik der SED nach Verkündung des „Neuen Kurses“, als 18 000 Strafsachen und Urteile überprüft wurden, das Ausmaß politischer Justiz. In der Phase der Entstalinisierung 1956 schließlich gestand der Generalstaatsanwalt der DDR, Ernst Melsheimer, offen ein[26]): „Wie zahlreich und wie schwer unsere Fehler waren, das haben wir Staatsanwälte gesehen, als wir in Durchführung des neuen Kurses . . . die Entlassung von Tausenden von Untersuchungs- und Strafgefangenen aus der Haft veranlaßten. Wir haben uns formal an die Gesetze gehalten und unterschiedlos . . . angeklagt, wenn äußerlich der Tatbestand des Gesetzes erfüllt war, ohne nach dem Sinn und Zweck des Gesetzes zu fragen".

2. Ökonomische Transformation und sozialpolitische Zwänge

Nach dem Auslaufen des noch primär auf Wiederherstellung des wirtschaftlichen Vorkriegsniveaus ausgerichteten Zweijahrplans (1949/50) realisierte die DDR mit dem 1950 verabschiedeten ersten Fünfjahrplan erstmals das sowjetische Konzept umfassender Planwirtschaft und paßte sich zugleich dem Planrhythmus der Sowjetunion an. Als generelle Zielsetzung formulierte ein Beschluß des Dritten Parteitages der SED die Verdoppelung der industriellen Produktion im Vergleich zu 1936 (D 108). Über die damit verbundene beträchtliche Steigerung des materiellen Lebensstandards hinaus wurde mit dem Plan zugleich eine ausdrückliche Förderung von Bildung, Kultur und Wissenschaft (u. a. durch die Einführung von 10-Klassen-Schulen) anvisiert. Der auf diese Weise forcierte wirtschaftliche und kulturelle Aufbau sollte „das Fundament für ein einheitliches, friedliebendes und demokratisches Deutschland" abgeben[27]).

War diese politische Floskel auch ohne reale Bedeutung, so sind gleichwohl die Antriebskräfte für das Wirtschaftswachstum in der DDR ökonomisch und politisch begründet[28]). Es sollte nicht nur möglichst schnell Ersatz für die durch Krieg und Demontage entstandenen Verluste, sondern auch ein Ausgleich für die durch die Spaltung Deutschlands entstandenen Disproportionen geschaffen werden. Das hieß zugleich Verminderung der Abhängigkeit von westdeutschen Lieferungen. Primär galt diese Zielsetzung für die Industrie, aber auch das Verkehrswesen war davon betroffen. So läßt sich beispielsweise der kostspielige Ausbau Rostocks zu einem Überseehafen nur vor diesem Hintergrund verstehen. Der erste Fünfjahrplan war vor allem auf eine schnelle Steigerung der Schwerindustrie ausgerichtet. Das entsprach sowohl einem – in allen Ländern des sowjetischen Machtbereichs befolgten – stalinistischen Dogma als auch der spezifischen Situation Ostdeutschlands, dem durch die Teilung die schwerindustrielle Basis fast vollständig entzogen war. Es ist jedoch bezeichnend, daß die Alternative zum Aufbau einer eigenen Schwerindustrie, die ökonomisch sinnvollere Arbeitsteilung innerhalb des RGW, kaum erwogen wurde. Das erreichte quantitative Wachstum kam in erster Linie der Industrie zugute. Der Qualifikationsgrad der Industriearbeiterschaft wuchs entsprechend. Der Prozentsatz der Ungelernten in der sozialistischen Industrie sank von 1952 bis 1956 von 13,5 Prozent auf 9,5 Prozent, der Anteil der Angelernten von 41,2 auf 39,0 und der Facharbeiteranteil stieg von 45,3 auf 51,5 Prozent[29]). Insgesamt wuchs die Zahl der Beschäftigten in der Industrie (ohne Handwerk und Bau) von 2,256 Millionen (1950) auf 2,683 Millionen (1955, d. h. um 18,9 Prozent[30]).

Diese Forcierung des industriellen Wachstums wurde mit einer Vernachlässigung des Konsumgütersektors erkauft und rief zeitweilig akute Versorgungsengpässe hervor, so daß insbesondere nach dem 17. Juni 1953 durch Einschränkungen in der Schwerindustrie Korrekturen an den Planzielen vorgenommen werden mußten.

Die technische Durchführung der Wirtschaftsplanung lehnte sich unter der generellen Parole „von der Sowjetunion lernen, heißt siegen lernen" eng an das sowjetische Vorbild an. Eine zentralisierte Planungsbürokratie mit der Staatlichen Plankommission an der Spitze gab detaillierte Plandaten vor und ließ damit den Betrieben kaum Spielräume. Deren Interesse bestand vor allem in möglichst „weichen" Plänen, um die vorgegebenen Kennziffern erfüllen zu können, so daß hinsichtlich der tatsächlichen Produktionskapazität charakteristische Verzerrungen zustandekamen, weil der Einzelbetrieb seine wirklichen Leistungsreserven möglichst zu verschleiern suchte, um den Plan erfüllen und übererfüllen zu können und so in den Genuß von Prämien zu kommen. Diese Einstellung wurde insbesondere durch die anfänglich dominierende Orientierung der Planwirtschaft an der Mengenplanung gefördert, die man später als „Tonnenideologie" kritisierte. Erhielt z. B. ein Stahlwerk sein Plansoll in Tonnen, bestand die Tendenz, möglichst großflächigen, dicken Stahl zu walzen, waren dagegen die Planvorgaben in Stückzahlen oder Maßen festgelegt, überwogen leichte und dünne Formate[31]). Das hier angelegte Problem einer sinnvollen Abstimmung zwischen zentraler und betrieblicher Planung blieb der Hauptansatzpunkt aller späteren ökonomischen Reformdebatten.

Obwohl bei der Realisierung des Fünfjahrplans vielfältige Schwierigkeiten auftauchten, die von der SED großenteils auf „organisierte Stör- und Sabotageaktionen" zurückgeführt wurden, zu deren Bekämpfung u. a. „Volkskontrollausschüsse" dienen sollten, konnten die gesteckten Ziele – anders als bei späteren Plänen – insgesamt erreicht und der Plan zu 102,6 Prozent erfüllt, die Arbeitsproduktivität um 55 Prozent gesteigert werden[32]) (D 109).

Seit Ende der vierziger Jahre zeigten sich im Zusammenhang mit der Einführung staatlicher Planwirtschaft auch deutliche sozialstrukturelle Veränderungen[33]) (D 110). Die Zahl der Beschäftigten stieg von 5,8 Millionen (Dezember 1945) auf fast 7,8 Millionen (1955), obwohl die Bevölkerungszahl ständig zurückging

Aufbau des wirtschaftlichen Lenkungsapparats der DDR

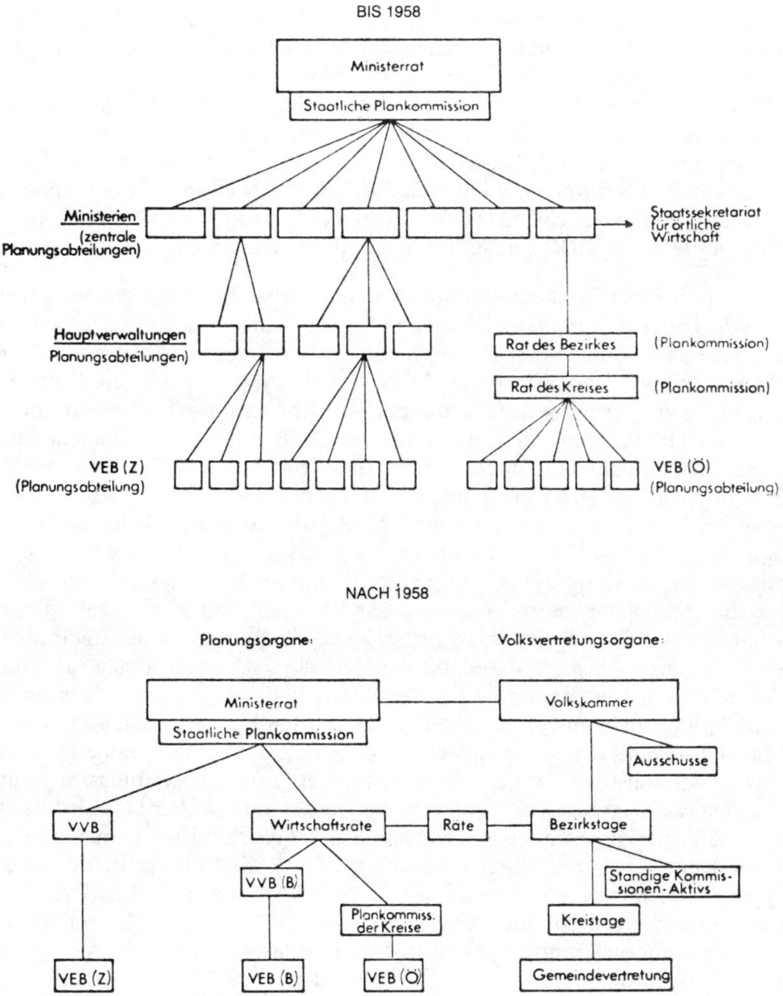

Quelle: H. Hamel, Das sowjetische Herrschaftsprinzip des demokratischen Zentralismus in der Wirtschaftsordnung Mitteldeutschlands, Berlin 1966, S. 96.
(z = zentral, ö = örtlich)

(in diesem Zeitraum flohen etwa 1,4 Millionen Bewohner der DDR). Die Arbeiter- und Angestelltenzahl wuchs bis 1955 auf fast 6 Millionen, d. h. 77 Prozent aller Berufstätigen. Gleichzeitig läßt sich ein allmählicher Rückgang der Selbständigen feststellen, wobei diese im Handwerk und in der Landwirtschaft noch überwiegend vertreten waren. Hier lag somit eine auffällige Abweichung gegenüber dem sowjetischen Modell des Stalinismus vor. Im Jahre 1955 existierte trotz des 1952 verkündeten „Aufbaus des Sozialismus" nach wie vor ein bedeutender privater Sektor: Neben etwa einer Million Einzelbauern (12 Prozent der Berufstätigen) gab es 300 000 private Handwerker und 150 000 Einzelhändler, während in den Landwirtschaftlichen Produktionsgenossenschaften (LPG) lediglich 190 000 Bauern organisiert waren. Die Vollkollektivierung wurde in der DDR erst im Frühjahr 1960 durchgesetzt.

Charakteristische Erscheinungsformen stalinistischer Politik zeigte demgegenüber die Differenzierung der Löhne und Gehälter. In den ersten Nachkriegsjahren waren die Einkommensunterschiede stark eingeebnet worden. Mit dem SMAD-Befehl 234 vom Herbst 1947 forcierte die SMAD (D 112) eine Entwicklung in die entgegengesetzte Richtung. Diese Anweisung gehört zu den für die weitere sozio-ökonomische Entwicklung der DDR zentralen Dokumenten und wurde daher auch von Ulbricht in ihrer Bedeutung mit den Gesetzen über die Bodenreform und die Enteignung der Industriebetriebe verglichen[34]). Erhöhung der Produktivität und Festigung der Arbeitsdisziplin bildeten die Hauptziele. Sie sollten in einer Verbindung von „Zuckerbrot und Peitsche" erreicht werden. Einerseits sah der Befehl die Einführung von Stück- und Akkordlohn in großem Umfang und harte Sanktionen gegen „Bummelanten und Desorganisatoren der Arbeit" vor, andererseits sollten eine Reihe von sozialpolitischen Verbesserungen (bessere Regelung beim Unfallschutz, in der Urlaubsregelung und ärztlichen Versorgung, in der Ernährung und Zuteilung von Konsumgütern) Anreize zu intensiverer Arbeit bieten. Im Gefolge dieses Befehls setzte die SED seit 1948/49 gegen mannigfache Widerstände eine z. T. extreme Differenzierung der Verdienste durch, die neben der allgemeinen Leistungssteigerung vor allem das Ziel hatte, die unersetzlichen (meist bürgerlichen) Fachkräfte aus der Intelligenz zu gewinnen und zu halten. Gemessen am Einkommen wies die Sozialstruktur der stalinistischen Phase in der DDR somit eine charakteristische pyramidenförmige Gestalt auf[35]). Einige Beispiele mögen die Bandbreite der Einkommensdifferenzierung veranschaulichen. 1951 verdiente ein Metallarbeiter durchschnittlich rund 285 M brutto, ein Textilarbeiter etwa 195 M. Demgegenüber lagen die Gehälter für Angehörige der „fortschrittlichen Intelligenz" gemäß einer entsprechenden Verordnung von 1949 um ein Vielfaches höher. Sie konnten bis 4000 M, in Einzelfällen für hervorragende Spezialisten laut Politbürobeschluß sogar bis 15 000 M gehen. Sozialrentner verfügten Mitte der fünfziger Jahre über durchschnittlich etwa 90 M und lagen damit nahe am Existenzminimum[36]).

Ein zusätzliches Element der Differenzierung war das ständig weiterentwickelte Prämiensystem für individuelle Höchstleistungen. Dazu gehörten Bestarbeiter, Aktivisten, Helden der Arbeit, Meisterbauern, verdiente Züchter in der Landwirtschaft, verdiente Lehrer des Volkes, verdiente Wissenschaftler des Volkes, Nationalpreisträger usf. Neben den Prämien, die sich zwischen 1000 M (verdienter Aktivist), 10 000 M (Held der Arbeit) und 100 000 M (Nationalpreisträger) bewegten, waren weitere materielle Vorteile mit solchen Ehrungen verbunden wie bevorzugte Wohnungszuteilung, Sonderurlaub usw.[37]).

Um die nach dem Krieg aus der gemeinsamen Notlage entstandene ausgeprägte Solidarität und die „Gleichmacherei" unter der Arbeiterschaft mit dem Ziel schneller Produktionssteigerung aufzubrechen, wurde 1948 die von dem sächsischen Bergarbeiter Adolf Hennecke ausgelöste Aktivistenkampagne initiiert. Dem gleichen Ziel diente auch die Ersetzung der Betriebsräte durch die Betriebsgewerkschaftsleitungen (BGL) und die Schaffung von Betriebskollektivverträgen anstelle der traditionellen Tarifverträge[38]). Alle diese Maßnahmen lösten beträchtliche Widerstände aus und konnten nur unter großem Druck durchgesetzt werden. Der Durchbruch der Aktivistenbewegung gelang in großem Umfang erst, nachdem die starke Position der Betriebsräte ausgeschaltet und sie mit dem Beschluß der Bitterfelder Konferenz vom November 1948 formell in die BGL überführt worden waren (D 113). Damit wurde eine wichtige Voraussetzung für die leistungsorientierte Zuteilung von Lebensmitteln und Industriewaren und für die konsequente Einführung neuer Arbeitsnormen geschaffen. Der Anteil der Stücklöhner an der Gesamtzahl der Industriebeschäftigten stieg von 40 Prozent (1949) auf 65 Prozent (Ende 1951)[39]). Die „Technisch begründeten Arbeitsnormen" (TAN) ersetzten zunehmend die bislang weitgehend auf Erfahrungswerten beruhenden Akkorde. Sie wurden über die BGL nach Produktionsergebnissen der Aktivisten festgesetzt und in den Betriebskollektivverträgen niedergelegt (D 115). Diese waren ein Mittel zur Planerfüllung. Seit 1951 wurde der Wirtschaftsplan jährlich für den Einzelbetrieb aufgeschlüsselt und mußte von der Belegschaft verabschiedet werden. Das geschah zunächst gegen starke Widerstände und oft erst nach wochenlangen Diskussionen, so daß die SED erklärte: „Die Schaffung der Betriebskollektivverträge hat gezeigt, daß die größte Schwäche die mangelhafte ideologische Arbeit der Gewerkschaftsleitungen ist. Sie verstanden meistens nicht, die Bedeutung der Kollektivverträge grundsätzlich zu beleuchten"[40]). Dazu gehörte vor allem die Selbstverpflichtung der Belegschaften zur vorfristigen Planerfüllung im Rahmen der vorgegebenen Daten.

Da die BGL anders als die Betriebsräte von der SED hochgradig abhängig waren, wurde auf diese Weise das Mitbestimmungsrecht der Betriebsräte praktisch abgeschafft. Das „Gesetz der Arbeit" vom 19. April 1950 (D 114) legte fest, daß „das Mitbestimmungsrecht der Arbeiter und Angestellten, als der entscheidenden Kraft im Staate, in der Führung der Wirtschaft durch die demokratischen staatlichen Organe verwirklicht" wird. Angesichts der behaupteten Interessenidentität von Arbeiterklasse und Partei war dies zwar konsequent, untergrub aber jede effektive Mitbestimmung und ließ selbst der ebenfalls gesetzlich verankerten Schutzaufgabe der Gewerkschaften in der Produktion nur minimalen Spielraum. Die Gewerkschaften wurden zu Instrumenten der Planerfüllung und Produktionssteigerung funktionalisiert. Theorie und Praxis des Arbeitsrechts wurden in den fünfziger Jahren von Partei und Staat bestimmt, für gewerkschaftliche Autonomie war darin kein Platz mehr. Die Erfahrung einer relativ großen Autonomie hatte jedoch die Arbeiterschaft in der SBZ nach Kriegsende stark geprägt, so daß dieser Prozeß der erzwungenen ökonomischen und sozialpolitischen Transformation und der Eliminierung traditioneller kollektiver Rechte im Namen einer gesellschaftlichen Neugestaltung offene und verdeckte Opposition und Loyalitätskonflikte hervorrief, die den Hintergrund für die Ereignisse des 17. Juni 1953 bildeten.

In anderen Bereichen der Sozialpolitik wurde der Zwang nach außen weniger sichtbar, eine strikte Kontrolle durch Partei und Staat verdrängte aber auch hier zuvor noch bestehende autonome Spielräume.

Das System der *Sozialversicherung* folgte dem Prinzip der einheitlichen Volksversicherung und realisierte damit eine zentrale Forderung der „Sozialpolitischen Richtlinien" der SED von 1946[41]) (D 111) und auch der westdeutschen Arbeiterbewegung. Bevor eine gesamtdeutsche Gesetzgebung auf der Basis des Kontrollrats-Entwurfs endgültig gescheitert war, übertrug die SMAD bereits der „Deutschen Verwaltung für Arbeit" die Organisation und Durchführung einer Neuregelung. Noch im gleichen Jahr wurden in der „Verordnung über die Sozialpflichtversicherung" die Grundzüge des seitdem für die DDR geltenden Versicherungssystems festgelegt[42]). Dessen wichtigste Kennzeichen waren neben der Zusammenfassung und Vereinheitlichung der Träger: ein einheitlicher Beitragssatz von 20 Prozent (ausgenommen Bergleute) des Grundbetrages, je zur Hälfte von Versicherten und Unternehmern aufzubringen; Einbeziehung aller Erwerbstätigen einschließlich der Selbständigen, die bis zu fünf Personen beschäftigten, und Aufhebung der unterschiedlichen Versorgung von Arbeitern, Angestellten und ehemaligen Beamten; Selbstverwaltung durch Ausschüsse, die sich zu zwei Dritteln aus von den Gewerkschaften benannten Vertretern der Versicherten und zu einem Drittel aus Vertretern der Unternehmer zusammensetzten. Die Versicherten erwarben mit ihren Beiträgen Anspruch auf Unterstützung für alle Lebensrisiken (Krankheit, Unfall, Invalidität, Alter, Arbeitslosigkeit, Schwangerschaft und Geburt).

Mit der Umorganisation von 1951 (Verordnung vom 26. April 1951) wurde die noch bestehende Beteiligung der Unternehmer an der Selbstverwaltung aufgehoben und die Leitung und Kontrolle der Sozialversicherung in die Hände des

FDGB gelegt. Bedeutsam für eine möglichst enge Einbindung in die über den FDGB vermittelten staatlichen Zielsetzungen war dabei die Konstruktion der Bevollmächtigten der Sozialversicherung in den Betrieben, die Organe der Gewerkschaft waren. Die Gesamtorganisation der Sozialversicherung (*Verwaltung*, Kontrolle durch die *Abteilungen* für Sozialversicherung beim FDGB-Bundesvorstand und den Vorständen der Einzelgewerkschaften und durch *Räte* der Sozialversicherung bei den VEB und den Verwaltungen) erwies sich jedoch als wenig effektiv und bot offenbar auch Anlaß zu politischer Kritik. So erklärte Ministerpräsident Grotewohl Ende 1951 auf der Sozialversicherungskonferenz in Leipzig[43]): „Unser heutiges Gesundheitswesen wird den großen Anforderungen, die wir zur Erfüllung unserer Wirtschaftspläne an unsere arbeitende Bevölkerung stellen müssen, nicht mehr voll gerecht. Es gibt in unserem heutigen Gesundheitswesen noch zu viele Elemente der kapitalistischen Wirtschaftsordnung, die wir beim Neuaufbau unserer Sozialversicherung übernehmen mußten". Im Zusammenhang mit einem Beschluß über die Anhebung der Bergarbeiterrenten kritisierte Grotewohl insbesondere die Arbeitsweise der Bürokratie: „Im Mittelpunkt der Betrachtungen der Mitarbeiter der Zentralverwaltung der Sozialversicherung standen nicht der werktätige Mensch und die Verbesserung seiner Lebenslage, sondern im Mittelpunkt ihrer Arbeit standen – ich muß das hier sagen – schädliche bürokratische Berechnungen und Vorstellungen, die zur Folge hatten, daß die Verordnung zur Verbesserung der Renten der Bergarbeiter keineswegs zur Verbesserung der Lage der Bergarbeiter führte, sondern große Verbitterung bei den Bergleuten hervorrief".

Aus der Kritik an der Dreiteilung erfolgte 1956 eine erneute Umorganisation, die nun dem FDGB die alleinige Trägerschaft und Verantwortung für die Sozialversicherung übertrug. Gleichzeitig wurde konsequenterweise die Gruppe der bisher mitversicherten Selbständigen (Bauern, Handwerker, Kleinunternehmer, Freiberufliche), die nicht unmittelbar in den Organisationsbereich des FDGB fielen, ausgegliedert und in eine eigene Versicherungsanstalt überführt[44]).

Im Vergleich zur Bundesrepublik besaß für die DDR die *Wohnungsbaupolitik* und die Integration der Flüchtlinge und Umsiedler einen niedrigeren sozialpolitischen Stellenwert. Aufgrund der in der Vorkriegszeit besseren Wohnungsversorgung, des geringeren Zerstörungsgrades im Wohnungsbestand (D 12) und der seit 1949 infolge der Fluchtbewegung kaum ansteigenden Bevölkerungszahl war der objektive Wohnungsbedarf geringer. Der Wohnungsneubau wurde außerdem zugunsten des Industriebaus reduziert, so daß das Bauvolumen im Wohnungsbau in den fünfziger Jahren nur 35 bis 40 Prozent des Gesamtbauvolumens betrug (in der Bundesrepublik über 50 Prozent[45]).

In prinzipiellem Kontrast zur westdeutschen Politik stand dagegen die Behandlung der *Flüchtlinge* und *Vertriebenen*. Seit Oktober 1945 galt für sie die von der

SMAD verbindlich festgesetzte Bezeichnung „Umsiedler“. Schon darin kam ansatzweise eine Betonung der Unwiderruflichkeit der Potsdamer Regelung zum Ausdruck. Die Zahl lag am 1. April 1947 bei fast vier Millionen (einschl. Groß-Berlin) (D 9). Für 1950 gibt das Statistische Jahrbuch der DDR dagegen nur noch 3,254 Millionen (einschl. Ostberlin) an [46]). Obwohl das Umsiedlerproblem für die DDR an Gewicht verlor, schuf es doch bis Anfang der fünfziger Jahre eine erhebliche Belastung. Die durch den Krieg hervorgerufene Altersdisproportion wurde durch den Flüchtlingsstrom insofern noch verstärkt, als viele Jüngere sich bald nach Westen absetzten, während Ältere und Kranke sich den Strapazen einer erneuten Flucht nicht gewachsen fühlten und in der DDR blieben.

Daß es auch unter der Gruppe der Umsiedler eine starke Fluchtbewegung gab, hing nicht zuletzt damit zusammen, daß sich die SBZ/DDR von Anfang an konsequent am Prinzip der Eingliederung orientierte, da sie die Möglichkeit einer Rückkehr ausschloß. Das beinhaltete neben – meist sehr geringen – materiellen Hilfeleistungen, wie sie sich für alle Zonen als vordringlichste Forderung ergaben, insbesondere auch politische Anerkennung des territorialen Verzichts und Desillusionierung der Umsiedler über die Endgültigkeit des Verlustes der Heimat sowie die Nichtzulassung von Interessenverbänden und Landsmannschaften[47]). Das Integrationsproblem stellte sich im Rahmen solcher politischen Vorgaben daher völlig anders als in der Bundesrepublik.

Im Hinblick auf Wohnungszuweisung, Versorgung, Eingliederung in den Arbeitsprozeß und Altersfürsorge konnten bereits in den vierziger Jahren dank der zentralistischen Verwaltungsstrukturen entsprechende gesetzgeberische Maßnahmen durchgesetzt werden. Mit dem Gesetz vom 8. September 1950 „über die weitere Verbesserung der Lage der ehemaligen Umsiedler“, das formal dem westdeutschen „Soforthilfegesetz“ vergleichbar war, schloß die DDR die Phase der materiellen Eingliederungshilfen im wesentlichen ab[48]). Es sah neben beschleunigtem Wohnungsbau für „Neubauern-Umsiedler“ und für Arbeiter und Angestellte in den VEB Kredithilfen bis 5000 M für Handwerker sowie Ausbildungshilfen und zinslose Kredite bis 1000 M zur Hausratsbeschaffung vor. So unzureichend diese Maßnahmen auch sein mochten, sie bildeten doch für die SED die Basis, auf der in den fünfziger Jahren das Umsiedlerproblem als weitestgehend gelöst angesehen wurde. Demzufolge lehnte der Staat jede Bevorzugung in der sozialpolitischen Behandlung dieser Bevölkerungsgruppe prinzipiell ab.

Die Umsiedler wurden beruflich insbesondere in der Landwirtschaft und Industrie eingegliedert während das private Handwerk nur geringe Möglichkeiten bot. Auch im öffentlichen Dienst wurde eine relativ große Zahl (1950: 140 360) beschäftigt[49]). Artikel 2 des Gesetzes über die Bodenreform formulierte als ein Ziel, „an Umsiedler und Flüchtlinge, die durch die räuberische hitlersche Kriegspolitik ihr Hab und Gut verloren haben, Land zu geben". Mit 88 231 Familien (351 719 Personen) und einem Anteil von 23,1 Prozent am Bodenfonds stellten die Umsiedler die drittgrößte Gruppe der Landempfänger mit dem zweitgrößten Anteil[50]). Dennoch blieb der neue Start in der Landwirtschaft angesichts unzureichender Ausstattung der Höfe und gespannter Beziehungen zu den Altbauern[51]) in vielen Fällen außerordentlich mühsam. Bis 1952 sollen daher etwa 15 Prozent dieser Neubauern ihr Land wieder aufgegeben haben[52]). Eine schnelle Eingliederung der Umsiedler in die Industrie entsprechend ihrer früheren beruflichen Qualifikation scheiterte wie in Westdeutschland zunächst vornehmlich an der regionalen Konzentration in ländlichen Gebieten. Eine regionale Umverteilung gelang erst Anfang der fünfziger Jahre. Mit dem Aufbau der Schwerindustrie durch den ersten Fünfjahrplan boten sich neue Arbeitsplätze und auch Wohnungen, so daß in diesen industriellen Aufbaugebieten ein besonders hoher Prozentsatz an Umsiedlern zu finden war. 1951 war etwa ein Drittel der berufstätigen Umsiedler in der DDR in der Industrie beschäftigt[53]).

Es gibt keine empirische Daten, die den Integrationsgrad der Umsiedler zu messen erlauben. Der politisch dekretierte Heimatverzicht wurde von den Betroffenen kaum akzeptiert. In jedem Falle bestand in der DDR ein beträchtlich erhöhter Anpassungsdruck für die Umsiedler[54]). Die formale Gleichbehandlung und die fehlenden Möglichkeiten zur Entwicklung und Pflege eines eigenen landsmannschaftlichen Gruppenbewußtseins forcierten einen gesellschaftlichen Integrationsprozeß, der in der Bundesrepublik viel langsamer verlief.

3. Der 17. Juni – Arbeiteraufstand und Elitendissens

Die Erhebung vom 17. Juni 1953 ist in der westdeutschen Öffentlichkeit lange Zeit als „Volksaufstand" gegen das stalinistische Herrschaftssystem in der DDR gesehen worden. Für die offiziöse DDR-Historiographie war sie von 1953 bis 1984 nahezu unverändert ein von westlichen Drahtziehern und faschistischen Provokateuren ausgelöster und gesteuerter konterrevolutionärer Putschversuch[55]) (D 120). Die Hartnäckigkeit, mit der an dieser absurden Charakterisierung von Historikern, die sich den methodischen Prinzipien des historischen Materialismus verpflichtet fühlen, festgehalten wurde, läßt sich geradezu als Indiz dafür interpretieren, wie traumatisch belastet dieses Datum für den „ersten deutschen Arbeiter- und Bauernstaat" war. Diese Feststellung gilt um so mehr, als der 17. Juni von seinen auslösenden und tragenden Kräften her unzweifelhaft ein Arbeiteraufstand war, der freilich in Ansätzen bereits einen möglichen Umschlag in einen politischen Volksaufstand erkennen ließ.

Bevor es jedoch dazu kommen konnte, wurde er von sowjetischen Truppen gewaltsam niedergeschlagen.

Dieser aus Ablauf und Erscheinungsformen abzulesende Charakter als Arbeiteraufstand macht es erforderlich, ihn vor allem in den Zusammenhang der sozialpolitischen Entwicklung der DDR seit 1948 zu stellen und als Steigerung und Peripetie einer breiten Oppositionsbewegung gegen die von der SED als Partei neuen Typs mit charakteristischen Methoden durchgesetzte Politik zu verstehen[56]). Darüber hinaus aber hatte der Aufstand einen inneren, im engeren Sinne machtpolitischen Aspekt. Er legte einen grundsätzlichen politischen Dissens in der Führungsspitze offen, der in seiner Intensität schwer einzuschätzen ist, sich inhaltlich aber am Tempo und an den Formen der Stalinisierungspolitik entzündete.

Der aktive und passive Widerstand gegen den sozialpolitischen Kurs der SED drückte sich in Verweigerung, Wahlboykott, punktuellen Streiks und in der Fluchtbewegung nach Westen aus, hielt sich aber insgesamt in kontrollierbaren Grenzen. Der Bogen wurde jedoch in einem Moment überspannt, als in der Sowjetunion nach Stalins Tod der „Neue Kurs“ verkündet und in der DDR widerstrebend übernommen wurde. Dies geschah überraschend und abrupt am 9. Juni 1953 durch eine Politbüroerklärung (D 117), nachdem kurz zuvor weitere „Säuberungen“ in der Partei und eine generelle zehnprozentige Erhöhung der Normen in der Industrie angekündigt worden waren[57]). Der „Neue Kurs“ lief auf eine Teilrevision der Beschlüsse der Zweiten Parteikonferenz hinaus, bedeutete politisch eine Milderung des proklamierten „verschärften Klassenkampfes“ und ökonomisch eine Reduzierung des forcierten Ausbaus der Schwerindustrie zugunsten des Konsums, verbunden mit erheblichen Konzessionen an den Mittelstand. Der „Neue Kurs“ enthielt zudem eine gesamtdeutsche Komponente: Die Beschränkungen des innerdeutschen Reiseverkehrs wurden gelockert, und in Moskau gab es Indizien für neue deutschlandpolitische Initiativen[58]).

Diese allgemeine „Liberalisierung“ blieb jedoch mit einem Festhalten an der verkündeten zehnprozentigen Normerhöhung verbunden. ZK und Ministerrat hielten eine solche Erhöhung für notwendig, um die prekäre Wirtschaftslage endlich zu verbessern. Noch am 16. Juni bekräftigte Otto Lehmann, der stellvertretende FDGB-Vorsitzende, in der Gewerkschaftszeitung „Tribüne“ diesen Beschluß und legte damit die Lunte ans Pulverfaß. Eine fast klassische Krisenkonstellation zeichnete sich ab[59]): Ein abrupter politischer Kurswechsel nach einer vorangegangenen harten Linie, eine demzufolge verunsicherte Führung, weitreichende materielle und politische Konzessionen an Bürgertum, Bauern und Intelligenz, zugleich aber ausgerechnet für die Arbeiterschaft, bei der sich schon seit längerem Erbitterung aufgestaut hatte, Beibehaltung einer einschneidenden Normerhöhung.

Der Verlauf der Ereignisse vom 16. und 17. Juni kann hier nur in groben Strichen skizziert werden[60]), wobei insbesondere die Genesis wichtig ist. Am Vormittag des 16. Juni formierte sich auf der Stalinallee in Berlin ein Demonstrationszug von Bauarbeitern, die am Tag zuvor vergeblich eine Protestresolution an Ministerpräsident Grotewohl geschickt hatten und sich nun durch den Artikel Lehmanns weiter provoziert fühlten. Dem Zug schlossen sich spontan weitere Baustellenbelegschaften an. Der Zug ging zunächst zum Sitz des FDGB-Zentralvorstandes und, als dort niemand mit den Arbeitern verhandelte, zum Haus der Ministerien. Dort fand sich als einziger der Industrieminister Selbmann zu einer Rede vor der schon auf schätzungsweise 10 000 Menschen angewachsenen Menge bereit. Er wurde ausgepfiffen, und einem zweiten Redner, Robert Havemann, ging es nicht anders. Als gegen 14 Uhr Selbmann einen zweiten Versuch machte und die Rücknahme der Normerhöhung bekannt gab, war die Stimmung bereits so politisiert, daß jetzt weitergehende Forderungen nach Rücktritt der Regierung gestellt wurden, andernfalls solle für den folgenden Tag der Generalstreik ausgerufen werden. Die Demonstranten eroberten einen von der Regierung geschickten Lautsprecherwagen, der – in sehr verklausulierter Form – die Rücknahme der Normerhöhung verkünden sollte, und machten damit die Aufforderung zum Generalstreik und zu einer allgemeinen Arbeiterversammlung am nächsten Tag bekannt. Erst auf diese Weise verbreitete sich die Nachricht wie ein Lauffeuer in Ostberlin. Der spontane und planlose Verlauf der Aktion wurde durch ihr abruptes Ende besonders deutlich: Gegen 17 Uhr kamen die Bauarbeiter wieder in der Stalinallee an, gaben den Lautsprecherwagen zurück und gingen nach Hause.

Der Westberliner RIAS berichtete wohl über die Demonstration, vermied aber auf amerikanische Anweisung – von einer beiläufigen Erwähnung zuvor abgesehen – bis in die Nacht des 16./17. hinein die Erwähnung des Begriffs Generalstreik. Auch Jakob Kaiser, der Minister für gesamtdeutsche Fragen, forderte in einer Rede am Abend im RIAS zur Zurückhaltung auf.

Ohne zentrale Leitung und klare Zielsetzungen und meist unabhängig voneinander entwickelten sich am nächsten Tag in etwa 270 Orten der DDR Streikbewegungen und Demonstrationen, an denen sich zwischen 300 000 und 400 000 Arbeiter beteiligten. Bauern, Angehörige des Bürgertums und der Intelligenz waren unter den Aufständischen nach übereinstimmenden Berichten nur ganz vereinzelt zu finden. Der Charakter eines Arbeiteraufstandes zeigte sich nicht nur darin, daß er seine Schwerpunkte in traditionellen sozialdemokratischen und kommunistischen Arbeitergebieten wie Magdeburg, Halle, Merseburg, Bitterfeld hatte, sondern auch in typischen Kampf- und Ausdrucksformen wie Bildung von Streikräten, Organisation von Betriebsversammlungen, Singen sozialistischer Arbeiterlieder. Vereinzelt wurden von den Demonstranten Parteihäuser, Stadtverwaltungen, Gerichte und Gefängnisse gestürmt, am Rande der Bewegung kam es auch zu gewaltsamen Ausschreitungen, Plünderungen,

Brandstiftungen. Noch am Nachmittag des 17. Juni fanden in mehreren Städten Großkundgebungen statt.

Soweit aus der insgesamt diffusen Streik- und Aufstandsbewegung artikulierte Zielsetzungen erkennbar sind, richteten sie sich auf folgende Hauptforderungen: Als wirtschaftliche Nahziele standen zunächst die Zurücknahme der Normerhöhung und die Abschaffung der Normen überhaupt im Mittelpunkt. Darin kam ebenso wie in der Schaffung von Streikräten als eigenen Organen der Rückgriff auf die Phase relativer Autonomie vor 1948 zum Ausdruck. Im Laufe des Aufstandes traten politische Forderungen stärker in den Vordergrund: Rücktritt der Regierung, freie Wahlen, Auflösung der Armee unter der Parole „wir wollen keine Volksarmee, wir wollen Butter". Die Forderungen nach Einheit dominierten zwar nicht, wurden aber in Spruchbändern und Parolen immer wieder artikuliert und richteten sich oft gegen beide Regierungen wie auf dem Magdeburger Bahnhof: „Fort mit Ulbricht und mit Adenauer, wir verhandeln nur mit Ollenhauer!" oder „Räumt Euren Mist in Bonn jetzt aus, in Pankow säubern wir das Haus!"[61])

Die Reaktion der sowjetischen Truppen auf die Demonstrationen und Streiks fiel insgesamt vergleichsweise vorsichtig und zurückhaltend aus. Als der Ostberliner Polizeipräsident am Morgen des 16. Juni die sowjetische Erlaubnis zur Auflösung des Demonstrationszuges der Bauarbeiter auf der Stalinallee erbat, wurde sie ihm verweigert. In der Nacht besetzten zwar russische Truppen in allen größeren Städten strategisch wichtige Plätze wie Bahnhöfe und Postämter, sie ließen aber Versammlungen und Kundgebungen zu und griffen im allgemeinen erst einige Stunden nach der Verkündung des Ausnahmezustandes ein. Dabei blieben sie jedoch offenbar bemüht, Blutvergießen möglichst zu vermeiden. Panzer drängten die Menge langsam zurück und gaben Warnschüsse ab. Daher blieb im Vergleich zum Umfang der Aufstandsbewegung die Zahl von 21 Todesopfern relativ niedrig. Erklären läßt sich dieses Verhalten neben technischen Problemen eines schnellen Truppentransportes mit der maßvollen Haltung der Demonstranten, die sich zunächst nirgendwo gegen die Besatzungsmacht selbst richtete. Offensichtlich waren die Sowjets angesichts dieser Arbeiterrevolte auch verunsichert und schätzten ihr Ausmaß anfangs falsch ein. Schließlich läßt sich hypothetisch ein weiteres Erklärungsmoment anführen, das auf die politische Instabilität der Führungsgruppe um Ulbricht zielt.

Im Zeichen des „Neuen Kurses" war möglicherweise von sowjetischer Seite die Ablösung Ulbrichts geplant. Innerhalb des Politbüros formierte sich um den Minister für Staatssicherheit, Wilhelm Zaisser, und den Chefredakteur des „Neuen Deutschland", Rudolf Herrnstadt, eine Oppositionsfronde, die später von Ulbricht als „Zaisser-Herrnstadt-Fraktion" attackiert wurde. Vermutlich stand sie in direkter Verbindung mit dem sowjetischen Sicherheitschef Berija, der zusammen mit Malenkow in der sowjetischen Führungsspitze eine „Kapitulationspolitik gegenüber dem Imperialismus und der Preisgabe des Sozialismus in der DDR“ vertreten haben soll, wie Ulbricht später feststellte[62]). Wenn es somit in Moskau deutschlandpolitische Alternativen im Zeichen des „Neuen Kurses“ gegeben haben sollte und in diesem Zusammenhang Ulbrichts Sturz geplant war, so hatte in jedem Fall der Aufstand den Effekt, daß solche Pläne nun als zu riskant erschienen und somit Ulbrichts Position erneut gefestigt wurde. Vor allem seit Berijas Sturz am 25. Juni, von dem die Öffentlichkeit erst am 10. Juli erfuhr und der seinerseits u. U. mit dem Aufstand ursächlich zusammenhing, verlor die Opposition in der SED-Machtelite ihre Basis, so daß Ulbricht zum Gegenangriff übergehen und seine Widersacher aller Funktionen entheben konnte.

Daß diese – in ihren programmatischen Vorstellungen – antistalinistische Opposition innerhalb der SED-Führung nur die Spitze eines Eisbergs war, läßt sich sowohl aus den nach dem 17. Juni durchgeführten umfangreichen „Säuberungen“ im Parteiapparat als auch aus der Erklärung des ZK vom 26. Juli ablesen. Dort hieß es: „Wie die Ereignisse des 16. bis 19. Juni zeigten, herrschte in den Tagen der faschistischen Provokationen in manchen Parteiorganisationen, leitenden Parteiorganen, bei einigen leitenden Parteifunktionären und Parteimitgliedern Kopflosigkeit und Unorganisiertheit . . . In einer Reihe von Fällen haben sich Parteimitglieder selbst im Schlepptau der Provokateure befunden und an den von den Provokateuren organisierten Kundgebungen und Demonstrationen teilgenommen“[63]).

Die personellen Veränderungen großen Stils umfaßten daher alle Parteiebenen und auch den FDGB[64]). Am wenigsten war noch das ZK betroffen, aus dem ein Drittel der 80 Mitglieder und Kandidaten ausschied. Aus den SED-Bezirksleitungen wurden bis 1954 62 Prozent der Mitglieder entfernt, auf Kreisebene mußten bis 1954 von den Ersten Sekretären 53 Prozent ihren Platz räumen, und auch auf der Ebene der Grundorganisationen wurde rund die Hälfte der Funktionäre ausgetauscht. Über die Betriebsparteiorganisationen, die dem Druck der Normenkampagne besonders intensiv ausgesetzt waren, liegen keine quantitativen Angaben vor. Jedoch zeigen Beispiele – etwa die Leuna-Werke –, wie schwer es die Parteiführung hatte, angesichts massiver Opposition die Lage in ihrem Sinne wieder zu stabilisieren. Noch deutlicher hatte der FDGB die Erbitterung über die ständige Normenerhöhung zu spüren bekommen, so daß während des Aufstandes im Konflikt zwischen Staats- und Arbeiterinteressen vielfach ganze Organisationseinheiten abtrünnig wurden und sich auf ihre eigentliche Rolle als Interessenvertretung besannen. Um so gründlicher fiel die anschließende „Säuberung“ aus. Die Zentralvorstände der Metall- und der Holz/Bau-Gewerkschaft wurden völlig umbesetzt, insgesamt wurden bei den Gewerkschaftswahlen 1953 71 Prozent der FDGB-Kader ausgewechselt.

Trotz dieser umfassenden „Säuberungen“ und der zahlreichen Prozesse gegen Teilnehmer am Aufstand[65]) – insgesamt sind 1383 zu Freiheitsstrafen Verurteilte namentlich bekannt – trat für 1953/54 im Zeichen des „Neuen Kurses" eine gewisse Lockerung und Verbesserung der politischen und ökonomischen Situation ein, doch signalisierte bereits der Vierte Parteitag der SED im April 1954, daß die Zielsetzungen von 1952 unvermindert galten und lediglich in verlangsamtem Tempo realisiert werden sollten. Bereits wenige Wochen nach dem Aufstand hatte das ZK in seiner umfassenden und kritischen Lagebeurteilung (D 199) im Hinblick auf die „Errichtung der Grundlagen des Sozialismus" festgestellt: „Diese Generallinie der Partei war und bleibt richtig"[66]).

4. Umbau des Bildungssystems

Im August 1949 verabschiedete der Parteivorstand der SED „Schulpolitische Richtlinien" (D 121), die in der Bildungsgeschichtsschreibung der DDR als „das grundlegende Dokument für die Entwicklung des Schulwesens beim Übergang von der antifaschistisch-demokratischen Umwälzung zur sozialistischen Revolution" gewertet werden[67]). Parallel zur politischen und ökonomischen Transformation signalisierten sie den gegenüber der Einheitsschulreform von 1946 einschneidenden Funktionswandel des Schulsystems. Politisch nahmen sie nachdrücklich Bezug auf die „Verschärfung des Kampfes um die nationale Einheit und Unabhängigkeit Deutschlands", ökonomisch legten sie den Akzent auf „die Steigerung der Arbeitsproduktivität und die Ausbildung eines qualifizierten Nachwuchses für Industrie und Landwirtschaft und die Entwicklung einer neuen Intelligenz". Dabei sollte die „deutsche demokratische Einheitsschule kein Instrument der Gleichmacherei, sondern die einheitliche Organisation eines vielgestaltigen Schulsystems" sein. Der Umbau des Bildungssystems in dieser Phase des „Übergangs" läßt sich auf verschiedenen Ebenen verfolgen.

1. Organisatorisch wurde die wichtigste Neuerung die auf dem Dritten Parteitag 1950 geforderte und ein Jahr später realisierte Einführung der Zehnklassenschule. Sie hatte eine doppelte Zielsetzung: Zum einen sollte sie zur Hebung des allgemeinen Bildungsstandards und damit auch der Produktivität beitragen, wobei der Ausgleich des Gefälles zwischen Stadt und Land in der schulischen Versorgung einen wichtigen Teilaspekt bildete; zum anderen stand sie im Zeichen der Erfüllung des Fünfjahrplans, indem sie mehr Absolventen für Techniker- und Ingenieurschulen schaffen sollte, die als technische Leitungskräfte auf der mittleren Ebene dringend benötigt wurden. Diese Aufgabe hatte die Oberschule bisher nur unzureichend geleistet[68]). Das weiterführende Schulsystem erhielt damit eine dreigliedrige Struktur: Nach Abschluß der achtjährigen Grundschule gab es neben der vierjährigen Oberschule und der dreijährigen Berufsschule nun noch den zweijährigen Aufbauzweig der Zehnklassenschule.

Die Einführung des neuen Schultyps stieß lange Zeit auf beträchtliche Widerstände[69]). Erst nach der Beseitigung der noch existierenden Reste des Föderalismus durch die Verwaltungsreform von 1952 und durch personelle Umbesetzungen in der Schulverwaltung konnte die Zehnklassenschule generell durchgesetzt werden. Gleichwohl schuf die Konkurrenz mit der Oberschule, die nach wie vor höheres Prestige genoß und sich im Lehrplan vorrangig der Vorbereitung auf die Universität widmete, Probleme[70]). Erst 1955 wurde eine präzise Abgrenzung zwischen den vorhandenen Schultypen vorgenommen. Entsprechend dem Volkswirtschaftsplan sollten von den in weiterführenden Schulen aufgenommenen Schülern – die mit Abitur oder mittlerer Reife abschlossen – etwa 60 Prozent auf die Oberschulen und 40 Prozent auf die Zehnklassenschule verteilt werden. Dabei sollte darauf geachtet werden, daß in beiden Schularten ein „gleichmäßig hoher Anteil der Arbeiter- und Bauernkinder erreicht wird“[71]). Einige Monate später wurde für die Zehnklassenschule die Bezeichnung „Mittelschule“ eingeführt. Ab 1958 ging sie schrittweise in der „allgemeinbildenden polytechnischen Oberschule“ auf.

2. Im Berufsschulwesen wurden die seit 1948 in den großen VEB eingeführten Betriebsberufsschulen ständig vermehrt. Insbesondere zur Erhöhung des Anteils der Facharbeiter erhielt die Berufsschule große Bedeutung. Ab 1951 wurden in einigen VEB Betriebsberufsschule, Lehrwerkstatt und Lehrlingswohnheim zu einem „Lehrkombinat“ zusammengelegt, das als beste Form der Berufsausbildung galt[72]).

3. Ideologisch folgte das Bildungswesen der DDR seit 1949 immer eindeutiger dem sowjetischen Vorbild. Der vierte Pädagogische Kongreß brachte eine scharfe Abrechnung mit den bis dahin geltenden reformpädagogischen Zielvorstellungen, und das Politbüro forderte im Anschluß an die Zweite Parteikonferenz 1952 als Aufgabe der Schule, „den Sozialismus aufzubauen und die Errungenschaften der Werktätigen bis zum äußersten zu verteidigen“. Schulbücher und Lehrpläne hatten sich an marxistisch-leninistischen Inhalten zu orientieren, für alle Schüler wurde 1951 Russisch als obligatorische erste Fremdsprache eingeführt. Im Zusammenhang mit ständigen Hinweisen auf die Verteidigungsbereitschaft der Jugend ist auch die Bildung der „Gesellschaft für Sport und Technik“ 1952 zu sehen, die vormilitärische Aufgaben im Rahmen der Wehrerziehung hatte[73]).

Der „Neue Kurs“ 1953 bremste zwar das Tempo des bildungspolitischen Umbaus, stellte jedoch die 1952 formulierte Zielsetzung nicht in Frage. Dennoch zeigt die nachträgliche offiziöse Kritik, wie schwierig offenbar gerade im Zeichen einer gewissen Lockerung der doppelte Anspruch von fachlicher Qualifikation und ideologischer Schulung zu erfüllen war. „Obwohl seit 1952 das sozialistische Erziehungsziel für die Schularbeit festgelegt wurde“, stellte 1958 ein Funktionär des Volksbildungsministeriums fest, „gab es in den nachfolgen-

Der Aufbau des Schulsystems in der DDR (1955)

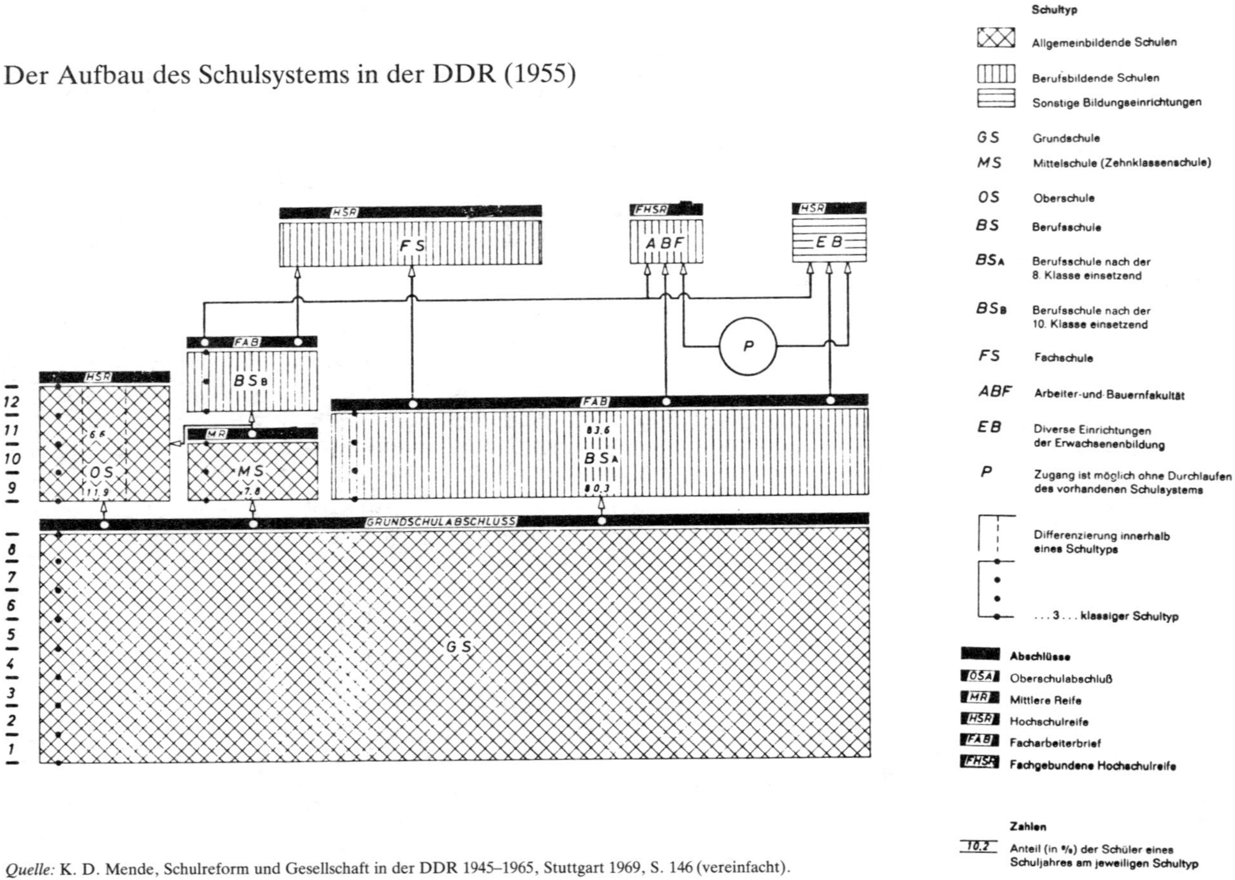

Quelle: K. D. Mende, Schulreform und Gesellschaft in der DDR 1945–1965, Stuttgart 1969, S. 146 (vereinfacht).

den Jahren keine zielgerichtete Verwirklichung. Das hat ideologische Ursachen. In opportunistischer Auslegung des neuen Kurses wurde von Genossen, Schulfunktionären und Lehrern jahrelang nicht von sozialistischer Erziehung gesprochen. Die politisch-ideologische Bewußtseinsbildung und Schulung der Lehrer wurde stark vernachlässigt und statt dessen ein einseitige, fachlich orientierte Lehrerbildung betrieben . . . Dieser Zustand führte zu Tendenzen der Trennung von Politik und Pädagogik und begünstigte verschiedene revisionistische Erscheinungen auf pädagogischem Gebiet"[74]).

4. Bis zur Teilrevision durch den „Neuen Kurs" prägten die in den Richtlinien von 1949 bereits angelegte Inanspruchnahme der Schule für den ideologischen Kampf und eine scharfe Kontrolle von Lehrern und Schülern die schulpolitische Landschaft. Ein charakteristisches Beispiel war etwa die „Anweisung zur Durchführung des Schuljahrs 1952/53", in der es hieß: „Die Haltung der Lehrer, die eine offene Parteinahme gegen die imperialistischen Kriegsverbrecher ablehnen, bedeutet einen Verrat an dem gesellschaftlichen Erziehungsauftrag und stellt eine Schwächung der nationalen Kraft des deutschen Volkes im Kampf gegen die imperialistischen Okkupanten und die Adenauer-Clique dar". Gleichzeitig wurden jedoch Lehrer und Schüler davor gewarnt, „bewußt ihr Gift des Pazifismus (zu) verbreiten und so die Verteidigungsbereitschaft unserer Jugend einzuschläfern"[75]).

Damit solche Aufforderungen keine ideologische Rabulistik blieben, wurde das Kontrollsystem in der Schule ausgebaut. Neben den Haupt-, Bezirks- und Kreisschulinspektoren hatten vor allem die Schuldirektoren die Pflicht zur „ständigen Kontrolle der pädagogischen Arbeit", insbesondere in Fächern wie Gegenwartskunde. Der Zwang zum „Aktivismus" der Lehrer wurde durch Einführung eines „Pädagogischen Rats" an den Schulen verstärkt. Er setzte sich neben den Lehrern aus dem Pionierleiter oder dem FDJ-Sekretär und einem Elternvertreter zusammen und hatte die Aufgabe, den Leistungsstand der Klassen und die Erfüllung des Lehrplans zu kontrollieren, die Erfahrungen der „besten Lehrer" auszuwerten und „Kritik und Selbstkritik" anzuregen. Neben die FDJ, der in den Schulen eine wichtige Rolle zugewiesen wurde, traten noch die Schulbetriebsgruppen der SED, so daß auch in der Schule die These vom „verschärften Klassenkampf" ihren unmittelbaren Niederschlag fand[76]). Wieweit derartige ideologische Maximen und organisatorische Initiativen die Schulwirklichkeit bestimmten, ist schwer festzustellen. Insgesamt blieb zweifellos die Realität weit hinter der Zielsetzung der Umgestaltung des Bildungswesens und insbesondere einer völlig neuen sozialen Rekrutierung zurück. So betrug 1950 der Gesamtanteil der Arbeiterkinder in den Oberschulen 34 Prozent (bei einem Bevölkerungsanteil von 51,1 Prozent), 1953 gab es 43,6 Prozent Arbeiter-, Bauern- und Angestelltenkinder (bei einem Bevölkerungsanteil von 83,3 Prozent[77]). Jedoch besaß die Bildungspolitik prinzipiell in der DDR einen ungleich höheren gesellschaftspolitischen Stellenwert als in der Bundesrepublik. Die

Tatsache der Teilung Deutschlands und der offenen Grenze machte freilich auch die Durchsetzung der bildungspolitischen Ziele der SED besonders schwierig. Das Tempo des Umbaus und die damit verbundene „aktive Diskriminierung zugunsten der Arbeiterklasse" bedeuteten zwangsläufig eine deutliche Benachteiligung für die Mittelschichten[78]). Auf diese Weise suchten viele potentiell Hochqualifizierte ihren Ausweg in der Flucht nach Westen. So blockierten sich bis zu einem gewissen Grade die ideologische Zielsetzung der Neuordnung der Klassenstruktur und der vor allem ökonomisch motivierte Wunsch nach bestmöglicher Förderung der vorhandenen Begabungen gegenseitig.

Das gleiche Problem stellte sich – wenngleich weniger scharf – auch im universitären Bereich. „Erstürmt die Festung Wissenschaft" – unter dieser von der ersten FDJ-Konferenz im November 1950 ausgegebenen Parole begann der bis Mitte der fünfziger Jahre dauernde Prozeß einer tiefgreifenden organisatorischen und inhaltlichen Umgestaltung der Hochschulen[79]). Die ZK-Entschließung vom 19. Januar 1951 über „die nächsten Aufgaben in den Universitäten und Hochschulen" formulierte verbindlich die Richtung künftiger Hochschulpolitik und nahm dabei ausdrücklich Bezug auf den Fünfjahrplan, durch den auch für die wissenschaftlichen Institutionen „eine neue Etappe in ihrer Entwicklung zu fortschrittlichen, dem Frieden dienenden deutschen Einrichtungen" beginnen sollte[80]).

Eine wesentliche organisatorische Voraussetzung dieser neuen Entwicklung schuf die Auflösung der Hochschulabteilung des Volksbildungsministeriums und der entsprechenden Länderministerien sowie die Einrichtung eines eigenständigen Staatssekretariats für Hochschulwesen (Verordnung vom 22. Februar 1951)[81]). Der Forderung nach Zentralisierung und Planung des hochschulpolitischen Entscheidungsprozesses wurde damit genüge getan.

Die inhaltlichen Schwerpunkte der Neugestaltung lagen entsprechend dem ZK-Beschluß im wesentlichen auf vier Ebenen:

1. Für das Studium wurden Ablauf, Inhalte und Kontrollen genau festgelegt. Das bedeutete vor allem: Einführung des zehnmonatigen Studienjahrs, Durchsetzung des obligatorischen gesellschaftswissenschaftlichen Grundstudiums und Russisch-Unterrichts, detaillierte stoffliche Vorgaben für die Ausfüllung des Studiums verbunden mit einem System von Zwischenprüfungen, Bildung von Seminargruppen als verpflichtenden Studienkollektiven für die gesamte Studienzeit mit dem Ziel, jeden Studenten in Zusammenarbeit mit der FDJ zum „systematischen, beharrlichen und disziplinierten Studium (zu) erziehen und zu ausgezeichneten Studienleistungen (zu) führen"[82]). Die universitäre Lehre sollte so ausgerichtet werden, daß sie über die Stoffvermittlung hinaus „Anweisungen zum praktischen Handeln" erkennen ließ.

2. Die Forschung sollte sich konkret am Fünfjahrplan orientieren. Das hatte inhaltlich eine stärkere Betonung der Grundlagen- und Produktionsforschung

zur Konsequenz und bedeutete auch eine weitgehende „planmäßige Lenkung“ der Forschung. Dabei kam den Natur- und technischen Wissenschaften ein besonderes Gewicht zu. Neben den traditionellen Universitäten wurde daher in den fünfziger Jahren eine große Zahl von Ingenieur- und Technischen Hochschulen geschaffen. Diese sollten zugleich die durch die Teilung Deutschlands entstandene Disproportion ausgleichen, hatten doch die meisten Technischen Hochschulen im Westen gelegen. Der wissenschaftliche Nachwuchs erhielt über die Einrichtung der aus der Sowjetunion übernommenen Aspirantur (planmäßige Förderung der Promotion und Habilitation) einen speziellen Ausbildungsgang[83]).

3. Ein zentrales Postulat war die „Verbesserung der Zusammensetzung der Studentenschaft“, insbesondere eine noch stärkere Berücksichtigung von Kindern aus Arbeiter- und Bauernfamilien. Auf diesem Gebiet war der – um im Bild zu bleiben – wichtigste Rammbock beim Sturm auf die Festung Wissenschaft die Einrichtung und Förderung der „Arbeiter- und Bauernfakultäten“ (ABF), die 1949 aus den „Vorstudienanstalten“ hervorgingen. Ihr Ziel war die Erlangung der Hochschulreife über den „zweiten Bildungsweg“ für Absolventen einer Grund- oder Berufsschule, die sich durch hervorragende Leistungen in der Produktion ausgezeichnet hatten. Die Zulassung zum Studium erfolgte nach Abschluß der ABF außerhalb des üblichen Zulassungs- und Verteilungsverfahrens durch Aufnahme eines Fachstudiums, die als Fakultätenwechsel galt. Das politisch-ideologische Hauptziel dieser bis 1963 existierenden ABF war die beschleunigte Umgestaltung der gesellschaftlichen Führungsschicht[84]).

4. Der politischen und ideologischen Arbeit an den Hochschulen und im Wissenschaftsbetrieb wurde mit Beginn der fünfziger Jahre erhöhte Aufmerksamkeit gewidmet. Dazu gehörten die ständigen Hinweise auf die Vorbilder der Sowjetwissenschaft. Vor allem aber sollte über die universitären Betriebsgruppen der SED die führende Rolle der Partei durchgesetzt werden, „insbesondere auch auf dem Gebiete des ideologischen Kampfes gegen Objektivismus, Kosmopolitismus und Sozialdemokratismus in der wissenschaftlichen Arbeit und der Erziehung an den Universitäten und Hochschulen“, wie es im charakteristischen Jargon des ZK-Beschlusses hieß[85]).

Eine statistische Teilbilanz für die erste Hälfte der fünfziger Jahre zeigt die großen quantitativen Veränderungen der hochschulpolitischen Landschaft in der DDR. Die Zahl der Universitäten und Hochschulen stieg von 21 (1951) auf 46 (1955), die der Studenten (im Direktstudium) von 27 822 auf 60 148. Dazu kamen Fernstudenten, deren Zahl von 3690 auf 14 594 wuchs. Auf je 10 000 Einwohner entfielen damit 17,2 Hochschulstudenten im Jahre 1951 und 41,7 im Jahre 1955. Zugleich verdoppelte sich in diesem Zeitraum die Zahl der Hochschullehrer, die Zahl der Assistenten verdreifachte sich. Um die Schaffung einer neuen Intelligenz zu beschleunigen, erhielten 90 bis 95 Prozent der Studierenden ein Stipendium[86]).

Trotz der – hier nur in groben Strichen angedeuteten – organisatorischen und inhaltlichen Veränderungen war die stalinistische Phase im Hochschul- und Wissenschaftsbereich bis Mitte der fünfziger Jahre eine Übergangsphase, die neben tiefen Eingriffen auch dadurch gekennzeichnet war, daß die SED parallel zur Heranbildung einer neuen parteiloyalen Intelligenz die alten bürgerlichen Führungskräfte zu gewinnen und zufrieden zu stellen suchte, indem sie ihnen – zumindest im naturwissenschaftlich-technischen Bereich – materielle Privilegien zusicherte und sie de facto gesellschaftspolitisch weniger behelligte, als es die Rhetorik parteioffizieller Äußerungen nach außen hin nahelegte[87]). So weist letztlich der Stalinismus auch auf diesem für das Ziel des gesamtgesellschaftlichen Umbaus wesentlichen Feld einen Januskopf auf.

5. „Sozialistischer Realismus" als Programm

„Für uns sind Kunst und Literatur Waffen für den Sozialismus", schrieb 1957 Kurt Hager[88]), Sekretär für Wissenschaft, Hochschulen und Volksbildung im ZK der SED, und umriß damit prägnant die instrumentelle Funktion der Kunst im Verständnis der SED. Diese Instrumentalisierung erreichte jedoch in den jeweiligen Entwicklungsphasen der DDR ganz unterschiedliche Intensitätsgrade. Auch das mit dem schillernden und nie präzise definierten Begriff des „sozialistischen Realismus" umschriebene kulturpolitische Programm der SED – der Begriff wurde 1934 von Maxim Gorki geprägt – steckte lediglich einen kulturpolitischen Rahmen ab, dessen Weite und konkrete Ausfüllung erheblich variierten. Zu Beginn der fünfziger Jahre wurde dieses Programm extrem engstirnig und dogmatisch ausgelegt.

Bis 1949/50 konnten sich Kunst und Literatur noch relativ frei entfalten. Mit dem Beschluß des ZK vom März 1951, einem Schlüsseldokument stalinistischer Kulturpolitik, nahm die SED den „Kampf gegen den Formalismus in Kunst und Literatur, für eine fortschrittliche deutsche Kultur"[89]) (D 122) auf und formulierte politisch verbindliche Maximen. Das hier entwickelte Programm ordnete die Kunst in der DDR in ein dreifaches Bezugsfeld ein und machte damit das spezifisch stalinistische Gepräge der Kunstpolitik deutlich.

Zum einen orientierte sich die Entschließung an der Definition, die der sowjetische Kulturfunktionär Shdanow 1934 für den „sozialistischen Realismus" gegeben hatte, der Forderung nämlich, „die wahrheitsgetreue und historisch konkrete künstlerische Darstellung" mit der Aufgabe zu verbinden, „die werktätigen Menschen im Geiste des Sozialismus ideologisch umzuformen und zu erziehen". Dies bedeutete auf die konkreten Verhältnisse der DDR angewandt in den Augen der SED, „die Menschen im Geiste des Kampfes für ein einheitliches, demokratisches, friedliebendes und unabhängiges Deutschland, für die Erfüllung des Fünfjahrplans, zum Kampf für den Frieden zu erziehen". Kunst wurde zum Planfaktor[90]) und sollte gleichzeitig als gesamtdeutsches Instrument eingesetzt werden. Zum anderen beschwor der SED-Beschluß – scheinbar in Fortsetzung der Tradition der vierziger Jahre – die „gewaltige Bedeutung des klassischen Erbes". Dieses Erbe sollte „unter neuen Bedingungen" weiterentwickelt werden „vom Standpunkt des Kampfes für den Frieden und die demokratische Einheit Deutschlands, vom Standpunkt der Erfüllung großer Aufgaben im Rahmen des Fünfjahrplans". Die Verschmelzung von nationalem Repräsentationsanspruch und sozialistischer Umgestaltung im Zeichen der Planwirtschaft wurde zu einer zentralen politischen Aufgabe der Kunst. Schließlich bezog das 1951 formulierte Programm sein Profil aus der Polemik „gegen die kannibalischen Lehren der imperialistischen Kriegshetzer" und gegen „objektiv dem Imperialismus" dienende abstrakte Stil- und „formalistische" Gestaltungsmittel in der Bundesrepublik.

Derartige Ausfälle erstreckten sich konsequent auf alle Kulturbereiche. Selbst in der Musik, wo solche Zuordnungen am schwierigsten vorzunehmen waren, wurden sie ex officio von der Partei versucht. So galt das Bach-Jahr 1950 der SED als „wichtiger Beitrag zur demokratischen Erziehung unseres Volkes, als ein bedeutungsvolles Ereignis in unserem Kampf um die Pflege und Erneuerung der deutschen Kultur", Beethovens Werk wurde „eine gewaltige Kraftquelle im Kampf um die Einheit unseres Vaterlandes", während Igor Strawinsky als Kosmopolit und „fanatischer Zerstörer der europäischen Musiktradition" und „als Häuptling der formalistischen Schule" attackiert wurde[91]).

Neben dem Verdikt über den „Formalismus", der als Etikett für alles herhalten mußte, was differenziertere künstlerische Formen aufwies, verpflichtete der „sozialistische Realismus" die Künstler auf vier generelle Gestaltungsprinzipien: Lebensechtheit, Volkstümlichkeit, Darstellung des Typischen, sozialen Optimismus[92]). Unter solchen Postulaten bekam die Literatur eine agitatorische Funktion, die keinen Skeptizismus gestattete, sondern „die Antizipation einer idealen Zukunft für die Gegenwart" forderte[93]).

Im Bereich der bildenden Kunst zeigte die Kritik des „Neuen Deutschland" an einer Barlach-Ausstellung, wie kleinlich die an einer solchen Kunsttheorie orientierten Maßstäbe ausfielen. Barlachs Kunst wurde ein „düsterer, bedrükkender, pessimistischer Charakter" attestiert. Barlach wurde als Beispiel dafür interpretiert, „wie ein wirklich großes künstlerisches Talent infolge des Fehlens der Orientierung auf diejenige Klasse, der die Zukunft gehört, trotz der besten subjektiven Absichten in den Sumpf des Mystizismus gerät"[94]).

Die unter solchen Parolen entwickelte und staatlich geförderte „Aufbauliteratur" hatte einen stark sozialtherapeutischen Charakter, sie ebnete Konflikte ein oder löste sie in mehr oder minder platter, idealtypischer Weise auf. „Die jungen Schriftsteller" so beschrieb 1956 Günter Kunert sarkastisch das Dilemma, das derartige Forderungen hervorriefen, „befinden sich in zu starker Abhängigkeit von den Erfordernissen des Tages. Die jungen Künstler im Kapitalismus, die ‚für die Ewigkeit' schreiben wollen, finden ihr extremes Pendant bei uns, wo man es für notwendig hält, über die Ereignisse des Vormittages bereits abends einen Roman anzufertigen"[95]). Romane und Dramen, die den Aktivisten in der Industrie im Kampf gegen kapitalistische Rückständigkeit und auf dem Lande gegen die Ablehnung des Genossenschaftssystems zum sozialistischen Vorbild stilisierten, standen neben „Traktorenlyrik" und politischen Hymnen auf Stalin und Ulbricht. Eduard Claudius' „Menschen an unserer Seite" (1951) und Erwin Strittmatters „Katzgraben, Szenen aus dem Bauernleben" (1953) waren charakteristische Beispiele der Roman- und Dramenliteratur[96]). Eine besonders groteske Manifestation politischer Lyrik dieser Zeit stammt von dem ehemals expressionistischen Dichter und damaligen Präsidenten des Kulturbundes, Johannes R. Becher. Eine Strophe seines „Danksagung" betitelten Gedichts nach dem Tode Stalins lautete[97]):

„Dort wirst du, Stalin, stehn in voller Blüte
Der Apfelbäume an dem Bodensee,
Und durch den Schwarzwald wandert seine Güte,
Und winkt zu sich heran ein scheues Reh . . ."

Andere renommierte Autoren wie Brecht entrichteten zwar auch ihren Tribut an die staatlich verordnete Doktrin, gaben aber niemals ihre eigenständige Position auf. Auch die in den fünfziger Jahren wesentlich von Georg Lukács initiierte und getragene Debatte um den Realismus in der Literatur blieb nicht in der Schablone des „sozialistischen Realismus" stecken.

Für die Umsetzung und Kontrolle der kulturpolitischen Beschlüsse hatten eine Reihe von 1951/52 gegründeter Institutionen zu sorgen. Die wichtigsten waren das „Amt für Literatur und Verlagswesen" und die „Staatliche Kommission für Kunstangelegenheiten". Erst nach deren Auflösung wurde 1954 ein einheitliches Ministerium für Kultur geschaffen.

Der 17. Juni, in dessen Verlauf sich die Intelligenz der Partei gegenüber ganz überwiegend loyal verhielt, und der „Neue Kurs" beendeten zwar nicht das 1951 formulierte kulturpolitische Programm, nahmen ihm jedoch zumindest für einige Zeit die extrem dogmatischen Züge. Offene und scharfe Kritik an der Politik der vergangenen Jahre konnte sich zu Wort melden. Die Akademie der Künste machte in einer Erklärung vom 30. Juni 1953 mit ihrer Forderung nach mehr Autonomie zugleich das Ausmaß der bisherigen Gängelung deutlich: „Die Verantwortung des Künstlers vor der Öffentlichkeit muß wiederhergestellt werden. Für den Spielplan muß der Intendant des Theaters, für Konzerte der künstlerische Veranstalter bzw. Leiter, für schriftstellerische Arbeiten der Autor und der Verleger, für Ausstellungen die aus Künstlern gebildete Jury verantwortlich sein. Die staatlichen Organe sollen die Kunst in jeder nur denkbaren Weise fördern, sich aber jeder administrativen Maßnahmen in Fragen künstlerischer Produktion und des Stils enthalten. Die Kritik muß der Öffentlichkeit überlassen bleiben"[98]). In ähnlichem Sinne äußerte sich der Kulturbund, und Wolfgang Harich konnte in der „Berliner Zeitung" eine vernichtende Kritik der Staatlichen Kunstkommission veröffentlichen[99]).

Das Programm des „sozialistischen Realismus" wurde jedoch keineswegs widerrufen, sondern lediglich flexibler gehandhabt. Die administrativen Eingriffe fielen weniger kleinlich aus. Beginnend mit der Programmerklärung vom 12. Oktober 1954 „Über den Aufbau einer Volkskultur" wurden bis zur Entstalinisierungskrise von 1956 die Ansätze einer Liberalisierung schrittweise zurückgenommen[100]).

Anmerkungen zu Kapitel VIII

1) Als wichtigste neuere Ansätze sind vor allem zu nennen: W. Hofmann 1967; Jänicke 1970; Masuch 1977.
2) Eins der zahlreichen Beispiele aus Polen nach dem Umbruch von 1956: Bauman 1957; für die ČSR Selucky 1969, S. 15ff. Für die DDR: Die politische Plattform Harichs und seiner Freunde 1957.
3) Hofmann 1967, S. 13. Max Weber, Wirtschaft und Gesellschaft, Tübingen 1922, S. 28f.
4) Vgl. Kleßmann 1975. Ausführlich: Buxhoeveden 1980.
5) Dokumente der SED Bd. 2, S. 179ff.
6) Ebd., Bd. 3, S. 162ff.
7) H. Weber 1978, S. 42.
8) DDR-Handbuch, S. 597. Zum Aufbau des Staats- und Parteiapparats ausführlich Richert 1963.
9) H. Weber 1968, S. 56f.
10) Einheit 7 (1952), S. 714.
11) Text in: Dokumente der SED Bd. 4, S. 70ff.
12) Vgl. Schultze 1977, S. 57; Jänicke in: Elsenhans/Jänicke 1975, S. 154f.
13) Text in: Deuerlein 1972, S. 124f.
14) H. Weber 1978, S. 37.
15) DDR, Werden und Wachsen, S. 160.
16) Text in: Deuerlein 1972, S. 127ff., H. Weber 1978, S. 39.
17) Weber 1968, S. 63.
18) Zit. ebd., S. 54.
19) Zur katholischen Kirche: Knauft 1980.
20) Zit. ebd., S. 65; Weber 1968, S. 73.
21) SBZ-Archiv 4 (1953), S. 138; Europa-Archiv 8 (1953), S. 5752f.
22) Entschließung des ZK v. 26. 7. 1953, in: Dokumente der SED Bd. 4, S. 464.

23) Vgl. Weber 1968, S. 65 f. Ausführliche Dokumentation bei Fricke 1979, S. 204 ff.
24) Zit. ebd., S. 273 f.
25) Unrecht als System Bd. 1, S. 5. DDR-Handbuch, S. 397.
26) Fricke 1979, S. 282 f.
27) Text in: Dokumente der SED Bd. 3, S. 131 f.
28) Thalheim 1970, S. 7.
29) Roesler 1976, S. 47.
30) Statistisches Jb. DDR 1955, S. 126.
31) Damus in: Hennicke 1973, S. 220.
32) Schultze 1977, S. 49 f., 60 f.; Roesler 1976, S. 53.
33) Vgl. H. Weber 1978, S. 50 ff.
34) Text des Befehls und der Stellungnahme Ulbrichts in: Dokumente 1945–1949, S. 504 ff.
35) Stammer 1956, S. 80.
36) Ebd., S. 78 f.; Bust-Bartels 1980a, S. 40 f.
37) Stammer 1956, S. 104.
38) Zum Folgenden ausführlich Bust-Bartels 1980a, S. 26–58; Staritz 1978, S. 102–119. Vgl. auch Mampel 1957.
39) Bust-Bartels 1980a, S. 35.
40) Zit. ebd., S. 44.
41) Dokumente der SED Bd. 1, S. 144 f.
42) Arbeit und Sozialfürsorge 1947 H. 5, S. 92. Vgl. Ruß 1979, S. 72–75.
43) Grotewohl Bd. II, S. 583, 587.
44) Ruß 1979, S. 86 ff.
45) Jenkis 1976, S. 13 ff.; DDR-Handbuch, S. 106.
46) Statist. Jb. DDR 1957, S. 36. Vgl. die verschiedenen Berechnungen bei Seraphim 1954, S. 61 ff.; vgl. Storbeck 1964, S. 226.
47) Seraphim 1954, S. 160 f.
48) GBl DDR 1950, S. 971 ff., vgl. Storbeck 1964, S. 220. Vgl. G. Schröder 1950.
49) Seraphim 1954, S. 109.
50) Seraphim 1954, S. 67 (Bezugsjahr: 1948).
51) Ulbricht 1955, S. 237; Seraphim 1954, S. 164 ff.
52) Ebd., S. 86 f.
53) Storbeck 1964, S. 222; Seraphim 1954, S. 95.
54) Vgl. Storbeck 1964, S. 229.
55) Vgl. DDR, Werden und Wachsen, S. 240 ff.
56) So die neueste zusammenfassende Interpretation von Bust-Bartels 1980b. Wichtig aus der älteren Literatur vor allem Baring 1966; Jänicke 1964.
57) Baring 1966, S. 39 ff. Text der Erklärung in: Dokumente der SED Bd. 4, S. 428 ff.
58) Dazu Bonwetsch 1982, S. 6, 8.
59) Vgl. Jänicke in: Elsenhans/Jänicke 1975, S. 149.
60) Das Folgende nach Baring 1966, ergänzt durch Bust-Bartels 1980b.
61) Der Spiegel Nr. 26 (24. 7. 1953), S. 7.
62) Eine sorgfältige Zusammenstellung und Interpretation der Hinweise bei Jänicke 1964, S. 32 ff.
63) Dokumente der SED Bd. 4, S. 469.
64) Die folgenden Angaben nach Jänicke 1964, S. 39, 46–50.

65) Dazu Fricke 1978.
66) Dokumente der SED Bd. 4, S. 467; H. Weber 1978, S. 45 f.
67) Günther/Uhlig 1970, S. 67. Text in: Baske/Engelbert 1966, S. 139 ff.
68) Hearnden 1973, S. 55, 80; Mende 1969, S. 25 ff.
69) Günther/Uhlig 1970, S. 72.
70) Hearnden 1973, S. 56 f. Mende 1969, S. 25 ff.
71) VO v. 11. 5. 1955, Baske/Engelbert 1966, S. 278 ff.
72) Lange 1954, S. 215 f.; Günther/Uhlig 1970, S. 73.
73) Baske/Engelbert 1966, S. 213 ff., 220 f.; Hearnden 1973, S. 61 ff.; Lange 1954, S. 84, 90.
74) Zit. b. Hearnden 1973, S. 125.
75) Zit. b. Lange 1954, S. 372 f.
76) Ebd., S. 387 ff.
77) Mende 1969, S. 90.
78) Hearnden 1973, S. 250 f.
79) Schwertner/Kempke 1967, S. 29. Generell zur Hochschulpolitik in der DDR: Richert 1967.
80) Text in: Baske/Engelbert 1966, S. 174 ff.
81) Ebd., S. 180 ff.
82) Ebd., S. 221. Die übrigen Anweisungen ebd., S. 195 ff. Vgl. ferner Schwertner/Kempke 1967, S. 29 f.
83) Ebd., S. 27; Baske/Engelbert 1966, S. 201 ff.
84) Richtlinien für die ABF v. 21. 5. 1949 und 4. 12. 1953, ebd., S. 114 f., 240 ff. Vgl. Mende 1969, S. 64 f. Zur Entstehung: Stallmann in: Heinemann 1981, S. 268–277.
85) Vgl. dazu ausführlich Lange 1955.
86) Rexin 1971, S. 92 f.
87) Ebd., S. 82. Wichtig sind insbesondere die Verordnungen v. 31. 3. 1949 und der Politbürobeschluß v. 24. 7. 1952, in: Baske/Engelbert 1966, S. 105 ff., 208 ff.
88) Zit. b. Schubbe 1972, S. 37.
89) So der Titel der Entschließung vom 17. 3. 1951, Text ebd., S. 178 ff.
90) Deutsche Literaturgeschichte 1979, S. 367.
91) Erklärung des Parteivorstandes der SED zum Bach-Jahr v. 19. 3. 1950; Erklärung des ZK der SED zum 125. Todestag Beethovens v. März 1952; Stellungnahme des „Neuen Deutschland“ v. 22. 3. 1951 zur Oper von Brecht/Dessau „Das Verhör des Lukullus“, Schubbe 1972, S. 135, 187, 231.
92) Ebd., S. 40.
93) K. Thomas 1971, S. 258.
94) Neues Deutschland v. 4. 1. 1952, Schubbe 1972, S. 225.
95) Ebd., S. 446.
96) K. Thomas 1971, S. 260.
97) Sinn und Form 1953 Nr. 2, S. 8 f.
98) Schubbe 1972, S. 289.
99) Ebd., S. 292 ff.
100) Ebd., S. 46 f., 342 ff.

Propagandistische Einheitsappelle aus Ost und West 1952.

Trotzdem!
VNTEILBARES DEVTSCHLAND

Kapitel IX

Die Gründerjahre der beiden deutschen Staaten – resümierende Überlegungen

Das erste Jahrzehnt deutscher Nachkriegsentwicklung, das die Formierungsphase für die innere Ausdifferenzierung und die äußere Integration der beiden deutschen Teilstaaten umfaßt, läßt sich resümierend kaum auf eine oder mehrere plakative Formeln bringen. Daß „Restauration" die Signatur der Epoche im westlichen Deutschland und Europa sei, ist zwar von zeitgenössischen Beobachtern ebenso wie von späteren Historikern oft und nachdrücklich betont worden[1]), doch läßt sich damit allein das Charakteristische der westdeutschen Entwicklung kaum erfassen. Ebensowenig läßt sich die Entstehung der DDR als „Geburt eines neuen Deutschland" verstehen[2]), wie die DDR-Historiographie notorisch behauptete. Zweifellos trugen Staat und Gesellschaft der Bundesrepublik, gemessen an den Hoffnungen, Erwartungen und politischen Zielvorstellungen engagierter linker Gruppen von der Arbeiterbewegung bis hinein ins Bürgertum, stark restaurative Züge. Ebensowenig ist zu leugnen, daß mit der DDR ein völlig neues Staatsgebilde geschaffen wurde, das aus der bisherigen deutschen Staats- und Gesellschaftstradition herausfiel, so sehr es auch selbst die „fortschrittliche Tradition" der gesamten deutschen Geschichte durchgängig für sich beanspruchte. Doch sind solche Kennzeichnungen zu pauschal, zu abhängig vom jeweiligen politischen Standort des Beobachters und vom spezifischen Erkenntnisinteresse, als daß sie zur begrifflich-theoretischen Erfassung dominanter Entwicklungslinien ausreichen könnten.

Walter Dirks und Eugen Kogon, die Herausgeber der „Frankfurter Hefte", gehörten zu den engagiertesten Publizisten, die ihren Zielvorstellungen von 1945/46 treu blieben und ihre Kritik an der Restauration in der Bundesrepublik kontinuierlich weiterführten, ohne freilich blind gegenüber den erkennbaren sozialen Wandlungen und außenpolitischen Zwängen zu sein. Ihre Kritik setzte primär auf einer politisch-moralischen Ebene an, nannte aber sehr konkrete wirtschaftliche, politische und soziale Phänomene beim Namen. Die Hauptaufgabe nach dem Ende des Dritten Reiches, „nach dem Zusammenbruch der alten Welt eine menschlichere aufzubauen", hätten die europäischen Völker nicht gelöst, konstatierte Dirks 1950.

Auf dieser moralischen Ebene besitzt die Restaurationskritik die größte Glaubwürdigkeit. Fatal wurden die Kontinuitäten insbesondere im Hinblick auf personelle Verbindungen zum Dritten Reich. Flechtheims „Blick zurück im Zorn" 30 Jahre später macht die Erbitterung engagierter Intellektueller der „Stunde Null" über das Ausmaß der skrupellosen Wiedereinsetzung belasteter Verwaltungs-, Justiz- und Kriminalbeamter, die oftmals kleinliche und schäbige Entschädigungspraxis gegenüber Widerstandskämpfern und KZ-Häftlingen deutlich, während ehemalige NS-Belastete oft hohe Pensionen bezogen. Der intellektuelle Protest dagegen bewirkte selten etwas[3]). Vielleicht am lautlosesten, aber auch konsequentesten vollzog sich die personelle Restauration in der Justiz. Der Bundesverfassungsrichter Martin Hirsch erklärte es im Rückblick für eine große Schande der Nachkriegsjustiz, daß sie es nicht fertiggebracht habe, einen einzigen der „Mörder in Richterrobe zur Rechenschaft zu ziehen". Der schon während des Entnazifizierungsverfahrens erkennbare Trend, daß die Rehabilitierung die Säuberung einholte, setzte sich in den fünfziger Jahren fort[4]).

So unerläßlich die moralische Kritik an diesem Defizit der Bewältigung der NS-Vergangenheit ist, so läßt sich doch nicht übersehen, daß die politische Wirkung dieser unterlassenen tiefen Eingriffe im personellen – ebenso wie im sozialökonomischen – Bereich möglicherweise nicht unbeträchtlich zur Stabilisierung des neuen Staates beigetragen hat[5]). Dadurch wurde eine zumindest oberflächliche Identifizierung erleichtert oder Opposition aufgefangen. Insofern stand eine politisch und ökonomisch starke Republik auf moralisch schwachen Füßen.

Daß nicht nur die Entnazifizierung unter der Ägide der Alliierten, sondern auch die politische Auseinandersetzung mit der Vergangenheit so kläglich ausfielen, entsprach zwar der Konstellation des Kalten Krieges, der die Möglichkeit bot, sich vom kommunistischen Hauptgegner, der diese Auseinandersetzung besonders lautstark forderte, abzusetzen und ihn zur alles überschattenden Bedrohung zu stilisieren. Es war aber auch ein Ausfluß der Ablenkung und Konzentration aller politischen Energien auf den wirtschaftlichen Aufstieg seit der Währungsreform. Der Mythos der Marktwirtschaft erleichterte die Verdrängung politisch-moralischer Probleme[6]). Obwohl sich die soziale Marktwirtschaft, gemessen an dem ursprünglichen Konzept ihrer geistigen Väter, eher zu einer „sozial gedämpften Konzernwirtschaft" entwickelte[7]), gingen von ihr starke Integrationswirkungen aus, die das politische und private Verhalten nachdrücklich bestimmten. Auf einem Terrain, das durch Desinteresse an öffentlichen Dingen und starke Tendenzen des Rückzugs ins Private und in die „kleinen Gemeinschaften" geprägt war[8]), konnte eine „politische Kultur", zu der auch die intensivere Auseinandersetzung mit der Vergangenheit gehört hätte, kaum gedeihen.

Auch das literarisch-publizistische Leben büßte seine politischen Impulse ein.

„Es gibt keine Vorzensur und es gibt keine Zensur mehr", stellte 1956 sarkastisch Erich Kästner fest, der seit Kriegsende die innere Entwicklung scharf beobachtete und das geistige Klima mit bissigen Kommentaren bedachte. „Man braucht eigensinnige Zeitschriften nicht mehr zu verbieten – denn wir haben keine. Charaktervolle Zeitungen lassen gelegentlich ihre ‚andere' Meinung wie einen Kanarienvogel aus dem Bauer. Besorgnis ist nicht am Platz. Der Vogel, den wir haben, fliegt nicht weg. Er ist an sein Futter gewohnt . . . Wir haben, fortschrittlich wie wir nun einmal sind, die Selbstzensur erfunden. Wir sitzen am Stadttore der Großgemeinde Schilda und häkeln unsern Maulkorb selbst."[9]) Alltag, kollektives Lebensgefühl und Bewußtseinslage in den fünfziger Jahren entziehen sich einer knappen Charakterisierung im Rahmen einer Darstellung, die den Akzent auf politische und soziale Entwicklungen legen muß. Dennoch spiegelte Kästners ironischer Vorschlag, die „Epoche" als „motorisierten Biedermeier" zu benennen, ein Stück gesellschaftlicher Wirklichkeit. Die Bilder- und Formensprache vermittelt am ehesten noch einen unmittelbaren Eindruck von der „Pubertät der Republik"[10]).

Viele Deutsche hatten in der Entnazifizierung das Risiko politischen Engagements erfahren, und diese Erfahrung blockierte häufig die Bereitschaft zu politischer Aktivität. Aber auch das kollektive Schicksal von Flucht, Vertreibung, Zerstörung, Gefangenschaft und Teilung des Landes mit ihren Begleiterscheinungen förderte den Wunsch nach Verdrängung der eigentlichen Ursachen der Katastrophe. Das Streben nach Sicherheit wurde zum bestimmenden Verhaltensmoment[11]). Der Antikommunismus bot zudem eine bequeme Möglichkeit zur Umleitung unbequemer Erinnerungen. Er hatte tiefsitzende Wurzeln, die noch hinter das Dritte Reich zurückreichten, aber die Erfahrungen mit der Roten Armee im Krieg und während der Besetzung verliehen ihm erst breite Massenwirksamkeit. Die Vorgänge in der SBZ, die radikale und schnelle Transformation in eine Volksdemokratie stalinistischer Prägung, verfestigten und legitimierten diese Einstellung, so daß der Antikommunismus einen alle relevanten politischen und gesellschaftlichen Gruppen umfassenden Basiskonsens abgab.

Nur vor diesem Hintergrund läßt sich erklären, daß die Teilung des Landes, die doch in beiden Staaten allen öffentlichen Verlautbarungen zufolge das zentrale Problem darstellte, gegenüber materiellem Aufstieg, persönlicher Sicherheit und politischer Freiheit so eindeutig in den Hintergrund trat. Die Genesis der Spaltung und die ersten Phasen ihrer Vertiefung sind hier von den alliierten Kriegszielplanungen, in denen sie „in nuce", wenn auch nicht intentional angelegt war, bis zur formellen Sanktionierung im vertraglichen Schlußpunkt der doppelten Blockintegration nachgezeichnet worden. Die Sowjetunion hat zwar nicht einseitig die Spaltung verursacht, aber auch nichts unterlassen, was sie förderte. Bereits mit der Schaffung der SED wurde die politisch stärkste gesamtdeutsche Kraft, die Sozialdemokratie, ausgeschaltet. Dahinter steckte möglicherweise eine gravierende Fehleinschätzung durch die Sowjets. Die negative gesamtdeutsche Wirkung jedoch war eindeutig. Die Absetzung Kaisers und Lemmers rief einen ähnlichen Effekt für die größte bürgerliche Partei hervor. Die Blockade Berlins schließlich mobilisierte alle Ängste vor der Sowjetunion und schweißte die erst im Entstehen begriffene westliche Allianz fester zusammen. Angesichts der forcierten Umgestaltung der DDR mußten alle gesamtdeutschen Initiativen späterer Jahre wie etwa Grotewohls Aktion „Deutsche an einen Tisch“ und auch die sowjetischen Vorstöße von 1952 und 1954 als propagandistische Täuschungsmanöver erscheinen. Daß andererseits auch Briten und Amerikaner nur wenig zum Abbau des ständigen Mißtrauens der Sowjetunion taten und somit zunächst zögernd und primär aus ökonomischen Gründen, seit 1947 aber mit Vorbedacht und gezielt, den Spaltungsprozeß förderten, ist ebenfalls nicht zu übersehen.

So unausweichlich die Teilung dem rückschauenden Beobachter erscheint, so wenig sollte doch der Historiker das außerordentlich komplexe außen- und innenpolitische Beziehungsgeflecht aus den Augen verlieren, in das sie eingebettet ist. Die Teilung läßt sich nicht nur aus dem Kalten Krieg als weltpolitischer Determinante ableiten, sondern sie war auch das Ergebnis sehr eindeutiger innenpolitischer Prioritätensetzungen. So wenig die ostdeutschen Politiker eine andere als die östliche außenpolitische und gesellschaftliche Option realisieren konnten – wie sie Ackermann 1946 mit seinem „besonderen deutschen Weg zum Sozialismus“ formuliert hatte –, so wenig wollten die maßgeblichen westdeutschen politischen Gruppen und die Mehrheit der Bevölkerung das Risiko eingehen, wenigstens den Versuch einer Kompromißlösung zu wagen, die auf der Basis neutralistischer Überlegungen hätte stattfinden müssen. Die Frage, ob die westdeutsche Politik unter den gegebenen Verhältnissen alliierter Dominanz alternative Vorstellungen dann auch hätte realisieren können, stellt sich somit gar nicht erst. Nur aus dieser Sicht ist daher der Streit um die „verpaßte Chance“ der Noten von 1952 müßig.

Die „deutsche Frage“ verkümmerte in dieser Konstellation zum Element politischer Rhetorik. Die emotionale Fixierung auf den nationalen Einheitsstaat war so stark, daß offenbar die politische Phantasie nicht ausreichte, um sich eine dauerhafte Teilung vorstellen zu können. Insofern konnten sich Politiker und Öffentlichkeit gewissermaßen um die systemnotwendigen Konsequenzen der eigenen Option und des eigenen politischen Handelns herumdrücken.

Dies gilt prinzipiell für beide deutsche Staaten. Die Unvereinbarkeit der frühzeitigen Blockintegration mit der Wiederherstellung der Einheit wurde ideologisch verdeckt. Die Legitimation für die jeweiligen Argumente blieb dabei freilich von sehr unterschiedlichem Gewicht. In der DDR verkam die Beschwörung der Einheit eines „friedliebenden und demokratischen Deutschland“ durch die SED nach anfänglich noch glaubwürdigen Ansätzen zum reinen Propagandaritual, weil niemand ein stalinistisches Gesamtdeutschland, das sich hinter dieser Formel verbarg, wollte, und der SED für ihren gewaltsamen Transformationsprozeß jede demokratische Basis fehlte. Der 17. Juni brachte das ansatzweise in eruptiven Formen zum Ausdruck. Wenn die SED ursprünglich unter der Devise angetreten war, die „Grundfehler von 1918" zu vermeiden und eine steckengebliebene Revolution zu vollenden, so blieb seit spätestens 1948/49 die demokratische Glaubwürdigkeit auf der Strecke. In der Bundesrepublik nahm zwar die Instrumentalisierung des Wiedervereinigungsziels und darüber hinaus des illusionären Anspruchs auf die Oder-Neiße-Gebiete für innenpolitische Zwecke kaum weniger rituelle Formen an, doch hatte diese Politik unstrittig die Mehrheit der Bevölkerung hinter sich, und alternative Vorstellungen konnten sich auf demokratischem Weg nicht durchsetzen, während in der DDR ein „Sozialismus von außen und von oben" [12]) per Zwang verordnet wurde.

Als formal gesamtdeutsche Methode blieb die frappierende Selbstverständlichkeit, mit der die Anhänger des gegnerischen Systems im eigenen Staat politisch und juristisch verfolgt, diskriminiert oder als politisches Schreckgespenst verwandt wurden. Zwar ließ sich in der Bundesrepublik der teilweise hypertrophe Formen annehmende Antikommunismus juristisch in bestimmte Schranken verweisen, während in der DDR die deklamierte Angst vor Spionen, Schumacheragenten und Saboteuren ohne solche Schranken zum Mittel der Politik und zu einer typisch stalinistischen Argumentationsfigur wurde. Demgegenüber spielte auf beiden Seiten offenbar nirgendwo das noch in den vierziger Jahren zu findende Argument eine Rolle, man müsse alle unnötigen Maßnahmen vermeiden, die eine Vertiefung der Spaltung herbeiführen könnten. Die Festungsmentalität ließ politisch differenzierter denkenden Köpfen (wie z. B. Heinemann, Pfleiderer, Ackermann, Kantorowicz) wenig Raum. Man kann diesen Widerspruch zwischen proklamierter Zielsetzung und praktischer Politik konstatieren, ohne ihn bewerten zu müssen. Er war das Spiegelbild des Kalten Krieges, der keine „dritten Wege" zuließ.

Die Wirkung dieses Widerspruchs war jedoch doppelter Art. Das Feindbild beeinflußte nicht nur negativ das innenpolitische Klima, sondern die Systemkonkurrenz wurde auch zur wechselseitigen Herausforderung. Schon in der Besatzungszeit läßt sich dieser gegenseitige Einfluß von Maßnahmen in der Ost- und den Westzonen in seinen beabsichtigten, noch stärker aber in seinen unbeabsichtigten Effekten beobachten. Seitdem es handlungsfähige deutsche Regierungen gab, blieb die Einheit als Bezugsgröße politischen Handelns zentral. In keiner relevanten Erklärung der SED fehlte der deklamatorische Hinweis auf die deutsche Einheit, und selbst die Betriebskollektivverträge enthielten solche Bekenntnisformeln, bevor sie pathetische Selbstverpflichtungen und dürre Zahlen zur Produktionssteigerung fixierten. Die westdeutsche Gesellschaftspolitik andererseits bezog ihre Legitimation auch aus der Frontstellung zur SBZ/DDR. Zum einen dienten Bodenreform, Verstaatlichung von

Banken und Industriebetrieben, Einheitsschule und Planwirtschaft als abschreckende Beispiele, um parallele Reformansätze zu torpedieren oder zu verwässern und entsprechende Diskussionen zu diskreditieren. Zum anderen dienten wichtige sozialpolitische Initiativen, sobald das Stadium der unmittelbaren Beseitigung der ärgsten Kriegsfolgelasten überwunden war, auch dazu, die Bevölkerung gegenüber sozialradikalen Ansprüchen zu immunisieren und die Bundesrepublik als nicht nur politisch freiheitlichen, sondern auch sozial attraktiven deutschen Modellstaat zu präsentieren. In diesem Sinne wies Adenauer im Zusammenhang mit der Rentenreform von 1957 darauf hin, die Bundesrepublik müsse „attraktiv" bleiben für „die Menschen in der Zone"[13]). Unter Hinweis auf „die Zone" konnten somit sowohl Reformforderungen abgeblockt als auch Neuansätze legitimiert werden. Die Mitbestimmung im Montanbereich und die Einführung der dynamischen Rente waren Bereiche, die deutlich über die Wiederherstellung früherer Zustände hinauswiesen.

Das pauschale Etikett „Restauration" erweist sich aber noch aus anderen Gründen als problematisch. Seiner begrifflichen Logik nach würde damit ein Rückgriff auf die Weimarer Zeit impliziert, weil der Nationalsozialismus keine verwendbare Bezugsgröße war. Geht man jedoch von Weimar aus, dann wird das Ausmaß der – vielleicht nicht intendierten, aber doch erfolgten – Veränderungen und neuen Entwicklungen deutlich. Denn die meisten strukturellen Belastungen, die als Geburtsfehler der ersten Republik ihr Ende schon partiell vorbestimmt hatten, entfielen in der Bonner Republik[14]). Dazu gehörten die Großagrarier, denen durch die Abtretung der Oder-Neiße-Gebiete und die Bodenreform in der SBZ die Basis entzogen war, eine Großindustrie, die, in der Startphase durch Verhaftungen und Entflechtungen geschwächt oder bedroht, angesichts erfolgversprechender ökonomischer Konzepte und günstiger außenwirtschaftlicher Rahmenbedingungen nun eindeutig auf die parlamentarische Demokratie setzte, die Bürokratie, die zwar personell kaum erneuert wurde, sich aber nach dem Schock der Entnazifizierung doch den neuen Gegebenheiten bereitwillig anpaßte. Insofern bleibt der SED-Begriff der Restauration als „Wiedererrichtung der wirtschaftlichen, politischen, ideologischen und militärischen Macht der monopolkapitalistischen Großbourgeoisie"[15]) unbrauchbar zur Erfassung wesentlicher Unterschiede zwischen Bonn und Weimar. Zudem hatte das kapitalistische System niemals aufgehört zu existieren, sondern allenfalls 1945 zur Disposition gestanden.

Der durchaus autochthone, von den Westalliierten forcierte Föderalismus und die Auflösung Preußens schufen ausgeglichenere gesamtstaatliche Strukturen als sie Weimar besessen hatte, zumal sich die gravierenden Schwächen des Kulturföderalismus in der Anfangszeit noch wenig bemerkbar machten. Das Parteiensystem pendelte sich in kurzer Zeit auf Christdemokraten, Sozialdemokraten und Liberale ein. Der Druck der außenpolitischen Faktoren in Verbindung mit sich abzeichnender wirtschaftlicher Prosperität brachte die große

Mehrheit der westdeutschen Bevölkerung dazu, zumindest oberflächlich der jüngsten Vergangenheit den Abschied zu geben und sich mit dem neuen politischen System anzufreunden. Wenn Weimar eine Republik ohne Republikaner war, so galt das allen autoritären Verhaltensweisen und unpolitischen Einstellungen zum Trotz für Bonn selbst für die frühen fünfziger Jahre nicht mehr in gleicher Weise. Sozialstrukturell und politisch war somit die Bundesrepublik mindestens gleich stark von einem wirklichen Neubeginn wie von restaurativen Zügen geprägt. Der durch die Verhältnisse im zweiten deutschen Staat geförderte Antikommunismus trug zu diesem Ergebnis ebenso bei wie die durch die Kriegsfolgen erzwungene und mit hohen sozialen Kosten verbundene Modernisierung. Die sozialen Folgen von Evakuierung, Flucht, Vertreibung und Umsiedlung zerstörten zwar viele alte Strukturen und schufen damit neue Probleme. Sie entzogen der Arbeiterbewegung als „Kultur" die Basis, aber sie lockerten auch starre konfessionelle Milieus auf und führten zu einer sozialen Mobilität, wie sie bis dato in Deutschland unbekannt war. Der erzwungene Sozialismus in der DDR diskreditierte auf der anderen Seite traditionelle ideologische Orientierungen, entschärfte die überlieferten Fronten des Klassenkampfes im Parteiwesen und schuf eine trotz aller vehementen politischen Konflikte gemeinsame Basis politischer Grundwerte, die nicht mehr wie in Weimar in Frage gestellt, sondern akzeptiert wurde.

So radikal die politische und ökonomische Umgestaltung in der SBZ/DDR ausfiel, so wenig bedeutete sie deswegen schon einen völligen Neubeginn. In mancher Hinsicht blieb die DDR bis zu ihrem Ende viel traditioneller und „deutscher" als die Bundesrepublik, die sich mit der neu errungenen politischen Freiheit zugleich auch dem „american way of life" öffnete und damit langfristig die Entfremdung beider Teile vorantrieb. Viele Lebensgewohnheiten und Verhaltensweisen, Familienstrukturen, Einstellungen und auch Ressentiments (z. B. gegenüber östlichen Nachbarn) erschienen in der DDR stärker „vorkriegsmäßig-bürgerlich" ausgeprägt. Der Rückzug in die „Nischen" angesichts des umfassenden Anspruchs von Staat und Partei wurde zu einem immer deutlicher sichtbaren Charakteristikum der DDR-Gesellschaft. Zu erklären ist dieser Befund einmal aus dem viel geringeren Tempo der Entwicklung zur Konsumgesellschaft, zum anderen aus einer spezifischen Resistenz gegen den Stalinismus. Gerade weil der agitatorische Druck in der „Gründerzeit" der DDR so stark war und es schwieriger als später war, sich ihm zu entziehen, erfuhren traditionelle Wertvorstellungen und Verhaltensnormen eine stille Aufwertung und blieben länger intakt[16]).

Für die Bundesrepublik mochte die Perspektive der Zurückdrängung gesamtnationaler Tradition im Hinblick auf westeuropäische Aufgaben wie die Demokratisierung der EG realistisch und notwendig erscheinen[17]). Seit Anfang der fünfziger Jahre ist Wiedervereinigung – die damals immer dem Modell der „Eingemeindung" folgte – eine politische Maxime ohne praktische politische

Relevanz geblieben. Daß das Bundesverfassungsgericht in seinem Urteil vom 31. Juli 1973 zum Grundlagenvertrag diese Maxime als bindende Richtlinie der Deutschlandpolitik dezidiert bekräftigt hat, steht zu dieser Feststellung keineswegs im Widerspruch. Für die DDR-Bevölkerung dagegen bot die „sozialistische Staatengemeinschaft" Osteuropas, innerhalb derer sie sich nicht einmal völlig frei bewegen konnte, kaum die Möglichkeit einer vergleichbaren Identifikation. Die „nationale Frage" hatte daher in der DDR ein ungleich größeres Gewicht als in der Bundesrepublik. Eben deshalb wurde sie bis in die sechziger Jahre, solange sie im Rahmen des Kalten Krieges ungefährlich war, ebenso heftig beschworen, wie sie später, wo sie einen Gefahrenherd für die innere Stabilität bildete, hartnäckig als Problem negiert wurde. Es blieb ein spannungsreiches Nebeneinander zweier politisch völlig unterschiedlicher, in ihrer sozialen Modernität deutlich verschiedener, einander aber keineswegs völlig fremder Staaten, die radikaler als alle übrigen europäischen Staaten voneinander getrennt waren, aber dennoch eine „dialektische Einheit" (K. D. Erdmann) bildeten. Die Grundlagen für diesen 40 Jahre dauernden Zustand wurden im ersten Jahrzehnt nach Kriegsende gelegt.

Anmerkungen zu Kapitel IX

1) W. Dirks, Der restaurative Charakter der Epoche, in: Frankfurter Hefte 5 (1950), S. 942 ff.; E. Kogon, Die Aussichten der Restauration, ebd. 7 (1952), S. 165 ff. Vgl. als Vertreter der Historiographie Huster u. a. 1972.
2) So Doernberg 1959.
3) O. K. Flechtheim in: Eggebrecht 1979, S. 29 ff.
4) M. Hirsch in: Frankfurter Rundschau v. 24. 4. 1981. Zusammenfassend zum Komplex NS-Prozesse Hey 1981.
5) Kocka 1979, S. 128.
6) Mey 1971, S. 179.
7) Ebd., S. 169.
8) Tenbruck in: Löwenthal/Schwarz 1974, S. 296 ff.; Braun 1978, S. 292 f.
9) Kästner (1956) in: Vaterland, Muttersprache 1979, S. 132.
10) Jungwirth/Kramschröder 1978; Grube/Richter 1981. Vgl. als Versuch einer Gesamtbilanz Schwarz 1981 Kap. V.
11) Vgl. Braun 1978.
12) Elflein 1978, S. 108.
13) S. o. S. 249.
14) Vgl. Löwenthal in: Löwenthal/Schwarz 1974, S. 10; Lepsius, ebd., S. 263 ff.; Kocka 1979, S. 125 ff.
15) Badstübner/Thomas 1975, S. 491.
16) Vgl. dazu Gaus 1981, S. 31 ff.
17) Niethammer 1977, S. 36. Zum empirischen Befund zurückgehenden gesamtstaatlichen Bewußtseins vor allem Schweigler 1973. Vgl. auch Heß 1981.

Soldaten der Roten Armee hissen die Siegesfahne auf dem Berliner Reichstagsgebäude.

2 Berlin Juni 1945: Blick über den Pariser Platz auf das Brandenburger Tor.

3 Dresden 1945: Trümmer und Tote sind die Schreckensbilanz nach dem Angriff vom 13. Februar.

Festessen im Anschluß an die 1. Sitzung der Alliierten Kontrollkommission am 5. Juni 1945 in Berlin. V. l. n. r.: General Eisenhower (USA), Marschall Schukow (UdSSR), Feldmarschall Montgomery (Großbritannien).

Potsdamer Konferenz vom 17. Juli bis 2. August 1945: Churchill, Truman und Stalin (v. l. n. r.) während einer Verhandlungspause vor Schloß Cecilienhof.

Diese Schandtaten: Eure Schuld!

In zwölf Jahren haben die Nazi-Verbrecher Millionen Europäer gefoltert, verschleppt und ermordet. Männer, Frauen und Kinder wurden von Hitlers vertierten Henkersknechten gehetzt und zu Tode gequält, nur weil sie Juden, Tschechen, Russen, Polen oder Franzosen waren.

Ihr habt ruhig zugesehen und es stillschweigend geduldet.

Im Kampf erhärtete Soldaten der Alliierten haben ihren Ekel und ihre Empörung angesichts der vergasten, verkohlten und ausgemergelten Leichen der Opfer in den K.Z. nicht verbergen können.

In Buchenwald wurden nach deutschen Lagerberichten 50000 Menschen verbrannt, erschossen, aufgehängt!

In Dachau fanden amerikanische Soldaten allein 50 Güterwagen mit verwesenden Leichen. Seit Beginn dieses Jahres erlagen dort 10000 Menschen ihren Foltern.

In Belsen fanden britische Truppen Folterkammern, Verbrennungsöfen, Galgen und Auspeitschungspfähle. 30000 Menschen sind dort umgekommen.

In Gardelegen, Nordhausen, Ohrdruf, Erla, Mauthausen, Vaihingen fielen unzählige Zwangsverschleppte und politische Gefangene einem Inferno, wie es die Weltgeschichte noch nie gesehen hat, zum Opfer!

Ihr habt untätig zugesehen. Warum habt Ihr mit keinem Wort des Protestes, mit keinem Schrei der Empörung das deutsche Gewissen wachgerüttelt!

Das ist Eure große Schuld - Ihr seid mitverantwortlich für diese grausamen Verbrechen!

1

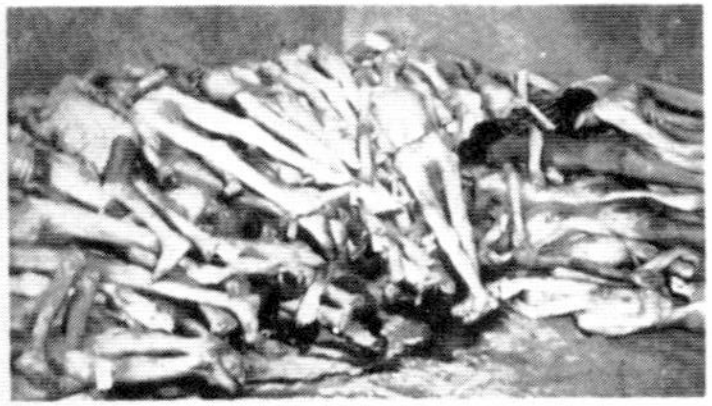

2

3

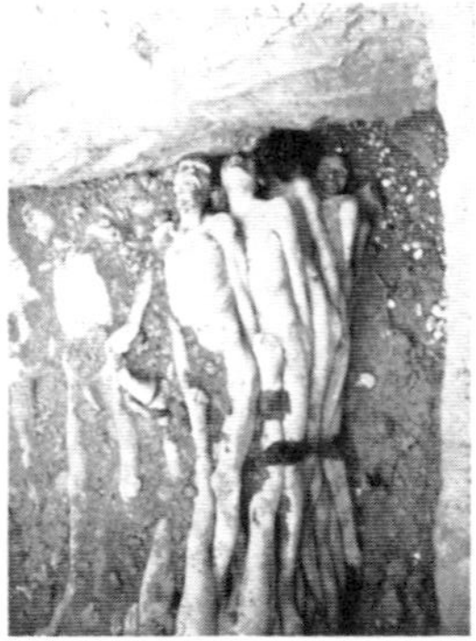

4

5

6

7

1) Güterwagen vollgeladen mit Leichen wurden in Dachau von den amerikanischen Truppen entdeckt. — 2) Wie Brennholz aufeinandergeschichtete Leichen wurden im Dachauer Konzentrationslager von den amerikanischen Truppen gefunden. Das Blut floß über den Boden, als die Soldaten ankamen. — 3) Dieser Insasse des Dachauer Schandlagers wurde **hohläugig und abgemagert vor Hunger von den amerikanischen Soldaten aufgefunden.** — 4) Ein Teil der in einer Grube gefundenen 1000 Leichen, die von britischen und amerikanischen Soldaten bei der Befreiung eines Lagers vorgefunden wurden. — 5) Amerikanische Soldaten besichtigen ein Greuellager, wo die verbrannten Leichen der **Nazi-Opfer aufgestapelt liegen.** — **6) Verkohlte Leichname der politischen Gefangenen,** die von SS-Truppen im Dachauer Lager in den Tod gehetzt wurden. — 7) Ein Insasse des Dachauer Lagers betrachtet die Leichen seiner Kameraden, die Opfer vertierter SS-Truppen wurden. Die Nazis gossen Benzin über die Leichen und verbrannten ve

Flüchtlingstreck 1945.

8 Der Wiederaufbau begann mit der Beseitigung der Trümmer. Die Arbeit mußte vor allem von den Trümmerfrauen geleistet werden.

9 Hamburg 1946: Kinder beim Schulgang durch die zerstörte Stadt.

10 Auf der Jagd nach ein paar Brocken Kohle im bitterkalten Nachkriegswinter 1946/47.

11 Überfüllte Züge bestimmen den Alltag der ersten Nachkriegsjahre.

12 Notunterkunft einer Flüchtlingsfamilie in Berlin.

13 Leben aus dem Blechnapf: Alte Leute und Kinder – ein Bild der „Zusammenbruchgesellschaft“.

14 Berlin 1946: Badebetrieb an der Havel vor dem Hintergrund eines Soldatengrabes. Soldaten, die beim Kampf um Berlin gefallen waren, wurden zunächst an Ort und Stelle beerdigt.

15 Kunstausstellung „Gesicht der Zeit“ im ersten Nachkriegsjahr in Frankfurt.

16 „Goldrausch“ mit Charlie Chaplin ist für die Berliner ein erstrangiges Kulturereignis und zugleich ein Kassenschlager.

17 Schwarzhandel war vor der Währungsreform oft die einzige Möglichkeit der Güterversorgung. Nahrungs- und Genußmittel wurden gegen Devisen, Schmuck und andere Sachwerte getauscht.

18 Nach der Währungsreform sind die Schaufenster schlagartig mit Waren prall gefüllt.

19 Währungsreform im Juni 1948: Lange Schlangen bilden sich vor den Umtauschstellen, in denen ein Kopfgeld von 40,– DM ausgezahlt wird.

20 Durch eine Luftbrücke versorgen die Alliierten die Westberliner Bevölkerung während der Berlin-Blockade 1948/49. Aus einer Transportmaschine werden Mehlsäcke ausgeladen.

21 Berliner Kinder spielen „Luftbrücke".

22 Berlin, 1. Mai 1952: Auf der 100. Veranstaltung „Mach mit“ für Ostberliner in der Waldbühne sind Bundespräsident Theodor Heuss (2. v. l.) sowie der Regierende Bürgermeister von Berlin, Ernst Reuter (2. v. r.) anwesend.

3 Der SPD-Vorsitzende Kurt Schumacher mit Herbert Wehner.

24 2. Tagung des bizonalen Wirtschaftsrates in Frankfurt am 22. Juli 1947. Der Präsident des Wirtschaftsrates Erich Köhler (2. v. l.) begrüßt Luftmarschall Douglas und General Clay.

25 Unterzeichnung des Grundgesetzes für die Bundesrepublik Deutschland durch den Parlamentarischen Rat in Bonn am 23. Mai 1949.

26 Die 1. Regierung der Bundesrepublik Deutschland wird am 20. September 1949 vorgestellt. Im Bild (v. l. n. r.): 1. Reihe: Anton Storch (Arbeit), Ludwig Erhard (Wirtschaft), Wilhelm Niklas (Ernährung), Bundeskanzler Konrad Adenauer, Eberhard Wildermuth (Wiederaufbau), Franz Blücher (Vizekanzler – Marshallplan), Jakob Kaiser (Gesamtdeutsche Fragen), Thomas Dehler (Justiz), Hans Lukaschek (Vertriebene). 2. Reihe: Heinrich Hellwege (Bundesrat), Hans Schuberth (Bundespost), Gustav Heinemann (Inneres), Fritz Schäffer (Finanzen), Hans-Christoph Seebohm (Verkehr).

27 Neuer Wohlstand: Ein deutsches Wohnzimmer in der Mitte der fünfziger Jahre.

3 Ein Modefoto aus dem Berlin der „Goldenen Fünfziger“ verdeutlicht den Beginn des „Wirtschaftswunders“ und macht gleichzeitig das Schicksal der geteilten Stadt bewußt.

29 Die Bundesrepublik Deutschland erhält am 5. Mai 1955 ihre Souveränität zurück. Im Bild: D französische Botschafter François-Poncet (Mitte) unterzeichnet die Hinterlegungsurkunde, rech Bundeskanzler Adenauer.

30 Im September 1955 besucht Bundeskanzler Adenauer die Sowjetunion. Er erreicht dabei d Freilassung der restlichen Kriegsgefangenen und vereinbart die Aufnahme diplomatischer Bezi hungen. Im Bild: der sowjetische Ministerpräsident Bulganin, Adenauer, Staatssekretär Hallstei der Generalsekretär der KPdSU Chruschtschow sowie der spätere Bundeskanzler Kiesinger.

31 Demonstration gegen die Wiederbewaffnung im November 1954 in München.

32 Die ersten Soldaten der Bundeswehr. Verteidigungsminister Blank und Bundeskanzler Adenauer (v. l. n. r.) beim Abschreiten der Front der Heerestruppen im Januar 1956 in Andernach.

33 Deutsche Volkswagen sind zum Exportartikel geworden. Im Hamburger Hafen wird im April 195
eine Lieferung für die USA verladen.

34 Der Wohnungsbau ist nach Kriegsende ein zentrales politisches Problem und wird nach der Währungsreform zu einer vorrangigen Schwerpunktaufgabe.

35 Nach dem Sieg in der Fußballweltmeisterschaft 1954 wird die deutsche Mannschaft in München von einer riesigen Menge begrüßt und gefeiert.

36 Leipzig, Parteihaus der SED: Propaganda für die Volksabstimmung in Sachsen zur Enteignung der Privatindustrie am 30. Juni 1946.

37 Wilhelm Pieck, Otto Grotewohl und Walter Ulbricht (v. l. n. r.) auf dem Vereinigungsparteitag der SED am 21./22. April 1946 in Ost-Berlin.

38 Wirtschaftlicher Aufschwung sollte nach dem Vorbild Adolf Henneckes durch verstärkte Anstrengungen der Werktätigen bei der Planerfüllung erreicht werden.

39 Ost-Berlin 1951: Demonstrationszug von Angehörigen der Freien Deutschen Jugend und vor Jungen Pionieren.

40 Halle 1954: „Meisterbauer“ Panteleit gibt Gegenwartskunde – Unterricht in einer Schulklasse.

41 Kaufhaus der Staatlichen Handelsorganisation (HO) am Alexanderplatz in Ost-Berlin.

42 Ost-Berlin: Otto Grotewohl bei der Grundsteinlegung in der Stalinallee, einem Symbol des Wiederaufbaus und der engen Verflechtung mit der Sowjetunion, am 3. Februar 1952.

43
Die Provisorische Regierung der DDR vom 12. Oktober 1949 wird auf einer Wandzeitung vorgestellt. Obere Reihe (v. l. n. r.): Ministerpräsident Grotewohl (SED); die Stellvertretenden Ministerpräsidenten Ulbricht (SED), Kastner (LDP), Nuschke (CDU). Mittlere Reihe: Dertinger (Äußeres, CDU), Steinhoff (Inneres, SED), Rau (Planung, SED), Loch (Finanzen, LDP), Selbmann (Industrie, SED), Goldenbaum (Landwirtschaft, DBD), Handke (Außenhandel, SED). Untere Reihe: Hamann (Handel, LDP), Steidle (Arbeit und Gesundheit, CDU), Reingruber (Verkehr, parteilos), Burmeister (Post, CDU), Bolz (Wiederaufbau, NDP), Wandel (Volksbildung, SED), Fechner (Justiz, SED). Rechts oben: Präsident Wilhelm Pieck (SED).

44 4. Parlament der FDJ in Leipzig, Pfingsten 1952: Goethe und Beethoven werden als nationales Kulturerbe der DDR beansprucht.

45 II. Deutschlandtreffen der FDJ in Ost-Berlin 1954: Propagandaparolen gegen die Wiederbewaffnung.

46 DDR-Plakate verweisen auf Schwerpunkte der politischen Propaganda in den Jahren 1948 bis 1952 (Links oben 1948, rechts oben 1950, links unten 1952, rechts unten 1951.)

7 Ost-Berlin, 17. Juni 1953, Potsdamer Platz. Nach den Streiks und Demonstrationen vom 16. Juni werden sowjetische Truppen zur Niederwerfung des Arbeiteraufstandes eingesetzt.

48 Nachdem die UdSSR der DDR am 20. September 1955 die Souveränität verliehen hat, werden di Verbände der Kasernierten Volkspolizei am 18. Januar 1956 zur Nationalen Volksarmee umgewan delt. Im Bild: Vorbeimarsch der Ehrenformation der Nationalen Volksarmee anläßlich des Besuchs einer sowjetischen Partei- und Regierungsdelegation im August 1957 in Ost-Berlin. Auf de Ehrentribüne (v. l. n. r.): Ulbricht, Chruschtschow, der Ost-Berliner Oberbürgermeister Ebert, de sowjetische Außenminister Gromyko (rechts vom Rednerpult), der Stellvertretende Ministerpräsi dent Mikojan sowie Grotewohl.

Dokumente und Materialien

Verzeichnis der Dokumente und Materialien

Kapitel I: Interessen, Planungen und Vereinbarungen der Alliierten bis zur Potsdamer Konferenz

Kapitel II: Die Zusammenbruchgesellschaft

Kapitel III: Besatzer und Besetzte – Gemeinsamkeiten und Konflikte

Kapitel IV: Neuansätze und Traditionsbindung der Arbeiterbewegung und der bürgerlichen Parteien

Kapitel V: „Aufbruch“ in Kunst und Literatur

Kapitel VI: Kalter Krieg und Spaltung Deutschlands

Kapitel VII: Die innenpolitische Absicherung der Westintegration

Kapitel VIII: Stalinismus in der DDR

1. Erklärungen und Vereinbarungen von Jalta
(vom 12. Februar 1945)

I
Die Besiegung Deutschlands

Wir haben die militärischen Pläne der drei alliierten Mächte zur endgültigen Besiegung des gemeinsamen Feindes behandelt und festgelegt. Die militärischen Stäbe der drei alliierten Nationen haben sich zu täglichen Sitzungen während der Konferenz zusammengefunden. Diese Besprechungen sind in jeder Beziehung äußerst befriedigend gewesen und hatten zum Ergebnis, daß die militärischen Anstrengungen der drei Alliierten noch enger als bisher koordiniert werden konnten. Es fand ein weitgehender gegenseitiger Informationsaustausch statt. Zeitliche Festlegung, Umfang und Koordinierung neuer und sogar noch wirksamer Angriffe, die durch untere Land- und Luftstreitkräfte von Ost, West, Nord und Süd in das Herz Deutschlands getragen werden sollen, wurden in voller Übereinstimmung und bis ins einzelne gehend geplant.

Unsere gemeinsamen militärischen Pläne werden nur insoweit bekanntgegeben, als wir sie ausführen. Doch wir glauben, daß die sehr enge Zusammenarbeit der drei Stäbe, die auf dieser Konferenz erzielt wurde, eine Verkürzung des Krieges zur Folge haben wird. Die Besprechungen der drei Stäbe werden auch in Zukunft fortgesetzt, wo immer sich die Notwendigkeit hierzu ergibt.

Das Nazi-Deutschland ist dem Untergang geweiht. Das deutsche Volk wird selbst den Preis seiner Niederlage nur noch erhöhen, wenn es versucht, den hoffnungslosen Widerstand fortzusetzen.

II
Die Besetzung und Kontrolle Deutschlands

Wir haben uns auf gemeinsame politische Richtlinien und Pläne zur Erzwingung der Forderungen der bedingungslosen Kapitulation geeinigt, die wir Nazi-Deutschland nach der endgültigen Zerschlagung des bewaffneten deutschen Widerstandes auferlegen werden. Diese Bedingungen werden nicht eher bekanntgegeben, bis die endgültige Besiegung Deutschlands erreicht ist. Dem vereinbarten Plan entsprechend werden die Streitkräfte der drei Mächte jeweils eine separate Zone Deutschlands besetzen. Eine koordinierte Verwaltung und Kontrolle ist nach diesem Plan durch eine zentrale Kontrollkommission vorgesehen, die sich aus den Oberbefehlshabern der drei Mächte mit Hauptquartier in Berlin zusammensetzt. Man ist übereingekommen, daß Frankreich seitens der drei Mächte eingeladen werden soll, sofern es dies wünscht, eine Besatzungszone zu übernehmen und sich als viertes Mitglied der Kontrollkommission zu beteiligen. Die Grenzen der französischen Besatzungszone werden von den vier beteiligten Regierungen durch ihre Vertreter in der Beratenden Europa-Kommission vereinbart.

Es ist unsere unbeugsame Absicht, den deutschen Militarismus und Nazismus zu zerstören und sicherzustellen, daß Deutschland nie wieder in der Lage sein wird, den Weltfrieden zu stören. Wir sind entschlossen, alle bewaffneten deutschen Streitkräfte zu entwaffnen und aufzulösen; den deutschen Generalstab für alle Zeiten zu zerschlagen, der wiederholt das Wiedererstehen des deutschen Militarismus' zuwege gebracht hat; alle militärischen

Einrichtungen Deutschlands zu beseitigen oder zu zerstören; alle deutschen Industrien auszumerzen oder zu kontrollieren, die für die Rüstungsproduktion verwendet werden könnten; alle Kriegsverbrecher einer gerechten und schnellen Strafe zuzuführen sowie angemessene Natural-Reparationen für die Zerstörungen zu fordern, die von den Deutschen verursacht worden sind; die Nazi-Partei, Nazi-Gesetze, Organisationen und Einrichtungen aufzuheben; alle nazistischen und militärischen Einflüsse aus öffentlichen Ämtern und aus dem kulturellen und wirtschaftlichen Leben des deutschen Volkes zu entfernen und in gegenseitigem Einvernehmen diejenigen anderen Maßnahmen in Deutschland zu ergreifen, die für den zukünftigen Frieden und die Sicherheit der Welt notwendig sein können. Es ist nicht unsere Absicht, das deutsche Volk zu vernichten; doch nur dann, wenn Nazismus und Militarismus ausgerottet sind, besteht für die Deutschen Hoffnung auf ein ordentliches Leben und einen Platz in der Gemeinschaft der Nationen.

III
Deutschlands Reparationen

Wir haben uns mit den Zerstörungen befaßt, welche die Deutschen den alliierten Ländern verursacht haben und es als gerechtfertigt anerkannt, daß Deutschland verpflichtet wird, für diese Schäden Sach-Entschädigungen in größtmöglichem Ausmaß zu leisten. Es wird eine Kommission für die Wiedergutmachung von Schäden eingesetzt. Die Kommission wird angewiesen, sich mit der Frage des Ausmaßes und der Methoden der Wiedergutmachung von durch Deutschland in den alliierten Ländern verursachten Schäden zu befassen. Die Kommission wird in Moskau arbeiten.

[. . .]

V
Erklärung über das befreite Europa

[. . .]

VI
Polen

Wir kamen mit dem Entschluß zur Krim-Konferenz, unsere Meinungsverschiedenheiten über Polen beizulegen. Wir diskutierten ausgiebig über alle Aspekte dieser Frage. Wir versichern erneut unseren gemeinsamen Wunsch, ein starkes, freies, unabhängiges und demokratisches Polen errichtet zu sehen. Als Ergebnis unserer Besprechungen haben wir uns über die Bedingungen geeinigt, unter denen eine neue Provisorische Polnische Regierung der Nationalen Einheit in einer Weise gebildet werden soll, die die Anerkennung der drei Großmächte beanspruchen kann.

[. . .]

Die drei Regierungschefs sind der Auffassung, daß die östliche Grenze Polens, mit Abweichungen in einigen Gebieten um fünf bis acht Kilometer zugunsten Polens, der Curzon-Linie folgen soll. Sie erkennen an, daß Polen im Norden und Westen einen beachtlichen territorialen Zuwachs erhalten muß. Sie sind der Auffassung, daß die Meinung der neuen Provisorischen Polnischen Regierung der Nationalen Einheit über das

Ausmaß dieses Gebietszuwachses zu gegebener Zeit in Erfahrung gebracht werden und die endgültige Festlegung der Westgrenze Polens der Friedenskonferenz vorbehalten sein soll.

Quelle: Die Konferenzen von Malta und Jalta, hrsg. vom Department of State USA, dt. Ausgabe, Düsseldorf 1957, S. 895–900.

Protokoll über die Verhandlungen der drei Regierungschefs auf der Krim-Konferenz

zur Frage von Reparationen in Form von Naturalleistungen aus Deutschland

Die drei Regierungschefs haben folgende Vereinbarung getroffen:

1. Deutschland ist verpflichtet, die Verluste, die es im Laufe des Krieges den alliierten Ländern zugefügt hat, durch Naturalleistungen wiedergutzumachen.

   Reparationen sollen in erster Linie die Länder erhalten, die die Hauptlast des Krieges getragen, die schwersten Verluste erlitten und den Sieg über den Feind organisiert haben.

2. Reparationen sind von Deutschland in folgenden drei Formen zu entnehmen:

   a) einmalige Entnahmen aus dem Nationaleigentum Deutschlands sowohl innerhalb als auch außerhalb seines Territoriums im Verlauf von 2 Jahren nach der Kapitulation Deutschlands oder der Einstellung des organisierten Widerstandes (Ausrüstungen, Werkzeugmaschinen, Schiffe, rollendes Material, deutsche Auslandsinvestitionen, Aktien von Industrie-, Verkehrs- und anderen Unternehmen in Deutschland usw.), wobei diese Entnahmen hauptsächlich zur Zerschlagung des deutschen Kriegspotentials durchgeführt werden;

   b) jährliche Warenlieferungen aus der laufenden Produktion für einen noch festzulegenden Zeitraum;

   c) Verwendung deutscher Arbeitskräfte.

3. Zur Ausarbeitung eines detaillierten Reparationsplanes nach obigen Grundsätzen wird eine Interalliierte Reparationskommission in Moskau geschaffen, bestehend aus Vertretern der UdSSR, der USA und Großbritanniens.

4. Hinsichtlich der Festlegung der Gesamtsumme der Reparationen wie auch der Verteilung unter die von der deutschen Aggression betroffenen Länder haben die sowjetische und die amerikanische Delegation folgendes vereinbart: „Die Moskauer Reparationskommission soll im Anfangsstadium ihrer Tätigkeit als Gesprächsgrundlage den Vorschlag der Sowjetregierung benutzen, wonach sich die Gesamtsumme der Reparationen gemäß Punkt a) und b) des Paragraphen 2 auf 20 Milliarden Dollar belaufen soll und 50 Prozent hiervon der Sowjetunion zufallen sollen.“ Die britische Delegation war der Auffassung, daß keine Reparationssumme genannt werden sollte, bevor die Reparationsfrage nicht in der Moskauer Reparationskommission behandelt wird.

   Der obige sowjetisch-amerikanische Vorschlag wurde der Moskauer Reparationskommission als einer der Vorschläge zugeleitet, die von der Kommission in Erwägung gezogen werden sollen.

Quelle: A. Fischer (Hrsg.), Teheran, Jalta, Potsdam, Köln 1968, S. 192 f.

2. Jalta im Urteil des Präsidentenberaters Harry L. Hopkins

Als die amerikanischen Delegierten Jalta verließen, konnte man ihre Stimmung, auch diejenige Roosevelts und Hopkins', als gehoben bezeichnen. Sie waren überzeugt, daß ihre britischen Kollegen diese Konferenz ebenso wie sie als die erfolgreichste von allen betrachteten, und der Widerhall, den sie bei den wichtigsten Sprechern der öffentlichen Meinung in England und Amerika fand, bestärkte die Teilnehmer in dem befriedigten Gefühl, gute Arbeit geleistet zu haben.

[. . .]

Hopkins sagte später zu mir: „Wir glaubten im Herzen wirklich, ein neuer Tag sei angebrochen, der Tag, den wir alle seit so vielen Jahren ersehnt und über den wir soviel geredet hatten. Wie waren absolut überzeugt, den ersten großen Friedenssieg gewonnen zu haben – und wenn ich sage ‚wir', dann meine ich uns alle, die ganze zivilisierte Menschheit. Die Russen hatten bewiesen, daß sie vernünftig und weitblickend sein konnten, und weder der Präsident noch irgendeiner von uns zweifelte im geringsten daran, daß wir mit ihnen leben und friedlich auskommen könnten bis in unabsehbare Zukunft. Eine Einschränkung muß ich allerdings machen – ich glaube, wir alle machten im stillen den Vorbehalt, daß wir nicht voraussagen konnten, was geschehen würde, wenn Stalin etwas zustieße. Wir glaubten damit rechnen zu können, daß er vernünftig und verständnisvoll sei – aber nie konnten wir wissen, was sich da hinter seinem Rücken im Kreml abspielte."

Quelle: R. E. Sherwood, Roosevelt und Hopkins, Hamburg 1948, S. 712 f.

3. Churchill über Jalta vor dem britischen Unterhaus
(vom 27. Februar 1945)

Ich habe aus der Krim und ebensosehr auf Grund all meiner anderen Erfahrungen den Eindruck mit nach Hause gebracht, daß Marschall Stalin und die sowjetischen Führer mit den Demokratien des Westens auf dem Fuß der Gleichheit und ehrenhafter Freundschaft zu leben wünschen. Ich glaube auch, daß ihnen ihr Wort Ehrensache ist. Ich kenne keine Regierung, die eingegangene Verpflichtungen selbst zu ihrem eigenen Nachteil strenger einhielte als die Sowjetregierung Rußlands. Ich lehne es unbedingt ab, mich hier auf eine Debatte über Rußlands Vertragstreue einzulassen. Es ist ganz offensichtlich, daß es bei diesen Dingen um die ganze Zukunft der Welt geht. Die Geschicke der Menschheit wären in der Tat düster, wenn zwischen den Demokratien des Westens und der Sowjetunion irgendeine fürchterliche Entzweiung entstünde.

Wir treten jetzt in eine Welt der Imponderabilien ein, die in jedem Stadium Anlaß zu kritischer Selbstbefragung geben. Es ist ein Fehler, zu weit vorausschauen zu wollen. Es kann im gegebenen Moment immer nur ein Glied der Schicksalskette gemeistert werden.

Ich hoffe, das Haus hat sich überzeugt, daß die Zusammenkunft in der Krim unsere Hoffnungen mächtig gestärkt hat. Das gegenseitige Verständnis und die Bande, die die drei Großmächte miteinander verbinden, sind inniger geworden. Die Vereinigten Staaten haben sich entschlossen und konstruktiv zur Rettung Europas in dessen Probleme eingeschaltet. Alle drei haben wir feierlich uns die Hände zu weitreichenden, praktischen Verpflichtungen gereicht.

Quelle: W. Churchill, Memoiren, Bd. VI, 2, Stuttgart 1954, S. 70.

4. Churchills politische Lagebeurteilung

Premierminister Churchill an Präsident Truman *12. Mai 1945*

Die Lage in Europa beunruhigt mich zutiefst. Ich erfahre, daß die Hälfte der in Europa stehenden amerikanischen Fliegerkräfte bereits die Verlegung nach dem Fernen Osten eingeleitet hat. Die Zeitungen sind voll von Nachrichten über den massiven Abzug der amerikanischen Armeen aus Europa hinaus. Auch unsere Armeen dürften auf Grund früherer Beschlüsse wesentlich reduziert werden. Die kanadische Armee zieht bestimmt ab. Die Franzosen sind schwach und schwer zu behandeln. Es liegt offen zutage, daß unsere bewaffnete Macht auf dem europäischen Kontinent binnen kurzem dahinschwinden wird und dort nur noch bescheidene Kräfte zur Niederhaltung Deutschlands verbleiben.

2. Was aber soll dann in bezug auf Rußland geschehen? Ich habe mich stets um die Freundschaft der Russen bemüht; aber ihre falsche Auslegung der Jalta-Beschlüsse, ihre Haltung gegen Polen, ihr überwältigender Einfluß auf dem Balkan bis hinunter nach Griechenland, die uns von ihnen in Wien bereiteten Schwierigkeiten, die Verkoppelung ihrer Macht mit der Besetzung und Kontrolle so ungeheurer und weiter Gebiete, die von ihnen inspirierte, kommunistische Taktik in so vielen anderen Ländern und vor allem ihre Fähigkeit, lange Zeit große Armeen im Felde stehen zu lassen, beunruhigen mich ebensosehr wie Sie. Wie wird sich die Lage in ein bis zwei Jahren darstellen, wenn die britischen und amerikanischen Armeen nicht mehr existieren und die Franzosen noch keine beachtliche Armee aufgestellt haben, so daß wir nur über eine Handvoll von Divisionen, davon die Mehrzahl französische, verfügen, während Rußland zwei- bis dreihundert unter den Fahnen hält?

3. Ein eiserner Vorhang ist vor ihrer Front niedergegangen. Was dahinter vorgeht, wissen wir nicht. Es ist kaum zu bezweifeln, daß der gesamte Raum östlich der Linie Lübeck-Triest-Korfu schon binnen kurzem völlig in ihrer Hand sein wird. Zu all dem kommen noch die weiten Gebiete, die die amerikanischen Armeen zwischen Eisenach und der Elbe erobert haben, die aber, wie ich annehmen muß, nach der Räumung durch Ihre Truppen in ein paar Wochen gleichfalls der russischen Machtsphäre einverleibt sein werden.

[. . .]

4. Die Aufmerksamkeit unserer Völker aber wird sich mit der Bestrafung Deutschlands, das ohnehin ruiniert und ohnmächtig darniederliegt, beschäftigen, so daß die Russen, falls es ihnen beliebt, innerhalb sehr kurzer Zeit bis an die Küsten der Nordsee und des Atlantik vormarschieren können.

5. Es ist unbedingt lebenswichtig, zu einer Verständigung mit Rußland zu kommen, beziehungsweise zu sehen, wo wir mit Rußland stehen, und das sofort, ehe wir unsere

Armeen bis zur Ohnmacht schwächen und uns auf unsere Besatzungszonen zurückziehen. Das läßt sich nur in einer persönlichen Aussprache erreichen. Ich wäre Ihnen für die Mitteilung Ihrer Ansichten und Ihren Rat sehr dankbar. Wir können uns natürlich auf den Standpunkt stellen, daß sich Rußland tadellos verhalten wird, was zweifellos die bequemste Lösung bietet. Um zusammenzufassen: das Problem, mit Rußland zu einer Regelung zu kommen, ehe unsere Kraft geschwunden ist, scheint mir jedes andere in den Schatten zu stellen.

Quelle: W. Churchill, Memoiren, Bd. VI, 2, Stuttgart 1954, S. 262 ff.

5. De Gaulle über die Zukunft des Rheinlands und des Ruhrgebiets

[. . .]

Gemäß den Beschlüssen von Potsdam wurde Deutschland im Osten, nicht aber im Westen amputiert. Der Strom der deutschen Vitalität richtet sich damit nach Westen. Eines Tages könnte sich auch die deutsche Aggressivität gegen Westen wenden. Deshalb muß im Westen eine Regelung gefunden werden, die ein Gegengewicht zu jener im Osten schafft. Die Schlüsselzonen sind das Rheinland und das Ruhrgebiet. Für jede sollte eine Sonderregelung ausgearbeitet werden.

Das Rheinland, das heißt das linke Rheinufer, stellt ein „Grenzland“ dar. Es ist der Weg, über den fast immer eine Invasion erfolgte. Zugleich bildet dieses Gebiet eine natürliche Grenze.

Es ist kein einheitliches Gebiet. Es ist eine Region, die sich von Köln bis zur Schweizer Grenze ausdehnt und das „Grenzland“ Frankreichs darstellt. Wenn Frankreich, nachdem es nun einmal dieses Gebiet besetzt hat, seine Truppen zurückziehen müßte, würde es sein Sicherheitsgefühl und die Sicherheit selbst verlieren. Der französische Rückzug aus dem Rheinland (1930) war das Vorspiel zu diesem Krieg. Im Norden Kölns, dessen Geographie, Brücken, Straßen und Eisenbahnen im französischen „Grenzland“ liegen, schließt sich eine andere Region an, die das natürliche Glacis Belgiens, Hollands und dahinter Groß-Britanniens darstellt. Die militärische und politische Sicherheit dieser vier Staaten erfordert, daß das Rheinland ihrer gemeinsamen strategischen und politischen Kontrolle unterstellt und ein für allemal vom deutschen Staatsgebiet in der Weise abgetrennt wird, daß seine Bewohner wissen, daß ihre Zukunft nicht in Deutschland liegt.

Die wirtschaftliche Sicherheit ganz Westeuropas hängt von der Zukunft der Ruhr ab. Wenn Deutschland die Kontrolle über seine jährliche Kohleförderung von 140 000 000 Tonnen und über die Ruhrindustrie besitzt, wird es seine ökonomische Macht wiedererlangen und damit wieder zu einer Bedrohung werden. Deutschland benötigt Kohle für seine Versorgung; aber es benötigt nicht die gesamte Ruhrproduktion, besonders nicht bei dem gegenwärtigen Zustand seiner Industrie.

[. . .]

Quelle: Times (London) vom 10. September 1945 (übersetzt aus dem Englischen)

6. Aktionsprogramm des Blockes der kämpferischen Demokratie

3. Entwurf (Oktober 1944)

I. Teil: Einleitung (Disposition)

A) *Kennzeichnung der Lage,* in die Hitler das deutsche Volk gebracht hat –

1. durch imperialistischen Raubkrieg und Terrorregime zur wirtschaftlichen, politischen und nationalen Katastrophe;

2. Vernichtung der deutschen Volkskraft – Arbeiter, Bauern, Mittelstand;

3. Bestand und Einheit der Nation aufs Spiel gesetzt;

4. Hitler als Feind und Verderber des deutschen Volkes.

B) *Hauptursachen*, wie es dahin kommen konnte:

1. Imperialistischer Weg unter der Diktatur des deutschen Finanz- und Monopolkapitals, das durch den imperialistischen Raubkrieg, gesteigerte Ausbeutung und terroristische Unterdrückung der werktätigen Massen und durch Unterjochung anderer Völker Weltmachtstellung erringen wollte.

2. Imperialistische Verseuchung und knechtische Erziehung des deutschen Volkes und andererseits Rassenüberheblichkeit gegenüber den anderen Völkern machten das deutsche Volk zum Werkzeug des deutschen Imperialismus und haben ihm eine große Verantwortung gegenüber den anderen Völkern auferlegt.

3. Grundfehler von 1918: Keine Zerschlagung der Machtposition der kriegsschuldigen Großverdiener und reaktionären Kriegstreiber, keine Säuberung des gesamten Staatsapparates von den volksfeindlichen Elementen. Schuld der Sozialdemokratie an diesen Grundfehlern, die durch ihre Koalitionspolitik das Erstarken der Reaktion begünstigte und das Zustandekommen der Einheit der Arbeiterklasse für den Kampf gegen Imperialismus und Faschismus verhinderte.

C. *Rettung Deutschlands* nur noch durch

1. Sturz Hitlers und Zerschlagung des imperialistischen Kriegs- und Gewaltapparates.

2. Verhaftung und Bestrafung der Kriegsverbrecher.

3. Brechung der Allmacht des faschistisch-imperialistischen Monopolkapitals. Enteignung der großen Kriegsverbrecher.

4. Friedliche Außenpolitik. Anerkennung der Pflicht zur Wiedergutmachung der Kriegsschäden.

5. Aufrichtung eines starken demokratischen Volksregimes. Umstellung der Wirtschaft in den Dienst des Volkes.

6. Beseitigung des vom Hitlerfaschismus herbeigeführten Chaos und Schaffung einer festen Ordnung, Disziplin und Sauberkeit im staatlichen und wirtschaftlichen Leben.

7. Ausrottung aller Wurzeln des Faschismus und Imperialismus und entsprechende Umerziehung des ganzen Volkes zur Demokratie.

D) *Schlußfolgerung*, was zu tun ist (unter den Bedingungen der militärischen Besetzung).

1. Entfaltung einer breiten antifaschistischen und antiimperialistischen Massenpropaganda.

2. Entfaltung einer Massenbewegung für die Schaffung eines Blockes der kämpferischen Demokratie, der alle Organisationen, Parteien, Gruppen und Personen erfassen soll, die für die Rettung Deutschlands durch Vernichtung der faschistisch-imperialistischen Reaktion und Aufrichtung eines demokratischen Volksregimes kämpfen werden.

3. Schaffung von Organen des Blockes der kämpferischen Demokratie.

4. Schaffung der Einheit der Arbeiterklasse, die sich nur durch innere Geschlossenheit und eine richtige Politik die ihr zukommende wichtige Rolle im Block der kämpferischen Demokratie verschaffen kann.

II. Teil: Sofortprogramm (unter den Bedingungen der militärischen Besetzung).

[. . .]

Quelle: H. Laschitza, Kämpferische Demokratie gegen Faschismus, Berlin (O) 1969, S. 193 ff.

7. Direktive für die amerikanische Militärregierung
(JCS 1067 vom April 1945)

1. Zweck und Umfang dieser Direktive

Diese Direktive ergeht an Sie als den Kommandierenden General der Besatzungstruppen der Vereinigten Staaten in Deutschland. In dieser Eigenschaft werden Sie als Mitglied der Vereinigten Staaten beim Kontrollrat auftreten und außerdem für die Verwaltung der Militärregierung in der Zone oder den Zonen verantwortlich sein, die den Vereinigten Staaten zur Besetzung und Verwaltung zugewiesen sind. Sie enthält die grundlegenden Richtlinien, die Ihnen nach Beendigung des zusammengefaßten Kommandos des Obersten Befehlshabers der Alliierten Expeditionsstreitkräfte in den genannten beiden Eigenschaften als Anleitung dienen werden.

Diese Direktive gibt Richtlinien für die in der ersten Zeit nach der Niederlage gegenüber Deutschland einzuschlagende Politik. Als solche soll sie keine endgültige Festlegung der Politik unserer Regierung bezüglich der Behandlung Deutschlands in der Nachkriegswelt darstellen. Es ist daher notwendig, daß Sie während der Zeitspanne, für die diese Direktive gilt, dafür sorgen, daß die wirtschaftlichen, industriellen, finanziellen, sozialen und politischen Verhältnisse in Ihrer Zone ständig überwacht werden und daß entsprechende Berichte und solche aus anderen Zonen Ihrer Regierung über den Wehrmachtsgeneralstab (Joint Chiefs of Staff) zur Verfügung gestellt werden.

[. . .]

4. Grundlegende Ziele der Militärregierung in Deutschland:

a) Es muß den Deutschen klargemacht werden, daß Deutschlands rücksichtslose Kriegführung und der fanatische Widerstand der Nazis die deutsche Wirtschaft zerstört und

Chaos und Leiden unvermeidlich gemacht haben, und daß sie nicht der Verantwortung für das entgehen können, was sie selbst auf sich geladen haben.

b) Deutschland wird nicht besetzt zum Zwecke seiner Befreiung, sondern als ein besiegter Feindstaat. Ihr Ziel ist nicht die Unterdrückung, sondern die Besetzung Deutschlands, um gewisse wichtige alliierte Absichten zu verwirklichen. Bei der Durchführung der Besetzung und Verwaltung müssen Sie gerecht, aber fest und unnahbar sein. Die Verbrüderung mit deutschen Beamten und der Bevölkerung werden Sie streng unterbinden.

c) Das Hauptziel der Alliierten ist es, Deutschland daran zu hindern, je wieder eine Bedrohung des Weltfriedens zu werden. Wichtige Schritte zur Erreichung dieses Zieles sind die Ausschaltung des Nazismus und des Militarismus in jeder Form, die sofortige Verhaftung der Kriegsverbrecher zum Zwecke der Bestrafung, die industrielle Abrüstung und Entmilitarisierung Deutschlands mit langfristiger Kontrolle des deutschen Kriegspotentials und die Vorbereitungen zu einem späteren Wiederaufbau des deutschen politischen Lebens auf demokratischer Grundlage.

d) Andere alliierte Ziele sind die Durchführung des Reparations- und Rückerstattungsprogramms, Nothilfe für die durch den Naziangriff verwüsteten Länder und die Betreuung und Rückführung der Kriegsgefangenen und Verschleppten der Mitgliedstaaten der Vereinten Nationen.

5. *Wirtschaftskontrollen:*

a) Als Mitglied des Kontrollrats und als Zonenbefehlshaber werden Sie sich von dem Grundsatz leiten lassen, daß der deutschen Wirtschaft in dem Maße Kontrollen auferlegt werden können, als erforderlich ist, um die in der vorstehenden Ziffer 4 aufgezählten Ziele zu erreichen und außerdem, soweit sie zum Schutz der Sicherheit und zur Befriedigung des Bedarfs der Besatzungsstreitkräfte und zur Sicherstellung der Produktion und Aufrechterhaltung von Lieferungen und Dienstleistungen notwendig sind, um Hungersnot oder Krankheiten und Unruhen, die eine Gefährdung dieser Streitkräfte darstellen würden, vorzubeugen. Sie werden bei der Durchführung des Reparationsprogramms oder anderweitig nichts unternehmen, was geeignet wäre, die grundlegenden Lebensbedingungen in Deutschland oder in Ihrer Zone auf einem höheren Stand zu halten als in irgendeinem benachbarten Mitgliedstaat der Vereinten Nationen.

b) Bei der Einführung und Durchführung der durch Sie oder den Kontrollrat vorgeschriebenen Kontrollmaßnahmen sollen die deutschen Behörden, soweit es praktisch durchführbar ist, angewiesen werden, die Durchführung dieser Kontrollen anzukündigen und zu übernehmen. Dadurch soll dem deutschen Volk klargemacht werden, daß die Verantwortung sowohl für die Durchführung dieser Kontrollen als auch für jegliches Versagen bei solcher Kontrolltätigkeit bei ihm selbst und bei den deutschen Behörden liegt.

[In den Punkten 6–52 werden Anweisungen für die Entnazifizierung und Entmilitarisierung, das Erziehungswesen sowie ausführlich über alle wichtigen Wirtschafts- und Finanzangelegenheiten gegeben.]

Quelle: W. Cornides, H. Volle, Um den Frieden mit Deutschland, Oberursel 1948, S. 58 ff.

8. Kriegszerstörungen in deutschen Städten

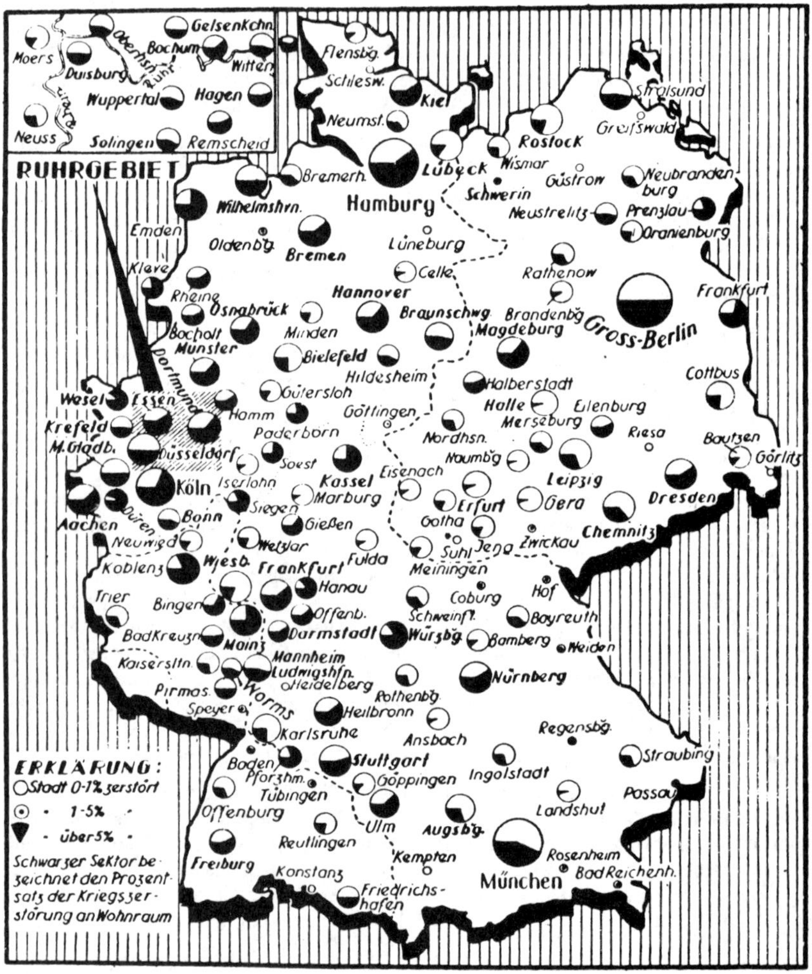

Nach einer Presseumfrage 1947.
Der durchschnittliche Zerstörungsgrad der Städte wurde in der Weise berechnet, daß die Teilzerstörungen nach dem v. H.-Satz der Zerstörung auf Vollzerstörungen umgerechnet wurden.
Mangels einer amtlichen, auf einheitlicher Grundlage beruhenden Gesamterhebung sind die Zerstörungsgrade der einzelnen Städte nur bedingt miteinander vergleichbar.

Quelle: G. W. Harmssen, Reparationen, Sozialprodukt, Lebensstandard, Anlage VII, Bremen 1947, S. 37.

9. Stammbevölkerung und Flüchtlingsstrom
(Stand 1. April 1947)

Zone	Bevölkerung 1939 Mill.	Zuwanderung in 1000 aus: den Ostgebieten	dem Ausland	den Westzonen	der russ. Zone einschl. Berlin	Zuwanderung in 1000	Abwanderung in 1000	Wanderungssaldo Mill.	Wanderungssaldo v. H. Bev. 1939
Britische	19,8	2926	267	102	626	3921	251	+ 3,67	+ 18
Amerikanische	14,2	802	2102	218	260	3382	132	+ 3,25	+ 23
Französische	6,1	30	20	50	15	115	96	+ 0,02	+ 0,3
Russische (einschl. Berlin)	19,5	2762	1187	109	–	4058	901	+ 3,16	+ 16
Deutsches Restgebiet insges.[1])	59,6	6520	3576	–	–	–	–	+ 10,1	+ 17

1) Binnenwanderungen innerhalb des deutschen Restgebietes sind nicht addiert.

Quelle: G. W. Harmssen, Reparationen, Sozialprodukt, Lebensstandard, Anlage V, Bremen 1947, S. 10.

10. Aufgliederung der entwurzelten Bevölkerung
(Stand 1. April 1947)

Zonen	Bevölkerung 1946 Mill.	Entwurzelte (in 1000) Vertriebene[1])	Ausgewiesene[2])	Evakuierte[3])	insges.	Entwurzelte in % Bevölkerg. 1946
Britische	22,3	3 193	626	1 108	4 927	22
Amerikanische	17,2	2 904	260	936	4 100	24
Französische	5,9	50	15	350	415	7
Russische (einschl. Berlin)	20,5	3 949	–	704	4 653	23
Deutsches Restgebiet insges.	65,9[4])	10 096	901	3 098	14 095	21

1) Aus dem Ausland und dem Gebiet östlich Oder-Neiße, soweit bisher erfaßt.
2) Aus der russisch besetzten Zone und Berlin, soweit nachgewiesen.
3) Umgesiedelt aus Gründen des Luftkrieges.
4) Hierunter 1,13 Mill. Ausländer (Displaced Persons), entwaffnete Wehrmacht und Zivilinternierte.

Quelle: Ebd.

11. Anteil der Entwurzelten an der Gesamtbevölkerung (nach Ländern)

(Stand 1. April 1947)

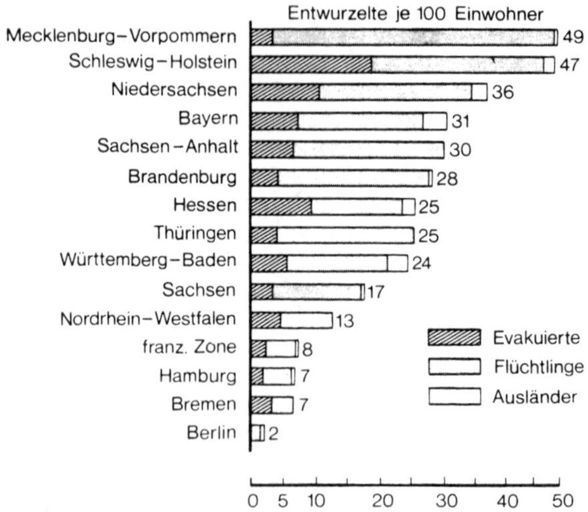

Quelle: Ebd.

12. Bevölkerungsentwicklung und Entwicklung des Wohnungsbestandes in beiden deutschen Staaten

A. Bevölkerungsentwicklung

– in 1000 Personen –

a) Ostdeutschland

Gebiet	Mai 1939	Herbst 1946		JD 1948[a])		Herbst 1950		JD 1958[a])	
	abs.	abs.	%	abs.	%	abs.	%	abs.	%
DDR	15,157	17,180	+ 13,3	17,868	+ 4,0	17,199	– 3,7	16,255	– 5,5
Ost-Berlin	1,588	1,175	– 26,0	1,198	+ 2,0	1,189	– 0,8	1,100	– 7,5
insgesamt	16,745	18,355	+ 9,6	19,066	+ 3,9	18,388	– 3,6	17,355	– 5,6

a) JD = Jahresdurchschnitt.

b) Westdeutschland (ohne Saarland)

Gebiet	Mai 1939 abs.	Herbst 1946 abs.	%	JD 1948[a]) abs.	%	Herbst 1950 abs.	%	JD 1958[a]) abs.	%
Bundesgebiet	39,338	43,322	+ 10,1	45,247	+ 4,4	47,081	+4,1	51,128	+ 8,6
West-Berlin	2,750	2,013	− 26,8	2,102	+ 4,4	2,147	+ 2,1	2,226	+ 3,7
Insgesamt	42,088	45,335	+ 7,7	47,349	+ 4,4	49,228	+ 4,0	53,354	+ 8,4

a) JD = Jahresdurchschnitt.

B. Entwicklung des Wohnungsbestandes

– Anzahl in Millionen –

a) Ostdeutschland

Wohnungsbestand	DDR	Ost-Berlin	Insgesamt
1. Am 17. 5. 1939	4,53	0,57	5,10
2. Zugang an:			
a) Normalwohnungen			
1939–1945	0,10	0,01	0,11
1945–1950	0,09	–	0,09
b) Notwohnungen			
1939–1950[a])	0,36	0,01	0,37
3. Abzüglich Kriegszerstörungen	0,43	0,18	0,61
= Wohnungsbestand 1950	4,65	0,41	5,06
4. Zugang 1950–1958	0,36	0,04	0,40
5. Abzüglich Abgang 1950–1958[b])	0,06	–	0,06
= Wohnungsbestand am 31. 12. 1958	4,95	0,45	5,40
davon in:			
Normalwohnungen	4,65	0,43	5,08
Notwohnungen	0,30	0,02	0,32
Insgesamt	4,95	0,45	5,40

a) Restposten
b) Geschätzt

b) Westdeutschland (ohne Saarland)

Wohnungsbestand	Bundesgebiet	West-Berlin	Insgesamt
1. Am 17. 5. 1939	10,63	0,97	11,60
2. Zugang an:			
a) Normalwohnungen			
1939–1945	0,26	0,02	0,28
1945–1950	0,47	–	0,47
b) Notwohnungen			
1939–1945	0,48[a])	0,02[b])	0,50
3. Abzüglich Kriegszerstörungen	1,86[b])	0,31	2,17
= Wohnungsbestand 1950	9,98	0,70	10,68
4. Zugang 1950–1958	4,50	0,13	4,63
5. Abzüglich Abgang 1950–1958	0,12	–	0,12
= Wohnungsbestand am 31. 12. 1958	14,36	0,83	15,19
davon in:			
Normalwohnungen	13,91	0,80	14,71
Notwohnungen	0,45	0,03	0,48
Insgesamt	14,36	0,83	15,19

a) Geschätzt
b) Restposten

Quelle: H. W. Jenkins, Wohnungswirtschaft und Wohnungspolitik in beiden deutschen Staaten, Hamburg 1976, S. 13, 15 f.

13. Probleme der Umquartierung aus Flüchtlingslagern in beschlagnahmte Wohnräume

(Auszug aus dem Bericht eines Wohnungseinweisers in Bielefeld von 1946)

Die Flüchtlinge finden heute oftmals einen fast oder ganz leeren Raum vor. Daß sie auf dem Fußboden schlafen müssen, ihre geringe Habe nirgends unterbringen können, nehmen sie mit Bitternis hin. Aber womit sich kaum jemand abfinden kann ist, daß man ihm nicht einmal das Kochen gestatten will. Gesetzt den Fall, es ist keine Küchenbenutzung vorgesehen, so wäre es dennoch eine moralische Pflicht des Vermieters, den Flüchtling die Zubereitung seiner kärglichen Mahlzeiten in der Küche vornehmen zu lassen, wenigstens solange, bis ein eigener Herd zur Verfügung steht. Was soll der Flüchtling denn tun? Kein Ofen, kein Herd, kein Brennmaterial. In die Volksküche gehen? Vielleicht mit einem Säugling auf dem Arm von der Sonderburgerstraße bis in die Stadt marschieren? Der Einweiser dringt auf Mitbenutzung der Küche. Man läßt sich im Moment darauf ein, und kurze Zeit später sitzen die Flüchtlinge in der 55-er-Kaserne und bitten um Umquartierung, weil sie vom Vermieter wieder aus der Küche verwiesen worden sind. Der Vermieter sagt dazu: Der Flüchtling verbraucht zuviel Gas und was der Dinge mehr sind.

Quelle: Stadtarchiv Bielefeld, HA 232 (Bericht des Flüchtlingswohnungsamtes v. 27. 7. 1946).

14. Dienstanweisung für die Wohnungseinweiser des Flüchtlingsamts Bielefeld
(vom 10. März 1947)

I.

Der Wohnungseinweiser hat eine schwere, undankbare und verantwortungsreiche Aufgabe. Seine Tätigkeit unterliegt in hohem Maße der Kritik der Öffentlichkeit. Aus diesem Grunde muß er seine Pflicht tun ohne Ansehen der Person nach bestem Wissen und Gewissen.

Bei der Ausübung seines Amtes muß er taktvoll, freundlich und unparteiisch vorgehen. Er muß in dieser Zeit der größten Raumnot damit rechnen, daß ihm die Wohnparteien schon bei seinem Erscheinen mit Mißtrauen und Unwillen gegenübertreten. Das verpflichtet ihn erst recht, seine Anordnungen ruhig, aber bestimmt und klar zu geben.

Mit seiner Unbestechlichkeit steht und fällt die Stellung des Wohnungseinweisers.

Die Wohnungseinweiser sind vollziehende Organe der Stadtverwaltung. Bei der Ausübung ihrer Tätigkeit steht ihnen erforderlichenfalls zur persönlichen Sicherung polizeilicher Schutz zur Seite.

Der Wohnungseinweiser erhält nur dann einen Auftrag zur Einweisung eines Flüchtlings, wenn die Beschlagnahme des Wohnraumes endgültig ist. Verhandlungen des Wohnungseinweisers mit den Wohnparteien über diese Frage sind daher ausgeschlossen.

Verweigert ein zur Aufnahme von Flüchtlingen Verpflichteter die beschlagnahmten Räume zu öffnen und zur Verfügung zu stellen, oder setzt er der Einweisung sonstwie Widerstand entgegen, wird die zu erzwingende Handlung gem. § 132 Landesverwaltungsgesetz vom 30. 7. 1883 durchgeführt.

Der Ausführung durch einen Dritten sowie der Festsetzung einer Strafe muß immer eine schriftliche Androhung vorhergehen. In dieser ist, sofern eine Handlung erzwungen werden soll, die Frist zu bestimmen, innerhalb welcher die Ausführung gefordert wird.

Unmittelbarer Zwang wird jedoch erst dann angewandt, wenn die Anordnung ohne einen solchen unausführbar ist.

Wohnungsbeschlagnahmen – Einweisungen – Tausche oder Umquartierung der Flüchtlinge werden auf Grund des RLG. vorgenommen. Für den Transport seines Gepäcks, Hausrates usw. ist der Flüchtling selber verantwortlich.

Täglich findet bei Dienstbeginn in der Dienststelle des Flüchtlingsamtes eine Besprechung über die Tagesaufgaben durch den Abschnittsleiter statt.

II.

Jeder Wohnungseinweiser ist im Besitz eines Ausweises, den er ständig bei sich führt und der beim Betreten einer Wohnung unaufgefordert unter Namensnennung vorzuzeigen ist.

Die Wohnungseinweiser führen die schriftlichen Unterlagen für ihren Auftrag bei sich. Wohnungen zu betreten, für die nicht ein Auftrag des Flüchtlingsamtes vorliegt, ist dem Wohnungseinweiser grundsätzlich untersagt.

Der Zweck der Wohnungsprüfung ist, dem Flüchtlingsamt ein Bild von der Lage, Gesamtfläche, dem Zustand und der Belegungsmöglichkeiten der beschlagnahmten Wohnräume zu verschaffen. Der Bericht muß Angaben über die dort untergebrachten oder noch unterzubringenden Personen enthalten.

Auf Grund dieser Angaben muß eine eindeutige Beurteilung als Grundlage weiterer Maßnahmen möglich sein.

Den Personenstand einer Familie prüft der Wohnungseinweiser an Hand der polizeilichen Anmeldungen und des Haushaltsausweises.

Über zweckentfremdete Räume, ferner über die Möglichkeit, übergroße Räume zweckmäßig, (z. B. durch Anbringung eines Vorhanges, Aufstellen einer spanischen Wand oder Aufstellen von Schränken) zu teilen oder in sonstiger Form brauchbar zu gestalten, muß der Bericht Aufschluß geben.

Es ist angebracht, bei der Prüfung festzustellen, ob der Flüchtling Möbel, Herd, Ofen oder Betten besitzt. Fehlen diese Einrichtungsgegenstände, muß der Wohnungseinweiser ihm bei der Beschaffung derselben behilflich sein und ihm mit Rat und Tat zur Seite stehen (z. B. durch Zuweisung von Luftschutzbetten, Ofen oder Herd durch das Flüchtlingsamt, Verweisung an das Fürsorgeamt, Einschaltung der Wohlfahrtsorganisationen u. a. m.)

Einweisung in leere Räume ohne Öfen oder ohne Möglichkeit des Anschlusses von Herd oder Ofen an den Kamin sind in der kalten Jahreszeit nicht vorzunehmen.

Von Wichtigkeit ist bei allen Prüfungen, festzustellen, ob in nächster Zeit mit Zugang von weiteren Familienangehörigen der Flüchtlinge zu rechnen ist (Kriegsgefangene).

Die Wohnungseinweiser sind nicht berechtigt, Arbeitsräume zuzubilligen, Ratschläge über den Wiedergewinn beschlagnahmter Räume zu erteilen oder gar Versprechungen zu machen. Solche „Hinweise" und „Winke" werden erfahrungsgemäß von den Wohnparteien dazu ausgenutzt, die Planungen des Flüchtlingsamtes zu durchkreuzen.

Beschwerden und Wünsche der Vermieter über Beschlagnahme sind von diesen an die Bezirkswohnungsämter, Beschwerden gegen Maßnahmen auf Grund des RLG. an den Beschwerde- und Unterbringungsausschuß des Flüchtlingsamtes zu richten.

Der Wohnungseinweiser überzeugt sich bei der Überprüfung des Wohnraumes davon, ob beschlagnahmte Möbel und Hausgeräte in Benutzung des Flüchtlings sind. Ggf. veranlaßt er sofort an Ort und Stelle die Herausgabe dieser Gegenstände und stellt sie dem Flüchtling zur Verfügung.

Alleinstehende alte Leute sind zu befragen, ob sie bereit sind, in ein Altersheim zu gehen.

III.

In allen Fällen sind tunlichst Vermieter und Mieter zu hören und zu veranlassen, die Tätigkeit des Einweisers zu unterstützen und mit ihm – nicht gegen ihn – alle Schwierigkeiten zu beseitigen.

Zu Beginn jeder Prüfung stellt der Wohnungseinweiser fest, ob sich hinsichtlich des beschlagnahmten Raumes Veränderungen ergeben haben, die dem Flüchtlingsamt nicht bekannt geworden sind, und ob die ursprüngliche Einweisung und Raumverteilung willkürlich verändert wurde. In solchen Fällen fordert und überwacht der Einweiser zunächst die Wiederherstellung des früheren Zustandes, soweit sich nicht durch die eigenmächtige Veränderung eine für beide Teile günstigere Lösung ergeben hat.

[. . .]

Die Einweisung ist vollzogen, wenn sich der Einzuweisende innerhalb der für ihn beschlagnahmten Räume befindet und ihm diese ausdrücklich von dem Wohnungseinweiser mit dem Bemerken übergeben sind, daß sie nunmehr zu seiner Verfügung ständen.

Dem Vermieter gegenüber gibt der Wohnungseinweiser in jedem Falle die Erklärung ab, daß die Familie eingewiesen sei und die beschlagnahmten Räume übernommen habe. Es kann notwendig sein, den Vermieter darauf hinzuweisen, daß Maßnahmen von seiner Seite, die das Ziel haben, den Flüchtling wieder gewaltsam aus der Wohnung zu entfernen, den Flüchtling obdachlos machen und sofortiges Eingreifen des Flüchtlingsamtes nach sich ziehen würden.

Mit jeder Einweisung ist die Regelung der Benutzung der Nebenräume wie Waschküche, Keller, Toilette, Abstellgelasse verbunden. Auch hierbei sind stets beide Parteien heranzuziehen.

Die eingewiesene Familie ist auf Beachtung der Hausordnung hinzuweisen.

Hausordnung, Hausrecht und Hausehre zu wahren, ist nicht Sache des Flüchtlingsamtes. Der Wohnungseinweiser muß solchen Fragen gegenüber Zurückhaltung wahren. Die Überschwemmung des Flüchtlingsamtes mit diesen Fragen muß höflich aber bestimmt abgelehnt werden.

[. . . .]

Quelle: Stadtarchiv Bielefeld, HA 233.

15. „Herne, die goldene Stadt“ (1946)

Herne ist eine glückliche Stadt. Wer über die Bahnhofstraße, die „Hohestraße“ Hernes, geht, die mit ihren Verlängerungen von Bochum bis Recklinghausen reicht, und an der trotzdem nur ein einziges Haus vom Krieg in Mitleidenschaft gezogen wurde, glaubt sich in die Zeiten vor dem großen Weltbrand zurückversetzt. Nirgends sieht man Trümmer, nirgends also auch den heroischen Versuch der kläglichen Provisorien, ihrer Herr zu werden, die doch den ganzen Jammer nur noch deutlicher machen. Blank und klar ragen die Kirchtürme in den blauen Himmel. Hell schlagen ihre Uhren die Stunde, und sie gehen auf die Minute richtig. Hier ist man wieder irgendwo, wo man sich darauf verlassen kann, alles das anzutreffen, was zu einer Großstadt gehört. Selbst das Straßenkehren ist wieder eine vernünftige, sinnvolle und keine Sisyphusarbeit. Wenn nicht zwischen der Notdurft auf der einen und den Ladentüren auf der anderen Seite die Marken und Bezugscheine ständen und bei den übrigen Ladeninhabern die Pseudoware noch überwöge, man würde wie am Ziel einer großen Sehnsucht ergriffen bekennen: Endlich ein Fleckchen wahren Friedenslebens! Doch das Knurren des eigenen Magens beschämt diese Regung. . .

Glücklich macht beweglich. Eiliger geht man hier über die Straßen, steht weniger an Ecken herum als dort, wo man vor lauter Arbeit nicht weiß, wo man zuerst beginnen soll. Glück zieht an. Nie hat Herne ein so reges Kulturleben gesehen. Neben der Essener Oper und dem Bochumer Schauspiel gastieren zahlreiche andere Theater und Kleinkunstbühnen in der Stadt. Konzerte von Rang künden die Plakatanschläge an. Die Kinos im soliden Friedenshabit sind bis auf den letzten Platz gefüllt. Gaststätten, Restaurants, Kaffeehäuser und Hotels, die nach Architektur, Haltung und Führung – leider noch nicht in gastronomisch substantiellerer Hinsicht – das Panier der vergangenen guten Zeit aufrecht halten, lassen die Menschen sich wieder als Gäste fühlen. Gäste, Fremde, ländliche Besucher, elegante Theater- und Konzertpilger, Flaneure und Liebende zaubern in Straßen und Lokalen über die emsige Arbeit hinaus jenes sonntägliche Treiben, das ehedem allen Großstädten eigen war. Herne, obwohl zu 83 v. H. der Bevölkerung Bergarbeiterstadt, ist in Wahrheit heute die „Goldene Stadt", wie sie die Engländer getauft haben.

Quelle: Rheinischer Merkur, Koblenz, vom 30. 8. 1946.

16. Die Situation des Unternehmens BASF in Mannheim/Ludwigshafen nach Kriegsende

Nach dem Ende der Kampfhandlungen und nach der Besetzung am 21./23. März 1945 war das Gelände der BASF ein Trümmerfeld. Alle Fabrikationen lagen still. Bei 65 Luftangriffen waren Tausende von Spreng- und Minenbomben und Zehntausende von Brandbomben auf die Fabrik gefallen. Von den 1470 Fabrikgebäuden waren 33 Prozent völlig zerstört, 61 Prozent teilbeschädigt und nur 6 Prozent unbeschädigt. Weit über 400 000 Kubikmeter Schutt bedeckten das Gelände. Der Gesamtschaden erreichte fast 400 000 000 Reichsmark. Die Produktionskapazität der Anlagen der BASF betrug im Durchschnitt höchstens noch ein Drittel des früheren Leistungsvermögens.

Während das Werk im Jahre 1943 mit rund 37 400 Menschen den Höchststand seiner Belegschaft erreicht hatte, kamen im Mai 1945 die ersten Fabrikationen mit kaum 800 Mann wieder zum Anfahren. Unvorstellbar mühsam war in den folgenden Jahren der Wiederaufbau. Für alle Fabrikationen waren Produktionsgenehmigungen seitens der Militärregierung erforderlich. Alle Roh- und Brennstoffe sowie die elektrische Energie waren bewirtschaftet; die Zuteilungen waren oft mehr als knapp. Mehrfach war das Werk in Gefahr, aus Kohlemangel zum Erliegen zu kommen. Infolgedessen gleicht die Produktionsstatistik der Jahre 1945 bis 1948 einer Fieberkurve. Doch mit dem Kohlemangel allein ist die Not dieser Jahre noch nicht in ihrem vollen Ausmaß gekennzeichnet. Größte Schwierigkeiten wurden auch dadurch verursacht, daß die Fabrik nicht nur von der Welt, sondern sogar von der nächsten Umgebung abgeschnitten war. Die rechtsrheinischen Werksangehörigen konnten der Zonengrenze wegen oft nicht an ihre Arbeitsstätte kommen. Vorprodukte aus anderen früheren IG-Werken waren plötzlich nicht mehr erhältlich. Daß der Bezug ausländischer Rohstoffe, wie Schwefelkies und Rohphosphat, damals nicht möglich war, schien verständlich. Aber nun sollte die Fabrik plötzlich keine Kalksteine mehr aus dem Neckartal, kein Steinsalz mehr aus Heilbronn oder vom Niederrhein erhalten, nur weil diese Gebiete in einer anderen Besatzungszone lagen. Umgekehrt durfte die Fabrik in jener Zeit verschiedene Großabnehmer, die, wenn auch in der Nachbarschaft, so doch in einer anderen Zone lagen, nicht mehr beliefern. Unser Ammoniakversand nach Höchst für die Düngemittelerzeugung fiel damals einem solchen Verbot zum Opfer.

Vom Augenblick der Besetzung im März 1945 an stand die BASF unter der Kontrolle zunächst der amerikanischen Militärregierung, ab Juli 1945 der französischen Militärregierung. Durch Erlaß vom 24. Juli 1945 wurde die BASF als Teil der IG-Farbenindustrie Aktiengesellschaft unter Sequesterverwaltung gestellt; die Werksleitung wurde beauftragt, „unter der Autorität und Kontrolle des französischen Sequesterverwalters" die Geschäfte der BASF weiterzuführen. Dieser Zustand wurde de jure erst am 28. März 1953 durch die Übertragung des Werkes auf die neue Aktiengesellschaft beendet. Durch die alliierte Ausnahmegesetzgebung für die IG-Farbenindustrie Aktiengesellschaft wurde die IG de facto ab 1945 aufgelöst; jedes Werk – so auch die BASF – wurde zu einem selbständigen, von den übrigen Unternehmensteilen losgelösten Wirtschaftskörper [. . .]

Quelle: Der deutsche Südwesten zur Stunde Null, Karlsruhe 1975, S. 146 f. (Gedruckter Bericht aus dem Unternehmensarchiv).

17. Die Arbeitsmarktlage in der britischen Zone

(Stand: 30. November 1946)

	I Arbeitslose	II Davon voll einsatzfähig (v. H.)	III Offene Stellen	IV Auf eine off. Stelle entfallen ... Arbeitslose
Insgesamt	272 906	33,6	134 753	2,03
Darunter u. a. die Berufsgruppen: Land- und Forstwirtschaftliche Berufe, Fischer	14 839	37,3	11 754	1,26
Bergleute	1 760	22,6	29 815	0,06
Metallerzeuger und -verarbeiter	18 608	24,9	15 630	1,19
Chemiewerker	1 180	23,9	1 220	0,97
Textilhersteller	3 601	23,9	1 397	2,58
Holzverarbeiter	2 978	26,1	1 927	1,55

	I Arbeitslose	II Davon voll einsatzfähig (v. H.)	III Offene Stellen	IV Auf eine off. Stelle entfallen . . . Arbeitslose
Nahrungs- und Genußmittelberufe	6 597	25,9	588	11,22
Bekleidungsberufe	5 234	41,0	921	5,68
Friseure und sonstige Körperpfleger	1 587	34,5	22	72,14
Bauberufe	5 336	23,7	13 030	0,41
Verkehrsberufe	17 793	20,3	9 297	1,91
Kaufmännische, Büro- und Verwaltungsberufe	84 027	37,9	3 202	26,23
Ingenieure und Techniker	10 941	35,2	168	65,13
Sonst. (geistige) Berufe	16 323	37,4	590	27,67

Berechnet nach: ZfA (Hrsg.), Arbeitsblatt für die Britische Zone, 1. Jg. 1947, S. 37 f.

Quelle: W. Abelshauser, Wirtschaft in Westdeutschland 1945–1948, Stuttgart 1975, S. 115.

18. Der Ruf nach Warenlöhnen

Eine der gefährlichsten Zeiterscheinungen ist die Legalisierung des schwarzen Marktes durch die Schaffung von sogenannten Kompensationsgeschäften. Der Handel auf dem schwarzen Markt sowohl wie auch die Kompensation von Gütern von Erzeugern zu Erzeugern bei Übergehen des Verbrauchers ist ein Diebstahl an den bewirtschafteten Gütern zu Lasten des Volkes. Kompensationsgeschäfte zum Gesetz erheben, bedeutet nicht nur dem allgemeinen Verbrauch die Güter entziehen, sondern darüber hinaus dem Preisanstieg Vorschub leisten. Schon ist ein Zustand erreicht worden, wo die Arbeiter kaum die bewirtschafteten, geschweige denn die schwarzgehandelten Waren kaufen können. Dies ist die Überzeugung der meisten Betriebsräte. Um so mehr muß ein Rundschreiben in Erstaunen setzen, das in diesen Tagen von dem Betriebsrat der Sunlicht-AG durch die Betriebe gesandt wird. Dieses Rundschreiben propagiert die Kompensationsgeschäfte und fordert, die Geldlöhne durch Warenlöhne zu ersetzen. Es stellt fest, daß Kompensationsgeschäfte in verschiedenen Betrieben im stillschweigenden Einvernehmen zwischen Betriebsleitung und Belegschaft durchgeführt werden. Es hat keinen Zweck, noch länger zu verschweigen oder zu beschönigen, daß wir heute alle, Arbeitgeber und Arbeitnehmer, täglich zu strafbaren Handlungen gezwungen sind, wenn wir leben und arbeiten wollen.

„Hamburger Volkszeitung“ vom 23. 7. 1947

Quelle: Dokumente deutscher Kriegsschäden, Bonn 1960, Bd. II, 2, S. 95

19. CARE in Deutschland

Hilfe und Rettung aus den USA – Entwicklung und Ablauf der Hilfe

Über Entwicklung und Ablauf der Hilfe durch CARE (Cooperative for American Remittances to Everywhere) für Deutschland gibt der Chef der CARE-Mission, Robert F. Linder, folgenden Überblick:

Mit der Unterzeichnung des CARE-Vertrages durch den Militär-Gouverneur der amerikanischen Zone begann am 5. Juni 1946 ein bedeutsames Kapitel der Nachkriegsgeschichte Deutschlands. Nach 14 Jahren beendete die CARE-Mission für Deutschland am 30. Juni 1960 ihre Tätigkeit. Nur in West-Berlin wird die Hilfe, vor allem für die Zonenflüchtlinge, fortgesetzt. Der Gesamtwert des CARE-Programms für die Bundesrepublik Deutschland übersteigt 346 Millionen DM. Diese Zahl gewinnt an Bedeutung, wenn man zwei Tatsachen berücksichtigt: Erstens kamen die CARE-Pakete bereits ein Jahr nach der Beendigung des zweiten Weltkrieges nach Deutschland, und zweitens ist CARE eine Hilfsorganisation, die ausschließlich Privatspenden erhält. Hinter jedem Dollar steht die persönliche Hilfsbereitschaft eines Amerikaners oder Kanadiers, der damit sein Interesse am Wiederaufstieg Deutschlands bewiesen hat. Aus zahlreichen Zuschriften gewann CARE die Überzeugung, daß vor allem in den ersten Nachkriegsjahren der Empfang eines CARE-Lebensmittelspakets oft die Rettung vor dem Hunger bedeutete.

Mit dem Waffenstillstand im Mai 1945 wurden sich maßgebende Mitglieder privater amerikanischer Wohlfahrtsverbände darüber klar, daß über die erste Hilfeleistung der UNRRA hinaus das in sechs Kriegsjahren zerstörte Europa weitere Unterstützung dringend benötigte. Es waren einerseits Leute von kirchlicher Seite, wie zum Beispiel ‚War Relief Services of the National Catholic Welfare Council' und ähnlichen protestantischen Organisationen sowie das ‚American Jewish Joint Distribution Committee', und andererseits waren es Angehörige von national orientierten Gruppen, wie zum Beispiel ‚Polish War Relief' und ‚American Relief for Czechoslovakia', die sich für die Wohlfahrt ihrer Landsleute verantwortlich fühlten. Aber auch die Liga der Genossenschaften der USA, und die Gewerkschaften AFL und CIO zeigten das gleiche Interesse.

Von Person zu Person

Es war klar, daß für die Auslandshilfe ein sicherer Weg von ‚Person zu Person' gefunden werden mußte. Die genannten amerikanischen Organisationen konnten dieses Problem nicht in eigener Regie lösen. Das europäische Transportsystem war derart zerstört, daß die ersten Liebesgaben die vorgesehenen Empfänger nicht erreichten. Man mußte also gemeinsam vorgehen. Aus diesen Überlegungen heraus wurde im November 1945 die ‚Cooperative for American Remittances to Europe', genannt CARE, gegründet. 22 Organisationen erhielten einen Sitz im Aufsichtsrat. Heute ist CARE in 27 Ländern der Welt tätig. Mit der Gründung begannen aber auch die Probleme. Woher sollte man die erforderlichen Lebensmittel nehmen, wie sollte man sie nach Europa bringen und sie dort ausgeben? Nicht weniger wichtig war die Frage der Beschaffung der Gelder. Der Zufall und gute Organisation kamen CARE zu Hilfe. Es gab einen Überschuß-Vorrat von

7,7 Millionen Armee-Rationspaketen, sogenannten 10 in 1, die ursprünglich für die Versorgung der US-Army im Fernen Osten bestimmt waren.

Es gelang CARE, 2,8 Millionen Einheiten käuflich zu erwerben, und sie waren die ersten ‚CARE-Pakete'. Ihr Wert lag im ausgewogenen Inhalt, da sie alle wesentlichen Lebensmittel enthielten, die zur Ernährung der notleidenden Europäer notwendig waren. Ein Umpacken war nicht erforderlich. Außerdem waren die Pakete für die amerikanischen Spender erschwinglich, sie wurden zunächst für 15 Dollar, ab September 1946 für 10 Dollar angeboten. Das Lochkartensystem ermöglichte CARE von Anfang an, dem Empfänger die Spenderanschrift mitzuteilen und sicherzustellen, daß der Spender für jedes Paket einen Auslieferungsnachweis mit persönlicher Empfängerquittung erhielt. So wurde CARE vertrauenswürdig und erhielt alsbald die volle Unterstützung der amerikanischen Öffentlichkeit.

Quelle: Bulletin, Bonn, 5. 7. 1960; zit. nach: Dokumente deutscher Kriegsschäden, Bd. II, 2, S. 207.

20. Zur beruflichen Situation der Frauen nach 1945

Rund 85 Prozent aller Frauen waren im Haushalt beschäftigt. Diese Tätigkeit wurde in den Nachkriegsverfassungen als vollgültiger Beruf anerkannt. Die Arbeitsämter hatten aber Schwierigkeiten, genügend Frauen und Mädchen für Arbeit als Hausgehilfinnen zu finden. In Stuttgart allein fehlten Anfang 1948 rund 4000 Hausgehilfinnen, wobei nur kinderreiche und sonstige wichtige Haushaltungen (Ärzte) berücksichtigt waren. Für die Tätigkeit als Hausgehilfinnen im Ausland meldeten sich dagegen zahlreiche Frauen; die MilReg. erteilte jedoch keine Ausreisegenehmigung. Schneiderinnen, Putzmacherinnen, Modistinnen waren sehr gesucht. Während des Krieges waren in diesen Berufszweigen kaum Mädchen ausgebildet worden, da diese in kriegswichtigen Betrieben benötigt wurden. Gelernte Kräfte zogen es nach 1945 meistens vor, sich selbständig zu machen und für Kunden zu arbeiten, die in der Lage waren, wenigstens teilweise in Naturalien zu bezahlen. Der Andrang zu Lehrstellen im Handwerk war größer als in der Vorkriegszeit; wohl in der Annahme, daß das Handwerk auch nach der Währungsreform eine einigermaßen gesicherte Existenz gewährleisten würde. Nur ein kleiner Teil der Stellungsuchenden konnte jedoch unterkommen. Einige der früheren Ausbildungsstätten für soziale Berufe (Fürsorgerin, Kindergärtnerin usw.) wurden in den ersten Jahren nach dem Kriege wiedereröffnet. Während viele Schülerinnen abgewiesen werden mußten, herrschte gleichzeitig in diesen Berufen Mangel an ausgelernten und berufserfahrenen Kräften. Bessere Ausbildungsmöglichkeiten bestanden für Pflegerinnen (Kranken-, Kinder-, Säuglingsschwestern), da hier der Andrang jüngerer Kräfte zur Ausbildung geringer war.

Die Zahl der in geistigen Berufen tätigen Frauen war klein. Es gab in den Westzonen nur sehr wenige Professorinnen, Bürgermeisterinnen, Senatorinnen usw., obwohl keinerlei rechtliche oder verfassungsmäßige Hindernisse für die Besetzung derartiger Ämter durch Frauen bestanden. Zwar gelangte nach 1945 eine Reihe von Frauen auch hier in führende Stellungen, übernahm Ministerposten und sonstige Staatsstellungen. Doch wirkte sich die nach 1933 erfolgte Zurückdrängung der Frau aus dem öffentlichen Leben noch immer aus. In der Sow. Z. und in Berlin trat die Frau im öffentlichen und staatlichen Leben stärker hervor. Es sei die stellv. Bürgermeisterin von Berlin, Frau Luise Schröder, erwähnt, aber auch an den Hochschulen und in anderen leitenden Stellen war der Anteil der Frauen ein höherer als im Westen.

Die Wiedereinführung eines Pflichtjahres, das junge Mädchen vor Antritt eines Berufes in einem fremden Haushalt oder in einer Fabrik ableisten sollten, wurde wieder diskutiert. Manche Arbeitsämter würden die Wiedereinführung des Pflichtjahres begrüßen, da hierdurch junge Mädchen zugunsten älterer Arbeitssuchender, z. B. Kriegswitwen, um ein Jahr zurückgestellt würden. Von anderer Seite wurde eine solche Maßnahme als unbillige Ausbeutung bekämpft.

Der in den neuen Verfassungen niedergelegte Grundsatz „Gleicher Lohn für gleiche Leistungen" war in den meisten Berufen, auch in der Industrie, eingeführt worden; zuerst in der Sow. Z., obwohl er dort nicht in der Verfassung verankert war. Verhältnismäßig wenige Frauen waren Mitglieder von Gewerkschaften. Sie beanstandeten, daß Gewerkschaften, mit wenigen Ausnahmen, durchweg von Männern geleitet wurden, eine Tatsache, die freilich die Frauen durch stärkere Beteiligung an der Arbeit der Gewerkschaft beseitigen könnten. Die Gewerkschaften zeigten zunehmendes Interesse an weiblichen Mitgliedern. U. a. hatten sie in vielen Industriezweigen die Gewährung eines freien Nachmittags in der Woche für verheiratete Frauen erreicht.

Infolge der frühzeitigen Sperrung aller Bankkonten in der Sow. Z. waren dort viele Frauen gezwungen, neben ihrem Haushalt noch einem Gelderwerb nachzugehen. Durch die Übernahme von Schwerarbeit erhielten sie bessere Lebensmittelkarten, während Hausfrauen in die niedrigste Gruppe der Kartenempfänger fielen. Daher konnte man vielfach Frauen finden, die schwere körperliche Arbeit leisteten. In Berlin arbeiteten 70 000 Frauen in ausgesprochenen Männerberufen, davon 12 000 im Baugewerbe. In Thüringen meldeten sich 1946 1793 weibliche Handwerker zur Meisterprüfung, von denen 1498 die Prüfung bestanden.

Quelle: K. Mehnert, M. Schulte (Hrsg.), Deutschland-Jahrbuch 1949, Essen 1949, S. 272.

21. Walther von Hollander: Frauenfragen – Frauensorgen

Seit ich über den Nordwestdeutschen Rundfunk über einige Eheprobleme gesprochen habe, bekomme ich Briefe über Briefe mit den seltsamsten Fragen, mit Fragen, die niemand erschöpfend beantworten kann, der nicht den ganzen Lebenskreis des Fragenden kennt, und die doch beantwortet werden müßten, weil es allgemeine Fragen sind, gestellt von der allgemeinen Not. Direkte Antworten, erschöpfende Wegweisungen gibt es freilich nicht. Die muß sich jeder für sich in einem schweren Kampf mit dem Engel erringen. Aber es mag sein, daß wir durch die Betrachtung der einzelnen Fragen auf typische, verbindliche Situationen stoßen, aus denen heraus wenigstens eine gewisse Klärung und Erhellung möglich ist.

Da schreibt eine Frau aus dem Industriegebiet: Wir heirateten 1934. Mein Mann war Ingenieur in einer Flugmotorenfabrik, ein auf seinem Gebiet hochbegabter, in seine Arbeit verbissener Mann. Er verdiente gut. Wir hatten ein Häuschen im Sauerland, eine Autostunde von der Stadt, wir hatten ein Auto. Wir bekamen sehr bald zwei Kinder. Meinen Mann sah ich abends eine Stunde, wenn er todmüde von der Arbeit kam. Wenn er einmal früher kam, saß er die halbe Nacht an seinem Zeichentisch, brütete, und ich hörte ihn von meinem Bett aus mit sich reden und fluchen. Er war überhaupt ein harter Mann. Wenigstens sagten das seine Untergebenen, und seine Vorgesetzten liebten ihn nicht, weil er schroff seine Ansichten vertrat und jedem seine Meinung sagte, auch wenn er ihn nicht darum bat, ich selbst habe nicht unter seiner Schroffheit zu leiden gehabt. Gegen mich war er immer gleichmäßig nett. Nie allerdings herzlich, und zu den Kindern hatte er keine starke Bindung. Wie auch? Er sah sie ja kaum. Im Kriege wurde alles noch schlimmer. Er kam höchstens einmal wöchentlich heraus. Da er an geheimnisvollen Waffen arbeitete und außer seiner Arbeit nichts in seinem Leben vorkam, wurde er fast stumm. Ich weiß darum nicht, was für ein Streit in seinem Werk gewesen ist. Jedenfalls wurde er ganz plötzlich eingezogen, obwohl er völlig unentbehrlich war. Er kam als gedienter Mann sofort hinaus und fiel bald. Mein Leben änderte sich dadurch nur wenig. Das mag hart klingen. Aber es ist so. Wir hatten einiges erspart. Das Haus ist gut vermietet. Wir wohnen im Dachgeschoß, und ich habe eine Arbeit als Sekretärin in der Nachbarstadt. Es könnte alles gut sein. Aber da ist ein Mann aufgetaucht. Wieder ein sehr tüchtiger Mensch, ein Architekt, jetzt schon gut beschäftigt und voller Einfälle, die ihn bestimmt bald in eine ausgezeichnete Position bringen werden. Er liebt mich und will mich heiraten. Sie werden nun sagen: Na, also! Was für ein Glück für diese Frau! Dasselbe sagt meine Mutter und sagen meine Freundinnen. Aber ich will nicht heiraten. Oder wenn ich nochmal heirate, dann einen zarten Menschen, der mich nötig hat, den ich führen und beschützen kann. Denn wohin haben uns die Männer geführt? Erst war es ein ödes Arbeitsleben – und nun? Finden Sie nicht, daß die Männer lauter Unsinn angerichtet haben und nicht herausfinden? Und da soll ich wieder so einen Mann heiraten? Muß ich das tun?

Ein zweiter Brief: Mein Mann ist seit zwei Jahren tot. Ich kann ihn nicht vergessen. Ich habe zwei Freundschaften mit Männern gehabt. Aber das waren so Freundschaften aus Verzweiflung. Daraus konnte nichts werden. Ein, zwei Monate . . . dann war ich so erbittert, daß ich Schluß machte. Jeden muß ich mit meinem Toten vergleichen. Andere Frauen können doch vergessen. Warum ich nicht? Für mich ist die Liebe eine Strafe. Wer einmal geliebt hat, muß immer einsam sein.

Und aus einem dritten Brief: Ich bin fünfunddreißig. 1944 lernte ich ihn kennen. Meine Eltern waren schon ausgebombt. Ich wohnte sehr weit draußen . . . zum erstenmal allein. Er kam jeden Abend. Eine herrliche Zeit. Dann ging er, seine Frau suchen, die Anfang 1945 aus Ostpreußen flüchtete. Ja . . . er war verheiratet. Ich wußte das. Aber es war mir einerlei. Er schrieb noch einmal. Seitdem ist er verschollen. Ich warte auf ihn. Was für ein Unsinn, sagte ich mir. Aber kann man dagegen angehen? Das Schlimmste ist: mein Leben vergeht mit dem Warten. Jeden Tag warte ich, und ich tue nichts anderes als warten.

Vierter Brief: Ich bin weder häßlich noch hübsch, und da ich mir ausgerechnet haben, daß jetzt auf hundertundfünfzig Frauen ungefähr hundert Männer kommen, habe ich gleich von vornherein verzichtet. Das ist mir nicht weiter schwergefallen. Denn was ich an Ehen aus meinem Bekanntenkreis sehe, ist nicht gerade so, daß man sich ein Bein danach ausreißen müßte, verheiratet zu sein. Und die Männer, wie sie im allgemeinen sind . . . nein danke! Ich will also studieren. Medizin zieht mich ungeheuer an. Aber auch da wird es sehr schwierig werden. Die Männer wollen nicht, daß Frauen Medizin studieren. Am liebsten hätten sie, daß man das Frauenstudium überhaupt verböte. Ich soll also weder einen Mann haben, noch, wenn es nach den Männern ginge, einen Beruf. Das ist doch wirklich ungerecht [. . .]

[. . .]

Ich könnte eine Stunde lang weiter zitieren und damit eine unübersehbare Fülle von Frauenporträts und Frauenschicksalen vor Sie hinstellen. Frauen, die für sich um die Herzen der Männer kämpfen, Frauen, die um die Männer kämpfen, um durch sie die Welt zu erringen, Frauen, die resigniert haben, und vor allem Frauen, die erbittert das Schicksal anklagen, das ihnen ihrer Ansicht nach von den Männern bereitet worden ist. Dazu Frauen, die sich entschlossen haben, von nun an den fraulichen Einfluß auf die Weltgeschichte zu verstärken und durch die Gründung von Frauenvereinen und Frauenparteien eine Macht zu gewinnen, die es ermöglicht, die Welt vor den verderblichen, einseitigen Männerentschlüssen zu bewahren.

[. . .]

Und die Frauen, die ihre Männer verloren haben und nicht vergessen können, die Frauen, die auf die Vermißten warten und denen das Leben scheinbar sinnlos verrinnt? – Es werden viele Frauen allein sein und bleiben. Viele Herzen werden Totenwache halten an unbekannten Gräbern, vor Trümmern und an schauerlichen Richtstätten. Unendlich ist die Zahl der Opfer und sehr groß die Menge derer, die ehrlich betrauert werden! Die Frauen werden allein sein, und niemand kann sie von diesem Fluche erlösen. Sie müssen sich in diesem Alleinsein häuslich einrichten, und es ist ein unwirtliches Haus. Und viele werden noch dazu um eine verlorene Heimat trauern müssen, durch Erinnerungen ärmer gemacht als die, die nie etwas besaßen. Eine große Welle der Trauer und des Alleinseins wird über die Welt gehen. Das einzige, was man diesen Frauen zum Troste sagen kann, ist, daß sie ihr Schicksal zu verstehen suchen sollten als Beispiel, das vielen Frauen gegeben werden müßte. Als Beispiel nämlich, daß Frauen, allen männlichen Meinungen zum Trotz, doch allein zu stehen und zu leben vermögen und aus ihrem Leben dennoch etwas machen können. Das wird nicht ohne Tränen und ohne Schmerzen gehen. Aber was dabei herauskommen könnte, wäre etwas sehr Schönes. Nämlich der erste Ansatz zu einer wirklichen Selbständigkeit der Frau, der Beweis, daß die Frau auch ohne den Mann ein in sich geschlossenes Wesen ist, genauso wie ein Mann auch ohne Frau ein in sich geschlossenes Dasein führen kann.

[. . .]

Quelle: Nordwestdeutsche Hefte, 1946, H. 2, S. 21 ff.

22. Die Rolle der Frau aus evangelischer und katholischer Sicht in den fünfziger Jahren

Jene Stimmen aus den Reihen berufstätiger Frauen erinnern uns nicht nur an ein Versäumnis. Sie lassen auch erkennen, daß die Berufstätigkeit der Frau als solche nicht ohne Problematik ist, daß sie in sich eine Spannung trägt, die immer wieder bestanden sein will. Wer das nicht sieht, wird die besondere Art der Lebensaufgabe einer Frau im Beruf schwerlich recht erkennen. Es handelt sich dabei um keinerlei Urteil über die Tüchtigkeit und Lebensleistung der berufstätigen Frau; es gilt lediglich, die Voraussetzungen, unter denen sie ihre Leistung vollbringt, nüchtern zu erkennen. Und dazu gehört – neben wichtigen anderen Dingen – zweifellos auch dies: Die Frau ist nach Leib und Seele dazu geschaffen, die Lebensgefährtin eines Mannes und die Mutter von Kindern zu werden – das ist einfach ein Befund. Er umfaßt neben dem rein physiologischen auch einen psychischen Tatbestand: Die Frau hat im Unterschied vom Mann – abgesehen von Ausnahmen, die es immer gibt – gerade diejenigen Eigenschaften und Fähigkeiten, auf die das Kind angewiesen ist, wenn es nicht Schaden im leiblichen und geistigen Wachstum leiden soll. Das einfühlende Erkennen, der Hang zum Hegen und Pflegen des Hilflosen, der rasche Blick für das menschlich Nächstnotwendige – alle solche besonderen „fraulichen“ Befähigungen sind zugleich ein deutlicher Hinweis auf die der Frau zugedachten Aufgabe: das Leben als Gattin und Mutter. [. . .]

(Textauszug: H. Greven [Hrsg.], Die Frau im Beruf, in Zusammenarbeit mit Lydia Präger und Elisabeth Schwarzhaupt im Auftrag der evangelischen Akademie, Hamburg 1954, S. 13 f.)

Die Sorge für das Haus, in dem die Frau die Königin ist, bildet das Zentrum und die Stätte ihres hauptsächlichen Wirkens. Aber in der jetzigen Ordnung der Dinge hat die Industrie mit ihren riesigen Fortschritten einen Wandel ohnegleichen herbeigeführt. Sie hat eine große Zahl von Frauen gezwungen, den häuslichen Herd zu verlassen und ihre Arbeit in den Fabriken, in den Büros und Geschäften zu verrichten. Welches ist eure Pflicht unter diesen Umständen? Sorget dafür, heute mehr denn je, daß die Familie das Heiligtum eures Lebens sei.

Ziel der Frauenarbeit im öffentlichen Leben ist, die Würde des Mädchens, der Gattin, der Mutter zu schützen, Haus und Heim und Kind gemäß der ursprünglichen Rangordnung innerhalb der Gesamtaufgaben der Frau zu erhalten.

Das Schicksal der Familie, das Schicksal des menschlichen Gemeinschaftslebens steht auf dem Spiel. Es liegt in euren Händen. Jede Frau also, ohne Ausnahme, hat – merkt es euch wohl – die Pflicht, die strenge Gewissenspflicht, nicht abseits zu bleiben, sondern zu handeln.

(Papst Pius XII. zu den Aufgaben der Frau, in: Frau und Mutter, Monatsschrift für die katholische Frau in Familie und Beruf, Heft 12, 1958, S. 194)

Quelle: Frauenalltag und Frauenbewegung im 20. Jahrhundert, bearb. v. A. Kuhn und D. Schubert, Bd. 4, Frankfurt 1980, S. 62 f.

23. Bericht über eine Schwurgerichtsverhandlung (1947)

„Der 43jährige Kohlenarbeiter Erich Kramer erschlug am 5. März 1947 seinen gleichaltrigen Freund und Arbeitskameraden Paul Möller. Das Schwurgericht verurteilte ihn zu zwölf Jahren Zuchthaus und zehn Jahren Ehrverlust. Mit seinen 47 kg Körpergewicht bei einer Größe von 1,70 m ist dieser Angeklagte eine menschliche Ruine. Er nimmt das Urteil ebenso unbeeindruckt hin, wie er den Antrag des Staatsanwalts auf Todesstrafe gehört hatte. In seinem dünnen Lazarettkittel vor Kälte zitternd, macht er vor den Geschworenen seine Aussage. Unerschöpflich ist die Geduld des Vorsitzenden, und alles scheinbar Widersinnige im Ablauf des Verbrechens wird entwirrt und erklärt durch das einzige Wort: Hunger! ‚Ich hatte Hunger, da ist alles so gekommen‘, sagte der Angeklagte. Seit Tagen hatte er nichts als einige Scheiben trockenen Brotes zu essen. Möller hatte seine Lebensmittelkarten bei sich, er hatte auch noch Vesperbrot im Rucksack! Sie standen im Keller bei ihrer Arbeitsstelle, Möller, mit Kohlenpacken beschäftigt, bückte sich, da erschlug ihn Kramer von hinten mit einer schnell ergriffenen Eisenstange. Mit beiden blutbesudelten Händen riß er das Brot aus dem Rucksack und verschlang es. Dann nahm er dem Toten die Brieftasche ab, schleifte ihn in einen Nebenkeller, verschloß die Tür und warf die Schlüssel fort. Im nächsten Restaurant verzehrte er, was er auf die Marken bekommen konnte, und hielt sich auch am folgenden Tag nur in Eßlokalen auf. Schon am Abend erfolgte seine Verhaftung."

Quelle: Telegraf 3. 12. 1947, zit. nach: N. Born, J. Manthey (Hrsg.), Literaturmagazin 7, Nachkriegsliteratur, Reinbek 1977, S. 287 f.

24. Denkschrift von Carlo Schmid vom 19. Juli 1945
(Entwurf)

Soweit politische Diskussionen überhaupt stattfinden, bewegt gegenwärtig in den Kreisen der Urteilsfähigen am meisten die Frage, ob sich das württembergische Volk bei seinem Neuaufbau nach dem Westen oder nach Rußland hin orientieren solle. Dabei ist durchweg festzustellen, daß die Neigungen so gut wie aller Menschen dieses Landes dem Westen gelten und eine enge politische, kulturelle und wirtschaftliche Anlehnung an Frankreich für das wünschenswerte Ziel gehalten wird, wobei man davon ausgeht, daß eine solche Entwicklung auch den amerikanischen Vorstellungen entsprechen müßte. Trotz dieser Grundausgangsstellung des Denkens ist jedoch fast überall ein beträchtliches Anwachsen der Stimmen zu beobachten, die meinen, daß eine Orientierung auf Rußland hin unvermeidlich sein und daher bejaht werden müsse, und zwar aus folgenden Gründen:

a) Der Sog der bis nach Thüringen vorgeschobenen russischen Macht sei schon nach dem politischen Gravitationsgesetz so groß, daß er – in Angebracht der kontinuierlichen Struktur der russischen Zone – notwendig Westdeutschland werde ansaugen müssen, das zum größten Teil von Mächten besetzt sei, deren Zonen vom Mutterland durch die Meere getrennt sind (. . .)

b) In Anbetracht der immer schwieriger werdenden europäischen Probleme würden die angelsächsischen Nationen sich wie nach 1918 faktisch und ideologisch, aus Furcht vor unangenehmen Verantwortungen, aber vor allem auch organisatorisch aus dem europäischen Raum zurückziehen, was sich jetzt schon in ihrer geringen politischen und organisatorischen Aktivität zeige, während im Gegensatz dazu die Russen eine konstruktive Aufbauarbeit trieben und es schon verstanden hätten, führende Persönlichkeiten politisch zu aktivieren. Dieses Vorgehen ziehe jetzt schon den Blick und die Hoffnungen der aktivsten Volksteile nach dem Osten hin.

c) Die zahlreichen Parteigenossen, die heute recht wahllos und ohne Berücksichtigung der konkreten Verhältnisse aus Ämtern und Stellungen verjagt würden, hätten keine andere Wahl als die, auf die russische Karte zu setzen, zumal diese Leute angesichts des grundsatzlosen, materialistischen Vitalismus, der Nazismus und Kommunismus zugrunde liege, keine wesentlichen Schwierigkeiten empfinden würden, ihre bisherige Gefolgschaftsbereitschaft für Adolf Hitler auf Joseph Stalin zu übertragen (. . .)

d) Die lebhafte kommunistische Agitation habe sich dieser Kreise schon bemächtigt und vor allem in der „bürgerlichen“ Jugend Fuß gefaßt (was bezeichnenderweise darin zum Ausdruck komme, daß die „kulturellen“ Vereinigungen, die unter kommunistischem Einfluß stehen, sich größtenteils aus jungen Leuten bürgerlicher Herkunft zusammensetzten). Heute schon sei zu beobachten, daß in manchen Behörden und Betrieben von den Chefs mehr auf den kommunistischen Vertrauensmann als auf sachliche Einsicht oder die Absichten der Militärregierung geachtet werde.

e) Die Lage in den Deutschland benachbarten Ländern sei so, daß diese ohne aktive amerikanische Hilfe sich das ihnen Fehlende durch dauernde Wegnahmen aus Deutschland würden beschaffen müssen. Die Folge davon müsse notwendig die völlige Lähmung der Produktionskraft und des Produktionswillens in Deutschland sein. Schon jetzt weigerten sich württembergische Unternehmer der Südzone, die Wiederaufnahme der Erzeugung organisatorisch vorzubereiten, weil sie davon überzeugt seien, daß sofort nicht nur das Produkt, sondern auch die Produktionsmittel von den Franzosen weggenommen werden würden.

Diesen Gedanken könne nur dadurch abgeholfen werden, daß die USA Frankreich eine materielle und vor allem auch organisatorische Hilfe leiste, was aber offenbar nicht deren Absicht sei oder außer ihrem Vermögen liege. Man glaube darum, daß nur eine Einfügung in russische Interessensphären und damit das Wecken russischen Interesses an der Produktionskraft des deutschen Westens diese werde erhalten können (. . .)

Die vorstehend geschilderten Fakten und die darauf aufgebauten Gedankengänge drohen langsam aber sicher die natürliche Bereitschaft des schwäbischen Volkes, sein Leben im Sinne einer westlichen Orientierung einzurichten, auszuhöhlen und die Entscheidung für ein Leben im Schatten Rußlands als den einzigen Ausweg aus der Hoffnungslosigkeit erscheinen zu lassen. Arbeit, Brot und die Zuversicht, in einem neuen System eine erträgliche Lebensexistenz zu finden, erscheinen seinen aktiven Gliedern allmählich nur auf Grund dieser Entscheidung gewährleistet zu sein.

Prof. Dr. Schmid

Quelle: J. V. Wagner, Deutschland nach dem Krieg, Bochum 1975, S. 108 f.

25. Bericht des amerikanischen Geheimdienstes über die Einstellungen der deutschen Bevölkerung in der US-Zone
(vom 12. August 1945)

Stellungnahme zu den Alliierten. – Am unpopulärsten sind zweifellos die Russen. Auch heute halten 92 Prozent der Befragten die Russen für ein „minderwertiges“ Volk. Die Deutschen können und wollen nicht verstehen, daß sie „sogar“ von Russen besiegt worden sind. Hier sind starke Revanchegefühle wahrnehmbar. Die meisten Deutschen hatten offenbar gehofft, die Russen würden gezwungen werden, das zerstörte Deutschland aufzubauen. Auf unsere Frage: „Haben Sie angenommen, daß die westlichen Alliierten zusammen mit den Deutschen gegen die Sowjets Krieg führen werden?“ antworteten 72 Prozent im bejahenden Sinne . . . An zweiter Stelle stehen wir (die Amerikaner). Es ist erstaunlich, daß man uns allgemein feindlicher gegenübersteht als Franzosen und Engländern. Eine psychologische Auswertung der Meinungsbefragung ergibt, daß das auf zwei Gründe zurückgeht. Erstens: Es heißt allgemein, die Engländer und Franzosen seien zum Krieg „gezwungen“ worden, während die Amerikaner freiwillig in den Krieg gegen das Reich eintraten. Man nimmt an, daß sich Franzosen und Engländer so benehmen würden, „wie das nach einem Krieg üblich ist“, während man die Amerikaner „verdächtigt“, ihre eigenen Lebensformen (Demokratie) dem deutschen Volk aufzwingen zu wollen. Zweitens: Der Gedanke, daß wir einen „jüdischen Krieg“ geführt haben, ist nach wie vor vorherrschend . . . Den Engländern wird eine gewisse „Korrektheit“ nachgerühmt. Zu ihrer relativen Beliebtheit trägt es auch bei, daß sie nicht so „reich“ sind wie wir: das Element des Neides entfällt. Am beliebtesten sind die französischen „Erbfeinde“, wahrscheinlich, weil man annimmt, mit den Franzosen am leichtesten fertig werden zu können.

NATIONALSOZIALISMUS. – Es herrscht die Tendenz vor, einzelne Personen, insbesondere Hitler, für alle Greueltaten des Regimes verantwortlich zu machen. Hier werden starke Widersprüche offenbar. Eine Überprüfung der Ansichten (cross-checking) ergibt, daß auch von Personen, die immer noch als Nationalsozialisten angesehen werden können, 84 Prozent sich von der Person Hitlers distanzieren. Dagegen haben 53 Prozent der Befragten erklärt, Hitler habe von den Greueltaten in den Konzentrationslagern „nichts gewußt“.

ANTISEMITISMUS. – Der latente Antisemitismus äußert sich bei allen Befragungen. Er scheint auch dort ein motivierendes Gefühl zu sein, wo sich der Befragte von allen nationalsozialistischen Sympathien frei wähnt. Besondere Bedeutung kommt der Beantwortung der Frage zu: „Glauben Sie, daß Deutschland auch dann den Krieg verloren hätte, wenn die Juden nicht verfolgt worden wären?“ Mehr oder weniger qualifiziert haben 64 Prozent der Befragten erklärt, die Judenverfolgungen seien „entscheidend“ dafür gewesen, daß Deutschland den Krieg verloren hat. Viele dieser Befragten äußerten sich überaus ablehnend gegenüber den anti-jüdischen Maßnahmen des Reiches. Dennoch ist ihnen antisemitisches Gedankengut insofern eigen, als sie von der „Macht“ des „Weltjudentums“ überzeugt sind.

POLITIK. – Bei mehr als 90 Prozent der Befragten zeigt sich eine politische Müdigkeit. Sie ist wohl in erster Linie darauf zurückzuführen, daß die überwiegende Mehrheit der Deutschen überzeugt ist, Politik werde in Zukunft über die Köpfe der Deutschen hinweg gemacht werden. Dreiundsiebzig Prozent der Befragten glauben nicht an eine deutsche Selbstbestimmung innerhalb der nächsten fünfzehn Jahre. Auf die Frage: „Warum wollen Sie nichts von Politik wissen?“ antworteten 67 Prozent: „Weil Politik zum Krieg führt.“ Vielfach wird die Meinung vertreten, daß der wirtschaftliche Neubeginn „ohnedies keinen Sinn“ habe.

PRESSE. – Die „amerikanischen Zeitungen für die deutsche Bevölkerung“ sind populärer, als man annehmen möchte. Eine Befragung in Berlin ergab, daß 91 Prozent der Leser die „Allgemeine Zeitung“ für eine „anständige Zeitung“ halten. Im Widerspruch hierzu äußerten sich 66 Prozent zur Frage, ob die „amerikanischen Zeitungen die volle Wahrheit“ veröffentlichen, in negativem Sinne. Offenbar ist die Popularität unserer Zeitungen auf den Vergleich mit der nationalsozialistischen Presse zurückzuführen. Vierundachtzig Prozent der Befragten erklärten, die nationalsozialistische Presse habe „stets gelogen“, 15 Prozent meinten, sie habe „nicht immer“ die Wahrheit geschrieben, nur ein Prozent glaubte, die Hitler-Presse habe sich im wesentlichen an die Wahrheit gehalten. Die Frage nach der Aufmachung der amerikanischen Zeitungen wurde, je nach der Region, verschieden beantwortet. Im Durchschnitt ergibt sich, daß 59 Prozent der Leser die Aufmachung bejahen, 36 Prozent haben verschiedene Einwände – „zu sensationell", „zuwenig Lesestoff", „erhobener Zeigefinger", „zuwenig Lokalnachrichten" –, während 6 Prozent die journalistische Aufmachung ohne weitere Begründung ablehnen.

Quelle: Hans Habe, Im Jahre Null, München 1977, S. 82 ff.

26. „Östlich der Elbe"

Reportage von Isaac Deutscher (Oktober 1945)

Ein halbes Jahr ist erst vergangen, seit in der Schlacht um Berlin die letzten Schüsse abgefeuert wurden und die russische Invasion Ostdeutschlands beendet war. Innerhalb dieser kurzen Periode hat sich die gesamte soziale und wirtschaftliche Struktur Ostdeutschlands fast bis zur Unkenntlichkeit verändert. Deutschlands Ostgrenze ist nach Westen vorgeschoben worden: und Berlin liegt jetzt fast in Reichweite der polnischen Artillerie an der Oder. Es ist, als ob die Entfernungen zwischen dem Ural und dem Baikalsee und der Spree und Elbe plötzlich zusammengeschrumpft wären, als ob ein phantastischer Erdrutsch Leipzig und Dresden in die nächste Nähe von Charkow und Tscheljabinsk geworfen hätte.

Als die Rote Armee die Gebiete östlich der Elbe betrat, klangen den Deutschen die letzten düsteren Prophezeiungen Goebbels' über den bevorstehenden „Einbruch der Steppe" noch in den Ohren. Die meisten Deutschen wußten, daß sie von den Russen keine Gnade erwarten konnten. Die Triebkraft hinter „den Armeen der Steppe" war ihr Verlangen, alle die Leiden und Demütigungen, die das Dritte Reich Rußland zufügte, zu rächen. Millionen Deutsche flohen panikartig vor der russischen Rache; noch viel mehr Millionen blieben zurück und ergaben sich fatalistisch in ihre Strafe. Andererseits regte sich in Berlin und anderen Städten, wo die Kommunisten selbst nach Jahren der Gestapo-Herrschaft nicht völlig ausgerottet worden waren, in den Arbeiterbezirken Hoffnung. In der Schlacht um Berlin eilten deutsche Kommunisten vom Wedding und aus Neukölln dem Angriff der Roten Armee auf Hitlers letzte Verschanzungen zu Hilfe. Der größte Teil der Berliner Intelligenz, hin und her gerissen zwischen Fatalismus und ungewisser Hoffnung, fragte sich, ob die Russen nicht vielleicht doch die Vorteile einer gewissen Versöhnung mit dem besiegten Deutschland einsehen und sich von Racheorgien zurückhalten würden.

Mit diesem Dilemma zwischen dem Wunsch nach Rache und dem Bedürfnis nach Versöhnung ist die russische Politik noch heute konfrontiert. Stalins Bemerkung, daß die Hitler kommen und gehen, das deutsche Volk und der Staat aber bestehen bleiben, wurde überall in Ostdeutschland auf Plakaten und Spruchbändern bekanntgemacht. Nichtsdestoweniger standen die ersten Wochen und Monate der russischen Besetzung im Zeichen einer Racheorgie.

[. . .]

Nachdem der Anfall destruktiver Rachsucht jetzt fast vorüber zu sein scheint, ist die russische Militärregierung bemüht, Nägel mit Köpfen zu machen und das, was von

Ostdeutschland übrig geblieben ist, wieder in Ordnung zu bringen. Die Eisenbahnen verkehren schließlich wieder. Städtische und öffentliche Dienstleistungen sind in Betrieb genommen worden. Schutt wird vielleicht schneller von den Straßen geräumt als in den übrigen Zonen. Das geschieht, indem man für diese Arbeit ziemlich rücksichtslos Frauen und Alte einsetzt. Der Anblick von „Ketten" alter Frauen, die Schutt wegräumen, mag den Besucher aus Westeuropa schockieren. Aber ist es nicht besser, selbst die Alten und Schwachen zur Entrümpelung zu zwingen, um so Platz für zukünftige Gebäude zu schaffen, als daß man sie auf ein Wunder warten und inmitten des verheerenden Abfalls sterben läßt? Jene Industrien, die man nicht demontiert hat oder die sich nicht demontieren ließen – die Kohle- und Pottaschegruben, die berühmten Leunawerke, einige Zeiss-Fabriken –, arbeiten bereits wieder, manche mit Hochdruck. Kohle wird aus dem jetzt polnischen Schlesien importiert, um diese Industriebetriebe aufrechtzuerhalten. Auf Grund ihrer eigenen Erfahrungen zeigen die Russen den Deutschen, wie man in einem Winter ohne Kohlen mit Brennholz auskommt. Sie beliefern sie auch mit mageren Lebensmittelrationen aus Vorräten, die von Einheiten der Roten Armee auf Feldern geerntet und gesammelt wurden, die von Junkern und Bauern im Stich gelassen worden waren. Der rachsüchtige Sieger versucht, in der Wüste Ostdeutschlands etwas Leben zu organisieren.

Für die Intelligenz gibt es bestimmt Anziehungspunkte. Das künstlerische Leben in Berlin und in den Provinzen ist vorwiegend dank russischer Unterstützung neu belebt worden. Theater und Konzertgebäude sind bis zum letzten Platz mit deutschem Publikum besetzt. Deutsche Zeitungen in der russischen Zone sind trotz mancher Verärgerung über die Zensur lebendiger und besser gemacht als die Blätter in den anderen Zonen. Sie genießen auch einen gewissen Spielraum der freien Äußerung, unvergleichlich mehr als unter den Nazis – er könnte sogar den Neid eines russischen Journalisten erwecken. Was bei der russischen Militärregierung bis jetzt bemerkenswert war, ist vielleicht nicht das Ausmaß, in dem sie russische totalitäre Methoden nach Deutschland verpflanzt hat, sondern der Umfang, in dem sie sich dessen enthalten hat.

[. . .]

Quelle: I. Deutscher, Reportagen aus Nachkriegsdeutschland, Hamburg 1980, S. 129–131 (The Economist 27. 10. 1945).

27. Hauptsorgen der Deutschen in der amerikanischen Zone

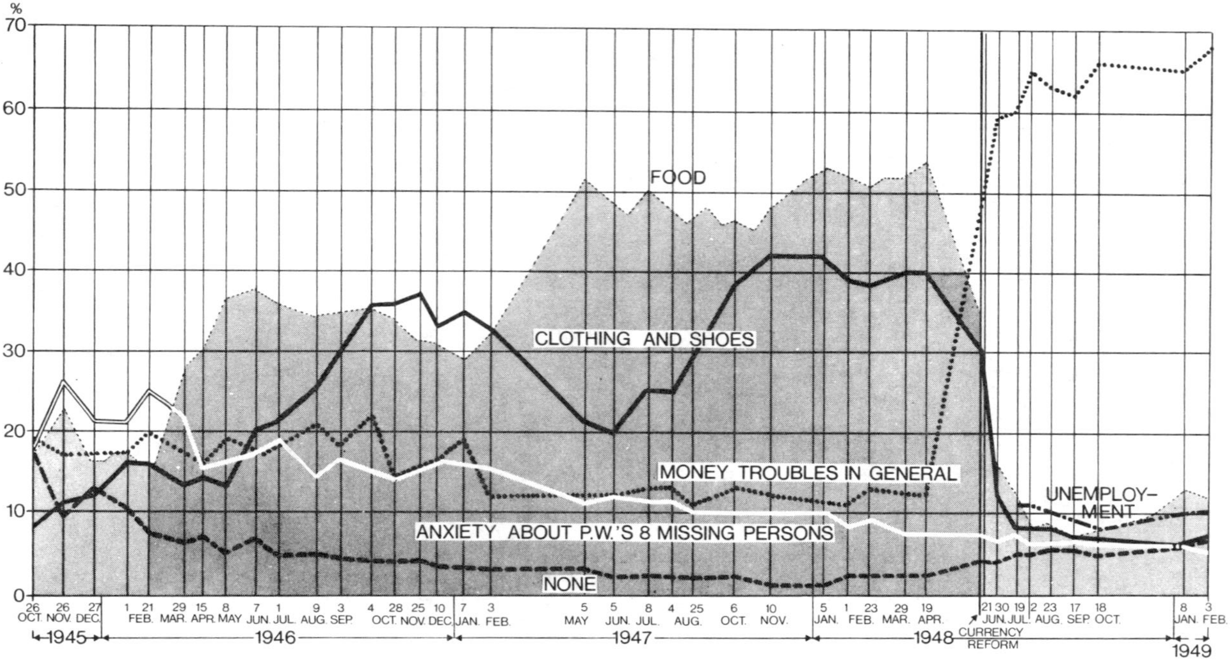

Question: "What are your greatest cares and worries at the present time?"
Source: OMGUS Report 175, June 1949, p. 3.

Quelle: A. J. und R. L. Merritt, Public opinion in occupied Germany, Urbana 1970, S. 16 f.

28. Hirtenbrief, beschlossen von der Konferenz der katholischen Bischöfe Deutschlands in Fulda

(vom 23. August 1945)

[. . .]

Wir wissen, daß es für viele von euch nicht gefahrlos war, immer wieder Hirtenworte von uns zu vernehmen, die den Zeitirrtümern und Zeitverbrechen entgegentraten. Mit tiefem Interesse und innerer Anteilnahme sind Millionen und Millionen unseren Ausführungen gefolgt, wenn wir für die Rechte der Persönlichkeit eingetreten sind, wenn wir die Übergriffe des Staates in das kirchliche Leben zurückgewiesen haben, wenn wir von den unerhörten Bedrückungen sprachen, die durch Staat und Partei auf allen Gebieten des geistigen und religiösen Lebens ausgeübt wurden, wenn wir gegen Rassendünkel und Völkerhaß unsere Stimme erhoben haben. Wir wissen wohl, daß Angeber allüberall sich fanden, um euch in eurem Fortkommen, in eurem Aufstieg zu hemmen, wenn festgestellt werden konnte, daß ihr solchen Predigten gelauscht hattet.

[. . .]

Und dennoch: Furchtbares ist schon vor dem Kriege in Deutschland und während des Krieges durch Deutsche in den besetzten Ländern geschehen. Wir beklagten es zutiefst: Viele Deutsche, auch aus unseren Reihen, haben sich von den falschen Lehren des Nationalsozialismus betören lassen, sind bei den Verbrechen gegen menschliche Freiheit und menschliche Würde gleichgültig geblieben; viele leisteten durch ihre Haltung den Verbrechen Vorschub, viele sind selber Verbrecher geworden. Schwere Verantwortung trifft jene, die auf Grund ihrer Stellung wissen konnten, was bei uns vorging, die durch ihren Einfluß solche Verbrechen hätten verhindern können und es nicht getan haben, ja diese Verbrechen ermöglicht und sich dadurch mit den Verbrechern solidarisch erklärt haben. Wir wissen aber auch, daß bei solchen, die in abhängiger Stellung waren, insbesondere bei Beamten und Lehrern, die Parteizugehörigkeit oftmals nicht eine innere Zustimmung zu den furchtbaren Taten des Regimes bedeutete. Gar mancher trat ein in Unkenntnis des Treibens und der Ziele der Partei, gar mancher gezwungen, gar mancher auch in der guten Absicht, Böses zu verhüten. Es ist eine Forderung der Gerechtigkeit, daß immer und überall die Schuld von Fall zu Fall geprüft wird, damit nicht Unschuldige mit den Schuldigen leiden müssen. Dafür sind wir Bischöfe von Anfang an eingetreten und dafür werden wir uns auch in Zukunft einsetzen. Wir werden aber auch alles daransetzen, daß im Volke, insbesondere in der Jugend, die Gedanken von Gottesrecht und Menschenrecht, von menschlicher Würde und Gewissensfreiheit wieder fest wurzeln und daß von innen heraus einer Wiederkehr solcher Zustände und eines neuen Krieges vorgebeugt werde. Wir wollen neu aufbauen und sind dankbar für jede Hilfe, die uns zuteil wird bei unserer religiösen Sendung. Wir hoffen, daß katholischen Eltern wieder die Möglichkeit gegeben ist, ihre Kinder in katholische Schulen zu schicken. Es gibt keine bessere Bürgschaft für die Gesundung der geistigen Lage als eine wahrhaft religiöse Erziehung, die in der Bekenntnisschule gesichert ist. Darum bestehen wir in Einmütigkeit und Übereinstimmung mit den Weisungen Papst Pius XI. in seiner herrlichen Erziehungsenzyklika auf der katholischen Schule für die katholischen Kinder. Wo keine Möglichkeit einer öffentlichen katholischen Schule gegeben ist, muß der Kirche die Freiheit bleiben, private katholische Volksschulen zu errichten. Ebenso verlangen wir katholische höhere Privatschulen, besonders die Ordensschulen, wie sie vor 1933 bestanden und segensreich gewirkt haben. Wir stützen unsere Forderung auf unser durch Gesetz und Konkordat verbürgtes Recht. Wir erwarten von allen Gläubigern, daß sie unsere Bemühungen um die echt katholische Erziehung der Kinder nach Kräften unterstützen.

[. . .]

Quelle: Keesing's Archiv der Gegenwart 1945, S. 392.

29. Erklärung des Rates der Evangelischen Kirche in Deutschland gegenüber den Vertretern des Ökumenischen Rates der Kirchen

Stuttgart, den 19. Oktober 1945

Der Rat der Evangelischen Kirche Deutschland begrüßt bei seiner Sitzung am 18. und 19. Oktober 1945 in Stuttgart Vertreter des Ökumenischen Rates der Kirchen. Wir sind für diesen Besuch um so dankbarer, als wir uns mit unserem Volk nicht nur in einer großen Gemeinschaft der Leiden wissen, sondern auch in einer Solidarität der Schuld. Mit großem Schmerz sagen wir: Durch uns ist unendliches Leid über viele Völker und Länder gebracht worden. Was wir unseren Gemeinden oft bezeugt haben, das sprechen wir jetzt im Namen der ganzen Kirche aus: Wohl haben wir lange Jahre hindurch im Namen Jesu Christi gegen den Geist gekämpft, der im nationalsozialistischen Gewaltregiment seinen furchtbaren Ausdruck gefunden hat; aber wir klagen uns an, daß wir nicht mutiger bekannt, nicht treuer gebetet, nicht fröhlicher geglaubt und nicht brennender geliebt haben.

Nun soll in unseren Kirchen ein neuer Anfang gemacht werden. Gegründet auf die Heilige Schrift, mit ganzem Ernst ausgerichtet auf den Heiligen Herrn der Kirche, gehen sie daran, sich von glaubensfremden Einflüssen zu reinigen und sich selber zu ordnen. Wir hoffen zu dem Gott der Gnade und Barmherzigkeit, daß Er unsere Kirchen als Sein Werkzeug brauchen und ihnen Vollmacht geben wird, Sein Wort zu verkündigen und Seinem Willen Gehorsam zu schaffen bei uns selbst und bei unserem ganzen Volk.

Daß wir uns bei diesem neuen Anfang mit den anderen Kirchen der ökumenischen Gemeinschaft herzlich verbunden wissen dürfen, erfüllt uns mit tiefer Freude.

Wir hoffen zu Gott, daß durch den gemeinsamen Dienst der Kirchen dem Geist der Gewalt und der Vergeltung, der heute von neuem mächtig werden will, in aller Welt gesteuert werde und der Geist des Friedens und der Liebe zur Herrschaft komme, in dem allein die gequälte Menschheit Genesung finden kann.

So bitten wir in einer Stunde, in der die ganze Welt einen neuen Anfang braucht: Veni creator spiritus!

gez. Landesbischof D. Wurm
Landesbischof D. Meiser
Bischof D. Dr. Dibelius
Superintendent Hahn
Pastor Asmussen D. D.

Pastor Niemöller D. D.
Landesoberkirchenrat Dr. Lilje
Superintendent Held
Pastor Lic. Niesel
Dr. Dr. Heinemann.

Quelle: Ursachen und Folgen, Bd. 23, S. 307 f.

30. Die wirtschaftliche Lage von Familien an Berliner Beispielen
(1946/47)

1. Wie weit reichen die Einnahmen der Familien aus?

Versuchen wir festzustellen, wie weit Gehälter, Löhne und sonstige Einnahmequellen der Familien ausreichen, um ihre Lebenskosten zu bestreiten. Was haben Familienväter und Mütter selbst darüber mitgeteilt?

In rund 100 Fällen bezeichnen sie bis zum Herbst 1946 ihre Einkünfte als unzureichend. In den 100 anderen Fällen konnten die Familien „auskommen", weil sie sich entweder auf die rationierten und kontrollierten Waren beschränkten, oder weil sie neben ihren Löhnen und Gehältern über Hilfsquellen verschiedener Art verfügten.

Die folgende Aufstellung zeigt die Beteiligung der Familienmitglieder am Gelderwerb durch regelmäßige Löhne und Gehälter:

Es verdienen:	Zahl der Familien:
nur der Mann	57
nur die Frau (Mann abwesend, geschieden oder tot)	38
nur die erwachsenen Kinder	14
Mann und Frau	24
Mutter und Kinder	13
Vater, Mutter, Kinder	4
Rentenempfänger	6
Mangelhafte Angaben	44
	200 Familien

Der Durchschnittslohn eines voll bezahlten Arbeiters oder das Monatsgehalt eines Angestellten oder eines Lehrers reicht in der Regel aus, um neben den rationierten Lebensmitteln die Miete, Gas und Licht zu bezahlen, die wenigen Zentner zugeteilte Kohle, das zugeteilte Holz zu kaufen, eine Zeitung zu abonnieren und die laufenden Ausgaben im Haushalt zu bestreiten. Auch einige Kinobesuche, das eine oder andere Gebrauchsstück auf Bezugschein lassen sich noch einschieben, oder, wenn es hoch kommt, 1 Brot oder 1 Pfund Mehl vom schwarzen Markt. Verdienen mehrere Familienmitglieder, so können zusätzliche Lebensmittel öfter erworben werden, falls nicht, wie im Winter 1946/47, die Verdiener durch wochenlange Stillegung ihrer Betriebe arbeitslos werden (vgl. Fam. M.) oder die Preise des schwarzen Marktes übermäßig anziehen (ein Brot z. B. statt 40 RM 60 RM kostet).

[. . .]

Am günstigsten stehen sich heute vielfach Handwerker und Facharbeiter, weil sie durch ihre praktischen und oft vielseitigen Fertigkeiten hochbegehrte Leute sind, die durch Nebenverdienste ihre festen Einnahmen erheblich auffüllen können.

Sind Nebeneinnahmen nicht möglich, so müssen entweder noch Ersparnisse oder Tauschwerte vorhanden sein oder anderweitige Hilfsquellen (Geldunterstützungen durch Verwandte, Auslandspakete, ländliche Beziehungen usw.), um die Lebenshaltung der Familie wirksam zu verbessern.

[. . .]

2. Die Verschlechterung der Wirtschaftslage im Winter 1946–47

Da Ersparnisse und noch vorhandene Tauschwerte schwinden, muß eine zunehmende Anzahl von Familien sich auf die rationierten Waren und geringfügige Ergänzungen beschränken. In einem Bericht im Frühjahr 1947 heißt es: „Die Einkünfte von Familie H. sind unverändert, trotzdem reichen die Einnahmen in diesem Winter schlechter aus als im vergangenen Winter (1945/46), da verschiedene Dinge hinzugekauft werden mußten und die Familie über keine Tauschwerte mehr verfügt. Zusätzliche Lebensmittel können aus Mangel an Geld nicht mehr beschafft werden. Was noch an Geld erübrigt werden konnte, ging auf Kohleanzünder und einige Lichte drauf" (ein Kasten Kohleanzünder = 40 Tafeln kostete im Winter 1946/47 in Drogerien und anderen Geschäften 26 RM; im Spätsommer 1947 wurden mir die gleichen Kohleanzünder im gleichen Laden für 60 RM angeboten).

Wie viele Familien konnten im Winter 1946/47 noch Lichte kaufen (das Stück für 5 bis 10 RM), um sich in ihren während der Stromsperren dunklen Wohnungen zurechtzufinden? Auch Gebrauchsgegenstände, die auf Bezugscheine oder frei in Ladengeschäften zu kaufen sind, kosten meistens ein Vielfaches der früheren Preise, zum Beispiel:

1 einfacher Wollpullover 50–75 RM (früher 6–15 RM),
1 einfaches Kinderkleid aus Baumwolle 110 RM (früher 7 bis 15 RM),
1 Küchenhandtuch 10 RM (früher 0,60–0,90 RM),
1 Scheuertuch 4–5 RM (früher 0,30–0,50 RM),
1 einfache Teetasse 10–20 RM (früher 0,30–0,50 RM),
1 Einkaufstasche für Hausfrauen, je nach Qualität 7–75 RM (früher 2–5 RM),
1 Schreibheft für Geschäftszwecke 3 RM (früher 0,30 RM),
1 Liter flüssige Seife 2,50 RM (früher 0,30 RM),
1 Pfund Seifenpulver 8 RM (früher 0,75 RM),
1 Kerze 5–10 RM (früher 0,20 RM),
1 Rolle Stopftwist auf Bezugschein 0,75 RM (früher 0,10 RM),
1 Brett auf Rädern mit Deichsel = sogen. Wagen zur Beförderung von Kohlen oder Kartoffeln 45–100 RM (früher etwa 7–10 RM).

[. . .]

Ergänzen wir diesen Überblick durch einige Durchschnittspreise des schwarzen Marktes aus dem Frühjahr 1947:

1 Pfund Butter	250–350 RM	1 Pfund Zucker	80–100 RM
1 Pfund Speck	350–460 RM	1 Pfund Fleisch	120–150 RM
1 Pfund Roggenmehl	18– 25 RM	1 Ei	15– 20 RM
1 Pfund Weizenmehl	40– 60 RM	1 Pfund Zwiebeln	10– 12 RM
1 Roggenbrot (3 Pfund)	35– 45 RM	1 Ztr. Briketts	50– 80 RM
1 Pfund Gerstengrütze	25– 40 RM	1 Rolle Nähgarn	30– 50 RM
		1 Paar Schuhe besohlen	25– 50 RM
		1 Paar Absätze	10– 15 RM

Fast alle diese Preise bedeuten eine mehr als hundertfache Überhöhung der amtlichen Preise.

[. . .]

Schon dieser Querschnitt dürfte nachweisen, daß die große Mehrzahl der Lohn- und Gehaltsempfänger von ihren Bezügen diese Schwarzhandelspreise nicht bezahlen kann.

[. . .]

Quelle: H. Thurnwald, Gegenwartsprobleme Berliner Familien, Berlin 1948, S. 63–67.

31. Grundsätze der amerikanischen Besatzungspolitik

(Denkschrift General Clays vom 19. Juli 1946 in der Zusammenfassung von J. Gimbel)

Clay beginnt mit einer allgemeinen Darstellung der politischen Ziele der Vereinigten Staaten: die Zerstörung des Kriegspotentials, die Umerziehung der Deutschen zu einem liberalen Lebens- und Regierungsverständnis, die Wiederherstellung der Selbstverwaltung nach demokratischen Grundsätzen und die eventuelle Aufnahme Deutschlands in die Vereinten Nationen. Seine weiteren Ausführungen über die Einzelheiten lassen sich wie folgt zusammenfassen:

Die Vereinigten Staaten sind der Ansicht, das Potsdamer Abkommen solle als Ganzes und nicht stückweise verwirklicht werden. Die Vereinigten Staaten sind bereit, zu entmilitarisieren, zu entnazifizieren, Anlagen der Schwerindustrie zu demontieren und sie als Teil der Reparationsleistungen zu verwenden. Deutschland muß als wirtschaftliche Einheit behandelt werden. Die einheimischen Hilfsquellen müssen zuerst die notwendigsten deutschen Bedürfnisse befriedigen und als zweites Exportgüter produzieren, mit denen wichtige Importe finanziert werden können.

Im Sinne des Potsamer Abkommens schlagen die Vereinigten Staaten vor, daß bald eine deutsche Selbstverwaltung aufgrund von Wahlen und einheitlichen demokratischen Verfahren geschaffen wird. Sie befürworten eine dezentralisierte Regierungsform, die ein großes Maß an Zuständigkeiten bei den untergeordneten Einheiten beläßt. Sie beabsichtigen eine Umerziehung der Bevölkerung durch Deutsche unter alliierter Kontrolle, die Durchführung eines energischen Gewerkschaftsprogramms und die Gewährung der Freiheit für Presse und Rundfunk zu einem frühen Zeitpunkt. Die Vereinigten Staaten erwägen die frühzeitige Einsetzung einer provisorischen Regierung, die so lange im Amt bleibt, bis eine verfassungsgebende Versammlung eine Verfassung entworfen hat, die vom Volk ratifiziert worden ist.

In der Frage der Reparationen folgen die Vereinigten Staaten dem Potsdamer Abkommen. Fabriken, die die Zahl der für die Durchführung des Plans zur Festsetzung des Industrieniveaus notwendigen Werke übersteigen, sollen abgebaut und der Sowjetunion, Polen sowie der Interalliierten Reparationsbehörde zur weiteren Verteilung zur Verfügung gestellt werden. Die Vereinigten Staaten haben jedoch das vorgesehene Industrieniveau als ein Minimum akzeptiert und werden anderen Formen der Wiedergutmachung nicht zustimmen, die die deutsche Wirtschaft noch mehr belasten würden. Reparationen aus der laufenden Produktion können nicht gebilligt werden, wenn nicht ein Überschuß vorhanden ist, der nicht für die Aufrechterhaltung des festgesetzten minimalen Lebensstandards oder zur Finanzierung lebenswichtiger Importe gebraucht wird. Die Vereinigten Staaten haben dem Industrieniveau unter der Bedingung zugestimmt, daß Deutschland als wirtschaftliche Einheit behandelt wird, und sie sind bereit, alle geforderten Reparationsleistungen erbringen zu lassen, sobald diese Voraussetzung erfüllt ist.

[. . .]

Was die politische Struktur betrifft, unterstützen die Vereinigten Staaten entschieden die in Potsdam vorgesehene Errichtung von Zentralbehörden. „Sie sind jedoch davon überzeugt, daß die Verzögerung bei der Schaffung dieser Behörden es jetzt wünschenswert erscheinen läßt, gleichzeitig eine provisorische Regierung einzusetzen, der diese Behörden verantwortlich sind." Die Vereinigten Staaten befürworten eine dezentralisierte Regierungsform, bei der sich eine beschränkte Zahl von Ländern in einem Staatenbund (confederation) oder in einer föderalistischen Staatsform zusammenschließt, die genügend Vollmachten besitzen muß, um die wirtschaftliche Einheit zu gewährleisten. Die Vereinigten Staaten schlagen vor, eine provisorische Regierung einzusetzen, die aus einem Rat der Ministerpräsidenten besteht, der vom Alliierten Kontrollrat beaufsichtigt wird. Der Rat der Ministerpräsidenten soll die Arbeit der Zentralbehörden koordinieren und einen vorläufigen Verfassungsentwurf ausarbeiten, der dem Alliierten Kontrollrat zur Überprüfung vorzulegen ist, um dann von einer gewählten verfassunggebenden Versammlung seine endgültige Form zu erhalten und vom deutschen Volk ratifiziert zu werden. Die Verfassung muß gewissen demokratischen Mindesterfordernissen genügen. Das sind die Grundsätze der Volkssouveränität, der Rechtsstaatlichkeit, häufige Wahlen, an denen wenigstens zwei demokratische Parteien beteiligt sein müssen, die Garantie der persönlichen Grundrechte und die Beschränkung der Vollmachten der Zentralregierung auf die, welche ihnen von den Ländern zugestanden werden.

Die Vereinigten Staaten stimmen dem Potsdamer Abkommen hinsichtlich der deutschen Ostgrenzen zu. Sie werden die Abtrennung des Saargebiets und seine Integration in die französische Wirtschaft unterstützen, vorausgesetzt, daß die deutschen Reparationsleistungen für Frankreich neu geregelt werden. Die Vereinigten Staaten unterstützen keine weiteren Gebietsabtretungen Deutschlands, weil die deutsche Wirtschaft das Ruhrgebiet und das Rheinland braucht und weil die Abtrennung dieser Gebiete in der Zukunft Schwierigkeiten bereiten würde. Die Vereinigten Staaten werden jedoch jeden vernünftigen Plan berücksichtigen, die Kohle- und Stahlindustrie im Ruhrgebiet und im Rheinland unter internatonale Kontrolle zu stellen.

Die Vereinigten Staaten übersehen nicht die Gefahr, die von einem vollständig wiederhergestellten Deutschland ausgehen würde. Sie unterstützen Einschränkungen der Schwerindustrie – wenn auch nicht bei der friedlichen Zwecken dienenden Leichtindustrie – bis zu einem Zeitpunkt, zu dem die Vereinten Natonen davon überzeugt sind, daß Deutschland keine Bedrohung des Friedens mehr darstellt. Die Vereinigten Staaten sind an Vergeltung nicht interessiert und wollen Gerichtsverfahren gegen Kriegsverbrecher und die Führer der nationalsozialistischen Partei, die die Deutschen in einen grausamen Angriffskrieg geführt haben, sowie deren Bestrafung so schnell wie möglich abschließen. Sie erkennen an, daß die Besetzung so lange dauern muß, bis die politischen Ziele der Alliierten erreicht sind, und sie haben einem Garantievertrag für die Dauer von 40 Jahren zugestimmt, der sicherstellen soll, daß eine Bedrohung des Friedens durch Deutschland in Zukunft ausgeschaltet wird.

Quelle: J. Gimbel, Amerikanische Besatzungspolitik, Frankfurt/M. 1971, S. 109 ff.

32. Direktive Nr. 24 des Alliierten Kontrollrats:
Entfernung von Nationalsozialisten und Personen, die den Bestrebungen der Alliierten feindlich gegenüberstehen, aus Ämtern und verantwortlichen Stellungen

(12. Januar 1946)

1. Zweck und Ziel

Die Dreimächte-Konferenz in Berlin stellte als Ziel der Besetzung Deutschlands unter anderem fest: Die Entfernung aller Mitglieder der Nationalsozialistischen Partei, die ihr aktiv und nicht nur nominell angehört haben, und aller derjenigen Personen, die den Bestrebungen der Alliierten feindlich gegenüberstehen, aus öffentlichen und halböffentlichen Ämtern und aus verantwortlichen Stellungen in bedeutenden privaten Unternehmen. Diese sind durch solche Personen zu ersetzen, die nach ihrer politischen und moralischen Einstellung für fähig erachtet werden, die Entwicklung wahrer demokratischer Einrichtungen in Deutschland zu fördern.

2. Begriffsbestimmungen

a) Als Personen, die der Partei „aktiv und nicht nur nominell angehört haben“ und solche, „die den Bestrebungen der Alliierten feindlich gegenüberstehen“, sind anzusehen:

I. Personen, die als Amtsträger oder in anderer Weise in der Partei, von den Orts- bis hinauf zu den Reichsstellen, oder in einer der ihr angeschlossenen oder in solchen Organisationen, die militärische Lehren fördern, aktiv tätig waren;

II. Personen, die nationalsozialistische Verbrechen, Rasseverfolgungen oder ungleichmäßige und ungerechte Behandlung gutgeheißen oder an solchen Taten willig teilgenommen haben;

III. Personen, die offen erklärte Anhänger des Nationalsozialismus oder militaristischer oder Rassenlehren waren, oder

IV. Personen, welche freiwillig der NSDAP, deren Führern oder Hoheitsträgern wesentlichen moralischen oder materiellen oder politischen Beistand irgendeiner Art geleistet haben.

[. . .]

e) Der Ausdruck „Entfernung“ im Sinne dieser Direktive bedeutet, daß der Betroffene sofort und unbedingt zu entlassen und seinem Einfluß und seiner mittel- oder unmittelbaren Beteiligung an dem Betriebe oder Konzern, mit dem er verbunden war, ein Ende zu setzen ist. Bei den freien Berufen oder Gewerben bedeutet der Begriff „Entfernung“, daß das Recht der betroffenen Person zur Berufsausübung aufgehoben oder beschränkt wird, soweit sie darin nicht nur in privater Eigenschaft handelt oder weder in beaufsichtigender, leitender oder organisatorischer Eigenschaft tätig ist, noch an der Einstellung und Entlassung anderer mitwirkt oder die Arbeit betreffende oder andere richtunggebende Maßnahmen zu treffen hat.

f) Die Namen der entfernten Personen und die Gründe für ihre Entfernung sind den zuständigen Leitern der Vermögensverwaltung (Militärregierung) oder entsprechenden

Behörden der Militärregierung zu übermitteln, die gemäß den einschlägigen Gesetzen und Anordnungen der Militärregierung die Maßnahmen zur sofortigen Sperre und Kontrolle des Vermögens solcher Personen treffen.

Personen, die aus öffentlichen Ämtern entfernt werden, haben keinen Anspruch auf Ruhegehälter oder andere Beamtenrechte.

[Es folgen detaillierte Vorschriften über Verantwortlichkeit, Nachprüfbarkeit von Entscheidungen, Ausnahmeregelungen für Spezialisten sowie eine Kategorisierung der automatisch und nach Prüfung zu Entlassenden.]

13. Richtlinien für die Ausübung des Ermessens bei Entfernung und Ausschluß von Einzelpersonen

Bei der Nachprüfung all dieser Fälle ist von den grundsätzlichen Fragen auszugehen, ob eine Person im Sinne der in Artikel 2 dieser Direktive gegebenen Begriffsbestimmung mehr als nur nominell der Nationalsozialistischen Partei angehört hat oder nicht. In Zweifelsfällen sollen Leute nicht eingestellt oder in Beschäftigung behalten werden, falls andere, politisch zuverlässigere, wenn auch sachlich weniger geeignete Personen zur Verfügung stehen. Solchen Personen sind nach Möglichkeit nur Posten von geringerer Verantwortung zu geben, bis sie ihre politische Zuverlässigkeit bewiesen haben. Es ist wesentlich, daß die leitenden deutschen Beamten an der Spitze von Provinzen, Regierungsbezirken und Kreisen erwiesene Gegner des Nationalsozialismus sind, selbst wenn dies die Anstellung von Personen nach sich zieht, deren Eignung, ihren Aufgabenkreis zu erfüllen, geringer ist.

Quelle: Ursachen und Folgen, Bd. 23, S. 352–55, 360.

33. SED und nominelle Pgs

(Beschluß des Parteivorstandes vom 20. Juni 1946)

Der demokratische Neuaufbau Deutschlands, der allein unserem Volke einen Aufstieg aus der durch die verbrecherische Hitlerpolitik hinterlassenen schweren Notlage in eine bessere Zukunft ermöglicht, wird um so rascher und erfolgreicher verwirklicht werden können, je umfassender alle aufbauwilligen Kräfte in Deutschland aktiv an ihm teilnehmen.

Ein Jahr ist jetzt seit dem Zusammenbruch des Naziregimes vergangen. Auf Grund der Zusammenarbeit der antifaschistisch-demokratischen Parteien und Organisationen in der sowjetischen Besatzungszone wurden die demokratischen Selbstverwaltungen neu aufgebaut und von nazistischem Einfluß gesäubert. Dasselbe ist in weitgehendem Maße in der Leitung der Wirtschaft und der Betriebe geschehen. Auf dem Lande wurden die kriegstreibenden junkerlichen Großgrundbesitzer durch die Bodenreform entmachtet. So wurden den Kriegstreibern und aktiven Nazis die Mittel zur weiteren Durchführung ihrer unheilvollen Politik genommen.

Die Sozialistische Einheitspartei Deutschlands erklärt auch weiterhin ihre Entschlossenheit, unnachgiebig den Kampf zur Unschädlichmachung der hitlerschen Kriegsverbrecher und Naziaktivisten zu führen, die sich durch ihre Taten gegen das eigene Volk und gegen andere Völker als Feinde der Menschheit offenbart haben. Sie müssen aus dem Leben des deutschen Volkes ausgeschaltet werden. Die Organe der Selbstverwaltungen, der Wirtschaft, die Leitungen der Betriebe, des Schul- und Erziehungswesens und die kulturellen Einrichtungen müssen von allen Rechten des faschistisch-militaristischen Geistes gesäubert werden und in den Händen überzeugter Demokraten liegen.

Auch die nominellen Mitglieder der NSDAP haben auf Grund ihrer Mitgliedschaft zur Nazipartei einen Teil Schuld und Mitverantwortung für die verbrecherische Hitlerbande auf sich geladen. In dem verflossenen Jahre haben aber zahlreiche ehemalige einfache Mitglieder der Hitlerpartei in den Gemeinden und Städten loyal beim demokratischen Wiederaufbau mitgearbeitet. Sie haben damit bekundet, daß ihre frühere Einstellung falsch war, andere sind auf dem Wege, anzuerkennen, daß sie nur durch die Eingliederung in die demokratische Ordnung und durch eigene praktische Mitarbeit wiedergutmachen können, was sie in der Vergangenheit an Schuld auf sich geladen haben.

Auf Grund dieser Erwägungen hält die Sozialistische Einheitspartei Deutschlands den Zeitpunkt für gekommen, das Problem der Eingliederung der Massen der ehemaligen einfachen Mitglieder und Mitläufer der Nazipartei in den demokratischen Aufbau Deutschlands einer Lösung entgegenzuführen. Alle früheren einfachen Mitglieder der Nazipartei, die nicht besonders belastet sind und sich als aktive Mithelfer an der neuen demokratischen Ordnung betätigen, sollen als Staatsbürger anerkannt und behandelt werden. Die Sozialistische Einheitspartei Deutschlands tritt dafür ein, daß allen, die guten Willens sind, die Möglichkeit zur Mitarbeit und zu einem neuen Leben gegeben wird. Sie begrüßt deshalb die Maßnahmen, die die Landesverwaltung Sachsen in der Frage der Unterscheidung zwischen aktiven und nominellen Nazis getroffen hat.

Der Volksentscheid in Sachsen war ein großer Schritt auf diesem Wege. Die Betriebe der Kriegsverbrecher und Naziaktivisten wurden durch die Volksabstimmung in die Hände der Selbstverwaltungen übereignet, die beschlagnahmten Betriebe, die ehemaligen einfachen und nicht besonders belasteten Mitgliedern der Hitlerpartei gehörten, gingen an ihre Besitzer zurück. Von der Volksabstimmung waren die Kriegsverbrecher und aktiven Nazis ausgeschlossen, während alle übrigen ehemaligen nominellen Mitglieder der liquidierten Nazipartei als Staatsbürger an der Volksabstimmung teilnahmen. Es wurde also eine klare Unterscheidung zwischen den Kriegsverbrechern und aktiven Nazis einerseits und den Massen der nominellen Mitglieder der ehemaligen NSDAP andererseits getroffen.

Der Parteivorstand der Sozialistischen Einheitspartei Deutschlands begrüßt die Initiative der Antifaschisten in verschiedenen Entnazifizierungskommissionen, die Vorschläge machen bzw. Listen von Kriegsverbrechern und aktiven Nazis vorlegen, damit sich diese Kommissionen vor allem mit der Säuberung der Verwaltungen und der Wirtschaft, der Betriebe und öffentlichen Institutionen von diesen Elementen beschäftigten. Wo die Entnazifizierung noch nicht beendet ist und solche Kommissionen bestehen, ist es Sache der Antifaschisten, unverzüglich die Listen der Kriegsverbrecher und aktiven Nazis zusammenzustellen und den Kommissionen zur Bearbeitung zu unterbreiten.

Quelle: Dokumente der Sozialistischen Einheitspartei Deutschlands, Bd. 1, Berlin (O) 1952, S. 52 f.

34. Kanzelabkündigungen der hessischen Kirchenleitung zur Jahreswende 1947/48 betreffend die Entnazifizierung

[. . .]

Die Kirchenleitung hat seit dem Antritt ihres Amtes mit steigender Besorgnis sehen müssen, daß unser Volk nicht den Weg zur Versöhnung geht, daß vielmehr Lieblosigkeit und Haß um sich greifen. Dabei kommt immer wieder an den Tag, daß ein großer Teil der herrschenden und wachsenden Verbitterung auf die Handhabung der sog. Denazifizierung zurückzuführen ist. Die evangelische Kirche hat sich von Anbeginn für eine echte Befreiung unseres Volkes vom Ungeist des Nationalsozialismus eingesetzt. Aber sie hat bereits beim Erlaß des Befreiungsgesetzes warnend darauf hingewiesen, daß dies Gesetz sehr leicht zur Unbußfertigkeit führen könne, weil hier ein großer Teil der Bevölkerung genötigt wird, sich selber zu rechtfertigen und als unschuldig hinzustellen. Sie hat ferner darauf hingewiesen, daß dies Gesetz sehr leicht zum Instrument der Vergeltung gemacht werden könne.

Diese Befürchtungen sind weit übertroffen worden; denn der Versuch, den Nationalsozialismus mit den Mitteln dieses Gesetzes auszurotten, ist auf der ganzen Linie gescheitert. Dagegen hat diese Art der Denazifizierung zu Zuständen geführt, die auf Schritt und Tritt an die hinter uns liegenden Schreckensjahre erinnern. Hunderttausende von Menschen stehen unter beständigem Druck und erliegen der Versuchung, zu aller erdenklichen Unwahrhaftigkeit und Lüge zu greifen, um sich reinzuwaschen. Zehntausende haben Arbeit und Brot verloren oder warten in den Internierungslagern auf ihren Spruch oder nach längst gefälltem Spruch auf die Freilassung. Das alte System der Sippenstrafe ist wiedergekehrt; und wenn ein Fall glücklich geklärt und entschieden ist, so werden die Sprüche in ihrer Mehrzahl wieder umgestoßen, so daß ein Ende dieser Zustände gar nicht abzusehen ist.

Die evangelische Kirche hat sich des öfteren dafür eingesetzt, daß nur nachweisbare und nachgewiesene Vergehen und Verbrechen bestraft werden sollten; aber sie ist nicht gehört worden. Heute ist die völlige Katastrophe offenbar. Unser Volk ist nicht auf den Weg der Versöhnung geführt worden, sondern auf den Weg der Vergeltung, und die gesäte Saat neuen Hasses ist üppig aufgegangen. Viele ernste Christen, die sich zur Durchführung dieses Gesetzes in voller Verantwortung gestellt haben, sind dadurch in schwerste Gewissensbedrängnis geraten und leiden unter diesem Druck.

Unter diesen Umständen müssen wir allen Christen die ernste Frage vorlegen, ob sie es noch verantworten können, sich freiwillig an der Durchführung eines Verfahrens zu beteiligen, das Haß sät, statt der Gerechtigkeit und Versöhnung zu dienen. Es ist eine ernste Frage an die Gewissen, die wir damit stellen; und nach unserem Maß der Erkenntnis müssen wir bitten: wirkt an dieser Sache, die so viel Unrecht im Gefolge hat, nicht länger aus freien Stücken als öffentliche Kläger oder als freiwillige Belastungszeugen mit! Oder ihr kommt in die Gefahr, das Amt der Versöhnung zu verraten, das euch aufgetragen ist.

Dasselbe müssen wir auch sagen von dem Amt der Vorsitzer und Beisitzer einer Spruchkammer, falls der christliche Bruder nicht die freudige Gewißheit im Gewissen hat, gerade mit diesem seinem Dienst dem Amt der Versöhnung zu dienen.

Den Dienern am Wort aber können wir diese Frage erst recht nicht ersparen; wir müssen vielmehr darauf hinweisen, daß jede freiwillige Betätigung eines christlichen Pfarrers bei der Durchführung des Befreiungsgesetzes für die Gemeinde Jesu Christi ein schweres Ärgernis bedeutet, da das Vertrauen in die Zweckmäßigkeit, Gerechtigkeit und Menschlichkeit des gesamten Verfahrens nicht nur erschüttert, sondern völlig zerbrochen ist. Wir müssen deshalb den Pfarrern unserer Kirche um ihres Amtes und um unserer Gemeinde willen verbieten, dies Ärgernis weiter mitzuverantworten.

Wir wollen aber in der Kirche unseres Herrn weiter das Wort von der Versöhnung verkündigen, ob sie es nicht endlich hören und annehmen wollen, ehe Gott sein Evangelium von uns nimmt!

Quelle: Kirchliches Jahrbuch für die evangelische Kirche in Deutschland 1945–1948, Gütersloh 1950, S. 206 ff.

35. Eugen Kogon: Das Recht auf den politischen Irrtum

Ein wahres Labyrinth verwirrender Zusammenhänge, von der Wirklichkeit heute um uns ausgebreitet, läßt uns nur durch Erörterungen, die wie Umwege, ja vorerst wie Abschweifungen aussehen mögen, zu der Feststellung vordringen, daß wir ein Recht darauf haben, uns politisch zu irren, und daß sehr weittragende praktische Folgerungen aus diesem Recht abzuleiten sind.

*

Die Form, wie man das deutsche Volk seit nunmehr zwei Jahren vom Nationalsozialismus und Militarismus zu befreien versucht, hat zu dem reichlich chaotischen Zustand, in dem wir uns befinden, viel beigetragen. Das Ergebnis ist vorerst, jeder Kundige weiß es, weniger Denazifizierung als Renazifizierung. Das böse Wort läuft um: „Seitdem uns die demokratische Sonne bescheint, werden wir immer brauner." Deutsche Mängel und alliierte Fehler haben einander mit verhängnisvoller Sicherheit, als ob sie aufeinander abgestimmt gewesen wären, ergänzt und die Anstrengungen der Einsichtigen bisher beinahe um jeden Erfolg gebracht.

Goebbels hat immer behauptet, das deutsche Volk und der Nationalsozialismus seien eins. Das war eine Lüge, wie so ziemlich alles, was seinem lügnerischen Gehirn entsprungen ist. Das deutsche Volk bildete mit dem Nationalsozialismus in der Tat eine Einheit, doch nicht von der Art, die eine Unterscheidung nicht mehr zugelassen hätte.

[. . .]

Man hat mit Goebbels und im Zuge der eigenen Kriegspropaganda, um es zu wiederholen, das ganze deutsche Volk nazistisch angesehen. Man hat es infolgedessen als Kollektiv-Einheit beschuldigt. Zwischen dieser Anklage, die auf die gesamte „Umerziehungspolitik" von vornherein einen schweren Schatten legte, und der ersten von den Angelsachsen vorbereiteten Praxis der Denazifizierung war bereits ein Unterschied; sie brachten Listen nationalsozialistischer Kategorien mit. Es waren – von den Kriegsverbrecherlisten abgesehen – nicht Namensverzeichnisse, wie es hätte sein müssen, die in Deutschland sofort von kleinen Orts-, Bezirks- und Betriebsausschüssen einwandfreier, sachkundiger Männer und Frauen zu ergänzen, ja überhaupt erst recht auszufüllen gewesen wären (was damals, im ersten Schwung, noch hätte bewältigt werden können, mit Steckbriefen für abwesende Aktivisten, so daß man Orts-, Bezirks- oder Betriebsfremde nach und nach, einzelweise, überprüfen konnte). Es waren Formalkataloge der NSDAP, ihrer Gliederungen und verwandter Organisationen.

[. . .]

Wer schuldhaft gehandelt hat, ist zu bestrafen; wer fahrlässig gehandelt hat, ist für den Schaden verantwortlich und muß *unter Umständen* bestraft werden; wer sich geirrt hat *und die Konsequenzen daraus zieht*, wird freiwillig tun, was in seiner Kraft liegt, um zur Wiedergutmachung beizutragen; er mag gerechterweise dazu auch veranlaßt werden, wenn er sich nicht selber getrieben fühlt; die Konjunkturisten soll man empfindlich „entsühnen", drastisch und spürbar. Der andere Weg, der damit begann, daß man alle über einen Kamm scheren wollte, hat selbst mit den Verbesserungen, die später eingebaut wurden, zu einer Kette von Unwirksamkeiten, Fehlentscheidungen, Ungerechtigkeiten und politischem Unsinn geführt. Es ist nicht viel Positives von ihm zu vermelden.

Die Forderung, damit Schluß zu machen, ist berechtigt. Allerdings hat nicht jeder das Recht dazu, sie zu erheben.

[. . .]

Es sind bei den Alliierten und bei uns manche einflußreichen Kräfte am Werk, um das Fahrzeug, das vorerst nur die *Aufschrift* trägt „Demokratie", in Wirklichkeit aber noch nichts ist als ein Trümmerbeseitigungskarren, aus dem Gestrüpp von Hindernissen, in dem es zur Zeit steckt, herauszumanövrieren. Spreche niemand in Deutschland hämisch von Kurswechsel, Prestigeverlust, durch Not erzwungenem Eingeständnis begangener Fehler und dergleichen mehr, wenn uns demnächst – hoffentlich bald – Möglichkeiten zu neuer Initiative eröffnet werden sollten. Wir sind daran, das Recht auf den politischen Irrtum zurückzuerhalten. Wir, aus deren Reihen in der Vergangenheit viele nicht ohne schwerste Schuld oder Schuldteilhaberschaft davon Gebrauch gemacht haben, wollen es dann denen nicht aufrechnen, die ihm in diesem gegenwärtigen Abschnitt der Entwicklung ohne ein auch nur ähnliches Maß von Schuld gleichwohl Tribut gezahlt haben. Das *sachliche* Ziel der Befreiung von Faschismus und Militarismus verbindet uns alle, – die Gutwilligen diesseits wie jenseits der Grenzpfähle, der Stacheldrähte, der Mauern von Regierungs-, Verwaltungs- und Befehlsgebungsstellen.

[. . .]

Quelle: Frankfurter Hefte, 2/1947, S. 641–655.

36. Richtlinien des Bundestages zum Abschluß der Entnazifizierung
(beschlossen am 15. Dezember 1950)

I. Die Bundesregierung wird ersucht, auf die Länder dahin einzuwirken, daß diese alsbald durch übereinstimmende landesrechtliche Regelung die Entnazifizierung unter Berücksichtigung folgender Gesichtspunkte zum Abschluß bringen:

1. Entnazifizierungsverfahren mit dem Ziel der Einstufung in die Gruppen (Kategorien) III, IV und V sind nach dem 1. Januar 1951 nicht mehr zulässig. Anhängige Verfahren

sind einzustellen. Soweit für die Einstufung in die Gruppe (Kategorie) I oder II seither eine Zuständigkeit der Besatzungsbehörden gegeben war, ist die Übertragung der Zuständigkeit auf deutsche Stellen anzustreben.

2. Betroffene, die in die Gruppe (Kategorie) I oder II eingestuft worden sind, können bis zum 31. März 1951 beantragen, in eine für sie günstigere Gruppe (Kategorie) eingestuft zu werden, wenn die bisherige Einstufung lediglich auf Grund einer gesetzlichen Vermutung erfolgt ist.

3. Personen, gegen die danach ein Verfahren nicht mehr durchzuführen ist, erhalten darüber auf Antrag eine Bescheingung. Der Antrag kann nur bis zum 31. März 1951 gestellt werden. Wer nach dem 1. Februar 1951 aus der Kriegsgefangenschaft oder der Internierung durch eine ausländische Macht zurückkehrt, kann diesen Antrag noch binnen einer Frist von drei Monaten nach Rückkehr stellen. Die Meldebehörden haben ihn auf diese Möglichkeit hinzuweisen.

4. Spätestens mit Wirkung vom 1. April 1951 entfallen die Freizügigkeitsbeschränkungen für alle Gruppen (Kategorien).

5. Berufs- und Tätigkeitsbeschränkungen enden am 31. März 1951. Ausgenommen sind Beschränkungen für die Gruppen (Kategorien) I und II, die sich auf die Ausübung des Berufs eines Lehrers, Predigers, Redakteurs, Rundfunkkommentators oder auf die Bekleidung eines Amtes in der Polizei, im auswärtigen Dienst oder eines Amtes im höheren öffentlichen Dienst beziehen.

6. Beschränkungen des aktiven und passiven Wahlrechts entfallen mit Wirkung vom 1. April 1951, mit Ausnahme der Beschränkungen des passiven Wahlrechts für die Gruppen (Kategorien) I und II.

7. Alle Vermögenssperren werden mit Wirkung vom 1. April 1951 aufgehoben; ausgesprochene Vermögenseinziehungen bleiben unberührt.

8. Sühnegelder und Verfahrenskosten, soweit sie den Betrag von 2000,– Deutsche Mark insgesamt nicht übersteigen, werden von Personen der Gruppen (Kategorien) III bis V nach dem 1. Januar 1951 nicht mehr eingezogen.

9. Den Ländern wird empfohlen, bei Verurteilung zu Arbeitslager weitgehend von dem Recht der Begnadigung Gebrauch zu machen.

II. Die Beendigung der Entnazifizierung soll die Periode der schematischen Bewertung ganzer Personengruppen wegen ihrer Zugehörigkeit zu Organisationen oder Einrichtungen der nationalsozialistischen Herrschaft abschließen. Dies veranlaßt den Bundestag, mit Nachdruck zu betonen, daß dadurch die Durchführung von Strafverfahren wegen individueller Verbrechen in keiner Weise berührt wird. Der Bundestag ersucht die Bundesregierung, auf die Landesregierungen dahin einzuwirken, daß die Staatsanwaltschaften Verfahren der genannten Art unter Einsatz aller ihnen zur Verfügung stehenden Fahndungs- und Ermittlungsmöglichkeiten mit Entschlossenheit betreiben, damit strafrechtlich schuldig gewordene nationalsozialistische Aktivisten wirksam zur Rechenschaft gezogen werden.

[. . .]

Quelle: Verhandlungen des Deutschen Bundestages, Erste Wahlperiode 1949, Anlagen Bd. 8, Drucksache Nr. 1658.

37. Schreiben kirchlicher Vertreter

an den Regierungspräsidenten in Hildesheim und an den Oberpräsidenten der Provinz Hannover

(betr. die Bekenntnisschule vom 25. Juli 1945)

In der hochbedeutsamen Stunde deutscher Geschichte, da das deutsche Volk beginnt, den Neubau seines staatlichen und kulturellen Daseins zu vollziehen, erheben wir Vertreter der großen christlichen Kirchen im Hannoverland, erfüllt von der schweren Verantwortung, die wir für die Zukunft Deutschlands vor Gott und dem Gewissen und dem ganzen Volke tragen, laut die Stimmen und fordern die Bekenntnisschule.

Die Bekenntnisschule entspricht allein dem Gesetz, da es nach geltendem Recht in Hannover nur katholische und evangelische Volksschulen gibt, während die Gemeinschaftsschule keine Rechtsgrundlage hat.

Die Bekenntnisschule ist eine grundsätzliche Forderung der Kirchen, die niemals aufgegeben ist; auch in den letzten zwölf Jahren ist sie immer neu erhoben.

Die Bekenntnisschule hat eine jahrhundertelange Tradition für sich; sie trägt dazu das Siegel der Bewährung an sich, was von der Gemeinschaftsschule niemand behaupten wird.

Die Bekenntnisschule hat ohne Frage den Willen der Mehrzahl der Erziehungsberechtigten hinter sich, da trotz aller Gegenmaßnahmen der Natonalsozialisten noch über 90 Prozent unseres Volkes zur christlichen Kirche gehören; ihre Verweigerung würde darum tiefe Enttäuschung bringen.

Die Bekenntnisschule allein bietet die im Kindesalter unentbehrliche einheitliche Erziehung, hier herrscht Übereinstimmung zwischen Lehre und Denken, Lehrer und Schüler, Schule und Elternhaus, Schüler und Mitschüler, Lehre und Leben, Religion und anderen Fächern, sie durchseelt die gesamte Unterweisung und Erziehung von der Religion her.

Die Bekenntnisschule vermittelt mitten in allen Zeitirrtümern die Wahrheit und steuert den religiösen Indifferentismus.

Die Bekenntnisschule gibt Zielklarheit und feste Grundsätze für ein sittlich hochwertiges Leben, sie bildet ein starkes Bollwerk gegen falsche Moralprinzipien sowohl im privaten wie im öffentlichen und zwischenstaatlichen Leben.

Die Bekenntnisschule sucht den Zwiespalt des Bekenntnisses von innen her in einer geistigen Auseinandersetzung zu überwinden, bei der das Gewissen unter Ausschluß von jeder Art von Druck und Zwang die verantwortliche Führung hat.

[. . .]

So fordern wir die Bekenntnisschule im Namen unserer Kirchen, die sich mehr als alle anderen Faktoren durch ihr Ringen um die geistige Gesunderhaltung des deutschen Volkes große Verdienste erworben haben.

gez. D. Marahrens. — gez. Dr. Machens.

Evangel.-luth. Landesbischof. — Bischof von Hildesheim

Quelle: Ursachen und Folgen, Bd. 23, S. 305 ff.

38. Grundsätze für die demokratische Erneuerung der deutschen Schule

(Gemeinsamer Aufruf der KPD und SPD zur demokratischen Schulreform vom 18. Oktober 1945)

[. . .]

1. Die heranwachsende Generation des deutschen Volkes, berufen, die demokratische Erneuerung Deutschlands zu festigen und zu Ende zu führen, muß frei von nazistischen und militaristischen Gedanken, in einem neuen Geiste, im Geiste einer kämpferischen Demokratie, der Freundschaft unter den friedliebenden Völkern zum selbständigen, aufrechten, freiheitlichen und fortschrittlichen Denken und Handeln erzogen werden.

2. Die Demokratisierung des Schulwesens erfordert eine Säuberung des gesamten Lehr- und Verwaltungspersonals von allen nazistischen und militaristischen Elementen und die Besetzung der Schulrats- und Leiterstellen mit bewährten Antifaschisten.

3. Alle Bildungsprivilegien einzelner Schichten müssen fallen. Das Ziel der demokratischen Schulreform ist die Schaffung eines einheitlichen Schulsystems, in dem die geistigen, moralischen und physischen Fähigkeiten der Jugend allseitig entwickelt, ihr eine hohe Bildung vermittelt und allen Befähigten ohne Rücksicht auf Herkunft, Stellung und Vermögen der Eltern der Weg zu den höchsten Bildungsstätten des Landes freigemacht wird.

4. Die deutsche Schule muß die demokratische Einheit der Nation fördern und festigen. Sie darf nicht mehr durch Glaubensbekenntnisse und Weltanschauungen zerrissen werden. Darum fordern wir bei voller Anerkennung der Glaubens- und Gewissensfreiheit die klare Trennung von Kirche und Schule. Die religiöse Erziehung der Kinder ist nicht Sache der Schule, sondern Angelegenheit des Elternhauses und der Glaubensgemeinschaften.

5. Der Unterricht ist Aufgabe des öffentlichen Schulwesens. Darum kann irgendwelchen Gemeinschaften oder Privatpersonen die Einrichtung von Privatschulen, die den Stoff der allgemeinbildenden Schulen (Volks-, Mittel-, höheren Schulen) vermitteln, nicht zugestanden werden.

6. Die entscheidende Voraussetzung und die wichtigste Garantie für eine wirkliche Demokratisierung der Schule ist ein demokratischer Lehrkörper, ist ein neuer Typ des demokratischen, veranwortungsbewußten und fähigen Lehrers. Die Erzieher unserer Jugend werden ihre großen, die Zukunft unseres Volkes bestimmenden Aufgaben nur erfüllen, wenn sie gewillt und befähigt sind, die heranwachsende junge Generation zu bewußten Trägern des Wiederaufbaues und der Schaffung eines neuen friedlichen, demokratischen Deutschland heranzubilden. Die demokratische Erneuerung des deutschen Schulwesens ist nicht denkbar ohne eine gründliche Reform auch der Lehrerausbildung. Der augenblickliche Mangel an zuverlässigen Lehrkräften für eine wirklich demokratische, dem Frieden und dem Wohle unseres Volkes dienende Erziehung macht es notwendig, Zehntausenden antifaschistisch-demokratischen Kämpfern den Weg zum Lehrerberuf zu erschließen und damit den bestehenden Lehrkörper von Grund auf umzugestalten.

7. Die Demokratisierung der Schule verlangt aber auch eine grundsätzliche Umstellung der Lehrpläne und die Schaffung neuer Lehrbücher. Die für die Übergangszeit erforderliche Übernahme von Lehrbüchern aus der Zeit von vor 1933 soll erst nach sorgfältiger Sichtung erfolgen, da auch in diesen Büchern vielfach Gedankengut enthalten ist, das dem Ziel, Faschismus und Militarismus auszurotten, nicht entspricht.

8. Die geistige Erneuerung unseres Volkes würde auf halbem Wege stehenbleiben, würde sie nicht auch eine gründliche Reform des gesamten Hochschul- und Universitätswesens umfassen. Der neue Geist eines wahrhaft fortschrittlichen Humanismus und kämpferischer Demokratie muß in den Hochschulen Einzug halten. Das erfordert die Rückberufung aller von der Hitlerregierung vertriebenen Dozenten und Professoren, die Zulassung solcher neuen befähigten Kräfte zur Lehrertätigkeit, die durch wissenschaftliche Leistungen und als aufrechte Kämpfer gegen Hitler ihre Berufung bewiesen haben, Lehrer der studierenden Jugend zu sein. Auf dem Wege weitgehender Hilfe mittels Förderkursen und Sonderregelungen in den Hochschulen muß allen Befähigten, die durch den Hitlerfaschismus und durch reaktionäre Bildungsprivilegien bisher vom Studium ferngehalten wurden, auch unter Aufhebung herkömmlicher Aufnahmebedingungen der Weg in die Hochschulen und Universitäten erschlossen werden.

[. . .]

Quelle: S. Baske, M. Engelbert (Hrsg.), Zwei Jahrzehnte Bildungspolitik in der Sowjetzone Deutschlands, Bd. 1, Berlin 1966, S. 5 ff.

39. Gesetz zur Demokratisierung der deutschen Schule für die Provinz Sachsen[1])

(vom 22. Mai 1946)

Die deutsche Schule war – trotz ihrer beachtlichen Bildungshöhe vor 1933 – nie eine Stätte wirklich demokratischer Erziehung der Jugend zu verantwortungs- und selbstbewußten freien Bürgern. Sie war eine Standesschule. Für die Söhne und Töchter des einfachen Volkes waren die Tore der höheren Schule und der Hochschule in der Regel verschlossen, weil nicht die Fähigkeit der Kinder, sondern die Vermögenslage der Eltern über deren Bildungsgang bestimmte. Bereits früher mißbraucht als Mittel der Vergötterung selbstbeschränkter reaktionärer Fürsten und Könige, zur Verherrlichung des Militarismus und Eroberungskrieges, zur Erziehung blinder Untertanen in einem reaktionären Staat, wurde sie unter dem Nazismus zu einer Stätte des Rassenhasses und der Völkerverhetzung, der Vorbereitung unserer Jugend zum Werkzeug in einem volksfremden antinationalen Eroberungskrieg und der Mißachtung der Menschen und der Menschlichkeit.

Der Aufbau eines neuen friedlichen, demokratischen Deutschland – der einzige Weg zur nationalen Wiedergeburt und Einheit unserer Heimat – erfordert eine grundlegende Demokratisierung der deutschen Schule. Die neue demokratische Schule muß frei sein von allen Elementen des Militarismus, des Imperialismus, der Völkerverhetzung und des Rassenhasses. Sie muß so aufgebaut sein, daß sie allen Jugendlichen, Mädchen und Jungen, Stadt- und Landkindern, ohne Unterschied des Vermögens ihrer Eltern das gleiche Recht auf Bildung und seine Verwirklichung entsprechend ihren Anlagen und Fähigkeiten garantiert.

§ 1 Ziel und Aufgaben der deutschen Schule

Die deutsche demokratische Schule soll die Jugend zu selbständig denkenden und verantwortungsbewußt handelnden Menschen erziehen, die fähig und bereit sind, sich voll in den Dienst der Gemeinschaft des Volkes zu stellen. Als Mittlerin der Kultur hat sie die Aufgabe, die Jugend frei von nazistischen und militaristischen Auffassungen im Geiste des friedlichen und freundschaftlichen Zusammenlebens der Völker und einer echten Demokratie zu wahrer Humanität zu erziehen. Sie wird, ausgehend von den gesellschaftlichen Bedürfnissen, jedem Kind und Jugendlichen ohne Unterschied des Besitzes, des Glaubens oder seiner Abstammung die seinen Neigungen und Fähigkeiten entsprechende vollwertige Ausbildung geben.

§ 2 Schulträger und Schulform

Die schulische Erziehung der Jugend ist ausschließlich Angelegenheit des Staates. Der Religionsunterricht ist Angelegenheit der Religionsgemeinschaften; das Nähere wird durch Ausführungsbestimmungen geregelt.

Die Form des öffentlichen Erziehungswesens ist ein für Jungen und Mädchen gleiches, organisch gegliedertes demokratisches Schulsystem – die demokratische Einheitsschule.

§ 3 Aufbau und Gliederung der demokratischen Einheitsschule

Die demokratische Einheitsschule umfaßt die gesamte Erziehung vom Kindergarten bis zur Hochschule und gliedert sich nach den Aufgaben, die aus den gesellschaftlichen Bedürfnissen erwachsen.

[. . .]

1) Solche Gesetze wurden von den Landes- und Provinzialverwaltungen der Sowjetischen Besatzungszone in fast gleichlautenden Texten beschlossen und veröffentlicht: Land Thüringen am 2. Juni 1946, Land Mecklenburg-Vorpommern am 23. Mai 1946, Provinz Mark Brandenburg am 31. März 1946, Provinz Sachsen am 22. Mai 1946, Land Sachsen am 31. Mai 1946.

Quelle: Dokumente 1945–1949, Berlin (Ost) 1968, S. 274 f.

40. Direktive Nr. 40 des Alliierten Kontrollrats:

Richtlinien für die deutschen Politiker und die deutsche Presse

(vom 12. Oktober 1946)

Der Kontrollrat erläßt folgende Direktive:

1. Mit Rücksicht auf die Notwendigkeit, die militärische Sicherheit zu wahren, soll es den deutschen demokratischen Parteien ebenso wie der deutschen Presse gestattet sein, deutsche politische Probleme frei zu besprechen.

Kommentare über die Politik der Besatzungsmächte in Deutschland sind erlaubt. Ebenso ist die Veröffentlichung in der deutschen Presse von objektiven Nachrichten über die Weltereignisse einschließlich informatorischer Artikel aus der Auslandspresse gestattet.

2. Mitglieder der deutschen politischen Parteien und die deutsche Presse müssen sich aller Erklärungen, der Veröffentlichung oder Wiedergabe von Artikeln enthalten, die:

a) dazu beitragen, nationalistische, pangermanistische, militaristische, faschistische oder antidemokratische Ideen zu verbreiten;

b) Gerüchte verbreiten, die zum Ziele haben, die Einheit der Alliierten zu untergraben oder welche Mißtrauen oder Feindschaft des deutschen Volkes gegen eine der Besatzungsmächte hervorrufen;

c) Kritiken enthalten, welche gegen Entscheidungen der Konferenzen der Alliierten Mächte bezüglich Deutschlands oder gegen Entscheidungen des Kontrollrats gerichtet sind;

d) die Deutschen zur Auflehnung gegen demokratische Maßnahmen, die die Zonenbefehlshaber in ihren Zonen treffen, aufreizen.

3. Wer dieser Direktive zuwiderhandelt, setzt sich strafrechtlicher Verfolgung aus.

Quelle: H. D. Fischer, Reeducations- und Pressepolitik unter britischem Besatzungsstatus, Düsseldorf 1978, S. 39.

41. Schreiben westdeutscher Stahlkonzerne

(vom 21. Januar 1947 an den Leiter des Verwaltungsamts für Wirtschaft in Minden, Viktor Agartz, betr. Entflechtung und Mitbestimmung)

Die außerordentliche Tragweite der von Herrn Direktor Dinkelbach, dem Leiter der Treuhandverwaltung der North German Iron and Steel Control, angekündigten Maßnahmen zur „Entflechtung der Konzerne" macht es erforderlich, zu diesen, erst in groben Umrissen vorliegenden Plänen Stellung zu nehmen und für die von uns vertretenen Werke geeignete Vorschläge zu machen.

[. . .]

Es war gerade der Sinn der Konzernbildung, durch Herstellung inniger Verbindungen zwischen den einzelnen Produktionsstufen die wirtschaftliche Leistungsfähigkeit zu verbessern und eine weitgehende Kostenverringerung zu ermöglichen. Wenn hierbei zuweilen auch die optimalen Grenzen der Arrondierung überschritten worden sein mögen, so zeigt doch die Konzernentwicklung bereits in den Jahren vor dem Kriege deutliche Ansätze zu einer Rückbildung. Diese Entwicklung ist durch den Krieg unterbrochen worden, muß aber nun mit allem Nachdruck fortgeführt werden.

Wir erklären uns daher bereit, unter Beachtung der Bestimmungen des in Kürze zu erwartenden Dekartellisierungsgesetzes, Entflechtungsmaßnahmen durchzuführen, die sowohl auf organisch gebildete Zusammenhänge Rücksicht nehmen als auch neue selbständige, wohlübersehbare und wirtschaftlich optimal bemessene Betriebseinheiten schaffen.

Wir schlagen ferner die Überführung dieser neuen Werke in gemischtwirtschaftlichen Besitz – gegebenenfalls unter kapitalmäßiger Beteiligung auch der Gewerkschaften – vor, um schon auf der Ebene des Betriebes die öffentlichen Interessen mit dem privatwirtschaftlichen Ertragsstreben in Übereinstimmung zu bringen und einen möglichst hohen Leistungsgrad zu erreichen.

Schließlich erklären wir unsere aufrichtige Bereitwilligkeit, den Belegschaften und den Gewerkschaften volle Mitwirkungsrechte einzuräumen. Wir wollen uns den Forderungen einer neuen Zeit nicht verschließen und stimmen einer Beteiligung auch der Arbeitnehmerschaft an der Planung und Lenkung sowie an den Aufsichtsorganen für die großen Erwerbsgesellschaften der Eisen- und Stahlindustrie voll und ganz zu.

Dabei erfüllt uns die Hoffnung, daß die Verwirklichung unserer aus der allgemeinen Not geborenen Vorschläge eine neue und sichere Vertrauensgrundlage für die Zusammenarbeit zwischen den Werksleitungen und den berufenen Vertretern der Arbeitnehmer und der Allgemeinheit schafft, daß es damit gelingt, unsere für die Gesamtwirtschaft so ungemein wichtige Schlüsselindustrie endlich von einem politischen Odium zu befreien und die in ihr schlummernden Kräfte zu voller Entfaltung für die friedliche Wiederaufbauarbeit zu bringen.

Für
Gutehoffnungshütte
Oberhausen AG

gez. Reusch

Für
Klöckner-Werke AG

gez. Jarres

Für
Otto Wolff, Köln

gez. Hehemann

Quelle: E. Potthoff, Der Kampf um die Montanmitbestimmung, Köln 1957, S. 44 ff.

42. Proteststreikforderungen der Bergarbeiter 1947

(Resolution der Ruhrrevierskonferenz des IV Bergbau in Bochum vom 2. April 1947)

„Die wichtigste Forderung der Vertreter des Industrieverbandes Bergbau, nach der die Besserstellung der Bergarbeiter durch Kohleexporte und Lebensmittelimporte erfolgen sollte, ist von den Besatzungsmächten nicht erfüllt worden. Die Bergarbeiter aber lehnen es ab, auf Kosten der übrigen Bevölkerung bessergestellt zu werden.

In den unzähligen Entschließungen und einmütigen Urabstimmungen haben die Bergarbeiter die Sozialisierung des Bergbaus gefordert. Der im Auftrag der NGCC in Essen-Hügel gebildete achtgliedrige Ausschuß für die Neuordnung des Bergbaus, in welchen nur ein Vertreter des Industrieverbandes Bergbau einbezogen wurde, wird von den Bergarbeitern auf das entschiedenste abgelehnt.

Die Konferenz verlangt:

1. Beseitigung all derjenigen Personen in den Ernährungs- und Wirtschaftsämtern, die durch Unfähigkeit oder politische Böswilligkeit zu der jetzigen Katastrophe beigetragen haben.

2. Verwaltung, Ämter und Behörden müssen mit demokratischen Kräften, vor allem mit Gewerkschaftsvertretern besetzt werden.
3. In allen Städten und Gemeinden sind sofort von den Gewerkschaften zu ernennende Kontrollausschüsse zu bilden. Durch diese ist eine gerechte Erfassung und Verteilung der vorhandenen Lebensmittel vorzunehmen.
4. In allen Gebieten sind unverzüglich Hofkontrollen durch Ausschüsse, die von den Gewerkschaften zu bilden sind, vorzunehmen. Es ist ein sozialgerechtes Erfassungssystem einzuführen.
5. Gegen Schwarzhändler und Schieber ist mit schärfsten Mitteln vorzugehen.
6. Die Sozialisierung ist zu einer Sache des arbeitenden Volkes, vor allem aller Bergarbeiter zu machen. Der Industrieverband Bergbau muß dabei stärkstens eingeschaltet werden. In allen zu bildenden Ausschüssen verlangt die Konferenz die stärkste Vertretung ihrer Organisation.

Die Konferenz beschließt, die Durchführung dieser Forderung mit allen Mitteln zu bestreiten und fordert die Bergarbeiter und Bergbauangestellten des Ruhrgebiets auf, in einer großen Protestaktion ihre Kampfentschlossenheit zum Ausdruck zu bringen".

Quelle: R. Badstübner, Zum Kampf der Arbeiterklasse um die Beseitigung des Ruhrmonopolkapitals 1946/47, in: Beiträge zur Zeitgeschichte 1960, H. 1, S. 18 ff.

43. Zusammenfassende amerikanische Geheimdienstanalyse über die Antifas
(vom 30. Juni 1945)

[. . .]

I. Die Struktur antifaschistischer Ausschüsse in Deutschland

[. . .]

Ursprünge

Die Hauptursache für die Entstehung der antifaschistischen Organisationen ist der Wunsch derjenigen sozialen Gruppen, die in den letzten zwölf Jahren keine Möglichkeit hatten, ihr Leben selbst zu gestalten, beim Aufbau eines neuen Deutschland Einfluß zu gewinnen. Deshalb sind sie zum größten Teil östlich des Rheins entstanden, wo die Bevölkerung bei der Besetzung psychologisch auf die Niederlage vorbereitet war und wo militärische Operationen und Massenevakuierungen die Organisationsformen menschlichen Lebens nicht zerstört hatten. Diese Organisationen entsprangen der Überzeugung, daß der Nationalsozialismus aus jedem Lebensbereich in Deutschland getilgt werden müsse. Diese Überzeugung wird nicht nur als ideologisches Prinzip vertreten, das für ein neues demokratisches Deutschland nötig sei, sondern auch als ein realistisches Konzept, das eine grundlegende Machtverschiebung vorsieht; d. h., die Gruppen, die den Nationalsozialismus hervorgebracht hätten und ihn zwangsläufig hervorbringen müßten, sollten die Macht an die Gruppen abtreten, die von ihm unterdrückt worden seien und die an und für sich zur Demokratie drängten. Die Mehrheit dieser Organisationen wurde folglich aus Widerstandszellen der Nazi-Periode gebildet, d. h. von denjenigen, die von Anfang an auf den Umsturz der Nazis und ihrer wirtschaftlichen und sozialen Trägerschichten abzielten. Selbst diejenigen, deren Kader – wie im Frankfurter Gebiet – erst nach der Besetzung entstanden, gehen auf dieselben allgemeinen Ideen zurück wie die antifaschistischen Organisationen.

[. . .]

Zusammensetzung

Es ist unter diesen Umständen natürlich, daß die alte Arbeiterklasse, die aktivste Gruppe von Nazi-Gegnern in der deutschen Gesellschaft, die überwiegende Mehrheit und auch den Großteil der Führer dieser Organisationen stellt. Ihr Rahmen ist jedoch viel weiter, denn sie haben ausnahmslos erklärt, jeder überzeugte Anti-Nazi könne mitarbeiten, und haben besondere Anstrengungen unternommen, die Mittelschichten, besonders die Freiberuflichen, Intellektuellen und Geistlichen, zu gewinnen. Die soziale Basis dieses Organisationskonzepts scheint ein erweiteter Begriff von Arbeiterklasse zu sein, d. h., die Vorstellung einer neuen, umfassenderen Arbeiterklasse, die durch den doppelten Einfluß des Nationalsozialismus und des Krieges entstanden sei. Der traditionelle Begriff der Arbeiterbewegung von „werktätig" war immer weit genug, um weite Teile des Bürgertums einzuschließen, und jetzt glauben die Arbeiterführer, das Bündnis des deutschen Finanzkapitals mit den Nationalsozialisten und die proletarisierende Wirkung des Krieges habe diese Mittelschichten nach links und in ein natürliches Interessenbündnis mit der älteren Arbeiterklasse gestoßen. Ob die antifaschistischen, auf Arbeitern aufbauenden Organisationen diese Gruppen schließlich gewinnen können, wird davon abhängen, inwieweit diese Vorstellungen stimmen. Im Augenblick betrachtet das Bürgertum in seiner Masse diese vorwiegend aus Arbeitern bestehenden Gruppierungen mit traditionellem Mißtrauen. Die meisten antifaschistischen Gruppen konnten jedoch einige Angehörige dieser Schicht auf ihre Seite ziehen, wo sie jetzt eine kleine Minderheit bilden.

Die politische Zusammensetzung dieser Gruppen kann nicht genau bestimmt werden, da die Fragen, mit denen sie befaßt sind, keine parteipolitischen Fragen sind und deshalb keine Identifikation mit bestimmten Parteien erfordern. Das Übergewicht der Arbeiterklasse und der Ausschluß aller, die mit dem Nationalsozialismus zusammengearbeitet haben, führte dazu, daß frühere Sozialdemokraten und Kommunisten in der Führung überwiegen; die Zentrums-Gewerkschaften und linke Splittergruppen sind in einem geringeren Umfang vertreten. Die Führung wechselt in den verschiedenen Organisationen zwischen KPD und SPD, je nach der Verfügbarkeit qualifizierter Personen. Die Kommunisten haben jedoch in der Mehrheit der Gruppen die Führung übernommen, weil sie sich einerseits besonders stark einsetzten und weil andererseits das Konzept der Einheitsfront genau mit ihrem derzeitigen Programm übereinstimmt, viele ältere sozialdemokratische Führer jedoch beteiligen sich aufgrund ihres traditionellen Mißtrauens gegenüber den deutschen Kommunisten nicht an dieser Organisationsform und sind sich ihrer früheren parteipolitischen Bindungen durchaus bewußt.

[. . .]

Organisation

[. . .]

Ein Kennzeichen der als Massenorganisationen gebildeten antifaschistischen Gruppierungen ist der informelle Prozeß, in dem sich die Führung herausbildete. Sie sind „Organisationen“ nur im weitesten Sinn des Wortes. Die oberste Führung liegt normalerweise bei einem zentralen Ausschuß oder Vorstand, der in großen Städten die lokalen Ausschüsse lenkt, die anscheinend gewöhnlich auf der Grundlage der früheren nationalsozialistischen Ortsgruppen errichtet wurden. Die Macht der Zentrale über die Wohnbezirksausschüsse ist in erster Linie wegen der Schwierigkeiten bei der Nachrichtenübermittlung in Wirklichkeit ziemlich unbedeutend; Leipzig ist jedoch der einzige bekannte Fall, wo die Ortsgruppen gegen die Anweisungen des zentralen Gremiums gehandelt haben sollen. Der bestehende Nachrichtenaustausch wird gewöhnlich durch persönliche Kontakte und durch Rundschreiben aufrechterhalten. Die regulären Organisationen benutzen überwiegend inoffiziell beschlagnahmte Büros der Nationalsozialistischen Partei, wenn auch die Gruppe in Wesermünde (Land Bremen) in Räumen untergebracht ist, die sie gemietet hat. Mitgliederlisten existieren nicht; ihre zahlenmäßige Stärke wird nur geschätzt und nicht anhand ordentlicher Mitgliederlisten exakt festgestellt. Die Organisation ist so unvollständig, weil die Gruppen von den Besatzungsbehörden nicht anerkannt werden und deshalb gezwungen sind, nur eine äußerst informelle Struktur aufrechtzuerhalten.

[. . .]

Ziele und Tätigkeit

Die Bedingungen, die bei der Entstehung der antifaschistischen Gruppen herrschten, haben ihre Aktivitäten auf unmittelbar drängende örtliche Probleme beschränkt.

Sie befassen sich mit elementaren Problemen eines organisierten Zusammenlebens und nicht mit politischer oder sozialer Planung. Sie sehen sich als Organisationen, die mithelfen müssen, Bedingungen zu schaffen, unter denen politische Betätigung erst möglich wird.

[. . .]

Daraus ergeben sich für die Gruppen zwei Hauptaufgaben: die Entnazifizierung aller Bereiche des deutschen Lebens und die Mobilisierung der Kräfte aller Anti-Nazis zur Lösung der dringenden Probleme des Gemeindelebens.

a) Entnazifizierung: Dazu gehören das Auffinden und Sammeln von Informationen über jeden Nazi in der Bevölkerung, vor allem über diejenigen, die noch in öffentlichen Ämtern verblieben sind; Kampf gegen Nazi-Untergrundbewegungen wie den Werwolf; Beschlagnahme des Eigentums der Nazi-Partei und ihrer Organisationen; Mobilisierung der Nazis für Wiederaufbauprojekte in Deutschland und auch – als Wiedergutmachungsleistung – im Ausland.

b) Die Lösung dringender Alltagsprobleme:

1. Wohnen: Beschlagnahme der Häuser von aktiven Nazis; reparaturfähige Häuser in einen bewohnbaren Zustand versetzen.

2. Nahrungsmittel: Mobilisierung aller Anti-Nazis zur Bepflanzung der Gärten und

Nutzbarmachung aller verfügbaren Felder; Beschlagnahme aller aus Plünderungen stammenden Nahrungsmittel und deren offizielle Verteilung; Errichtung von Verbrauchergenossenschaften zur Verteilung der Nahrung, oder Hinzuziehung von erwiesen antifaschistischen Ladenbesitzern.

3. Mobilisierung der notwendigen Arbeitskräfte zu Reparatur und Wiedererrichtung von städtischen Einrichtungen: Gas, Wasser, Strom, Abwässersystem und Transportmittel.

4. Arbeiterschaft: Wiedergründung der Gewerkschaften und Betriebsräte der Weimarer Zeit; Mobilisierung aller Kräfte – sowohl der Nazis als auch der Anti-Nazis – für die notwendigen Aufbauarbeiten: die Nazis für schwere und stumpfsinnige Aufräumarbeiten, die Nazigegner für die eher normalen und besseren Aufgaben.

Zum größten Teil begannen die antifaschistischen Gruppen, unmittelbar nachdem die Herrschaft der Nazis im jeweiligen Gebiet zusammengebrochen und noch bevor die Militärregierung für die genannten Probleme zuständig war, diese Aufgaben zu erfüllen. Das führte in vielen Fällen dazu, daß die Organisationen de facto in der Eigenschaft öffentlicher Verwaltungen handelten. Oft wurden sie in dieser Tätigkeit dadurch unterstützt, daß sie von den amerikanischen Kampfverbänden als Verwaltung eingesetzt wurden. Sie nahmen aktive Nazis in Haft und beschlagnahmten Waffen der Nazis, um sie den Amerikanern zu übergeben. Sie beschlagnahmten und besetzten Gebäude der Nazi-Partei und ihrer Organisationen; sie konfiszierten Lebensmittelvorräte der Wehrmacht sowie öffentliche und zusammengestohlene Nahrungsmittellager und erließen Plünderungsverbote; Nazi-Gegner konnten bevorzugt in evakuierten Häusern bleiben und wurden bei deren Aufteilung begünstigt; ebenso verhielt es sich bei öffentlichen und nicht beanspruchten Gartenflächen. Sie schickten schriftliche Arbeitsbefehle an Nazis, die sich zu Aufräumarbeiten melden sollten. Trotz allem haben die antifaschistischen Organisationen ihre Anhänger zurückgehalten und nicht aufgewiegelt. Es gab sogar Beschwerden der Anhänger gegen die Führung wegen ihrer „weichen" Politik und in vielen Fällen verhielten sich die Organisationen verantwortungsbewußt und waren ein Kanal, der die Emotionen abfließen ließ, die anderenfalls zu gewalttätigen Volksaufläufen geführt hätten. Dennoch wurde die anfängliche Tätigkeit dieser Organisationen von der Militärregierung verboten, die ihnen jede Betätigung als organisierte Gruppe untersagte, oder ihnen wurde – wie in München – befohlen, sich aufzulösen, da sie politische Organisationen seien.

[. . .]

II. Die Haltung der USA zu den antifaschistischen Gruppen

Diese Gruppen sind ein Ausdruck der aktivsten Kräfte im politischen Leben Deutschlands – Kräfte, die wir entweder unterdrücken oder uns zunutze machen können.

Unterdrückung würde auf jeden Fall bedeuten, daß wir all die Unterstützung opfern, die solche Gruppen der Militärregierung durch Beschaffung von Informationen, bei der derzeitigen Verwaltung und bei der Entwicklung eines zuverlässigen Apparates in der Lokalverwaltung in Deutschland bieten könnten. Im schlimmsten Fall kann die Unterdrückung potentiell hilfreiche Elemente in die Opposition gegen die Besatzungsmacht treiben.

Auf der anderen Seite können diese Gruppen nicht gefahrlos ohne Kontrolle bleiben; falls sie zur Nachrichtenbeschaffung und anderen Zwecken dienen sollen, müssen ihnen gewisse Beschränkungen auferlegt werden.

[. . .]

Quelle: U. Borsdorf, L. Niethammer (Hrsg.), Zwischen Befreiung und Besatzung, Wuppertal 1976, S. 107–115.

44. Aufruf des Vorbereitenden Gewerkschaftsausschusses für Groß-Berlin
(vom 15. Juni 1945)

Die Tyrannei des Hitlerfaschismus ist durch die verbündeten Armeen zerschlagen. Millionen Toter und Verwundeter, zerstörte Städte, vernichtetes Eigentum, Witwen und Waisen klagen an. Furchtbar hat Hitler sein großsprecherisches Wort wahr gemacht, das er bei seiner Machtergreifung verkündete: „Gebt mir zehn Jahre Zeit, und ihr werdet Deutschland nicht mehr wiedererkennen." Durch seine barbarische Rassenlehre und den Vernichtungsfeldzug gegen andere Völker hat Hitler die eigene Nation geschändet.

Der Weg zum Abgrund begann schon vor 1933. Die demokratischen Kräfte waren gespalten und zu unentschlossen, um entscheidenden Widerstand zu leisten. Der 1. Mai 1933 war der schwärzeste Tag in der Geschichte der Arbeiterbewegung. Hitler kam zu ungehemmter Macht.

[. . .]

Die Unterzeichneten haben einen Ausschuß zum Wiederaufbau freier, demokratischer Gewerkschaften für Groß-Berlin gebildet. Wir sind überzeugt, dem Willen der Berliner Arbeiterschaft Ausdruck zu geben, wenn wir erklären:

Die neuen freien Gewerkschaften sollen unter Zusammenfassung aller früheren Richtungen in ihrer Arbeit eine Kampfeinheit zur völligen Vernichtung des Faschismus und zur Schaffung eines neuen demokratischen Rechts der Arbeiter und Angestellten werden. Ihre Aufgabe ist vor allem, mitzuhelfen bei der Neugeburt unseres Volkes und bei der Heilung der Wunden, die der unselige Hitlerkrieg der Welt geschlagen hat. Die Arbeit der deutschen Gewerkschaften soll Gewähr sein für die Wiedererweckung des Vertrauens der Völker. Sie sollen mithelfen, ein demokratisches Deutschland, das in Frieden und Freundschaft mit den anderen Völkern leben will, zu schaffen. Durch ehrliche und angestrengte Arbeit am Wiederaufbau und zur Wiedergutmachung des in anderen Ländern Zerstörten wollen sie mitwirken, das Vertrauen der anderen Völker wiederzugewinnen.

Der Ausschuß wird die gewerkschaftlichen Grundsätze ausarbeiten und sie mit dem internationalen Gewerkschaftskomitee[1] in Übereinstimmung bringen. Wir schlagen den Arbeitern und Angestellten Berlins vor, ihre Meinung zu folgenden Erstaufgaben der freien Gewerkschaften zu äußern:

1. Entschlossener Kampf gegen die nazistische Ideologie und das Gift des deutschen Militarismus. Darum Säuberung aller Posten in Stadtverwaltung und Betrieben von aktiven faschistischen Elementen.

2. Einsatz aller Arbeitskräfte, um die Versorgung der Bevölkerung zu sichern und Berlin durch angestrengte Arbeit wieder aufzubauen.

Raschmöglichste Wiederingangsetzung der Versorgungsbetriebe und Werkstätten, der Energieversorgung und der Verkehrsmittel von Groß-Berlin.

3. Vertretung der Arbeiter und Angestellten im Rahmen der Bestimmungen der Besatzungsbehörden durch Abschlüsse von Tarifverträgen und Organisierung des Arbeitsschutzes und des Arbeitseinsatzes.

Mitarbeit beim Wiederaufbau der Wirtschaft und der Sozialversicherung unter Sicherung des demokratischen Mitbestimmungsrechtes der Arbeiter und Angestellten.

4. Erziehung der Arbeiterschaft im Geiste des Antifaschismus, des demokratischen Fortschritts und zur Erkenntnis ihrer sozialen Lage.

Pflege der Verbundenheit mit den Arbeitern der anderen Länder und Festigung der Freundschaft zu den anderen Völkern.

Arbeiter und Angestellte!

Die Nazityrannei ist tot! An uns liegt es jetzt, trotz aller Schwierigkeiten Hand anzulegen zum Neuaufbau. Wieder, wie nach 1918, liegt das Schicksal der Heimat in unserer Hand. Wir dürfen diesmal nicht versagen.

Beweisen wir der Welt, daß die geeinte Arbeiterschaft, durch die Vergangenheit belehrt, sich ihrer besten gewerkschaftlichen Tradition bewußt, gewillt ist, ein antifaschistisches Bollwerk zu schaffen; daß sie entschlossen ist, sich mit ganzer Kraft einzusetzen für die Schaffung eines demokratischen Deutschlands, für ein friedliches Zusammenleben mit anderen Völkern.

Berlin, den 15. Juni 1945

Der Vorbereitende Gewerkschaftsausschuß
für Groß-Berlin

Otto Braß	Hermann Schlimme
Bernhard Göring	Paul Walter
Roman Chwalek	Jakob Kaiser
Ernst Lemmer	Hans Jendretzky

1) Gemeint ist das auf der Weltgewerkschaftskonferenz am 6. Februar 1945 in London gebildete internationale Komitee, das die Gründung des Weltgewerkschaftsbundes vorbereiten sollte.

Quelle: Gewerkschaftlicher Neubeginn, Berlin (O) 1975, S. 8 ff.

45. Hans Böckler: Einige Erläuterungen zur Absicht der Wiedererrichtung einer Gewerkschaft (1945)

Die Notwendigkeit baldmöglichster gewerkschaftlicher Zusammenfassung von Arbeitern, Angestellten und Beamten ergibt sich aus einfachsten Überlegungen.

Die Nazis haben aus Deutschland einen Trümmerhaufen gemacht und das Chaos, das sie der Welt so oft androhten, es ist für unser Land zu grausigster Wirklichkeit geworden. Volk und Reich liegen im Abgrund, aus dem herauszukommen nur mit übermenschlichsten Anstrengungen möglich sein wird. Zusammenfassung aller Kraft ist dazu vonnöten und absolute Hingabe aller Willigen an eine Aufgabe, wie sie größer und schwieriger noch keinem Volk gestellt war.

Die Arbeitnehmer aber sind die Kraft, sind die Bereitwilligkeit, sind der Hauptfaktor für den Wiederaufbau des Zerstörten sowohl als auch für das große Werk der Wiedergutmachung. Arbeitnehmer freilich nicht schlechthin, vor allem nicht als direktionsloser Haufe. Auch nicht als Masse, die, bar jeder Einsicht in die Notwendigkeiten, zu Arbeit und Leistung einfach befohlen sind. Es braucht mehr als dies; braucht zuallererst demokratische Organisation, die altvertraute Gewerkschaft, um, nachdem in weitesten Kreisen Verständnis und Wille geweckt, einen Leistungseffekt zu erzielen, der anders sich gewiß nicht erreichen läßt. Niemand weiß das besser als die Arbeitnehmer selbst, aber auch kein einsichtiger Unternehmer wird die Richtigkeit der Behauptung bestreiten wollen. Es ist daher auch nur natürlich, daß im Arbeitnehmerlager fast allgemein und vielerorts auch auf der Unternehmerseite sich das Begehren zeigt, endlich wieder zu Gewerkschaften zu gelangen. Verständlich insbesonders, daß bei den Arbeitnehmern, deren Organisationen von den Nazis restlos zerschlagen wurden, der Drang zu neuem Zusammenschluß mit jedem Tag stärker wird. Fast allenthalben haben deshalb ehemals in den freien oder christlichen Verbänden Organisierte miteinander und zusammen mit kommunistisch orientierten Kollegen Fühlung genommen. Dabei ergab sich, gleichstark bei jedem Teile, der Wunsch auf Wiedererstehung der Gewerkschaft, und übereinstimmend die Absicht der Zusammenfassung von Arbeitern, Angestellten und Beamten in einem einzigen Bund. Die Einheitsgewerkschaft ist das Ziel aller, die guten Willens sind. Wie aber sollte diese aussehen, wie ihre Form, woher ihr Inhalt und Zweck? Diejenigen, die sich damit beschäftigten, sind dahin übereingekommen, daß der Bund nicht als Dachorganisation, sondern eben als die Einheits- und einzige Gewerkschaft, in straffer Zentralisation 17 Industrie- bzw. Berufsgruppen, jede in sich Arbeiter, Angestellte und Beamte vereinigend, umfassen sollte. Als zum Bund in korrespondierendem Verhältnis stehend ist dabei an eine zweite Säule, erfassend die freien Berufe, gedacht.

Die innere Organisation der Einheitsgewerkschaft soll von einfachsten Formen sein. Die Vorsitzenden oder Vorsitzenden-Stellvertreter der 17 vorgesehenen Gruppen bilden, dem Plan zufolge, den Bundesvorstand. Dieser bestellt aus sich, oder über die eigenen hinausgreifend, die Vorsitzenden des Bundes in der Weise, daß der horizontalen Gliederung der Gewerkschaften Rechnung getragen wird. Er organisiert, leitet und überwacht die gesamte Verwaltung, bestimmt und besetzt die Referate und ist die allen Gruppen sowie auch den Ortsausschüssen übergeordnete Stelle. Als zunächst zu schaffende Arbeitsabteilungen dürften sich je eine für Organisation, für das gesamte Kassenwesen und die Vermögensverwaltung, für Personalien, für Soziales und Arbeitsrecht, für Schulung und Jugend, sowie für Werbung und Presse ergeben. Ob darüber hinaus die Schaffung je einer besonderen Arbeitsspitze für Arbeiter, Angestellten und Beamte sich nötig macht, wird die Praxis zeigen.

Der Bundesvorstand hätte erstmalig auch die, für die Gesamtmitgliedschaft der Einheitsgewerkschaft geltende, Normalsatzung zu erlassen. In dieser aber sollte, neben dem

Gedanken der unbedingten Zusammengehörigkeit und weitgehendster Toleranz, vor allem auch die Pflicht absoluter und allgemeiner Solidarität starken Ausdruck finden.

Die Ortsausschüsse, als die örtliche Zentrale gedacht, wären in ähnlicher Weise wie der Bundesvorstand durch die Untergruppen der örtlichen Verwaltungsstellen der Hauptgruppen zu bilden. Ob bezirkliche Zusammenfassung sich nötig macht, hängt vom Umfang des Bundesbereiches ab.

Die Gruppen, als Industrieverbände geplant, vereinigen in sich auch die verwandten Handwerke. Sie gliedern sich, je nach Bedarf, in Branchen, Sparten oder ähnlich. Der Grundgedanke der Industrieorganisation ist die Zuständigkeit eines einzigen Verbandes für den Betrieb.

Bezügl. Absichten und Zielsetzung der Einheitsgewerkschaft glaubten die die Vorarbeiten leistenden Kollegen, sich auf die nachstehenden 5 Sätze beschränken zu dürfen.

1. Der zu bildende Bund soll die von Staat und Behörden, von Unternehmern und politischen Parteien völlig unabhängige Einheitsgewerkschaft der Arbeiter, Angestellten und Beamten sein.

   Die Mitgliedschaft soll freiwillig und unabhängig von Rasse, Religionsbekenntnis oder politischer Haltung sein.

   [. . .]

   Zur Deckung ihres Finanzbedarfs erhebt die Gewerkschaft von ihren Mitgliedern Beiträge.
2. Der Einheitsgewerkschaft soll es obliegen, auf dem durch Wiederinkraftsetzen des ehedem geltenden Arbeitsrechts geschaffenen Rechtsboden die Lohn-, Arbeits- und Dienstverhältnisse ihrer Mitglieder in allen Zweigen der Wirtschaft und Verwaltung zu regeln.
3. Die fachliche und sachliche Wahrnehmung der Mitgliederinteressen erfordert eine angemessene Vertretung der Gewerkschaft in allen amtlichen und halbamtlichen Körperschaften, die sich mit sozialen und wirtschaftlichen Fragen beschäftigen.
4. Die Existenzgrundlage der Gewerkschaft bildet der demokratische Staat. Für dessen Sicherung mit allen Mitteln einzustehen, ist deshalb die wichtigste Aufgabe der Organisation.
5. Eine weitere wichtige Aufgabe muß sein die Zusammenarbeit mit der internationalen Gewerkschaftsbewegung und die Förderung aller Bestrebungen, die der Völkerverständigung dienen.

Erläuternd ist dazu zu sagen, daß die Unabhängigkeit der Gewerkschaft von Staat und Behörden sowie von Unternehmern und politischen Parteien eine unbedingte Notwendigkeit ist. Abhängigkeit bedeutet Bindung und Zwang, diese aber sind unvereinbar mit der demokratischen Grundeinstellung, zu der sich der Bund ein für allemal bekennt. Einheit und Einigkeit bedingen ferner die Möglichkeit der Mitgliedschaft in der Gewerkschaft, unabhängig von Rasse, Religionsbekenntnis oder politischer Einstellung. Die Freiwilligkeit des Beitritts war zu betonen, obwohl triftigste Gründe die obligatorische Mitgliedschaft als höchst wünschenswert, ja notwendig erscheinen ließen.

Die Sätze 2. und 3. umreißen kurz und bündig das Programm einer Vereinigung, die Anspruch erhebt auf den Ehrentitel Gewerkschaft. Nicht ausgesprochen, trotzdem aber wohl erwogen sind die, für beide Sätze, durch die derzeit bestehenden, besonderen Verhältnisse gebotenen Einschränkungen. Der Satz 4. ist ein rückhaltloses Bekenntnis zur Demokratie und manifestiert eine unabdingbare Pflicht unserer Gewerkschaft und jedes einzelnen Mitgliedes. Nicht minder verpflichtend ist auch der letzte Satz des Entwurfes. Zusammenarbeit mit der internationalen Gewerkschaftsbewegung und die Förderung aller Bestrebungen, die der Völkerverständigung dienen. Sie waren allezeit wichtigste Postulate der deutschen Gewerkschaften. Ruchlose Hände haben sie zerbrochen, unsere Einheitsgewerkschaft aber macht sie sich neu zu eigen.

Quelle: U. Borsdorf u. a. (Hrsg.), Grundlagen der Einheitsgewerkschaft, Köln 1977, S. 270 ff.

46. Bekanntmachung der britischen Militärregierung über die Bildung von Gewerkschaften

(vom 30. August 1945)

1. Die Militärregierung wünscht, daß das deutsche Volk selbst entscheiden soll, welche Form von Gewerkschaften es haben will.

2. Irgendwelche Gruppe oder Gruppen von Arbeitern, die ein gemeinsames Interesse hinsichtlich ihrer Beschäftigung verbindet, können zur Bildung einer Gewerkschaft schreiten.

3. Sie müssen zuerst ihre Pläne festlegen. Diese Aufgabe obliegt gewöhnlich einer kleinen Anzahl von Personen. Die Militärregierung wird Zusammenkünfte solcher Gruppen zu diesem Zweck gestatten, wenn ein diesbezüglicher Antrag der örtlichen Militärregierung vorgelegt wird.

4. Die Funktionäre irgendeiner Gewerkschaft müssen in der Lage sein, klar und deutlich festzulegen, welche Klasse oder Kreise der Arbeiter sie für ihre Gewerkschaft als Mitglieder gewinnen wollen. Sie müssen ebenfalls festlegen, für welches Gebiet die beantragte Gewerkschaft zuständig sein soll. Die Ziele der Gewerkschaft und eine vorläufige Satzung müssen ebenso festgelegt werden.

5. Die beantragte Gewerkschaft muß die Zustimmung der Arbeiter erfahren, für die sie gedacht ist und in welchem Gebiete sie arbeiten will.

6. Die Gründer der Gewerkschaft müssen deshalb ihre Pläne Versammlungen der interessierten Arbeiter vorlegen.

7. Die Gründer müssen ein Versammlungsprogramm ausarbeiten und die interessierten Arbeiter von den stattfindenden Versammlungen in Kenntnis setzen.

8. Die Gründer müssen die Erlaubnis der Militärregierung haben, solche Versammlungen abzuhalten. Erlaubnis wird ohne weiteres den Personen erteilt, die unverdächtig sind und die klar angeben können, was für Ziele sie verfolgen. Die Ziele dürfen nicht gegen die Gesetze der Militärregierung verstoßen oder den Absichten der alliierten Besatzungsbehörden zuwiderlaufen.

9. Die ursprünglichen Vorschläge können auf einer Mitgliederversammlung abgeändert werden.

10. Die Gründer müssen von Zeit zu Zeit zur Militärregierung kommen und darlegen, wie die Pläne von den Arbeiterversammlungen aufgenommen worden sind.

11. Nur wenn die Militärregierung befriedigt ist, daß die Pläne genügend Unterstützung erfahren, wird sie erlauben, daß die Gewerkschaft endgültig gegründet wird.

12. Von diesem Augenblick an steht die Gewerkschaft auf eigenen Füßen. Sie kann nun Beiträge erheben und in ihrer Entwicklung weiter fortschreiten.

13. Die Erlaubnis der Militärregierung, eine Gewerkschaft zu gründen, kann vorerst nur eine vorläufige sein. Zum Beispiel kann die Militärregierung fordern, daß innerhalb einer bestimmten Zeit der Mitgliedschaft Gelegenheit geboten wird, in geheimer Wahl die verschiedenen Funktionäre zu wählen. Viel wird von der Sorgfalt abhängen, mit der die ersten Vorkehrungen getroffen werden.

14. Die Gewerkschaften können nicht hoffen, den Wiederaufbau des deutschen sozialen und wirtschaftlichen Lebens voranzutreiben, wenn sie nicht wirklich repräsentativ sind.

15. Die Militärregierung wünscht eine feste und repräsentative Gewerkschaftsbewegung. Das kann nicht über Nacht geschehen. Das deutsche Volk soll im eigenen Interesse feste Grundlagen für seine Gewerkschaften schaffen. Es soll langsam und gut aufbauen.

Quelle: Die Gewerkschaftsbewegung in der britischen Besatzungszone. Geschäftsbericht des DGB 1947–1949, Köln 1949, S. 14 f.

47. Das Mitbestimmungsrecht der Gewerkschaften und Betriebsräte in der Wirtschaft

(Entschließung der zweiten Interzonenkonferenz der Gewerkschaften vom 18./19. Dezember 1946 in Hannover)

Das Wohl der Werktätigen, die Sicherung des Friedens, die Freiheit der Persönlichkeit und die Demokratie kann nur dann gesichert werden, wenn der Neuaufbau der deutschen Wirtschaft auf demokratischer Basis durch wirksamen, unmittelbaren Einfluß der Gewerkschaften und Betriebsräte erfolgt. Zwei Weltkriege haben den Beweis erbracht, daß die zum Krieg treibenden Kräfte in Deutschland in der Zusammenballung der Kapitalsmächte in Monopolen, Kartellen, Konzernen und Trusts und in dem Mißbrauch ihrer wirtschaftlichen Vormachtstellung zu suchen ist. Alle Versuche der Gewerkschaften seit 1919, die Demokratisierung der Wirtschaft mit Hilfe des Artikels 165 der Reichsverfassung von Weimar, des Betriebsrätegesetzes vom 20. Februar 1920 durchzusetzen, sind auf den schärfsten Widerstand des damaligen Reichsverbandes der deutschen Industrie und der Vereinigung der deutschen Arbeitgeberverbände gestoßen. Das einseitige Herrenrecht in der Wirtschaft blieb trotz der jahrelangen Arbeit und Bemühungen der Arbeitnehmerorganisationen aufrechterhalten.

Die Gewerkschaften fordern daher das paritätische Mitbestimmungsrecht in allen Zweigen der Wirtschaft. Für die Betriebsräte sind durch Abschluß entsprechender Betriebsvereinbarungen auf Grund des Kontrollratgesetzes Nr. 22 die erforderlichen Voraussetzungen geschaffen. Dazu gehört insbesondere die Mitwirkung der Betriebsräte bei der Produktion, der Kalkulation, Kontrolle und Warenverteilung. Die Entmachtung der Monopole, Kartelle und Konzerne gemäß den Potsdamer Beschlüssen ist dringend notwendig, damit eine dem Frieden dienende Nachkriegsproduktion für alle Zeiten gesichert ist.

Die Demokratie in allen Institutionen und Organen der Wirtschaft wie den Kammern für Handwerk, Industrie, Handel und Landwirtschaft wird für die Planung und Lenkung der paritätischen Mitarbeit der Gewerkschaften gefordert. Ohne die Verwirklichung dieser Mindestforderungen ist ein Neuaufbau der deutschen Bedarfsdeckung undenkbar. Die derzeitigen deutschen Wirtschaftsprobleme verlangen die Beseitigung der Zonengrenzen und damit die Herstellung der wirtschaftlichen und politischen Einheit Deutschlands.

Quelle: Versprochen – Gebrochen. Die Interzonenkonferenzen der deutschen Gewerkschaften, Düsseldorf 1961, S. 166 f.

48. Mitgliederzahlen der Gewerkschaften in den vier Besatzungszonen 1946–1949

	Britische Zone	*Sowjetische Zone*	*Amerikanische Zone*	*Französische Zone*	*Deutschland*
1946	(Juni) ca. 1,2 Mio.[1]	(Frj.) 2,417 Mio.[5]	(Febr.) 0,453 Mio.[7]	–	–
1947	(Jan.) 1,746 Mio.[2]	(Frj.) ca. 4,000 Mio.[6]	–	–	–
1948	(Frj.) 2,526 Mio.[3]	(Frj.) * 3,947 Mio.[3]	(Frj.) 1,388 Mio.[3]	(Frj.) 505 000[3]	(Frj.) 9,048 Mio.[3]
1949	(30. 6.) 2,885 Mio.[4]		(30. 6.) 1,677 Mio.[4]	(30. 6.) 399 876[4]	(30. 6.) etwa 9,66 Mio.[8]

Frj. = Frühjahr * = mit Berlin-O. 4,629 Millionen

Quelle:
1) Die Gewerkschaftsbewegung in der britischen Besatzungszone (= GBBZ), Geschäftsbericht des Deutschen Gewerkschafts-Bundes (britische Besatzungszone) 1947–1949, Köln 1949, S. 28–41.
2) GBBZ, S. 58 f.
3) Keesings Archiv 1948/49, S. 1363 E.
4) Protokoll des Gründungskongresses des DGB, München, 12.–14. Oktober 1949, Köln 1949, S. 282.
5) Geschäftsbericht des FDGB, herausgegeben v. Vorstand des FDGB, Berlin 1947, S. 84.
6) H. Duhnke, Stalinismus in Deutschland, Köln 1955, S. 267.
7) Keesings Archiv 1946/47, S. 714 A.
8) davon DGB: 4 961 986; FDGB: ca. 4,7 Millionen.

49. Mitgliederzahlen des FDGB

	Gesamtzahl	*männlich*	*weiblich*
1946[1])	3 277 578	–	–
1950[2])	etwa 4,7 Millionen	–	–
1952[2])	4 897 000	3 075 316	1 821 684
1954[2])	5 278 000	3 230 136	2 047 864
1955[3])	5 425 353	3 328 995	2 096 358

Quelle: 1) Geschäftsbericht des FDGB 1946, herausgegeben vom Vorstand des FDGB, Berlin 1947, S. 84 (Dezember 1946).
2) Geschäftsbericht des Bundesvorstandes des FDGB zum 4. FDGB-Kongreß 1950–1954, herausgegeben vom Bundesvorstand des FDGB, Berlin o. J., S. 226f.
3) Rechenschaftsbericht des Bundesvorstandes an den 5. FDGB-Kongreß 1955–1959, herausgegeben vom Bundesvorstand des FDGB, Berlin o. J., S. 133.

50. Mitgliederzahlen westdeutscher Einzelgewerkschaften und des DGB

Gewerkschaft	Gesamtzahl			davon								
				Arbeiter			Angestellte			Beamte		
	Summe	m	w	Summe	m	w	Summe	m	w	Summe	m	w
IG Metall												
1949												
1950	1 352 010	1 204 751	147 259	1 257 001	1 124 997	132 004	95 009	79 754	15 255	–	–	–
1951	1 528 121	1 352 871	175 250	1 422 345	1 264 983	157 362	105 776	87 888	17 888	–	–	–
1952	1 580 467	1 397 027	183 440	1 469 834	1 299 847	169 987	110 633	97 180	13 453	–	–	–
1953	1 604 140	1 417 212	186 928	1 491 850	1 319 673	172 177	112 290	97 539	14 751	–	–	–
1954	1 658 298	1 458 209	200 089	1 549 304	1 370 282	179 022	108 994	87 927	21 067	–	–	–
1955	1 657 840	1 458 058	199 782	1 541 827	1 357 286	184 541	116 013	100 772	15 241	–	–	–

Gewerkschaft	Gesamtzahl			davon								
				Arbeiter			Angestellte			Beamte		
	Summe	m	w	Summe	m	w	Summe	m	w	Summe	m	w
Gew. ÖTV												
1949	648 000											
1950	726 004	622 110	103 894	457 064	409 720	47 344	207 960	153 728	54 662	60 980	58 662	2 318
1951	785 420	667 369	118 051	492 940	438 126	54 814	226 117	164 992	61 125	66 363	64 251	2 112
1952	807 448	680 985	126 463	505 747	446 546	59 201	233 378	168 060	65 318	68 323	66 379	1 944
1953	827 173	694 897	132 276	520 010	457 467	62 543	236 415	168 686	67 729	70 748	68 744	2 004
1954	828 968	695 936	133 032	524 667	461 319	63 348	232 310	164 941	67 369	71 991	69 676	2 315
1955	843 680	706 826	136 854	537 191	471 267	65 924	232 460	164 044	68 416	74 029	71 515	2 514
IG Bergbau												
1949	534 299	499 793	7 602	471 802	466 759	5 043	35 593	33 034	2 559	–	–	–
1950	580 661	571 896	8 765	542 095	535 858	6 237	38 566	36 038	2 528	–	–	–
1951	606 674	596 843	9 831	565 992	558 982	7 010	40 682	37 861	2 821	–	–	–
1952	638 495	627 831	10 664	595 404	587 850	7 558	42 998	39 893	3 105	89	88	1
1953	639 136	629 255	9 881	597 123	590 221	6 902	41 911	38 933	2 978	102	101	1
1954	626 456	614 149	12 307	580 436	572 068	8 368	45 916	41 977	3 939	104	104	–
1955	612 872	601 636	11 236	570 937	562 967	7 961	41 821	38 547	3 274	114	113	1
DGB												
1949												
1950	5 449 990	4 557 951	892 039	4 534 565	3 824 063	710 502	571 332	418 731	152 601	344 093	315 157	28 936
1951	5 912 125	4 900 689	1 011 436	4 924 314	4 118 576	805 738	626 998	450 070	176 928	360 813	332 043	28 770
1952	6 004 476	4 975 763	1 028 713	4 982 564	4 170 529	812 035	647 632	443 022	184 610	374 280	342 212	32 068
1953	6 051 221	5 005 073	1 046 148	5 011 175	4 189 917	821 258	645 201	455 628	189 573	394 845	359 528	35 317
1954	6 103 343	5 048 130	1 055 213	5 052 366	4 236 126	816 240	641 001	439 898	201 103	409 976	372 106	37 870
1955	6 104 872	5 057 067	1 047 805	5 042 365	4 229 297	813 068	642 340	445 420	196 920	420 167	382 350	37 817
1980	7 882 527	6 286 253	1 596 274	5 376 454	4 538 128	838 326	1 658 121	1 029 387	628 734	847 952	718 739	129 214

Quelle: Statistische Jahrbücher für die Bundesrepublik Deutschland, Wiesbaden 1952 ff.

51. Organisationsgrad westdeutscher Gewerkschaften

(in Prozent der Beschäftigten)

	IG Metall			Gew. ÖTV			IG Bergbau			DGB		
	S	m	w	S	m	w	S	m	w	S	m	w
1950	53,7	–	–	34,1	–	–	59,2	–	–	36,5	–	–
1951	59,9	63,0	43,2	34,6	43,9	15,9	61,8	63,2	26,6	40,5	48,7	22,3
1952	58,8	62,3*	41,5*	35,4	45,1*	16,5*	60,5	61,9*	27,0*	38,8	47,0*	20,9*
1953	57,4	60,8*	40,5*	36,4	46,4*	16,9*	58,6	60,0*	26,1*	37,7	45,7*	20,4*
1954	55,0	58,3	39,0	35,5	45,1	16,8	56,7	58,0	27,3	36,3	44,0	19,7
1955	53,2	56,7	36,6	35,2	45,1	16,4	54,6	56,0	23,3	34,3	42,0	18,1
1960	39,7	43,9	23,6	32,4	44,0	15,9	46,5	48,1	14,9	30,0	37,9	14,9

* hochgerechnete Durchschnittswerte

Quelle: Statistische Jahrbücher für die Bundesrepublik Deutschland, Wiesbaden 1952 ff.

52. Aufruf des Zentralkomitees der Kommunistischen Partei Deutschlands an das deutsche Volk

zum Aufbau eines antifaschistisch-demokratischen Deutschlands

(11. Juni 1945)

Schaffendes Volk in Stadt und Land!
Männer und Frauen! Deutsche Jugend!

Wohin wir blicken, Ruinen, Schutt und Asche. Unsere Städte sind zerstört, weite ehemals fruchtbare Gebiete verwüstet und verlassen. Die Wirtschaft ist desorganisiert und völlig gelähmt. Millionen und aber Millionen Menschenopfer hat der Krieg verschlungen, den das Hitlerregime verschuldete. Millionen wurden in tiefste Not und größtes Elend gestoßen.

Eine Katastrophe unvorstellbaren Ausmaßes ist über Deutschland hereingebrochen, und aus den Ruinen schaut das Gespenst der Obdachlosigkeit, der Seuchen, der Arbeitslosigkeit, des Hungers.

Und wer trägt daran die Schuld?

Die Schuld und Verantwortung tragen die gewissenlosen Abenteurer und Verbrecher, die die Schuld am Kriege tragen. Es sind die Hitler und Göring, Himmler und Goebbels, die aktiven Anhänger und Helfer der Nazipartei. Es sind die Träger des reaktionären Militarismus, die Keitel, Jodl und Konsorten. Es sind die imperialistischen Auftraggeber der Nazipartei, die Herren der Großbanken und Konzerne, die Krupp und Röchling, Poensgen und Siemens.

[. . .]

Die Welt ist erschüttert und zugleich von tiefstem Haß gegenüber Deutschland erfüllt angesichts dieser beispiellosen Verbrechen, dieses grauenerregenden Massenmordens, das von Hitlerdeutschland als System betrieben wurde.

Wäre Gleiches mit Gleichem vergolten worden, deutsches Volk, was wäre mit dir geschehen?

Aber auf der Seite der Vereinten Nationen, mit der Sowjetunion, England und den Vereinigten Staaten an der Spitze, stand die Sache der Gerechtigkeit, der Freiheit und des Fortschritts. Die Rote Armee und die Armeen ihrer Verbündeten haben durch ihre Opfer die Sache der Menschheit vor der Hitlerbarbarei gerettet. Sie haben die Hitlerarmee zerschlagen, den Hitlerstaat zertrümmert und damit auch dir, schaffendes deutsches Volk, Frieden und Befreiung aus den Ketten der Hitlersklaverei gebracht.

Um so mehr muß in jedem deutschen Menschen das Bewußtsein und die Scham brennen, daß das deutsche Volk einen bedeutenden Teil Mitschuld und Mitverantwortung für den Krieg und seine Folgen trägt.

Nicht nur Hitler ist schuld an den Verbrechen, die an der Menschheit begangen wurden! Ihr Teil Schuld tragen auch die zehn Millionen Deutsche, die 1932 bei freien Wahlen für Hitler stimmten, obwohl wir Kommunisten warnten: „Wer Hitler wählt, der wählt den Krieg!"

Ihr Teil Schuld tragen alle jene deutschen Männer und Frauen, die willenlos und widerstandslos zusahen, wie Hitler die Macht an sich riß, wie er alle demokratischen Organisationen, vor allem die Arbeiterorganisation, zerschlug und die besten Deutschen einsperren, martern und köpfen ließ. Schuld tragen alle jene Deutschen, die in der Aufrüstung die „Größe Deutschlands" sahen und im wilden Militarismus, im Marschieren und Exerzieren das allein seligmachende Heil der Nation erblickten.

Unser Unglück war, daß Millionen und aber Millionen Deutsche der Nazidemagogie verfielen, daß das Gift der tierischen Rassenlehre, des „Kampfes um Lebensraum" den Organismus des Volkes verseuchen konnte.

Unser Unglück war, daß breite Bevölkerungsschichten das elementare Gefühl für Anstand und Gerechtigkeit verloren und Hitler folgten, als er ihnen einen gutgedeckten Mittags- und Abendbrottisch auf Kosten anderer Völker durch Krieg und Raub versprach.

So wurde das deutsche Volk zum Werkzeug Hitlers und seiner imperialistischen Auftraggeber.

Deutsche Arbeiter und Arbeiterinnen! Deutsche Arbeiterjugend! Schaffendes deutsches Volk!

Gegen den Willen eines geeinten und kampfbereiten Volkes hätte Hitler niemals die Macht ergreifen, sie festigen und seinen verbrecherischen Krieg führen können. Wir deutschen Kommunisten erklären, daß auch wir uns schuldig fühlen, indem wir es trotz der Blutopfer unserer besten Kämpfer infolge einer Reihe unserer Fehler nicht vermocht haben, die antifaschistische Einheit der Arbeiter, Bauern und Intelligenz entgegen allen Widersachern zu schmieden, im werktätigen Volk die Kräfte für den Sturz Hitlers zu sammeln, in den erfolgreichen Kampf zu führen und jene Lage zu vermeiden, in der das deutsche Volk geschichtlich versagte.

Nach all dem Leid und Unglück, der Schmach und Schande, nach der dunkelsten Ära deutscher Geschichte, heute, am Ende des „Dritten Reiches", wird uns auch der sozialdemokratische Arbeiter recht geben, daß sich die faschistische Pest in Deutschland nur ausbreiten konnte, weil 1918 die Kriegsschuldigen und Kriegsverbrecher ungestraft blieben, weil nicht der Kampf um eine wirkliche Demokratie geführt wurde, weil die Weimarer Republik der Reaktion freies Spiel gewährte, weil die Antisowjethetze einiger demokratischer Führer Hitler den Weg ebnete und die Ablehnung der antifaschistischen Einheitsfront die Kraft des Volkes lähmte.

Daher fordern wir: Keine Wiederholung der Fehler von 1918! Schluß mit der Spaltung des schaffenden Volkes!

Keinerlei Nachsicht gegenüber dem Nazismus und der Reaktion!

Nie wieder Hetze und Feindschaft gegenüber der Sowjetunion; denn wo diese Hetze auftaucht, da erhebt die imperialistische Reaktion ihr Haupt!

[. . .]

Nicht nur der Schutt der zerstörten Städte, auch der reaktionäre Schutt aus der Vergangenheit muß gründlich hinweggeräumt werden. Möge der Neubau Deutschlands auf solider Grundlage erfolgen, damit eine dritte Wiederholung der imperialistischen Katastrophenpolitik unmöglich wird.

Mit der Vernichtung des Hitlerismus gilt es gleichzeitig, die Sache der Demokratisierung Deutschlands, die Sache der bürgerlich-demokratischen Umbildung, die 1848 begonnen wurde, zu Ende zu führen, die feudalen Überreste völlig zu beseitigen und den reaktionären altpreußischen Militarismus mit allen seinen ökomonischen und politischen Ablegern zu vernichten.

Wir sind der Auffassung, daß der Weg, Deutschland das Sowjetsystem aufzuzwingen, falsch wäre, denn dieser Weg entspricht nicht gegenwärtigen Entwicklungsbedingungen in Deutschland.

Wir sind vielmehr der Auffassung, daß die entscheidenden Interessen des deutschen Volkes in der gegenwärtigen Lage für Deutschland einen anderen Weg vorschreiben, und zwar den Weg zur Aufrichtung eines antifaschistischen, demokratischen Regimes, einer parlamentarisch-demokratischen Republik mit allen demokratischen Rechten und Freiheiten für das Volk.

An der gegenwärtigen historischen Wende rufen wir Kommunisten alle Werktätigen, alle demokratischen und fortschrittlichen Kräfte des Volkes zu diesem großen Kampf für die demokratische Erneuerung Deutschlands, für die Wiedergeburt unseres Landes auf!

Die unmittelbarsten und dringendsten Aufgaben auf diesem Wege sind gegenwärtig vor allem:

1. Vollständige Liquidierung der Überreste des Hitlerregimes und der Hitlerpartei. Mithilfe aller ehrlichen Deutschen bei der Aufspürung versteckter Naziführer, Gestapoagenten und SS-Banditen. Restlose Säuberung aller öffentlichen Ämter von den aktiven Nazisten. Außer der Bestrafung der großen Kriegsverbrecher, die vor den Gerichten der Vereinten Nationen stehen werden, strengste Bestrafung durch deutsche Gerichte aller jener Nazis, die sich krimineller Verbrechen und der Teilnahme an Hitlers Volksverrat schuldig gemacht haben. Schnellste und härteste Maßnahmen gegen alle Versuche, die verbrecherische nazistische Tätigkeit illegal fortzusetzen, gegen alle Versuche, die Herstellung der Ruhe und Ordnung und eines normalen Lebens der Bevölkerung zu stören.

2. Kampf gegen Hunger, Arbeitslosigkeit und Obdachlosigkeit. Allseitige aktive Unterstützung der Selbstverwaltungsorgane in ihrem Bestreben, rasch ein normales Leben zu sichern und die Erzeugung wieder in Gang zu bringen. Völlig ungehinderte Entfaltung des freien Handels und der privaten Unternehmerinitiative auf der Grundlage des Privateigentums. Wirkungsvolle Maßnahmen zum Wiederaufbau der zerstörten Schulen, Wohn- und Arbeitsstätten. Strenge Sparsamkeit in der Verwaltung und bei allen öffentlichen Ausgaben. Umbau des Steuerwesens nach dem Grundsatz der progressiven Steigerung, Sicherung der restlosen Ernteeinbringung auf dem Wege breiter Arbeitshilfe für die Bauern. Gerechte Verteilung der Lebensmittel und der wichtigsten Verbrauchsgegenstände; energischer Kampf gegen die Spekulation.

3. Herstellung der demokratischen Rechte und Freiheiten des Volkes. Wiederherstellung der Legalität freier Gewerkschaften der Arbeiter, Angestellten und Beamten sowie der antifaschistischen, demokratischen Parteien. Umbau des Gerichtswesens gemäß den neuen demokratischen Lebensformen des Volkes. Gleichheit aller Bürger ohne Unterschied der Rasse vor dem Gesetz und strengste Bestrafung aller Äußerungen des Rassenhasses. Säuberung des gesamten Erziehungs- und Bildungswesens von dem faschistischen und reaktionären Unrat. Pflege eines wahrhaft demokratischen,

fortschrittlichen und freiheitlichen Geistes in allen Schulen und Lehranstalten. Systematische Aufklärung über den barbarischen Charakter der Nazi-Rassentheorie, über die Verlogenheit der Lehre vom „Lebensraum", über die katastrophalen Folgen der Hitlerpolitik für das deutsche Volk. Freiheit der wissenschaftlichen Forschung und künstlerischen Gestaltung.

4. Wiederaufrichtung der auf demokratischer Grundlage beruhenden Selbstverwaltungsorgane in den Gemeinden, Kreisen und Bezirken sowie der Provinzial- bzw. Landesverwaltungen und der entsprechenden Landtage.

5. Schutz der Werktätigen gegen Unternehmerwillkür und unbotmäßige Ausbeutung. Freie demokratische Wahlen der Betriebsvertretungen der Arbeiter, Angestellten und Beamten in allen Betrieben, Büros und bei allen Behörden. Tarifliche Regelung der Lohn- und Arbeitsbedingungen. Öffentliche Hilfsmaßnahmen für die Opfer des faschistischen Terrors, für Waisenkinder, Invaliden und Kranke. Besonderer Schutz den Müttern.

6. Enteignung des gesamten Vermögens der Nazibonzen und Kriegsverbrecher, Übergabe dieses Vermögens in die Hände des Volkes zur Verfügung der kommunalen oder provinzialen Selbstverwaltungsorgane.

7. Liquidierung des Großgrundbesitzes, der großen Güter der Junker, Grafen und Fürsten und Übergabe ihres ganzen Grund und Bodens sowie des lebenden und toten Inventars an die Provinzial- bzw. Landesverwaltungen zur Zuteilung an die durch den Krieg ruinierten und besitzlos gewordenen Bauern. Es ist selbstverständlich, daß diese Maßnahmen in keiner Weise den Grundbesitz und die Wirtschaft der Großbauern berühren werden.

8. Übergabe aller jener Betriebe, die lebenswichtigen öffentlichen Bedürfnissen dienen (Verkehrsbetriebe, Wasser-, Gas- und Elektrizitätswerke usw.), sowie jener Betriebe, die von ihren Besitzern verlassen wurden, in die Hände der Selbstverwaltungsorgane der Gemeinden oder Provinzen bzw. Länder.

9. Friedliches und gutnachbarliches Zusammenleben mit den anderen Völkern. Entschiedener Bruch mit der Politik der Aggression und der Gewalt gegenüber anderen Völkern, der Politik der Eroberung und des Raubes.

10. Anerkennung der Pflicht zur Wiedergutmachung für die durch die Hitleraggression den anderen Völkern zugefügten Schäden. Gerechte Verteilung der sich daraus ergebenden Lasten auf die verschiedenen Schichten der Bevölkerung nach dem Grundsatz, daß die Reicheren auch eine größere Last tragen.

[. . .]

Das Zentralkomitee der Kommunistischen Partei Deutschlands ist der Auffassung, daß das vorstehende Aktionsprogramm als Grundlage zur Schaffung eines Blocks der antifaschistischen, demokratischen Parteien (der Kommunistischen Partei, der Sozialdemokratischen Partei, der Zentrumspartei und anderer) dienen kann.

Wir sind der Auffassung, daß ein solcher Block die feste Grundlage im Kampf für die völlige Liquidierung der Überreste des Hitlerregimes und für die Aufrichtung eines demokratischen Regimes bilden kann.

Quelle: Dokumente 1945–1949, Berlin (O) 1968, S. 56 ff.

53. Aufruf des Zentralausschusses der Sozialdemokratischen Partei Deutschlands

zum Aufbau eines antifaschistisch-demokratischen Deutschlands

(15. Juni 1945)

Arbeiter, Bauern und Bürger!
Männer und Frauen! Deutsche Jugend!

Der Nazifaschismus ist in einen grausigen Abgrund der Vernichtung versunken! Er hat das deutsche Volk in tiefster seelischer Qual, in einer unvorstellbaren Not zurückgelassen! Das Gefühl für Rechtlichkeit ist gelähmt! Die nackte Not grinst dem Volke aus den Ruinen vernichteter Wohnungen und geborstener Fabriken entgegen. Hitlers Cäsarenwahnsinn ist durch die siegreichen verbündeten Armeen ausgemerzt und damit die militaristische Raubgier des deutschen Imperialismus für alle Zeiten vernichtet.

Das deutsche Volk muß die Kosten der faschistischen Hochstapelei bezahlen! Ehrlose Hasardeure und wahnwitzige Machtpolitikaster haben den Namen des deutschen Volkes in der ganzen Welt geschändet und entehrt.

[. . .]

Niemals und von niemandem soll das deutsche Volk je wieder als vertrauensseliges Opfer gewissenloser politischer Abenteurer mißbraucht werden. Der politische Weg des deutschen Volkes in eine bessere Zukunft ist damit klar vorgezeichnet:

Demokratie in Staat und Gemeinde, Sozialismus in Wirtschaft und Gesellschaft!

Wir sind bereit und entschlossen, hierbei mit allen gleichgesinnten Menschen und Parteien zusammenzuarbeiten. Wir begrüßen daher auf das wärmste den Aufruf des Zentralkomitees der Kommunistischen Partei Deutschlands vom 11. Juni 1945, der zutreffend davon ausgeht, daß der Weg für den Neubau Deutschlands von den gegenwärtigen Entwicklungsbedingungen Deutschlands abhängig ist und daß die entscheidenden Interessen des deutschen Volkes in der gegenwärtigen Lage die Aufrichtung eines antifaschistischen, demokratischen Regimes und einer parlamentarisch-demokratischen Republik mit allen demokratischen Rechten und Freiheiten für das Volk erfordern.

[. . .]

Der neue Staat muß wiedergutmachen, was an den Opfern des Faschismus gesündigt wurde, er muß wiedergutmachen, was faschistische Raubgier an den Völkern Europas verbrochen hat. Dieser Staat muß zuerst und vor allem dem deutschen Volk die wirtschaftliche und moralische Kraft geben, diese übermenschliche Aufgabe zu erfüllen. Deshalb fordert die Sozialdemokratische Partei Deutschlands:

1. Restlose Vernichtung aller Spuren des Hitlerregimes in Gesetzgebung, Rechtsprechung und Verwaltung, einen sauberen Staat der Rechtlichkeit und Gerechtigkeit, Haftpflicht der Mitglieder der NSDAP und ihrer Gliederungen für die durch das Naziregime verursachten Schäden.

2. Sicherung der Ernährung. Bereitstellung von Arbeitskräften und genossenschaftlicher Zusammenschluß in der Landwirtschaft, Verbreiterung der Fettgrundlage durch Einfuhr von Rohstoffen, Futtermitteln und Vieh. Förderung der Verbrauchergenossenschaften und Neuregelung des Kleinhandels.

3. Sicherung des lebensnotwendigen Bedarfs der breiten Volksmasse an Wohnung, Kleidung und Heizung mit Hilfe der kommunalen Selbstverwaltung.

4. Wiederaufbau der Wirtschaft unter Mitwirkung der kommunalen Selbstverwaltung und der Gewerkschaften. Beschleunigte Wiederherstellung der Verkehrsmittel, Beschaffung von Rohstoffen, Beseitigung aller Hemmungen der privaten Unternehmerinitiative unter Wahrung der sozialen Interessen. Beseitigung der nazistischen Überorganisation in der Wirtschaft. Klarer und einfacher Neuaufbau ehrenamtlich verwalteter Wirtschaftsverbände. Neuaufbau des Geldwesens, Sicherung der Währung. Kommunale Kredite für Industrie, Handwerk und Handel, Belebung des bargeldlosen Zahlungsverkehrs. Vereinfachung des Steuerwesens durch straffste Zusammenfassung der Steuerarten. Stärkere Berücksichtigung der sozialen Lage bei der Bemessung der Steuern.

5. Volkstümlicher Kulturaufbau, Erziehung der Jugend im demokratischen sozialistischen Geiste. Förderung von Kunst und Wissenschaft.

6. Neuregelung des Sozialrechts. Freiheitliche und demokratische Gestaltung des Arbeitsrechts. Einbau der Betriebsräte in die Wirtschaft. Mitwirkung der Gewerkschaften und Verbrauchergenossenschaften bei den Organisationen der Wirtschaft. Ausbau der Sozialversicherung zur Sozialversorgung für Kranke, Wöchnerinnen und Mütter, Invaliden und Unfallverletzte, Witwen, Waisen, Kriegsversehrte und Arbeitslose. Einbeziehung aller arbeitenden Menschen in die Sozialversicherung.

7. Förderung der Wohnungsfürsorge und des Siedlungswesens. Kommunale Wohnungsaufsicht. Anpassung der Mieten und Hypotheken an die durch die Kriegsfolge geschaffene Wirtschaftslage. Aufteilung des Großgrundbesitzes zur Beschaffung von Grund und Boden für umsiedlungsbereite Großstädter. Verpflanzung von mittel- und kleinindustriellen Betrieben in wirtschaftlich günstig gelegene Landbezirke.

8. Verstaatlichung der Banken, Versicherungsunternehmungen und der Bodenschätze. Verstaatlichung der Bergwerke und der Energiewirtschaft. Erfassung des Großgrundbesitzes und der lebensfähigen Großindustrie und aller Kriegsgewinne für die Zwecke des Wiederaufbaus. Beseitigung des arbeitslosen Einkommens aus Grund und Boden und Mietshäusern. Scharfe Begrenzung der Verzinsung aus mobilem Kapital. Verpflichtung der Unternehmer zur treuhänderischen Leitung der ihnen von der deutschen Volkswirtschaft anvertrauten Betriebe, Beschränkung des Erbrechts auf die unmittelbaren Verwandten.

9. Anpassung des Rechtes an die antifaschistisch-demokratische Staatsauffassung. Staatlicher Schutz der Person. Freiheit der Meinungsäußerung in Wort, Bild und Schrift unter Wahrung der Interessen des Staates und der Achtung des einzelnen Staatsbürgers. Gesinnungsfreiheit und Religionsfreiheit. Strafrechtlicher Schutz gegen Rassenverhetzung.

Unser armes und gequältes Volk muß durch die Schuld Hitlers durch unsägliches Elend und ein tiefes Tal des Leides gehen! Wir wollen mithelfen, es wieder emporzuführen zu den Höhen einer menschenwürdigen Kultur, zu der Freundschaft mit allen Völkern der Welt.

Wir wollen vor allem den Kampf um die Neugestaltung auf dem Boden der organisatorischen Einheit der deutschen Arbeiterklasse führen! Wir sehen darin eine moralische Wiedergutmachung politischer Fehler der Vergangenheit, um der jungen Generation eine einheitliche politische Kampforganisation in die Hand zu geben. Die Fahne der Einheit muß als leuchtendes Symbol in der politischen Aktion des werktätigen Volkes vorangetragen werden! Wir bieten unsere Bruderhand allen, deren Losung ist:

Kampf gegen den Faschismus, für die Freiheit des Volkes, für Demokratie, für Sozialismus!

[. . .]

Quelle: Dokumente 1945–1949, Berlin (O) 1968, S. 67 ff.

54. Kurt Schumacher: Konsequenzen deutscher Politik
(1945)

[. . .]

IV. Die Sozialdemokratie und ihre Gegner

Zwangsläufig gruppiert sich die politische Parteienbildung um die Frage: Wie sollen die Lasten des Zusammenbruchs verteilt werden? Aus der Beantwortung dieser Frage ergeben sich die Richtlinien für den Neubau. Die Sozialdemokratische Partei will die Lastenverteilung unter dem Gesichtspunkt des gerechten Ausgleichs. Es kann nicht sein, daß ein Teil des Volkes alles verloren hat und der andere ungeschoren davonkommt. Wer noch am meisten hat, der hat auch die größten Opfer zu bringen, und vor allem diejenigen sollen die Folgen tragen, deren Politik die Katastrophe heraufbeschworen hat.

Bei dieser klaren Herausbildung der Fronten scheidet die Kommunistische Partei schon dadurch aus, daß ihre verantwortlichen Sprecher erklären, „heute keine sozialistischen Forderungen" zu haben, und daß sie als Partei von Kapitalismus, Unternehmertum und Privateigentum zu schwärmen beginnt. Die KP ist in ihrer politischen Theorie und Praxis ebenso vollständig zusammengebrochen wie das Nazitum und der Militarismus. Unter dem Gesichtspunkt deutscher Politik besteht kein zwingender Grund für ihre Weiterexistenz. Ebensowenig hat die Sozialdemokratie Veranlassung, für den geschwächten Parteikörper der KP den Blutspender abzugeben und auf irgendeinen Annäherungsversuch auch nur andeutungsweise einzugehen.

Die Sozialdemokratische Partei richtet sich nach den politischen und sozialen Notwendigkeiten der deutschen arbeitenden Menschen. Sie kann und will nicht das autokratisch gehandhabte Instrument irgendeiner Siegermacht sein. Genau so, wie sie im Innern selbständig ist, bleibt sie unabhängig gegenüber den ausländischen Faktoren. Sie ist nicht russisch und nicht britisch, nicht französisch und nicht amerikanisch, sondern die Vertretung des neuen Deutschlands. Das sagt die Sozialdemokratie als bewußt internationale Partei, die in engster Zusammenarbeit mit allen in Frage kommenden Mächten und vor allem mit der internationalen Arbeiterbewegung ihre Aufgabe sieht. Der Sozialdemokratie sind national und international keine Gegensätze, sondern notwendige Ergänzungen. Es ist an der Zeit, daß auch das nationalistisch verseuchte Volk sich diese Weite des Blickes erwirbt.

In der Vergangenheit ist in Deutschland im Bürgertum erst die demokratische, dann die liberale Ideenwelt verschwunden zugunsten einer reinen Interessenideologie. Die nicht vollendete bürgerliche Revolution von 1848 und das dadurch entstandene Bündnis zwischen Agrarkapital und Militarismus auf der einen und der bürgerlichen Industrie und Geschäftswelt auf der anderen Seite hat diese verhängnisvolle Entwicklung angebahnt. Auch heute sind die bürgerlichen Parteien trotz aller ideenmäßigen Verkleidungen reine Besitzverteidigungsparteien. Der eigentliche Beweggrund ihrer Existenz sind die wirtschaftlichen Interessen derjenigen, die noch etwas haben und von ihrem Besitz möglichst nichts abgeben wollen.

Jede ablenkende politische Ideologie ist ein Versuch, die arbeitenden Massen, die Besitzlosen und besitzlos Gewordenen darüber zu täuschen, wo allein sie die Vertretung ihrer Interessen finden können. Friedrich Schiller, dem man gewiß nicht absprechen kann, der klarste Ausdruck des deutschen Idealismus zu sein, hat deutlich erkannt, worum es ging und immer gehen wird, als er sagte: „Es ist nicht alles, wenn man warm wohnt und sich satt essen kann, aber man muß zuerst warm wohnen und satt sein, damit sich die bessere Natur regen soll."

Diese Manöver der Ablenkung und der Täuschung sind ein wesentlicher Bestandteil der bürgerlichen Politik in Deutschland. Schon vor dem ersten Weltkrieg haben der deutsche Imperialismus und Militarismus eine besondere Denkungsart im deutschen Volk durch den Mißbrauch des nationalen Gedankens zu erzeugen versucht. Das war plumpster Klassenmaterialismus und ist doch als deutscher Idealismus verhimmelt worden. Es war das Klasseninteresse des Großbesitzes, das in unserem Lande den Nationalismus über die selbstverständliche und saubere nationale Idee siegen ließ. Das deutsche Volk, das auf Grund seiner Geschichte, die in den letzten vierhundert Jahren eine reine Fürsten-, Militär- und Beamtengeschichte gewesen war, mit seiner politischen Freiheit nichts anzufangen wußte, ist in großen Teilen dieser Propaganda unterlegen. Der Nazismus war nur der Schlußstrich unter eine Rechnung, die das Kapital und der Militarismus schon lange vor ihm aufgestellt hat. Für den Kapitalismus hätte sich das deutsche Volk nie zu erwärmen gewußt. Für jeden Mißbrauch der nationalen Idee war es zugänglich. Das Ergebnis ist die Zerstörung der Nation und der Parteien, die den nationalen Gedanken als politisches Monopol für sich haben ausnutzen wollen.

Um mit dem nationalen Gedanken öffentlich zu operieren, fehlt es heute den Besitzbürgern an Mut. Jetzt muß der Begriff „christlich" als die große Tarnung herhalten. Die Bezeichnung christlich ist nicht sauber und nicht anständig gegenüber den anderen Parteien, denen damit antichristliche Momente in ihrer Politik unterstellt werden. Tatsächlich ist das Christentum von keiner politischen Richtung in Deutschland bedroht. Mit der Aufnahme des Wortes christlich in einer Parteifirmierung wird das Monopol des Christentums für eine politische Richtung in Anspruch genommen. Das ist gerade im Interesse des Christentums nicht gut, denn so wird sein Schicksal künstlich von dem Wohlergehen einer Partei abhängig gemacht. So etwas mag vorübergehend für diese

Partei von Nutzen sein, für das Christentum ist es das nicht. Jetzt ist für sie selbst wie für das deutsche Volk von größter Wichtigkeit, daß die Kirchen den notwendigen Abstand zu solchen Erscheinungen halten und ihre Diener sich nicht einseitig engagieren.

Es wäre nicht unser Wille und Verschulden, wenn dann die Kirchen als Instrument der Besitzverteidigung erscheinen und dadurch in einen verhängnisvollen Gegensatz zu der antikapitalistischen Grundstimmung des Volkes geraten würden.

[. . .]

Mehr noch als nach 1918 ist Deutschland zur Zeit von der Gefahr einer Politik der verpaßten Gelegenheiten bedroht. Es ist schon richtig, nichts zu überstürzen, aber schließlich haben ja alle Beteiligten lange genug Zeit gehabt, darüber nachzudenken, mit welchen Maßnahmen und Methoden sie ihre Aufgaben haben bewältigen wollen. Nicht wiederkehrende Möglichkeiten werden jetzt versäumt. Unwiederbringliche Zeit geht verloren. Gegenüber einer weltrevolutionären Umgestaltung der Dinge und Menschen operiert man mit den Methoden der Restauration und des Fortwurstelns. Die Gefahren, die aus der heutigen Beamtenpolitik entstehen, können gar nicht überschätzt werden. Mit den ersten Schritten zur Demokratisierung beginnt man bereits die Voraussetzungen für ihre Sabotierung zu schaffen. Parteien sollen ehrlich und offen ihre Besonderheiten und ihre eigentlichen Ziele herausstellen und nach ihrem Prinzip das Volk zu formen versuchen. Aber sie sollen nicht das mißbrauchen, was Allgemeingültigkeit und allgemeinen Respekt verlangt.

V. Neubau durch Sozialismus

Der Sinn der sozialdemokratischen Politik liegt darin, den Menschen ökonomisch zu befreien, um ihm die Voraussetzunge n für die politische und moralische Freiheit zu schaffen. Der Sozialismus kann nicht als Geschenk kommen, sondern muß in dem politischen Wollen seine demokratische Legitimation finden. Die bloße Aufrichtung einer nicht erkämpften, sondern verordneten Demokratie kann nicht den Sozialismus bringen, wenn nicht die konzentrierte politische Kraft aller arbeitenden Menschen in Deutschland auf dieses Ziel drängt.

Alle Tendenzen des Wiederaufbaus sind Versuche, den Kapitalismus wieder zu beleben. Aber der Glaube an die Autorität der bisher herrschenden Klassen ist im Volk erschüttert. Auf ihm läßt sich keine Gesellschaftsverfassung mehr aufbauen. „Die herrschenden Ideen sind die Ideen der herrschenden Klasse“, hat Karl Marx gesagt.

Aber wer ist denn heute die herrschende Klasse? Ein zerschlagener und zertrümmerter Haufen, der innen- und außenpolitisch Bankrott gemacht hat.

[. . .]

Die unvermeidbare Konsequenz ist jetzt, daß die arbeitenden Massen, die Menschen ohne oder mit nur geringem Besitz, zum Zuge kommen. Es ist der Kapitalismus in Deutschland, der mit dem Zusammenbruch seiner politischen Methoden und Parteien auch selbst zusammengebrochen ist.

Auf der Tagesordnung steht heute als der entscheidende Punkt die Abschaffung der kapitalistischen Ausbeutung und die Überführung der Produktionsmittel aus der Hand der großen Besitzenden in gesellschaftliches Eigentum, die Lenkung der gesamten

Wirtschaft nicht nach privaten Profitinteressen, sondern nach den Grundsätzen volkswirtschaftlich notwendiger Planung. Das Durcheinander kapitalistischer Unternehmerwirtschaft, deren Träger keine größere Sorge kennen als die, morgen noch mehr Geld zu verdienen als heute, kann nicht ertragen werden. Planung und Lenkung sind noch nicht Sozialismus, sondern erst die Voraussetzung dazu. Der entscheidende Schritt ist erst in einschneidenden Sozialisierungsmaßnahmen zu sehen.

Deutschland ist zu arm, um sich den Luxus einer planlosen Gütererzeugung oder der Sondergewinne für den Monopolkapitalismus leisten zu können. Das Sozialprodukt, selbst aus einer völlig in Gang gebrachten deutschen Wirtschaft, reicht bestenfalls dazu aus, die arbeitenden Menschen zu ernähren und den Bedürftigen soziale Hilfe zu gewähren.

Der Sozialismus ist nicht mehr Angelegenheit der Arbeiterklasse in dem alten engen Sinne des Wortes. Er ist das Programm für Arbeiter, Bauern, Handwerker, Gewerbetreibende und geistige Berufe! Sie alle stehen in einem unüberbrückbaren Gegensatz zu der eigentlichen Ausbeuterschicht. Es hat zur nationalen und wirtschaftlichen Katastrophe geführt, daß die Kreise des sogenannten Mittelstandes von der Propaganda der Reaktion, der Militaristen und der Nazis eingefangen worden sind und sich damit gegen Demokratie und den Sozialismus als politisches Kanonenfutter haben verwenden lassen. All die tatsächlichen und angeblichen Vorzüge der freien Konkurrenz sind im Hochkapitalismus längst verlorengegangen. Aber auch seine Überbleibsel versuchen mit allen Mitteln, ihr Klassenmonopol und damit die Quelle ihrer Bereicherung und die Grundlage für die Unterdrückung der Massen aufrechtzuerhalten. Das derzeitige Fehlen einer öffentlichen Meinung und Kritik läßt sie heute ungehindert eine fieberhafte Tätigkeit entfalten und versuchen, alle nationalen und internationalen Möglichkeiten auszuschöpfen. Sie fühlen sich in ihrer Unkontrolliertheit so sicher, daß die einzelnen Gruppen bereits wieder Machtkämpfe untereinander ausfechten. Entweder beherrschen diese Kapitalisten das Volk oder das Volk beherrscht die Kapitalisten.

[. . .]

Jeder Mensch von Einsicht und Verantwortungsbewußtsein wird erkennen müssen, daß das deutsche Volk nicht mehr reich genug ist, um Unternehmergewinne, Kapitalprofite und Grundrenten zu zahlen. Die Zerstörung und Verkleinerung der zur Verfügung stehenden wirtschaftlichen Substanz macht eine kapitalistische Profitwirtschaft unmöglich und zwingt zu einer nach gemeinwirtschaftlichen Gesichtspunkten planmäßig ausgerichteten Versorgungswirtschaft.

Die Verstaatlichung der Großindustrie, der Großfinanz und die Aufsiedlung des Großgrundbesitzes sind volkswirtschaftlich eine absolute Notwendigkeit. Vor allem sind der Bergbau, die Schwerindustrie, die Energiewirtschaft, das Verkehrswesen, ein sehr großer Teil der Verarbeitungsindustrie sowie Versicherungs- und Bankwirtschaft nicht nur sozialisierungsreif, sondern müssen sozialisiert werden, wenn die deutsche Wirtschaft ausreichend funktionieren soll.

[. . .]

Quelle: Turmwächter der Demokratie. Ein Lebensbild von Kurt Schumacher, Bd. II, Reden u. Schriften, hrsg. v. A. Scholz u. W. G. Oschilewski, Berlin 1953, S. 33-39.

55. Gründungsaufruf der Christlich-Demokratischen Union Deutschlands (Berlin)

(vom 26. Juni 1945)

Deutsches Volk!
In der schwersten Katastrophe, die je über ein Land gekommen ist, ruft die Partei Christlich-Demokratische Union Deutschlands aus heißer Liebe zum deutschen Volk die christlichen, demokratischen und sozialen Kräfte zur Sammlung, zur Mitarbeit und zum Aufbau einer neuen Heimat. Aus dem Chaos von Schuld und Schande, in das uns die Vergottung eines verbrecherischen Abenteurers gestürzt hat, kann eine Ordnung in demokratischer Freiheit nur erstehen, wenn wir uns auf die kulturgestaltenden sittlichen und geistigen Kräfte des Christentums besinnen und diese Kraftquelle unserem Volke immer mehr erschließen.

[. . .]

Das furchtbare Ausmaß von Unrecht, das die Hitlerzeit gebracht hat, verpflichtet, die Schuldigen und ihre Helfershelfer unnachsichtig, in strenger Gerechtigkeit, jedoch ohne Rachsucht, zur Rechenschaft zu ziehen. An die Stelle des Zerrbildes einer staatlichen Gemeinschaft in der Hitlerzeit soll jetzt der wahrhaft demokratische Staat treten, der auf Pflicht des Volkes zu Treue, Opfer und Dienst am Gemeinwohl ebenso ruht wie auf der Achtung vor dem Recht der Persönlichkeit, ihrer Ehre, Freiheit und Menschenwürde.

Das Recht muß wieder die Grundlage des ganzen öffentlichen Lebens werden. An Stelle der Lüge: „Recht ist, was dem Volke nutzt," muß die ewige Wahrheit treten: „Dem Volke nutzt nur, was Recht ist." Die Unabhängigkeit und der geordnete Gang der Rechtspflege sind wieder herzustellen. Der Ruf nach gerechten Richtern geht wie ein einziger Schrei durch das ganze deutsche Volk. Jede Willkür ist auszuschließen. Eine Gestapo mit ihrem Terror darf es nicht wieder geben. Das öffentliche Leben muß in strenger Sparsamkeit weitgehend auf Selbstverwaltung, freiwilliger und ehrenamtlicher Mitarbeit aufgebaut werden. Die Volksvertretung soll die brüderliche und vertrauensvolle Zusammenarbeit aller die Demokratie bejahenden Parteien und aller aufbauwilligen Kräfte verwirklichen.

Wir fordern ein öffentliches Leben, das sich frei hält von Lüge, Massenwahn und Massenverhetzung, und eine verantwortungsbewußte Presse mit dem Willen zur Wahrheit als oberstes Gesetz. Wir verlangen geistige und religiöse Gewissensfreiheit, Unabhängigkeit aller kirchlichen Gemeinschaften und eine klare Scheidung der kirchlichen und staatlichen Aufgaben.

Das Recht der Eltern auf die Erziehung der Kinder muß gewahrt werden, die Jugend in Ehrfurcht vor Gott, vor Alter und Erfahrung erzogen werden. Der von der Kirche geleitete Religionsunterricht ist Bestandteil der Erziehung. Durch die verderblichen Lehren des Rassenhasses und der Völkerverhetzung hat Hitler weite Teile der Jugend vergiftet. Sie muß wieder zur Erkenntnis wahrer sittlicher Werte geführt werden. Wissenschaft und Kunst sollen sich frei entfalten, und die Lehren echter Humanität, deren deutsche Künder der ganzen Menschheit gehören, sollen den sittlichen Wiederaufbau unseres Volkes tragen helfen.

Das unermeßliche Elend in unserem Volke zwingt uns, den Aufbau unseres Wirtschaftslebens, die Sicherung von Arbeit und Nahrung, Kleidung und Wohnung ohne jede

Rücksicht auf persönliche Interessen und wirtschaftliche Theorien in straffer Planung durchzuführen.

Das Notprogramm für Brot, Obdach und Arbeit geht allem voran. Dabei ist es unerläßlich, schon um für alle Zeiten die Staatsgewalt vor illegitimen Einflüssen wirtschaftlicher Machtzusammenballungen zu sichern, daß die Bodenschätze in Staatsbesitz übergehen. Der Bergbau und andere monopolartige Schlüsselunternehmungen unseres Wirtschaftslebens müssen klar der Staatsgewalt unterworfen werden.

Wir bejahen das Privateigentum, das die Entfaltung der Persönlichkeit sichert, aber an die Verantwortung für die Allgemeinheit gebunden bleibt.

Industrie, Handel und Gewerbe sind zu entscheidender Mitarbeit am Wiederaufbau berufen und deshalb planmäßig zu fördern. Wir fordern vollen Schutz und Ausbaumöglichkeit für das selbständige Handwerk, das nach Zerstörung vieler industrieller Unternehmungen vor einer neuen, großen Aufgabe steht.

Eine umfassende ländliche und gärtnerische Siedlung muß unter weitgehender Heranziehung des Großgrundbesitzes einer möglichst großen Zahl von Deutschen den Zugang zu eigener Scholle und zu selbständiger Arbeit eröffnen. Die wirtschaftliche Sicherung eines freischaffenden Bauerntums und die Ansiedlung der Landarbeiter sind ein unerläßlicher Bestandteil jeder dauerhaften Aufbaupolitik und verlangen den stärksten Ausbau des ländlichen Genossenschaftswesens.

Den christlichen und demokratischen Lebensgesetzen in Staat und Gesellschaft entspricht der freie Zusammenschluß aller Schaffenden. Wir begrüßen daher die einheitliche Gewerkschaftsbewegung der Arbeiter und Angestellten zur Wahrung ihrer wirtschaftlichen und sozialen Rechte. Wir erkennen die Kraft an, die von der Arbeiterschaft in das Volksganze einströmt.

[. . .]

Deutsche Männer und Frauen!
Wir rufen Euch auf, alles Trennende zurücktreten zu lassen. Folgt unserem Ruf zu einer großen Partei, die mit den anderen Parteien der neuen Demokratie gemeinsam am Aufbau Deutschlands arbeiten will.

Wir rufen die Jugend, die durch den Krieg und Zusammenbruch schwer getroffen, vor allem zur Gestaltung der Zukunft mitverpflichtet ist.

Wir rufen die Frauen und Mütter, deren leidgeprüfte Kraft für die Rettung unseres Volkes nicht entbehrt werden kann.

Wir rufen alle, die sich zu uns und unserem Aufbauwillen bekennen. Voll Gottvertrauen wollen wir unseren Kindern und Enkeln eine glückliche Zukunft erschließen.

Christlich-Demokratische Union Deutschlands

Quelle: Dokumente 1945-1949, Berlin (O) 1968, S. 78 ff.

56. Kölner Leitsätze der CDU

Ein Ruf zur Sammlung des deutschen Volkes

Vorläufiger Entwurf zu einem Programm
der Christlichen Demokraten Deutschlands,
Vorgelegt von den Christlichen Demokraten Kölns im Juni 1945

Der Nationalsozialismus hat Deutschland in ein Unglück gestürzt, das in seiner langen Geschichte ohne Beispiel ist.

Er bedeckte den deutschen Namen vor aller Welt mit Schmach und Schande. Nie wäre dies alles über uns gekommen, wenn nicht weite Kreise unseres Volkes von einem habgierigen Materialismus sich hätten leiten lassen.

So erlagen allzuviele der nationalsozialistischen Demagogie, die jedem Deutschen ein Paradies auf Erden versprach.

Ohne eigenen sittlichen Halt verfielen sie dem Rassenhochmut und einem nationalistischen Machtrausch.

Mit dem Größenwahn des Nationalsozialismus verband sich die ehrgeizige Herrschsucht des Militarismus und der großkapitalistischen Rüstungsmagnaten.

Am Ende stand der Krieg, der uns alle ins Verderben stürzte.

Was uns in dieser Stunde der Not allein noch retten kann, ist eine ehrliche Besinnung auf die christlichen und abendländischen Lebenswerte, die einst das deutsche Volk beherrschten und es groß und angesehen machten unter den Völkern Europas.
[. . .]

Soziale Gerechtigkeit und soziale Liebe sollen eine neue Volksgemeinschaft beschirmen, die die gottgegebene Freiheit des einzelnen und die Ansprüche der Gemeinschaft mit den Forderungen des Gemeinwohls zu verbinden weiß. So vertreten wir einen wahren christlichen Sozialismus, der nichts gemein hat mit falschen kollektivistischen Zielsetzungen, die dem Wesen des Menschen von Grund aus widersprechen.

Unser fester Wille aber ist es, eine soziale Ordnung aufzurichten, die der demokratischen Überlieferung der deutschen Vergangenheit ebenso entspricht wie der Weite und dem Geiste des christlichen Naturrechtes.
[. . .]
Darum haben wir

Christliche Demokraten Deutschlands

uns zusammengefunden und folgende Leitsätze für den Wiederaufbau unseres Vaterlandes beschlossen.

1. Die geistige Würde des Menschen wird anerkannt. Der Mensch wird gewertet als selbstverantwortliche Person, nicht als bloßer Teil der Gemeinschaft.

2. Die Familie ist die Grundlage der sozialen Lebensordnung. Ihr Lebensraum ist heilig. Von Natur aus hat sie ihre eigenen Rechte, die unter dem besonderen Schutz des Staates stehen.

3. Die Gerechtigkeit ist das Fundament des Staates. Der Rechtsstaat wird wiederhergestellt. Die Gerichtsbarkeit ist unabhängig und frei. Ihr einziger Leitstern ist das Gesetz, vor dem alle gleich sind.

4. Jeder Deutsche hat das Recht, seine Meinung in Wort und Schrift im Rahmen der bestehenden Gesetze frei zu äußern. Die Vereins- und Versammlungsfreiheit wird gewährleistet.

5. Alle religiösen Bekenntnisse sind frei in ihrer öffentlichen Betätigung.

6. Das natürliche Recht der Eltern auf die Erziehung ihrer Kinder ist die Grundlage der Schule. Diese gewährleistet die Bekenntnisschule für alle vom Staate anerkannten Religionsgemeinschaften wie auch die christliche Gemeinschaftsschule mit konfessionellem Religionsunterricht als ordentlichem Lehrfach.

7. Das kulturelle Schaffen muß frei vom staatlichen Zwang sein. Seine Grundlage ist die deutsche christliche und abendländische Überlieferung. Jede Art von Rassenkult wird ausgeschaltet.

8. Der Zentralismus wird als undeutsch abgelehnt. Deutschland gliedert sich in selbständige freie Länder. Ihr Zusammenschluß erfolgt in der Form des freien republikanischen Bundes.

9. Die überlieferte deutsche Selbstverwaltung der Gemeinden und provinzialen Verbände wird wiederhergestellt. Die Staatsverwaltung ist zu vereinfachen.

10. Das Recht auf Eigentum wird gewährleistet. Die Eigentumsverhältnisse werden nach dem Grundsatz der sozialen Gerechtigkeit und den Erfordernissen des Gemeinwohls geordnet. Durch gerechten Güterausgleich und soziale Lohngestaltung soll es dem Nichtbesitzenden ermöglicht werden, zu Eigentum zu kommen. Das Gemeineigentum darf so weit erweitert werden, wie das Allgemeinwohl es erfordert. Post und Eisenbahn, Kohlenbergbau und Energieerzeugung sind grundsätzlich Angelegenheiten des öffentlichen Dienstes. Das Bank- und Versicherungswesen unterliegt der staatlichen Kontrolle.

11. Das Ziel der Wirtschaft ist die Bedarfsdeckung des Volkes auf der Grundlage einer freien körperlichen Selbstverwaltung. Die Vorherrschaft des Großkapitals, der privaten Monopole und Konzerne wird gebrochen. Privatinitiative und Eigenverantwortlichkeit werden erhalten. Mittel- und Kleinbetriebe werden gefördert und vermehrt.

[. . .]

20. Die Grundlage der deutschen Außenpolitik ist die Achtung fremden Volkstums und die treue Innehaltung der Verträge. Es muß Gemeingut des ganzen Volkes werden, daß die Politik der Gewalt und des Krieges nicht nur eine Versündigung am eigenen Vaterland, sondern auch ein Verbrechen an der Menschheit ist. Deutschland muß führend sein in der Verwirklichung der Sehnsucht der Völker nach einem ewigen Frieden.

Deutsche Männer und Frauen!
Das sind die Leitsätze der
Christlichen Demokraten Deutschlands!
Sammelt euch um sie!

Helft mit, ein neues und schöneres Deutschland aufzubauen auf dem unerschütterlichen Fundament des Christentums und der abendländischen Kultur

Quelle: H. Pütz (Hrsg.), Konrad Adenauer und die CDU der britischen Zone 1946-1949, Bonn 1975, S. 105-109.

57. Adenauers Beurteilung der politischen Situation 1945

(Schreiben an den Oberbürgermeister von Duisburg, Weitz, vom 31.Oktober 1945)

Rußland hat in Händen: die östliche Hälfte Deutschlands, Polen, den Balkan, anscheinend Ungarn, einen Teil Österreichs. Rußland entzieht sich immer mehr der Zusammenarbeit mit den anderen Großmächten und schaltet in den von ihm beherrschten Ländern völlig nach eigenem Gutdünken. In den von ihm beherrschten Ländern herrschen schon jetzt ganz andere wirtschaftliche und politische Grundsätze als in dem übrigen Teil Europas. Damit ist die Trennung in Osteuropa, das russische Gebiet, und Westeuropa eine Tatsache.

In Westeuropa sind die führenden Großmächte England und Frankreich. Der nicht von Rußland besetzte Teil Deutschlands ist ein integrierender Teil Westeuropas. Wenn er krank bleibt, wird das von schwersten Folgen für ganz Westeuropa, auch für England und Frankreich sein. Es liegt im eigensten Interesse nicht nur des nicht von Rußland besetzten Teiles Deutschlands, sondern auch von England und Frankreich, Westeuropa unter ihrer Führung zusammenzuschließen, den nicht russisch besetzten Teil Deutschlands politisch und wirtschaftlich zu beruhigen und wieder gesund zu machen. Eine Lostrennung des Rheinlandes und Westfalens von Deutschland dient dem Zweck nicht, sie würde das Gegenteil herbeiführen. Man würde eine östliche politische Orientierung des nicht russisch besetzten Teiles Deutschlands herbeiführen. Dem Verlangen Frankreichs und Belgiens nach Sicherheit kann auf die Dauer nur durch wirtschaftliche Verflechtung von Westdeutschland, Frankreich, Belgien, Luxemburg, Holland wirklich Genüge geschehen. Wenn England sich entschließen würde, auch an dieser wirtschaftlichen Verflechtung teilzunehmen, so würde man dem doch so wünschenswerten Endziele, der Union der westeuropäischen Staaten, ein sehr großes Stück näherkommen.

Zum staatsrechtlichen Gefüge des nicht von Rußland besetzten Teiles Deutschlands: Ein vernünftiges staatsrechtliches Gefüge besteht zur Zeit überhaupt nicht, es muß wiederhergestellt werden. Die Schaffung eines zentralisierten Einheitsstaates wird nicht möglich, auch nicht wünschenswert sein, der staatsrechtliche Zusammenhang kann lockerer sein als früher, etwa in der Form eines bundesstaatlichen Verhältnisses.

Quelle: K. Adenauer, Erinnerungen, 1945-1953, Stuttgart 1965, S. 39 f.

58. Programm der CDU der britischen Zone von Neheim-Hüsten

(vom März 1946)

Die CDU will ein neues, ein anderes Deutschland aufbauen. Die Epoche, in der die materialistische Weltanschauung in Deutschland die geistige Grundlage wurde, Staat, Wirtschaft und Kultur beherrschte, soll zu Ende sein. – Auch der Nationalsozialismus wurzelte in dieser Weltanschauung, er führte die ihr entstammenden Grundsätze bis zur äußersten Konsequenz durch. Wohin diese Entwicklung, die weit vor dem Anfang dieses Jahrhunderts begann, geführt hat, sehen wir: zur Verachtung des Rechts und zur Anbetung der Macht, zur Verneinung der Würde der Person und der Freiheit, zur Vergottung des Staates und ungehemmten Ausdehnung seines Bereichs [. . .]. An die Stelle der materialistischen muß wieder die christliche Weltanschauung treten, an die Stelle der sich aus dem Materialismus ergebenden Grundsätze die Grundsätze der christlichen Ethik. Sie müssen bestimmend werden für den Wiederaufbau des Staates und die Abgrenzung seiner Macht, für die Rechte und Pflichten der Einzelpersonen, für das wirtschaftliche und soziale Leben, für unsere Kultur, für das Verhältnis der Völker zueinander. Die christliche Weltauffassung allein gewährleistet Recht, Ordnung und Maß, Würde und Freiheit der Person und damit eine wahre und echte Demokratie, die sich nicht auf die Form des Staates beschränken darf, sondern das Leben des einzelnen wie das des Volkes und der Völker tragen und durchdringen soll. Wir betrachten die hohe Auffassung des Christentums von der Menschenwürde, vom Wert jedes einzelnen Menschen als Grundlage und Richtschnur unserer Arbeit im politischen, wirtschaftlichen und kulturellen Leben unseres Volkes.

A. *Aus dieser Erkenntnis und aus diesem Wollen heraus sind die nachstehenden Grundsätze und Forderungen erwachsen:*

I. Einzelperson und Staat.

1. Die Grundsätze christlicher Ethik und Kultur, wahre Demokratie müssen das staatliche Leben tragen und erfüllen. An der Würde und den unveräußerlichen Rechten der Person findet die Macht des Staates Grenzen.
2. Recht auf politische und religiöse Freiheit.
3. Gerechtigkeit, gleiches Recht und Rechtssicherheit für jeden.
4. Anerkennung der grundlegenden Bedeutung der Familie für Volk und Staat.
5. Anerkennung und Schutz der Frau bei ihrer Tätigkeit in Haus und Familie. Freie Betätigung der Frau im beruflichen und öffentlichen Leben.
6. Die Mehrheit hat kein willkürliches und uneingeschränktes Recht gegenüber der Minderheit. Auch die Minderheit hat ihre Rechte und Pflichten.

II. Wirtschaftliches und soziales Leben.

1. Ziel aller Wirtschaft ist die Bedarfsdeckung des Volkes. Die Wirtschaft hat der Entfaltung der schaffenden Kräfte des Menschen und der Gemeinschaft zu dienen.

2. Ausgangspunkt aller Wirtschaft ist die Anerkennung der Persönlichkeit. Daraus ergibt sich die Notwendigkeit, ein soziales Recht zu schaffen, das Arbeitnehmer und Arbeitgeber zu gleichberechtigter Tätigkeit in Führung und Verantwortung verpflichtet.

   Hierdurch wird eine soziale Neuordnung in Wirtschaft und Gesellschaft und eine gerechte Verteilung des wirtschaftlichen Ertrages erreicht und der Geist des Klassenkampfes überwunden.

3. Freiheit der Person auf wirtschaftlichem und Freiheit auf politischem Gebiet hängen eng zusammen. Die Gestaltung und Führung der Wirtschaft darf dem einzelnen nicht die Freiheit seiner Person nehmen. Daher ist notwendig: Stärkung der wirtschaftlichen Stellung und Freiheit des einzelnen, Verhinderung der Zusammenballung wirtschaftlicher Kräfte in der Hand von Einzelpersonen, Gesellschaften, privaten oder öffentlichen Organisationen, durch die die wirtschaftliche oder politische Freiheit gefährdet werden könnte.

4. Besonderer Schutz und Förderung des Hand- und Kopfarbeiters, des Bauern sowie des Handwerkers und der Mittel- und Kleinbetriebe.

5. Das Recht der Arbeitgeber und der Arbeitnehmer, sich zum Zwecke der Verfolgung ihrer besonderen Interessen zu Verbänden zusammenzuschließen, wird verfassungsmäßig gewährleistet.

6. Die Sicherung der wirtschaftlichen und politischen Freiheit des einzelnen, wie der Gesamtheit verlangt Anerkennung des Privateigentums. Das Eigentumsrecht verdient den gleichen Schutz und erleidet die gleiche Einschränkung wie andere Privatrechte. Es hat zu weichen gegenüber einem auch nach ethischen Grundsätzen höheren Recht.

7. Die sich aufdrängende Frage der Vergesellschaftung von Teilen der Wirtschaft ist zur Zeit nicht praktisch, da die deutsche Wirtschaft nicht frei ist. Bei ihrer späteren Regelung werden wirtschaftliche und politische Gesichtspunkte, vor allem das Allgemeinwohl maßgebend sein.

8. Kohle ist das entscheidende Produkt für die gesamte deutsche Volkswirtschaft. Wir fordern die Vergesellschaftung der Bergwerke.

9. Arbeit für jeden, der arbeiten will.

10. Mäßiger Besitz ist eine wesentliche Sicherung des demokratischen Staates. Der Erwerb mäßigen Besitzes für alle ehrlich Schaffenden ist zu fördern.

[. . .]

C. Verhältnis zu anderen Ländern

Das deutsche Volk hat trotz der Untaten des Nationalsozialismus einen Anspruch darauf, nicht allein nach dieser Epoche seiner Geschichte beurteilt zu werden. Außenpolitik wird Deutschland vorerst nur in beschränktem Umfang treiben können. Sein Ziel muß sein, an der friedlichen Zusammenarbeit der Völker in der Vereinigung der Nationen gleichberechtigt teilzunehmen. Die Lasten, die der verlorene Krieg Deutschland anderen Ländern gegenüber auferlegen wird, müssen so bemessen werden, daß Deutschland sie tragen und ihnen gerecht werden kann. Denn auch der Besiegte behält das Recht auf Leben und Arbeit. Bitterste Not ohne Hoffnung ist das stärkste Hindernis für eine friedliche Entwicklung. Auch der Sieger, der im Besitze der Macht ist, hat nach menschlichem und göttlichem Recht Pflichten gegenüber dem Besiegten.

Quelle: H. Pütz, Konrad Adenauer und die CDU in der britischen Zone 1946-1949, Bonn 1975, S. 131-135.

59. Die Verwirklichung der Sozialen Marktwirtschaft

(Aus einer Denkschrift Alfred Müller-Armacks vom Mai 1948)

10. Ersetzung des zusammenbrechenden Systems totaler Lenkungswirtschaft durch eine Soziale Marktwirtschaft.

Die Lage unserer Wirtschaft zwingt uns zu der Erkenntnis, daß wir uns in Zukunft zwischen zwei grundsätzlich voneinander verschiedenen Wirtschaftssystemen zu entscheiden haben, nämlich dem System der antimarktwirtschaftlichen Wirtschaftslenkung und dem System der auf freie Preisbildung, echten Leistungswettbewerb und soziale Gerechtigkeit gegründeten Marktwirtschaft.

Die angestrebte moderne Marktwirtschaft soll betont sozial ausgerichtet und gebunden sein. Ihr sozialer Charakter liegt bereits in der Tatsache begründet, daß sie in der Lage ist, eine größere und mannigfaltigere Gütermenge zu Preisen anzubieten, die der Konsument durch seine Nachfrage entscheidend mitbestimmt und die durch niedrige Preise den Realwert des Lohnes erhöht und dadurch eine größere und breitere Befriedigung der menschlichen Bedürfnisse erlaubt.

Liegt also bereits in der Produktivität der Marktwirtschaft ein starkes soziales Moment beschlossen, so wird es gleichwohl notwendig sein, mit aller Entschiedenheit eine Reihe von Maßnahmen durchzuführen, die eine soziale Sicherheit gewährleisten und die durchaus im Rahmen einer Marktwirtschaft zu verwirklichen sind.

Um den Umkreis der Sozialen Marktwirtschaft ungefähr zu umreißen, sei folgendes Betätigungsfeld künftiger sozialer Gestaltung genannt:

a) Schaffung einer sozialen Betriebsordnung, die den Arbeitnehmer als Mensch und Mitarbeiter wertet, ihm ein soziales Mitgestaltungsrecht einräumt, ohne dabei die betriebliche Initiative und Verantwortung des Unternehmers einzuengen.

b) Verwirklichung einer als öffentliche Aufgabe begriffenen Wettbewerbsordnung, um dem Erwerbsstreben der einzelnen die für das Gesamtwohl erforderliche Richtung zu geben.

c) Befolgung einer Antimonopolpolitik zur Bekämpfung möglichen Machtmißbrauches in der Wirtschaft.

d) Durchführung einer konjunkturpolitischen Beschäftigungspolitik mit dem Ziel, dem Arbeitgeber im Rahmen des Möglichen Sicherheit gegenüber Krisenrückschlägen zu geben. Hierbei ist außer kredit- und finanzpolitischen Maßnahmen auch ein mit sinnvollen Haushaltssicherungen versehenes Programm staatlicher Investitionen vorzusehen.

e) Marktwirtschaftlicher Einkommensausgleich zur Beseitigung ungesunder Einkommens- und Besitzverschiedenheiten, und zwar durch Besteuerung und durch Familienzuschüsse, Kinder- und Mietbeihilfen an sozial Bedürftige.

f) Siedlungspolitik und sozialer Wohnungsbau.

g) Soziale Betriebsstrukturpolitik durch Förderung kleinerer und mittlerer Betriebe und Schaffung sozialer Aufstiegschancen.

h) Einbau genossenschaftlicher Selbsthilfe – etwa im Wohnungsbau – in die Wirtschaftsordnung.

i) Ausbau der Sozialversicherung.

j) Städteplanung.

k) Minimallöhne und Sicherung der Einzellöhne durch Tarifvereinbarungen auf freier Grundlage.

11. Beschränkung des Staates auf die Festlegung allgemeiner Grundsätze der Wirtschaftspolitik. In ihrem Rahmen jedoch Gewährung weitgehender Freiheit für den wirtschaftenden Menschen, sei er Unternehmer, Arbeiter, Kaufmann, Bauer oder Hausfrau.

12. Unverzügliche Aufhebung der Preisbindungen und Bewirtschaftungsmaßnahmen für alle Güter und Dienstleistungen bis auf Brot, Fett und Milch sowie Altwohnungsmieten, deren Bewirtschaftung zu verbessern ist. Nur durch eine echte Preis- und Wertrechnung kann die Dringlichkeit der volkswirtschaftlichen Bedürfnisse auf der einen Seite und der Knappheitsgrad der Erzeugungsmittel auf der anderen Seite zuverlässig festgestellt werden.

13. Freigabe von Löhnen und Gehältern und Wiederherstellung der Freizügigkeit der Arbeitnehmer, insbesondere bezüglich der Wahl des Arbeitsplatzes und der Beschäftigungsart.

14. Wiedereinschaltung Deutschlands als gleichberechtigter Partner in den zwischenstaatlichen Güteraustausch durch Wiederherstellung der deutschen Handlungsfreiheit auch in der Außenwirtschaft.

15. Beseitigung des Außenhandels-Monopols der Joint Export-Import Agency in Verbindung mit einer drastischen und weitgehenden Vereinfachung aller Vorschriften für den Deutschlandhandel, auch in den Siegerländern.

16. Wiederherstellung der währungs- und devisenpolitischen Voraussetzungen für freie Wechselkurse einer neuen Reichsmark als zuverlässiger Bewertungsgrundlage für den zwischenstaatlichen Güteraustausch.

Quelle: R. Löwenthal, H. P. Schwarz (Hrsg.), Die zweite Republik. 25 Jahre Bundesrepublik Deutschland. Eine Bilanz, Stuttgart ^{2}1974, S. 146 f.

60. Gründungsaufruf der Liberal-Demokratischen Partei Deutschlands
(vom 5. Juli 1945)

Nach zwölfjähriger Tyrannenherrschaft und nach fast sechsjährigem Krieg steht das deutsche Volk vor einem Trümmerfeld von grauenhaftem Umfang. Inhalt und Form des deutschen Gemeinschaftslebens sind zerschlagen. Die Verantwortung für den durch die Katastrophenpolitik der Vorkriegszeit verschuldeten Krieg lastet schwer auf dem deutschen Volk. Die Pflicht zur Wiedergutmachung der Kriegsschäden wird ungeheure Opfer von uns allen fordern, und nur in mühsamer Arbeit wird es gelingen, das Leben in Deutschland wieder lebenswert zu machen. Mit kalter Nüchternheit müssen wir diesen Tatsachen ins Auge sehen, um den richtigen Ausgangspunkt für die Arbeit an unserem Volk und für unser Volk zu finden. Es gilt, völlig neue Voraussetzungen für eine Wiedergeburt des deutschen Volkes zu gewinnen, wenn wir es aus dem geschichtlich beispiellosen Zusammenbruch seiner körperlichen, geistigen, seelischen und moralischen Kräfte herausführen und ihm den Weg zu einer Wiedereinordnung in die Gemeinschaft der Völker ebnen wollen.

Angesichts dieser schicksalsschweren Aufgabe ist weder Zeit noch Raum für wortreiche, ins einzelne gehende Programme oder schillernde Zukunftsverheißungen, „Schwerer Dienste tägliche Bewahrung, sonst bedarf es keiner Offenbarung“.

Als nächste Ziele dieser jahrelang zu leistenden schweren Arbeit erkennen wir folgendes:

1.
Äußere und innere Befreiung des deutschen Volkes von den letzten Spuren der Schmach und Schande des Nationalsozialismus. Bestrafung aller derjenigen, die sich im Kriege und in der Vorkriegszeit gegen Gesetz und Menschlichkeit vergangen haben, sowie derjenigen, die die politische Verantwortung für die Gewaltherrschaft der Nationalsozialisten seit 1933 tragen.

2.
Achtung von der Menschenwürde ohne Unterschied von Rasse und Klasse, von Alter und Geschlecht.

3.
Sicherung der elementaren Lebensbedingungen des deutschen Volkes, der Ernährung und Kleidung, der Volksgesundheit und Volkserholung, der angemessenen Wohnmöglichkeit.
Wiederingangsetzung des allgemeinen Verkehrs als unerläßliche Voraussetzung zur Wiederherstellung menschlicher Gemeinschaft und Ordnung.

4.
Neugestaltung des deutschen Gemeinschaftslebens auf wahrhaft demokratischer Grundlage mit dem Ziel politischer, wirtschaftlicher, sozialer und kultureller Gerechtigkeit.

5.
Wiedergewinnung der Freiheit nach innen und außen unter Ablehnung jeder nationalistischen Überheblichkeit. Niemand ist lediglich ein Bürger des Gemeinwesens, dem er angehört. Das Menschliche erhebt sich aus dem Nationalen und über dasselbe.

6.
Aufrichtige Mitarbeit an der Festigung des friedlichen Zusammenlebens der Völker und Einreihung Deutschlands in die Familie der Nationen.
Beseitigung des Militarismus und Förderung aller Bestrebungen, den Krieg mit seinem Elend und Jammer aus dem Gemeinschaftsleben der Völker zu verbannen, damit das bestimmende ethische Gesetz für sie nicht das Recht der Macht, sondern die Macht des Rechts werde.

7.
Schaffung wahrer sozialer Gesinnung.

8.
Schutz und Förderung jeder schaffenden Arbeit in Handwerk und Kunst, in Handel, Industrie und Landwirtschaft, in Büro und Werkstatt. Ungehinderter Zusammenschluß zu berufsständischer und gewerkschaftlicher Vertretung. Die Erhaltung einer einheitlichen deutschen Volkswirtschaft, des Privateigentums und der freien Wirtschaft ist die Voraussetzung für die Initiative und erfolgreiche wirtschaftliche Betätigung. Die Unterstellung von Unternehmungen unter die öffentliche Kontrolle ist nur gerechtfertigt, wenn die betreffenden Eetriebe hierfür geeignet und reif sind, und wenn ein überwiegendes Interesse des Gesamtwohls dies gebietet. Dies gilt auch für landwirtschaftliche Betriebe einer übertriebenen Größenanordnung.

9.
Kultureller Wiederaufstieg des deutschen Volkes. Freiheit in Wort und Schrift, in Presse und Rundfunk. Geistige, wissenschaftliche und künstlerische Reinheit sind unerläßliches Kulturgebot.

10.
Freiheit für jedes religiöse Bekenntnis. Achtung und Schutz für alle Stätten der Religionspflege sind uns selbstverständliches Gebot. Staat und Volk haben im Verhältnis zu Kirche und Religion eigene Lebensgesetze.

11.
Erziehung der Jugend zu Menschen, die durch ihre Persönlichkeit, ihre sittliche Bildung, ihre Berufstüchtigkeit und durch eine für ihr Volk und für die Menschheit aufgeschlossene Gesinnung befähigt sind zum Dienst an Vaterland und Menschheit.

12.
Erneuerung des Unterrichtswesens, insbesondere auch der Hochschulen mit dem Ziel des ungehinderten Aufstiegs der Tüchtigen aus allen Schichten des Volkes.

13.
Ur- und Keimzelle des Gemeinschaftswesens ist die Familie. Sie als solche wiederherzustellen und zu erhalten, ist die unerläßliche Voraussetzung einer deutschen Gesundung.

14.
Vereinfachung des Staatsapparates, Wiederherstellung eines unabhängigen, leistungsfähigen Berufsbeamtentums neben dem Ehrenamt.

15.
Eine Ordnung des Gemeinschaftslebens ist ohne Rechtsordnung nicht denkbar. Daher Schaffung eines Rechtsstaates, in dem jeder gegen Gewalt und Unrecht geschützt ist.

Ein unabhängiger Richterstand ist das berufene Organ der Rechtswahrung.

16.
Das Gemeinschaftsleben unseres Volkes braucht Willensorgane und Vertretungskörper. Wir erstreben eine Volksvertretung auf der Grundlage des allgemeinen, gleichen und geheimen Wahlrechts. Von diesem Grundgedanken aus wollen wir, die wir aus allen tätigen Schichten des deutschen Volkes kommen, ans Werk gehen, um ein neues deutsches Volk und einen neuen deutschen Staat zu schaffen. Was uns eint, das ist die

liberale Weltanschauung und die demokratische Staatsgesinnung. Wer sich zu ihnen und zum Antifaschismus bekennt, ist uns bei unserer Arbeit willkommen.

Selbstverständlich ist für uns die Notwendigkeit einer Zusammenarbeit mit den anderen antifaschistischen Parteien. Noch ist der Meinungsaustausch schwierig.

Liberal-Demokratische Partei Deutschlands

Quelle: Dokumente 1945-1949, Berlin (O) 1968, S. 88 ff.

61. Sozialstruktur der LDPD

(in Prozent der Mitglieder)

	1. 3.1946[b])	1948[c])	1951[c])
Arbeiter	12,4	14,1	13,3
Angestellte	28,5	28,6	30,9
Bauern	8,0	11,9	13,4
Hausfrauen	25,0	13,1	11,7
Gewerbetreibende[a])	8,6	14,6	14,8
Unternehmer[a])	4,3	0,9	1,0
Freie Berufe	5,3	6,1	5,7
Sonstige	7,9	10,7	9,2

a) Die Zahlen für Gewerbetreibende und Unternehmer sind für die Jahre 1946 u. 1948 nur bedingt vergleichbar, da ihnen unterschiedliche Berufsgruppen zugeordnet werden.

b) Daten des stärksten Landesverbandes der LDPD, Sachsen

c) Daten der Gesamtpartei

Quelle: L. Hoyer, Revolution, Kleinbürgertum, Ideologie. Zur Ideologiegeschichte der LDPD in den Jahren 1945–1952, Berlin (O) 1978, S. 270 f.

62. Programmatische Richtlinien der Freien Demokratischen Partei in der britischen Zone

(vom 4. Februar 1946)

1. Inmitten des Unglücks, das der imperialistische Zwangsstaat herbeigeführt hat, darf das deutsche Volk nicht den Glauben an sich selbst verlieren. In der festen Zuversicht, daß der demokratische Gedanke, wie überall auf Erden, so auch im Herzen Europas, die Zukunft der Nationen bestimmen wird, wirkt die freie demokratische Partei für die Wiedererstehung eines deutschen Reiches.

Das neue Reich soll in organischer Neugliederung als Ganzes einen Staat bilden. Dieser Staat soll auf breitester Grundlage von unten nach oben aufgebaut werden, in freier Selbstverwaltung sollen unten die Gemeinden, darüber die Kreise, im größeren Bereich die Länder ihre eigenen Angelegenheiten selbständig regeln. Die Grenzen dieser Selbständigkeit bestimmt das Reich. Das Reich allein führt und bestimmt die Politik.

2. Das neue Reich des deutschen Volkes soll sobald wie möglich in die werdende Organisation der Menschheit eingegliedert werden. Die Vereinigten Staaten von Europa sollen für die Vereinigten Staaten der Erde die festeste Stütze sein.

3. Im Innern soll das Reich als Staat des deutschen Volkes ein wahrer Volksstaat sein, der sich jeglicher Diktatur widersetzt und keine Reste des alten Obrigkeitsstaates mehr duldet. Völlige Rechtssicherheit soll die Freiheit des Staatsbürgers schützen.

[. . .]

4. Zu den Rechten des freien Staatsbürgers gehört nicht zuletzt das Recht auf eine wirksame und folgerichtige Sozialpolitik, die bei gerechtem sozialen Ausgleich das Menschenrecht auf Arbeit und Schutz der Alten, Schwachen und Kranken sichert und insbesondere auch für die Kriegshinterbliebenen und Kriegsversehrten in würdiger und ausreichender Weise sorgt. Die Gewerkschaften sollen zu verantwortlichen Organisationen des Staates ausgebaut werden, die den Schutz der Arbeit gewährleisten. Ziel solcher Sozialpolitik ist die Verhinderung materieller Not, die Erhaltung der Menschenwürde und der persönlichen Freiheit und die Sicherung des sozialen Friedens.

5. Wie der Staat nicht Selbstzweck ist, sondern dem Volke dient, so auch die Wirtschaft. Erstes Ziel der Wirtschaftspolitik ist deshalb entsprechend dem Bedürfnis der breiten Massen die Steigerung der Erzeugung auf allen Gebieten zur Befriedigung des Lebensbedarf der vermehrten Bevölkerung im verengten Raum. Das Ziel kann nur erreicht werden durch Wiedereinschaltung der freien Initiative unter Abbau der Wirtschaftsbürokratie. Die zur Überwindung von Notständen unentbehrliche Planung und Lenkung darf deshalb nicht bürokratisch sein, sondern muß in demokratischer Selbstverwaltung der Wirtschaft durch deren Organe unter kontrollierender Mitwirkung des Staates erfolgen. Die Planwirtschaft darf nicht Selbstzweck werden, damit nicht schließlich alles Leben und alle freie Leistung im staatlichen Zwang erstickt.

Persönliche Initiative und freier Wettbewerb steigern die wirtschaftliche Leistung, und persönliches Eigentum ist eine wesentliche Grundlage gesunder Wirtschaft.

[. . .]

7. Ein demokratischer Volksstaat ist nur lebensfähig bei einem hohen Stand geistiger und moralischer Bildung des Volkes. Die Wiedergewinnung des hohen Bildungsstandes, der das Erbe unserer stolzen, durch den Nationalsozialismus zerstörten deutschen Vergangenheit war, ist die Aufgabe der Schule auf allen ihren Stufen, von der Volksschule bis zur Berufsschule und Universität. Wie die Freiheit der Forschung und Freiheit der Lehre die Vorbedingung aller wissenschaftlichen Leistungen ist, so kann auch die Volksbildung nur auf dem Boden der Freiheit und Wahrhaftigkeit gedeihen. Nur so wird eine freie Jugend den Weg finden zur alten Höhe der deutschen Kultur und darüber hinaus.

Voraussetzung dafür ist gegenseitiges Wohlwollen und Duldsamkeit. Bei der konfessionellen Zerklüftung unseres Volkes können die Schulen des Staates nicht einer Konfession dienen. Wir fordern daher die Gemeinschaftsschule, in der die von ihrer Kirche anerkannten Lehrkräfte konfessionellen Religionsunterricht erteilen.

[. . .]

8. In dem Bewußtsein, daß das höchste Glück der Erdenkinder die Persönlichkeit ist, soll der neue demokratische Staat des deutschen Volkes als ein freier Staat die freie Entfaltung

der Persönlichkeit auf allen Gebieten fördern. Nach der Vernichtung der Freiheit durch die Staatsgewalt eines nationalistischen und sozialistischen Staates ist jetzt für lange Zeit die Sicherung der Freiheit in Politik, Wirtschaft und Kultur die vordringlichste Aufgabe der Demokratie: Versammlungs- und Vereinigungsfreiheit, Freiheit des Gedankens und der Rede, der Schrift und der Presse, der Forschung und der Lehre, des Glaubens und des Bekennens! Jeder Totalitätsanspruch nationalistischer, klerikaler oder sozialistischer Färbung ist ein Feind der Demokratie. Der Volksstaat, den wir erstreben, erträgt weder den Klassenstaat noch den Obrigkeitsstaat. Der marxistische Sozialismus führt wie der nationalistische Sozialismus gleichermaßen zu einem totalitären Staat. Statt der Verstaatlichung des Menschen erstrebt die freie Demokratie die Vermenschlichung des Staates. Frei sei der Mensch im freien Staat und frei der deutsche Volksstaat im freien Bund der Völker und Staaten der Erde!

Quelle: O. K. Flechtheim (Hrsg.), Dokumente zur parteipolitischen Entwicklung in Deutschland seit 1945, Bd. II, S. 272 ff.

63. Mitgliederbewegungen der Parteien in den Westzonen (inkl. Berlin)
und in der Bundesrepublik Deutschland (inkl. West-Berlin)

	SPD[1])	CDU	CSU	FDP	KPD[9])	BHE[10])
1946	711 448		69 370[5])		205 000	
1947	875 479	ca. 400 000[2])	82 189[5])		324 214	
1948	846 518	ca. 360 000[2])	ca. 90 000[3])	ca. 120 000[6])		
1949	736 218					
1950	683 896			ca. 82 890[7])		
1951	649 529			ca. 80 000[7])		
1952	627 817					
1953	607 456					158 300
1954	585 479	215 000[2])				164 900
1955	589 051	220 000[3])	ca. 43 500[5])			153 500
1975	998 471	580 000[4])	122 794[5])	74 032[8])		

Quelle:
1) Jahrbücher der SPD.
2) A. J. Heidenheimer, Schattierungen im Röntgenbild der Christlichen Demokraten, in: Die Neue Gesellschaft, Jg. 5, H. 3 (1958), S. 173 f.; W. Haseloff, Die polit. Parteien in der Bundesrepublik Deutschland, Frankfurt/Main 1968, gibt für die CDU/CSU 1947 ca. 650 000 Mitglieder an (S. 53).
3) H. Kaack, Geschichte u. Struktur des deutschen Parteiensystems, Opladen 1971, S. 494.
4) Die CDU in Baden-Württemberg u. ihre Geschichte, hrsg. v. P.-L. Weinacht, Stuttgart 1978, S. 382.
5) Alf Mintzel, Die CSU, Anatomie einer konservativen Partei, 1945–1972, Opladen 1978², S. 388.
6) O. K. Flechtheim, Die Parteien der Bundesrepubik Deutschland, Hamburg 1973, S. 398.
7) Parteien in der Bundesrepublik, mit Beitr. v. M. G. Lange u. a., Stuttgart 1955, S. 385.
8) H. Kaack, Die F.D.P., Grundriß und Materialien zur Geschichte, Struktur und Programmatik, Meisenheim/Glan 1978², S. 68.
9) H. Kluth, Die KPD in der Bundesrepublik, Köln 1959, S. 35.
10) F. Neumann, Der Block der Heimatvertriebenen und Entrechteten 1950–1960, Meisenheim/Glan 1968, S. 288.

64. Berufsstruktur der Parteimitglieder 1952 in der Bundesrepublik Deutschland (in Prozent)

	SPD		CDU			FDP		
	Bundesdurchschnitt[1])	Berlin[1])	Bundesdurchschnitt[4])	Berlin[2])	Westfalen[2])	Berlin[3])	Mainz[3])	Volljährige Deutsche[3])
Arbeiter	45,0	30,7	ca. 15	10,0	25,0	4,3	–	31,3
Angestellte u. Beamte	22,0	38,5	ca. 27	42,5	21,7	40,4	29,4	12,3
Selbständige (Handwerker, freie Berufe), Studenten u. Lehrer	12,0	12,6	ca. 22–24	24,0	20,0	36,9	60,5	5,9
Bauern u. mithelfende Familienangeh.	2,0	–	ca. 15	–	13,3	–	–	8,5
Hausfrauen	7,0	11,6	ca. 12–15	16,5	20,0	12,6	4,6	22,1
Rentner u. Pensionäre	12,0	6,6	ca. 7	7,0	–	5,8	1,1	16,0
übrige mithelf. Familienangeh.	0,0	0,0	0,0	0,0	0,0	0,0	0,0	4,0

Quelle: 1) F. A. von der Heydte u. K. Sacherl, Soziologie der deutschen Parteien, München 1955, S. 290 (nach dem Protokoll des Dortmunder Parteitages von 1952).
2) Ebd., S. 288.
3) Ebd., S. 292.
4) Geschätzte Zahlen für 1955, nach: A. J. Heidenheimer, Schattierungen im Röntgenbild der Christlichen Demokraten, in: Die Neue Gesellschaft, Jg. 5, H. 3, Mai/Juni 1958, S. 176.

65. Zusammensetzung der Wählerschaft in der Bundesrepublik nach Berufen

Beruf:	CDU/CSU 1949	CDU/CSU 1957	SPD 1949	SPD 1957	FDP 1949	FDP 1957	Sonstige 1949	Sonstige 1957
Arbeiter	20	38	44	51	6	3	30	8
Selbständige	44	65	14	8	27	15	15	12
Landwirte	45	66	14	8	6	9	35	17
Angestellte und Beamte	39	59	18	20	18	12	25	9

Quelle: W. Haselhoff, Die politischen Parteien in der Bundesrepublik Deutschland, Frankfurt/M. [2]1970, S. 88.

66. Soziale Strukturwandlungen der SED-Mitgliedschaft (in der Zeit vom 20. April 1946 bis 15. April 1954)

	Stichtag 1	Mitglieder gesamt 2	Arbeiter 3	Kleinbauern, Landarbeiter 4	Angestellte 5
1	20. April 1946*	1 298 415	.	.	.
2	31. Mai 1974*	1 786 138	855 451	167 733	321 113
3	30. Juni 1948*	1 797 316	.	.	.
4	15. Januar 1949* . . .	1 773 689	(789 292)		
5	1. April 1950*	1 673 305	(699 648)	(150 431)	(316 370)○
6		(1 372 000)*			
7	31. Dezember 1950 . .		(559 776)* (rd. 510 000)	(108 013)* (rd. 103 000)	(306 252)*○ (rd. 305 500)○
8		(1 316 700)			
9	30. Juni 1951	(1 221 300)	(rd. 438 500)	.	(342 568)○
10	15. September 1953 .	1 230 000○			
11	15. April 1954	1 413 313	(517 738)○		

* Einschließlich Doppelmitgliedschaften.
○ = nur Vollmitglieder
( ) = eigene Berechnungen auf Grund des offiziellen Zahlenmaterials

Quelle: J. Schultz, Der Funktionär in der Einheitspartei, Stuttgart 1956, S. 247.

67. Ergebnisse der Bundestagswahlen von 1949 und 1953

Ergebnis der Bundestagswahl 1949

Wahlberechtigt: 31 207 620 Wahlbeteiligung: 78,5%
Gültige Stimmen: 23 732 398 Mandate: 402

	Stimmen absolut	Stimmen-anteil	Mandate WK	LL	insg.	Mandats-anteil in %
CDU/CSU	7 359 084	31,0	115	24	139	34,6
SPD	6 934 975	29,2	96	35	131	32,8
FDP/DVP/BDV	2 829 920	11,9	12	40	52	12,9
KPD	1 361 708	5,7	–	15	15	3,7
BP	986 478	4,2	11	6	17	4,2
DP	939 934	4,0	5	12	17	4,2
Z	727 505	3,1	–	10	10	2,5
WAV	681 888	2,9	–	12	12	3,0
DReP/DKP	429 031	1,8	–	5	5	1,2
NG	248 305	1,0	1	–	1	0,2
RSF	216 749	0,9	–	–	–	–
SSW	75 388	0,3	–	1	1	0,2
EVD/SzT	26 162	0,1	–	–	–	–
RVP/RWVP	21 931	0,1	–	–	–	–
Unabhängige	893 342	3,8	2	–	2	0,5

Ergebnis der Bundestagswahl 1953

Wahlberechtigt:33 121 066 Wahlbeteiligung: 83,2%
Gültige Stimmen: 27 551 376 Mandate: 487

	Stimmen absolut	Stimmen-anteil in %	Mandate WK	LL	insg.	Mandats-anteil in %
CDU/CSU	12 444 055	45,2	172	71	243	49,9
SPD	7 944 953	28,8	45	106	151	31,0
FDP	2 629 169	9,5	14	34	48	9,9
GB-BHE	1 616 956	5,9	–	27	27	5,5
DP	986 230	3,2	10	5	15	3,1
KPD	607 761	2,2	–	–	–	–
BP	465 641	1,7	–	–	–	–
GVP	318 476	1,1	–	–	–	–
DRP*	295 746	1,1	–	–	–	–
Z	217 078	0,8	1	2**	3	0,6
DNS	70 726	0,3	–	–	–	–
SSW	44 585	0,2	–	–	–	–

* Im Vergleich zur DReP/DKP ** Davon 1 CDU-Mitglied

Quelle: H. Kaack, Geschichte und Struktur des deutschen Parteiensystems, Opladen 1971, S. 196, 216. (WK = Wahlkreis, LL = Landesliste)

Abkürzungen der Parteinamen:

BDV	Bremer Demokratische Volkspartei
BP	Bayernpartei
DP	Deutsche Partei
DKP	Deutsch-Konservative Partei
DNS	Deutschnationale Sammlung
DRP	Deutsche Reichs-Partei
DReP	Deutsche Rechts-Partei
EVD	Europäische Volksbewegung Deutschlands
GB	Gesamtdeutscher Block
GVP	Gesamtdeutsche Volkspartei
NG	Notgemeinschaft
RSF	Radikal-Soziale Freiheitspartei
RVP/RWVP	Rheinische Volkspartei/Rheinisch-Westf. Volkspartei
SSW	Südschleswigscher Wählerverband
SzT	Sammlung zur Tat
WAV	Wirtschaftliche Aufbauvereinigung
Z	Zentrum

68. Bericht eines Kulturoffiziers der amerikanischen Militärregierung
über die kulturelle Situation in Berlin
(vom 18. Juli 1945)

1. Die gegenwärtige Lage des Berliner Film-, Theater- und Musiklebens ist das Ergebnis nicht nur einer ganz gezielten russischen Politik, die seit dem Fall der Stadt mit allem Nachdruck durchgeführt wurde, sondern auch ganz bestimmter Charakteristika des deutschen, für Berlin typischen Kulturlebens. Zugrunde liegt der russischen Politik eine fast fanatische Verehrung von Kunst und Künstlern, gepaart mit dem Glauben, daß künstlerische Betätigung an sich schon gut und in Zeiten von Unsicherheit und Leid für den Menschen ein dringendes Bedürfnis sei. Es liegt auf der Hand, daß für die russische Führung die Wiederbelebung des Kulturlebens eine Aufgabe ersten Ranges war, nicht nur, weil sie die beruhigende Wirkung auf die Bevölkerung brauchte, sondern auch, weil sie von der Notwendigkeit eines solchen Kulturlebens für die Menschheit ganz überzeugt ist, ganz gleich wie unnormal die Zeiten sonst auch sein mögen. Folglich brachten die Russen gleich nach ihrem Einzug in Berlin Theaterleiter, Schauspieler, Bühnenarbeiter zusammen und verlangten, daß die Theater innerhalb weniger Tage eröffnet würden. Sie fanden auch einige Dirigenten, die ihre Musiker zusammenbringen mußten, um mit Konzerten zu beginnen. Man muß erwähnen, daß beim Einzug der Russen in Berlin das Theater- und Musikleben der Stadt und ganz Deutschlands seit ungefähr neun Monaten aufgrund eines Nazi-Befehls, wonach im vergangenen September alle Theater etc. schließen mußten, zum Erliegen gekommen war. Bei dieser Sachlage, dem allgemeinen Chaos und der Zerstörung, muß man zugeben, daß die Wiedereröffnung einiger Theater und das erste Konzert nur eine Woche nach dem Fall der Stadt schon als beachtliche Leistung gelten darf. Charakteristisch für die russische „Das-Spiel-muß-weitergehen"-Politik ist es, daß sie bisher und noch immer keine allzu kritische Einstellung gegenüber dem verwendeten Personenkreis haben. Während man bei der Presseabteilung den

Eindruck hat, die Deutschen, die auf diesem Gebiet unter russischer Kontrolle arbeiten, „werden sehr scharf überprüft", läßt sich das bei den Künstlern kaum behaupten. Im Gegenteil, es scheint, als seien die Russen geneigt, vieles zu vergessen, wenn es sich um Künstler handelt. Diese scheinen ihnen eine besondere Art Mensch zu sein, die man kaum zur Rechenschaft ziehen kann. Das heißt nun nicht, sie wollten bei den Künstlern nicht „säubern". Viele sind eingesperrt worden, und manche werden überhaupt nicht mehr spielen dürfen. Aber im großen und ganzen werden die Künstler aufgefordert, aus ihren Verstecken zu kommen und wieder mit der Arbeit zu beginnen. Einigen ist es sogar gelungen, sehr bald nach der Kapitulation höchste russische Offiziere als Gäste in ihrem Haus zu begrüßen.

2. Es gab aber auch noch einen anderen, starken Einfluß auf das Kulturleben, ausgeübt von Zivilpersonen. Diese lassen sich grob in zwei Gruppen einteilen. Die eine Gruppe besteht aus Leuten, die aus dem Moskauer Exil zurückgekehrt sind, jedoch nichts mit der Roten Armee zu tun haben, ja sogar häufig jede Verbindung mit Rußland abstreiten und es gerne sähen, wenn man sie als deutsche Widerstandskämpfer betrachtete. Außerdem gehören dazu noch Deutsche, die tatsächlich Mitglieder der Widerstandsbewegung waren und den Nationalsozialismus innerhalb Deutschlands bekämpften. Die zweite Gruppe setzt sich zusammen aus Deutschen, die zwar nicht den Mut hatten, zugunsten eines Widerstandskampfes ihr normales bürgerliches Leben aufzugeben, die aber trotzdem immer echte Gegner des Nationalsozialismus waren und die häufig sehr gut beweisen können, daß sie Verfolgten geholfen haben. Gegenwärtig ist also das Kulturleben unter der Kontrolle dieser beiden Gruppen. An der Spitze dieser Kontrolle steht der Magistrat der Stadt Berlin, bei dem das Büro für Volksbildung unter der Leitung des in Moskau geschulten Otto Winzer Richtlinien und Direktiven für alle Gebiete der Erziehung und Kultur ausarbeitet. Für das mehr künstlerische Gebiet ist die Kammer der Kunstschaffenden eingerichtet worden und übt für Winzer beratende Funktion aus. Ihr Chef ist der Schauspieler Paul Wegener, Mitglied jener Gruppe von Antifaschisten, die trotz ihrer NS-Gegnerschaft nicht den Mut hatten, ihre Karriere aufzugeben und in den Untergrund zu gehen. Er genießt überall große Achtung, wird jedoch von politisch aktiven Untergrundkämpfern politisch, nicht aber in bezug auf seine künstlerische Entscheidungsfreiheit, überwacht. Die Kammer besitzt die Akten des Propagandaministeriums und benützt sie, um alle Bewerber für leitende Stellen im Kulturleben auf ihre politische Vergangenheit hin zu überprüfen. Man darf es als Vertrauensbeweis für die Kammer ansehen, daß ihr vom Militärbefehlshaber und vom Magistrat diese Akten überlassen wurden. Zur Zeit scheint die Kammer eine verläßliche Einrichtung zu sein, jedoch mit der einen Einschränkung, daß in ihrer Filmabteilung zu viele kommerziell interessierte Produzenten und Direktoren sitzen. Diese gehörten früher zur Terra-Filmgesellschaft, und ihnen liegt eine möglichst rasche Wiederaufnahme ihrer Tätigkeit weit mehr am Herzen als politischer Hausputz. Hier wird man wohl da und dort auf Personalwechsel bestehen müssen.

3. Im Bereich des Films herrscht beträchtliches Durcheinander als Folge des unter den Nazis bestehenden Staatsmonopols für die Filmproduktion. Deshalb ist das ganze Vermögen der Filmgesellschaften eingefroren, und es wurde ein Generalbeauftragter für die Liquidation eingesetzt.

4. Das Theaterleben ist natürlich schon weiter fortgeschritten, weil es seit der ersten Woche der russischen Besatzung gefördert wurde. Die Ensembles des Deutschen Theaters und des Staatstheaters spielen und proben, 8 bis 19 weitere Theater sind bereits aktiv, alles

in Übereinkunft mit der Kammer, die dem verantwortlichen Spielleiter eine Konzession erteilen muß, was oft erst nach gründlicher politischer Überprüfung geschieht. Zu diesen regulären Theatern kommt noch eine wachsende Zahl von Kabaretts, deren Status weniger klar ist, weil die Abteilung für Varieté-Theater bei der Kammer die Künstler nur registriert, aber, soweit ersichtlich, keine Kontrolle über sie ausübt. Die einzige russische Zensuranweisung für Kabaretts lautet, man solle jede Anspielung auf jetzige oder vergangene politische Situationen vermeiden. In Berlin gibt es genügend politisch „weiße" Theaterleute, um ein in jeder Hinsicht annehmbares Theaterleben aufrechtzuerhalten, selbst wenn wir unser eigenes, bereits erprobtes System zur politischen Überprüfung anwenden. Das Hauptproblem sind die Theaterräume, besonders weil einige von ihnen zur Benutzung durch alliierte Truppen vorgesehen sind.

5. Auf der musikalischen Szene sind jetzt wieder zwei Opernensembles, fünf große und mehrere kleine Symphonieorchester tätig. Der früheren Berliner Staatsoper sollte es ermöglicht werden, ihre Saison im Admiralspalast im russischen Sektor zu eröffnen, und das Ensemble des Deutschen Opernhauses könnte in der früheren Volksoper im britischen Sektor den Spielbetrieb wieder aufnehmen. Den Russen liegt sehr an der Eröffnung des Admiralspalastes. Sie wünschen, daß man ihnen in ein Kostümlager in der Nähe von Eisenach in der amerikanischen Zone Zutritt gewähren möge. Die Kostüme sowie die Noten für alle Opernhäuser in Berlin sind dort ausgelagert. Offensichtlich ist Oberstleutnant Sudakow, der russische Kontrolloffizier, an diesem Projekt sehr interessiert und würde wohl Gleiches mit Gleichem vergelten, falls man einmal mit einer ähnlichen Bitte an ihn heranträte. Die Berliner Philharmoniker haben Konzerte im Titania-Palast, einem Filmtheater in Zehlendorf, gegeben; da dieses Theater von den Special Services benutzt wird, hat das Orchester jetzt keinen festen Platz mehr.

[. . .]

Quelle: B. S. Chamberlin, Kultur auf Trümmern, Stuttgart 1979, S. 60 ff.

69. Programm des „Kulturbundes zur demokratischen Erneuerung Deutschlands"
(vom Juni 1945)

1.
Vernichtung der Naziideologie auf allen Lebens- und Wissensgebieten. Kampf gegen die geistigen Urheber der Naziverbrechen und der Kriegsverbrechen. Kampf gegen alle reaktionären, militaristischen Auffassungen. Säuberung und Reinhaltung des öffentlichen Lebens von deren Einfluß.

2.
Bildung einer nationalen Einheitsfront der deutschen Geistesarbeiter. Schaffung einer unverbrüchlichen Einheit der Intelligenz mit dem Volk. Im Vertrauen auf die Lebensfähigkeit und die Wandlungskraft unseres Volkes: Neugeburt des deutschen Geistes im Zeichen einer streitbaren demokratischen Weltanschauung. Zusammenarbeit mit allen demokratisch eingestellten weltanschaulichen, religiösen und kirchlichen Bewegungen und Gruppen.

3.
Überprüfung der geschichtlichen Gesamtentwicklung unseres Volkes, und damit im Zusammenhang Sichtung der positiven und negativen Kräfte, wie sie auf allen Gebieten unseres geistigen Lebens wirksam waren.

4.
Wiederentdeckung und Förderung der freiheitlichen, humanistischen, wahrhaft nationalen Traditionen unseres Volkes.

5.
Einbeziehung der geistigen Errungenschaften anderer Völker in den kulturellen Neuaufbau Deutschlands. Anbahnung einer Verständigung mit den Kulturträgern anderer Völker. Wiedergewinnung des Vertrauens und der Achtung der Welt.

6.
Verbreitung der Wahrheit. Wiedergewinnung objektiver Maße und Werte.

7.
Kampf um die moralische Gesundung unseres Volkes, insbesondere Einflußnahme auf die geistige Betreuung der deutschen Jugenderziehung und der studentischen Jugend. Tatkräftige Förderung des Nachwuchses und Anerkennung hervorragender Leistungen durch Stiftungen und Preise.

Quelle: Der Kulturbund in Berlin, Berlin 1948, S. 5 ff.

70. „Das Trümmerkind"

von H. Brasch, einem Chansonsänger des Berliner Kabaretts, veröffentlicht im „Ulenspiegel" 1946

Meine Mutter sagt, es hat 'ne Zeit gegeben,
Wo die Häuser alle janz jewesen sind.
Viele Bäume standen manchmal dicht daneben,
Und im Frühjahr rauschten die dann so im Wind.

Und die Fenster hatten alle janze Scheiben –
Mutter liegt schon lange in de Charité.
Wie se wegjing, sagte se, ich soll ehrlich bleiben.
Vater ham se abjeholt nach Plötzensee.

Ehrlich bin ick ja soweit bisher jeblieben,
Nur die Strümpfe hab ick mir orjanisiert.
Doch auch dazu hat mir nur die Not jetrieben,
Und ich hab mir vor mir selbst dabei geniert.

Oskar handelt jetzt mit Amischokolade,
Davon habe ich noch keene abjekricht,
Und ick traue mir nich an die Nachttischlade,
Wo doch da ein janzer Kasten davon liegt . . .

Uff'n Hof, da hinten, bei die morschen Planken,
Steht Herr Dünnebier, der war in die Partei,

Und er wird sich mit Frau Olga Zielke zanken,
Denn er sagt, die olle Kuh war ooch dabei.

Hier bei uns zu Haus is keener bei jewesen,
Vater war schon immer alter Demokrat.
Trotzdem ham se alle den VB jelesen,
Weil's die andren Blätter nich jejeben hat.

Manchmal hör ick so die alten Leute flennen:
„Ach, wie rosenrot war doch die Jugendzeit!"
Is man jut, daß wir es jar nich anders kennen,
Kommt man wenijstens nicht in Verlejenheit.

Na, nun will ich aber mal nach Hause wandern,
Sonst frißt Oskar det Jemüse janz alleen,
Denn der denkt ja meist nicht jerne an die andern,
Und heut abend muß ick noch nach Hering stehn.

Quelle: Als der Krieg zuende war, Stuttgart 1973, S. 116 f. (Ulenspiegel 1. Jg. [1945/46], H. 26)

71. Hermann Hesse: Brief an eine junge Deutsche

(Dieser Brief, im Frühjahr 1946 geschrieben, war an Luise Rinser gerichtet. Er erschien in zahlreichen Tageszeitungen als ‚Offener Brief')

Merkwürdig ist das mit den Briefen aus Ihrem Lande! Viele Monate bedeutete für mich ein Brief aus Deutschland ein überaus seltenes und beinahe immer ein freudiges Ereignis. Er brachte die Nachricht, daß irgendein Freund noch lebe, von dem ich lange nichts mehr erfahren und um den ich vielleicht gebangt hatte. Und er bedeutete eine kleine, freilich nur zufällige und unzuverlässige Verbindung mit dem Lande, das meine Sprache sprach, dem ich mein Lebenswerk anvertraut hatte, das bis vor einigen Jahren mir auch mein Brot und die moralische Rechtfertigung für meine Arbeit gegeben hatte. Ein solcher Brief kam immer überraschend, immer auf wunderlichen Umwegen, er enthielt kein Geschwätz, nur Wichtiges, war oft in großer Hast der Minuten geschrieben . . .

Dann wurden die Briefe häufiger und länger . . . und unter diesen Briefen waren schon viele, die mir keine Freude machten und die zu beantworten mir bald die Lust verging . . .

Ein Gefangener in Frankreich, kein Kind mehr, sondern ein Industrieller und Familienvater, mit Doktortitel und guter Bildung, stellte mir die Frage, was denn nach meiner Meinung ein gut gesinnter anständiger Deutscher in den Hitlerjahren hätte tun sollen? Nichts habe er verhindern, nichts gegen Hitler tun können, denn das wäre Wahnsinn gewesen, es hätte ihn Brot und Freiheit gekostet, und am Ende noch das Leben. Ich konnte nur antworten: die Verwüstung von Polen und Rußland, das Belagern und dann das irrsinnige Halten von Stalingrad bis zum Ende sei vermutlich auch nicht ganz ungefährlich gewesen, und doch hätten die deutschen Soldaten es mit Hingabe getan. Und warum sie denn Hitler erst von 1933 an entdeckt hätten? Hätten sie ihn nicht zum mindesten seit dem Münchener Putsch erkennen müssen? Warum sie denn die einzige erfreuliche Frucht des Ersten Weltkrieges, die deutsche Republik, statt sie zu stützen und zu pflegen, fast einmütig sabotiert, einmütig für Hindenburg und später für Hitler gestimmt hätten, unter dem es dann allerdings lebensgefährlich geworden sei, ein anständiger Mensch zu sein?

. . . Da sind nun zum Beispiel alle jene alten Bekannten, die mir früher jahrelang geschrieben, damit aber in dem Augenblick aufgehört haben, als sie merkten, daß man sich durch Briefwechsel mit mir, dem Wohlüberwachten, recht Unangenehmes zuziehen könne. Jetzt teilen sie mir mit, daß sie noch leben, daß sie stets warm an mich gedacht und mich um mein Glück, im Paradies der Schweiz zu leben, beneidet hätten, und daß sie, wie ich mir ja denken könne, niemals mit diesen verfluchten Nazis sympathisiert hätten. Es sind aber viele dieser Bekenner jahrelang Mitglieder der Partei gewesen. Jetzt erzählen sie ausführlich, daß sie in all diesen Jahren stets mit einem Fuß im Konzentrationslager gewesen seien, und ich muß ihnen antworten, daß ich nur jene Hitlergegner ganz ernst nehmen könne, die mit beiden Füßen in jenen Lagern waren, nicht mit dem einen im Lager, mit dem anderen in der Partei . . .

Dann gibt es treuherzige alte Wandervögel, die schreiben mir, sie seien damals, so etwa um 1934, nach schwerem inneren Ringen in die Partei eingetreten, einzig, um dort ein heilsames Gegengewicht gegen die allzu wilden und brutalen Elemente zu bilden und so weiter.

Andere wieder haben mehr private Komplexe und finden, während sie im tiefen Elend leben und von wichtigeren Sorgen umgeben sind, Papier und Tinte und Zeit und Temperament im Überfluß, um mir in sehr langen Briefen ihre tiefe Verachtung für Thomas Mann auszusprechen und ihr Bedauern oder ihre Entrüstung darüber, daß ich mit einem solchen Mann befreundet sei.

Und wieder eine Gruppe bilden jene, die offen und eindeutig all die Jahre mit an Hitlers Triumphwagen gezogen haben, einige Kollegen und Freunde aus früheren Zeiten her. Sie schreiben mit jetzt rührende und freundliche Briefe, erzählen mir eingehend von ihrem Alltag, ihren Bombenschäden und häuslichen Sorgen, ihren Kindern und Enkeln, als wäre nichts gewesen, als wäre nichts zwischen uns, als hätten sie nicht mitgeholfen, die Angehörigen und Freunde meiner Frau, die Jüdin ist, umzubringen und mein Lebenswerk zu diskreditieren und schließlich zu vernichten. Nicht einer von ihnen schreibt, er bereue, er sehe die Dinge jetzt anders, er sei verblendet gewesen. Und auch nicht einer schreibt, er sei Nazi gewesen und werde es bleiben, er bereue nichts, er stehe zu seiner Sache. Wo wäre je ein Nazi zu seiner Sache gestanden, wenn diese Sache schief ging? Ach, es ist zum Übelwerden.

Eine kleinere Zahl von Briefschreibern erwartet von mir, ich solle mich heute zu Deutschland bekennen, solle hinüberkommen, solle an der Umerziehung mitarbeiten. Weit größer aber ist die Zahl derer, die mich auffordern, draußen in der Welt meine Stimme zu erheben und als Neutraler und als Vertreter der Menschlichkeit gegen Übergriffe oder Nachlässigkeit der Besetzungsarmeen zu protestieren. So weltfremd, so ohne Ahnung von der Welt und Gegenwart, so rührend und beschämend kindisch ist das!

. . . Ich bin alt und müde geworden, und die Zerstörung meines Werkes hat meinen letzten Jahren den Grundton von Enttäuschung und Kummer gegeben. Zu den guten Dingen, für deren Aufnahme und Genuß ich noch Organe habe, die mir Freude machen und das Dunkle übertönen können, gehören die seltenen, aber eben doch vorhandenen Zeichen für das Weiterleben eines echten geistigen Deutschland, die ich nicht in der Betriebsamkeit der jetzigen Kulturmacher und Konjunkturdemokraten Ihres Landes suche und finde, sondern in solchen beglückenden Äußerungen der Entschlossenheit, Wachheit und Tapferkeit, der illusionslosen Zuversicht und Bereitschaft, wie Ihr Brief eine ist. Dafür sage ich Ihnen meinen Dank. Hütet den Keim, bleibt dem Lichte und Geiste treu. Ihr seid sehr Wenige, aber vielleicht das Salz der Erde!

Quelle: Vaterland, Muttersprache. Deutsche Schriftsteller und ihr Staat von 1945 bis heute. Berlin (W) 1979, S. 51 ff.

72. Luise Rinser: Antwort an Hermann Hesse

. . . Es ist alles wahr, was Sie schreiben. Keiner will es gewesen sein, jeder will entnazifiziert werden . . . Genau so wenig wie man arisiert werden kann, kann man entnazifiziert werden. Für mich ist Nazismus Charakter gewesen, unverleugbare Charaktereigenschaft.

Wie kann man durch eine Verfügung einer Spruchkammer von einem Makel befreit werden, der im WESEN liegt! Man kann durch eine lange harte Wandlung sich befreien, das ist etwas anderes. Besonders abscheulich finde ich, wenn diese Leute nun sagen: Ich bin doch nur ein Mitläufer gewesen. Ich würde mich zu Tode schämen, das zu sagen. Lieber noch ein böser echter Nazi, vom Teufel getrieben, als bloß ein Mitläufer. Welcher Mangel an Stolz und Einsicht! . . .

Es gibt noch viel schlimmere Dinge bei uns, von denen Sie nichts schreiben. Das ist beispielsweise die Angst vor dem Sozialismus, der die Wandlung im Großen und Kleinen verlangt. Diese Leute triefen von schönen Worten: Freiheit, Ehrfurcht, Schönheit, deutsche Kultur . . . und die nicht gesonnen sind, die reale Welt zu sehen. Ich war kürzlich eingeladen zu einem Kongreß der Jugend in Frankfurt a. M. Man sprach zu dieser armen, verwirrten, zu Krüppeln geschossenen, blassen Jugend, die keine Zukunftshoffnung hat, kein Geld, nur Schwierigkeiten aller Art, man sprach ihr von einer neuen Verfassung, von Gotterfülltheit des Lebens, . . . und die Jugend saß da und schwieg. Man will einen zweiten „Hohenmeissner" machen, künstlich von den Universitätsprofessoren arrangiert. Man will die Jugend damit abziehen vom wirklichen politischen Leben. (Und heute ist ALLES Politik . . .) Man macht in deutschem Idealismus, aber wenn es darum geht, etwas Realpolitisches zu tun, schreckt man zurück. So habe ich kürzlich in einer Rede in München von der Not der Jugend gesprochen und verlangt, daß man Heime für die gefährdeten deutschen „Besprosonis" [jugendliche Obdachlose] schafft. Man sagte mir offiziell, daß man erst die Lösung des deutschen Währungsproblems abwarten müsse. Aber ich bohrte weiter und spielte die Bayerische Regierung gegen die Großhessische aus, und heute steht in der Neuen Zeitung, daß wirklich Heime geschaffen werden.

Es ist sehr schwierig hier zu leben . . . aber überall sind Kräfte am Werk . . . Viele Frauen sind es, die klarer als die Männer die Wirklichkeit sehen. Die Männer schmollen, weil man sie nicht mehr Soldaten spielen läßt . . . Sie haben mir in Ihrem schönen Brief Klugheit und einen wachen Blick zugeschrieben. Vertrauen Sie nun, bitte, diesem Blick, wenn ich Ihnen sage, daß es eine wenn auch zahlenmäßig nicht große, aber in der geistigen Vitalität und in ihrem politischen Rüstzeug beachtliche Schicht gibt, die am Frieden mitarbeitet . . .

Quelle: Vaterland, Muttersprache. Deutsche Schriftsteller und ihr Staat von 1945 bis heute. Berlin (W) 1979, S. 53 f.

73. Einführung zur ersten Nummer der „Frankfurter Hefte“
(vom April 1946)

An unsere Leser!

Wir schreiben es nachdenklich nieder, dieses Wort „An unsere Leser“. Wer wird zu ihnen gehören? Wir stehen in einem Kreis, der uns kennt; aber wir gehen durch ihn hindurch ins Volk, in die Welt, in das Unbekannte. Es ist ein Abenteuer, wie alles, was heute neu beginnt.

Wird der Lehrer, der eine veränderte Jugend vor sich hat, unsere Hefte zur Hand nehmen, um den Strom der Gedanken zu spüren, der Deutschland erneuern soll? Der heimgekehrte Soldat, der auf Straßen und Bahnhöfen müden und doch wachen Auges nach Spuren von Sympathie und Verständnis gesucht hat? Der Student mit vielen unausgesprochenen Forderungen, Ansprüchen, Erwartungen? Der Geistliche, der sich auf einem Felsen weiß, aber die Flut um die Füße spürt? Die Frau, die in der „Volksgemeinschaft“ trieb und nun auf neuen Boden zu kommen trachtet? Oder ihre Mitschwester, die aus der Unbeirrbarkeit des weiblichen Gefühls Widerstand geleistet hat und nun zur Gewißheit des Herzens die Sicherheit der Einsicht sucht? Der Politiker mit den großen Aspirationen und dem nagenden Zweifel im Herzen, der Arbeiter mit dem geprägten Parteidenken und dem unterscheidenden Blick für Utopien und Möglichkeiten, der Wirtschafter mit dem Drang zur gewohnten Aktivität und den pessimistischen Anwandlungen angesichts der Trümmer, die ihn umgeben, der abnehmenden statt sich ergänzenden Vorräte? Der Intellektuelle, der an die Kraft des Geistes glaubt, und der „Praktiker“, der nur sehen will, „was die Theoretiker da wieder zusammenschreiben“? Oder werden auch die Nur-Lesehungrigen, weil Bücher heute Mangelware sind, nach unseren Heften greifen, um neugierig und skeptisch darin herumzublättern?

Wir wissen nichts von unseren Lesern, die doch unsere Partner, unsere Teilhaber, unsere Freunde werden sollen.

Aber vielleicht ist das gut so. Ohnehin entschlossen, ihnen nicht nach dem Munde zu reden, werden wir keine falsche Rücksicht auf sie nehmen, sondern sagen, was wir für richtig und für notwendig halten. Das wird nicht selten hart und unbequem klingen. Auch nicht immer leicht, denn manche Dinge und Zusammenhänge dieser dunklen Erde und dieser besonders dunklen Gegenwart sind verwickelt und lassen sich nicht in Fibelart für jeden Unmündigen deutlich machen. Wir werden um Klarheit sehr bemüht sein, aber der Leser wird sich ebenfalls anstrengen müssen. Die gängige Phrase, das Nebelwort, das man so leicht einsog und rasch aus dem Hirn wieder verdampfen ließ, hat die Atmosphäre des Denkens verdickt. Wir können nicht atmen in ihr, wir wollen gute Sicht und einen präzis funktionierenden Verstand, – das lebendige Herz, das im Rhythmus der Zeit für die ewigen Ziele schlägt, versteht sich von selbst.

Wir erwarten also „nachdenkliche“ Leser. Wir glauben, daß wir so der Erneuerung Deutschlands einen Dienst erweisen – wir, das heißt die Herausgeber, die Mitarbeiter und jene Leser schon inbegriffen. Das Dunkel um uns soll sich lichten. Wir wollen alle mithelfen, das Undurchsichtige und das Rätselhafte, das uns bedroht, zu klären, soweit das uns, die wir eben aus einem Abgrund kommen, und dem Menschengeist überhaupt vergönnt ist.

Wir möchten indes mehr: nämlich den Leser, den wir nachdenklich gemacht haben, aus dieser Nachdenklichkeit zu notwendigen Scheidungen und Entscheidungen bringen, ihm Mut zum Nein geben und noch mehr Mut zum Ja. Wir wiederholen es, weil es wichtig ist: Mut zum Nein und noch mehr Mut zum Ja, und wir möchten die Kraft des Herzens und des Geistes, die dazu gehört, mit Einsicht nähren. Das klärende und nährende Wort, das hier zu lesen sein wird, soll vom christlichen Gewissen bestimmt sein; die Welt aber, auf die es sich bezieht, ist nicht etwa „das Religiöse", sondern die ganze, vielschichtige, reiche, arme Wirklichkeit.

Wir hoffen, obgleich wir noch fast allein sind, daß alle in Deutschland, die wach und unruhig sind, ein solches Wort und eine solche Sprache verstehen werden, alle „Aufgeschlossenen", die Lebendigen und Fragenden – eine Elite, die aus allen sozialen Schichten, Altersklassen und „Richtungen" kommt. Wir hoffen, denn sonst hätten wir nicht den Mut gehabt, anzufangen. Mancher, der durchaus etwas zu sagen hätte, ist aus zweifelnder Vorsicht, die fast betäubten Ohren des Volkes möchten noch nicht aufnahmefähig, die Herzen noch immer verschlossen sein, und aus der Besorgnis vor vorschnellen Parolen bisher lieber stumm geblieben; auch war die Geschichte der letzten dreißig Jahre nicht gerade dazu angetan, in den Schriftstellern die Lust und den Mut zu programmatischer Arbeit zu erwecken. Auch wir hatten es mit solchen Bedenken zu tun. Aber wir sind am Ende doch zu der Meinung gekommen, daß viele Menschen im Lande gerade jetzt, da sich die Wasser einer propagandistischen Sintflut verlaufen haben, nach Sichtung und Orientierung verlangen. Und so sind wir denn an die Arbeit gegangen.

Quelle: Frankfurter Hefte, Zeitschrift für Kultur und Politik, hrsg. v. E. Kogon u. W. Dirks, Jg. 1, April 1946, H. 1, S. 2 f.

74. Alfred Andersch: Das junge Europa formt sein Gesicht

In dem zerstörten Ameisenberg Europa, mitten im ziellosen Gewimmel der Millionen, sammeln sich bereits kleine menschliche Gemeinschaften zu neuer Arbeit. Allen pessimistischen Voraussagen zum Trotz bilden sich neue Kräfte- und Willenszentren. Neue Gedanken breiten sich über Europa aus. Der auf die äußerste Spitze getriebenen Vernichtung entsprang, wie einst dem Haupt des Jupiter die Athene, ein neuer, jugendfrischer, jungfräulich-athenischer Geist. Die Bedrohung, die hinter uns liegt, und diejenige, die uns erwartet, hat nicht zur lähmenden Furcht geführt, sondern nur unser Bewußtsein dafür geschärft, daß wir uns im Prozeß einer Weltwende befinden.

Die Träger dieses europäischen Wiedererwachens sind zumeist junge, unbekannte Menschen. Sie kommen nicht aus der Stille von Studierzimmern – dazu hatten sie keine Zeit –, sondern unmittelbar aus dem bewaffneten Kampf um Europa, aus der Aktion. Ihr Geist ist der Geist der Aktion. In Frankreich scharen sie sich um die Gruppe der „Existentialisten" und deren Mentor Jean Paul Sartre, dem sich Albert Camus und Simone de Beauvoir gesellen, oder sie bilden Experimentierzellen in den bestehenden Parteien, so etwa Emanuel Mounier mit dem „Esprit" in der jungen Partei Bidaults oder Aragon bei den Kommunisten. Ihr Leben in den letzten Jahren war gleichbedeutend mit dem Leben der französischen „résistance". Kristallisationspunkt des jungen Italiens sind der aus der Emigration zurückgekehrte Dichter Ignazio Silone, der eine Synthese von Sozialismus und religiösem Denken versucht, oder Feruccio Parri, der Leiter der Aktionspartei. Der Sieg der Labour Party in England ist nicht denkbar ohne die innere Erneuerung der

Arbeiterbewegung durch ihre jungen Kräfte. Skandinavien gab seine besten Geister in diesem Krieg: den dänischen Pfarrer Kaj Munk und den jungen norwegischen Dichter Nordahl Grieg, der über Berlin abstürzte. Diese Namen sind nur die äußerlichen Zeichen einer Bewegung, in der sich, wenn auch noch zögernd und unklar, so doch schon in großer Tiefe und Breite, die europäische Jugend manifestiert.

Das Gesetz, unter dem sie antritt, ist die Forderung nach europäischer Einheit. Das Werkzeug, welches sie zu diesem Zweck anzusetzen gewillt ist, ist ein neuer, von aller Tradition abweichender Humanismus, ein vom Menschen fordernder und an den Menschen glaubender Glaube, ein sozialistischer Humanismus.

Sozialistisch – das meint in diesem Fall, daß Europas Jugend „links" steht, wenn es sich um die soziale Forderung handelt. Sie vertritt wirtschaftliche Gerechtigkeit und weiß, daß diese sich nur im Sozialismus verwirklichen läßt. In einem wirklichen Sozialismus, nicht in „sozialen Reformen". Der Menschengeist hat eine Stufe erreicht, in dem ihm der private Besitz von Produktionsmitteln ebenso absurd erscheint wie vor 2000 Jahren die Sklaverei. Die sozialistische Forderung schließt die Forderung nach einer geplanten Wirtschaft und eine – trotz allem – Bejahung der Technik ein. „Links" steht dieser Geist ferner in seiner kulturellen Aufgeschlossenheit, seiner Ablehnung nationaler und rassischer Vorurteile, seiner Verhöhnung des provinziellen Konservativismus.

Humanistisch aber ist Europas Jugend in ihrem unerschöpflichen Hunger nach Freiheit. Humanismus bedeutet ihr Anerkennung der Würde und Freiheit des Menschen – nicht mehr und nicht weniger. Sie wäre bereit, das Lager des Sozialismus zu verlassen, wenn sie darin die Freiheit des Menschen aufgegeben sähe zugunsten jenes alten orthodoxen Marxismus, der die Determiniertheit des Menschen von seiner Wirtschaft postuliert und die menschliche Willensfreiheit leugnet. Fanatismus für das Recht des Menschen auf seine Freiheit ist kein Widerspruch in sich selbst, sondern die große Lehre, welche die Jugend Europas aus der Erfahrung der Diktatur zieht. Sie wird den Kampf gegen alle Feinde der Freiheit fanatisch führen.

Eine starke Wurzel dieses doppelten Suchens nach Freiheit und sozialer Gerechtigkeit liegt in dem religiösen Erlebnis, das die junge Generation aus dem Kriege mitbringt. Echte religo ist nicht möglich, wo der Mensch Bluts- oder Klassengesetzen unterstellt wird, die er angeblich nicht durchbrechen kann. Nichts beweist die Freiheit des Menschen mehr als seine freie Entscheidung für oder gegen Gott.

Der Inhalt des jungen Denkens bedingt die Haltung seiner Träger. Sie fordern nicht nur richtiges Denken, sie fordern auch das dazugehörige Leben. Sie können es fordern, weil sie sich für ihre Grundsätze eingesetzt haben, weil viele von ihnen dafür ihr Leben hingegeben haben. Besonders Sartre und die jungen Kämpfer aus der „résistance" fordern diese Übereinstimmung von Tat und Gedanken, die bruchlose Existenz.

[. . .]

Der neue Geist der deutschen Jugend drückt sich auch in dem unermeßlichen Hunger aus, die geistige Entwicklung der letzten Jahre nachzuholen. Aber eben nicht im Sinne einer nachzuholenden Schule, sondern eines zu lebenden Lebens. Dazu müssen die neuen Gedanken Europas in Deutschland freilich erst bekannt gemacht werden. Die Bestrebungen, in Kontakt zu kommen, sind zahllos. Gruppen von europäisch sehr fortgeschrittenen jungen Menschen beeinflussen die redaktionelle Gestaltung der „Gegenwart", des

„Aufbaus“ und der „Wandlung“ oder verschaffen sich unmittelbar Ausdruck in „Ende und Anfang“. Die europäische Bewegung zur Einheit in sozialistischer Praxis und humanistischer Freiheit wird gerade von den jungen Kräften in den beiden größten deutschen Parteien unermüdlich vorwärtsgetrieben. So entsteht langsam ein Bild, das sich von dem üblen Klischee, das man mit dem Wort von der „verlorenen Generation“ schuf, wesentlich unterscheidet.

Es wird nicht lange mehr dauern, bis die junge Generation Deutschlands „aufgeholt“ haben wird. Ihre Losung lautet schon jetzt: Die Erzieher müssen überholt werden. Auf keinen Fall wird sich das junge Deutschland von dem jungen Europa abschneiden lassen. Es wird auch nicht schwerfällig und widerstrebend dahinterher trotten. Schon deshalb nicht, weil das junge Europa ohne das junge Deutschland nicht existieren kann.

Quelle: Der Ruf, Unabhängige Blätter für die junge Generation, Nr. 1 vom 15. 8. 1946. (Reprint: hrsg. v. H. A. Neunzig, München 1976, S. 19 ff).

75. Einführung zum Heft 1 der Zeitschrift „Ost und West“ (vom Juli 1947)

Die Zeitschrift, deren erste Nummer nun in Ihren Händen ist, trägt den Titel: „OST UND WEST“. Der Akzent liegt auf dem „UND“.

Die Sphäre und Einflußsphäre der „westlichen“ Kultur hört nicht am Rhein oder an der Elbe auf, die „östliche“ ist nicht begrenzt durch die Weichsel oder die Oder. Die Anführungszeichen, zwischen die „westlich“ und „östlich“ gesetzt sind, haben keinen polemischen Charakter; eher einen fragenden: wie denn etwa der Begriff „westliche Kultur“ heute zu definieren wäre? Es ist fraglich geworden, ob wir noch wie bislang den Begriff der „westlichen Kultur“ mit der europäischen gleichsetzen dürfen.

[. . .]

Deutschland ist, bedingt durch die Umstände des Krieges und der gegenwärtigen Besetzung durch vier Besatzungsmächte, zu einem magnetischen Feld sich überschneidender, divergierender, kultureller und politischer Einflußsphären geworden. Es ist offenbar, daß Reibungen, die an diesen Schnittpunkten entstehen, sich in das Fleisch und Blut unserer materiellen und nationalen Existenz einschneiden müssen. Konflikte der Weltmächte spielen sich zwangsläufig auf unserem Rücken ab. Eine Aufspaltung der Welt in machtpolitische Sphären würde nach sich ziehen eine Aufspaltung Deutschlands.

Männer und Frauen guten Willens in allen vier Zonen haben dem Wunsche Ausdruck gegeben, daß Deutschland, anstatt der Zankapfel zwischen den Mächten zu werden, die friedliche Brücke zwischen ihnen werden möge. Es klingt anmaßlich: Deutschland – die Brücke zwischen Weltmächten; als ob gerade wir, deren Selbstreinigung nach zwölf Jahren des Absinkens in die Barbarei noch kaum begonnen hat, zu einer weltbedeutenden Mission berufen wären. Doch dürften die, die ihren Beitrag gerade zu dieser Aufgabe darbringen möchten, erklärend und entschuldigend sagen, daß nicht nur, weil wir nun einmal einer der Schnittpunkte der Spannungen geworden sind, sondern aus unserer Existenznot heraus, um unserer Lebensinteressen willen gerade wir Deutschen an diese Aufgabe denken sollten: über Zonengrenzen und Einflußsphären hinweg zu vermitteln.

Deutschland ist gegenwärtig und wird noch für lange Zeit sein ein Objekt der Weltpolitik eher denn ein Subjekt. Sprechen wir vom Brückenschlagen, so wird dabei weniger an politische Vermittlung oder gar ein Balancieren und Ausbalancieren von Mächtegruppierungen gedacht als vielmehr an ein geistiges Brückenschlagen.

Dieser Brückenschlag soll auch von dieser Zeitschrift unternommen werden mit der Einschränkung, daß wir uns keine Vermittlerrolle anmaßen wollen. Über die Brücken, die hinüber- und herüberführen werden, wird zunächst nicht so sehr an einen Export deutschen Geisteslebens gedacht als an den Import geistiger Güter, die uns seit 1933 vorenthalten worden sind. Wir haben viel nachzuholen. Die Kontinuität unserer Kenntnis der Weiterentwicklung des geistigen Lebens in der Welt ist verhängnisvoll unterbrochen worden.

[. . .]

Ein Vakuum ist zu füllen, Mauern von Vorurteilen und falschen Anschauungen sind niederzureißen, die abgebrochenen Brücken sind wiederzuerrichten – ach, es können in diesem Zeitpunkt nur Notbrücken sein, und nur in dünnem Gerinnsel können geistige Güter hinüber- und herübersickern.

[. . .]

Die Zielsetzung: die geistigen Entwicklungen unserer Umwelt seit 1933 zu rekapitulieren, schließt ein die Hoffnung, das Verständnis für und mit dem Verständnis die Achtung vor schöpferischen und sozialen Errungenschaften der Völker neu zu erwecken, mit denen wir durch eigenes Verschulden in den verderblichsten aller Kriege verwickelt worden waren. Nicht etwa, daß wir nun unterschiedslos alles gutheißen sollen, was jetzt von draußen zu uns hereindringt. Aber wir sollen es doch jedenfalls einmal kennenlernen.

[. . .]

Nun denn, noch einmal: wir sind eine unabhängige deutsche Zeitschrift. Wenn wir über die Entstehungsgeschichte von „OST UND WEST" aus der Schule plaudern dürfen –: es ist für sie die Lizenz von mehreren Besatzungsmächten zugleich erbeten worden. Die kühnste Hoffnung war, sie von allen vier Besatzungsmächten lizensiert zu sehen, und diese Hoffnung ist noch nicht aufgegeben worden. Ein Präzedenzfall. In der Tat: das Ansuchen um Lizenzerteilung, in gleichlautendem Text an die zuständigen Kontrollbehörden verschiedener Besatzungsmächte gerichtet (deren jede darüber verständigt wurde, daß ein gleichgefaßter Antrag auch an andere Besatzungsmächte gestellt worden war), wies nachdrücklich darauf hin, daß hier ein Präzedenzfall geschaffen werden sollte. Und dies ungewöhnliche Ansinnen wurde erklärt und begründet mit dem Wunsche, dieser deutschen Zeitschrift nicht nur wirkliche Unabhängigkeit zu gewährleisten, sondern diese Unabhängigkeit auch nach außen hin unmißverständlich deutlich zu machen. Vielleicht sprechen die diesbezüglichen Absätze unseres Lizenzantrages am besten für sich selber:

„Die Stimmen der Deutschen einer Besatzungszone werden oft nur schwach und bisweilen gar nicht von den Deutschen anderer Zonen vernommen; und allzu oft wird auch die ehrlichste Überzeugung, die in einem Teil Deutschlands zu Worte kommt, in anderen Teilen Deutschlands mit Vorbehalt aufgenommen, als handele es sich um ‚Propaganda' im Dienste der Besatzungsmacht, die die Lizenz erteilt hat. Der Fakt, daß jede Publikation von einer der vier Besatzungsmächte lizensiert werden muß, behaftet, wenn auch oft zu Unrecht, die Äußerungen der Publizisten mit dem Stigma, als schrieben sie nicht nur mit der Zustimmung, sondern mehr oder minder im direkten oder indirekten Dienst jener Besatzungsmacht, die der Zeitung oder Zeitschrift, für die sie schreiben, die Lizenz erteilt hat. Mißverständnisse und Mißtrauen resultieren aus dieser Situation. Die Spaltung vertieft sich. Die östlichen und die westlichen Teile Deutschlands beginnen, sich voneinander zu entfernen. Das ist nicht gut, weder für Deutschland, noch für den Frieden der Welt.

Aus diesem Grunde erlaube ich mir, die Bitte um Lizensierung einer Monatszeitschrift an verschiedene Besatzungsmächte zugleich zu richten. Die Zeitschrift, die ich im Sinn habe, soll den Titel tragen ‚OST UND WEST'. Sie soll bestehen auf dem Grundsatz, daß Deutschland, anstatt der Zankapfel zwischen den Mächten zu werden, die friedliche Brücke zwischen ihnen zu werden versuchen soll. Es wird als eine wesentliche Aufgabe dieser Zeitschrift erachtet, überzeugend verständlich zu machen, daß Deutschland nicht gesunden kann, nicht gedeihen kann in der Gegnerschaft zu einer der im Kriege gegen Nazideutschland verbündeten Weltmächte. Das Beispiel einer von verschiedenen Besatzungsmächten zugleich lizensierten Publikation wird dazu beitragen, dies auch jenen Deutschen klarzumachen, die närrischerweise heute noch ihre Hoffnungen auf die Differenzen zwischen den Alliierten setzen.

Es wird eine in jeder Weise unabhängige deutsche Zeitschrift sein. Sie wird sich strikt an die generellen Pressevorschriften der Besatzungsmächte halten, aber sie wird nicht das Organ oder das Sprachrohr einer der Besatzungsmächte sein.

Die Zeitschrift wird auch insofern unabhängig sein, als sie nicht das Sprachrohr oder das Organ irgendeiner der deutschen Parteien zu werden beabsichtigt. Repräsentative Wortführer der verschiedenen weltanschaulichen Richtungen werden eine Freistatt der Meinungsäußerung in diesem Blatte finden. Die Zeitschrift will eine freimütige Diskussion der Grundprobleme unserer Zeit fördern; sie will indessen keineswegs zum Schlachtfeld parteipolitischer Polemiken werden.

Die Zeitschrift wird deutsch in Sprache und Inhalt sein. Sie wird sich wesentlich mit deutschen Problemen beschäftigen. Weltpolitische Fragen werden in ihr unter dem Gesichtspunkt des vernünftigen deutschen Interesses zur Anschauung stehen. Dieses vernünftige deutsche Interesse wird erblickt in der These, daß Deutschlands Überleben und Deutschlands Regeneration abhängig sind von dem guten Verständnis der Alliierten untereinander.

Deutschland in seiner gegenwärtigen Situation kann weder die amerikanische Lebensform noch die Entwicklung des Sozialismus in der Sowjetunion schematisch adoptieren. Wir Deutsche müssen die unseren gegenwärtigen Bedingungen angemessene Lösung der sozialen, ökonomischen und ideologischen Probleme unseres Zeitalters selber finden. Die Zeitschrift, die ich im Sinn habe, wird versuchen, an der Lösung dieser Probleme mitzuarbeiten."

Diese Gedankengänge waren die Grundlage unseres Lizenzantrages, und auf dieser Grundlage hat uns die Sowjetische Militärverwaltung in Deutschland als erste freundlich die Lizenz erteilt. Wir danken für das Vertrauen. Wir werden es nicht mißbrauchen. Aber wir werden auch fernerhin in allen Situationen auf dem Grundsatz beharren, daß die Aussprache über unsere deutschen Probleme in unserem Blatte frei von jeder äußeren Einflußnahme vor sich gehen muß. Die einzige Einschränkung, die wir uns selber auferlegen, ist die Versicherung, daß „OST UND WEST" seine Spalten denen verschließen wird, die Feindschaft und Haß gegen eine der Besatzungsmächte propagieren. Und auch diese Einschränkung wird nicht gemacht, weil sie ohnehin gegenwärtig eine conditio sine qua non für jede deutsche Publikation wäre, sondern weil es die unerschütterliche Überzeugung des Herausgebers ist, auf die er alle seine publizistischen Bemühungen basiert: daß Deutschland nicht gesunden kann in Feindschaft gegen die Völker unserer Umwelt.

Der Herausgeber

Quelle: Ost und West, Beiträge zu kulturellen und politischen Fragen der Zeit, hrsg. v. Alfred Kantorowicz, Heft 1, Juli 1947, S. 3-8.

76. Antrag der sowjetischen Delegation auf der Pariser Marshallplan-Konferenz
(vom 30. Juni 1947)

Die Beratung der Außenminister Frankreichs, Großbritanniens und der UdSSR anerkennt die ernste Bedeutung der Aufgabe, den Wiederaufbau und die Weiterentwicklung der durch den Krieg zerrütteten Volkswirtschaft der europäischen Länder zu beschleunigen, und ist der Meinung, daß die Erfüllung dieser Aufgabe erleichtert würde, wenn die Vereinigten Staaten von Amerika die Wirtschaftshilfe leisten würden, auf die der Staatssekretär der USA, Herr Marshall, in seiner Erklärung vom 5. Juni hinwies.

Die Beratung ist der Meinung, daß es nicht zu ihrer Aufgabe gehört, ein umfassendes Wirtschaftsprogramm für die europäischen Länder auszuarbeiten, da die Aufstellung eines solchen Wirtschaftsprogramms für ganz Europa durch die drei Großmächte, und sei es auch unter Teilnahme einiger anderer Länder, unweigerlich dazu führen würde, daß starke europäische Mächte anderen europäischen Ländern ihren Willen aufzwingen, und eine Einmischung in die inneren Angelegenheiten dieser Staaten sowie die Verletzung ihrer Souveränität bedeuten würde. Die Versuche, ein solches umfassendes Wirtschaftsprogramm für Europa aufzustellen, sind um so unzulässiger, als sie zur Störung bestehender wirtschaftlicher Beziehungen zwischen den europäischen Ländern führen und große Reibungen in ihren gegenseitigen Beziehungen hervorrufen würden, was die so dringend notwendige weitere Entwicklung der wirtschaftlichen Zusammenarbeit zwischen den europäischen Ländern erschweren würde.

Dementsprechend erachtete es die Beratung der drei Außenminister für zweckmäßig:

1. Um die Erfordernisse der europäischen Länder an amerikanischer Wirtschaftshilfe zu ermitteln, die Möglichkeit der Gewährung einer solchen Hilfe seitens der USA zu klären und dahin zu wirken, daß die europäischen Länder diese Hilfe erhalten, wird ein Beistandsausschuß aus Vertretern Frankreichs, Großbritanniens und der UdSSR gebildet, der im weiteren durch Vertreter gewisser anderer europäischer Staaten ergänzt wird;

2. bei dem Beistandsausschuß werden folgende Unterausschüsse gebildet:

a) für Verpflegung,

b) für Brennstoff,

c) für Betriebseinrichtung.

Den Unterausschüssen sollen außer Vertretern der UdSSR, Großbritanniens und Frankreichs auch Vertreter von zwei an der Arbeit des jeweiligen Unterausschusses besonders interessierten europäischen Mächten aus der Zahl der Länder angehören, die von der deutschen Okkupation betroffen waren und zum gemeinsamen Sieg der Verbündeten über den Feind beigetragen haben.

Die ehemaligen Feindländer können von den Unterausschüssen zu Konsultationen herangezogen werden.

Die Frage Deutschland unterliegt der Behandlung der vier Mächte: Großbritanniens, Frankreichs, der UdSSR und der USA.

3. Die Aufgaben des Beistandsausschusses umfassen:

A) Die Entgegennahme von Anforderungen europäischer Länder auf von ihnen benötigte amerikanische Wirtschaftshilfe;

B) die Aufstellung eines Gesamtprogramms auf der Grundlage dieser Anforderungen, wobei in erster Linie die Bedürfnisse derjenigen Länder zu berücksichtigen sind, die durch die deutsche Aggression geschädigt wurden und ihren Beitrag zum Sieg der Verbündeten geleistet haben;

C) die Klärung der Möglichkeiten für die Gewährung einer entsprechenden Wirtschaftshilfe seitens der USA.

4. Der Beistandsausschuß stellt gemäß den ihm übertragenen Aufgaben Beziehungen mit dem Europäischen Wirtschaftsausschuß der UNO her.

Quelle: W. M. Molotow, Fragen der Außenpolitik, Moskau 1949, S. 657 ff.

77. Stellungnahme des Zentralsekretariats der SED zum Marshallplan

(vom 23. 7. 1947)

Nach dem Abschluß der Pariser Konferenzen häufen sich die Erklärungen amerikanischer und englischer Staatsmänner über eine voraussichtliche Dollarhilfe für den Wiederaufbau der westdeutschen Wirtschaft. Bei diesen Versprechungen spekuliert man auf die in weiten Kreisen unseres Volkes vorhandenen Stimmungen, nur schnellstens die wirtschaftliche Not zu beheben, ohne daß sich das notleidende Volk Gedanken über die weiteren Auswirkungen einer solchen Hilfe auf die Zukunft Deutschlands macht. Hinzu kommt der irrtümliche Glaube, daß es nur der Zustimmung zu einer solchen Hilfe von deutscher Seite bedarf, um sofort eine unmittelbare Verbesserung unserer Lebenshaltung und eine rasche Belebung unserer Wirtschaft herbeizuführen. Es wird übersehen, daß ein genauer Plan über die Hilfe überhaupt noch nicht besteht und daß erst der im nächsten Frühjahr tagende amerikanische Kongreß über die Gewährung einer Hilfe entscheiden wird.

Welche Bedeutung hat nun die in Aussicht gestellte Hilfe für die Zukunft unseres Volkes?

I. Der amerikanische Monopolkapitalismus, der gestärkt aus dem Kriege hervorging, ist heute bestrebt, die ihm drohende Wirtschaftskrise durch die Erschließung neuer Märkte und durch die Festigung alter Märkte mittels der Gewährung staatlicher Anleihen zu verhindern. Diese Anleihen führen aber erfahrungsgemäß zur Einmischung in die Souveränität der die Anleihen nehmenden Länder und zu einer Unterordnung ihrer Wirtschaft und Politik unter die Interessen amerikanischer Monopole.

II. Es ist schon jetzt klar erkennbar, daß Deutschland ebenfalls seine Zukunft um den Preis der Anleihe verkaufen soll. Das Ruhrgebiet soll die Hauptbasis der amerikanischen Wirtschaftspolitik in Europa werden und dem deutschen und sogar dem britischen und französischen Einfluß entzogen werden. Die Ruhrindustrie soll von den Vertretern amerikanischer Monopole gelenkt werden. Eine Anleihe für den Wiederaufbau des Ruhrgebiets wird an die Bedingung geknüpft, daß keine Verstaatlichung stattfindet.

III. Das deutsche Volk hat schon einmal die bittersten Erfahrungen mit der amerikanischen Anleihepolitik gemacht. Nach dem ersten Weltkrieg dienten die amerikanischen Privatanleihen dazu, den Sozialisierungsgedanken in der deutschen Arbeiterschaft zu ersticken, die Macht der deutschen Schwerindustrie und Kohlenbarone zu stärken und die Industrie wieder unter ihre Herrschaft zu bringen. Diese Anleihepolitik endete in Krise, Faschismus und Krieg.

IV. Die Auswirkungen der neuen amerikanischen Anleihepolitk werden noch ebenso verhängnisvoll, wenn nicht schlimmer sein. Der industrielle Westen Deutschlands wird in einen den Frieden bedrohenden Westblock eingegliedert. Die Macht der deutschen Konzernherren bleibt erhalten. Statt einer deutschen Friedenswirtschaft entsteht ein neues Herrschaftszentrum reaktionärer und kriegslüsterner Elemente. An die Stelle des Mitbestimmungsrechts der Arbeiterschaft am Aufbau der Wirtschaft tritt die Lohnsklaverei zugunsten ausländischer und deutscher Monopolkapitalisten.

V. Der Aufbau der deutschen Industrie mit Hilfe amerikanischer Anleihen darf nicht dazu dienen, deutschen Monopolherren die Gelegenheit zu geben, die Industrie erneut zu Kriegszwecken zu mißbrauchen. Das deutsche Volk muß selbst seine eigenen Kräfte anspannen, um die friedlichen Zwecken dienende Wirtschaft aufzubauen, um den Lebensbedarf des deutschen Volkes zu decken, um den Export deutscher Qualitätswaren wieder zu entwickeln und die Erfüllung der Wiedergutmachungsverpflichtungen sicherzustellen. Diese Entwicklung ist aber nur möglich, wenn Schluß gemacht wird mit der willkürlichen Zerreißung des deutschen Wirtschaftskörpers durch die bizonale Politik. Ein einheitliches demokratisches Deutschland mit einer gesamtdeutschen Regierung begrüßt jede ausländische Hilfe in Form kurzfristiger Kredite für die Bezahlung von Lebensmitteln und Rohstoffen, sofern diese Hilfe weder die demokratische Entwicklung Deutschlands gefährdet, noch Deutschland in wirtschaftliche und politische Abhängigkeit von ausländischen Kapitalmächten bringt.

VI. Das deutsche Volk muß wie alle übrigen Völker den Weg zu einem besseren Leben aus eigener Kraft suchen und finden. Das wird ihm um so eher gelingen, je rascher die wirtschaftliche und politische Einheit Deutschlands hergestellt wird.

[. . .]

Quelle: Dokumente der SED Bd. 1, Berlin (O) 1952, S. 207 ff.

78. Kennans Analyse der Weltsituation 1947

(Entwurf G. F. Kennans für Außenminister Marshall vom 6. November 1947)

Zusammenfassung

1. Die Gefahr eines Krieges wird in einigen Kreisen weit übertrieben. Die sowjetische Regierung wünscht und erwartet jetzt keinen Krieg mit uns in absehbarer Zukunft. Die Kampagne gegen Kriegstreiberei in der UNO beabsichtigt, unsere Führungsrolle in der Welt zu schwächen und die UNO davon abzuhalten, als wirkungsvolles Druckmittel gegen die kommunistische Expansion eingesetzt zu werden.

2. Der politische Vormarsch der Kommunisten in Westeuropa konnte wenigstens zeitweise aufgehalten werden. Dies ist das Ergebnis mehrerer Faktoren, von denen ein wichtiger die Aussicht auf US-Hilfe ist.

3. Der Stillstand des kommunistischen Vormarsches zwingt Moskau, seinen Einfluß in Osteuropa zu konsolidieren. Es muß wahrscheinlich die Tschechoslowakei vollständig in den Griff bekommen. Denn falls sich der politische Trend in Europa gegen den Kommunismus wendet, könnte eine relativ freie Tschechoslowakei zu einem bedrohlichen Keil in Moskaus politischer Position in Osteuropa werden.

Dies bedeutet auch, daß der Kreml höchstwahrscheinlich den kommunistischen Parteien Frankreichs und Italiens befehlen wird, ihre Zukunft in diesen Ländern letztlich im Bürgerkrieg zu suchen, sobald unser Recht, Truppen in Italien zu stationieren, abgelaufen ist. Wenn dies geschieht, ist zur selben Zeit mit einem verstärkten Druck auf Griechenland zu rechnen.

4. Während dieser Operationen werden die Russen versuchen, ihr Engagement zu tarnen und uns keinen Anlaß zu einem förmlichen Protest gegen sie liefern.

5. Unsere beste Anwort darauf ist, auf jede Art und Weise örtliche Widerstandskräfte zu stärken und andere zu überzeugen, einen größeren Teil der Last des Widerstandes gegen den Kommunismus zu übernehmen. Die gegenwärtige „Bi-Polarität" wird auf lange Sicht jenseits unserer Möglichkeiten liegen. Ebenso wird sie die UNO überfordern. Es ist durchaus möglich, daß die Russen sich bald aus dieser Organisation zurückziehen, wenn wir fortfahren, die UNO als Instrument zur Mobilisierung der Weltöffentlichkeit und als Druckmittel gegen sie anzuwenden.

6. Alles in allem muß unsere Politik darauf ausgerichtet sein, ein Kräftegleichgewicht in Europa und Asien wiederherzustellen. Das bedeutet, daß wir auf der Außenministerkonferenz darauf bestehen müssen, Westdeutschland von kommunistischer Kontrolle freizuhalten. Wir müssen dann sehen, daß es besser in Westeuropa integriert wird und daß ein Teil unserer Verantwortung für die Bedingungen dort auf die westeuropäischen Verbündeten und auf das deutsche Volk übertragen wird.

[. . .]

Quelle: Foreign Relations of the United States 1947 I, S. 772 (übersetzt aus dem Amerikanischen)

79. Schreiben von Theodor Heuss an den LDPD-Vorsitzenden Wilhelm Külz betr. die Volkskongreßkampagne
(vom 19. Dezember 1947)

Verehrter, lieber Doktor Külz,
diesen Brief schreibe ich nur ungern . . . Ich bin sehr unglücklich über die allgemeine politische und besonders über die parteipolitische Entwicklung der vergangenen Wochen. Daß die Stellungnahme der LDP in der Ostzone uns gewisse Schwierigkeiten machte, über die wir aber hinweggekommen sind, veranschlage ich nicht sehr hoch. Wir haben bei den Wahlen als einzige Gruppe gute Erfolge gehabt. Aber ich sehe, wie das sachliche Vertrauensverhältnis einen starken Stoß erlitten hat.

[. . .]

Was ich dann von dem sogenannten Volkskongreß las bzw. was ich zufällig am Radio davon hörte, hat mich in meinem historisch-politischen Gefühl geradezu beelendet. Die übermittelten Reden-Fetzen, die ich vernahm, waren billiger Stahlhelm-Stil mit veränderten Vorzeichen, kein ernsthaftes Wort von der weltgeschichtlichen Problematik, in der wir drinstehen, Platitüden von Volksversammlungsphrasen. Konnte ein Mann von Ihrer politischen Erfahrung einen Augenblick ernsthaft daran denken, daß die Londoner Konferenz den Applaus einer Zweitausend-Menschenversammlung in Berlin, die höchst zufällig zusammendirigiert war, als Geschichtsauftrag für Deutschland empfände. Vielleicht war es ganz schön, Menschen vor sich zu haben, die glaubten, Geschichte zu machen. Einem halbwegs nüchternen Urteil mußte doch von Anbeginn klar sein, daß derlei nicht der Start ist, um zu einer Delegation von Rang zu kommen. Ich hätte ein solches Verfahren auch verschmäht und bekämpft, wenn es in der Westzone oder mit der Westzone gemacht worden wäre. Das ist ein Mißverstehen und Mißbrauchen der Demokratie. Und dazuhin einfach schlechter Stil. Die Anwort aus London konnte keinem halbsinnigen Menschen einen Augenblick zweifelhaft sein. Daraus ergibt sich, daß das ganze Arrangement trotz der außenpolitischen Fassade eine rein innenpolitische Sinngebung und vielleicht auch Quasi-Rechtfertigung besitzt. In dieser Auffassung, die ich von Anbeginn hatte, werde ich bestärkt durch die Mitteilung der Zeitungen, daß dieser sogenannte „Volkskongreß" über einen einmaligen Demonstrationscharakter hinaus eine Dauerinstitution werden soll. Es werden jetzt Landesvolkskongresse gemacht. Was ist denn das anderes als eine neue Firmierung dessen, was Ihr bis jetzt Antifaschistischen-Einheitsausschuß oder Block-Politik genannt habt. Da haben wir Euch nie weiter hineingeredet, obwohl ich das Verfahren im Zeitalter, wo man die parlamentarische Demokratie predigt, als innerlich brüchig ansehe. Nun aber ist die Geschichte mit einem neuen Namen, mit dem Anspruch einer gesamtdeutschen Verbindlichkeit plakatiert, und das ist es, was wir mit aller Entschiedenheit ablehnen.

Ich will mich nicht pharisäerhaft zu einem Gerichtsherrn über die parteipolitische Situation der Ostzone aufwerfen. Ich spüre nur dies deutlich genug: von Demokratie und deutscher Entscheidung wird solange nicht die Rede sein können, als interne Parteibesprechungen in der Anwesenheit fremder Offiziere, gleichviel welcher Besatzungsmacht, stattfinden. Dieser Zustand macht eine sachliche Bewertung von Meinungsäußerungen überhaupt unmöglich. Wir können gar nicht übersehen, wenn wir Äußerungen und

Entscheidungen der Parteifreunde aus dem Osten erhalten, ob diese ihrer inneren Auffassung entsprechen oder den Wünschen der Besatzungsmacht. Das schafft bei allem selbstverständlichen Willen, den einheitlichen Rhythmus der Gesinnungen zu erhalten, fortgesetzt unmögliche, ja unerträgliche Situationen. Versicherungen, daß man das besondere Vertrauen der Besatzungsmacht habe, können hier nicht wirken, und auch der Hinweis, den Herr Lieutenant wiederholt machte, was alles durch eine offene Aussprache erreicht oder verhindert worden sei, schlägt bei dieser Gesamtsituation wenig zu Buche.

[. . .]

Die Vorgänge in der CDU sind mir nach der sachlichen und personellen Seite im Einzelnen undurchsichtig. Ich übersehe die Rolle nicht, die Nuschke dort jetzt spielt; die anderen Namen, die ich in der Zeitung las, sind mir eben nichts anderes als Namen, aber ich habe die Empfindung, daß Jakob Kaiser, den ich in meinem Leben noch nie gesehen habe, in der Niederlage eine deutsche Figur geworden ist, während Sie, so hart es ist, das auszusprechen, eine gewesen sind. Das schmerzt mich sehr, aber die Dinge müssen auch hart gesagt werden können.

Empfehlen Sie mich der Gattin und seien Sie gegrüßt
Ihr Theodor Heuss

Quelle: K. H. Grundmann (Hrsg.), Zwischen Verständigungsbereitschaft, Anpassung und Widerstand: Die LDPD in Berlin und in der Sowjetischen Besatzungszone 1945-1949, Bonn 1978, S. 101 ff.

80. Entwurf eines Gesetzes über die wirtschaftspolitischen Leitsätze nach der Geldreform
(Antrag des Verwaltungsrats vom 1. Juni 1948)

Aus dem Zusammenbruch der Kriegswirtschaft hat sich ein Zustand ergeben, der die wirtschaftlichen Energien lähmt, sie in eine dem Gemeinwohl schädliche Richtung lenkt und zu großen sozialen Ungerechtigkeiten führt. Die Geldreform soll diese unheilvolle Entwicklung überwinden, indem sie die natürliche Beziehung zwischen Leistung und Gegenleistung wiederherstellt, damit den Bezieher von Arbeitseinkommen zum bevorzugten Käufer macht und so die Voraussetzungen für eine Steigerung der Arbeitsleistung und der Produktion schafft. Indem die Kaufkraft im wesentlichen auf den Betrag der in der laufenden Erzeugung entstehenden Arbeitseinkommen beschränkt wird, wird die bisher durch die großen Geldhorte aufgeblähte Nachfrage auf ihr berechtigtes Ausmaß zurückgeführt. Zugleich wird das Warenangebot durch Auflösung der gehorteten Bestände vergrößert; die bisherigen inflationistischen Tendenzen werden unterbunden.

Das aus der Vergangenheit stammende, kaum noch wirksame Zwangssystem kann daher, insbesondere unter Berücksichtigung des anlaufenden Marshallplans, aufgelockert, der Markt stärker zur Steigerung der Wirtschaftlichkeit in Erzeugung und Verteilung eingesetzt werden. Die wirtschaftlichen und sozialen Notwendigkeiten gehen somit Hand in Hand, da eine bessere Versorgung der breiten Massen nicht ohne Anspannung aller produktiven Kräfte, eine vollständige Ausnützung aller produktiven Kräfte nicht ohne bessere Versorgung der breiten Masse möglich ist. Daraus folgt, daß die Wirtschaftspolitik wirtschaftliche und soziale Gesichtspunkte in gleicher Weise in Betracht zu ziehen hat.

Die Auflockerung des staatlichen Warenverteilungs- und Preisfestsetzungssystems findet ihre Grenze dort, wo es darauf ankommt

1. den Schutz des wirtschaftlich Schwächeren zu gewährleisten,
2. die Durchführung von Wirtschaftsprogrammen im öffentlichen Interesse sicherzustellen,
3. die Ausnutzung einer Mangellage durch monopolistische Einflüsse zu unterbinden.

Um die damit umrissenen Aufgaben zu erfüllen und dadurch zugleich die Grundlage für eine Stabilität der neuen Währung sichernde Geld- und Kreditpolitik schaffen zu können, bedarf die Wirtschaftspolitik in der Übergangszeit ausreichender Eingriffsmöglichkeiten, die eine schnell und nachdrücklich wirkende Lenkung der vorher nicht übersehbaren wirtschaftlichen Vorgänge im Rahmen der nachfolgenden Leitsätze und zu deren Verwirklichung gestatten.

Der Wirtschaftsrat hat daher das folgende

Gesetz

beschlossen:

Artikel I

Für die Wirtschaftspolitik nach der Geldreform werden die aus der Anlage ersichtlichen Leitsätze, die einen Bestandteil des Gesetzes bilden, aufgestellt

Artikel II

Der zuständige Direktor wird beauftragt, im Rahmen dieser Leitsätze (Artikel I)

1. die erforderlichen Maßnahmen auf dem Gebiete der Bewirtschaftung nach Maßgabe des Bewirtschaftungsnotgesetzes zu treffen,
2. die Waren, Warengattungen, Güter und Leistungen im einzelnen zu bestimmen, die von den Preisvorschriften freigestellt werden sollen, wobei er Preisvorschriften auf Zeit oder Dauer außer Kraft oder wieder in Kraft setzen kann.

Artikel III

Dieses Gesetz tritt zugleich mit der gesetzlichen Regelung der Geldreform in Kraft und tritt am 31. 12. 1948 außer Kraft.

Anlage

Wirtschaftspolitische Leitsätze nach der Geldreform

I.

1. Die Hauptnahrungsmittel und die Rohstoffe, die wesentliche Grundlagen für die gewerbliche und landwirtschaftliche Gütererzeugung bilden, sind zur Erzielung eines planmäßigen Einsatzes dieser Güter weiterhin zu bewirtschaften.

[. . .]

4. Der Freigabe aus der Bewirtschaftung ist vor ihrer Beibehaltung der Vorzug zu geben. Wenn und insoweit eine Bewirtschaftung von Rohstoffen, Halb- und Fertigerzeugnissen der gewerblichen Wirtschaft unterbleibt, ist durch Lieferanweisungen, durch Herstellungsgebote und -Verbote eine für die gesamte Volkswirtschaft und insbesondere für den Bedarf der Bevölkerung notwendige Fertigung und Auslieferung sicherzustellen.

[. . .]

II.

1. Die Preise für die Hauptnahrungsmittel und die Rohstoffe, die wesentliche Grundlagen für die gewerbliche und landwirtschaftliche Gütererzeugung bilden, sowie die Mieten und Verkehrstarife sind behördlich festzusetzen.
2. Die Festsetzung und die Freigabe der Preise für Getreide und Getreideerzeugnisse, Milch und Milcherzeugnisse, Kartoffeln, Fleisch und Fett, für Kohle, Eisen, Stahl, Gas und Elektrizität bedarf in jedem Falle der vorherigen Genehmigung durch den Wirtschaftsrat.
3. Der Freigabe der Preise ist vor der behördlichen Festsetzung der Vorzug zu geben.
4. Wo Preise behördlich gebunden werden, sind sie als Höchstpreise festzusetzen. Die Höchstpreise müssen in einem angemessenen Verhältnis zu den Kosten eines wirtschaftlich geführten Betriebes stehen. Auf einen möglichst niedrigen Endpreis der Fertigerzeugnisse ist Bedacht zu nehmen.
5. Alle Preise – auch die freigegebenen – sind behördlich zu überwachen. Wer Höchstpreise überschreitet oder wirtschaftliche Macht oder ein im Verhältnis zur Nachfrage geringes Angebot mißbraucht, indem er Preise verlangt, die in keinem angemessenen Verhältnis zu den Kosten eines wirtschaftlich geführten Betriebes stehen, oder Waren zurückhält in der Absicht, die Preise zu steigern, ist streng zu bestrafen. Insoweit gesetzliche Grundlagen hierfür nicht vorhanden sind, sind dem Wirtschaftsrat unverzüglich die erforderlichen Gesetze vorzulegen.

III.

Der Entstehung wirtschaftlicher Machtstellungen ist entgegenzuwirken. Wo wirtschaftliche Machtgebilde (Monopole, Oligopole) unvermeidlich sind, sind sie staatlich zu überwachen. Die erforderlichen Gesetze sind dem Wirtschaftsrat unverzüglich vorzulegen.

Quelle: Wörtliche Berichte über die Vollversammlungen des Wirtschaftsrates 1947-1949 (Reprint), S. 559 f.

81. Besatzungsstatut

zur Abgrenzung der Befugnisse und Verantwortlichkeiten zwischen der zukünftigen deutschen Regierung und der Alliierten Kontrollbehörde

(vom 10. April 1949)

In Ausübung der obersten Gewalt, die bei den Regierungen Frankreichs, der Vereinigten Staaten und des Vereinigten Königreichs verbleibt,

erlassen wir,

General Pierre Koenig, Militärgouverneur und Oberbefehlshaber der Französischen Zone Deutschlands,

General Lucius D. Clay, Militärgouverneur und Oberbefehlshaber der Amerikanischen Zone Deutschlands, und

General Sir Brian Hubert Robertson, Militärgouverneur und Oberbefehlshaber der Britischen Zone Deutschlands,

hiermit gemeinsam das folgende Besatzungsstatut:

(1) Die Regierungen Frankreichs, der Vereinigten Staaten und des Vereinigten Königreichs wünschen und beabsichtigen, daß das deutsche Volk während des Zeitraumes, in dem die Fortdauer der Besetzung notwendig ist, das größtmögliche Maß an Selbstregierung genießt, das mit einer solchen Besetzung vereinbar ist. Abgesehen von den in diesem Statut enthaltenen Beschränkungen besitzen der Bund und die ihm angehörenden Länder volle gesetzgebende, vollziehende und richterliche Gewalt gemäß dem Grundgesetz und ihren Verfassungen.

(2) Um die Verwirklichung der Grundziele der Besetzung sicherzustellen, bleiben die Befugnisse, einschließlich des Rechts, die von den Besatzungsbehörden benötigten Auskünfte und statistischen Angaben anzufordern und nachzuprüfen, auf folgenden Gebieten ausdrücklich vorbehalten:

a) Abrüstung und Entmilitarisierung, einschließlich der damit zusammenhängenden wissenschaftlichen Forschungsgebiete, der Verbote und Beschränkungen der Industrie und der Zivilluftfahrt;

b) Kontrollmaßnahmen hinsichtliche der Ruhr, Restitutionen, Reparationen, Dekartellierung, Entflechtung, Handelsdiskriminierungen, ausländische Vermögenswerte in Deutschland und Ansprüche gegen Deutschland;

c) auswärtige Angelegenheiten, einschließlich der von Deutschland oder in seinem Namen abgeschlossenen internationalen Abkommen;

d) Displaced Persons und die Zulassung von Flüchtlingen;

e) Schutz, Ansehen und Sicherheit der alliierten Streitkräfte, Familienangehörigen, Angestellten und Vertreter, ihre Immunitätsrechte, sowie die Deckung der Besatzungskosten und ihrer sonstigen Bedürfnisse;

f) die Beachtung des Grundgesetzes und der Länderverfassungen;

g) die Kontrolle über den Außenhandel und den Devisenverkehr;

h) die Kontrolle über innere Maßnahmen nur in dem Mindestumfang, der erforderlich ist, um die Verwendung von Geldern, Nahrungsmitteln und anderen Gütern in der Weise zu gewährleisten, daß der Bedarf an ausländischen Hilfeleistungen für Deutschland auf ein Mindestmaß herabgesetzt wird;

i) die Kontrolle der Verwahrung und Behandlung derjenigen Personen in deutschen Gefängnissen, die vor den Gerichten oder Tribunalen der Besatzungsmächte oder Besatzungsbehörden angeklagt oder von diesen verurteilt worden sind, sowie die Kontrolle über die Vollstreckung der gegen sie verhängten Strafen und über Fragen ihrer Amnestierung, Begnadigung oder Freilassung.

(3) Die Regierungen Frankreichs, der Vereinigten Staaten und des Vereinigten Königreichs hoffen und erwarten, daß die Besatzungsbehörden keinen Anlaß haben werden, auf anderen als den oben ausdrücklich vorbehaltenen Gebieten Maßnahmen zu treffen. Die Besatzungsbehörden behalten sich jedoch das Recht vor, auf Weisung ihrer Regierungen die Ausübung der vollen Gewalt ganz oder teilweise wieder zu übernehmen, wenn sie dies als wesentlich erachten für ihre Sicherheit oder zur Aufrechterhaltung der demokratischen Regierungsform in Deutschland oder in Verfolg der internationalen Verpflichtungen ihrer Regierungen. Bevor sie dies tun, werden sie die zuständigen deutschen Behörden von ihrem Entschluß und den Gründen dafür förmlich unterrichten.

(4) Die deutsche Bundesregierung und die Regierungen der Länder haben die Befugnis, nach ordnungsmäßiger Benachrichtigung der Besatzungsbehörden auf den diesen Behörden vorbehaltenen Gebieten Gesetze zu erlassen und Maßnahmen zu treffen, es sei denn, daß die Besatzungsbehörden ausdrücklich etwas anderes bestimmen oder daß solche Gesetze oder Maßnahmen mit den eigenen Entscheidungen oder Maßnahmen der Besatzungsbehörden unvereinbar sind.

(5) Jede Änderung des Grundgesetzes bedarf vor ihrem Inkrafttreten der ausdrücklichen Genehmigung der Besatzungsbehörden. Länderverfassungen, Änderungen dieser Verfassungen, alle anderen Gesetze und alle Abkommen zwischen dem Bund und ausländischen Regierungen treten 21 Tage nach ihrem amtlichen Eingang bei den Besatzungsbehörden in Kraft, es sei denn, daß sie von diesen vorher vorläufig oder endgültig abgelehnt worden sind. Die Besatzungsbehörden werden Gesetze nicht ablehnen, es sei denn, daß sie nach ihrer Ansicht unvereinbar sind mit dem Grundgesetz, mit einer Landesverfassung, mit den Gesetzen oder sonstigen Vorschriften der Besatzungsbehörden oder mit den Bestimmungen dieses Statuts oder daß sie eine schwere Bedrohung der Grundziele der Besetzung darstellen.

[. . .]

(9) Nach 12 Monaten, mindestens aber innerhalb von 18 Monaten nach Inkrafttreten dieses Statuts, werden die Besatzungsmächte eine Überprüfung seiner Bestimmungen unter Berücksichtigung der bei seiner Anwendung gemachten Erfahrungen vornehmen mit dem Ziel, die Zuständigkeit der deutschen Behörden auf den Gebieten der Gesetzgebung, Exekutive und Rechtspflege zu erweitern.

Quelle: G. v. Schmoller, Die Befugnisse der Besatzungsmächte in der Bundesrepublik Deutschland, Oberursel 1950, S. 19.

82. Das Monnet-Memorandum
(vom 3. Mai 1950)

[. . .]

II.

Die Lage in Deutschland entwickelt sich rasch zu einer gefährlichen Krebskrankheit für den Frieden in naher Zukunft und für Frankreich sehr bald, wenn diese Entwicklung nicht so gelenkt wird, daß die Deutschen Hoffnung schöpfen und mit den freien Völkern zusammenarbeiten. Diese Lage kann nicht durch die Einigung Deutschlands geregelt werden, denn dafür braucht man eine Übereinkunft zwischen den USA und der Sowjetunion, die im Augenblick undenkbar ist. Sie kann auch nicht durch die Integration Westdeutschlands in den Westen geregelt werden,

- denn die Westdeutschen würden damit gegenüber dem Osten zugeben, daß sie die Spaltung akzeptiert haben, während die Einheit notwendigerweise ihr permanentes Ziel sein muß;
- denn die Integration stellt die Frage der Aufrüstung Deutschlands und wird, als Provokation gegenüber den Russen, den Krieg nach sich ziehen;
- aus unlösbaren politischen Fragen.

Dennoch werden die Amerikaner darauf bestehen, daß sich diese Integration innerhalb des Westens vollzieht,

- weil sie wollen, daß irgend etwas geschieht, und weil sie keine andere naheliegende Idee haben;
- weil sie an der Zuverlässigkeit und am Dynamismus Frankreichs zweifeln. Manche glauben, daß man beginnen muß, einen Ersatz für Frankreich zu finden.

Man sollte gar nicht erst versuchen, das deutsche Problem zu regeln, denn aus den gegenwärtigen Gegebenheiten kann es nicht geregelt werden. Man muß diese Gegebenheiten ändern, indem man sie umgestaltet. Man muß eine dynamische Aktion unternehmen, die die deutsche Situation umgestaltet und das Denken der Deutschen orientiert, und nicht nach einer statischen Regelung auf Grund der gegenwärtigen Gegebenheiten suchen.

III.

Die Wiederaufrichtung Frankreichs wird nicht mehr weitergehen, wenn die Frage der industriellen Produktion Deutschlands und seiner Konkurrenzkapazität nicht schnell eine Regelung findet. Die Grundlage für die Überlegenheit, die die französischen Industriellen traditionsgemäß Deutschland zubilligen, liegt darin, daß es Stahl zu einem Preis produziert, mit dem Frankreich nicht konkurrieren kann. Daraus schließen sie , daß die gesamte französische Produktion darunter leiden muß. Schon verlangt Deutschland, seine Produktion von 11 auf 14 Millionen Tonnen zu erhöhen. Wir werden diese Forderung ablehnen, aber die Amerikaner werden darauf bestehen. Dann werden wir Vorbehalte machen, und schließlich werden wir nachgeben. Zur gleichen Zeit stagniert die französische Produktion; sie geht sogar zurück.

[. . .]

Mit der [von uns] vorgeschlagenen Lösung verschwindet die Frage der Herrschaft der deutschen Industrie, deren Existenz in Europa eine Furcht verursachen würde, die Grund ständiger Unruhe wäre, schließlich die Vereinigung Europas verhindert und Deutschland erneut in den Abgrund stürzt. Diese Lösung schafft im Gegensatz dazu für die Industrie sowohl in Deutschland als auch in Frankreich Bedingungen gemeinsamer Expansion in der Konkurrenz, wobei jede Form von Beherrschung fortfällt.

Vom französischen Standpunkt aus bringt eine solche Lösung die nationale Industrie in die gleiche Ausgangsstellung wie die deutsche, beseitigt das Exportdumping, das die deutsche Stahlindustrie sonst verfolgen würde, läßt die französische Stahlindustrie an der europäischen Expansion teilnehmen, ohne Furcht vor Dumping, ohne Versuchung, Kartelle zu bilden. Die Furcht bei den Industriellen, die der Malthusianismus nach sich ziehen würde, der Stopp der ‚Liberalisierungen' und schließlich die Rückkehr zum Schlendrian der Vergangenheit – alles das wird beseitigt sein. Das größte Hindernis für den Fortgang des industriellen Fortschritts in Frankreich wäre aus dem Weg geräumt.

[. . .]

V.

Im gegenwärtigen Zeitpunkt kann Europa nur aus Frankreich geboren werden. Nur Frankreich kann sprechen und handeln. Wenn aber Frankreich jetzt nicht spricht und handelt, was wird dann geschehen?

Um die Vereinigten Staaten wird eine Ansammlung zustande kommen, freilich mit dem Ziel, den Kalten Krieg mit größerer Kraft zu führen. Der einleuchtende Grund dafür ist darin zu suchen, daß die Länder Europas Angst haben und Hilfe suchen. England wird sich mehr und mehr den Vereinigten Staaten annähern; Deutschland wird sich rasch entwikkeln, wir können seine Aufrüstung nicht verhindern. Frankreich wird in seinen Malthusianismus von eh und je zurückfallen, und diese Entwicklung wird unweigerlich in seiner Ausschaltung enden.

VI.

Seit der Befreiung haben die Franzosen, die sich durch die Prüfungen nicht haben unterkriegen lassen, Beweise von Vitalität und Glauben an die Zukunft vorgelegt: Entwicklung der Produktion, Modernisierung und Umgestaltung der Landwirtschaft, Instandsetzung der Französischen Union usw. Nun haben aber die Franzosen im Laufe dieser Jahre Deutschland und seine Konkurrenz vergessen. Sie glaubten an den Frieden. Plötzlich finden sie Deutschland und den Krieg wieder.

Die Erhöhung der deutschen Produkion, die Organisierung des Kalten Krieges werden bei ihnen wie in der Vergangenheit Gefühle der Furcht hervorrufen und malthusianistischen Reflexen neue Nahrung geben. Sie werden in ihre furchtsame Psychologie zurückfallen, und zwar genau in dem Augenblick, in dem die Kühnheit ihnen erlauben würde, diese beiden Gefahren zu beseitigen und jene Fortschritte ins französische Bewußtsein zu rücken, zu denen sie im Grunde bereit sind.

In dieser Konjunktur ist Frankreich vom Schicksal auserwählt. Wenn es die Initiative ergreift, welche die Furcht beseitigt, die Hoffnung in die Zukunft neu belebt, die

Schaffung einer Kraft des Friedens ermöglicht, dann wird es Europa befreit haben. Und in einem derart befreiten Europa wird der Geist der auf französischem Boden geborenen Menschen, die in Freiheit und unter sich ständig bessernden Bedingungen leben, weiterhin einen wichtigen Beitrag leisten.

Quelle: G. Ziebura, Die deutsch-französischen Beziehungen seit 1945, Stuttgart 1970, S. 195-200.

83. Die Prager Deutschland-Beschlüsse der Ostblockstaaten
(vom 21. Oktober 1950)

Geleitet von den Interessen der Erhaltung des Friedens und der Sicherheit in Europa und unter Berücksichtigung des berechtigten Verlangens des deutschen Volkes nach einer baldmöglichen Verwirklichung einer friedlichen Regelung für Deutschland, erachten die Regierungen der UdSSR, Albaniens, der Tschechoslowakei, Bulgariens, Polens, Rumäniens, Ungarns und der Deutschen Demokratischen Republik für dringend geboten:

1. Abgabe einer Erklärung der Regierungen der USA, Großbritanniens, Frankreichs und der Sowjetunion darüber, daß sie die Remilitarisierung Deutschlands und seine Einbeziehung in jegliche Aggressionspläne nicht zulassen und konsequent die Potsdamer Beschlüsse zur Sicherung der Bedingungen für die Bildung eines einheitlichen, friedliebenden, demokratischen deutschen Staates durchführen werden.

2. Aufhebung aller Beschränkungen der Entwicklung der deutschen Friedenswirtschaft und die Verhinderung der Wiederherstellung des deutschen Kriegspotentials.

3. Unverzüglichen Abschluß eines Friedensvertrages mit Deutschland unter Wiederherstellung der Einheit des deutschen Staates in Übereinstimmung mit dem Potsdamer Abkommen und mit der Maßgabe, daß die Besatzungstruppen aller Mächte in Jahresfrist nach Abschluß des Friedensvertrages aus Deutschland zurückgezogen werden.

4. Bildung eines gesamtdeutschen konstituierenden Rates unter paritätischer Zusammensetzung aus Vertretern Ost- und Westdeutschlands, der die Bildung einer gesamtdeutschen souveränen demokratischen und friedliebenden provisorischen Regierung vorzubereiten und den Regierungen der UdSSR, der USA, Großbritanniens und Frankreichs die entsprechenden Vorschläge zur gemeinsamen Bestätigung zu unterbreiten hat, und der bis zur Bildung einer gesamtdeutschen Regierung zur Konsultation bei der Ausarbeitung des Friedensvertrages heranzuziehen ist. Unter bestimmten Umständen kann eine unmittelbare Befragung des deutschen Volkes über diesen Vorschlag durchgeführt werden.

Die Regierungen der UdSSR, Albaniens, Bulgariens, der Tschechoslowakei, Polens, Rumäniens, Ungarns und der Deutschen Demokratischen Republik werden ihrerseits alles tun, um die Lösung dieser unaufschiebbaren Aufgaben im Interesse der Festigung des Friedens und der internationalen Sicherheit zu erleichtern.

[. . .]

Quelle: J. Hohlfeld (Hrsg.), Dokumente der deutschen Politik und Geschichte, Bd. VI, Berlin 1952, S. 551.

84. (Zweite) Note der sowjetischen Regierung
an die Westmächte über den Friedensvertrag mit Deutschland
(vom 9. April 1952)

Im Zusammenhang mit der Note der Regierung der Vereinigten Staaten vom 25. März dieses Jahres erachtet es die Sowjetregierung für notwendig, folgendes zu erklären:

In ihrer Note vom 10. März hat die Sowjetregierung der Regierung der Vereinigten Staaten sowie den Regierungen Großbritanniens und Frankreichs vorgeschlagen, unverzüglich die Frage eines Friedensvertrages mit Deutschland zu erörtern, um in unmittelbarer Zukunft einen vereinbarten Entwurf für einen Friedensvertrag vorzubereiten. Zur Erleichterung der Vorbereitung des Friedensvertrages hat die Sowjetregierung einen Entwurf der Grundlagen des Friedensvertrages mit Deutschland unterbreitet und ihr Einverständnis erklärt, auch beliebige andere Vorschläge zu erörtern.

Die Sowjetregierung hat dabei den Vorschlag gemacht, daß der Friedensvertrag unter unmittelbarer Beteiligung Deutschlands, vertreten durch eine gesamtdeutsche Regierung, ausgearbeitet werden soll. In der Note vom 10. März wurde weiterhin vorgesehen, daß die Sowjetunion, die Vereinigten Staaten, Großbritannien und Frankreich, die Besatzungsfunktionen in Deutschland ausüben, die Frage der Voraussetzungen für die möglichst baldige Bildung einer gesamtdeutschen, dem Willen des deutschen Volkes Ausdruck verleihenden Regierung prüfen sollen.

Bei ihren Vorschlägen zur Frage eines Friedensvertrages mit Deutschland und zur Bildung einer gesamtdeutschen Regierung ging die Sowjetregierung davon aus, daß die Lösung dieser Grundfragen große Bedeutung für die Festigung des Friedens in Europa besitzt und den Forderungen nach einer gerechten Haltung gegenüber den rechtmäßigen nationalen Interessen des deutschen Volkes entspricht. Die Dringlichkeit des Abschlusses eines Friedensvertrages mit Deutschland macht es notwendig, daß die Regierungen der Sowjetunion, der Vereinigten Staaten, Großbritanniens und Frankreichs unverzüglich Maßnahmen zur Vereinigung Deutschlands und zur Bildung einer gesamtdeutschen Regierung treffen.

In Übereinstimmung hiermit erachtet es die Sowjetregierung für notwendig, daß die Regierungen der Sowjetunion, der Vereinigten Staaten, Großbritanniens und Frankreichs ohne Verzug die Frage der Durchführung freier gesamtdeutscher Wahlen erörtern, wie sie dies bereits früher vorgeschlagen hat. Die Anerkennung der Notwendigkeit der Durchführung freier gesamtdeutscher Wahlen durch die Regierungen der Sowjetunion, der Vereinigten Staaten, Großbritanniens und Frankreichs schafft durchaus die Möglichkeit, diese Wahlen in unmittelbarer Zukunft durchzuführen.

Was den Vorschlag betrifft, daß eine Kommission der Vereinten Nationen im Zusammenhang mit bevorstehenden freien gesamtdeutschen Wahlen prüfen soll, ob die Voraussetzungen für solche Wahlen gegeben sind, so steht dieser Vorschlag im Widerspruch zur Charta der Vereinten Nationen, die gemäß Artikel 107 eine Einmischung der Vereinten Nationen in deutsche Angelegenheiten ausschließt. Eine solche Prüfung könnte durch eine Kommission vorgenommen werden, die von den vier in Deutschland Besatzungsfunktionen ausübenden Mächten zu bilden wäre.

Die Regierung der Vereinigten Staaten hatte die Möglichkeit, sich mit dem von der Sowjetregierung vorgeschlagenen Entwurf der Grundlagen eines Friedensvertrages mit

Deutschland vertraut zu machen. Die Regierung der Vereinigten Staaten hat sich nicht einverstanden erklärt, die Erörterungen dieses Entwurfs aufzunehmen und hat keinen eigenen Entwurf eines Friedensvertrages vorgeschlagen. Zugleich hat die Regierung der Vereinigten Staaten eine Reihe von Einwänden zu einzelnen Punkten des sowjetischen Entwurfes der Grundlagen eines Friedensvertrages mit Deutschland erhoben; das hat den weiteren Notenaustausch zwischen den Regierungen und eine Verzögerung der Lösung der strittigen Fragen zur Folge. Bei direkten Verhandlungen durch die Mächte hätte das vermieden werden können. Da jedoch in der Note der Vereinigten Staaten vom 25. März eine Anzahl solcher Fragen aufgeworfen werden, hält es die Sowjetregierung für notwendig, auf diese Fragen einzugehen. Im sowjetischen Entwurf der Grundlagen eines Friedensvertrages mit Deutschland heißt es: „Deutschland verpflichtet sich, keinerlei Koalitionen oder Militärbündnisse einzugehen, die sich gegen irgendeinen Staat richten, der mit seinen Streitkräften am Kriege gegen Deutschland teilgenommen hat."

Die Sowjetregierung ist der Ansicht, daß ein solcher Vorschlag den Interessen der Mächte, die Besatzungsfunktionen in Deutschland ausüben, sowie auch der Nachbarstaaten und gleichermaßen den Interessen Deutschlands selber als eines friedliebenden und demokratischen Staates entspricht. Ein solcher Vorschlag enthält keine unzulässige Beschränkung der souveränen Rechte des deutschen Staates. Dieser Vorschlag schließt jedoch auch eine Einbeziehung Deutschlands in eine gegen irgendeinen friedliebenden Staat gerichtete Mächtegruppierung aus.

In dem sowjetischen Entwurf eines Friedensvertrages mit Deutschland heißt es: „Es wird Deutschland gestattet sein, eigene nationale Streitkräfte (Land-, Luft- und Seestreitkräfte) zu besitzen, die für die Verteidigung des Landes notwendig sind."

Die Sowjetregierung hat bekanntlich einen gleichartigen Vorschlag auch zum Entwurf eines Friedensvertrages mit Japan gemacht. Ein solcher Vorschlag entspricht den Grundsätzen der nationalen Souveränität und der Gleichberechtigung der Staaten. Es ist undenkbar, daß Japan ein Recht auf nationale, für Zwecke der Landesverteidigung bestimmte Streitkräfte haben sollte, während Deutschland dieses Rechtes beraubt und in eine schlechtere Lage versetzt sein sollte.

Es kann kein Zweifel darüber bestehen, daß es sowohl für die Sache des Friedens als auch für die deutsche Nation bedeutend besser wäre, solche für die Verteidigung bestimmte Streitkräfte zu schaffen, als in Westdeutschland Söldnertruppen der Revanchepolitiker mit faschistischen Hitler-Generälen an der Spitze aufzustellen, die bereit sind, Europa in den Abgrund eines dritten Weltkrieges zu stürzen.

Was die Grenzen Deutschlands betrifft, so hält die Sowjetregierung die entsprechenden Beschlüsse der Potsdamer Konferenz, die von der Regierung der Vereinigten Staaten ebenso wie von den Regierungen der Sowjetunion und Großbritanniens angenommen wurden und denen Frankreich sich anschloß, für vollauf ausreichend und für endgültig.

Die Sowjetregierung schlägt der Regierung der Vereinigten Staaten erneut vor, gemeinsam mit den Regierungen Großbritanniens und Frankreichs die Erörterung eines Friedensvertrages mit Deutschland sowie der Frage der Vereinigung Deutschlands und der Bildung einer gesamtdeutschen Regierung aufzunehmen. Die Sowjetregierung sieht keinen Grund, die Lösung dieser Frage aufzuschieben. Gerade gegenwärtig entscheidet sich die Frage, ob Deutschland als einheitlicher, unabhängiger, friedliebender, zur Familie der friedliebenden Völker Europas gehörender Staat wiederhergestellt wird oder ob die Spaltung Deutschlands und die damit verbundene Gefahr eines Krieges in Europa bestehen bleibt.

Gleichlautende Noten richtet die Sowjetregierung gleichzeitig an die Regierungen Großbritanniens und Frankreichs.

Quelle: Europa-Archiv, 1952, 1, S. 4866 f.

85. (Zweite) Note der Regierungen Frankreichs, des Vereinigten Königreichs und der Vereinigten Staaten an die Regierung der Sowjetunion

(Wortlaut der britischen Note vom 13. Mai 1952)

1. In Beantwortung der Note der Sowjetregierung vom 9. April wünscht die Regierung Ihrer Majestät, die nachstehenden Bemerkungen zu der Einheit Deutschlands, der Wahl einer freien gesamtdeutschen Regierung und zu dem Abschluß eines Friedensvertrages mit dieser Regierung zu machen. Es ist nach wie vor die Politik Ihrer Majestät, diese Ziele unter Bedingungen zu erreichen, welche die Einheit in Freiheit und den Frieden in Sicherheit gewährleisten.

2. Die Regierung Ihrer Majestät ist bereit, über diese Fragen Verhandlungen mit der Sowjetregierung aufzunehmen; sie wünscht, dies zu tun, sobald sie die Überzeugung gewonnen hat, daß die sowjetische Haltung die Verhandlungen nicht wieder ergebnislos machen wird. Die Regierung Ihrer Majestät sowie die Regierungen der Vereinigten Staaten, Frankreichs und der Sowjetunion müßten daher zunächst zu einer klaren Verständigung über das Ausmaß der Verhandlungen und die zu prüfenden Grundprobleme gelangen. Eine gründliche Vorbereitung ist für den Erfolg erforderlich, sowie dafür, daß lange Verzögerungen vermieden werden, wie sie zu dem Mißerfolg früherer Zusammenkünfte geführt haben. Die Note der Sowjetregierung vom 9. April gibt nur in sehr geringem Maße neuen Aufschluß darüber, worin nach Auffassung der Sowjetregierung die Mittel bestehen müßten, um den Erfolg solcher Verhandlungen zu sichern.

3. In ihrer letzten Note legt die Sowjetregierung nunmehr dar, daß Deutschland „nicht in die eine oder andere Mächtegruppe einbezogen werden darf, die gegen irgendeinen friedliebenden Staat gerichtet ist“. Deutschlands vorgeschlagene Mitgliedschaft in den Vereinten Nationen dürfte eine derartige Bestimmung sicherlich erübrigen. Auf jeden Fall könnte die Regierung Ihrer Majestät sich nicht mit Bestimmungen einverstanden erklären, durch die Deutschland untersagt würde, eine Verbindung mit anderen Staaten einzugehen, die von einem der Unterzeichnerstaaten des Friedensvertrages willkürlich als „gegen irgendeinen friedliebenden Staat gerichtet“ angesehen werden könnte. Die Regierung Ihrer Majestät kann nicht zulassen, daß Deutschland das Grundrecht einer freien und gleichberechtigten Nation, sich mit anderen Nationen zu friedlichen Zwecken zu verbinden, vorenthalten werden soll. Die Regierung Ihrer Majestät muß annehmen, daß die Sowjetregierung ebenfalls keine Einwendungen dagegen erheben kann, daß Deutschland das Recht hat, Verteidigungsabkommen zu schließen.

4. Die Regierung Ihrer Majestät wies in ihrer Note vom 25. März darauf hin, daß sie die

Bestrebungen, welche die freien Staaten Westeuropas einschließlich der Bundesrepublik Deutschland zur Schaffung einer friedlichen europäischen Gemeinschaft unternehmen und damit zum Beginn einer neuen Ära, in der die internationalen Beziehungen auf Zusammenarbeit und nicht auf Rivalität und Mißtrauen begründet sind, in vollem Ausmaß unterstützt. Die Regierung Ihrer Majestät begrüßt die Entwicklung einer derartigen europäischen Gemeinschaft, an der Deutschland teilnehmen wird. Deutschland ist gespalten, weil Europa gespalten ist. Diese Politik der europäischen Einheit kann die Interessen der Sowjetunion oder die irgendeines anderen Landes, dessen Politik der Aufrechterhaltung des Friedens gilt, nicht bedrohen. Die Regierung Ihrer Majestät wird sich daher nicht von der Unterstützung dieser Politik abbringen lassen. Sie ist mehr denn je davon überzeugt, daß diese Politik den wahren Weg des Friedens darstellt.

5. Die Regierung Ihrer Majestät trägt keine Verantwortung dafür, wenn es nicht gelingt, diese Zusammenarbeit über ihre gegenwärtigen Grenzen hinaus auszudehnen. Sie ist nach wie vor bereit, aufrichtig und voll des guten Willens alle praktischen und präzisen Vorschläge zu prüfen, die auf eine Verringerung der Spannung und eine Überbrückung der bestehenden Kluft gerichtet sind.

6. Ein deutscher Friedensvertrag kann nur ausgearbeitet werden, wenn eine gesamtdeutsche Regierung besteht, die auf Grund freier Wahlen gebildet und in der Lage ist, in voller Freiheit an der Erörterung eines derartigen Vertrages teilzunehmen. Es ist daher nicht möglich, im gegenwärtigen Zeitpunkt Besprechungen über die Bestimmungen eines deutschen Friedensvertrages abzuhalten. Die Regierung Ihrer Majestät hat ihre Stellungnahme zu einigen der sowjetischen Vorschläge bereits mitgeteilt, insbesondere über die irrige Auslegung der territorialen Bestimmungen des Potsdamer Protokolls, sowie über die Absicht der Sowjetregierung, Deutschland in ständiger Isolierung von Westeuropa zu halten und es gleichzeitig zu zwingen, den Versuch zu machen, für seine Verteidigung lediglich durch begrenzte Streitkräfte ausschließlich nationaler Art zu sorgen. Die sowjetischen Vorschläge würden eine ständige Fesselung des deutschen Rechtes auf internationale Verbindung und einen ständigen Zustand der Spannung und Unsicherheit in Mitteleuropa bedeuten.

7. Die aus freien Wahlen hervorgehende deutsche Regierung muß selbst frei sein. Diese Freiheit ist sowohl vor als auch nach der Aushandlung eines Friedensvertrages wesentlich. Die Regierung muß in der Lage sein, ihren wahrhaft repräsentativen Charakter aufrechtzuerhalten; sie muß ferner in der Lage sein, ihre Verantwortlichkeiten als Regierung eines wiedervereinigten Deutschlands zu übernehmen und in vollem Umfange an der Erörterung des Friedensvertrages teilzunehmen. Diese Frage der Freiheit ist daher untrennbar von der Frage der Wahlen. Die Sowjetregierung hat es bisher unterlassen, ihre Auffassung zu dieser Einheit auch nur anzudeuten. Die Regierung Ihrer Majestät muß insbesondere die Frage stellen, ob nach Auffassung der Sowjetregierung eine aus freien Wahlen hervorgegangene gesamtdeutsche Regierung bis nach Abschluß eines Friedensvertrages unter Viermächtekontrolle stehen würde oder die Sowjetregierung damit einverstanden ist, daß sie die erforderliche Handlungsfreiheit und Regierungsgewalt erhält.

8. Die Regierung Ihrer Majestät stellt zu ihrer Befriedigung fest, daß die Sowjetregierung nunmehr grundsätzlich damit einverstanden ist, daß in ganz Deutschland freie Wahlen abgehalten werden sollen. Diese freien Wahlen können jedoch nur dann stattfinden, wenn die erforderlichen Voraussetzungen in allen Teilen Deutschlands bestehen und nicht nur

am Wahltage und davor, sondern auch danach aufrechterhalten werden. Ein wesentlicher erster Schritt besteht daher darin, diese Voraussetzungen zu gewährleisten. Auf andere Weise kann kein Fortschritt erzielt werden. In den letzten Jahren hat sich der Ostteil Deutschlands in einer Richtung entwickelt, die immer mehr von dem Hauptweg des deutschen Fortschritts abweicht. Dies ist ein Hauptgrund dafür, warum eine unparteiische Untersuchung erforderlich ist, bevor Wahlen stattfinden können.

9. Die Sowjetregierung ist jedoch nicht damit einverstanden, daß die von der Vollversammlung der Vereinten Nationen eingesetzte internationale Kommission eine derartige Untersuchung in ganz Deutschland durchführen soll. Sie begründet diese Weigerung mit ihrer Auslegung des Artikels 107 der Charta der Vereinten Nationen. Dieser lautet jedoch wie folgt: „Nichts in dieser Charta macht eine Maßnahme unwirksam oder schließt diese aus, die von seiten der dafür verantwortlichen Regierungen gegen einen Staat, der während des zweiten Weltkrieges der Feind eines der Signatarstaaten dieser Charta war, als Folge dieses Krieges unternommen oder gestattet wird.“ Dieser Wortlaut schließt die Vereinten Nationen eindeutig nicht von der Erörterung deutscher Angelegenheiten aus. Diese Auslegung ist von der Vollversammlung der Vereinten Nationen mit überwältigender Mehrheit bestätigt worden. Jedoch kann selbst nach der irrigen Auslegung der Charta seitens der Sowjetregierung nichts die vier Mächte daran hindern, sich der Kommission der Vereinten Nationen zu bedienen, um die Bedingungen festzustellen, unter denen in ganz Deutschland wirklich freie Wahlen abgehalten werden könnten.

10. Die Sowjetregierung schlägt statt dessen vor, daß die Verantwortung für die Untersuchung einer von den vier Besatzungsmächten gebildeten Kommission übertragen werden könnte. Bevor die Regierung Ihrer Majestät sich davon überzeugen kann, daß dieser Vorschlag zu einer unparteiischen Untersuchung führen würde, müßte sie wissen, wie sich die Zusammensetzung und Funktion eines solchen Organs gestalten würde. Eine lediglich aus Mitgliedern mit unmittelbaren Verantwortlichkeiten in Deutschland zusammengesetzte Kommission wäre gleichzeitig Richter und Partei. Die Erfahrung während der Zeit der Vier-Mächte-Kontrolle in Deutschland läßt darauf schließen, daß eine solche Kommission nicht in der Lage wäre, zu zweckdienlichen Entscheidungen zu gelangen. Damit würden die Wahlen außerordentlich verzögert. Auch kann die Regierung Ihrer Majestät die Tatsache nicht übersehen, daß die Einsetzung einer Vier-Mächte-Kommission als Schritt zu einer Wiederherstellung der Vier-Mächte-Kontrolle in Deutschland ausgelegt werden könne. Dies wäre ein Rückschritt, der mit der konstitutionellen Entwicklung in der Bundesrepublik nicht in Einklang stehen würde.

[. . .]

Quelle: Die Bemühungen der Bundesregierung um Wiederherstellung der Einheit Deutschlands, hrsg. v. Bundesministerium für gesamtdeutsche Fragen, Bonn 1953, S. 92 ff.

86. Die Begründung der Bundesregierung zum Vertrag über die Gründung der Europäischen Verteidigungsgemeinschaft

(vom 27. Mai 1952)

I. Vorgeschichte

Maßgebende Überlegungen

Die Verhandlungen, die zum Abschluß des Vertrages über die Verteidigungsgemeinschaft geführt haben, gehen auf zwei Erwägungen zurück, auf eine militär-politische und eine allgemein-politische.

Die militär-politische Erwägung war die Überlegung, daß es notwendig sei, die Verteidigung der westlichen Welt zu sichern und hierzu auch die deutsche Verteidigungskraft einzubeziehen. Die allgemein-politische Erwägung entsprang den Bemühungen um eine Integration Europas, die es nahelegten, die Verteidigungsbestrebungen als Element in die Bemühungen um die Herbeiführung einer solchen Integration einzubeziehen.

[. . .]

2. Grundgehalt

a) Verfassung

Die überstaatliche Gemeinschaft

Die Europäische Verteidigungsgemeinschaft ist, ebenso wie die Europäische Montangemeinschaft, eine mit eigenen Hoheitsbefugnissen ausgestattete überstaatliche Gemeinschaft.

Auch dem Aufbau der Verteidigungsgemeinschaft liegt die Überzeugung zugrunde, daß die angestrebten Ziele nicht mit den hergebrachten Mitteln zwischenstaatlicher Verknüpfung, sondern nur durch eine solche überstaatliche Gemeinschaft verwirklicht werden können. Der Vertrag regelt nicht, wie frühere Militärbündnisse, Rechte und Pflichten der Staaten zu militärischem Beistand und Zusammenwirken, sondern er schafft auf dem Gebiet der Verteidigung, in ähnlicher Weise, wie es die Montangemeinschaft auf dem Gebiet der Grundstoffindustrien getan hat, ein europäisches Gebilde mit eigenen Organen, eigenen Streitkräften und eigenem Haushalt.

Insbesondere sind die Streitkräfte europäisch, nicht national. Die Verteidigungsgemeinschaft steht damit im Gegensatz zu den Koalitionsarmeen alten Stils. Bei diesen verbleiben die Truppen im nationalen Status, sie sind nach wie vor Truppen der Einzelstaaten, nur unter gemeinsamem Oberbefehl. Demgegenüber gibt es bei der integrierten Armee der Verteidigungsgemeinschaft eine grundsätzliche neue Lösung. Es gibt bei ihr keine nationalen Truppen mehr; nicht nur der Oberbefehl ist gemeinsam, sondern die gesamte Armee mit sämtlichen Kontingenten hat europäischen Status.

Die Europäische Verteidigungsgemeinschaft zeigt hiernach, ähnlich wie die Montangemeinschaft, starke Ähnlichkeit mit bundesstaatlichen Begriffen und Einrichtungen. Sie ist aufgebaut auf der unbedingten Gleichstellung aller Mitgliedstaaten, und ihre Normen binden nicht nur die beteiligten Staaten, sondern unmittelbar die Bürger dieser Staaten.

Hierbei greift die Verteidigungsgemeinschaft weit stärker als die Montangemeinschaft in die nationalen Hoheitsrechte ein. Eines der wesentlichsten Hoheitsrechte, das Recht der Selbstverteidigung, geht mit ihrer Errichtung der Ausübung nach auf die Gemeinschaft über. Das wirkt weit über das Militärische hinaus auf die Finanz- und Wirtschaftspolitik.

So drängt die Verteidigungsgemeinschaft überall zur politischen Föderation Europas. Sie ist nicht nur die Vorbereitung einer solchen Föderation, sondern schon ein entscheidender Teil davon.

Demgemäß ist der Versammlung der Verteidigungsgemeinschaft die Aufgabe anvertraut, gleich nach ihrem Zusammentritt die Vollendung dieser politischen Föderation Europas in die Wege zu leiten. Und schon jetzt sind die Vorschriften des Vertrages darauf abgestellt, diese Föderation zu ermöglichen.

[. . .]

c) Zwischenstaatliche Beziehungen

[. . .]

Verhältnis zum Nordatlantikpakt

Auch der Organisation des Nordatlantikpaktes tritt die Gemeinschaft als Einheit gegenüber. Sie fügt sich, soweit es sich um operative Fragen handelt, dieser Organisation als Glied ein. Insoweit ist einerseits den zuständigen militärischen Stellen der Nordatlantikpakt-Organisation hinsichtlich der Beaufsichtigung und der militärischen Leitung die erforderliche Einflußnahme eingeräumt; andererseits ist vorgesehen, daß die Dienststellen der Gemeinschaft mit den Dienststellen der Nordatlantikpakt-Organisation auf zivilem wie auf militärischem Gebiete durch Austausch von Informationen und in persönlichem Kontakt eng zusammenarbeiten und daß bei den militärischen Kommandostellen eine entsprechende Vertretung der Verteidigungsgemeinschaft stattfindet. Diese Vertretung ist personell nach dem Grundsatz der Nichtdiskriminierung entsprechend der Zusammensetzung der Streitkräfte zusammengesetzt.

Quelle: Die Auswärtige Politik der Bundesrepublik Deutschland, hrsg. v. Auswärtigen Amt, Köln 1972, S. 213–19.

87. Vertrag über die Beziehungen zwischen der Bundesrepublik Deutschland und den Drei Mächten (Deutschlandvertrag)

(in der geänderten Fassung vom 23. Oktober 1954)

[. . .]

Artikel 1

(1) Mit dem Inkrafttreten dieses Vertrags werden die Vereinigten Staaten von Amerika, das Vereinigte Königreich von Großbritannien und Nordirland und die Französische Republik (in diesem Vertrag und in den Zusatzverträgen auch als „Drei Mächte" bezeichnet) das Besatzungsregime in der Bundesrepublik beenden, das Besatzungsstatut aufheben und die Alliierte Hohe Kommission sowie die Dienststellen der Landeskommissare in der Bundesrepublik auflösen.

(2) Die Bundesrepublik wird demgemäß die volle Macht eines souveränen Staates über ihre inneren und äußeren Angelegenheiten haben.

Artikel 2

Im Hinblick auf die internationale Lage, die bisher die Wiedervereinigung Deutschlands und den Abschluß eines Friedensvertrags verhindert hat, behalten die Drei Mächte die bisher von ihnen ausgeübten oder innegehabten Rechte und Verantwortlichkeiten in bezug auf Berlin und auf Deutschland als Ganzes einschließlich der Wiedervereinigung Deutschlands und einer friedensvertraglichen Regelung. Die von den Drei Mächten beibehaltenen Rechte und Verantwortlichkeiten in bezug auf die Stationierung von Streitkräften in Deutschland und der Schutz der Sicherheit dieser Streitkräfte bestimmen sich nach den Artikeln 4 und 5 dieses Vertrags.

[. . .]

Artikel 7

(1) Die Unterzeichnerstaaten sind darüber einig, daß ein wesentliches Ziel ihrer gemeinsamen Politik eine zwischen Deutschland und seinen ehemaligen Gegnern frei vereinbarte friedensvertragliche Regelung für ganz Deutschland ist, welche die Grundlage für einen dauerhaften Frieden bilden soll. Sie sind weiterhin darüber einig, daß die endgültige Festlegung der Grenzen Deutschlands bis zu dieser Regelung aufgeschoben werden muß.

(2) Bis zum Abschluß der friedensvertraglichen Regelung werden die Unterzeichnerstaaten zusammenwirken, um mit friedlichen Mitteln ihr gemeinsames Ziel zu verwirklichen: Ein wiedervereinigtes Deutschland, das eine freiheitlich-demokratische Verfassung, ähnlich wie die Bundesrepublik, besitzt und das in die europäische Gemeinschaft integriert ist.

(3) (gestrichen)

(4) Die Drei Mächte werden die Bundesrepublik in allen Angelegenheiten konsultieren, welche die Ausübung ihrer Rechte in bezug auf Deutschland als Ganzes berühren.

[. . .]

[Die übrigen Artikel beziehen sich auf die Vertretung der Bundesrepublik Deutschland durch die Westmächte in bestimmten internationalen Organisationen, die Stationierung alliierter Streitkräfte in Westdeutschland und Berlin, die Rechte der Westmächte in Berlin, Zusatzverträge mit den Westmächten, die Schiedsgerichtsbarkeit in Streitfällen sowie auf einen Revisionsvorbehalt infolge geänderter weltpolitischer Lage.]

Quelle: Die Auswärtige Politik der Bundesrepublik Deutschland, hrsg. v. Auswärtigen Amt, Köln 1972, S. 262–66.

88. Der Warschauer Vertrag
(vom 14. Mai 1955)

Vertrag über Freundschaft, Zusammenarbeit und gegenseitigen Beistand zwischen der Volksrepublik Albanien, der Volksrepublik Bulgarien, der Ungarischen Volksrepublik, der Deutschen Demokratischen Republik, der Volksrepublik Polen, der Rumänischen Volksrepublik, der UdSSR und der Tschechoslowakischen Republik

Die vertragschließenden Seiten haben beschlossen,

unter erneuter Bekundung ihres Strebens nach Schaffung eines auf der Teilnahme aller europäischen Staaten, unabhängig von ihrer gesellschaftlichen und staatlichen Ordnung, beruhenden Systems der kollektiven Sicherheit in Europa, das es ermöglichen würde, ihre Anstregungen im Interesse der Sicherung des Friedens in Europa zu vereinigen,

unter gleichzeitiger Berücksichtigung der Lage, die in Europa durch die Ratifizierung der Pariser Verträge entstanden ist, welche die Bildung neuer militärischer Gruppierungen in Gestalt der „Westeuropäischen Union" unter Teilnahme eines remilitarisierten Westdeutschlands und dessen Einbeziehung in den Nordatlantikpakt vorsehen, wodurch sich die Gefahr eines neuen Krieges erhöht und eine Bedrohung der nationalen Sicherheit der friedliebenden Staaten entsteht, in der Überzeugung, daß unter diesen Bedingungen die friedliebenden Staaten Europas zur Gewährleistung ihrer Sicherheit und im Interesse der Aufrechterhaltung des Friedens in Europa notwendige Maßnahmen ergreifen müssen, geleitet von den Zielen und Grundsätzen der Satzungen der Organisation der Vereinten Nationen,

im Interesse der weiteren Festigung und Entwicklung der Freundschaft, der Zusammenarbeit und des gegenseitigen Beistandes in Übereinstimmung mit den Grundsätzen der Achtung der Unabhängigkeit und der Souveränität der Staaten sowie der Nichteinmischung in ihre inneren Angelegenheiten,

diesen Vertrag über Freundschaft, Zusammenarbeit und gegenseitigen Beistand abzuschließen, [. . .]

Artikel 1

Die vertragschließenden Seiten verpflichten sich in Übereinstimmung mit den Satzungen der Organisation der Vereinten Nationen, sich in ihren internationalen Beziehungen der Drohung mit Gewalt oder ihrer Anwendung zu enthalten, und ihre internationalen Streitfragen mit friedlichen Mitteln so zu lösen, daß der Weltfrieden und die Sicherheit nicht gefährdet werden.

Artikel 2

Die vertragschließenden Seiten erklären ihre Bereitschaft, sich im Geiste aufrichtiger Zusammenarbeit an allen internationalen Handlungen zu beteiligen, deren Ziel die Gewährleistung des Weltfriedens und der Sicherheit ist, und werden alle ihre Kräfte für die Verwirklichung dieser Ziele einsetzen.

Hierbei werden sich die vertragschließenden Seiten dafür einsetzen, in Vereinbarung mit anderen Staaten, die diesbezügliche Zusammenarbeit wünschen, wirksame Maßnahmen zur allgemeinen Abrüstung und zum Verbot von Atom-, Wasserstoff- und anderen Massenvernichtungswaffen zu ergreifen.

Artikel 3

Die vertragschließenden Seiten werden sich in allen wichtigen internationalen Fragen, die ihre gemeinsamen Interessen berühren, beraten und sich dabei von den Interessen der Festigung des Weltfriedens und der Sicherheit leiten lassen.

Sie werden sich im Interesse der Gewährleistung der gemeinsamen Verteidigung und der Erhaltung des Friedens und der Sicherheit untereinander unverzüglich jedesmal beraten, wenn nach Meinung einer der Seiten die Gefahr eines bewaffneten Überfalls auf einen oder mehrere Teilnehmerstaaten des Vertrages entsteht.

Artikel 4

Im Falle eines bewaffneten Überfalles in Europa auf einen oder mehrere Teilnehmerstaaten des Vertrages seitens irgendeines oder einer Gruppe von Staaten wird jeder Teilnehmerstaat des Vertrages in Verwirklichung des Rechtes auf individuelle oder kollektive Selbstverteidigung in Übereinstimmung mit Artikel 51 der Satzungen der Organisation der Vereinten Nationen dem Staat oder den Staaten, die einem solchen Überfall ausgesetzt sind, sofortigen Beistand individuell und in Vereinbarung mit den anderen Teilnehmerstaaten des Vertrages mit allen Mitteln, die ihnen erforderlich scheinen, einschließlich der Anwendung von militärischer Gewalt, erweisen. Die Teilnehmerstaaten des Vertrages werden sich unverzüglich über gemeinsame Maßnahmen beraten, die zum Zwecke der Wiederherstellung und Aufrechterhaltung des Weltfriedens und der Sicherheit zu ergreifen sind. [. . .]

Artikel 5

Die vertragschließenden Seiten kamen überein, ein vereintes Kommando derjenigen ihrer Streitkräfte zu schaffen, die nach Vereinbarung zwischen den Seiten diesem auf Grund gemeinsam festgelegter Grundsätze handelnden Kommando zur Verfügung gestellt werden. Sie werden auch andere vereinbarte Maßnahmen ergreifen, die zur Stärkung ihrer Wehrfähigkeit notwendig sind, um die friedliche Arbeit ihrer Völker zu beschützen, die Unantastbarkeit ihrer Grenzen und Territorien zu garantieren und den Schutz gegen eine mögliche Aggression zu gewährleisten.

Artikel 6

Zur Durchführung der in diesem Vertrag vorgesehenen Beratungen zwischen den Teilnehmerstaaten des Vertrages und zur Erörterung von Fragen, die im Zusammenhang mit der Verwirklichung dieses Vertrages entstehen, wird ein politischer beratender Ausschuß gebildet, in den jeder Teilnehmerstaat des Vertrages ein Regierungsmitglied oder einen anderen besonders ernannten Vertreter delegiert.

Der Ausschuß kann, wenn es erforderlich ist, Hilfsorgane schaffen. [. . .]

Quelle: Dokumente zur Außenpolitik der Deutschen Demokratischen Republik, Bd. II, Berlin (O) 1955, S. 231–36.

89. Daten zur wirtschaftlichen Entwicklung Westdeutschlands 1948–1953

(vierteljährlich)

Jahr	Industrie-produktion (1936 = 100)	Beschäftigte[a]) (Mill.)	Erwerbslosigkeit[a]) (v. H.)	Ind. Erzeugerpreise (1950 = 100)	Lebenshaltung (1950 = 100)	Brutto-Stundenlöhne[b]) (1950 = 100)
1948						
II	57	13,5	3,2	92	98	77
III	65	13,5	5,5	99	104	84
IV	79	13,7	5,3	105	112	89
1949						
I	83	13,4	8,0	104	109	90
II	87	13,5	8,7	101	107	94
III	90	13,6	8,8	100	105	95
IV	100	13,6	10,3	100	105	95
1950						
I	96	13,3	12,2	99	101	97
II	107	13,8	10,0	97	98	98
III	118	14,3	8,2	99	99	100
IV	134	14,2	10,7	104	103	105
1951						
I	129	14,2	9,9	116	115	108
II	137	14,7	8,3	121	119	117
III	133	14,9	7,7	121	108	118
IV	146	14,6	10,2	124	112	–[c])
1952						
I	136	14,6	9,8	122	111	120
II	143	15,2	7,6	121	109	122
III	144	15,5	6,4	121	109	123
IV	158	15,0	10,1	121	110	124
1953						
I	146	15,2	8,4	120	109	125
II	158	15,8	6,4	119	108	128
III	160	16,0	5,5	117	108	128
IV	174	15,6	8,9	116	107	128

a) I: März; II: Juni; III: September; IV: Dezember.
b) I: Februar; II: Mai; III: August; IV: November.
c) Nicht ausgewiesen.

Quelle: W. Abelshauser, Probleme des Wiederaufbaus der westdeutschen Wirtschaft 1945 bis 1953, in: H. A. Winkler (Hrsg.), Politische Weichenstellungen im Nachkriegsdeutschland, Göttingen 1979, S. 241.

90. Die Wirtschaftsentwicklung Westdeutschlands anhand ausgewählter Indexzahlen[a])

	1936	1948	1954
Bevölkerung	100	118	127
Reales Bruttosozialprodukt	100	98[c])	162
Volkseinkommen je Einwohner	100	84[c])	124
Industrielle Produktion	100	61	165
Steinkohlenförderung	100	74	124
Rohstahlproduktion	100	38	136
Elektrizitätsproduktion	100	137	284
Nahrungsmittelproduktion	100	58	118
Wohnungen auf 1 000 Einwohner	100	84[b])	98

a) Gebietsstand: Bundesgebiet.
b) 1950.
c) 1949.

Quelle: H. R. Adamsen, Faktoren und Daten der wirtschaftlichen Entwicklung in der Frühphase der Bundesrepublik, in: ASG 18 (1978), S. 244.

91. Außenhandel des Vereinigten Wirtschaftsgebietes und der Bundesrepublik Deutschland (einschließlich Berlin-West) 1948–1955

(in Millionen RM/DM)

	Einfuhr	Ausfuhr	Summe	Wachstum (in %)	Anteil des innerdt. Handels (in %)
	3 163,8	1 816,9	4 980,6		
1948[1])	(117,8)*)	(148,9)	(266,7)		5,08
	7 330,1	3 805,5	11 135,6	+ 123,6	
1949[2])	(206,3)	(221,7)	(428,0)	+ 60,5	3,70
	11 373,9	8 362,2	19 736,1	+ 77,2	
1950[3])	(342,1)	(328,5)	(670,6)	+ 56,7	3,28
	14 725,5	14 576,8	29 302,3	+ 48,5	
1951[3])	(122,6)	(148,2)	(270,8)	– 59,6	0,91
	16 202,9	16 908,8	33 111,7	+ 13,0	
1952[3])	(79,5)	(145,6)	(225,1)	– 16,9	0,67
	16 010,4	18 525,6	34 536,0	+ 4,3	
1953	(287,3)	(251,6)	(538,9)	+ 139,4	1,53
	19 337,1	22 035,2	41 372,3	+ 19,8	
1954	(439,9)	(417,7)	(857,6)	+ 59,1	2,03
	24 472,4	25 716,8	50 189,2	+ 21,3	
1955	(580,7)	(521,1)	(1 101,8)	+ 28,4	2,14

*) In Klammern jeweils der Interzonen- bzw. der innerdt. Handel
1) Ohne Handel mit Berlin
2) Ohne Handel mit Berlin-West; keine Angaben für Januar – April
3) Ohne Handel mit Berlin-West

Quelle: Wirtschaft und Statistik, Jg. 1 (1949/50)
Statistisches Jahrbuch der Bundesrepublik Deutschland 1952 ff.

92. Wirtschaftliches Wachstum in der Bundesrepublik nach dem Zweiten Weltkrieg

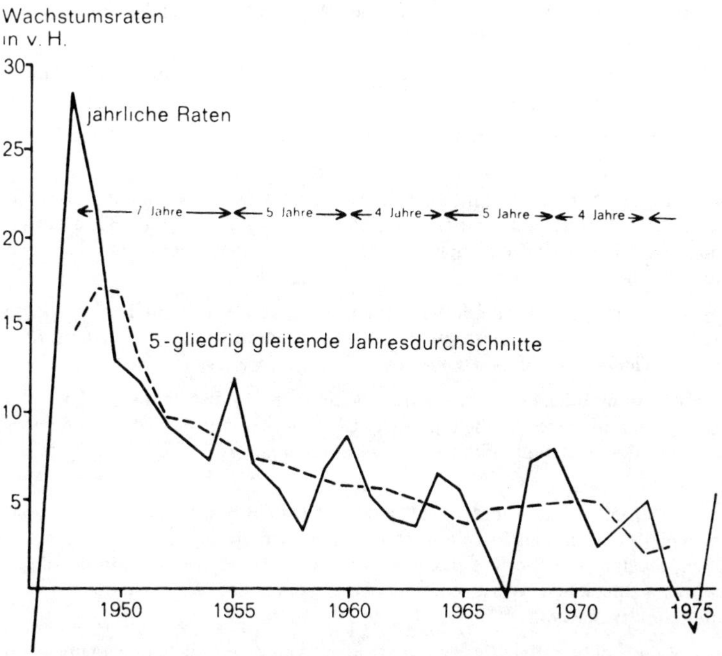

Quelle: F. W. Henning, Das industrialisierte Deutschland 1914 bis 1976, Paderborn 1978, S. 195.

93. „Kollektive Sicherheit"

(Mai 1953)

Die Sozialdemokratische Partei Deutschlands ist für ein wirksames System kollektiver Sicherheit, an dem Deutschland gleichberechtigt teilnehmen kann.

Die SPD lehnt einen militärischen Beitrag der Bundesrepublik unter den Voraussetzungen und in der Form des vorgesehenen EVG-Vertrages ab, weil sie

a) der Bundesrepublik keine Sicherheit gewähren und die den Verträgen zugrundeliegende bisher erkennbare Konzeption der Bundesrepublik das Schicksal der verbrannten Erde nicht erspart,

b) die Möglichkeiten einer friedlichen Wiedervereinigung Deutschlands blockieren,

c) der Bundesrepublik keine Gleichberechtigung gewähren.

Ein wiedervereinigtes Deutschland würde als Mitglied der Vereinigten Nationen (UN) seinen Beitrag zu dem im Rahmen der UN bestehenden Weltsicherheitssystem leisten. Solange die staatliche Einheit Deutschlands nicht wiederhergestellt ist, kann die Bundesrepublik an gemeinsamen Anstrengungen der freien Welt zur Sicherung des Friedens nur teilnehmen, sofern gewährleistet sind

a) die Gleichberechtigung der Bundesrepublik gegenüber allen anderen Teilnehmerstaaten;

b) die Gleichwertigkeit der Bedingungen für die Sicherheit und die Lebensinteressen jedes Teilnehmerstaates;

c) die ausdrückliche Übereinstimmung aller Teilnehmerstaaten, Deutschlands Anspruch auf Wiederherstellung seiner staatlichen Einheit anzuerkennen und die Bundesrepublik in ihrem Streben nach friedlicher Wiedervereinigung Deutschlands in Freiheit zu unterstützen;

d) keine Bindung einer freigewählten gesamtdeutschen Regierung durch vertragliche Verpflichtungen, die die Bundesrepublik eingeht, sondern Kündbarkeitsklausel für den Fall der Wiedervereinigung Deutschlands in jedem Vertrag.

Die Bundesrepublik muß angesichts der durch die Spaltung Deutschlands geschaffenen besonderen Lage darauf bestehen, die Kräfte der USA und Großbritanniens durch festes Engagement mit den eigenen militärischen Anstrengungen der Bundesrepublik zu verbinden.

Frieden und Sicherheit können heute nicht mehr nur für ein beschränktes Territorium etwa im Form eines ausschließlich kontinental-europäischen Sicherheitssystems gewährleistet werden. Regionale Sicherheitspakte, an denen die Bundesrepublik in der ihren Verhältnissen angemessenen Weise beteiligt wäre, sollen das Weltsicherheitssystem ergänzen und effektiv machen.

Damit die Bundesrepublik den ihr zukommenden Anteil an solchen gemeinsamen Anstrengungen zur Sicherung des Friedens übernehmen und erfüllen kann, ist nach der Aufhebung des Besatzungsstatus ihr rechtlicher Status so zu bestimmen, daß sie – ungeachtet des Artikels 107 der Satzungen der UN – die vom Statut der UN für die Mitgliedschaft geforderten Voraussetzungen erfüllt.

Quelle: Handbuch Sozialdemokratischer Politik, hrsg. v. Vorstand der Sozialdemokratischen Partei Deutschlands, Bonn 1953, S. 115.

94. Briefwechsel zwischen Ollenhauer und Adenauer über die Pariser Verträge

Brief Ollenhauers vom 23. Januar 1955

Sehr geehrter Herr Bundeskanzler!

Das deutsche Volk steht an einem entscheidenden Punkt der Geschichte der Nachkriegszeit.

Die Abstimmung der gesetzgebenden Körperschaften der Bundesrepublik über das Pariser Vertragswerk, dessen Kernstück die Aufstellung deutscher Streitkräfte im Rahmen der Westeuropäischen Union und der NATO ist, ist von schicksalsschwerer Bedeutung für die Zukunft des ganzen deutschen Volkes. Die Annahme des Vertragswerkes führt nach unserer Überzeugung zu einer verhängnisvollen Verhärtung der Spaltung Deutschlands.

Der Deutsche Bundestag dagegen hat wiederholt einstimmig beschlossen, die Wiederherstellung der Einheit Deutschlands als die vordringlichste Aufgabe der deutschen Politik zu behandeln.

Die Wiederherstellung der Einheit Deutschlands ist nur möglich auf dem Wege von Verhandlungen zwischen den vier Besatzungsmächten.

Die Haltung der Sowjetunion läßt erkennen, daß nach der Ratifizierung der Pariser Verträge Verhandlungen über die deutsche Einheit nicht mehr möglich sein werden.

Dies bedeutet: Die Bundesrepublik und die sogenannte „Deutsche Demokratische Republik" bleiben gegen den Willen des deutschen Volkes nebeneinander bestehen. Zugleich werden dadurch die Spannungen zwischen West und Ost verschärft, deren schwerste Last vom ganzen deutschen Volk diesseits und jenseits des Eisernen Vorhangs zu tragen wäre.

Diese Lage erfordert nach Auffassung weitester Kreise des deutschen Volkes jede mögliche Anstrengung der Bundesrepublik, eine solche Entwicklung um der Einheit, der Freiheit und des Friedens unseres Volkes willen zu verhindern. Ohne eine solche Anstrengung bleibt im Ausland der Irrtum bestehen, als ob man in Deutschland die Wiedervereinigung in Freiheit nicht als das vordringlichste Ziel betrachtet.

Die deutsche Frage kann nicht allein durch die Regierung der Bundesrepublik gelöst werden. Sie ist auch nicht zu lösen durch Verhandlungen der Bundesregierung mit Pankow.

Die deutsche Einheit kommt weder durch Versprechungen nur des Westens oder nur des Ostens. Wirklichkeit kann sie nur dadurch werden, daß die Mächte des Westens als auch des Ostens sich über die Einheit in Freiheit einigen und ohne Verzögerung alle praktischen Schritte tun, um diese Einigung in die Tat umzusetzen.

Eine solche Politik entspricht auch der von den Besatzungsmächten selbst übernommenen Verpflichtung, für die Wiederherstellung der deutschen Einheit zu wirken.

Die Sozialdemokratische Partei Deutschlands ist der Überzeugung, daß noch nicht alle Möglichkeiten erschöpft sind, um vor der Ratifizierung der Pariser Verträge endlich einen ernsthaften Versuch zu unternehmen, auf dem Wege von Vier-Mächte-Verhandlungen die Einheit Deutschlands in Freiheit wiederherzustellen. Die Erklärung der Sowjetregierung vom 15. Januar 1955 enthält hinsichtlich der in allen vier Zonen Deutschlands und Berlin durchzuführenden Wahlen Vorschläge, die Verhandlungen über diesen Punkt aussichtsreicher machen als während der Berliner Konferenz im Januar 1954. Die Sowjetunion hat in ihrer Erklärung außerdem zum erstenmal dem Gedanken einer internationalen Kontrolle der Wahlen zugestimmt.

Die Sowjetunion behauptet jetzt also, zu freien und international beaufsichtigten Wahlen bereit zu sein. Ob die Sowjetunion zu diesem Angebot steht und ob mit ihr Vereinbarungen über ein Wahlgesetz getroffen werden können, das in unserem Sinne freiheitlich ist, darf nicht vorweg beurteilt, sondern kann nur in Verhandlungen selbst geklärt werden. Man muß die Sowjetunion jetzt beim Wort nehmen.

Man hat es 1952 versäumt, die Ernsthaftigkeit der damaligen Angebote der Sowjetunion zu erproben. Uns jetzt der gleichen Unterlassung schuldig zu machen, würde vor dem deutschen Volk nicht verantwortet werden können.

[. . .]

Antwortschreiben Adenauers vom 23. Januar 1955

[. . .]

Ich brauche nicht besonders zu betonen, daß der Bundesregierung ebenso wie allen Schichten und Ständen des deutschen Volkes die Wiedervereinigung Deutschlands in Frieden und Freiheit das vordringlichste Ziel ist. Ich bin überzeugt, daß, wenn beide Teile Deutschlands frei in ihrem Handeln wären, diese Vereinigung sich in kürzester Zeit und ohne jede Schwierigkeit vollziehen würde. Aber wir sind nicht frei. Unser Land ist als Folge des verlorenen Krieges von vier Mächten besetzt. Wir müssen, wenn wir richtig handeln wollen, vor allem unsere eigene Lage richtig beurteilen. Wie Sie in Ihrem Brief richtig schreiben, kann die Wiedervereinigung nur durch die Einigung der vier Besatzungsmächte erfolgen. Es genügt nicht, sich mit der Sowjetunion zu einigen; wir brauchen auch die Zustimmung der drei Westmächte, um zu einem befriedigenden Ergebnis zu kommen. Es ist in dem Pariser Vertragswerk gelungen, die drei Westmächte für eine Form der Wiederherstellung der deutschen Einheit zu gewinnen, die unseren Auffassungen entspricht, nämlich für eine Wiedervereinigung in Frieden und Freiheit. Allerdings ist die Verpflichtung der Westmächte, gemeinsam mit uns die Wiedervereinigung in Frieden und Freiheit herbeizuführen, nicht bedingungslos eingegangen worden; sie ist an die Ratifizierung der Pariser Verträge geknüpft. Es kommt jetzt darauf an, die Sowjetunion zu einer Änderung ihrer bisher völlig negativen Haltung in der deutschen Frage zu bewegen.

Ihre Auffassung, daß man es 1952 versäumt habe, die Ernsthaftigkeit des sowjetischen Angebotes zu erproben, ist nicht zutreffend. Dieses sowjetische Angebot wurde von den Westmächten im Einvernehmen mit uns sorgfältig geprüft und mit Gegenvorschlägen beantwortet; die Sowjetunion brach jedoch im September 1952 den Notenwechsel mit den Westmächten ab.

[. . .]

Die Sowjetregierung hat in der nicht an die drei Westmächte gerichteten, sondern gegenüber der Presse abgegebenen Erklärung vom 15. Januar nur gesagt, daß sie unter gewissen Bedingungen zu Verhandlungen über freie Wahlen bereit sei. Dabei fällt auf, daß im russischen Text nicht das Wort ‚Kontrolle' für diese Wahlen gebraucht wird, sondern, obwohl dieses eindeutige Wort Kontrolle in der russischen Sprache existiert, ein weniger präzises Wort, das auch im Sinne von ‚Beobachtung' verstanden werden kann. Über unsere anderen Verlangen hat sie entweder geschwiegen oder zu erkennen gegeben, daß sie bis auf weiteres das Nebeneinanderbestehen der Bundesrepublik und der ‚DDR' anstrebt.

[. . .]

Die Sowjetunion hat bisher unserem Programm der Wiedervereinigung nicht zugestimmt. Im Gegenteil, sie hält offenbar, wie ihr Verlangen der Bündnislosigkeit des zukünftigen Deutschlands zeigt, an ihrer für uns unannehmbaren bisherigen Konzeption des zukünftigen Status Deutschlands fest. Die drei Westmächte haben sich zwar verpflichtet, für den von uns, d. i. dem Bundestage, immer wieder geforderten Status einzutreten, aber unter der Bedingung der Ratifizierung der bisher noch nicht von allen in Frage kommenden Staaten ratifizierten Verträge.

Dazu kommt, daß die Westmächte es aus berechtigten Gründen ablehnen, zur Zeit, d. i. vor der Ratifizierung der Pariser Verträge, eine Viererkonferenz vorzuschlagen, daß sie aber nach der Ratifizierung dazu bereit sind. Wenn wir jetzt trotzdem die drei Westmächte ersuchen, an die Sowjetunion heranzutreten, werden diese das Ersuchen unter Hinweis auf ihre von Sowjetrußland nicht beantwortete Note vom 29. November 1954 ablehnen. Wir laufen dann Gefahr, daß die Ratifizierung der Pariser Verträge nicht erfolgt, daß also die Verpflichtung der drei Westmächte, mit uns zusammen die Wiedervereinigung in Frieden und Freiheit zu betreiben, nicht zustande kommt, daß andererseits die Sowjetunion ebenfalls keine solche Verpflichtung übernimmt, kurz daß sich Deutschland, wie so oft in den letzten Jahrzehnten, ohne Freunde zwischen sämtliche Stühle gesetzt hat. Wir bleiben dann im Zustand der Unfreiheit, bis sich die vier Siegermächte geeinigt haben. Unsere Wirtschaft, die auf Ein- und Ausfuhr angewiesen ist, erhält dann einen vernichtenden, alle Volksschichten treffenden Schlag, da sie auf dem Vertrauen der anderen Länder in die Stetigkeit unserer politischen Entwicklung beruht.

Über alles, was die Sowjetunion in den letzten Tagen und Wochen zur deutschen Frage geäußert hat, läßt sich nach der Ratifizierung genau so gut verhandeln wie vorher. Natürlich kommt es darauf an, zu erforschen, ob die Sowjetunion durch internationale Verhandlungen auf dem Gebiete der Sicherheit und des Handels bewogen werden kann, der Wiedervereinigung Deutschlands in Freiheit zuzustimmen. Eine derartige Bereinigung der politischen Verhältnisse in Europa würde auch der Sowjetunion erhebliche Vorteile bringen. Ich bin zuversichtlich, daß es uns im Verein mit den Westmächten gelingen wird, die sowjetische Führung von unseren und der Westmächte friedlichen und konstruktiven Absichten zu überzeugen, so daß sie auch nach der Ratifizierung der Pariser Abkommen zu aussichtsreichen Verhandlungen bereit sind.

Quelle: Dokumentation zur Deutschlandfrage, Bd. 1, hrsg. v. H. v. Siegler, Bonn 1961, S. 275–279.

95. Auszug aus der Rede von F. J. Strauß im Bundestag zu den Pariser Verträgen

(am 24. Februar 1955)

Strauß, Bundesminister für besondere Aufgaben: Herr Präsident! Meine sehr verehrten Damen und Herren! Kollege Lemmer hatte in seinen Ausführungen ohne Zweifel recht, wenn er meinte, daß wesentliche Argumente für oder gegen die Pariser Verträge während der parlamentarischen Debatte nicht mehr neu angeführt werden könnten.

(Abg. Wehner: Sie haben wir gar nicht gehört in den Ausschüssen, Herr Strauß!)

– Ich komme gleich darauf; Herr Kollege Wehner, Sie kommen heute noch auf Ihre Rechnung!

(Heiterkeit in der Mitte. – Lachen und Zurufe von der SPD.)

Ich glaube, daß alle Vertreter der Regierungsparteien mit mir in einer Ansicht übereinstimmen, nämlich in der Ansicht, daß eine Auseinandersetzung über die Pariser Verträge in dem Geiste und mit den Argumenten, wie sie der Kollege Brandt hier durchgeführt hat, bei weitem diese inneren Spannungen vermieden und bei weitem auch eine Atmosphäre der Zusammenarbeit zwischen Regierung und Opposition erleichtert hätte.

(Beifall bei der CDU/CSU, der FDP und der DP. – Zurufe von der SPD.)

Vielleicht könnten wir uns auf beiden Seiten so die Sprachweise des Herrn Kollegen Lemmer – –

(Abg. Schoettle: Wenden Sie sich an Ihren Chef, Herr Strauß!)

– Ja, Chefs gibt es vielleicht in Ihrer Partei, Herr Kollege Schoettle; mein Chef ist mein Gewissen.

(Lebhafter Beifall bei der CDU/CSU und rechts. – Unruhe und Zurufe bei der SPD.)

Im übrigen, im Vertrauen gesagt, Herr Kollege Schoettle, noch ist die CSU eine eigene Partei und hat einen anderen Chef!

(Beifall der CSU. – Lachen bei der SPD. – Zuruf links: Das glauben Sie selbst nicht!)

Das ändert aber nichts an der Tatsache, daß wir über das heutige Thema mit dem Chef unserer Schwesterpartei restlos einig sind.

[. . .]

Wir stehen in einer für die Zukunft unseres Volkes und aller freien Völker der Welt bedeutungvollen, vielleicht der bedeutungsvollsten außenpolitischen Debatte unseres Parlaments seit seinem Bestehen überhaupt. Wir haben einen konkreten Anlaß dazu, weil wir in diesen Tagen über Annahme oder Ablehnung der Pariser Verträge entscheiden müssen.

(Zuruf der SPD: Wieso „müssen"?)

– Weil wir entscheiden müssen.

(Zuruf von der SPD: „Wollen"!)

Gerade über diese Enscheidung ist soviel Unruhe in der deutschen Öffentlichkeit entstanden oder, richtiger gesagt, großenteils künstlich erzeugt worden.

(Beifall bei der CDU/CSU.)

Für uns muß jede außenpolitische Entscheidung nach zwei großen Gesichtspunkten beurteilt werden: 1. Nützt diese Entscheidung der Wiedervereinigung unseres Volkes in Frieden und Freiheit? 2. Ist diese Entscheidung ein Beitrag zum Zusammenschluß Europas und zur Sicherheit der freien Völker der Welt? Diese beiden Gesichtspunkte – und damit komme ich auf Ihr erstes Argument zu sprechen, daß Sie gemeiniglich anzuwenden pflegen –, diese beiden Gesichtspunkte: Wiedervereinigung unseres Volkes,

Zusammenschluß Europas und Sicherheit der freien Völker der Welt, stellen keinen Gegensatz dar; sie sind untrennbar miteinander verbunden. Die Freiheit unseres Volkes ist keine Frage für sich allein.

[. . .]

Wenn wir uns heute fragen, warum der Unterschied, ja, der Gegensatz zwischen Regierung und Opposition – trotz eines hoffentlich gemeinsamen Zieles – in der Frage des Weges, wie dieses Ziel erreicht werden soll, so ungeheuer groß ist, dann gibt es darauf nur eine ganz klare Antwort: Wir unterscheiden uns wesentlich in der Beurteilung der wirklichen Ziele der sowjetischen Politik.

(Sehr richtig! in der Mitte.)

Wir können uns dabei mit gutem Gewissen darauf berufen, daß Dr. Kurt Schumacher zu seinen Lebzeiten dieselbe realistische Beurteilung der sowjetischen Politik sich zu eigen gemacht und in der Öffentlichkeit vertreten hat wie wir, wenn wir auch im Wege nicht mit ihm einig gewesen sind.

(Abg. Kiesinger: Das stimmt!)

In diesem Monat sind es 10 Jahre gewesen, daß die Konferenz von Jalta durchgeführt wurde. Auf dieser Konferenz ist die Saat ausgestreut worden, deren Ernte soviel Unruhe und Angst über die Welt gebracht hat. Auf ihr sind die politischen Minen gelegt worden, um deren Entschärfung sich heute die westlichen Großmächte bemühen. Ich brauche die bekannten Ereignisse und Ergebnisse dieser Konferenz nicht aufzuzählen. Es genügt die Frage, warum die Westmächte damals den Sowjets die Möglichkeit gegeben haben, ihre Macht in Ost und West bedeutend zu erweitern, ihre Grenzen bis Hof, Helmstedt und Lübeck vorzuschieben, eine Fülle von Konfliktsmöglichkeiten in Ostasien hervorzurufen und die Welt in ständiger Sorge um die Frage „Krieg oder Frieden" zu erhalten. Es war die tragische Verkennung der sowjetischen Mentalität

(Sehr wahr! in der Mitte)

und die tragische Selbsttäuschung über die sowjetischen Kriegsziele, die sich von ihren heutigen Friedenszielen praktisch nicht unterscheiden.

(Beifall in der Mitte und rechts.)

Während Präsident Roosevelt bereits vom Schatten des Todes umwittert sich als den Vater des ewigen Weltfriedens in die Geschichte eingehen sah und von der großen Weltfriedensorganisation der Vereinten Nationen, seiner Schöpfung, träumte,

(Zurufe von der SPD: Wo steht das? –
Das ist ja ein Dichter!)

rechnete Stalin mit ganz anderen Maßstäben. Für ihn waren nicht die Satzungen der UNO interessant, die er damals noch gar nicht gelesen hatte, sondern der praktische Machtzuwachs für die Sowjetunion. – Ich habe den lächerlichen Zwischenruf gehört. Mir ist das Anliegen nicht so lächerlich, daß ich solche Zwischenrufe machen würde.

(Zuruf von der SPD: Ausrufungszeichen!)

Denn bei dem Thema, bei dem wir jetzt sind, wird für uns eines Tages die Frage über Leben und Tod entschieden.

(Beifall bei den Regierungsparteien. –
Zurufe von der SPD.)

Roosevelt glaubte, durch die Erfüllung der sowjetischen Forderungen die sowjetische Politik befriedigen und die bolschewistische Staatsform allmählich in eine demokratische Entwicklung überführen zu können. In Wirklichkeit sind die sowjetischen Ziele zu allen Zeiten dieselben geblieben; nur die Methoden, mit denen sie verfolgt wurden, haben gewechselt.

(Zuruf von der SPD: Das haben wir heute
schon dreimal gehört!)

– Ja, gerade weil Sie es nicht glauben wollen, müssen wir es noch öfter sagen, und wir werden es noch öfter sagen. Es geht auch darum, daß die deutsche Öffentlichkeit über den tragischen Scheideweg, an dem wir stehen, aufgeklärt wird.

[. . .]

Quelle: Verhandlungen des Deutschen Bundestages, 2. Deutscher Bundestag, 69. Sitzung, Bd. 23, S. 3568–71.

96. Manifest aus der Paulskirche in Frankfurt
(vom 29. Januar 1955)

Am 29. Januar fand laut Frankfurter Allgemeine in der Frankfurter Paulskirche eine Kundgebung statt, zu der der Vorsitzende des DGB, Walter Freitag, der Evangelische Theologe Prof. Helmut Gollwitzer, der Vorsitzende der SPD, Erich Ollenhauer, und der Heidelberger Soziologe Prof. Dr. Alfred Weber eingeladen hatten.

An der Kundgebung, als deren Thema: „Rettet Einheit, Freiheit, Frieden! Gegen Kommunismus und Nationalismus!“ bezeichnet wurde, nahmen etwa 1000 Personen aus den verschiedenen gesellschaftlichen Schichten, von verschiedener religiöser Überzeugung und auch aus verschiedenen politischen Richtungen teil, die jedoch einig in der Opposition gegen die derzeitige Politik der Bundesregierung in den Fragen Wiederbewaffnung und Wiedervereinigung sind. Über hundert in- und ausländische Journalisten hatten sich eingefunden.

Bei der Kundgebung sprachen: Der Soziologe Prof. Dr. Alfred Weber, Heidelberg, der Stellvertretende Vorsitzende des DGB, Georg Reuter, Düsseldorf, der evangelische Theologe Prof. Helmut Gollwitzer, Bonn, der katholische Theologe Prof. Dr. Johannes Hessen, Köln, der evangelische Pfarrer Ernst Langer, Gelnhausen, der frühere Innenminister Dr. Gustav Heinemann, Essen, und der Vorsitzende der SPD, Erich Ollenhauer.

Die Versammlung nahm durch Handerheben ein Manifest an, das folgenden Wortlaut hat:

„Deutsches Manifest

Aus ernster Sorge um die Wiedervereinigung Deutschlands sind wir überzeugt, daß jetzt die Stunde gekommen ist, Volk und Regierung in feierlicher Form zu entschlossenem Widerstand gegen die sich immer stärker abzeichnenden Tendenzen einer endgültigen Zerreißung unseres Volkes aufzurufen.

Die Antwort auf die deutsche Schicksalsfrage der Gegenwart – ob unser Volk in Frieden und Freiheit wiedervereinigt werden kann oder ob es in dem unnatürlichen Zustand der staatlichen Aufspaltung und einer fortschreitenden menschlichen Entfremdung leben muß – hängt heute in erster Linie von der Entscheidung über die Pariser Verträge ab.

Die Aufstellung deutscher Streitkräfte in der Bundesrepublik und in der Sowjetzone muß die Chancen der Wiedervereinigung für unabsehbare Zeit auslöschen und die Spannung zwischen Ost und West verstärken. Eine solche Maßnahme würde die Gewissensnot großer Teile unseres Volkes unerträglich steigern. Das furchtbare Schicksal, daß sich die Geschwister einer Familie in verschiedenen Armeen mit der Waffe in der Hand gegenüberstehen, würde Wirklichkeit werden.

In dieser Stunde muß jede Stimme, die sich frei erheben darf, zu einem unüberhörbaren Warnruf vor dieser Entwicklung werden. Unermeßlich wäre die Verantwortung derer, die die große Gefahr nicht sehen, daß durch die Ratitizierung der Pariser Verträge die Tür zu Viermächteverhandlungen über die Wiederherstellung der Einheit Deutschlands in Freiheit zugeschlagen wird.

Wir appellieren an Bundestag und Bundesregierung, alle nur möglichen Anstrengungen zu machen, damit die vier Besatzungsmächte dem Willen unseres Volkes zur Einheit Rechnung tragen.

Die Verständigung über eine Viermächtevereinigung zur Wiedervereinigung muß vor der militärischen Blockbildung den Vorrang haben. Es können und müssen die Bedingungen gefunden werden, die für Deutschland und seine Nachbarn annehmbar sind, um durch Deutschlands Wiedervereinigung das friedliche Zusammenleben der Nationen Europas zu sichern.

Das deutsche Volk hat ein Recht auf seine Wiedervereinigung!"

Quelle: Keesings Archiv der Gegenwart, 1955, S. 4984.

97. Briefwechsel Böckler–Adenauer: Mitbestimmung und Streikrecht

Brief Adenauers an Böckler vom 27. November 1950

[. . .]

Über das Mitbestimmungsrecht wird das Parlament Entscheidung treffen [. . .]

Mit Besorgnis erfüllt mich die Ankündigung der Industrie-Gewerkschaft Metall über die Durchführung einer Urabstimmung in den eisenschaffenden Betrieben. Das Rechtsbewußtsein und die Rechtsordnung haben den Arbeitern das Streikrecht in allen Fragen des Tarifvertrages zugestanden. Der angekündigte Streik geht aber über diesen Rahmen hinaus. Ein solcher Streik könnte nur das Ziel haben, die Entscheidung der frei gewählten Volksvertretung durch die Androhnung oder Herbeiführung wirtschaftlicher Schäden, die alle treffen, in die Richtung der gewerkschaftlichen Wünsche zu drängen. Ich befürchte, daß damit ein Weg beschritten wird, der letztlich zu einem Konflikt mit der staatsrechtlichen Grundordnung führen kann.

Die Bundesregierung würde es daher sehr begrüßen, wenn der Bundesvorstand des DGB der Industrie-Gewerkschaft Metall in dieser Frage Zurückhaltung empfehlen und die parlamentarische Entscheidung abwarten würde.

Antwortschreiben Böcklers vom 11. Dezember 1950

Meinen Brief vom 23. November – das darf ich an dieser Stelle zum Ausdruck bringen – lag die Absicht zugrunde, Ihnen, Herr Bundeskanzler, und damit dem gesamten Kabinett noch einmal zu sagen, mit welchem Ernst die deutschen Gewerkschaften das Problem der Mitbestimmung der Arbeitnehmer in der Wirtschaft sehen. Dieser Ernst ist nicht zuletzt aus der Erkenntnis geboren, daß die Schaffung einer zeitgemäßen Wirtschaftsordnung, in der die Menschenrechte der Schaffenden volle Berücksichtigung finden, das vordringlichste Anliegen unserer Tage ist. Die deutschen Gewerkschaften sind der Ansicht, daß die allgemeine politische Entwicklung in der Welt mit aller Deutlichkeit zeigt, daß nur durch eine lebendige soziale Ordnung der Vermassung und dem Totalitarismus Einhalt geboten werden kann. Sie sind weiterhin der Meinung, daß es für die Demokratie in Deutschland lebenswichtig ist, daß sie nicht nur auf den politischen Bereich beschränkt bleibt, sondern ihre sinngemäße Ergänzung auch durch die Einführung demokratischer Grundsätze in der Wirtschaftsführung und Wirtschaftsgestaltung erhält. Den Beweis für ihre Auffassung sehen die deutschen Gewerkschaften in der Tatsache des Mißbrauchs wirtschaftlicher Macht zu politischen Zwecken in der Vergangenheit und in der traurigen Folgeerscheinung dieses Mißbrauchs, nämlich Krieg und Zerstörung.

Die deutschen Gewerkschaften haben wiederholt dem Bundestag und der Bundesregierung sowie der Öffentlichkeit ihre Ansicht über die Wirtschaftsdemokratie und ihre diesbezüglichen Wünsche bekanntgegeben. Sie stehen nach wie vor zu ihren Forderungen, weil sie in deren Verwirklichung die einzige Garantie für eine demokratische und zukunftssichere Entwicklung unseres Landes sehen.

In Ihrem Schreiben haben Sie die Auffassung vertreten, daß das Rechtsbewußtsein und die Rechtsordnung den Arbeitern das Streikrecht nur in Fragen des Tarifvertrages zugestanden haben. Ich kann dieser ihrer Ansicht nicht beipflichten.

In diesem Zusammenhang möchte ich auf Artikel IX Absatz 3 des Grundgesetzes verweisen, in dem den Arbeitnehmern das Koalitionsrecht eingeräumt wird zur Wahrung und Förderung der Arbeits- und Wirtschaftsbedingungen. Es wird also den Arbeitnehmern nicht nur das Recht zugestanden, sich zu vereinigen zur Regelung der Lohn- und Arbeitsbedingungen, sondern auch, um ihren Auffassungen und ihren Interessen entsprechende Wirtschaftsbedingungen zu gestalten. Auch das Tarifvertragsgesetz des Wirtschaftsrates vom 9. April 1949 sagt in seinem Paragraphen 4, daß außer betrieblichen auch betriebsverfassungsrechtliche Fragen Gegenstand tarifvertraglicher Regelung sein können. Unter Betriebsverfassung muß aber die Gesamtheit der Regeln über die Rechtsstellung der Arbeitnehmerschaft im Betrieb einschließlich ihrer Stellung zum Arbeitgeber verstanden werden. Zu den Regeln über die Rechtsstellung der Arbeitnehmerschaft im Betrieb gehört ganz zweifellos auch das Mitbestimmungsrecht, und zwar nicht nur in sozialer und personeller, sondern auch in wirtschaftlicher Hinsicht.

Der Hauptvorstand der Industrie-Gewerkschaft Metall befindet sich ebenso wie der Hauptvorstand der Industrie-Gewerkschaft Bergbau in Fragen des Mitbestimmungsrechtes in voller Übereinstimmung mit dem Bundesvorstand des Deutschen Gewerkschaftsbundes und damit auch mit mir.

Wollen Sie, Herr Bundeskanzler, in dem Verhalten der Gewerkschaften den unbedingten Willen der organisierten deutschen Arbeitnehmerschaft sehen, den demokratischen Gedanken in Deutschland durch eine Demokratisierung auch der Wirtschaft so fest zu verwurzeln, daß er wirklich zum Allgemeingut des deutschen Volkes wird.

[. . .]

Quelle: Die Quelle 2 (1951), S. 49 f.

98. Mitbestimmung in der Montanindustrie
(nach dem Gesetz vom 10. April 1951)

Das am 10. April 1951 vom Bundestag der Bundesrepublik durch eine echte parlamentarische Entscheidung verabschiedete Gesetz über die Mitbestimmung der Arbeitnehmer im Bergbau und in der eisen- und stahlerzeugenden Industrie verwirklicht für einen wichtigen Sektor der deutschen Großindustrie die Forderung unseres unvergeßlichen *Hans Böckler*, die Arbeitnehmer in den Stand von „Wirtschaftsbürgern" zu erheben, sie zu gleichberechtigten Partnern der Unternehmungen zu machen. Das Gesetz betrifft nur die Montanindustrie, damit aber das entscheidende Kerngehäuse unserer Gesamtwirtschaft. Von diesen „Kommandohöhen" aus wird die Wirtschaft bis in ihre letzten Zellen bestimmt. Man wird die Mitbestimmung der Arbeitnehmer auf die Dauer nicht auf den Montan-Sektor beschränken können. Die in der Solidarität ihres Schicksals eng verbundene Arbeiterschaft wird sich nicht damit abfinden können, daß die Neugestaltung der sozialen Struktur nur die Grundindustrien betrifft.

Mit anderen Worten: Das Gesetz vom 10. April hat das Tor zu einer neuen Sozialordnung aufgestoßen, aber der Kampf um ihre Verwirklichung wird erst dann beendet sein, wenn die Sozialverfassung in ganz Deutschland aus den Fesseln der Herrschaft des Kapitals über die Arbeit befreit sein wird.

Das Mitbestimmungsgesetz ist zwar ein Bündel von Paragraphen, aber man täusche sich nicht: Mit diesen Paragraphen ist ein revolutionärer Akt vollzogen, ist ein Markstein gesetzt – auf dem *dritten Wege* zu einer neuen Sozialordnung. Die frei-gewerkschaftlich organisierten Arbeiter der ganzen Welt blicken heute auf die deutschen Gewerkschaften und ihren Kampf um die Mitbestimmung, in der zuversichtlichen Hoffnung, daß das Mitbestimmungsrecht aus der Sackgasse herausführt, in die wir durch die Alternative Kapitalismus – Staatssozialismus geraten sind.

[. . .]

Die Paragraphen des Gesetzes vom 10. April (siehe unser Schaubild) bestimmen:

Neben fünf Vertretern der Aktionäre (Anteilseigner) werden in Zukunft fünf Vertreter der Arbeitnehmer im *Aufsichtsrat* über das Schicksal der Unternehmungen mitentscheiden. Das fünfte Aufsichtsratsmitglied auf beiden Seiten darf jedoch nicht Repräsentant einer Gewerkschaft bzw. einer Arbeitgebervereinigung sein. Sie werden im Gesetz als „weitere Mitglieder" bezeichnet, zu denen auch der heiß umstrittene elfte Mann gehört. Dieser elfte Mann soll von den zehn Mitgliedern des Aufsichtsrates gewählt werden. Falls die direkte Wahl durch den Aufsichtsrat nicht zustandekommt, schlägt ein aus je zwei

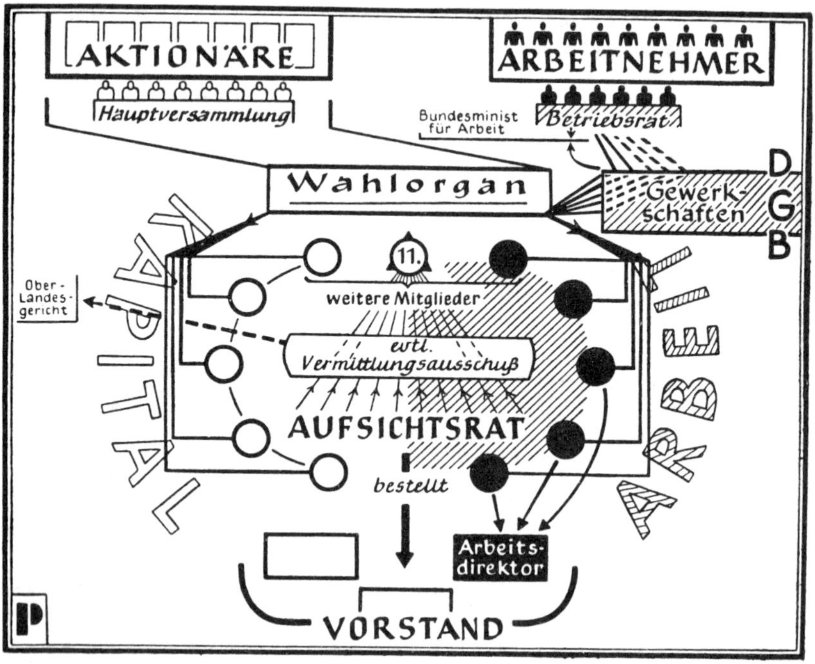

Aufsichtsratsmitgliedern der Arbeitnehmer- und Arbeitgeberseite zusammengesetzter Vermittlungsausschuß dem Wahlorgan, das praktisch der Hauptversammlung des Unternehmens gleichkommt, drei Personen für die Wahl zum elften Mann vor. Die Wahl kann von dem Wahlorgan abgelehnt werden. Auf Antrag des Vermittlungsausschusses entscheidet das zuständige Oberlandesgericht über die Berechtigung dieser ablehnenden Gründe. Bestätigt das Gericht die Ablehnung, dann muß der Vermittlungsausschuß dem Wahlorgan drei weitere Vorschläge unterbreiten.

Von den fünf Aufsichtsratsmitgliedern der Arbeitnehmerseite werden zwei, ein betriebsangehöriger Arbeiter und ein Angestellter, von dem Betriebsrat im Einvernehmen mit den im Betrieb führenden Gewerkschaften und deren Spitzenorganisationen vorgeschlagen. Der Bundesminister für Arbeit entscheidet, wenn sich Gewerkschaften und Betriebsrat nicht über die beiden Wahlvorschläge einigen können. Die drei weiteren Arbeitnehmervertreter werden von den Gewerkschaften im Einvernehmen mit dem Betriebsrat vorgeschlagen. Das Wahlorgan ist an die Vorschläge der Gewerkschaften und ihrer Spitzenorganisationen gebunden.

Der Aufsichtsrat wählt einen *Arbeitsdirektor* als gleichberechtigtes Mitglied des Vorstandes. Er gilt als gewählt, wenn die Mehrheit der Arbeitnehmervertreter im Aufsichtsrat sich auf seine Person einigt.

Walter Pahl

Quelle: Gewerkschaftliche Monatshefte 2 (1951), S. 225 ff.

99. Flugblatt des DGB zum Betriebsverfassungsgesetz

(Am 12. Mai 1952 eröffneten Christian Fette, Erich Bührig und Albin Karl vom Bundesvorstand des DGB der Presse, daß der DGB sich entschlossen habe, die Aktionen gegen das Betriebsverfassungsgesetz anlaufen zu lassen. Am gleichen Tag läßt der DGB 10 Millionen Flugblätter in der Bundesrepublik verteilen.)

Aufruf des Deutschen Gewerkschaftsbundes

Arbeiter, Angestellte und Beamte!

1945 lag die deutsche Wirtschaft in Trümmer. Während Ihr in Fabriken, Kontoren und Verwaltungen am Wiederaufbau Deutschlands unter größten Entbehrungen gearbeitet habt, waren diejenigen, die den Zusammenbruch Deutschlands verschuldeten, von der Bildfläche verschwunden.

Ihr allein habt es vollbracht, was andere als das ‚deutsche Wirtschaftswunder' bezeichnen.

Eure Leistung wurde damals anerkannt und in höchsten Tönen gepriesen. Maßgebliche Unternehmer, Vertreter der Verwaltungen und aller politischen Parteien bekannten sich einmütig zu einer neuen Wirtschaftsordnung auf der Grundlage der völligen Gleichberechtigung der Arbeitnehmer. Aus dieser Erkenntnis geschichtlicher Notwendigkeiten entstanden neben den wirtschaftspolitischen Grundsätzen des Deutschen Gewerkschaftsbundes das Ahlener Programm, zustimmende Erklärungen der Regierungen und verantwortlichen Persönlichkeiten in Wirtschaft und Staat.

Was aber geschieht heute?

Man sperrt sich immer mehr dagegen, diese Versprechen einzulösen. In der Montanindustrie konnte das Mitbestimmungsrecht nur unter größten Schwierigkeiten durchgesetzt werden. Seitdem ist der Widerstand noch mehr gewachsen.

Die echte Mitbestimmung der Arbeitnehmerschaft in der übrigen Wirtschaft und in der Verwaltung soll verhindert werden.

Das zeigt besonders das beabsichtigte Betriebsverfassungsgesetz.

Es beweist die klare Absicht, ein wirkliches Mitbestimmungsrecht der Arbeitnehmer zu vereiteln.

Es bestätigt die überlebten Vorrechte der Arbeitgeber!

Es beläßt die Arbeitnehmer in ihrer Stellung als Wirtschaftsuntertan!

Darüber hinaus nimmt der Entwurf des Betriebsverfassungsgesetzes Euch Rechte, die Ihr vor 1933 gehabt habt, die Euch nach 1945 durch Länderverfassungen, Ländergesetze oder betriebliche Vereinbarungen gesichert waren und in der schwierigen Zeit des Wiederaufbaus ihre Bewährungsprobe bestanden haben.

Dazu kommt die Absicht, die gewerkschaftliche Einheit von Arbeitern, Angestellten und Beamten zu untergraben und durch ein Ausnahmerecht für den öffentlichen Dienst die verschiedenen Gruppen gegeneinander auszuspielen.

Der Deutsche Gewerkschaftsbund vermag die Verantwortung für diese Entwicklung nicht mehr zu tragen!

Dieser Entwurf darf nicht Gesetz werden!

Der Deutsche Gewerkschaftsbund und die ihm angeschlossenen Gewerkschaften rufen Euch auf zum Kampf für ein fortschrittliches Betriebsverfassungsrecht als Grundlage der demokratischen Ordnung in Wirtschaft und Verwaltung.

Es geht hier nicht um gewerkschaftliches ‚Machtstreben'.

Es geht um eine gerechte Ordnung.

Es geht um den Bestand der Demokratie.

Es geht um die Stabilität der Wirtschaft.

Es geht um die Sicherung Deines Arbeitsplatzes.

Es geht um das Wohl der gesamten Nation.

Haltet Euch bereit! Übt Disziplin! Folgt den Weisungen Eurer Gewerkschaften!

Deutscher Gewerkschaftsbund
Der Bundesvorstand
Christian Fette
Vorsitzender

Quelle: Th. Pirker, Die blinde Macht, Bd. 1, München 1960, S. 254–56.

100. Zehn-Punkte-Programm der Fliegergeschädigten und Heimatvertriebenen

(vom 4. September 1948)

1. Rechtsanspruch auf Entschädigung, keine Wohlfahrtsrente!

Die westliche Zivilisation beruht auf dem Gedanken des Privateigentums. Das Privateigentum ist durch die Verfassung geschützt. Aus dem Gedanken des Privateigentums ergibt sich zwingend die Notwendigkeit, die durch den Krieg bedingten Vermögensschäden im einzelnen der Höhe nach festzustellen und zu entschädigen. Die Geschädigten und Vertriebenen haben einen Rechtsanspruch auf Entschädigung.

2. Gleiches Recht für alle!

Wer durch den Krieg Schaden erlitten hat, muß nach Maßgabe des Gesetzes entschädigt werden. Die Entschädigung kann nicht davon abhängig gemacht werden, ob der Geschädigte noch arbeitsfähig ist oder nicht. Für den Lastenausgleich entscheidend ist der Vermögensverlust. Auch der in Arbeit und Verdienst stehende Geschädigte hat Anspruch auf Teilnahme am Lastenausgleich. Die Verluste sind auf jede mit dem Lastenausgleich zusammenhängende Art von Abgabepflicht (Substanz und Einkommen) auch bei noch restlichen Vermögen als Vorausleistungen anzurechnen.

3. Gleichmäßige Belastung von Sach- und Geldbesitz!

Nachdem durch die Währungsreform der größte Teil der Geldvermögen vernichtet worden ist, muß in Durchführung des Grundsatzes der gleichmäßigen Belastung der Sachbesitz entsprechend belastet werden. Eine Aufwertung der Geldguthaben der Währungsgeschädigten ist ernstlich zu erwägen. Mindestens sind die im Dritten Währungsgesetz in Aussicht gestellten weiteren 10 Prozent anzuerkennen. Anstatt Schieber- und Schwarzhandelsgewinne an der Aufwertung teilnehmen zu lassen, sind die Guthaben der Geschädigten, vor allem die Sparguthaben, entsprechend höher aufzuwerten.

4. Ausreichende Entschädigung durch Ausschöpfung aller verfügbaren Quellen

Neben einer Vermögensabgabe und der Erfassung der Währungsgewinne sind die Rüstungs-, Kriegs- und Hortungsgewinne im Wege einer Vermögenszuwachssteuer restlos für den Lastenausgleich in Anspruch zu nehmen. Um eine ausreichende Entschädigung gewähren zu können, muß auch die kommende Generation einen Teil der finanziellen Last auf sich nehmen, da sie in erster Linie die Vorteile des Wiederaufbaus genießen wird. Deshalb sind Mittel der ordentlichen Staatshaushalte auf lange Sicht heranzuziehen.

5. Sofortige Schadens- und Vermögensfeststellung!

Die Feststellung der kriegsbedingten Schäden und die Erhebung des noch vorhandenen Vermögens ist unverzüglich in Angriff zu nehmen. Bis zur endgültigen Regelung des Lastenausgleichs sind in dringenden Fällen ab sofort Vorschußzahlungen an Geschädigte zu machen, um den steckengebliebenen Wiederaufbau in Gang zu bringen und Existenzgründungen zu ermöglichen.

6. Beteiligung von Sachverständigen-Vertretern

Die Mitwirkung der Geschädigten-Verbände bei der Vorbereitung und Durchführung des Lastenausgleichs muß gewährleistet sein. Diese Aufgaben können nicht einseitig in den Händen der Abgabepflichtigen liegen.

7. Soforthilfe für Erwerbsunfähige!

Geschädigte, die nicht mehr erwerbsfähig sind, sind bis zur Feststellung ihrer Entschädigung und dem Beginn der Auszahlungen durch Gewährung einer Rente zu unterstützen. Diese kann auf die künftige Entschädigung angerechnet werden.

8. Wiederaufbau mit allen Mitteln und auf allen Gebieten!

Der Wiederaufbau der zerstörten Städte und Dörfer ist mit allen Mitteln und vor allen anderen Aufgaben voranzutreiben. Die Wohnungsnot ist so ungeheuerlich, daß ihre Beseitigung keinen Aufschub duldet und auch gegenüber etwaigen Reparationsverpflichtungen in die Waagschale zu werfen ist. Zum Wiederaufbau gehört auch die moralische Wiederaufrichtung unseres Volkes, insbesondere der Kampf gegen Korruption, Wucher und sonstige Mißstände.

9. Herabsetzung der politischen Lasten!

Lastenausgleich und Wiederaufbau hängen davon ab, daß die Hemmungen unserer Produktion und unseres Exports wegfallen, angesichts der ungeheuren Schäden auf weitere Reparationsleistungen verzichtet wird und die Besatzungskosten auf ein erträgliches Maß zurückgeführt werden.

10. Wahrung der Rechte der Vertriebenen!

Keine Abfindung in Geld kann den Vertriebenen die verlorene Heimat ersetzen. Rechte, die aus zwischenstaatlichen Verträgen oder aus dem Friedensvertrag herzuleiten sind, werden vom Lastenausgleich nicht berührt.

Stuttgart, den 4. September 1948

Quelle: Die Lastenausgleichsgesetze Bd. I, 1, S. 75 f.

101. „Der Menschenpferch"
Bericht einer Delegation des Schweizerischen Roten Kreuzes über Flüchtlingslager vom Sommer 1949

In einem Kreis von Politikern und Volkswirtschaftlern sprachen wir (1949) über das Flüchtlingsproblem in Bayern. Welch ein Problem! Eine Bevölkerung von 9,3 Millionen Einwohnern muß eine zusätzliche Flüchtlingsschicht von zwei Millionen schlucken. Flüchtlinge drängen in ein Land, das selber durch Krieg eine Million seiner Wohnräume verloren hat. Man diskutierte, und das Gespräch bewegte sich ganz in der Atmosphäre volkswirtschaftlicher und politischer Überlegungen. Als ich dann die Flüchtlingslager in Bayern besuchte, stand ich mitten in der Wirklichkeit, die ich mir so nicht vorgestellt hatte. Und ich sah hinter dem volkswirtschaftlichen und politischen Problem noch ein menschliches Problem. Es verschlug mir den Atem, so wie es mir den Atem verschlug, als ich in Augsburg ins erste Lager trat. In einen Menschenpferch.

Die Not heißt nicht mehr Hunger oder Krankheit – obwohl auch diese Gespenster noch umgehen –, sie heißt Pferch. Ein Flüchtling kann im Durchschnitt nicht einmal über 5 m^2 Wohnfläche verfügen, während für Strafgefangene, wie man weiß, gesetzlich 6 m^2 vorgeschrieben sind.

In einem solchen Saal, ob es der Raum einer Fabrik oder eines Klosters oder eines ehemaligen Kriegsgefangenen-Barackenlagers ist, schlägt uns ein süßlich-schauriger Atem entgegen. Rund herum haben sie aus ärmlichen Bettgestellen, Schnüren und Lumpen ihre ‚Wohnungen' errichtet: Es sieht nach dem Biwak von Elenden aus. Es gibt kein frisches Tuch, alles ist angelaufen, grau und gräulich, muffig. Auf einer Kiste steht der Küchenrat, man sitzt auf einem mit der Flüchtlingshabe mitgebrachten Hocker. Oben schläft eine kranke Greisin, unten liegt ein Kind bleich in den unbezogenen Kissen, und morgen steckt vielleicht einmal ein vielbeschäftigter Arzt hier seinen Kopf herein und spricht von Heilmitteln, die nicht oder nur schwer erhältlich sind.

Niemand hat Hunger, man kann sich an der Ausgabestelle irgendwo im Keller sein Essen holen, für das der Staat sorgt. Es ist Butter da, es gibt gelegentlich Gemüse, es hat

Konserven mit amerikanischen Aufschriften, es gibt Brot, aber man hungert nach etwas ganz anderem. Man hungert nach dem Heim. In jeder Ecke wohnt hier eine Familie, aber ihr Privatleben ist öffentlich, denn eine Schnur mit einem Lumpen reicht nicht aus, Menschen einen familiären Raum zu gewähren. Auf kleinstem Platz wird garbeitet, gegessen, geschlafen, gelitten und wohl auch geliebt. Ich vergesse jene Frau nicht, die von ihrer einzigen und sie ausfüllenden Sehnsucht sprach:

,Ach eimal wieder am Morgen sich allein kämmen dürfen!' Denn man darf nicht vergessen: in diesen Notstätten leben sie nun schon seit Jahren. Auf Gestellen, die improvisiert scheinen, schläft man seit Jahren; in Verschlägen, die ganz den Charakter von Provisorien haben, hat man sich für lange, lange Zeit niedergelassen. Und niemand weiß, nimmt dieses morgen ein Ende, oder wird es wieder ein Jahr, oder gar jahrelang dauern.

Das ist die Brutstätte der Lethargie. Diese Männer, diese Jünglinge, diese Frauen, diese Greisinnen empfangen uns nicht mit einem revolutionären Blick. Sie prüfen uns, sie lächeln sogar, wie sie erfahren, daß wir aus der Schweiz kommen, denn nur schon dieser rasche Blick eines Fremden hat für sie die Bedeutung eines Geschenkes. Man beachtet sie. Man hat sie nicht ganz vergessen. Keiner hat uns gefragt: ,Was bringt Ihr? Habt Ihr eine Rettungsaktion für uns vorbereitet?' Man dankte für unser Kommen, ohne nach anderem zu fragen.

[. . .]

Quelle: M. Kornrumpf, In Bayern angekommen. Die Eingliederung der Vertriebenen, München 1979, S. 46 f.

102. Gerd Bucerius: Rechnung für Hitlers Krieg
Lastenausgleich – die größte Vermögensabgabe der Geschichte

Manchmal fällt einem der Abschied nicht schwer. Seit dem 1. April 1949 mußte ich an das Finanzamt jedes Vierteljahr 650 Mark „Lastenausgleich" zahlen, jährlich 2600, in dreißig Jahren zusammen 78 000 Mark. Das ist vorbei. Eben habe ich die letzte Rate gezahlt (und den Dauerauftrag bei der Bank widerrufen).

2600 Mark im Jahr, das hat mich in den letzten Jahren nicht mehr getroffen. Dank Nannens *stern* und trotz schwerer Verluste in der *ZEIT* war ich schließlich recht wohlhabend geworden (und das Geld weniger wert). Aber in den fünfziger Jahren gingen die Geschäfte schlecht; meine Ausgaben waren größer als die Einnahmen; die Zukunft war ungewiß; und ich mußte mich sehr verschulden. Da war der Lastenausgleich eine arge Last.

Sie war mir auferlegt worden, weil ich am Stichtag der Währungsreform (30. Juni 1948) Vermögen gehabt hatte. Daß ich es inzwischen verloren hatte, spielte keine Rolle. Wie mir ging es vielen: Über drei Millionen Westdeutsche, die etwas Vermögen gerettet hatten, sollten zahlen. 37 Milliarden wurden ihnen aufgebrummt, die sie, mit Zinsen, in dreißig Jahren abstottern mußten.

„Die Vermögensabgabe beträgt fünfzig Prozent des abgabepflichtigen Vermögens" (§ 31 Lastenausgleichsgesetz, LAG). Mein Vermögen waren zwei leicht beschädigte, im Krieg heruntergewirtschaftete, aber schuldenfreie Mietgrundstücke (beide am Stichtag der

Währungsreform unverkäuflich) und einige noch nicht wieder notierte Aktien. Das „abgabepflichtige“ Vermögen wurde – Beschädigung hin, Beschädigung her – nach dem Einheitswert berechnet; es waren bei mir etwa 96 000 Mark. Die Hälfte ging an den Lastenausgleich. Man brauchte aber nicht gleich bar zu bezahlen – so viele Grundstücke und Aktien hätten sich in kurzer Zeit gar nicht versilbern lassen. Deshalb: „Die Abgabeschuld wird am 1. April 1949 in gleichen Jahresleistungen, die Tilgung und Verzinsung umfassen, abgetragen“ (§ 22 LAG). Diese Jahresleistung waren sechs Prozent der festgesetzten Schuld (für Mietgrundstücke nur fünf Prozent; für die Landwirtschaft vier). Die Laufzeit der Jahresleistungen wurde auf dreißig Jahre festgesetzt.

Lange hatte man gestritten, ob der Einheitswert als Meßlatte für die Abgabe nicht zu niedrig sei. Ich bin mir damals (mit 48 000 Mark Abgabeschuld) ziemlich gerupft vorgekommen – aber das meint jeder Schuldner. Sicher waren die Jahresleistungen niedrig. Eine Bank hätte von mir mehr verlangt. Ich habe deshalb meine „echte Schuld“ immer um ein Drittel niedriger eingeschätzt.

„Echt“ abgegeben habe ich von meinen 96 000 Mark also etwa 32 000 Mark. Daß mir der Rest blieb, war in der allgemeinen Armut ein Geschenk. Es half mir, nach der Währungsreform den ersten DM-Kredit von der Bank zu bekommen, den die *Zeit* zum Überleben brauchte (meine Partner waren mittellos); die Bank verlangte als Sicherheit alles, was ich besaß.

37 Milliarden der neuen Deutschen Mark, zu zahlen von drei Millionen Bürgern, das war die größte Vermögensabgabe der Weltgeschichte.

Ein gewaltiges Gesetz; heute ist es fast vergessen. Wie kam es zustande? Nach dem Kriege waren in das Gebiet der heutigen Bundesrepublik (damals „Tri-Zone“ genannt) zunächst sechs, später fast zehn Millionen Vertriebene aus dem Osten gekommen, viele nur mit durchgewetzten Schuhsohlen, einige mit einem kleinen Koffer, die ganz Klugen mit Unterlagen darüber, was sie im Osten verloren hatten. Das waren zusammen etwa vierzig Milliarden Reichsmark. Der Bombenkrieg hatte zudem fast ein Drittel des deutschen Hausbesitzes zerstört. Verlust etwa zwölf Milliarden Reichsmark. Auch die Währungsreform hatte Schäden verursacht: Wer einem anderen ein Darlehen von tausend Reichsmark gegeben hatte, konnte nur noch zehn Prozent davon, also hundert Deutsche Mark fordern. Wer ein Sparkassenguthaben von tausend Reichsmark hatte, bekam sogar nur 65 Deutsche Mark. Alle Hypotheken waren auf ein Zehntel abgewertet. Verluste: etwa zehn Milliarden. Alle Schäden zusammen ergeben sechzig Milliarden Reichsmark.

Die Vertriebenen, die Bombengeschädigten und die Währungsgeschädigten verlangten, wir sollten an ihrem Schicksal teilhaben; wir sollten Beträchtliches aus unserem Vermögen zur Deckung ihrer Schäden abgeben. Alle, auch die Geschädigten, waren sich darüber klar, daß die dazu nötigen riesigen Vermögensbewegungen den Wiederaufbau ernstlich hätten verhindern können, ginge man nicht behutsam zu Werke. Auf der einen Seite also Millionen schwer Geschädigter; ihre Unzufriedenheit drohte unsere Gesellschaft zu sprengen. Auf der anderen Seite eine darniederliegende Wirtschaft mit ungewisser Zukunft.

[. . .]
Wer einen Prozentsatz vom Vermögens- oder Hausratsschaden ersetzen will, muß erst einmal feststellen, wieviel der Vertriebene einst besessen hatte. „In der kalten Heimat

waren sie alle reich", erboste man sich damals an westlichen Kaminen. Befragt, ob die Vertriebenen gemogelt hätten, sagten mir die Ämter aber: „Kaum". Freilich hätten die Vertriebenen den Wert ihres verlorenen Besitzes schon mal überschätzt. Aber auch damit seien sie nicht durchgekommen.

Schnell und in aller Stille hatten die Lastenausgleichsämter eine staunenswerte Organisation aufgebaut. Meldete ein Vertriebener aus Breslau, er habe ein Speditionsunternehmen verloren, so ging der Vorgang an eine beim Landesausgleichsamt Hamburg gebildete Stelle, genannt „Vorort". Dort wurden alle Schadensmeldungen gesammelt, die Speditionen betrafen; auch über Schiffe, Nahrungsmittelindustrie, Feinkost, Kolonialwaren, Nährmittel, Fische und Fischwaren, Öle und Fette. Der „Vorort Baden-Württemberg" bearbeitete die Schäden aus der Fahrzeugindustrie, den Dekorationsbetrieben, Holzwaren und Süßwarenindustrie. Da sich beim „Vorort Hamburg" nicht nur der eine Fuhrunternehmer aus Breslau, sondern auch die Konkurrenz meldete, bekam man Gelegenheit, die Betriebe untereinander und die Glaubwürdigkeit ihrer Inhaber zu vergleichen. Das bremste manchen Höhenflug bei den Anmeldungen.

Daneben gab es 41 „Heimatauskunftsstellen". Alle Schadensfälle aus der Provinz Posen wurden zum Beispiel bei der „Heimatauskunftsstelle Hamburg" gesammelt. Die Heimatauskunftsstelle Lübeck war für Ostpreußen zuständig und so weiter. Akribisch wurden alle Unterlagen zusammengetragen, miteinander verglichen, die Antragsteller zu präzisen Auskünften gezwungen. Noch vorhandene Grundbücher wurden dort deponiert, Grundbuchauszüge (die die Vertriebenen mitgebracht hatten) gesammelt. Telephon- und Adreßbücher sind dort verfügbar. Noch kürzlich hat die Bundesbahndirektion in Altona der Heimatauskunftsstelle Hamburg zwei Zentner Personalakten aus dem Osten zur Verfügung gestellt.

Ein fast unheimlich präzises Bild über die Vermögens- und Einkommensverhältnisse der vertriebenen Bürger aus dem Osten ist so entstanden – für Mogelei kaum Raum, wenn sie je beabsichtigt wurde. Die Vertriebenen waren nicht nur tüchtig, sie waren auch ehrlich.

Quelle: Die Zeit v. 13. 4. 1979.
(Gerd Bucerius war Vorsitzender des „Einundzwanziger-Ausschusses" (Lastenausgleich) im Wirtschaftsrat und Experte der CDU/CSU-Fraktion für Lastenausgleichsfragen im Bundestag.)

103. Verbesserung der Wohnverhältnisse in der Bundesrepublik Deutschland

(ohne West-Berlin) von 1950 bis 1956
– in Millionen –

Merkmal	Herbst 1950	Herbst 1956	Veränderung in %
1. Wohnungen			
a) Normalwohnungen	9,438	12,734[a])	+ 34,9
b) Notwohnungen[b])	0,5405	0,4848	– 10,3

Merkmal	Herbst 1950	Herbst 1956	Veränderung in %
2. Haushaltungen in:			
a) Normalwohnungen	14,634	15,964	+ 9,1
b) Notwohnungen	0,6268	0,5306	− 15,3
c) Unterkünfte[c])	0,7620	0,6052	− 20,6

a) Darunter 136 200 Wohnungen in Behelfsheimen von 30 qm und mehr als 23 400 Wohnungen in einsturzgefährdeten Gebäuden.

b) Wohnungen in Behelfsheimen unter 30 qm, Wohnbaracken, Nissenhütten, Bunkern, Wohnlauben, Wellblechbaracken, Bretterbuden, Gebäuderesten, Wohnwagen, Kellerwohnungen usw.

c) Unterkünfte außerhalb von Wohnungen sind Lager, Fremdenheime, Gasthäuser und dgl.

Quelle: H. W. Jenkis, Wohnungswirtschaft und Wohnungspolitik in beiden deutschen Staaten, Hamburg 1976, S. 20.

104. Politische Betätigung von Angehörigen des öffentlichen Dienstes gegen die demokratische Grundordnung

(Beschluß der Bundesregierung vom 19. September 1950)

Die Gegner der Bundesrepublik verstärken ihre Bemühungen, die freiheitliche demokratische Grundordnung zu untergraben. Jede Teilnahme an solchen Bestrebungen ist unvereinbar mit den Pflichten des öffentlichen Dienstes. Alle im unmittelbaren oder mittelbaren Bundesdienst stehenden Personen haben sich gemäß § 3 des vorläufigen Bundespersonalgesetzes durch ihr gesamtes Verhalten zur demokratischen Staatsordnung zu bekennen. Wer als Beamter, Angestellter oder Arbeiter im Bundesdienst an Organisationen oder Bestrebungen gegen die freiheitliche demokratische Staatsordnung teilnimmt, sich für sie betätigt oder sie sonst unterstützt, wer insbesondere im Auftrag oder im Sinne der auf Gewalthandlungen abzielenden Beschlüsse des 3. Parteitages der kommunistischen SED und des sogenannten „National-Kongresses" wirkt, macht sich einer schweren Pflichtverletzung schuldig.

Zu den Organisationen, deren Unterstützung mit den Dienstpflichten unvereinbar sind, gehören insbesondere:

1. die Kommunistische Partei Deutschlands mit allen ihren Unterorganisationen,
2. die sozialdemokratische Aktion,
3. die Freie Deutsche Jugend (FDJ),
4. die Vereinigung der Sowjetfreunde,
5. die Gesellschaft zum Studium der Kultur der Sowjet-Union,
6. der Kulturbund zur demokratischen Erneuerung Deutschlands,
7. der gesamtdeutsche Arbeitskreis für Land- und Forstwirtschaft,

8. das Komitee der Kämpfer für den Frieden,
9. das Komitee der Jungen Friedenskämpfer,
10. die Vereinigung der Verfolgten des Naziregimes (VVN),
11. die Sozialistische Reichspartei,
12. die sogenannte „Schwarze Front“ (Otto-Strasser-Bewegung),
13. die „Nationale Front“ (Dachorganisation).

Die Bundesregierung ersucht die Dienstvorgesetzten, gegen Beamte, Angestellte und Arbeiter, die ihre Treuepflicht gegenüber der Bundesrepublik durch Teilnahme an solchen Organisationen oder Bestrebungen verletzen, die erforderlichen Maßnahmen zu ergreifen. Gegen Schuldige ist unnachsichtig die sofortige Entfernung aus dem Bundesdienst, und zwar bei Beamten auf Lebenszeit durch Einleitung eines förmlichen Dienststrafverfahrens unter gleichzeitiger vorläufiger Dienstenthebung und Gehaltseinbehaltung, bei Beamten auf Widerruf durch Widerruf, bei Angestellten und Arbeitern durch fristlose Kündigung herbeizuführen.

Die Bundesregierung empfiehlt den Landesregierungen, sofort entsprechende Maßnahmen zu treffen.

Quelle: Gemeinsames Ministerialblatt 1 (1950) Nr. 12, S. 93.

105. Grundsätze der Personalpolitik der SED
(vom Juli 1948)

Die Durchführung des Zweijahresplanes erfordert die Festigung des staatlichen Apparates und seine qualitative Verbesserung. Um das zu erreichen, müssen die richtigen Menschen ausgewählt und an den richtigen Platz gestellt, müssen junge entwicklungsfähige Kräfte gefördert und die Entwicklung und die Tätigkeit jedes einzelnen Mitarbeiters richtig beurteilt werden. Der Prüfstein für die fortschrittliche demokratische Gesinnung eines jeden Verwaltungsangestellten ist sein Eintreten für die demokratische Einheit Deutschlands und seine positive Einstellung zur Sowjetunion und zu den Ländern der Volksdemokratie. Die Verwaltung muß rein bleiben von allen Feinden der neuen, demokratischen Ordnung.

Die Mitarbeiter des Verwaltungsapparates sollen keine „Berufsbeamten“, keine Angestellten im Sinne von Bediensteten sein, sondern sollen einen neuen Typus von Angetellten bilden. Unter Entwicklung ihrer schöpferischen Tätigkeit müssen sie zu Fachleuten werden, die die Staatsgeschäfte zu führen verstehen und ihre Tätigkeit als eine gesellschaftliche Funktion erfüllen. Kritik und Selbstkritik ist zu fördern. Regelmäßig ist über die geleistete Arbeit Rechenschaft abzulegen.

I. Die personelle Zusammensetzung der Verwaltung

1. Die leitenden Stellungen sollen von den politisch bewußtesten und der Demokratie ergebensten fortschrittlichen Kräften besetzt sein.

2. Um den Verwaltungsapparat wirklich zu stärken, sind vor allem Aktivisten aus den Reihen der Betriebsarbeiter, Angestellten, werktätigen Bauern und Angehörigen der fortschrittlichen Intelligenz zu schulen. Außer den Mitgliedern der fünf demokratischen Parteien sind dabei Parteilose zu berücksichtigen, die sich im Betrieb und in den demokratischen Massenorganisationen bewährt haben. Entscheidend ist ihre demokratische Zuverlässigkeit sowie ihre moralische und fachliche Eignung.

3. In der Verwaltung ist deshalb kein Platz für

a) Feinde der Demokratie, Agenten, Schumacherleute, Spione, Saboteure usw., die sich in den Verwaltungsapparat eingeschlichen haben;

b) Bürokraten, jene „Beamten", die die besten Absichten zunichte machen, die die Arbeit hemmen, die Beschlüsse nicht durchführen und dadurch zu Saboteuren werden;

c) bestechliche und korrupte Elemente,

Alle diese Elemente müssen entlarvt und entlassen werden.

4. Mitarbeiter, die trotz guten Willens ihnen gestellte Aufgaben nicht erfüllen, sind aus der Verwaltung zu entfernen bzw. zu versetzen.

5. Jeder Verwaltungsangestellte ist zur Verschwiegenheit und Treue verpflichtet.

[. . .]

Quelle: Beschluß der Staatspolitischen Konferenz der SED am 23. und 24. Juli 1948 in Werder/Havel über die Stellung der SED zur Personalpolitik in der Verwaltung, zit. nach: H. Fiedler, SED und Staatsmacht, Berlin (O) 1974, S. 282 f.

106. Entschließung der Ersten Parteikonferenz der SED
(vom 28. Januar 1949)

[. . .]

IV. Die Entwicklung der SED zu einer Partei neuen Typus

1. Die großen Aufgaben, die vor dem werktätigen Volke Deutschands stehen, machen es erforderlich, das große historische Versäumnis der deutschen Arbeiterbewegung nachzuholen und die SED zu einer Partei neuen Typus zu entwickeln.

Die Verschmelzung der KPD und SPD zur Sozialistischen Einheitspartei Deutschlands war das bedeutendste Ereignis in der jüngsten Geschichte der deuschen Arbeiterbewegung. Die Einheit hat sich bewährt – das beweisen die Erfolge im demokratischen Aufbau der Ostzone. Das beweist auch die ideologische Einheit und Festigkeit der Partei, die in den fast drei Jahren seit der Vereinigung erzielt wurde.

Es muß selbstkritisch festgestellt werden, daß der Kampf um die ideologische Klarheit in der Partei nach der Vereinigung nicht mit genügender Aktivität geführt wurde. Insbesondere wurde der bedeutende Schritt, den der II. Parteitag zur ideologischen Klärung vorwärts tat, nicht genügend in der ganzen Partei ausgewertet. Auch gab es ernste Schwächen im ideologischen Kampf, die gewisse Elemente ermutigten, Versuche zu unternehmen, die SED zu einer opportunistischen Partei westlicher Prägung zu machen. Diese Versuche wurden dadurch gefördert, daß der Klassenfeind durch seine Schumacher-Agentur Spione und Agenten in die Reihen unserer Partei entsandte mit der Aufgabe, innerhalb der SED antisowjetische und nationalistische Tendenzen und Stimmungen zu erzeugen.

Die damit heraufbeschworene Gefahr wurde dadurch abgewendet, daß der Parteivorstand auf seiner 11. Tagung im Juni eine entschiedene Wendung vollzog und mit der Annahme des Zweijahrplans die Aufgabe verband, die SED zu einer Partei neuen Typus zu entwickeln. Diese Arbeit wurde auf der 12. und 13. Tagung des Parteivorstandes fortgesetzt und besonders die Frage des ideologischen Kampfes in den Vordergrund der Parteiarbeit gerückt. Die der 13. Tagung folgende Parteidiskussion, in der eine Reihe grundsätzlicher Fragen geklärt wurde (unser Verhältnis zur Sowjetunion, zum Marxismus-Leninismus, der Weg zum Sozialismus, die falsche Theorie des besonderen deutschen Weges, die Entartung der jugoslawischen Parteiführer, das Bündnis mit der Bauernschaft, die Rolle der Partei, die Bedeutung und Aufgaben der Betriebsgruppenarbeit u. a.), hat gezeigt, daß die Partei bereits ein beachtliches theoretisches Niveau und eine weitgehende ideologische Einheit erreicht hat. Die Meinungsverschiedenheiten, die zum Austrag gebracht wurden, zeigten, daß der frühere ideologische Unterschied zwischen Kommunisten und Sozialdemokraten weitgehend verschwunden ist und daß in der Partei zahlreiche neue Kräfte herangewachsen sind, die keiner der alten Parteien angehört haben. Die Parteidiskussion hat ebenso wie die praktische Parteiarbeit bewiesen, daß das bisherige Prinzip der paritätischen Besetzung aller führenden Funktionen sich überlebt hat und zu einem Hemmschuh für die zweckmäßige Einsetzung der Kräfte geworden ist.

Die Parteidiskussion hat zugleich Klarheit darüber geschaffen, daß wir auf dem Wege zu einer Partei neuen Typus, d. h. einer Kampfpartei des Marxismus-Leninismus sind.

2. Die Kennzeichen einer Partei neuen Typus sind:

Die marxisisch-leninistische Partei ist die bewußte Vorhut der Arbeiterklasse. Das heißt, sie muß eine Arbeiterpartei sein, die in erster Linie die besten Elemente der Arbeiterklasse in ihren Reihen zählt, die ständig ihr Klassenbewußtsein erhöhen. Die Partei kann ihre führende Rolle als Vorhut des Proletariats nur erfüllen, wenn sie die marxistisch-leninistische Theorie beherrscht, die ihr die Einsicht in die gesellschaftlichen Entwicklungsgesetze vermittelt. Daher ist die erste Aufgabe zur Entwicklung der SED zu einer Partei neuen Typus die ideologisch-politische Erziehung der Parteimitglieder und besonders der Funktionäre im Geiste des Marxismus-Leninismus.

Die Rolle der Partei als Vorhut der Arbeiterklasse wird in der täglichen operativen Leitung der Parteiarbeit verwirklicht. Sie ermöglicht es, die gesamte Parteiarbeit auf den Gebieten des Staates, der Wirtschaft und des Kulturlebens allseitig zu leiten. Um dies zu erreichen, ist die Schaffung einer kollektiven operativen Führung der Partei durch die Wahl eines Politischen Büros (Politbüro) notwendig.

Die marxistisch-leninistische Partei ist die organisierte Vorhut der Arbeiterklasse. Alle Mitglieder müssen unbedingt Mitglied einer der Grundeinheiten der Partei sein. Die Partei stellt ein Organisationssystem dar, in dem sich alle Glieder den Beschlüssen unterordnen. Nur so kann die Partei die Einheit des Willens und die Einheit der Aktion der Arbeiterklasse sichern.

Die marxistisch-leninistische Partei ist die höchste Form der Klassenorganisation des Proletariats. Die Partei, in der die besten Menschen der Klasse zusammengefaßt sind, die mit der Theorie des Marxismus-Leninismus, mit der Kenntnis der Gesetze des Klassenkampfes und mit der Erfahrung der revolutionären Bewegung gewappnet sind – hat die Möglichkeit und ist berufen und verpflichtet, alle anderen Organisationen der Werktätigen dadurch zu leiten, daß die Parteimitglieder vorbildliche Arbeit in diesen Massenorganisationen leisten.

Die Partei verkörpert die Verbindung des Vortrupps der Arbeiterklasse mit den Millionenmassen der Arbeiter und der übrigen Werktätigen. Darum darf sie sich nicht von den Massen abkapseln und isolieren, sondern muß ihre Verbindungen mit ihnen festigen und das Vertrauen und die Unterstützung der breiten Masse verstärken.

Um die führende Rolle der Partei sicherzustellen und die Partei vor Schwankungen zu bewahren, ist die Einführung einer Kandidatenzeit für die Aufnahme in die Partei erforderlich. Diese Kandidatenzeit soll es dem Kandidaten ermöglichen, sich mit dem Programm und den Statuten, der Politik und Taktik der Partei vertraut zu machen und sich in der Parteiarbeit und in der Arbeit in den Massenorganisationen im Sinne der Partei zu bewähren.

Die marxistisch-leninistische Partei beruht auf dem Grundsatz des demokratischen Zentralismus. Dies bedeutet die strengste Einhaltung des Prinzips der Wählbarkeit der Leitungen und Funktionäre und der Rechnungslegung der Gewählten vor den Mitgliedern. Auf dieser innerparteilichen Demokratie beruht die straffe Parteidisziplin, die dem sozialistischen Bewußtsein der Mitglieder entspringt. Die Parteibeschlüsse haben ausnahmslos für alle Parteimitglieder Gültigkeit, insbesondere auch für die in Parlamenten, Regierungen, Verwaltungsorganen und in den Leitungen der Massenorganisationen tätigen Parteimitglieder.

Demokratischer Zentralismus bedeutet die Entfaltung der Kritik und Selbstkritik in der Partei, die Kontrolle der konsequenten Durchführung der Beschlüsse durch die Leitungen und die Mitglieder.

Die Duldung von Fraktionen und Gruppierungen innerhalb der Partei ist unvereinbar mit ihrem marxistisch-leninistischen Charakter.

Die marxistisch-leninistische Partei wird durch den Kampf gegen den Opportunismus gestärkt. Die Arbeiterklasse ist keine nach außen abgeschlossene Klasse. Der Geist des Opportunismus wird ständig durch bürgerliche Kräfte in sie hineingetragen und ruft dadurch Unsicherheit und Schwankungen in ihren Reihen hervor. Deshalb ist der schonungslose Kampf gegen alle opportunistischen Einflüsse die unerläßliche Voraussetzung für die Stärkung der Kampfkraft der Partei.

Höchste Klassenwachsamkeit ist unbedingte Pflicht eines jeden Parteimitgliedes. Durch sie muß auch das Eindringen von Spionen, Agenten der Geheimdienste und des Ostbüros Schumachers in die Partei und die demokratischen Organe verhindert werden.

Die marxistisch-leninistische Partei ist vom Geiste des Internationalismus durchdrungen. Dieser Internationalismus bestimmt ihren Platz in der weltweiten Auseinandersetzung zwischen den Kriegshetzern und den Friedenskräften, zwischen Reaktion und Fortschritt, zwischen Kapitalismus und Sozialismus. In diesem Kampfe steht die marxistisch-leninistische Partei eindeutig im Lager der Demokratie und des Friedens, an der Seite der Volksdemokratien und der revolutionären Arbeiterparteien der ganzen Welt. Sie erkennt die führende Rolle der Sowjetunion und der KPdSU (B) im Kampfe gegen den Imperialismus an und erklärt es zur Pflicht jedes Werktätigen, die sozialistische Sowjetunion mit allen Kräften zu unterstützen.

Quelle: Dokumente der SED, Bd. II, Berlin (O) 1951, S. 179 ff.

107. Beschluß der Zweiten Parteikonferenz der SED
(vom Juli 1952)

[. . .]

Der Kampf um einen Friedensvertrag und gegen den von der Bonner Vasallenregierung unterzeichneten Generalkriegsvertrag erfordert, daß das deutsche Volk unter Führung der Arbeiterklasse die Sache der Erhaltung des Friedens und der Wiederherstellung der Einheit Deutschlands, die Schaffung eines einigen, demokratischen friedliebenden und unabhängigen Deutschlands in seine eigenen Hände nimmt.

Daraus ergibt sich:

Erstens: Der nationale Befreiungskampf gegen die amerikanischen, englischen und französischen Okkupanten in Westdeutschland und für den Sturz ihrer Vasallenregierung in Bonn ist die Aufgabe aller friedliebenden und patriotischen Kräfte in Deutschland. Es gilt, alle Maßnahmen der Kriegstreiber zu entlarven sowie jener Elemente, die die Vorbereitung eines neuen Krieges zu rechtfertigen suchen.

Zweitens: Die Schaffung der Aktionseinheit der kommunistischen, sozialdemokratischen, christlichen und parteilosen Arbeiter, das Bündnis der Arbeiterklasse mit den werktätigen Bauern und der Zusammenschluß aller deutschen Patrioten in der Friedensbewegung und in der Nationalen Front des demokratischen Deutschland ist die vordringlichste Aufgabe.

[. . .]

Drittens: Die Stärkung der brüderlichen Solidarität mit der Kommunistischen Partei Deutschlands, die ihre Reihen festigt und alle Anstrengungen unternimmt, damit sie ihre geschichtliche Aufgabe in den vordersten Reihen der nationalen Befreiungsbewegung in Westdeutschland erfüllen kann, ist die Pflicht aller patriotischen Kräfte in der Deutschen Demokratischen Republik.

Viertens: Die Sicherung des Friedens, des demokratischen Fortschritts und des sozialistischen Aufbaus in der Deutschen Demokratischen Republik und in Berlin gegenüber Aggressionsakten vom Westen erfordert die Festigung und Verteidigung der Grenzen der Deutschen Demokratischen Republik, die Stärkung der demokratischen Volksmacht, der demokratischen Ordnung und Gesetzlichkeit und die Organisierung bewaffneter Streitkräfte, die mit der neuesten Technik ausgerüstet und imstande sind, die Errungenschaften der Werktätigen vor einem imperialistischen Angriff zu schützen.

Fünftens: Es gilt, die Freundschaft mit der Sowjetunion, dem Bollwerk des Friedens, der Demokratie und des Sozialismus in der ganzen Welt, sowie die Freundschaft mit der Chinesischen Volksrepublik und mit den volksdemokratischen Ländern in Europa und Asien weiter zu festigen.

[. . .]

Die II. Parteikonferenz stellt fest:

Sechstens: *Die politischen und die ökonomischen Bedingungen sowie das Bewußtsein der Arbeiterklasse und der Mehrheit der Werktätigen sind so weit entwickelt, daß der Aufbau des Sozialismus zur grundlegenden Aufgabe in der Deutschen Demokratischen Republik geworden ist. Das deutsche Volk, aus dem die bedeutendsten deutschen Wissenschaftler Karl Marx und Friedrich Engels, die Begründer des wissenschaftlichen Sozialismus, hervorgegangen sind, wird unter der Führung der Arbeiterklasse die großen Ideen des Sozialismus verwirklichen:*

Siebentens: Das Hauptinstrument bei der Schaffung der Grundlagen des Sozialismus ist die Staatsmacht. Deshalb gilt es, die volksdemokratischen Grundlagen der Staatsmacht ständig zu festigen. Die führende Rolle hat die Arbeiterklasse, die das Bündnis mit den werktätigen Bauern, der Intelligenz und anderen Schichten der Werktätigen geschlossen hat. Es ist zu beachten, daß die Verschärfung des Klassenkampfes unvermeidlich ist und die Werktätigen den Widerstand der feindlichen Kräfte brechen müssen.

Achtens: *Der Aufbau des Sozialismus erfordert:*

a) Durchführung der grundsätzlichen Aufgaben der Volksmacht: den feindlichen Widerstand zu brechen und die feindlichen Agenten unschädlich zu machen; die Heimat und das Werk des sozialistischen Aufbaus durch die Organisierung bewaffneter Streitkräfte zu schützen; ihre Funktion als Instrument des Aufbaus des Sozialismus auszuüben.

Die Stärkung der demokratischen Staatsmacht ist zu einer dringenden Notwendigkeit geworden. Es ist eine Verwaltungsreform durchzuführen, die eine engere Verbundenheit der staatlichen Verwaltungsorgane mit den Volksmassen, die systematische Anleitung dieser Organe und eine strenge Kontrolle der Durchführung der Gesetze und Verordnungen der Volkskammer und der Regierung sichert. Es ist notwendig, die Bevölkerung zur Achtung der demokratischen Gesetzlichkeit und zum Schutze des sozialistischen Eigentums zu erziehen und die demokratische Ordnung allseitig zu festigen.

[. . .]

d) Den Landarbeitern und werktätigen Bauern, die sich auf völlig freiwilliger Grundlage zu Produktionsgenossenschaften zusammenschließen, ist die notwendige Hilfe zu gewähren und dadurch zugleich das Bündnis der Arbeiterklasse mit den werktätigen Bauern zu festigen.

[. . .]

e) Die Lösung der großen Aufgaben des sozialistischen Aufbaus erfordert die Heranbildung einer neuen Intelligenz aus den Reihen der Jugend und der Aktivisten des Neuaufbaus. Es ist eine hohe Pflicht der erwachsenen Arbeiter und der technischen Intelligenz, die junge Generation zu lehren und anzuhalten, damit sie Meister ihres Faches wird und Kämpfer für den Sozialismus. Das sektiererische Verhalten zur alten Intelligenz, die loyal und angestrengt an der Durchführung des Fünfjahrplans arbeitet, muß überwunden werden.

[. . .]

Die Partei und jedes einzelne ihrer Mitglieder müssen größere revolutionäre Wachsamkeit üben und einen entschiedenen Kampf gegen versöhnlerische Tendenzen gegenüber den

Feinden der Partei und des Volkes führen. Das Verbrechen der Tito-Clique, die verbrecherische Tätigkeit der Gruppe Slansky in der Tschechoslowakei, der Gruppe Gomulka in Polen und die parteifeindliche Haltung Lucas und Georgescus in Rumänien zeigen, wie der Feind seine verbrecherische Tätigkeit in unseren Reihen durchzuführen versucht. Dagegen kann sich die Partei nur schützen durch einen entschiedenen Kampf gegen Versöhnlertum gegenüber den Feinden und durch die breite Entfaltung der Kritik und Selbstkritik, durch die Entfaltung der Wachsamkeit aller Parteimitglieder und der Werktätigen.

[. . .]

Elftens: Auf ideologischem Gebiet ist die wichtigste Aufgabe, die Arbeiterklasse und die Masse der Werktätigen mit sozialistischem Bewußtsein zu erfüllen und zugleich den täglichen konsequenten Kampf gegen die bürgerlichen Ideologien zu führen. Die Propagandisten werden verpflichtet, die neuen theoretischen Probleme, wie sie von der II. Parteikonferenz gestellt worden sind, auszuarbeiten und zu popularisieren. Das Studium der Geschichte der KPdSU(B), das die Grundlage unserer gesamten Parteischulung bildet, und das Studium der Werke des Genossen Stalin ist noch gründlicher durchzuführen. Es sind Konsultationen zu veröffentlichen und mündliche Konsultationen in den Parteikabinetten zu organisieren. Im Interesse der Lösung der großen Aufgaben des Aufbaus des Sozialismus gilt es die Freude am wissenschaftlichen Studium zu wecken.

Vorwärts im Kampf für Frieden, Einheit, Demokratie und Sozialismus!

Quelle: Dokumente der Sozialistischen Einheitspartei Deutschlands, Bd. IV, Berlin (O) 1954, S. 70 ff.

108. Beschluß des Dritten Parteitages der SED

(vom 20. bis 24. Juli 1950)

Die Hauptaufgaben des ersten Fünfjahrplanes (1951–1955)

Die Hauptaufgaben des ersten Fünfjahrplans zur Entwicklung der Volkswirtschaft der Deutschen Demokratischen Republik für die Jahre 1951 bis 1955 sind:

1. Im Interesse des gesamten deutschen Volkes und des Kampfes um die Einheit des demokratischen Deutschlands ist eine schnelle Entwicklung der Produktionskräfte der Republik zu gewährleisten. Bis zum Ende des Jahrfünfts muß die friedliche Industrieproduktion im Verhältnis zum Stand des Jahres 1950 ein Ausmaß von 190 Prozent erreichen. Die vorgesehene Erhöhung der industriellen Produktion bedeutet die Verdoppelung der Produktion im Vergleich zum Jahre 1936.

Außerdem ist eine weitere Zunahme der landwirtschaftlichen Produktion und eine entsprechende Entwicklung des Transportwesens, des Handels und des Handwerks zu sichern.

Der volkseigene Sektor, dem die wichtigste Bedeutung in der Wirtschaft zukommt, ist zu entwickeln und zu festigen. Gleichzeitig ist im Interesse des Volkes die Privatinitiative und die Initiative des Unternehmertums im Rahmen der Gesetze zu nutzen.

2. Auf der Grundlage des Wachstums der Produktion und durch die Beseitigung der schweren Kriegsfolgen muß der Vorkriegslebensstandard der Bevölkerung erreicht und zum Ende des Fünfjahrplans bedeutend überschritten werden. Das gilt im besonderen für den Verbrauch von Nahrungsmitteln und wichtigen Industriewaren pro Kopf der Bevölkerung.

3. Im Verlauf des Fünfjahrplans ist ein bedeutender Aufschwung des kulturellen Niveaus der gesamten Bevölkerung, die weitere Entwicklung der Volksbildung und eine Blütezeit der fortschrittlichen deutschen Wissenschaft, Kultur und Kunst zu erreichen.

Das Studium der Arbeiter- und Bauernkinder sowie der Kinder der Geistesschaffenden an Fach- und Hochschulen ist zu fördern, eine neue fortschrittliche Intelligenz heranzubilden, eine breite Nachwuchsschulung in den Berufsschulen zu entfalten, das Schulwesen durch Einführung der Zehnklassenschulen in allen Städten und Industriezentren weiterzuentwickeln.

4. Zur Förderung der Volksgesundheit ist eine größere Zahl von Plätzen in Erholungsstätten, die breite Organisierung der Urlaubsreisen und die Entwicklung der Sportmöglichkeiten sicherzustellen.

Um die weitere Entwicklung des Gesundheitswesens zu gewährleisten, ist der Neubau von Polikliniken, Ambulanzen und Landambulatorien sowie die Ausbildung einer größeren Zahl von qualifizierten medizinischen Fachkräften vorzusehen.

5. Dieser friedliche wirtschaftliche und kulturelle Aufbau der Republik wird ohne ausländische Verschuldung, ohne Krisen und Arbeitslosigkeit durch die eigenen Kräfte des Volkes mit Hilfe der freundschaftlichen Beziehungen und wirtschaftlicher Zusammenarbeit mit der großen Sowjetunion und den Ländern der Volksdemokratie durchgeführt.

6. Durch den friedlichen wirtschaftlichen und kulturellen Aufbau wird die Deutsche Demokratische Republik – das Fundament fur ein einheitliches, friedlichcs und demokratisches Deutschland – gefestigt. Mit der Erfüllung des Fünfjahrplans wird ein wuchtiger Schlag gegen die Kolonialpolitik der imperialistischen Westmächte in Deutschland geführt sowie die Vereinigung des gesamten deutschen Volkes auf der Grundlage eines einheitlichen, demokratischen und friedliebenden Deutschlands gesichert.

Quelle: Dokumente der SED, Bd. 3, Berlin (O) 1952, S. 132 f.

109. Daten zum ersten Fünfjahrplan

Investitionen im Zeitraum von 1950 bis 1955

Investitionsplanung für die gesamte Zeitperiode

Investitionen insgesamt:	28,6 Milliarden DM-Ost
davon Bergbau und Industrie	15,4 Milliarden DM-Ost
Wohnungsbau	3,5 Milliarden DM-Ost
Transportwesen	2,8 Milliarden DM-Ost
Land-, Forst- und Wasserwirtschaft	1,8 Milliarden DM-Ost
Handel	0,5 Milliarden DM-Ost
Soziale und kulturelle Zwecke	4,6 Milliarden DM-Ost

Kürzung des geplanten Investitionsvolumens im Juni 1953 („Neuer Kurs“)

Neuer Planansatz:

Investitionen insgesamt	23,1 Milliarden DM-Ost

Investitionen im Planjahr 1955

Investitionen insgesamt	5,9 Milliarden DM-Ost
davon: Staatliche Investitionen	4,870 Milliarden DM-Ost
dagegen 1950:	2,209 Milliarden DM-Ost

Entwicklung der Investitionen insgesamt und nach Wirtschaftsbereichen in den Jahren 1951 bis 1955 (Erster Fünfjahrplan)

Jahr	Investitionen insgesamt		Entwicklung der einzelnen Investitionsbereiche 1950 = 100						
	Mrd. DM-Ost	1950 = 100	Industrie	Land-, Forst- und Wasserwirtschaft	Verkehr	Handel und Versorgung	Bildungs- und Kulturwesen	Gesundheitswesen	Wohnungsbau
1951	3,13	141,7	153,0	122,5	166,3	280,6	129,2	179,4	152,0
1952	4,30	194,7	209,7	170,0	261,3	274,6	138,3	176,2	247,6
1953	5,32	241,1	249,1	347,1	254,6	344,0	131,7	271,6	455,9
1954	5,00	226,2	217,3	336,4	254,6	355,8	164,7	239,3	447,1
1955	5,85	264,8	245,6	356,7	327,6	717,2	123,8	242,4	476,6

Anteil der einzelnen Wirtschaftsbereiche an den Gesamtinvestitionen des ersten Fünfjahrplanes
(Gesamtinvestitionen = 100,0)

Industrie insgesamt	48,5 v. H.	Wohnungsbau	13,2 v. H.
davon staatlicher Sektor	43,9 v. H.	Transportwesen	13,1 v. H.
darunter Grundstoffindustrie	29,9 v. H.	Land-, Forst- und Wasserwirtschaft	9,5 v. H.
metallverarbeitende Industrie	6,4 v. H.	Handel	1,2 v. H.
Leichtindustrie	2,8 v. H.	Erziehungswesen	3,8 v. H.
Lebensmittelindustrie	4,8 v. H.	Gesundheitswesen	1,9 v. H.
		Sonstiges	8,8 v. H.

Quelle: H. Kalus, Wirtschaftszahlen aus der SBZ, Bonn [2]1960, S. 120 (zusammengestellt nach DDR-Statistiken).

110. Beschäftigte nach Stellung im Beruf und Eigentumsformen der Betriebe
(in den Jahren 1945, 1952 und 1955 in der DDR – ohne Lehrlinge)

	Dez. 1945[1])	1952[2])	1955[2])
Beschäftigte insgesamt	5 806 284	7 309 659	7 766 216
davon:			
Arbeiter und Angestellte	4 074 884	5 461 076	5 994 194
Mitglieder von Produktionsgenossenschaften u. Rechtsanwaltskollegien		39 628	192 787
Selbständige Erwerbstätige	964 209	1 025 116	928 287
Mithelf. Familienangehörige	767 191	783 839	650 948
davon in:			
Volkseigenen Betrieben		3 633 422	4 176 188
Genossenschaften		249 242	466 048
Gesellschaftlichen Organisationen*)		38 661	43 730
Halbstaatlichen Betrieben		–	–
Privatbetrieben		3 388 334	3 089 250

Quelle: 1) St. Doernberg, Die Geburt eines neuen Deutschland, Berlin (Ost) 1959, S. 36 (Angaben d. Statist. Zentralamts)
2) Statistisches Jahrbuch der DDR, Berlin 1962, S. 171 ff.
*) Hierunter fallen Massenorganisationen wie FDGB, FDJ, VdgB usf.

111. Sozialpolitische Richtlinien der SED von 1946

Die sozialpolitische Arbeit der SED gliedert sich in folgende Aufgabengebiete:

1. Recht der Arbeit mit dem Ziel der Sicherung der Arbeitskraft, des Rechts auf Arbeit und der Demokratisierung der Wirtschaft.

2. Sozialversicherung mit dem Ziel der Sozialversorgung.

3. Gesundheitsfürsorge mit dem Ziel der Gesundheitssicherung.

4. Sozialfürsorge mit dem Ziel der sozialen Sicherung.

5. Familienfürsorge mit dem Ziel, die Familie als Grundeinheit der Gesellschaft wiederherzustellen.

6. Wohnungsfürsorge mit dem Ziel der Sicherung der Heimstätte.

7. Umsiedler- und Heimkehrerfürsorge mit dem Ziel der restlosen Einfügung in die Heimat.

1. Arbeitsrecht

Das Arbeitsrecht gliedert sich in die Abschnitte: Koalitionsrecht (Gewerkschaftsrecht), Tarifvertragsrecht, Löhne, Arbeitszeit, Arbeitsvertragsrecht, Arbeitsschutz, Betriebsfürsorge, Aus- und Fortbildung, Arbeitslenkung und Arbeitsvermittlung, Berufsfürsorge, Arbeitsgerichtsbarkeit, Wirtschaftsdemokratie und Betriebsräte.

A. Koalitionsrecht

Uneingeschränktes Koalitionsrecht für alle Arbeiter und Angestellten; Recht, alle gewerkschaftlichen Kampfmittel anzuwenden; Neuordnung des Koalitonsrechts.

B. Tarifvertragsrecht

Fortentwicklung des Tarifvertragsrechts, unter Berücksichtigung der Gesamtinteressen der Werktätigen. Unabdingbarkeit und Unverzichtbarkeit der Tarifvertragsbedingungen. Entscheidung der Arbeitsstreitigkeiten durch tarifvertragliche und Schlichtungsinstanzen bei den Landesarbeitsverwaltungen. Verbindlichkeitserklärung von Schiedssprüchen mit Zustimmung der Beteiligten. Neuregelung des Tarifvertragsrechts. Tarifverträge für Wirtschaftsgebiete oder Wirtschaftszweige zwischen den Gewerkschaften und den öffentlichen Organen der Wirtschaft.

[. . .]

P. Wirtschaftsdemokratie und Betriebsvertretungen (Betriebsräte und Betriebsobleute)

Zentrale Wirtschaftsplanung durch die Zentral- und Landesverwaltungen unter Mitwirkung der antifaschistisch-demokratischen Parteien, der Gewerkschaften, der Genossenschaften, der öffentlich-rechtlichen Wirtschaftsvertregungen. Bildung von Betriebsvertretungen als Pflicht der Betriebsangehörigen und der Gewerkschaften. Wahl der Betriebsvertretung nach demokratischen Grundsätzen; Gesamtbetriebsräte für mehrere Betriebe eines Unternehmens. Vertretung des Betriebsrats (Gesamtbetriebsrats) in den Aufsichtsorganen der Unternehmungen. Auskunftspflicht der Unternehmer. Entlassungsschutz für Betriebsvertretungen (Betriebsräte und Betriebsobleute). Gleichberechtigte Mitbestimmung der Betriebsvertretung in allen Betriebs- und Produktionsfragen. Mitbestimmung bei der Gestaltung der Produktionspläne und der Betriebsorganisation. Schaffung von Arbeitsordnungen zur Durchführung und Ergänzung von Tarifverträgen. Mitbestimmung bei der Einstellung und Entlassung von Arbeitskräften. Entnazifizierung des Betriebes. Überwachung der Arbeitsschutz- und sanitären Einrichtungen, namentlich der Unfallschutzvorrichtungen. Mitbestimmung bei der Verbesserung des Gesundheitsdienstes und des Arbeitsschutzes. Schaffung und Verwaltung von Einrichtungen der Betriebsfürsorge. Sicherung der Rechte der Betriebsvertretungen (Betriebsräte und Betriebsobleute) durch Betriebsvereinbarungen.

[. . .]

Quelle: Dokumente der SED, Bd. 1, Berlin (O) 1952, S. 139 f. (Beschluß des ZK der SED vom 30. 12. 1946).

112. Befehl Nr. 234 der SMAD
„über Maßnahmen zur Erhöhung der Arbeitsproduktivität und zur weiteren Verbesserung der materiellen Lage der Arbeiter und Angestellten der Industrie und des Verkehrswesens“
(vom 9. Oktober 1947)

[. . .]

Die weitere Wiederherstellung und Entwicklung der Industrie und des Verkehrswesens erfordert vor allem eine Erhöhung der Arbeitsproduktivität und eine Festigung der Arbeitsdisziplin. In vielen Werken und Fabriken, Gruben und Eisenbahnen befinden sich die Arbeitsdisziplin und die Arbeitsproduktivität noch auf einem niedrigen Niveau.

Diese Lage steht nicht nur mit den schweren Folgen des aggressiven Hitlerkrieges im Zusammenhang. Sie ist auch eine Folge der ungenügenden Aufmerksamkeit einiger Verwaltungsorgane, Betriebsdirektoren und demokratischer Organisationen in bezug auf die restlose Ausnutzung aller Möglichkeiten für die Verbesserung der Lage der Arbeiter, welche die Hauptkraft der Demokratisierung und des wirtschaftlichen Aufschwunges in der Sowjetischen Besatzungszone sowie für die Entwicklung der Wirtschaft darstellen.

[. . .]

Die Steigerung der Arbeitsproduktivität und die Entfaltung der bewußten eigenen Initiative der Werktätigen für den wirtschaftlichen Aufschwung der Sowjetischen Besatzungszone stellt gegenwärtig das Hauptbindeglied in dem System der Volkswirtschaft und den Schlüssel zur Lösung aller anderen wirtschaftlichen Probleme dar.

Ich befehle:

1. Den Länderregierungen und den deutschen Verwaltungsorganen, den Betriebs- und Fabrikleitern, den Direktoren der Gruben, der Eisenbahn und anderer Betriebe, ihrer Tätigkeit Maßnahmen zur Verbesserung der Arbeit der Produktionsbetriebe und des Transportwesens, zur Steigerung der Arbeitsproduktivität und zum Kampf gegen die Bummelanten sowie zur Verbesserung der Lebenslage der Arbeiter und Angestellten der Industrie und des Transportwesens zugrunde zu legen, wobei insbesondere alle lokalen Hilfsquellen und Möglichkeiten für diesen Zweck festzustellen und auszunutzen sind.

   Ich rufe alle antifaschistischen Parteien, Gewerkschaften und Betriebsräte sowie alle anderen öffentlichen Organisationen und die demokratische Presse auf, die Verwaltungsorgane und Betriebsleitungen bei der Durchführung dieser überaus wichtigen Aufgaben zu unterstützen, damit ein allgemeiner Arbeitsaufschwung in der Sowjetischen Besatzungszone zur Beschleunigung des Wiederaufbaus, zur Entwicklung der Friedenswirtschaft und zur Steigerung des Lebensstandards der Bevölkerung erreicht wird.

[. . .]

4. Die Anwendung von Stück- und Akkordlohn als Mittel zur Steigerung der Arbeitsproduktivität und zur Erhöhung des Lohnes für die Arbeiter ist zu erweitern, vor allem im Erzbergbau, in der Kohlen- und Metallindustrie, im Maschinenbau, in der

elektrotechnischen Industrie und im Eisenbahntransportwesen. Bei der Berechnung der Akkordlöhne sind die in Tarifverträgen garantierten Mindestlöhne zugrunde zu legen.

5. Die Lohnsätze in der Textil- und Bekleidungsindustrie sind zu überprüfen und alle niedrigeren Sätze für Frauenarbeit entsprechend dem in der Sowjetischen Besatzungszone festgelegten Grundsatz „Gleicher Lohn für gleiche Arbeit“ abzuschaffen.

[. . .]

9. Zur Verbesserung der Ernährung von Arbeitern und Angestellten der Betriebe der führenden Industriezweige und des Transportwesens ist ab 1. November 1947 täglich eine warme Mahlzeit über die auf die Hauptkarten erhaltenen Rationen hinaus einzuführen, für hochqualifizierte Arbeiter der führenden Betriebe, für Arbeiter in körperlich schwerer und gesundheitsschädlicher Arbeit sowie für Ingenieure und Techniker nach den Normen für warmes Essen der ersten Gruppe, für die übrigen Arbeiter und Angestellten dieser Betriebe nach den Normen für warmes Essen zweiter Gruppe.

[. . .]

Es ist vorzusehen, daß Betriebe, die durch eigene Schuld ihren Produktionsplan systematisch nicht erfüllen und sich um eine Verbesserung ihrer Arbeit nicht bemühen, auf Vorschlag der Länderregierungen und nach Bestätigung durch die zuständigen Organe der SMA zeitweilig von der zusätzlichen warmen Verpflegung ausgeschlossen werden können.

10. Die Arbeiter und Angestellten der führenden Betriebe der Sowjetischen Besatzungszone sollen bevorzugt mit Industriewaren versorgt werden, wobei die Qualitätsleistungen dieser Betriebe zu berücksichtigen sind.

Die Landesregierungen haben vom vierten Quartal 1947 ab aus den Fonds des Landesbedarfs Stoffe, Kleider, Schuhe und Kohle zum Verkauf auf Bezugscheine, die in den Betrieben ausgestellt werden, freizustellen. Die Betriebsräte und die Gewerkschaftsorganisationen geben im Einvernehmen mit den Betriebsleitern die Bezugscheine für Industriewaren in erster Linie für gute Produktionsleistungen aus.

[. . .]

Quelle: Dokumente 1945–1940, Berlin (O), S. 504 ff.

113. Vereinigung der Betriebsräte mit den Betriebs-Gewerkschaftsleitungen (1948)

Eine Vereinbarung des FDGB-Vorstandes mit der Hauptverwaltung Arbeit und Sozialfürsorge in der DWK

Die Bitterfelder Zonenkonferenz des FDGB der sowjetisch besetzten Zone nahm die aus tausenden Betrieben vorliegenden Wünsche auf Übertragung der Rechte und Pflichten aus dem Kontrollratsgesetz Nr. 22 auf die Betriebs-Gewerkschaftsleitungen entgegen.

Nach gründlicher Diskussion beschloß die Bitterfelder Zonenkonferenz, dem Bundesvorstand den Auftrag zu geben, die nötigen Schritte zur Verwirklichung dieser Vorschläge zu unternehmen.

Die aus den Betrieben kommenden Wünsche und Vorschläge sind das Ergebnis fortschreitenden ideologischen Wachstums der Arbeiterklasse. Denn es kommt darin die Erkenntnis der großen Bedeutung der Gewerkschaften als Klassenorganisation, die in der demokratischen Wirtschaft das Mitbestimmungsrecht der Werktätigen verwirklicht, zum Ausdruck. Gleichzeitig entsprechen diese Beschlüsse der hohen gewerkschaftlichen Organisiertheit der Arbeiterschaft, die in den Betrieben, in denen Belegschaft und Betriebs-Gewerkschaftsgruppe fast identisch sind, nicht mehr zweier Organe mit denselben Aufgaben bedarf.

Eben deswegen wäre es unmöglich, etwa auch in den westlichen Zonen Deutschlands einen ähnlichen Beschluß zu fassen. Dort ist die Organisiertheit der Arbeiterklasse weit geringer als bei uns, und das Mitbestimmungsrecht, auch in Produktionsfragen, durch die Betriebsräte ist erst zu sichern, während wir es bei dem höheren Stand unserer Entwicklung auf die Gewerkschaften übertragen können. Der Bundesvorstand des FDGB hält es für zweckmäßig, in denjenigen Betrieben, in denen die gewerkschaftliche Organisiertheit 80 Prozent und mehr der Belegschaft beträgt, die Betriebsräte mit den Betriebs-Gewerkschaftsleitungen zu vereinigen.

Diese Vereinigung der Betriebsräte mit den Betriebs-Gewerkschaftsleitungen geschieht auf Vereinbarung des Bundesvorstandes des FDGB mit der Hauptverwaltung Arbeit und Sozialfürsorge der DWK. Dabei besteht Übereinstimmung über das Recht der Betriebs-Gewerkschaftsleitungen, mit den Betriebsleitungen Kollektivvereinbarungen über Einführung und Normen des Leistungslohnes, über die Arbeitsbedingungen und über die Sozialpolitik im Betrieb abzuschließen. Dieser Vereinbarung des FDGB-Bundesvorstandes mit der Hauptverwaltung Arbeit und Sozialfürsorge soll baldmöglichst eine Verordnung über die Rechte der Gewerkschaften im Betrieb folgen.

Quelle: Durch politische Klarheit zu schnellen Erfolgen der Gewerkschaften, Bitterfelder Zonenkonferenz des FDGB am 25./26. Nov. 1948, hrsg. v. Bundesvorstand des FDGB, o. O. o. J. (1948), S. 102.

114. Gesetz der Arbeit

zur Förderung und Pflege der Arbeitskräfte, zur Steigerung der Arbeitsproduktivität und zur weiteren Verbesserung der materiellen und kulturellen Lage der Arbeiter und Angestellten

(19. April 1950)

In der Deutschen Demokratischen Republik sind nach dem Zusammenbruch des Naziregimes grundlegende sozial-ökonomische Veränderungen vor sich gegangen. Die Herrschaft der Monopole und Großgrundbesitzer wurde beseitigt und eine neue demokratische Ordnung geschaffen. Die Betriebe der Nazi- und Kriegsverbrecher wurden Volkseigentum. Die Staatsmacht und die Schlüsselpositionen in der Wirtschaft befinden sich in den Händen des werktätigen Volkes. Damit sind die Voraussetzungen geschaffen für einen aktiven Anteil der Millionen Arbeiter, Bauern und der Intelligenz am gesellschaftlichen und wirtschaftlichen Leben. Auf der Grundlage dieser historischen Veränderungen erfolgt der Aufbau unserer Friedenswirtschaft nach einheitlichen Volkswirtschaftsplänen.

Die Erfüllung und Übererfüllung der Wirtschaftspläne durch die gemeinsame Arbeit der Arbeiter, Angestellten, Betriebsleiter, Techniker, Ingenieure und Wissenschaftler hat die Voraussetzung für eine ständige Verbesserung der Lebenslage der Werktätigen in der Deutschen Demokratischen Republik geschaffen. In den volkseigenen Betrieben ist ein neues Verhältnis der Werktätigen zur Arbeit entstanden. Aus ihm entwickelt sich die Aktivisten- und Wettbewerbsbewegung zu einer neuen gesellschaftlichen Kraft. Die Einheit der Arbeiterklasse, die Zusammenarbeit aller demokratischen Parteien und Organisationen und die großzügige politische und materielle Hilfe der Sowjetunion bilden die Grundlage für diese Entwicklung.

Im Gegensatz zu der Entwicklung in der Deutschen Demokratischen Republik wurde in Westdeutschland unter der Herrschaft der anglo-amerikanischen Imperialisten die Macht der Monopole und Junker aufrechterhalten. Die Wirtschaft steht vor einer Krise. Die Erwerbslosigkeit, Ausbeutung und Verelendung der Werktätigen wächst.

Die große Initiative breiter Arbeitermassen, insbesondere der Aktivisten, bei der Entfaltung der Wettbewerbe zur Steigerung der Produktion, der Verbesserung der Qualität, der Senkung der Selbstkosten und der Erhöhung der technisch begründeten Arbeitsnormen in den volkseigenen Betrieben ist der Weg zu einer ständigen Steigerung der Arbeitsproduktivität. Die Deutsche Demokratische Republik sieht es als ihre Pflicht an, diese Masseninitiative mit allen Mitteln zu fördern und den Arbeitern und Angestellten die Erfolge ihrer Arbeit zu sichern. Zur weiteren Festigung des Einflusses der Arbeiterschaft am Aufbau der Deutschen Demokratischen Republik, der Erhöhung der Arbeitsproduktivität als der Grundbedingung für die erfolgreiche Entwicklung der Volkswirtschaft und damit der Erhöhung des materiellen Wohlstandes der Bevölkerung sowie zur Verbesserung des Arbeitsschutzes und der Gesundheit der Arbeiter und Angestellten beschließt die Provisorische Volkskammer der Deutschen Demokratischen Republik dieses Gesetz:

I.
Das Recht auf Arbeit

§ 1

(1) Jeder Bürger der Deutschen Demokratischen Repbulik hat das Recht auf Arbeit. Es muß ihm ein seinen Fähigkeiten entsprechender und zumutbarer Arbeitsplatz nachgewiesen werden.

[. . .]

§ 3

Allen Arbeitenden ist unabhängig von Geschlecht und Alter für gleiche Arbeit gleicher Lohn zu zahlen.

II.
Das Mitbestimmungsrecht der Arbeiter und Angestellten

§ 4

(1) In unserer neuen demokratischen Ordnung, in der die Schlüsselbetriebe dem Volke gehören, wird das Mitbestimmungsrecht der Arbeiter und Angestellten, als die entscheidende Kraft im Staate, in der Führung der Wirtschaft durch die demokratischen staatlichen Organe verwirklicht.

(2) Die freien deutschen Gewerkschaften sind in den Betrieben und Verwaltungen die gesetzlichen Vertreter der Arbeiter und Angestellten zum Schutz ihrer Arbeitsrechte und Interessen in der Produktion, auf dem Gebiete des Arbeitsschutzes, der Einhaltung der im Gesetz festgelegten Arbeitsbedingungen und des Lohnes.

[. . .]

§ 6

Die Betriebsgewerkschaftsleitung ist die Vertretung der Arbeiter und Angestellten im Betrieb. Mitglieder der Betriebsgewerkschaftsleitung dürfen durch die Ausübung des Mitbestimmungsrechtes und ihrer gewerkschaftlichen Tätigkeit keinen Nachteilen ausgesetzt sein. Auf der Grundlage der Beschlüsse des Freien Deutschen Gewerkschaftsbundes und der Gewerkschaften nimmt die Betriebsgewerkschaftsleitung teil an der Arbeit der öffentlichen Organe der Volkskontrolle, indem sie auf die Erfüllung der gesetzlichen Vorschriften im Betrieb achtet.

§ 7

(1) In den volkseigenen Betrieben werden die gegenseitigen Verpflichtungen der Belegschaft und der Werksleitung, die sich aus dem VEB-Plan ergeben, jährlich im Betriebsvertrag niedergelegt.

(2) Die Betriebsgewerkschaftsleitung wirkt bei der richtigen Verteilung und Ausnutzung des Direktorfonds mit.

(3) Die Arbeiter und Angestellten der volkseigenen Betriebe üben ihr Mitbestimmungsrecht bei der Erörterung der VEB-Pläne auf den Belegschaftsversammlungen und in den Produktionsberatungen aus; sie machen entsprechende Vorschläge, die der Entwicklung der Volkswirtschaft der Deutschen Demokratischen Republik dienen.

III.
Steigerung der Arbeitsproduktivität

§ 10

(1) Die Steigerung der Arbeitsproduktivität der volkseigenen Betriebe ist die Grundvoraussetzung für die Erfüllung der Volkswirtschaftspläne. Die Arbeiter und Angestellten der volkseigenen Betriebe übernehmen ihre Verantwortung durch Abschluß des Betriebsvertrages. Alle leitenden Organe der volkseigenen Betriebe sind für die Erreichung der im Plan vorgesehenen Steigerung der Arbeitsproduktivität verantwortlich. Es ist ihre Aufgabe, die Arbeitsorganisation und den Arbeitsablauf ständig zu verbessern, alle Voraussetzungen zur Entfaltung der Aktivisten- und Wettbewerbsbewegung zu schaffen, technisch begründete Arbeitsnormen weiter zu entwickeln und die Produktionstechnik laufend zu verbessern.

(2) Die leitenden Organe sind verpflichtet, die bisher gemachten Erfahrungen in der Arbeitsinstruktion anzuwenden und alle Maßnahmen zu ergreifen, um die Arbeitsmethoden und Erfahrungen der besten Arbeiter, besonders der Aktivisten, auf die anderen Arbeiter im Betrieb und im Industriezweig zu übertragen.

(3) Die leitenden Organe sind verpflichtet, das Vorschlags- und Erfindungswesen auf breiter Basis zu entwickeln und alle technischen Neuerungen in Übereinstimmung mit den Interessen der Deutschen Demokratischen Republik anzuwenden.

§ 11

Die Leiter der volkseigenen Betriebe und Vereinigungen sind verpflichtet, bei der Erstellung der technisch begründeten Arbeitsnormen die Richtlinien des Zentralausschusses für technische Arbeitsnormen (Z TAN) beim *Ministerium für Industrie* der Deutschen Demokratischen Republik anzuwenden. Die technisch begründeten Arbeitsnormen sind im Betriebsvertrag festzulegen.

§ 12

Das *Ministerium für Industrie* kann im Einvernehmen mit dem *Ministerium für Arbeit und Gesundheitswesen* und dem *Zentralvorstand* der zuständigen Gewerkschaft technisch begründete Arbeitsnormen für Gruppen von volkseigenen Betrieben oder für volkseigene ganze Industriezweige für verbindlich erklären.

§ 13

Die Anwendung der hochproduktiven Leistungslohnarbeit (Stücklohnarbeit) auf der Grundlage technisch begründeter Arbeitsnormen ist ständig zu erweitern.

[. . .]

IV.
Förderung der Aktivisten- und Wettbewerbsbewegung

§ 18

(1) Die Aktivistenbewegung ist die wichtigste gesellschaftliche Kraft bei der Erfüllung der Wirtschaftspläne zur Festigung der demokratischen Ordnung. Sie wird von den Gewerkschaften organisiert und geführt. Ihre Förderung ist eine nationale Aufgabe.

[. . .]

V.
Planmäßige Verwendung der Arbeitskräfte

§ 26

(1) Die Erfüllung der Volkswirtschaftspläne erfordert die ständige Bereitstellung neuer Arbeitskräfte.

(2) Die Fachministerien der Deutschen Demokratischen Republik sowie der *Länder* haben Maßnahmen in Verbindung mit dem *Ministerium für Arbeit und Gesundheitswesen*

zu treffen, um die Bereitstellung von Arbeitskräften in den Schwerpunkten der Wirtschaft, insbesondere im Bergbau, planmäßig zu sichern.

Diese Maßnahmen müssen gerichtet sein auf:

a) Einsparung von Arbeitskräften durch bessere Arbeitsorganisation und weitestgehende Mechanisierung des Arbeitsprozesses,

b) Werbung von Arbeitskräften aus dem Kreis der nicht erwerbstätigen Frauen,

c) Verbesserung der betrieblichen Einrichtungen, um eine feste Verbundenheit der Arbeiter mit ihrem Betrieb zu erreichen.

§ 27

(1) Alle Betriebe und Verwaltungen sind verpflichtet, in weitestem Umfang Arbeitsplätze mit weiblichen Arbeitskräften zu besetzen.

(2) Das *Ministerium für Arbeit und Gesundheitswesen* legt dem Ministerrat Durchführungsbestimmungen über die Einbeziehung von Frauen in die Produktion vor. Hierin müssen Verpflichtungen enthalten sein über die Schaffung von Kindergärten und anderen sozialen Einrichtungen, die den Frauen die Arbeit im Betrieb ermöglichen und erleichtern.

[. . .]

Quelle: G. Haas, A. Leutwein, Die rechtliche und soziale Lage der Arbeitnehmer in der SBZ, Anlagenteil, Bonn 1959, S. 5 ff.

115. Beispiel einer Präambel eines Betriebskollektivvertrages

Im Betriebskollektivvertrag des *Berliner Glühlampenwerks* für 1955 (Musterbetriebskollektivvertrag) heißt es in der Präambel:

„Unser Betrieb steht 1955, im letzten Jahr des großen Fünfjahrplans, im Zeichen des Kampfes um die Erhöhung der Rentabilität. Die Hebung der Lebenshaltung der Werktätigen und die Entwicklung der Kultur sind abhängig von der Erhöhung der Produktionsleistungen und von einem strengen Sparsamkeitsregime auf allen Gebieten.

Deshalb gilt es, besonders im Jahre 1955 die Worte der Heldin der Arbeit Frida Hockauf: „Wie wir heute arbeiten, so werden wir morgen leben!" zu verwirklichen. Diese Worte besagen, daß die Sparsamkeit in der Produktion und Verwaltung gleichbedeutend mit wachsendem Wohlstand ist. Erst müssen wir Erfolge bei der Durchsetzung des Sparsamkeitsregimes erreichen, um auf dieser Grundlage die weitere Verbesserung der Lebenslage der Werktätigen durchführen zu können. Es kommt darauf an, die höchsten Ergebnisse mit den niedrigsten Aufwendungen zu erreichen. Das erfordert eine sorgfältige Behandlung des Volkseigentums, systematische Senkung der Kosten, Steigerung der Arbeitsproduktivität, Vervollkommung der Technik, rationelle Verwendung der Arbeitskraft, des Materials und der Hilfsmittel. Dadurch tragen wir zur Erhöhung der sozialistischen

Akkumulation und für die Abführung der akkumulierten Mittel an den Staatshaushalt bei, um die Maßnahmen zur Erweiterung der Produktion und zur Verbesserung der Lebenslage der Werktätigen zu finanzieren. Das ist der Weg zum Wohlstand unseres gesamten Volkes, zur Festigung und Stärkung unserer Arbeiter- und Bauernmacht. Damit unterstützen und fördern wir gleichzeitig den Kampf um die Einheit unseres Vaterlandes.

Ein wichtiges Mittel zur Erreichung dieses Zieles ist unser Betriebskollektivvertrag.

[. . .]

Zur Erreichung dieses hohen Zieles verpflichtet sich die Belegschaft des VEB Berliner Glühlampenwerkes:

1. Den innerbetrieblichen Wettbewerb nach dem Beispiel der Kollegen Hesse und Werner aus dem VEB Eisen- und Hüttenwerk Thale auf der Grundlage persönlicher Verpflichtungen von Mann zu Mann, Brigade zu Brigade und Abteilung zu Abteilung breit zu entfalten mit dem Ziel, den Betriebsplan in allen Teilen bei hoher Qualitätsarbeit und Einhaltung der Sortimente 15 Tage vorfristig zu erfüllen, ein strenges Sparsamkeitsregime zu verwirklichen, besonders bei der Verwendung von Energie, um die Einsparung von Material und Hilfsstoffen sowie die Erfüllung des Programms für hochwertige Massenbedarfsgüter zu kämpfen, weiterhin die Exportaufträge termingerecht bei Einhaltung einer hohen Qualität zu erfüllen;
2. im innerbetrieblichen Wettbewerb durch die breite Anwendung von Neuerermethoden, Beteiligung an der Rationalisatoren- und Erfinderbewegung, durch beste Ausnutzung und Verbesserung der Produktionstechnik, besonders um die maximale Auslastung der vorhandenen Kapazitäten, zu kämpfen. Dadurch wird erreicht, daß die Arbeitsproduktivität gesteigert, die Selbstkosten gesenkt und die Ausschußquote auf ein Minimum herabgesetzt wird. Ziel aller Wettbewerbe muß es sein, die größte Rentabilität des Betriebes zu erreichen, um monatlich zusätzliche Mittel über den Plan hinaus dem Staatshaushalt zuführen zu können;
3. die Vorbereitung und Durchführung der Produktionsberatungen zu unterstützen, an den Beratungen teilzunehmen und den Inhalt derselben zu verbessern;
4. in gegenseitiger Erziehungsarbeit dafür zu sorgen, daß eine vorbildliche und sorgfältige Behandlung und Pflege des sozialistischen Eigentums erfolgt;
5. die Arbeitsdisziplin einzuhalten und einen konsequenten Kampf gegen das Bummelantentum zu führen;
6. an der Arbeiterkontrolle auf allen Gebieten, insbesondere auf dem Gebiet der Produktion und der Arbeiterversorgung, aktiv teilzunehmen;
7. den Kampf um die Erhaltung des Friedens und die Wiedervereinigung Deutschlands zu verstärken, noch mehr Delegationen von westberliner und westdeutschen Arbeitern und Gewerkschaftsmitgliedern in unseren Betrieb einzuladen, eigene Delegationen nach Westberlin und Westdeutschland zu entsenden und somit die Aktionseinheit der deutschen Arbeiterklasse herstellen zu helfen;
8. das Bündnis der Arbeiterklasse mit den werktätigen Bauern durch Neuabschluß eines Patenschaftsvertrages mit der LPG „Walter Ulbricht" in Etzin und mit einer MTS zu festigen;

9. die Gewerkschaftsarbeit in den Privatbetrieben durch den Abschluß eines Freundschaftsvertrages mit den Betrieben Chemische Oberflächenveredelung und Firma Raddatz zu unterstützen;

10. den Kampf gegen Bürokratismus und Schlendrian verstärkt zu führen, für die Einhaltung der Gesetze und Verordnungen unserer Regierung zu sorgen und unseren Betrieb gegen Angriffe von Saboteuren und Agenten durch persönlichen Einsatz zu schützen."

Quelle: A. Leutwein, Der Betriebskollektivvertrag in der Sowjetischen Besatzungszone, Bonn 1957, S. 52 f.

116. Um den gerechten Wohnraum

(von Georg Chwalczyk, Zentralverwaltung für deutsche Umsiedler, 1948)

Bereits vor Beginn des zweiten Weltkrieges bestand in Deutschland eine angespannte Situation auf dem Wohnungsmarkt. Der Wohnungsbau trat bereits Jahre vor Ausbruch des Krieges hinter der Neubautätigkeit der Rüstungsindustrie immer mehr in den Hintergrund. Gewaltige Mengen wertvollster Baustoffe wurden bei den Befestigungs- und Bunkerbauten des Westwalles und an anderen Plätzen in die Erde versenkt. Die zivile Bautätigkeit schrumpfte ein und kam schließlich völlig zum Erliegen.

Die heutige Wohnungssituation ist durch diese Umstände mit beeinflußt. Die Zerstörungen des Krieges haben den bereits unzureichenden Wohnraum weiter erheblich verengt. So verlor allein die sowjetische Zone rd. 20 % der 1939 vorhandenen Wohnungen. Die Kriegszerstörungen wirkten sich vor allem in den Städten und Industriezentren aus, während die Landgemeinden insoweit davon betroffen wurden, als sie während der Kampfhandlungen direkt im Kriegsgebiet lagen.

In die uns als Folge der Nazipolitik und des Krieges verbliebene enge Wohnfläche mußten als weitere Kriegsfolge Millionen Umsiedler, in der sowjetischen Zone allein 4,3 Millionen, aufgenommen werden. In dürren Worten bedeutet dies, daß in einer bereits früher unzulänglichen, im Kriege noch geschrumpften Wohnfläche eine trotz der Kriegsverluste um 18,3 % vergrößerte Bevölkerungszahl unterzubringen ist.

Die von der Zentralverwaltung für deutsche Umsiedler verfolgte Politik zielte vom ersten Tage ihres Bestehens dahin, in der sowjetischen Zone die Umsiedler so schnell als möglich wieder seßhaft zu machen. Alle Provisorien wurden vermieden. Der Aufenthalt in Lagern wurde grundsätzlich auf die aus sanitären Gründen notwendige Quarantänezeit beschränkt. Die Ansätze zur Errichtung von Massenlagern und Dauermassenunterkünften wurden überall, wo sie sich als bequeme Lösung des Unterbringungsproblems zeigten, sofort energisch bekämpft. Die Erfolge dieser Arbeit blieben nicht aus. Bis auf geringe Ausnahmen sind die Umsiedler in feste Wohnungen untergebracht worden. Die hierbei von den Wohnungsbehörden geleistete Arbeit kann nicht hoch genug bewertet werden.

Die großen Umsiedlerströme sind verebbt. Die wenigen noch zu erwartenden Transporte können die Situation nicht mehr wesentlich beeinflussen.

Es ist jetzt an der Zeit, zu prüfen, ob die bisher getroffenen Maßnahmen zweckmäßig waren und was im Drange der Ereignisse nur unvollkommen getan und jetzt verbessert werden muß.

Das vom Kontrollrat erlassene Wohnungsgesetz Nr. 18 macht es den deutschen Behörden zur Pflicht, den vorhandenen Wohnraum gerecht zu verteilen. Eine gerechte Verteilung des Wohnraums wird auch immer wieder von den Umsiedlern und ihren Vertretern in den örtlichen sowie Kreis- und Landesumsiedlungsausschüssen gefordert. Die Wohnungsbehörden dürfen diese Forderung nicht überhören und sollten daraus ersehen, daß die augenblickliche Verteilung des Wohnraumes offensichtlich von den Umsiedlern noch nicht als eine gerechte angesehen wird.

Das Wohnungsgesetz kennt grundsätzlich keinen Unterschied zwischen altansässiger Bevölkerung und Umsiedlern. Eine bevorzugte Behandlung bei der Zuwendung von Wohnraum ist auf wenige Bevölkerungskategorien beschränkt. Unter den zu bevorzugenden „Benachteiligten des Naziregimes" werden nicht die Umsiedler verstanden (wie man es manchmal darstellt), sondern die Kämpfer und Opfer des Faschismus, diejenigen, die als Widerstandleistende geschädigt wurden. Die Zahl derjenigen, die auf Vorzugsbehandlung Anspruch erheben dürfen, ist also beschränkt. Für die überwiegende Zahl der Bevölkerung, ob Umsiedler oder Altansässige, gibt es mit Recht keine Bevorzugung, sondern nur das Recht auf unterschiedslose Behandlung und die gleiche Pflicht, sich auf verengtem Raum einzuschränken.

Diese Feststellung der gleichen Rechte und Pflichten ist sehr wichtig. Wer das Unglück hatte, als Umsiedler wohnungslos zu werden, hat grundsätzlich den gleichen Anspruch auf Wohnraum wie der vom Schicksal begünstigte Altansässige. Dieser Anspruch wird den Umsiedlern leider nur zu häufig bestritten. Große Teile der altansässigen Bevölkerung haben noch nicht einsehen wollen, daß es ihre Pflicht ist, sich auf einen gegen früher verkleinerten, heute aber „gerechten" Wohnraum zu Gunsten der Umsiedler zu beschränken. Immer aufs neue ist zu beobachten, daß der alte, heute „ungerecht" gewordene Wohnraum zäh und unter Ausnutzung aller „weichen" Stellen der Gesetze und Verordnungen verteidigt wird. Hätten alle Wohnungsbehörden vor diesem uns als Erbe der Nazis überlassenen bürgerlichen Egoismus kapituliert, die Umsiedler stünden noch in Scharen als Obdachlose auf der Straße.

Trotz allen Eifers der Behörden und der sie unterstützenden Organisationen der Öffentlichkeit sind wir aber noch immer weit von einer wirklich gerechten Wohnraumverteilung entfernt. Von Gerechtigkeit kann dort keine Rede sein, wo die Altbevölkerung unter „Einschränkung" nur die Abgabe von unheizbaren Kammern, Bodenräumen und ähnlichen „Quartieren" versteht. Es wird leider auch kein Geheimnis damit ausgesprochen, wenn behauptet wird, daß viele Wohnungsbehörden nur mangelhaft über Umfang und tatsächliche Nutzung der in ihren Bezirken vorhandenen Wohnräume informiert sind. Es gibt zwar Erhebungen, Statistiken und Wohnraumkarteien allerorts, aber ihre Zuverlässigkeit und die Methode ihrer Auswertung lassen oft zu wünschen übrig.

In mehr als einem Fall haben sich Wohnungsbehörden nicht als Anwälte des Gesetzes und der Gerechtigkeit gezeigt, sondern sich schützend vor die Egoisten und Einsichtslosen gestellt. Es ist kein Zufall, daß in den Fällen, wo diese Zustände von höheren Stellen festgestellt wurden, man glaubt, sich auf das „Recht der Selbstverwaltung" berufen zu dürfen, um unliebsame Eingriffe in die idyllische Praxis verschlafener Behörden abzuwehren. Wir gehen kaum fehl, wenn wir behaupten, daß es sich hier um falsche Anwendung des richtigen Selbstverwaltungsprinzips, zumeist um eine ängstlich bewahrte Selbstverwaltung der altansässigen, gut situierten Bürger handelt, die man für verteidigungswert hält. Die an solchen Orten meist ebenso zahlreichen wie schlecht untergebrachten Umsiedler, deren Stimme bei der „Selbstverwaltung" geflissentlich überhört wird, sind meist ganz anderer Ansicht und werden diese, daran ist nicht zu zweifeln, bei geeigneter Gelegenheit auch laut und deutlich vertreten.

[. . .]

Es muß das Ziel bleiben, jeder Familie einen in sich abgeschlossenen Wohnraum zu beschaffen. Das Hineindrängen der Umsiedlerfamilien in unbequeme Untermietsverhältnisse hat bereits zu großen Unzuträglichkeiten geführt und ist mit die Ursache für das oft zu beobachtende schlechte Verhältnis der Umsiedler zur altansässigen Bevölkerung. Durch Wohnungsteilung und durch Wohnungstausch kann in der Mehrzahl der Fälle Abhilfe geschaffen werden. Die bisher zu beobachtende Scheu der Wohnungsbehörden, diese die Wohnungsverhältnisse klärenden Eingriffe vorzunehmen, muß überwunden werden.

Die endgültige Wiederseßhaftmachung der Umsiedler ist nur zu erreichen, wenn ein menschenwürdiger Wohnraum zur Verfügung gestellt wird. Geschieht dies nicht, kann der Umsiedler nicht heimisch werden, und er wendet die Blicke nicht vorwärts, sondern rückwärts. Er wird zum Element der Unruhe und der Unzufriedenheit und bald ein Opfer reaktionärer, revanchelüsterner Kräfte. Im Interesse der friedlichen demokratischen Entwicklung muß der Umsiedler zum wieder fest mit seiner Umgebung verbundenen Staatsbürger werden. Wer diese Entwicklung unterstützt, hilft dem Neuen, das im Werden ist, und hilft gleichzeitig denjenigen, die einmal als Heimatlosgewordene zu uns kamen und mit uns gemeinsam leben werden. Gerechter Wohnraum für alle – eine Forderung, die heute das Ziel ist, das morgen erreicht sein muß.

Quelle: Arbeit und Sozialfürsorge. Jg. 3, Nr. 1/2 (1948), S. 30.

117. Kommuniqué des Politbüros der SED
(vom 9. Juni 1953)

Das Politbüro des Zentralkomitees der SED hat in seiner Sitzung vom 9. Juni 1953 beschlossen, der Regierung der Deutschen Demokratischen Republik die Durchführung einer Reihe von Maßnahmen zu empfehlen, die der entschiedenen Verbesserung der Lebenshaltung aller Teile der Bevölkerung und der Stärkung der Rechtssicherheit in der Deutschen Demokratischen Republik dienen. Das Politbüro des ZK der SED geht davon aus, daß seitens der SED und der Regierung der Deutschen Demokratischen Republik in der Vergangenheit eine Reihe von Fehlern begangen wurden, die ihren Ausdruck in Verordnungen und Anordnungen gefunden haben, wie zum Beispiel der Verordnung über die Neuregelung der Lebensmittelkartenversorgung, über die Übernahme devastierter landwirtschaftlicher Betriebe, in außerordentlichen Maßnahmen der Erfassung, in verschärften Methoden der Steuererhebung usw. Die Interessen solcher Bevölkerungsteile wie der Einzelbauern, der Einzelhändler, der Handwerker, der Intelligenz wurden vernachlässigt. Bei der Durchführung der erwähnten Verordnungen und Anordnungen sind außerdem ernste Fehler in den Bezirken, Kreisen und Orten begangen worden. Eine Folge war, daß zahlreiche Personen die Republik verlassen haben.

Das Politbüro hat bei seinen Beschlüssen das große Ziel der Herstellung der Einheit Deutschlands im Auge, welches von beiden Seiten Maßnahmen erfordert, die die Annäherung der beiden Teile Deutschlands konkret erleichtern.

Aus diesen Gründen hält das Politbüro des ZK der SED für nötig, daß in nächster Zeit im Zusammenhang mit Korrekturen des Planes der Schwerindustrie eine Reihe von Maßnahmen durchgeführt werden, die die begangenen Fehler korrigieren und die Lebenshaltung der Arbeiter, Bauern, der Intelligenz, der Handwerker und der übrigen Schichten des Mittelstandes verbessern. Auf der Sitzung am 9. Juni hat das Politbüro Maßnahmen auf dem Gebiet des Handels und der Versorgung, auf landwirtschaftlichem Gebiet und auch hinsichtlich der Erleichterung des Verkehrs zwischen der Deutschen Demokratischen Republik und Westdeutschlands festgelegt.

Um die Erzeugung von Waren des Massenbedarfs zu vergrößern, die von kleinen und mittleren Privatbetrieben hergestellt werden, und um das Handelsnetz zu erweitern, wird vorgeschlagen, den Handwerkern, Einzel- und Großhändlern, privaten Industrie-, Bau- und Verkehrsbetrieben in ausreichendem Umfange kurzfristig Kredite zu gewähren. Die Zwangsmaßnahmen zur Beitreibung von Rückständen an Steuern und Sozialversicherungsbeiträgen, die bis zum Ende des Jahres 1951 entstanden sind, sollen für Klein-, Mittel- und Großbauern, Handwerker, Einzel- und Großhändler, private Industrie-, Bau- und Verkehrsbetriebe, das heißt in der gesamten privaten Wirtschaft, ausgesetzt werden.

Wenn Geschäftseigentümer, die in letzter Zeit ihre Geschäfte geschlossen oder abgegeben haben, den Wunsch äußern, diese wieder zu eröffnen, so ist diesem Wunsch unverzüglich Rechnung zu tragen. Außerdem soll die HO zur besseren Versorgung der Bevölkerung sofort Agenturverträge mit dem privaten Einzelhandel abschließen.

Das Politbüro schlägt ferner vor, daß die Verordnungen über die Übernahme devastierter landwirtschaftlicher Betriebe aufgehoben werden und die Einsetzung von Treuhändern wegen Nichterfüllung der Ablieferungspflichten oder wegen Steuerrückständen untersagt wird. Die Bauern, die im Zusammenhang mit Schwierigkeiten in der Weiterführung ihrer Wirtschaft ihre Höfe verlassen haben und nach Westberlin oder nach Westdeutschland geflüchtet sind (Kleinbauern, Mittelbauern, Großbauern), sollen die Möglichkeit erhalten, auf ihre Bauernhöfe zurückzukehren. Ist das in Ausnahmefällen nicht möglich, so sollen sie vollwertigen Ersatz erhalten.

[. . .]
Das Politbüro schlägt ferner vor, daß alle im Zusammenhang mit der Überprüfung der Oberschüler und der Diskussion über die Tätigkeit der Jungen Gemeinde aus den Oberschulen entfernten Schüler sofort wieder zum Unterricht zuzulassen sind und daß ihnen die Möglichkeit gegeben wird, die versäumten Prüfungen nachzuholen. Ebenso sollen die im Zusammenhang mit der Überprüfung der Oberschulen ausgesprochenen Kündigungen und Versetzungen von Lehrern rückgängig gemacht werden. Die in den letzten Monaten ausgesprochenen Exmatrikulationen an Hochschulen und Universitäten sollen sofort überprüft und bis zum 20. Juni 1953 entschieden werden. Bei Immatrikulationen an den

Hochschulen und Universitäten dürfen befähigte Jugendliche aus den Mittelschichten nicht benachteiligt werden.

Ferner empfiehlt das Politbüro der Regierung der Deutschen Demokratischen Republik, die Justizorgane zu beauftragen, diejenigen Verurteilten sofort zu entlassen, die nach dem Gesetz zum Schutz des Volkseigentums zu ein bis drei Jahren verurteilt worden sind, mit Ausnahme der Fälle, in denen schwere Folgen eintraten.

[...]

Quelle: Dokumente der Sozialistischen Einheitspartei Deutschlands, Bd. IV, Berlin (O) 1954, S. 428–31.

118. „Neues Deutschland" vom 17. Juni 1953 zu den Ereignissen am Vortage

Eine ernste Lehre – Nur engste Verbundenheit mit den Massen verhindert Provokationen

Berlin (Eig. Bericht). *Am Dienstag ließ sich ein Teil der Bauarbeiter des demokratischen Sektors von Berlin zu einer Demonstration verleiten, die von den in Westberlin sitzenden Urhebern als Provokation zur Störung der immer stärker werdenden Verständigungsbewegung unter den Deutschen gedacht war.* Unsere eigenen Fehler, die unzulässigen administrativen Maßnahmen der Baubetriebsleitungen zur Erhöhung der Normen, die sich in vielen Fällen in direkten Lohnkürzungen für die Bauarbeiter auswirkten, hatten den Provokateuren einen günstigen Boden für ihre Umtriebe geschaffen.

Diese unstatthaften und schädlichen administrativen Methoden zur Erhöhung der Arbeitsnormen traten in den letzten Wochen in vielen Betrieben zutage. Das Politbüro der SED schlug deshalb am gestrigen Tage vor, daß der Beschluß der Regierung vom 28. Mai gemeinsam mit den Gewerkschaften überprüft werden soll, und daß die von den einzelnen Ministerien angeordnete obligatorische Erhöhung der Arbeitsnormen als unrichtig aufzuheben ist.

Die Erregung der Berliner Bauarbeiter über die falsche, teilweise gewalttätige Form der Normenfestsetzung auf zahlreichen Baustellen wurde von den in Westberlin sitzenden Feinden des friedlichen Aufbaus der DDR und im demokratischen Sektor Berlins und ihren Agenten dazu benutzt, einen Teil der Bauarbeiter des demokratischen Sektors von Berlin, teilweise durch üble Methoden der Gewalt und Verhetzung, zum Verlassen ihrer Baustellen zu veranlassen. Einem jugendlichen Bauarbeiter wurde z. B. das Fahrrad weggenommen und ihm zugerufen: „Mitkommen, sonst kriegst du es nicht wieder!"

Am Fernheizwerk versuchte ein Mann im braunen Zivilanzug, der einen großen Schäferhund an der Leine führte, die Bauarbeiter zur Arbeitsniederlegung aufzurufen. Als er von Passanten und Bauarbeitern gefragt wurde, wer er sei und was er mit den Bauarbeitern und ihren Normen zu tun habe, verzog er sich unter wüsten Schimpfworten.

Im Verlauf der Demonstration, die ohne jede Behinderung durch die Volkspolizei durchgeführt wurde, konzentrierten die Provokateure ihre Aktivität vor allem darauf, alle Mitteilungen über die Erklärung des Politbüros des ZK der SED unmöglich zu machen. Unter den Linden versuchten die Provokateure, den Demonstrationszug der Bauarbeiter durch das Brandenburger Tor nach Westberlin zu führen. Dies verbrecherische Spiel wurde von den demonstrierenden Bauarbeitern selbst verhindert. Sie stellten sich den Provokateuren entgegen und leiteten ihren Zug in die Wilhelmstraße.

Die Mehrheit der Bauarbeiter des demokratischen Sektors von Berlin hatte die Teilnahme an der Demonstration abgelehnt. An einer Baustelle in der Behrenstraße bedrohten einige Provokateure die Bauarbeiter und schrien sie an, vom Bau herunterzukommen. Ein großer breitschultriger Bauarbeiter trat ihnen ruhig entgegen. „Wir haben euch schon gehört", sagte er, „und beschlossen, daß wir diesen Weg nicht mit euch gehen." Auf der Baustelle ging die Aufbauarbeit weiter. Angewidert von dem verbrecherischen Treiben der Provokateure im Demonstrationszuge, verließen bereits während der Kundgebung am Haus der Ministerien große Gruppen von Bauarbeitern den Zug, so daß zuletzt nur ein Teil der ursprünglichen Demonstranten zur Stalinallee zurückkehrte.

Aus dieser Demonstration der Bauarbeiter ergeben sich eine Reihe ernster Lehren. Die wichtigste ist: es muß endgültig und radikal Schluß gemacht werden mit jeglicher Methode des Administrierens in der Normenfrage. Die Forderungen der Bauarbeiter nach Verbesserung der Arbeitsorganisation und nach Überprüfung tatsächlich falsch berechneter Normen müssen unbedingt beachtet werden. Die IG Bau-Holz des FDGB muß sich dabei zum wirklichen Interessenvertreter der Bauarbeiter machen und darf nicht als Anhängsel der Betriebsleitungen auftreten.

Wenn die westberliner Provokateure glauben, sie könnten die Arbeiter des demokratischen Sektors von Berlin vor ihren Kriegskarren spannen, wie es ihnen für einige Stunden mit einer Gruppe von Bauarbeitern gelungen war, so irren sie sich gewaltig. Die Berliner Werktätigen, einschließlich der Bauarbeiter, scharen sich noch enger um die Regierung der Deutschen Demokratischen Republik, die ihnen den Weg der friedlichen Entwicklung zur Verbesserung des Lebens, zum wachsenden Wohlstand, zur Einheit Deutschlands und Berlins weist.

Das trat besonders in den gestrigen Abendstunden zutage, als die Bevölkerung an der Beruhigung der westberliner Provokateure aktiv teilnahm.

119. Beschluß des ZK der SED: Der neue Kurs und die Aufgaben der Partei

(vom 26. Juli 1953)

I

1. Getragen von der hohen Verantwortung für die beschleunigte Herstellung der Einheit Deutschlands, für die Erhaltung des Friedens in Europa und für das Wohlergehen der Bevölkerung der Deutschen Demokratischen Republik, hat die Sozialistische Einheitspartei Deutschlands in den Beschlüssen des Politbüros vom 9. Juni und des Zentralkomitees vom 21. Juni 1953 eine Änderung des politischen Kurses in der Deutschen Demokratischen Republik vorgeschlagen, die von der Regierung angenommen wurde und zu den Beschlüssen des Ministerrats vom 11. Juni und der folgenden Zeit führte.

Das Wesen des neuen Kurses besteht darin, in der nächsten Zeit eine ernsthafte Verbesserung der wirtschaftlichen Lage und der politischen Verhältnisse in der Deutschen

Demokratischen Republik zu erreichen und auf dieser Grundlage die Lebenshaltung der Arbeiterklasse und aller Werktätigen bedeutend zu heben. Durch die Steigerung der Erzeugung der Nahrungs- und Genußmittelindustrie und der Leichtindustrie auf Kosten der Schwerindustrie; durch die Entfaltung der Initiative des privaten Handels und der Privatindustrie sowie durch die Förderung der bäuerlichen Wirtschaften soll eine Verbesserung der materiellen Lage der Bevölkerung erzielt werden. Das gesamte öffentliche Leben soll weiter demokratisiert und gleichzeitig der Verkehr der Deutschen von Ost und West erleichtert werden. Diese Maßnahmen verfolgen zugleich das große nationale Ziel, die Kräfte des Friedens zu stärken und die Wiedervereinigung Deutschlands voranzubringen.

[. . .]

II
Die faschistische Provokation am 17. Juni

4. Die Verkündung und Durchführung des neuen Kurses hat die Kriegstreiber und Feinde der deutschen Einheit in Verwirrung gebracht und in Wut versetzt. Sie erkannten die große Gefahr, die der neue Kurs für die Verwirklichung ihrer verbrecherischen Kriegspläne, für die Verwirklichung des Generalkriegsvertrages bedeutet, und beschlossen deshalb, den von langer Hand vorbereiteten Tag X beschleunigt festzusetzen, um die Durchführung des neuen Kurses zu stören.

[. . .]

IV
Die Politik der Partei, ihre Erfolge und ihre Fehler

27. Die Partei hat die in der Vergangenheit begangenen Fehler erkannt, anerkannt und offen ausgesprochen, um allen das Wesen des neuen Kurses verständlich zu machen und seine Durchführung zu erleichtern. Dabei war sich die Parteiführung bewußt, daß durch das offenmütige Bekennen der Fehler Schwierigkeiten entstehen konnten. Dennoch entschloß sie sich für diesen Weg und veröffentlichte das Kommuniqué vom 9. Juni, um den neuen Kurs weithin sichtbar zu machen.

Die freimütige Anerkennung der begangenen Fehler vor den breitesten Massen wurde von den Feinden ausgenutzt, um die Partei zu diskreditieren und lügnerisch zu behaupten, die ganze Politik der Partei sei falsch gewesen. Auch diese Behauptung diente dem Zwecke, die Partei von dem neuen Kurs abzubringen. Die Partei ließ und läßt sich jedoch durch keinerlei Verleumdung beirren und von dem Weg abdrängen, den sie als geschichtlich richtig und notwendig erkannt hat.

[. . .]

Quelle: Dokumente der Sozialistischen Einheitspartei Deutschlands, Bd. IV, Berlin (O) 1954, S. 449 ff.

120. Der 17. Juni im Urteil der DDR–Historiographie

Das Scheitern des konterrevolutionären Putsches

Um das Wirksamwerden der von SED und Regierung beschlossenen Maßnahmen zu verhindern, beschleunigte die imperialistische Reaktion die Auslösung des seit langem vorbereiteten konterrevolutionären Putsches. Es war ihr Ziel, die Arbeiter-und-Bauern-Macht durch konterrevolutionäre Aktionen faschistischer Elemente und eingeschleuster Provokateure zu stürzen und dann das Territorium der DDR unter dem militärischen Druck der Westmächte politisch und wirtschaftlich der BRD einzuverleiben. Konrad Adenauer forderte am 14. Juni 1953, alle „Grenzen für den personalen und wirtschaftlichen Verkehr" zwischen der DDR und der BRD zu beseitigen. Am gleichen Tag legte Herbert Wehner das Programm zum Sturz der Arbeiter-und-Bauern-Macht dar. Dazu gehörten die Beseitigung der Regierung der DDR und des Zentralkomitees der SED sowie der Führungen aller anderen Parteien und der Massenorganisationen, die Aufhebung der Grenzsicherung, die Auflösung der Verteidigungs- und Sicherungskräfte der DDR, die Freilassung aller politischen und Wirtschaftsverbrecher, die ungehinderte Einmischung in alle Angelegenheiten der DDR, die Beseitigung ihrer Verwaltungsstruktur.

Die Sonderberaterin für Berliner Fragen im US-Außenministerium, Eleanor L. Dulles, der durch seine barbarische Kriegführung in Korea berüchtigte Chef des Stabes der US-Armee, General Matthew B. Ridgway, und der Staatssekretär im Bundeskanzleramt, Otto Lenz, begaben sich nach Westberlin, um an Ort und Stelle den Putsch zu leiten. Ihnen folgten am 17. Juni die CDU-Politiker Jakob Kaiser und Heinrich von Brentano und der Vorsitzende der SPD, Erich Ollenhauer. Zur gleichen Zeit flog die US-Luftflotte Angehörige der paramilitärischen Deutschen Dienstgruppen nach Westberlin ein, wurde der Bundesgrenzschutz in Alarmbereitschaft versetzt und bezogen amerikanische Panzer an der Staatsgrenze der DDR in Bayern Bereitstellungsräume.

Am 17. Juni 1953 gelang es Agenten der imperialistischen Geheimdienste und faschistischen Provokateuren, die vor allem von Westberlin aus eingeschleust wurden, in Berlin und anderen Städten der DDR Werktätige mehrerer Betriebe zur Arbeitsniederlegung und zu Demonstrationen zu verleiten. In allen Fällen versuchten die Gruppen von Provokateuren, die Führung der Demonstrationen zu übernehmen, Ausschreitungen und Schießereien zu provozieren. Der RIAS rief zum „Generalstreik" auf und sandte verschlüsselte Nachrichten an die Rädelsführer des Putsches. Aufgeputschte Horden krimineller und gekaufter Subjekte forderten die Beseitigung der Regierung, drangen in staatliche Dienststellen, Parteibüros und Warenhäuser ein, zerstörten die Einrichtungen, legten Brände an und besudelten Symbole der DDR und der Arbeiterbewegung. Klassenbewußte Arbeiter, die den Putschisten entgegentraten, wurden niedergeschlagen und mißhandelt. Einige erlagen ihren Verletzungen.

Schon nach 24 Stunden brach der konterrevolutionäre Putsch zusammen. Die marxistisch-leninistische Führung der SED sicherte die Einheit und Schlagkraft der Partei und der sozialistischen Staatsmacht. In wichtigen Zentren der sozialistischen Industrie, wie im Eisenhüttenkombinat Ost, in den Eisenwerken West (Calbe), im Stahl- und Walzwerk Brandenburg und im Zwickau-Oelsnitzer Steinkohlenrevier, wiesen die Arbeiter die faschistischen Provokateure zurück, bildeten Arbeiterwehren und übernahmen unter

Führung der Parteiorganisationen der SED den Schutz der Betriebe. Die in der DDR stationierten sowjetischen Truppen durchkreuzten durch ihr entschlossenes Eingreifen die Absicht des Imperialismus, blutige Auseinandersetzungen zu provozieren, die den Westmächten als Anlaß für eine militärische Intervention dienen sollten. Im Geiste des proletarischen Internationalismus traten Seite an Seite Einheiten der Sowjetarmee, der Schutz- und Sicherheitsorgane der DDR, klassenbewußte Arbeiter und andere Werktätige den Putschisten entgegen und setzten ihrem Wüten ein Ende. Ernüchtert durch den faschistischen Terror und die offen verkündeten konterrevolutionären Ziele der Putschisten, wandte sich die Mehrheit der irregeleiteten Werktätigen bald von ihnen ab und begann zu erkennen, daß sie gegen ihre eigenen Interessen gehandelt hatte.

Mit aussichtsloser konterrevolutionärer Zielstellung begonnen, endete der Putschversuch mit einer Niederlage. Es gelang nicht, die SED zur Aufgabe ihrer Politik des sozialistischen Aufbaus zu veranlassen und das bewährte Bündnis der SED mit den anderen Blockparteien und den Massenorganisationen zu sprengen.

Quelle: DDR, Werden und Wachsen, Berlin (O) 1975, S. 240 ff.

121. Schulpolitische Richtlinien für die deutsche demokratische Schule

(Beschluß des Parteivorstandes der SED vom 24. August 1949)

Für die weitere Entwicklung der gesellschaftlichen Verhältnisse in Deutschland, insbesondere die Festigung der antifaschistisch-demokratischen Ordnung in der SBZ, ist die entschiedene Fortführung der demokratischen Schulreform von wesentlicher Bedeutung. Auf Grund der gesellschaftlichen Veränderungen und der seit 1945 bei der Durchführung der Schulreform gewonnenen Erfahrungen ergibt sich die Notwendigkeit und die Möglichkeit, die bei der Durchführung des Gesetzes zur Demokratisierung der deutschen Schule in der gegenwärtigen Phase der Entwicklung gestellten Aufgaben durch schulpolitische Richtlinien klar zu umreißen.

I. Die politischen Grundaufgaben der deutschen demokratischen Schule

Die gegenwärtige Phase der gesellschaftlichen und politischen Entwicklung ist gekennzeichnet durch die Verschärfung des Kampfes um die nationale Einheit und Unabhängigkeit Deutschlands und den Friedensvertrag, die Festigung der demokratischen Ordnung, die Volkskongreßbewegung und die Nationale Front. Der deutschen demokratischen Schule erwächst daraus die Aufgabe, in entscheidendem Maße die Jugend zu Kämpfern für die Einheit Deutschlands, einen gerechten Frieden und für ein friedliches und freundschaftliches Zusammenleben der Völker, insbesondere mit der Sowjetunion, zu erziehen.

Angesichts der Verschärfung und der Unausweichlichkeit dieses Kampfes können diese Aufgaben nur erfüllt werden, wenn jeder Lehrer und Erzieher alle reaktionären und neofaschistischen, militaristischen, kriegshetzerischen, insbesondere antisowjetischen Einflüsse und Theorien, jeden Glaubens-, Völker- und Rassenhaß bekämpft.

II. Aufgaben und Charakter der deutschen demokratischen Schule in der antifaschistisch-demokratischen Ordnung

Der Kampf um die Einheit Deutschlands und den Frieden erfordert die Sammlung aller nationalen Kräfte. In der SBZ ist von besonderer Bedeutung die Festigung der demokratischen Ordnung durch den wirtschaftlichen und kulturellen Fortschritt, die Erfüllung des Zweijahrplans, die Steigerung der Arbeitsproduktivität und die Ausbildung eines qualifizierten Nachwuchses für Industrie- und Landwirtschaft und die Entwicklung einer neuen Intelligenz.

Die Lösung dieser Aufgaben stellt erhöhte Anforderungen an die Arbeit der Schulen:

1. Die Hebung des Leistungsstandes in allen allgemeinbildenden und berufsbildenden Schulen, die Vertiefung des antifaschistisch-demokratischen Inhalts von Unterricht und Erziehung und die Vermittlung eines allseitigen und systematischen Wissens; Pflege des fortschrittlichen nationalen Kulturgutes.

2. Erziehung der Jugend zu einer neuen Sittlichkeit und Arbeitsdisziplin als Voraussetzung für eine bewußte Einordnung in die neue Gesellschaft.

3. Die Heranbildung einer neuen Intelligenz, besonders aus den Kreisen der Werktätigen.

4. Die Entwicklung politisch bewußter und fachlich hochqualifizierter Lehrer und Erzieher.

Die Kinder und Jugendlichen der breiten Massen der Werktätigen, insbesondere der Arbeiter, der Bauern und der fortschrittlichen Intelligenz, müssen durch unsere Schulen so gebildet und erzogen werden, daß sie willens und fähig sind, die neue demokratische Wirtschaft zu meistern, den neuen demokratischen Staat zu gestalten und zu beherrschen und damit zu Erbauern und Aktivisten unserer demokratischen Gesellschaft, eines neuen Wohlstandes und des Friedens zu werden. Als Schule der demokratischen Ordnung dient die demokratische Schule den Interessen aller fortschrittlichen Menschen, verbessert ihr Wissen und fördert ihre Bildung. Durch ihre Stellung in der demokratischen Gesellschaft hat sie sich über die fortschrittliche bürgerliche Schule hinausentwickelt.

III. Die neuen Organisationsformen der deutschen demokratischen Schule

In ihrem strukturellen Aufbau ist die deutsche demokratische Einheitsschule kein Instrument der Gleichmacherei, sondern die einheitliche Organisation eines vielgestaltigen Schulsystems, das sich organisch und systematisch aufbaut. Dieses System bietet jedem Kinde die Möglichkeit, sich allseitig und stetig auszubilden und entsprechend seinen Fähigkeiten am gesellschaftlichen Aufstieg mitzuwirken.

[. . .]

IV. Rolle und Bedeutung des Lehrers in der demokratischen Schule als Lehrer des Volkes

Der Lehrer der neuen demokratischen Schule steht im gesellschaftlichen und kulturellen Leben seines Volkes. Er ist nicht mehr der Diener einer herrschenden Minderheit, deren Interesse auf die Erhaltung der bestehenden gesellschaftlichen und kulturellen Zustände gerichtet ist, sondern er erhält seinen Auftrag von den fortschrittlichen Kräften des Volkes und dient als Volkslehrer in allen Stufen der Einheitsschule den werktätigen Schichten und allen Menschen, die sich gemeinsam für den Aufbau, das Wohl und die Befreiung unseres Volkes aktiv einsetzen.

Seine pädagogische Arbeit muß der Lehrer mit dem Kampf um den Aufbau einer neuen demokratischen Gesellschaft verbinden. Für die Gesamtheit der Lehrer und Erzieher gilt der Grundsatz, daß ihre politische Bildung und gesellschaftliche Betätigung entsprechend ihrer beruflichen und politischen Vorbildung unerläßliche Voraussetzung für ihre fachliche Qualifikation darstellt.

Die neue demokratische Schule fordert den politisch bewußten und wissenschaftlich gebildeten Lehrer. Es ist deshalb notwendig, daß sich jeder Lehrer neben einer guten Allgemeinbildung eine objektive Kenntnis des Marxismus-Leninismus und gründliches Wissen in seinem Unterrichtsfach und in der Erziehungswissenschaft aneignet. Seine fachlich-theoretische Ausbildung muß in lebendiger Verbindung mit der Schulpraxis und der eigenen gesellschaftlichen Tätigkeit erfolgen.

Die schulpolitischen Aufgaben der deutschen demokratischen Schule lassen sich nur mit einem Lehrer lösen, der folgende Grundforderungen erfüllt:

1. Der Lehrer der demokratischen Schule muß sich jederzeit als Kämpfer für die Einheit Deutschlands und einen gerechten Frieden erweisen und vorbehaltlos mit seiner Person den Kampf der Nationalen Front unterstützen.

2. Jeder Lehrer muß ein aufrechter Kämpfer für den Frieden und gegen jede Kriegshetze sein.

3. Jeder Lehrer muß ein wahrhafter Freund der Sowjetunion sein und sich für die Entwicklung eines echten Freundschaftsverhältnisses zur Sowjetunion bei seinen Schülern, den Eltern seiner Schüler und in der Öffentlichkeit bewußt einsetzen.

Jeder Lehrer muß sich des Auftrags der demokratischen Gesellschaft bewußt sein und ihn durch seine führende Rolle in seiner Unterrichts- und Erziehungsarbeit verwirklichen und darum bestrebt sein, sich ständig fachlich zu qualifizieren.

[. . .]

Quelle: Dokumente der SED Bd. 2, Berlin (O) 1951, S. 324 ff.

122. Der Kampf gegen den Formalismus in Kunst und Literatur, für eine fortschrittliche deutsche Kultur

(Entschließung des Zentralkomitees der Sozialistischen Einheitspartei Deutschlands, angenommen auf der V. Tagung vom 15. bis 17. März 1951)

Die Zerschlagung des Hitlerfaschismus und die Befreiung des deutschen Volkes durch die ruhmreiche Sowjetarmee schufen die Voraussetzungen für die grundlegenden demokratischen Umwandlungen, die in der Deutschen Demokratischen Republik die großen Erfolge auf allen Gebieten des wirtschaftlichen, politischen und kulturellen Lebens ermöglichten. Durch die Verordnung über die Erhaltung und die Entwicklung der deutschen Wissenschaft und Kultur, die weiteren Verbesserungen der Lage der Intelligenz und die Steigerung ihrer Rolle in der Produktion und im öffentlichen Leben vom 31. März

1949 und die Verordnung zur Entwicklung einer fortschrittlichen demokratischen Kultur des deutschen Volkes und zur weiteren Verbesserung der Arbeits- und Lebensbedingungen der Intelligenz vom 16. März 1950 sind Voraussetzungen für die Entfaltung einer wahrhaft demokratischen Kultur in Deutschland geschaffen worden.

Die Hauptaufgabe auf kulturpolitischem Gebiet wurde in der Entschließung des III. Parteitages der Sozialistischen Einheitspartei Deutschlands „Die gegenwärtige Lage und die Aufgaben der SED" wie folgt formuliert:

„Auch auf dem Gebiet der Kulturpolitik ist der Kampf um den Frieden, um die demokratische Einheit Deutschlands und um die Festigung unserer antifaschistisch-demokratischen Ordnung Mittelpunkt der gesamten Arbeit. Durch die Kulturpolitik werden die Menschen zu wahren Demokraten, zu selbständig und verantwortungsbewußt handelnden Bürgern, zu hochqualifizierten Fachkräften erzogen, die ihr ganzes Können in den Dienst des Friedens, des Fortschritts und der Demokratie stellen.

Diese Erziehung kann nur im unerbittlichen Kampf gegen die kannibalischen Lehren der imperialistischen Kriegshetzer erfolgen. Jeder Versuch, diese feindlichen Ideologien objektivistisch darzustellen, bedeutet eine Verbreitung und damit Hilfe für diese Ideologien. Darum ist es die entscheidende kulturpolitische Aufgabe, einen radikalen Umschwung auf allen Gebieten des kulturellen Lebens zu erzielen und mit der Lauheit und dem Versöhnlertum unerbittlich Schluß zu machen."

Die Lösung der großen Aufgaben des Fünfjahrplans erfordert verstärkte Bemühungen zur weiteren Hebung des kulturellen Niveaus der Stadt- und Landbevölkerung und die Herstellung einer engeren Verbindung zwischen Wissenschaft, Kunst und Literatur mit dem werktätigen Volk.

Der Kampf gegen die Remilitarisierung, für die Wiederherstellung der Einheit Deutschlands auf demokratischer Grundlage und für Abschluß eines Friedensvertrages mit Deutschland im Jahre 1951 ist die wichtigste Aufgabe des gesamten deutschen Volkes. Diese Aufgabe kann nur in entschiedenem Kampf gegen den kriegslüsternen amerikanischen Imperialismus gelöst werden, der bereits den Weg offener und brutaler Kriegsprovokationen beschritten hat.

Kulturelle Erfolge in der Deutschen Demokratischen Republik

Das Zentralkomitee der Sozialistischen Einheitspartei Deutschlands stellt fest, daß in der Deutschen Demokratischen Republik auch auf dem Gebiete der Kunst und Literatur Leistungen erzielt wurden, auf die alle fortschrittlichen Deutschen mit Recht stolz sind.

Dazu gehören die Werke der Schriftsteller und Dichter Arnold Zweig, Johannes R. Becher, Bertolt Brecht, Anna Seghers, Bernhard Kellermann, Friedrich Wolf und Willi Bredel, Erich Weinert, Hans Marchwitza, Bodo Uhse, Stephan Hermlin, Kurt Bartel (Kuba), Alfred Kantorowicz, die während der Emigration oder nach 1945 geschrieben und in den letzten Jahren veröffentlicht wurden. Diese Werke haben an der Bewußtseinsänderung des deutschen Volkes einen bedeutenden Anteil. Dazu gehören die „Deutsche Nationalhymne" und eine Reihe von Volks- und Jugendliedern, die von Johannes R. Becher/Hanns Eisler geschaffen wurden.

[. . .]

Schwächen und Mängel der Kulturarbeit

Trotz aller Erfolge hat die Entwicklung auf kulturellem Gebiet nicht mit den großen Leistungen auf wirtschaftlichem und politischem Gebiet Schritt gehalten.

Genosse Johannes R. Becher sagte auf unserem III. Parteitag:

„Es wäre ebenso unsinnig wie schädlich, es abzustreiten oder mit irgendwelchen Beschuldigungen zu beschönigen, daß wir Kulturschaffenden in unseren künstlerischen Leistungen bisher noch weit zurückgeblieben sind hinter den Forderungen des Tages, hinter den Forderungen der Epoche. Was haben wir, bis auf wenige Ausnahmen, den Erfolgen der Aktivistenbewegung entgegenzustellen?"

Die Hauptursache für das Zurückbleiben in der Kunst hinter den Forderungen der Epoche ergibt sich aus der Herrschaft des Formalismus in der Kunst sowie aus Unklarheiten über Weg und Methoden des Kunstschaffenden in der Deutschen Demokratischen Republik.

Viele der besten Vertreter der modernen deutschen Kunst stehen in ihrem Schaffen vor dem großen Widerspruch zwischen einem neuen Inhalt und den unbrauchbaren Mitteln der formalistischen Kunst. Um einen neuen Inhalt zu gestalten, muß man den Formalismus überwinden.

Der Formalismus bedeutet Zersetzung und Zerstörung der Kunst selbst. Die Formalisten leugnen, daß die entscheidende Bedeutung im Inhalt, in der Idee, im Gedanken des Werkes liegt. Nach ihrer Auffassung besteht die Bedeutung eines Kunstwerkes nicht in seinem Inhalt, sondern in seiner Form. Überall, wo die Frage der Form selbständige Bedeutung gewinnt, verliert die Kunst ihren humanistischen und demokratischen Charakter.

Eine Formgebung in der Kunst, die nicht vom Inhalt des Kunstwerkes bestimmt wird, führt in die Abstraktion. Eine Formgebung, die der objektiven Wirklichkeit widerspricht, kann die Erkenntnis der objektiven Wirklichkeit nicht vermitteln. Wenn durch die Kunst die Erkenntnis der Wirklichkeit nicht vermittelt wird, dann erfüllt auch die Kunst ihre hohe Mission nicht, da die Kunst nach Karl Marx in allen Entwicklungsetappen der Menschheit die künstlerisch praktische Methode ist, sich die Welt anzueignen, mit anderen Worten, eine Form der Erkenntnis der Wirklichkeit ist.

Die Leugnung der grundlegenden Bedeutung des Inhalts eines Kunstwerkes ist nicht nur ein Zeichen der Rückständigkeit, mit der es für einen wahren Künstler keine Versöhnung geben kann, sondern führt zur Zerstörung der künstlerischen Form. Leugnung des Inhalts und Zerstörung der künstlerischen Form – das bedeutet Zersetzung und Zerstörung der Kunst selbst.

Das wichtigste Merkmal des Formalismus besteht in dem Bestreben, unter dem Vorwand oder auch der irrigen Absicht, etwas „vollkommen Neues" zu entwickeln, den völligen Bruch mit dem klassischen Kulturerbe zu vollziehen. Das führt zur Entwurzelung der nationalen Kultur, zur Zerstörung des Nationalbewußtseins, fördert den Kosmopolitismus und bedeutet damit eine direkte Unterstützung der Kriegspolitik des amerikanischen Imperialismus.

[. . .]

Der Kampf um Realismus in Kunst und Literatur

Um die Herrschaft des Formalismus in der Kunst zu beseitigen, ist es notwendig, eine realistische Kunst zu entwickeln.

„Realismus bedeutet, meines Erachtens, außer der Treue des Details die getreue Wiedergabe typischer Charaktere unter typischen Umständen.“ (Engels an Margaret Harkneß, April 1888.)

Um eine realistische Kunst zu entwickeln, orientieren wir uns am Beispiel der großen sozialistischen Sowjetunion, die die fortschrittlichste Kultur der Welt geschaffen hat.

Genosse Shdanow hat 1934 wie folgt formuliert:

„Genosse Stalin nannte unsere Schriftsteller die Ingenieure der menschlichen Seele. Was heißt das? Welche Verpflichtung legt ihnen dieser Name auf?

Das heißt erstens, das Leben kennen, es nicht scholastisch, nicht tot, nicht als ‚objektive Wirklichkeit‘, sondern als die Wirklichkeit in ihrer revolutionären Entwicklung darzustellen. Dabei muß die wahrheitsgetreue und historisch konkrete künstlerische Darstellung mit der Aufgabe verbunden werden, die werktätigen Menschen im Geiste des Sozialismus ideologisch umzuformen und zu erziehen. Das ist die Methode, die wir in der Literatur und in der Literaturkritik als sozialistischen Realismus bezeichnen.“

Welche Lehren haben wir daraus für das Kulturschaffen in der Deutschen Demokratischen Republik zu ziehen? Um eine realistische Kunst zu entwickeln, „die . . . die neuen gesellschaftlichen Verhältnisse in der Deutschen Demokratischen Republik zum Ausdruck bringt“ (Entschließung des III. Parteitages der SED), müssen unsere Kulturschaffenden das Leben richtig, d. h. in seiner Vorwärtsentwicklung darstellen. Dazu ist die Kenntnis der Entwicklung des Lebens erforderlich. Die typischen Umstände unserer Zeit, unter denen die getreue Wiedergabe typischer Charaktere erfolgen soll, sind die neuen gesellschaftlichen Verhältnisse in der Deutschen Demokratischen Republik, das ist der Kampf um die Lösung der Lebensfragen unseres Volkes.

Entsprechend diesen Verhältnissen muß die wahrheitsgetreue, historische, konkrete künstlerische Darstellung mit der Aufgabe verbunden werden, die Menschen im Geiste des Kampfes für ein einheitliches, demokratisches, friedliebendes und unabhängiges Deutschland, für die Erfüllung des Fünfjahrplans, zum Kampf für den Frieden zu erziehen.

Die realistische Kunst vermittelt die Erkenntnisse der Wirklichkeit und erweckt in den Menschen Bestrebungen, die geeignet sind, sich in einer fortschrittlichen, schöpferischen Tätigkeit im Sinne der Lösung der Lebensfragen unseres Volkes zu verkörpern.

Realismus und klassisches Kulturerbe

[. . .]

Es kommt vor allem darauf an, die gewaltige Bedeutung des klassischen Erbes zu erkennen, dieses zu studieren und unter neuen Bedingungen, d. h. vom Standpunkt des Kampfes für den Frieden und die demokratische Einheit Deutschlands, vom Standpunkt der Erfüllung großer Aufgaben im Rahmen des Fünfjahrplans weiterzuentwickeln, wobei eine tiefe und organische Verbundenheit mit dem Volke hergestellt werden muß.

Kritik und Selbstkritik in der Kunst

Von großer Bedeutung für die Überwindung des Zurückbleibens in der Kunst ist die verstärkte Fortsetzung der Diskussion auf allen Gebieten der Kunst und Literatur. Diese Diskussion und eine offene Aussprache über alle Fehler und Mängel wird die größte Hilfe für unsere Künstler und Schriftsteller selbst sein. Offene Diskussion, verbunden mit einer objektiven Kritik, ist eine wichtige Voraussetzung für die Weiterentwicklung der Kunst. Wer Kritik an seiner Arbeit fürchtet, wird auch in seinem Schaffen nicht weiterkommen und seine Schwächen nicht überwinden.

[. . .]

Quelle: E. Schubbe (Hrsg.), Dokumente zur Kunst-, Literatur- und Kulturpolitik der SED. Stuttgart 1972, S. 178 ff.

Abkürzungsverzeichnis

ASG	Archiv für Sozialgeschichte
BGL	Betriebsgewerkschaftsleitung
BGBl	Bundesgesetzblatt
BHE	Block der Heimatvertriebenen und Entrechteten
CARE	Cooperative for American Remittances to Europe
CCG/BE	Control Commission for Germany, British Element
CSA	Christliche Sozialausschüsse
DBD	Demokratische Bauernpartei Deutschlands
DDP	Deutsche Demokratische Partei
DFD	Demokratischer Frauenbund Deutschlands
DKBL	Deutsche Kohlenbergbau-Leitung
DP	Deutsche Partei
DP's	Displaced Persons
EAC	European Advisory Commission
EGKS	Europäische Gemeinschaft für Kohle und Stahl
EKD	Evangelische Kirche Deutschlands
ERP	European Recovery Program
EVG	Europäische Verteidigungsgemeinschaft
FDGB	Freier Deutscher Gewerkschaftsbund
FDJ	Freie Deutsche Jugend
FRUS	Foreign Relations of the United States
GARIOA	Government Aid and Relief in Occupied Areas
GBl	Gesetzblatt
GG	Geschichte und Gesellschaft
GWU	Geschichte in Wissenschaft und Unterricht
HICOG	High Commission for Germany
ICD	Information Control Division
ICS	Information Control Section
IHK	Industrie- und Handelskammer
IMG	Internationaler Militärgerichtshof
IWK	Internationale Wissenschaftliche Korrespondenz zur Geschichte der deutschen Arbeiterbewegung
Jb	Jahrbuch

Jbb	Jahrbücher
JCS	Joint Chiefs of Staff
JEIA	Joint Export-Import-Agency
KGF	Kampfgemeinschaft gegen den Faschismus
LAG	Lastenausgleichsgesetz
LDPD	Liberaldemokratische Partei Deutschlands
MTS	Maschinen-Traktoren-Station
NATO	North Atlantic Treaty Organization
NDPD	Nationaldemokratische Partei Deutschlands
NGCC	North German Coal Control
NGISC	North German Iron and Steel Control
NKFD	Nationalkomitee Freies Deutschland
NPL	Neue Politische Literatur
NRW	Nordrhein-Westfalen
OEEC	Organization for European Economic Cooperation
OMGUS	Office of Military Government for Germany, United States
Pg	Parteigenosse
PVS	Politische Vierteljahresschrift
RGW	Rat für gegenseitige Wirtschaftshilfe
RLG	Reichsleistungsgesetz
SAG	Sowjetische Aktiengesellschaft
SBZ	Sowjetische Besatzungszone Deutschlands
SHAEF	Supreme Headquarters, Allied Expeditionary Force
SMAD	Sowjetische Militäradministration
SRP	Sozialistische Reichspartei
UNRRA	United Nations Relief and Rehabilitation Administration
VdgB	Vereinigung der gegenseitigen Bauernhilfe
VEB	Volkseigener Betrieb
VfZ	Vierteljahrshefte für Zeitgeschichte
VO	Verordnung
VVB	Vereinigung volkseigener Betriebe
VVN	Vereinigung der Verfolgten des Naziregimes
VWG	Vereinigtes Wirtschaftsgebiet
WAV	Wirtschaftliche Aufbauvereinigung
ZA	Zentralausschuß
ZfG	Zeitschrift für Geschichtswissenschaft
ZEL	Zentralamt für Ernährung (und Landwirtschaft)
Zs	Zeitschrift

Zeittafel

14. 8. 1941	Atlantik-Charta
24. 1. 1943	Bekanntgabe der „unconditional surrender"-Forderung auf der Konferenz von Casablanca
28. 11.– 1. 12. 1943	Konferenz von Teheran
21. 10. 1944	Aachen wird als erste deutsche Stadt von den Amerikanern erobert

1945

3.–11. 2.	Konferenz von Jalta (Krim)
30. 4.	Hitlers Selbstmord „Gruppe Ulbricht" verläßt Moskau
8. 5.	Bedingungslose Kapitulation Deutschlands
23. 5.	Verhaftung der Regierung Dönitz
5. 6.	Proklamationen der Besatzungsmächte zur Übernahme der Regierungsgewalt in Deutschland
9. 6.	Bildung der SMAD
10. 6.	Befehl Nr. 2 der SMAD: Zulassung von Parteien und Gewerkschaften in der Sowjetzone
11. 6.	Gründung der KPD in Berlin
15. 6.	Gründung der SPD in Berlin
26. 6.	Gründung der CDU in Berlin
1. 7.	Rückzug der amerikanischen Truppen aus Sachsen, Thüringen und Mecklenburg Besetzung der Westsektoren Berlins
5. 7.	Gründung der LDPD in Berlin
13. 7.	Auflösung des SHAEF, Bildung von OMGUS und CCG/BE
17. 7.– 2. 8.	Potsdamer Konferenz
30. 8.	Beginn der Tätigkeit des Alliierten Kontrollrates
Aug./Sept.	Beginn der Bodenreform in der Sowjetzone Zulassung von Parteien und Gewerkschaften in den Westzonen
5. 10.	Konferenz der SPD in Wennigsen bei Hannover
17. 10.	Länderrat der US-Zone in Stuttgart gebildet
20.–21. 12.	60er Konferenz von SPD und KPD in Berlin: Beschluß zur Vorbereitung der Vereinigung

1946

20./27. 1.	Gemeindewahlen in der amerikanischen Zone
9.–11. 2.	Erster FDGB-Kongreß für die SBZ
15. 2.	Zonenbeirat der britischen Zone in Hamburg gebildet
5. 3.	Gesetz zur Befreiung vom Nationalsozialismus und Militarismus in der amerikanischen Zone
7. 3.	Gründung der FDJ
28. 3.	Erster alliierter Industrieplan für Deutschland
31. 3.	Urabstimmung unter Westberliner SPD-Mitgliedern über Vereinigung mit der KPD
10. 4.	Betriebsrätegesetz des Alliierten Kontrollrats
21.–22. 4.	Gründungsparteitag der SED
25. 4.–19. 5., 15. 6.–12. 7.	Zweite Außenministerkonferenz in Paris
22. 5.	Gesetz zur Demokratisierung der Schule in Sachsen
25. 5.	Einstellung der Reparationslieferungen aus der US-Zone an die Sowjetunion
30. 6.	Volksabstimmung in Sachsen über die „Enteignung von Kriegsverbrechern und Naziaktivisten“
	Wahlen zu den verfassunggebenden Landesversammlungen der amerikanischen Zone
6. 9.	Byrnes' Stuttgarter Rede
Sept.	Gemeindewahlen in der sowjetischen, britischen und französischen Zone
20. 10.	Kreis- und Landtagswahlen in der sowjetischen Zone und in Berlin
7./8. 11.	Erste Interzonenkonferenz der deutschen Gewerkschaften
24. 11., 1. 12.	Landtagswahlen in Württemberg-Baden, Hessen, Bayern, verbunden mit Volksabstimmungen über die Landesverfassungen
22. 12.	Errichtung der Zollgrenze zwischen dem Saargebiet und der französischen Zone

1947

1. 1.	Inkrafttreten des Bizonenabkommens
3. 2.	Ahlener Programm der CDU
25. 2.	Auflösung Preußens
10. 3.–24. 4.	Außenministerkonferenz in Moskau
13. 3.	Truman-Doktrin
20. 4.	Landtagswahlen in Niedersachsen, Schleswig-Holstein und Nordrhein-Westfalen
22.–25. 4.	Gründung des DGB der britischen Zone in Bielefeld
18. 5.	Landtagswahlen in Rheinland-Pfalz, Baden, Württemberg-Hohenzollern
5. 6.	Marshalls Rede in Harvard
5.– 7. 6.	Münchener Ministerpräsidentenkonferenz
14. 6.	Deutsche Wirtschaftskommission in der Sowjetzone eingesetzt
25. 6.	Konstituierung des bizonalen Wirtschaftsrates in Frankfurt

27. 6.–2. 7.	Konferenz der Sowjetunion, Großbritanniens und Frankreichs über den Marshall-Plan
29. 8.	Veröffentlichung des revidierten Industrieplanes für die Bizone
20.–24. 9.	Zweiter Parteitag der SED
30. 9.	Gründung des Kominform
9. 11.	Saarländischer Landtag beschließt Verfassung (politische Autonomie, wirtschaftlicher Anschluß an Frankreich)
25. 11.–15. 12.	Außenministerkonferenz in London
6. – 7. 12.	Tagung des 1. Deutschen Volkskongresses

1948

9. 2.	Umbildung des Frankfurter Wirtschaftsrates
26. 2.	Ende der Entnazifizierung in der SBZ
23. 2.– 6. 3.	Londoner Sechs-Mächte-Konferenz über Deutschland
17.–18. 3.	Tagung des 2. Deutschen Volkskongresses
20. 3.	Letzte Kontrollratssitzung
16. 4.	Zusammenschluß von westeuropäischen Staaten zur OEEC
20. 4.– 7. 6.	Fortsetzung der Londoner Sechs-Mächte-Konferenz über Deutschland
29. 4.	Gründung der DBD
25. 5.	Gründung der NDPD
20. 6.	Währungsreform in den Westzonen
23.–24. 6.	Warschauer Konferenz von acht Ostblockstaaten
24. 6.	Währungsreform in der Sowjetzone
	Beginn der Blockade Berlins
1. 7.	Übergabe der „Frankfurter Dokumente"
10.–23. 8.	Herrenchiemseer Konvent (Entwurf eines Grundgesetzes)
17.–19. 8.	Letzte Interzonenkonferenz der Gewerkschaften in Lindau
1. 9.	Konstituierung des Parlamentarischen Rates in Bonn
12. 11.	24stündiger Demonstrationsstreik gegen die Erhardsche Wirtschaftspolitik
26. 11.	Abschaffung der Betriebsräte und Ersetzung durch BGL in der SBZ

1949

14. 1.	Wahl Ernst Reuters zum Oberbürgermeister von West-Berlin
25.–28. 1.	Erste Parteikonferenz der SED
25. 1.	Gründung des RGW
19. 3.	Billigung einer Verfassung durch den Deutschen Volksrat
1. 4.	Zusammenschluß der französischen Zone und der Bizone zur Trizone
4. 4.	Gründung der NATO
8. 5.	Verabschiedung des Grundgesetzes durch den Parlamentarischen Rat
12. 5.	Ende der Berliner Blockade
23. 5.	Verkündung des Grundgesetzes
8. 8.	Soforthilfegesetz
14. 8.	Wahlen zum ersten Deutschen Bundestag
15. 9.	Wahl Adenauers zum Bundeskanzler

7. 10.	Gründung der DDR: Umbildung des Deutschen Volksrats in die Provisorische Volkskammer, Inkraftsetzung der Verfassung
10. 10.	Ersetzung der SMAD durch die Sowjetische Kontrollkommission
12. 10.	Otto Grotewohl wird Ministerpräsident der DDR
12.–14. 10.	Gründungskongreß des DGB in München
15. 10.	Austausch diplomatischer Vertreter zwischen der UdSSR und der DDR
19. 10.	Gründung des Ausschusses für Wirtschaftsfragen industrieller Verbände (seit Januar 1950 Bundesverband der Deutschen Industrie, BDI)
24. 11.	Petersberger Abkommen

1950

8. 1.	Gründung des BHE
23. 3.	Bundestag verabschiedet Gesetz über sozialen Wohnungsbau
9. 5.	Robert Schuman schlägt Bildung der Montanunion vor
27.–30. 5.	Deutschlandtreffen der FDJ
15. 6.	Beitritt der Bundesrepublik zum Europarat
25. 6.	Beginn des Koreakrieges
6. 7.	Görlitzer Vertrag zwischen DDR und Polen über die Anerkennung der Oder-Neiße-Grenze
20.–24. 7.	Dritter Parteitag der SED
17. 8.	Die Regierung der DDR verabschiedet den Ersten Fünfjahrplan
12.–18. 9.	Außenministerkonferenz der Westmächte in New York berät über eine europäische Armee
29. 9.	Aufnahme der DDR in den RGW
9. 10.	Rücktritt des Bundesministers Gustav Heinemann
20./21. 10.	Protest der Prager Konferenz der Ostblockstaaten gegen westdeutsche Wiederaufrüstung
20.–22. 10.	Erster Bundesparteitag der CDU, Wahl Adenauers zum Bundesvorsitzenden

1951

30. 1.	Regierungserklärung und Appell der Volkskammer an den Bundestag „Deutsche an einen Tisch“
6. 3.	Revision des Besatzungsstatuts, Aufnahme diplomatischer Beziehungen der Bundesrepublik zu anderen Staaten
18. 4.	Unterzeichnung des Vertrages über die Montanunion
21. 5.	Gesetz über die paritätische Mitbestimmung in der Montanindustrie
1. 9.	Einführung des Zehn-Monate-Studienjahres an den Hochschulen der DDR
20. 9.	Interzonenhandelsabkommen zwischen der Bundesrepublik und Behörden der DDR
8. 10.	Aufhebung der Rationierung in der DDR (außer Fleisch, Fett, Zucker)
19. 11.	Gründung des Bundes der vertriebenen Deutschen (BvD)
9. 12.	Volksentscheid über die Bildung eines Südweststaates (Baden-Württemberg)

1952

29. 4.	Rückgabe von 66 SAG-Betrieben an die DDR
8. 5.	Aufstellung „nationaler Streitkräfte“ in der DDR angekündigt
16. 5.	Verabschiedung des Lastenausgleichsgesetzes durch den Bundestag
26. 5.	Unterzeichnung des Deutschlandvertrages
27. 5.	Unterzeichnung des EVG-Vertrages
27. 5.	Errichtung einer Sperrzone durch die DDR entlang der Grenze
9./10. 7.	Erste Lesung des EVG- und des Deutschlandvertrages im Bundestag
9.–12. 7.	Zweite Parteikonferenz der SED: Beschluß zur „planmäßigen Errichtung der Grundlagen des Sozialismus“
19. 7.	Verabschiedung des Betriebsverfassungsgesetzes
23. 7.	Auflösung der fünf Länder der DDR, Neugliederung in 14 Bezirke
25. 7.	Der Vertrag über die Montanunion tritt in Kraft: Aufhebung des Ruhrstatuts und der Beschränkung der westdeutschen Stahlindustrie
20. 8.	Tod Kurt Schumachers
10. 9.	Unterzeichnung des Wiedergutmachungsabkommens zwischen der Bundesrepublik Deutschland und Israel
23. 10.	Verbot der Sozialistischen Reichspartei
5./6. 12.	Erste Konferenz der LPG-Vorsitzenden mit Vertretern der Regierung und des ZK der SED über Aufgaben und Erfahrungen bei der Gründung und beim Aufbau der LPG
20. 12.	Das ZK der SED billigt den Prager Schauprozeß gegen Slansky

1953

15. 1.	Verhaftung des DDR-Außenministers Georg Dertinger
5. 3.	Tod Josef Stalins, Georgij Malenkow wird Nachfolger
19. 3.	Bundestag billigt den Deutschland- und EVG-Vertrag in dritter Lesung
25. 3.	Bundestag verabschiedet das Bundesvertriebenengesetz
21. 4.	Die Bischöfe der Evangelischen Kirche protestieren gegen den Kirchenkampf der SED
28. 5.	Erhöhte Arbeitsnormen in der DDR verkündet
28. 5.	Die Sowjetische Kontrollkommission wird aufgelöst. Semjonow wird Hoher Kommissar der Sowjetunion in der DDR
9. 6.	Einleitung des „Neuen Kurses“ durch das Politbüro
16. 6.	Protestdemonstration der Arbeiter von der Stalinallee in Ost-Berlin
17. 6.	Aufstände in Ost-Berlin und der DDR, Niederschlagung durch sowjetisches Militär
27. 7.	Waffenstillstand in Korea
20. 8.	Bekanntgabe der ersten sowjetischen Wasserstoffbombenexplosion
6. 9.	Bundestagswahlen: Die Regierungsparteien (einschließlich des BHE) erhalten über zwei Drittel der Parlamentssitze
7. 9.	Nikita Chruschtschow wird Erster Sekretär des ZK der KPdSU

1954

1. 1.	Rückgabe der letzten 33 SAG-Betriebe an die DDR
25. 1.–28. 2.	Vier-Mächte-Außenminister-Konferenz in Berlin über die Wiedervereinigung
25. 3.	Die DDR erhält erweiterte Souveränitätsrechte
26. 3.	Bundestag beschließt „Wehrergänzungen" zum Grundgesetz
30. 8.	Ablehnung des EVG-Vertrages durch die französische Nationalversammlung
28. 9.– 3. 10.	Außenministerkonferenz Großbritanniens, der USA, Kanadas und der EVG-Staaten in London
23. 10.	Unterzeichnung der Pariser Verträge
29. 11.– 2. 12.	Konferenz der Ostblockstaaten in Moskau gegen die Pariser Verträge

1955

25. 1.	Die Sowjetunion beendet den Kriegszustand mit Deutschland
29. 1.	In der Frankfurter Paulskirche protestieren Wissenschaftler und Politiker gegen die Pariser Verträge
27. 2.	Der Bundestag billigt die Pariser Verträge
21. 3.	Das Saargebiet wird selbständig, wirtschaftlich bleibt es mit Frankreich verbunden
27. 3.	Erste Jugendweihe in Ost-Berlin
5. 5.	Die Pariser Verträge treten in Kraft. Das Besatzungsstatut wird aufgehoben. Die Bundesrepublik wird souverän
9. 5.	Die Bundesrepublik wird Mitglied der NATO
14. 5.	Gründung des Warschauer Paktes
15. 5.	Der österreichische Staatsvertrag wird in Wien unterzeichnet. Österreich wird souverän. Die Besatzungstruppen verlassen das Land
4. 6.	Konferenz in Messina: Beschluß zur Bildung eines europäischen Marktes und einer europäischen Atomgemeinschaft
18.–23. 7.	Genfer Gipfelkonferenz der vier Mächte
26. 7.	Der sowjetische Parteichef Chruschtschow spricht in Ost-Berlin erstmals von zwei deutschen Staaten
9.–13. 9.	Reise Bundeskanzler Adenauers nach Moskau, Aufnahme diplomatischer Beziehungen, Freilassung zurückgehaltener deutscher Kriegsgefangener
20. 9.	Die DDR erhält Souveränität. Die Sowjetische Hohe Kommission wird durch einen Botschafter ersetzt
23. 10.	Die Bevölkerung des Saargebietes stimmt mit 67,7 Prozent gegen das Saarstatut
27. 10.–16. 11.	Die Außenminister der vier Großmächte tagen in Genf mit Beobachterdelegationen aus der Bundesrepublik Deutschland und der DDR

Literaturverzeichnis

(In den Anmerkungen nachgewiesene Aufsätze aus Sammelbänden werden hier nicht einzeln aufgeführt.)

Abelshauser, W., Wirtschaft in Westdeutschland 1945–1948. Rekonstruktion und Wachstumsbedingungen in der amerikanischen und britischen Zone, Stuttgart 1975

Ders., Zur Entstehung der „Magnet-Theorie“ in der Deutschlandpolitik. Ein Bericht von H. Schlange-Schöningen über einen Staatsbesuch in Thüringen im Mai 1946 (Dokumentation), in: VfZ 27 (1979), S. 661–679

Ders., Korea, die Ruhr und Erhards Marktwirtschaft – Die Energiekrise von 1950/51, in: Rheinische Vierteljahresblätter 45 (1981), S. 287–316 (a)

Ders., Wiederaufbau vor dem Marshall-Plan. Westeuropas Wachstumschancen und die Wirtschaftsordnungspolitik in der zweiten Hälfte der vierziger Jahre, in: VfZ 29 (1981), S. 545–578 (b)

Adamsen, H. R., Faktoren und Daten der wirtschaftlichen Entwicklung in der Frühphase der Bundesrepublik Deutschland 1948–1954, in: ASG 18 (1978), S. 217–244

Ders., Investitionshilfe für die Ruhr, Wiederaufbau, Verbände und Soziale Marktwirtschaft 1948–1952, Wuppertal 1981

Adenauer, K., Erinnerungen 1945–1953, Stuttgart 1965

Akten zur Vorgeschichte der Bundesrepublik Deutschland 1945–1949, Bd. 1: Sept.–Dez. 1945, bearb. v. W. Vogel u. Ch. Weisz, München 1976. Bd. 2: Jan.–Juni 1947, bearb. v. W. Werner, München 1979. Bd. 3: Juni–Dez. 1947, bearb. von G. Plum, München 1982. Bd. 4: Jan–Dez. 1948, bearb. v. C. Weisz, H. D. Kreikamp u. B. Steger, München 1983. Bd. 5: Jan–Sept. 1949, bearb. v. H. D. Kreikamp, München 1981

„Als der Krieg zu Ende war“. Literarisch-politische Publizistik 1945–1950, Stuttgart 1973

Ambrosius, G., Die Durchsetzung der Sozialen Marktwirtschaft in Westdeutschland 1945–1949, Stuttgart 1977

Anders, H., Die Demokratisierung der Justiz beim Aufbau der antifaschistisch-demokratischen Ordnung 1945 bis 1949, in: Jb. f. Gesch. 9 (1973), S. 385–438

Arbeiterinitiative 1945, Antifaschistische Ausschüsse und Reorganisation der Arbeiterbewegung in Deutschland, hrsg. v. L. Niethammer u. a., Wuppertal 1976

Arnold, L. (Hrsg.), Göttinger Seminar „Gruppe 47“: Die Gruppe 47. Ein kritischer Grundriß, München 1980

Aspekte der westdeutschen Wiederbewaffnung bis 1955, hrsg. v. Militärgeschichtlichen Forschungsamt, Boppard 1975

Der Aufbau, hrsg. v. Kulturbund zur demokratischen Erneuerung Deutschlands, Berlin 1945–1958

Die Auswärtige Politik der Bundesrepublik Deutschland, hrsg. v. Auswärtigen Amt, Köln 1972

Backer, J. H., The Decision to Divide Germany, Durham 1978

Ders., Priming the German Economy. American Occupational Policies 1945–1948, Durham, N. C., 1971
Bader, K. S., Soziologie der deutschen Nachkriegskriminalität, Tübingen 1949
Badstübner, R. u. Thomas, S., Restauration und Spaltung. Entstehung und Entwicklung der BRD 1945–1955, Köln 1975
Ders. u. a., Geschichte der Deutschen Demokratischen Republik, Berlin (O) 1981
Baerns, B., Ost und West – eine Zeitschrift zwischen den Fronten. Zur politischen Funktion einer literarischen Zeitschrift in der Besatzungszeit (1945–1949), Münster 1968
Balfour, M., Vier-Mächte-Kontrolle in Deutschland 1945–1946, Düsseldorf 1959
Baring, A., Außenpolitik in Adenauers Kanzlerdemokratie, München 1969
Ders., Der 17. Juni 1953, Köln 1966
Barth, K., Die evangelische Kirche in Deutschland nach dem Zusammenbruch des Dritten Reiches, Zollikon 1945
Barthel, H., Die wirtschaftlichen Ausgangsbedingungen der DDR, Berlin (O) 1979
Bartholomäi, R. u. a., Sozialpolitik nach 1945, Geschichte und Analysen, Bonn 1977
Baske, S. u. Engelbert, M. (Hrsg.), Zwei Jahrzehnte Bildungspolitik in der Sowjetzone Deutschlands, Dokumente, Bd. 1, Berlin (W) 1966
Baumann, Z., Über die Notwendigkeit einer Soziologie der Parteien, in: Ostprobleme 9 (1957), S. 769–772
Baumert, G., Deutsche Familien nach dem Kriege, Darmstadt 1954
Ders., Jugend der Nachkriegszeit. Lebensverhältnisse und Reaktionsweisen, Darmstadt 1954
Becker, J. u. a., Vorgeschichte der Bundesrepublik, München 1979 (^{2}1987)
Behrendt, A., Die Interzonenkonferenzen der deutschen Gewerkschaften, Berlin (O) 1960
Beier, G., Der Demonstrations- und Generalstreik vom 12. November 1948 im Zusammenhang mit der parlamentarischen Entwicklung Westdeutschlands, Frankfurt/M. 1975
Ders., Zum Einfluß der Gewerkschaften auf die Verfassungs- und Gesellschaftsstruktur in der Gründungsphase der Bundesrepublik Deutschland, in: Zs. f. Parlamentsfragen 5 (1974), S. 40–57
Belezki, V. N., Die Politik der Sowjetunion in den deutschen Angelegenheiten in der Nachkriegszeit 1945–1976, Berlin (O) 1977
Benjamin, H. u. a., Zur Geschichte der Rechtspflege der DDR 1945–1949, Berlin (O) 1976
Benser, G., Antifa-Ausschüsse – Staatsorgane – Parteiorganisation, in: ZfG 26 (1978), S. 785–802
Benz, W., Föderalistische Politik in der CDU/CSU, die Verfassungsdiskussion im „Ellwanger Kreis“ 1947/48, in: VfZ 25 (1977), S. 776–820
Ders., u. a., Einheit der Nation. Diskussion und Konzeptionen zur Deutschlandpolitik der großen Parteien seit 1945, Stuttgart 1978
Ders., (Hrsg.), „Bewegt von der Hoffnung aller Deutschen“. Zur Geschichte des Grundgesetzes, Entwürfe und Diskussionen 1941–1949, München 1979
Ders., Versuche zur Reform des öffentlichen Dienstes in Deutschland 1945–1952, in: VfZ 29 (1981), S. 216–245
Bergander, G., Dresden im Luftkrieg, Köln 1977

Besson, W., Die Außenpolitik der Bundesrepublik. Erfahrungen und Maßstäbe, München 1970

Böckler, H., Die Aufgaben der deutschen Gewerkschaften in Wirtschaft, Staat und Gesellschaft, Düsseldorf 1949

Bonwetsch, B., Kalter Krieg als Innenpolitik. Überlegungen zu innenpolitischen Bedingungen des Ost-West-Konflikts nach 1945, in: Stadtverfassung, Verfassungsstaat, Pressepolitik – Festschrift f. E. Naujoks zum 65. Geburtstag, hrsg. v. F. Quarthal u. W. Setzler, Sigmaringen 1980, S. 230–249

Ders., Außenpolitik als Innenpolitik. Zur Rolle auswärtiger Beziehungen für die innere Machtrivalität in der Sowjetunion 1953–1963, in: Deutsche Studien Jg. 1982, S. 3–25

Born, N. u. Manthey, J. (Hrsg.), Literaturmagazin 7, Nachkriegsliteratur, Reinbek 1977

Borsdorf, U., Niethammer, L. (Hrsg.), Zwischen Befreiung und Besatzung, Analysen des US-Geheimdienstes über Positionen und Strukturen deutscher Politik 1945, Wuppertal 1976

Ders. u. a. (Hrsg.), Grundlagen der Einheitsgewerkschaft, Historische Dokumente und Materialien, Frankfurt/M. 1977

Ders., Die erkaufte Spaltung (MS für die Tagung „Der Marshall-Plan und die europäische Linke", Essen 1977)

Ders., Der Weg zur Einheitsgewerkschaft, in: Reulecke, J., (Hrsg.), Arbeiterbewegung an Rhein und Ruhr, Wuppertal 1974, S. 385–413

Bouvier, B. W., Antifaschistische Zusammenarbeit, Selbständigkeitsanspruch und Vereinigungstendenz. Die Rolle der Sozialdemokratie beim administrativen und parteipolitischen Aufbau in der sowjetischen Besatzungszone 1945 auf regionaler und lokaler Ebene, in: ASG 16 (1976), S. 417–468

Bracher, K. D. (Hrsg.), Nach 25 Jahren, München 1970

Brandt, P. u. Ammon, H. (Hrsg.), Die Linke und die nationale Frage, Dokumente zur deutschen Einheit seit 1945, Reinbeck 1981

Braun, H., Das Streben nach „Sicherheit" in den 50er Jahren, in: ASG 18 (1978), S. 279–306

Breitling, R., Die Verbände in der Bundesrepublik, Meisenheim am Glan 1955

Broszat, M., Siegerjustiz oder strafrechtliche „Selbstreinigung". Aspekte der Vergangenheitsbewältigung der deutschen Justiz während der Besatzungszeit 1945–1949, in: VfZ 29 (1981), S. 477–544

Brünneck, A. v., Politische Justiz gegen Kommunisten in der Bundesrepublik Deutschland 1949–1968, Frankfurt/M. 1978

Brzezinski, Z. K., Der Sowjetblock. Einheit und Konflikt, Köln 1960

Buczylowski, U., Die deutschland- und sicherheitspolitischen Vorstellungen Kurt Schumachers unter besonderer Berücksichtigung seiner strategischen Offensivkonzeption vom August 1950 bis September 1951, Diss. Kiel 1971

Bungenstab, K. E., Umerziehung zur Demokratie? Reeducation-Politik im Bildungswesen der US-Zone 1945–1949, Düsseldorf 1970

Buttlar, W. v., Ziele und Zielkonflikte der sowjetischen Deutschlandpolitik 1945–1947, Stuttgart 1980

Bust-Bartels, A., Herrschaft und Widerstand in den DDR-Betrieben, Frankfurt/M. 1980 (a)

Ders., Der Arbeiteraufstand am 17. Juni 1953, in: Aus Politik und Zeitgeschichte B 25 (1980), S. 24–54 (b)

Buxhoeveden, C. v., Geschichtswissenschaft und Politik in der DDR. Das Problem der Periodisierung, Köln 1980

Chamberlin, B. S., Kultur auf Trümmern. Berliner Berichte der amerikanischen Information Control Section Juli–Dezember 1945, Stuttgart 1979

Christier, H., Sozialdemokratie und Kommunismus. Die Politik der SPD und der KPD in Hamburg 1945–1949, Hamburg 1975

Churchill, W., Der Zweite Weltkrieg, 6 Bde., Bern 1951 ff.

Cieslar, E. u. a. (Hrsg.), Der Streit um den Grundlagenvertrag, eine Dokumentation, München 1973

Clay, L. D., Entscheidung in Deutschland, Frankfurt/M. 1950

Clemens, D. S., Yalta, New York 1970

Dahrendorf, R., Gesellschaft und Demokratie in Deutschland, München 1965

Damus, R., RGW. Wirtschaftliche Zusammenarbeit in Osteuropa, Opladen 1979

Daniel, U., Dollardiplomatie in Europa. Marshallplan, Kalter Krieg und US-Außenwirtschaftspolitik 1945–1952, Düsseldorf 1982

Davis, L. E., The Cold War Begins. Soviet-American Conflict over Eastern Europa, Princeton 1974

DDR-Handbuch, wiss. Leitung: P. C. Ludz, 2 Bde., Köln 1975 ([3]1985)

DDR, Werden und Wachsen. Zur Geschichte der Deutschen Demokratischen Republik, Berlin 1975

Deckers, J., Die Transformation des Bankenwesens in der Sowjetischen Besatzungszone/DDR von 1945–1952, Berlin (W) 1974

Deuerlein, E. (Hrsg.), DDR 1945–1970, Geschichte und Bestandsaufnahme, München [4]1972 (dtv-Dokumente)

Ders. (Hrsg.), Potsdam 1945, Quellen zur Konferenz der „Großen Drei“, München 1963 (dtv- Dokumente)

Deutsche Literaturgeschichte. Von den Anfängen bis zur Gegenwart, mit Beiträgen von W. Beutin u. a., Stuttgart 1979

Der deutsche Südwesten zur Stunde Null. Zusammenbruch und Neuanfang im Jahr 1945 in Dokumenten und Bildern, Karlsruhe 1975

Die deutsche Wirtschaft zwei Jahre nach dem Zusammenbruch. Tatsachen und Probleme, hrsg. vom Deutschen Institut für Wirtschaftsforschung, Berlin 1947

Deutsche Zeitschriften in der sowjetisch besetzten Zone, in: Europa-Archiv 1 (1946/47), S. 664–665

Deutsche Zeitschriften in den drei westlichen Besatzungszonen, in: Europa-Archiv 1 (1946/47), S. 249–253

Deutscher, J., Reportagen aus Nachkriegsdeutschland, Hamburg 1980

Dichgans, H., Montanunion, Menschen und Institutionen, Düsseldorf 1980

Dittmann, K., Adenauer und die deutsche Wiedervereinigung. Die politische Diskussion des Jahres 1952, Düsseldorf 1981

Dittrich, G., Die II. Parteikonferenz der SED und der Übergang zu höheren Formen der Wirtschaftsleitung und des Wettbewerbs im Jahre 1952, in: Jb. f. Gesch. 9 (1973), S. 439–466

Döblin, A., Schicksalsreise, Bericht und Bekenntnis, Frankfurt/M. 1949

Doering-Manteuffel, A., Katholizismus und Wiederbewaffnung. Die Haltung der deutschen Katholiken gegenüber der Wehrfrage 1948–1955, Mainz 1981

Doernberg, St., Die Geburt eines neuen Deutschland 1945–1949, Berlin (O) 1959

Ders., Kurze Geschichte der DDR, Berlin (O) 1968
Dokumentation zur Deutschlandfrage, hrsg. v. H. v. Siegler, Bd. 1, Bonn 1961
Dokumentation der Vertreibung der Deutschen aus Ost-Mitteleuropa, hrsg. v. Bundesministerium für Vertriebene, bearb. v. Th. Schieder, 5 Bde., Bonn 1953 ff.
Dokumente zur Außenpolitik der DDR, Bd. I–III, Berlin (O) 1954/55
Dokumente deutscher Kriegsschäden, hrsg., v. Bundesminister für Vertriebene, Flüchtlinge und Kriegsgeschädigte, 5 Bde., Bonn 1958 ff.
Dokumente der Sozialistischen Einheitspartei Deutschlands, Bd. 1 ff., Berlin (O) 1952 ff.
Dokumente aus den Jahren 1945–1949. Um ein antifaschistisch-demokratisches Deutschland, Berlin (O) 1968
Dorn, W. L., Inspektionsreisen in der US-Zone. Notizen, Denkschriften und Erinnerungen aus dem Nachlaß übers. und hrsg. von L. Niethammer, Stuttgart 1973
Das DP-Problem. Eine Studie über die ausländischen Flüchtlinge in Deutschland, Tübingen 1950
Dreißig Jahre Volkseigene Betriebe. Dokumente und Materialien zum 30. Jahrestag des Volksentscheids in Sachsen, bearb. von H. Fiedler u. a., Berlin (O) 1976
Düwell, K., Entstehung und Entwicklung der Bundesrepublik Deutschland (1945–1961), Köln 1981
Duhnke, H., Stalinismus in Deutschland. Die Geschichte der Sowjetischen Besatzungszone, Köln 1955
Edinger, L. J., Kurt Schumacher, a Study in Personality and Political Behavior, Stanford (Calif.) 1965
Eggebrecht, A. (Hrsg.), Die zornigen alten Männer – Gedanken über Deutschland seit 1945, Reinbek 1979
Elflein, P., Immer noch Kommunist? Erinnerungen, Hamburg 1978
Elsenhans, H. u. Jänicke, M. (Hrsg.), Innere Systemkrisen der Gegenwart, Reinbek 1975, S. 148–166
Empfehlungen für Schulbücher der Geschichte und Geographie in der Bundesrepublik Deutschland und in der Volksrepublik Polen, Braunschweig 1977
Ende und Anfang, Zeitung der jungen Generation, Augsburg 1946–1949
Erdmann, G., Die deutschen Arbeitgeberverbände im sozialgeschichtlichen Wandel der Zeit, Neuwied 1966
Erdmann, K. D., Das Ende des Reiches und die Neubildung deutscher Staaten, Gebhardt Handbuch der deutschen Geschichte, Bd. 22 (dtv), München 1980
Erdmenger, K., Das folgenschwere Mißverständnis. Bonn und die sowjetische Deutschlandpolitik 1949–1955, Freiburg 1967
Eschenburg, Th., Regierung, Bürokratie und Parteien 1945–1949. Ihre Bedeutung für die politische Entwicklung der Bundesrepublik, in: VfZ 24 (1976), S. 58–74
Esselborn, K. G., Gesellschaftskritische Literatur nach 1945. Politische Resignation und konservative Kulturkritik, besonders am Beispiel H. E. Nossacks, München 1977
Etzold, Th. u. Gaddis, J. L. (Hrsg.), Containment, Documents on American Policy and Strategies 1945–1950, Columbia 1978
Feis, H., Zwischen Krieg und Frieden. Das Potsdamer Abkommen, Frankfurt/M. 1962
Fichter, M., Besatzungsmacht und Gewerkschaften. Zur Entwicklung und Anwendung der US-Gewerkschaftspolitik in Deutschland 1944–1948, Opladen 1982
Fiedler, H., SED und Staatsmacht. Zur staatspolitischen Konzeption und Tätigkeit der SED 1946–1948, Berlin (O) 1974

Fischer, A. (Hrsg.), Teheran, Jalta, Potsdam. Die sowjetischen Protokolle der „Großen Drei", Köln [2]1973
Ders., Varianten sowjetischer Deutschlandpolitik 1941–1945, in: Deutschland-Archiv 6 (1973), S. 382 ff.
Fischer, H.-D., Reeducation- und Pressepolitik unter britischem Besatzungs-Status. Die Zonenzeitung „Die Welt" 1946–1950, Düsseldorf 1978
Flechtheim, O. K., (Hrsg.), Dokumente zur parteipolitischen Entwicklung in Deutschland seit 1945, Bd. 1–9, Berlin (W) 1962–1971
Focke, F., Sozialismus aus christlicher Verantworung. Die Idee eines christlichen Sozialismus in der katholisch-sozialen Bewegung und in der CDU, Wuppertal 1978
Foelz-Schroeter, M. E., Föderalistische Politik oder nationale Repräsentation 1945–1947. Westdeutsche Länderregierungen, zonale Bürokratien und politische Parteien im Widerstreit, Stuttgart 1974.
Frankfurter Hefte. Zeitschrift für Kultur und Politik, hrsg. von E. Kogon, Frankfurt/M. 1946 ff.
Frauenalltag und Frauenbewegung im 20. Jahrhundert, bearb. v. A. Kuhn u. D. Schubert, Bd. 4 Frankfurt/M. 1980
Die Frauenbeschäftigung in der Bundesrepublik. Berichte zur Sozialpolitik Nr. 4, Köln 1960
Fricke, K. W., Juni-Aufstand und Justiz, in: Deutschland Archiv (1978), S. 617–631
Ders., Politik und Justiz in der DDR. Zur Geschichte der politischen Verfolgung 1945–1968, Köln 1979
Friedmann, W., The Allied Military Government of Germany, London 1947
Fritsch, R., Entnazifizierung, der fast vergessene Versuch einer politischen Säuberung nach 1945, in: Aus Politik und Zeitgeschichte B 24 (1972), S. 11–30
Fritsch-Bournazel, R., Die Sowjetunion und die deutsche Teilung. Die sowjetische Deutschlandpolitik 1945–1979, Opladen 1979
Fürstenau, J., Entnazifizierung, Neuwied 1969
Gaddis, J. L., The United States and the Origins of the Cold War 1941–1947, New York 1972
Gaus, G., Texte zur deutschen Frage, Darmstadt 1981
Gehring, H., Amerikanische Literaturpolitik in Deutschland 1945–1953. Ein Aspekt des Re-Education-Programms, Stuttgart 1976
Germany 1947–1949, The Story in Documents, Washington 1950
Gewerkschaftlicher Neubeginn, Dokumente 1945/46, Berlin (O) 1975
Die Gewerkschaftsbewegung in der britischen Besatzungszone, Geschäftsbericht des DGB (Brit. Zone) 1947–1949, Köln 1949
Geyer, D. (Hrsg.), Osteuropa-Handbuch. Sowjetunion. Außenpolitik, Bd. 1, Köln 1972
Gimbel, J., Amerikanische Besatzungspolitik in Deutschland 1945–1949, Frankfurt/M. 1971
Ders., The Origins of the Marshall-Plan, Stanford 1976
Girndt, I., Zentralismus in der britischen Zone. Entwicklungen und Bestrebungen beim Wiederaufbau der staatlichen Verwaltungsorganisation auf der Ebene oberhalb der Länder 1945–1948, Phil. Diss. Bonn 1971
Gniffke, E. W., Jahre mit Ulbricht, Köln 1966
Görtemaker, M., Die unheilige Allianz. Die Geschichte der Entspannungspolitik 1943–1979, München 1979

Gotto, K. (Hrsg.), Der Staatssekretär Adenauers. Persönlichkeit und politisches Wirken H. Globkes, Stuttgart 1980
Grabbe, H. J., Die Alliierten und das Grundgesetz, in: VfZ 26 (1978), S. 393–418
Gradl, J. B., Anfang unter dem Sowjetstern. Die CDU 1945–1948 in der sowjetischen Besatzungszone Deutschlands, Köln 1981
Gräfe, K.-H. u. Wehner, H., Zur Politik der Sowjetischen Militäradministration in Sachsen, in: ZfG 23 (1976), S. 897–907
Graml, H., Die Legende von der verpaßten Gelegenheit, zur sowjetischen Notenkampagne des Jahres 1952, in: VfZ 29 (1981), S. 307–341
Ders., Nationalstaat oder westdeutscher Teilstaat. Die sowjetischen Noten vom Jahre 1952 und die öffentliche Meinung in der Bundesrepublik Deutschland, in: VfZ 25 (1977), S. 821–864
Grebing, H. u. a., Die Nachkriegsentwicklung in Westdeutschland 1945–1949, 2 Bde., Stuttgart 1980
Grieser, H., Die ausgebliebene Radikalisierung. Zur Sozialgeschichte der Kieler Flüchtlingslager im Spannungsfeld von sozialdemokratischer Landespolitik und Stadtverwaltung 1945–1950, Wiesbaden 1980
Ders., Literaturbericht: Deutsche Geschichte seit 1945, in: GWU 32 (1981), S. 372 ff., 437 ff., 506 ff.
Grosser, A., Deutschlandbilanz, Geschichte Deutschlands seit 1945, München 1970
Grotewohl, O., Im Kampf um die einige Deutsche Demokratische Republik. Reden und Aufsätze, Bd. 2 Berlin (O) 1959
Grube, F. u. Richter G., Die Schwarzmarktzeit. Deutschland zwischen 1945 und 1948, Hamburg 1979
Dies., Die Gründerjahre der Bundesrepublik. Deutschland zwischen 1945 und 1955, Hamburg 1981
Grundmann, K. H. (Hrsg.), Zwischen Verständigungsbereitschaft, Anpassung und Widerstand. Die LDPD in Berlin und in der Sowjetischen Besatzungszone 1945–1949, Bonn 1978
Günther, K. H. u. Uhlig, G., Geschichte der Schule in der Deutschen Demokratischen Republik 1945–1971, Berlin (O) 1974
Haas, E. B., The Uniting of Europe. Political, Social and Economic Forces 1950–1957, Stanford (Calif.) 1968
Haas, G. u. Leutwein, A., Die rechtliche und soziale Lage der Arbeitnehmer in der SBZ, Anlagenteil, Bonn 1959
Haberl, O., Die sowjetische Außenpolitik im Umbruchjahr 1947 (Referat-MS für die Konferenz „Der Marshallplan und die europäische Linke“, Essen 1977)
Hänisch, W., Außenpolitik und internationale Beziehungen der DDR, Bd. 1 (1949–1955), Berlin (O) 1972
Hagemann, W. (Hrsg.), Die deutsche Zeitung 1949. Untersuchung von Form und Inhalt, Münster 1949
Halbritter, M., Schulreformpolitik in der britischen Zone von 1945 bis 1949, Weinheim 1979
Handbuch der deutschen Außenpolitik, hrsg. v. H. P. Schwarz, München 1975
Handbuch der deutschen Wirtschafts- und Sozialgeschichte, hrsg. v. H. Aubin u. W. Zorn, Bd. 2, Stuttgart 1976
Handel, G., Die Hilfe der SMAD beim Aufbau eines demokratischen Hochschulwesens,

in: Kalbe, E. u. Tjulpanov, S. I. (Hrsg.), Einheit – im Kampfe geboren, Leipzig 1975, S. 121–134

Hanrieder, W. F., Die stabile Krise, Ziele und Entscheidungen bundesrepublikanischer Außenpolitik 1949–1969, Düsseldorf 1971

Hansen, R., Außenpolitik im Zusammenbruch des Dritten Reiches, in: Funke, M. (Hrsg.), Hitler, Deutschland und die Mächte, Düsseldorf 1976

Harmssen, G. W., Reparationen, Sozialprodukt, Lebensstandard. Versuch einer Wirtschaftsbilanz, Bremen 1947

Hartwich, H. H., Sozialstaatspostulat und gesellschaftlicher Status quo, Opladen [3]1978

Hauth, U., Die Politik von KPD und SED gegenüber der westdeutschen Sozialdemokratie, 1945–1948, Frankfurt/M. 1978

Hay, G. (Hrsg.), Zur literarischen Situation 1945–1949, Kronberg/Ts. 1977

Hearnden, A., Bildungspolitik in der BRD und DDR, Düsseldorf 1973

Ders. (Hrsg.), The British in Germany, Educational Reconstruction after 1945, London 1978

Hegemann, M., Die Anfänge der multilateralen Zusammenarbeit der europäischen sozialistischen Staaten (1948–1954), in: Jb. f. Gesch. d. sozialistischen Länder Europas, 16/2 (1972), S. 91–112

Heidtmann, G. (Hrsg.), Hat die Kirche geschwiegen? Das öffentliche Wort der evangelischen Kirche aus den Jahren 1945–1964, Berlin [3]1964

Heinemann, M. (Hrsg.), Umerziehung und Wiederaufbau. Die Bildungspolitik der Besatzungsmächte in Deutschland, Stuttgart 1981

Helmrich, W. u. Herker, H., 125 Jahre Niederrheinische Industrie- und Handelskammer Duisburg-Wesel, Duisburg 1956

Hennicke, P. (Hrsg.), Probleme des Sozialismus und der Übergangsgesellschaften, Frankfurt/M. 1973

Herman, St. W., Die 7000 Zeugen. Kirche im Durchbruch, München 1952

Hermes, P., Die Christlich-Demokratische Union und die Bodenreform in der Sowjetischen Besatzungszone Deutschlands im Jahre 1945, Saarbrücken 1963

Herring, G. C., Aid to Russia 1941–1946, Strategy, Diplomacy. The Origins of the Cold War, New York 1973

Heß, J. C., Die Bundesrepublik Deutschland auf dem Wege zur Nation? in: NPL 26 (1981), S. 292–324

Hey, B., Die NS-Prozesse – Versuch einer juristischen Vergangenheitsbewältigung, in: GWU 32 (1981), S. 331–362

Hillgruber, A., Deutsche Geschichte 1945–1972, Frankfurt/M. 1976 ([6]1987)

Hirsch, K. (Hrsg.), Deutschlandpläne. Dokumente und Materialien zur deutschen Frage, München 1967

Hirsch-Weber, W., Gewerkschaften in der Politik. Von der Massenstreikdebatte zum Kampf um das Mitbestimmungsrecht, Köln 1959

Hockerts, H. G., Sozialpolitische Entscheidungen im Nachkriegsdeutschland. Alliierte und deutsche Sozialversicherungspolitik 1945–1957, Stuttgart 1980

Ders., Sozialpolitische Reformbestrebungen der frühen Bundesrepublik, in: VfZ 25 (1977), S. 341–372

Hoebink, H., Westdeutsche Wiedervereinigungspolitik 1949–1961, Königstein 1979

Hoegner, W., Der schwierige Außenseiter. Erinnerungen eines Abgeordneten, Emigranten und Ministerpräsidenten, München 1959

Hofmann, K. L. u. Präger, Ch., „Ulenspiegel", „Wespennest" und „Simpl". Drei satirische Zeitschriften in der Nachkriegszeit, in: Frankfurter Kunstverein (Hrsg.), Zwischen Krieg und Frieden, gegenständliche und realistische Tendenzen in der Kunst nach 1945, Berlin 1980, S. 47–57
Hofmann, W., Stalinismus und Antikommunismus, Frankfurt/M. 1967
Hohlfeld, J. (Hrsg.), Dokumente der deutschen Politik und Geschichte, Bd. 6: Deutschland nach dem Zusammenbruch 1945, Berlin 1952
Homburg, H. u. Schissler, J., Interessenorganisationen und Funktionseliten der westdeutschen Industrie 1945/46, in: Sozialwiss. Informationen f. Unterricht und Studium 6 (1977), S. 117–121
Hoyer, L., Revolution, Kleinbürgertum, Ideologie. Zur Ideologiegeschichte der LDPD in den Jahren 1945–1952, Berlin (O) 1978
Hrbek, R., Die SPD, Deutschland und Europa 1945–1957, Bonn 1972
Hudemann, R., Sozialstruktur und Sozialpolitik in der französischen Besatzungszone 1945–1949, in: Jb. f. westdeutsche Landesgesch. 5 (1979), S. 373–408
Ders., Französische Besatzungszone 1945–1952, in: NPL 26 (1981), S. 325–360
Hüttenberger, P., Die Anfänge der Gesellschaftspolitik in der britischen Zone, in: VfZ 21 (1973), S. 171–176
Ders., Nordrhein-Westfalen und die Entstehung seiner parlamentarischen Demokratie, Siegburg 1973
Ders., Wirtschaftsordnung und Interessenpolitik in der Kartellgesetzgebung der Bundesrepublik 1949–1957, in: VfZ 23 (1976), S. 287–307
Hüwel, D., Karl Arnold, eine politische Biographie, Wuppertal 1980
Huster, E.-U. u. a., Determinanten der westdeutschen Restauration 1945–1949, Frankfurt/M. 1972
Ders., Die Politik der SPD 1945–1950, Frankfurt/M. 1978
Jacobmeyer, W., Die „Displaced Persons" in Deutschland 1945–1952, in: Bremisches Jahrbuch 59 (1981), S. 85–108
Ders., Polnische Juden in der amerikanischen Besatzungszone Deutschlands 1946/47 (Dokumentation), in: VfZ 25 (1977), S. 120–135
Jacobsen, H.-A. u. a. (Hrsg.), „Drei Jahrzehnte Außenpolitik der DDR". Bestimmungsfaktoren, Instrumente, Aktionsfelder, München² 1980
Jäckel, E., Die rechtlichen Grundlagen des Kammerwesens in Ostwestfalen, in: 125 Jahre Industrie- und Handelskammer Ostwestfalen zu Bielefeld, o. J. (1974)
Jänicke, M., Aspekte einer Theorie des totalitären Konflikts, in: Polit. Vierteljahresschrift 11 (1979), S. 162–185
Ders., Der dritte Weg. Antistalinistische Opposition gegen Ulbricht seit 1953, Köln 1964
Jahrbuch der öffentlichen Meinung 1947–1955, Allensbach 1956
Jahrbücher der Sozialdemokratischen Partei Deutschlands 1946–1949, Neudruck Glashütten/Ts. 1976
Jaspers, K., Wohin treibt die Bundesrepublik? München 1967
Jendricke, B., Die Nachkriegszeit im Spiegel der Satire, Frankfurt/M. 1982
Jenkis, H. W., Wohnungswirtschaft und Wohnungspolitik in beiden deutschen Staaten, Hamburg 1976
Jerchow, F., Deutschland in der Weltwirtschaft 1944–1947. Alliierte Deutschland- und Reparationspolitik und die Anfänge der westdeutschen Außenwirtschaft, Düsseldorf 1978

Jochmann, W., Evangelische Kirche und politische Neuorientierung in Deutschland 1945, in: Geiss, I. u. Wendt, H. J. (Hrsg.), Deutschland in der Weltpolitik des 19. und 20. Jahrhunderts, Düsseldorf ²1974, S. 545–562
Jungwirth, N. u. Kromschröder, G., Die Pubertät der Republik. Die fünfziger Jahre der Deutschen, Frankfurt/M. 1978
Jürgensen, K., Die Stunde der Kirche, Neumünster 1976
Kaack, H., Geschichte und Struktur des deutschen Parteiensystems, Opladen 1971
Kaden, A., Einheit oder Freiheit. Die Wiedergründung der SPD 1945/46, Hannover 1964
Kästner, E., Mühselig von Zone zu Zone (1947), in: Kästner für Erwachsene, hrsg. v. R. W. Leonhard, Zürich 1966, S. 506 ff.
Kennan, G. F., Memoiren eines Diplomaten, Stuttgart 1968
King, J. K., Literarische Zeitschriften 1945–1970, Stuttgart 1974
Kirchen in der Nachkriegszeit. Vier zeitgeschichtliche Beiträge, Göttingen 1979
Kirchliches Handbuch. Amtliches statistisches Jahrbuch der katholischen Kirche Deutschlands, Bd. XXIII (1944–51), Köln 1951
Kirchliches Jahrbuch der evangelischen Kirche in Deutschland 72–75 (1945–1948), Gütersloh 1950
Klein, J., Hand in Hand gegen die Arbeiter, Hamburg 1974
Kleßmann, Ch., Betriebsparteigruppen und Einheitsgewerkschaft – Zur betrieblichen Arbeit der politischen Parteien in der Frühphase der westdeutschen Arbeiterbewegung, in: VfZ 31 (1983) H 2, S. 272–307
Ders., Die deutsche Volksdemokratie, in: Deutschland Archiv 8 (1975), S. 375 ff.
Ders. u. Friedemann, P., Streiks und Hungermärsche im Ruhrgebiet 1946–1948, Frankfurt/M. 1977
Kloss, G., Hochschulneugründungen in der französischen Besatzungszone, in: Informationen zur erziehungs- und bildungshistorischen Forschung 17/18 (1982) S. 341–358
Klotzbach, K., Die Programmdiskussion in der deutschen Sozialdemokratie 1945–1959, in: ASG 16 (1976), S. 469–483
Kluth, H., Die KPD in der Bundesrepublik. Ihre politische Tätigkeit und Organisation 1945–1956, Köln 1959
Knapp, M., Das Deutschlandproblem und die Ursprünge des europäischen Wiederaufbauprogramms, eine Auseinandersetzung mit John Gimbels Untersuchung „The Origins of the Marshall Plan, in: Polit. Vierteljahresschrift 19 (1978), S. 48–65
Knauft, W., Katholische Kirche in der DDR. Gemeinden in der Bewährung 1945 bis 1980, Mainz 1981
Kocka, J., Die Angestellten in der deutschen Geschichte 1850–1980, Göttingen 1981
Ders., Neubeginn oder Restauration? Deutschland 1945–1949, in: L '76, Demokratie und Sozialismus H. 11/1979, S. 112–136
Köhle, K., Vorgeschichte, Arbeit und Konflikt des Parlamentarischen Rats, in: Polit. Studien 22 (1971), S. 605–613
Köhler, H., Economic Integration in the Soviet Bloc, with an East German Case Study, New York 1965
Kolko, G., The Politics of War. The World and United States Policy 1943–1945, New York 1968
Kowalski, H. G., Zur alliierten Deutschlandplanung 1943–1945, in: VfZ 19 (1971), S. 261–293

Krause, W., Die Entstehung des Volkseigentums in der Industrie der DDR, Berlin (O) 1958

Kreikamp, H.-D., Die amerikanische Deutschlandpolitik im Herbst 1946, in: VfZ 29 (1981), S. 269–285

Ders., Die Entflechtung der I. G. Farbenindustrie A. G. 1945–1952, in: VfZ 25 (1977), S. 220–251

Krippendorff, E., Die Gründung der Liberal-Demokratischen Partei in der Sowjetischen Besatzungszone 1945, in: VfZ 8 (1960), S. 290–309

Ders., Die Liberal-Demokratische Partei Deutschlands in der Sowjetischen Besatzungszone 1945–1948, Bonn o. J. (1961)

Kruse, F., NS-Prozesse und Restauration. Zur justiziellen Verfolgung von NS-Gewaltverbrechen in der Bundesrepublik, in: Kritische Justiz 11 (1978), S. 109–134

Kuczynski, J., Die Geschichte der Lage der Arbeiter unter dem Kapitalismus, Bd. 7 a, Berlin (O) 1963

Kuklick, B., American Policy and the Division of Germany. The Clash with Russia over Reparations, Ithaca 1972

Lades, H. u. a., Kalter Krieg, in: Sowjetsystem und Demokratische Gesellschaft, Bd. 3, Freiburg 1969, Sp. 465–506

Lange, M. G., Totalitäre Erziehung. Das Erziehungssystem der Sowjetzone Deutschlands, Frankfurt/M. 1954

Ders., Wissenschaft im totalitären Staat. Die Wissenschaft der Sowjetischen Besatzungszone auf dem Weg zum „Stalinismus“, Stuttgart 1955

Lange-Quassowski, J., Neuordnung oder Restauration? Das Demokratiekonzept der amerikanischen Besatzungsmacht und die politische Sozialisation der Westdeutschen, Opladen 1979

Langner, A. (Hrsg.), Katholizismus im politischen System der Bundesrepublik 1949–1963, Paderborn 1978

Lampert, H., Sozialpolitik, Berlin (W) 1980

Laschitza, H., Kämpferische Demokratie gegen Faschismus. Die programmatische Vorbereitung auf die antifaschistisch-demokratische Umwälzung in Deutschland durch die Parteiführung der KPD, Berlin (O) 1969

Die Lastenausgleichsgesetze, hrsg. v. Bundesministerium für Vertriebene, Flüchtlinge und Kriegsgeschädigte, 8 Bde., Bonn 1962 ff.

Latour, C. F. u. Vogelsang, Th., Okkupation und Wiederaufbau. Die Tätigkeit der Militärregierung in der amerikanischen Besatzungszone Deutschlands 1944–1947, Stuttgart 1973

Lemberg, E. u. Edding, F. (Hrsg.), Die Vertriebenen in Westdeutschland, 3 Bde., Kiel 1959

Leonhard, W., Die Revolution entläßt ihre Kinder, Köln 1955

Lepsius, R. M., Sozialstruktur und soziale Schichtung in der Bundesrepublik Deutschland, in: Löwenthal/Schwarz (Hrsg.), Die Zweite Republik, Stuttgart 1974, S. 263–288

Leptin, G., Die deutsche Wirtschaft nach 1945. Ein Ost-West-Vergleich, Opladen 1970

Lilge, H. (Hrsg.), Deutschland 1945–1963, Hannover [7]1967

Link, W., Die amerikanische Außenpolitik aus revisionistischer Sicht, in: NPL 16 (1971), S. 205–220

Ders., Deutsche und amerikanische Gewerkschaften und Geschäftsleute 1945–1975, Düsseldorf 1978

Lipgens, W., Die Anfänge der europäischen Einigungspolitik 1945–1950, Bd. I, Stuttgart 1977
Living Conditions in Germany 1947, A Survey by the Hilfswerk of the Evangelical Churches in Germany, Stuttgart 1947
Löwenthal, R. u. Schwarz, H. P. (Hrsg.), Die Zweite Republik. 25 Jahre Bundesrepublik Deutschland – eine Bilanz, Stuttgart 1974
Loewke, U. F., Die SPD und die Wehrfrage 1949 bis 1955, Bonn 1976
Loth, W., Die Teilung der Welt 1941–1955 (dtv-Weltgeschichte des 20. Jh.), München 1980 (^{5}1985)
Ludz, P. C., Deutschlands doppelte Zukunft, Bundesrepublik und DDR in der Welt von morgen, München 1974
Ders., Die DDR zwischen Ost und West. Politische Analysen 1961 bis 1976, München 1977
Lundestad, G., The American Non-Policy Towards Eastern Europe 1943–1947, Tromsö 1978
Maas, J., Dokumentation der deutsch-polnischen Beziehungen 1945–1959, Bonn 1960
März, P., Die Bundesrepublik zwischen Westintegration und Stalin-Noten. Zur deutschlandpolitischen Diskussion 1952 in der Bundesrepublik vor dem Hintergrund der westlichen und der sowjetischen Deutschlandpolitik, Frankfurt/M. 1982
Mai, G., Westliche Sicherheitspolitik im Kalten Krieg. Der Korea-Krieg und die deutsche Wiederbewaffnung 1950, Boppard 1977
Ders., Kontinuität und Neubeginn in der „Stunde Null". Einige Neuerscheinungen zur Regional- und Ortsgeschichte Westdeutschlands 1945/46, in: Hessisches Jb. f. Landesgeschichte 31 (1981), S. 231–256
Maier, R., Ein Grundstein wird gelegt. Die Jahre 1945–1947, Tübingen 1964
Mampel, S., Die arbeitsrechtliche Entwicklung in der sowjetischen Besatzungszone, in: Die Sozialpolitik in der sowjetischen Besatzungszone Deutschlands, Berlin (W) 1957, S. 22–38
Ders., Die Entwicklung der Verfassungsordnung in der sowjetisch besetzten Zone Deutschlands von 1945 bis 1963, in: Jb. d. öffentl. Rechts 13 (1964), S. 455–579
Manz, M., Stagnation und Aufschwung in der Französischen Besatzungszone von 1945–1948, Diss. Mannheim 1968
Marcou, L., Le Kominform, Paris 1977
Martiny, M., Die Durchsetzung der Mitbestimmung im deutschen Bergbau, in: H. Mommsen u. U. Borsdorf (Hrsg.), Glück auf, Kameraden! Köln 1979, S. 389–414
Masuch, M., Das Problem der Erklärung des „Stalinismus", in: Das Argument 106 (1977), S. 826–843
Mattedi, N., Gründung und Entwicklung der Parteien in der Sowjetischen Besatzungszone Deutschland 1945–1949, Bonn 1966
Mende, K. D., Schulreform und Gesellschaft in der DDR 1945–1965, Stuttgart 1969
Merritt, R. L. u. A. J., Public Opinion in Occupied Germany. The OMGUS-Surveys 1945–1949, Urbana (Ill.) 1970
Mey, H., Marktwirtschaft und Demokratie. Betrachtungen zur Grundlegung der Bundesrepublik, in: VfZ 19 (1971), S. 160–186
Meyer, G., Die sowjetische Deutschland-Politik im Jahre 1952, Tübingen 1970
Mielke, S., Entwicklung und Motive zur Gründung einer selbständigen Angestelltengewerkschaft (1945–1949) MS 1978 (a)

Ders., Grenzen und Motive der Einflußnahme der amerikanischen Militärregierung auf den Aufbau und die Organisationsstruktur der Gewerkschaften in der amerikanischen Besatzungszone, in: IWK 14 (1978), S. 187–202 (b)

Möller, H. (Hrsg.), Zur Vorgeschichte der Deutschen Mark. Die Währungsreformpläne 1945–1948. Eine Dokumentation, Basel 1961

Ders., Die westdeutsche Währungsreform von 1948, in: Währung und Wirtschaft in Deutschland 1876–1975, Frankfurt/M. 1976, S. 433–483

Moltmann, G., Die frühe amerikanische Deutschlandplanung im Zweiten Weltkrieg, in: VfZ 5 (1957), S. 241–264

Moraw, F., Die Parole der „Einheit" und die Sozialdemokratie. Zur parteiorganisatorischen und gesellschaftspolitischen Orientierung der SPD in der Periode der Illegalität und der ersten Phase der Nachkriegszeit, 1933–1948, Bonn-Bad Godesberg 1973

Morgenthau, H., Germany Is Our Problem, New York 1945

Morsey, R., Entscheidung für den Westen. Die Rolle der Ministerpräsidenten in den drei Westzonen im Vorfeld der Bundesrepublik Deutschland 1947–1949, in: Westfälische Forschungen 26 (1974), S. 1–24

Ders., Personal- und Beamtenpolitik im Übergang von der Bizonen- zur Bundesverwaltung (1947–1950). Kontinuität oder Neubeginn? in: Verwaltungsgeschichte, hrsg. v. R. Morsey, Berlin 1977, S. 191–238

Ders., Die Rhöndorfer Weichenstellung vom 21. August 1949 (Dokumentation), in: VfZ 28 (1980), S. 508–542

Müller, H., Das Exempel Kulturbund: Anatomie eines Verbots, in: Frankfurter Kunstverein (Hrsg.), Zwischen Krieg und Frieden. Gegenständliche und realistische Tendenzen in der Kunst nach 1945, Berlin 1980, S. 175–182

Müller, W., Die KPD und die „Einheit der Arbeiterklasse", Frankfurt/M. 1979

Narr, W.-D., CDU-SPD, Programm und Praxis seit 1945, Stuttgart 1966

Neumann, F., Der Block der Heimatvertriebenen und Entrechteten 1950–1960, Meisenheim 1968

Nettl, J. P., Die deutsche Sowjetzone bis heute. Politik, Wirtschaft, Gesellschaft, Frankfurt/M. 1953

Niess, F., Die „deutsche Frage" im Unterricht - Ein Literaturbericht, in: Geschichtsdidaktik 4 (1979), S. 382–405

Niethammer, L., Entnazifizierung in Bayern, Säuberung und Rehabilitierung unter amerikanischer Besatzung, Frankfurt/M. 1972

Ders., Strukturreform und Wachstumspakt. Westeuropäische Bedingungen der einheitsgewerkschaftlichen Bewegung nach dem Zusammenbruch des Faschismus, in: H. O. Vetter (Hrsg.), Vom Sozialistengesetz zur Mitbestimmung, Köln 1975, S. 303–358

Ders., Bundesrepublik und Nation, in: Politik und Kultur 4 (1977) H 2, S. 26–76

Ders., Die deutsche Stadt im Umbruch 1945 als Forschungsproblem, in: die alte Stadt 5 (1978), S. 138–154

Niclauß, K., Demokratiegründung in Westdeutschland, die Entstehung der Bundesrepublik von 1945–1949, München 1974

Nolte, E., Deutschland und der kalte Krieg, München 1974 (^{2}1985)

Ders., Kalter Krieg und deutsche Ostpolitik, in: NPL 20 (1975), S. 308–338, S. 448–490

Ost und West. Beiträge zu kulturellen und politischen Fragen der Zeit, Berlin 1947–1949, Nachdruck Königstein/Ts. 1979

Ott, E., Die Bedeutung des Marshall-Plans für die Nachkriegsentwicklung in Westdeutschland, in: Aus Politik und Zeitgeschichte B4 (1980), S. 9–37
Otto, V., Das Staatsverständnis des Parlamentarischen Rates. Ein Beitrag zur Entstehung des Grundgesetzes für die Bundesrepublik Deutschland, Düsseldorf 1971
Overesch, M., Gesamtdeutsche Illusion und westdeutsche Realität. Von den Vorbereitungen für einen deutschen Friedensvertrag zur Gründung des Auswärtigen Amts der Bundesrepublik Deutschland 1946–1949/50, Düsseldorf 1978
Ders., Deutschland 1945–1949, Vorgeschichte und Gründung der Bundesrepublik, Königstein 1979
Ders., Die gesamtdeutsche Konferenz der Erziehungsminister in Stuttgart 19./20. Februar 1948 (Dokumentation), in: VfZ 28 (1980), S. 248–285
Pakschies, G., Umerziehung in der britischen Zone 1945–1949, Weinheim 1979
Der Parlamentarische Rat 1948–1949. Akten und Protokolle. Bd. 1: Vorgeschichte, bearb. v. J. V. Wagner, Boppard 1974. Bd. 2: Der Verfassungskonvent auf Herrenchiemsee, bearb. v. P. Bucher, Boppard 1981
Parteien in der Bundesrepublik. Studien zur Entwicklung der deutschen Parteien bis zur Bundestagswahl 1953, Stuttgart 1955
Peterson, E. N., The American Occupation of Germany. Retreat to Victory, Detroit 1977
Pietsch, H., Militärregierung, Bürokratie und Sozialisierung. Zur Entwicklung des politischen Systems in den Städten des Ruhrgebietes 1945 bis 1948, Duisburg 1978
Pingel, F., Politik deutscher Institutionen in den westlichen Besatzungszonen 1945–1948, in: NPL 25 (1980), S. 341–358
Ders., Die Russen am Rhein? Die Wende der britischen Besatzungspolitik im Frühjahr 1946, in: VfZ 30 (1982), S. 98–116
Pirker, Th., Die blinde Macht. Die Gewerkschaftsbewegung in Westdeutschland, 2 Bde., München 1960
Plener, U., SPD 1945–1949, Konzeption, Praxis, Ergebnisse, Berlin (O) 1981
Pleyer, P., Deutscher Nachkriegsfilm 1946–1948, Münster 1965
Plumpe, W., Gesellschaftliche Neuordnung oder ökonomische Entwicklungslogik? Spielräume und Handlungsmöglichkeiten der Unternehmerverbände im britischen Besatzungsgebiet, in: WSI-Mitteilungen Jg. 1980, S. 405–414
Die politische Plattform Harichs und seiner Freunde, in: SBZ-Archiv 8 (1957), S. 72–75
Potthoff, E., Der Kampf um die Montanmitbestimmung, Köln 1957
Preller, L., Sozialpolitik in der Weimarer Republik (1949), Nachdr. Düsseldorf 1978
Pritzel, K., Die wirtschaftliche Integration der Sowjetischen Besatzungszone in den Ostblock und ihre politischen Aspekte, Bonn ^{2}1966
Pross, H., Asche auf der Brust. „Ulenspiegel“: Eine der besten Zeitschriften der Nachkriegszeit, in: Die Zeit v. 21. 3. 1980, S. 55
Protokoll der ersten Gewerkschaftskonferenz der britischen Zone vom 12. bis 14. März 1946 im katholischen Vereinshaus Hannover-Linden, o. O., o. J.
Protokoll der Gewerkschaftskonferenz der britischen Zone vom 21. bis 23. August 1946 in Bielefeld, Bielefeld o. J.
Protokoll, Außerordentlicher Bundeskongreß des DGB für die brit. Zone v. 16.–18. Juni 1948 in Recklinghausen, Köln o. J.
Protokoll des Ersten Deutschen Volkskongresses für Einheit und gerechten Frieden am 6. und 7. Dez. 1947 in der Deutschen Staatsoper, Berlin 1948

Protokoll der Verhandlungen des Parteitages der SPD vom 29. Juni bis 2. Juli 1947 in Nürnberg, Hamburg 1948
Pünder, T., Das Bizonale Interregnum. Die Geschichte des Vereinigten Wirtschaftsgebietes 1946–49, Köln 1966
Pütz, H. (Hrsg.), Konrad Adenauer und die CDU der britischen Besatzungszone. Dokumente zur Gründungsgeschichte der CDU Deutschlands, Bonn 1975
Raddatz, F. J., Wir werden weiterdichten, wenn alles in Scherben fällt ... Der Beginn der deutschen Nachkriegsliteratur, in: Die Zeit v. 12. 10. 1979, S. 33–36
Rautenberg, H. J. u. Wiggershaus, N. (Hrsg.), Die „Himmeroder Denkschrift" vom Oktober 1950. Politische und militärische Überlegungen für einen Beitrag der Bundesrepublik Deutschland zur westeuropäischen Verteidigung, in: Militärgesch. Mitteilungen 21 (1977), S. 135–206
Rechtsradikalismus im Nachkriegsdeutschland. Studien über die „Sozialistische Reichspartei", Berlin 1957
Reulecke, J. (Hrsg.), Arbeiterbewegung an Rhein und Ruhr, Wuppertal 1974
Rexin, M., Die Entwicklung der Wissenschaftspolitik in der DDR, in: Wissenschaft und Gesellschaft in der DDR, München 1971, S. 78–121
Richert, E., Macht ohne Mandat. Der Staatsapparat in der Sowjetischen Besatzungszone Deutschlands, 2. erw. Aufl. Köln 1963
Ders., Sozialistische Universität. Die Hochschulpolitik der SED, Berlin (W) 1967
Richter, H. W. (Hrsg.), Bestandsaufnahme. Eine deutsche Bilanz 1962. Sechsunddreißig Beiträge deutscher Wissenschaftler, Schriftsteller und Publizisten, München 1962
Roesler, J., Zur Charakteristik der ökonomischen Ergebnisse in der Industrie der DDR im ersten Fünfjahrplan 1951 bis 1955, in: Jb. f. Wirtschaftsgesch. 1976, III, S. 31–54
Rohrbach, J., Im Schatten des Hungers. Dokumentarisches zur Ernährungspolitik und Ernährungswirtschaft in den Jahren 1945–1949, hrsg. v. H. Schlange-Schöningen, Hamburg 1955
Rothstein, S., Die Londoner Sechsmächtekonferenz 1948 und ihre Bedeutung für die Gründung der Bundesrepublik Deutschland, Diss. jur. Freiburg 1968
Rudzio, W., Die ausgebliebene Sozialisierung an Rhein und Ruhr. Zur Sozialisierungspolitik von Labour-Regierung und SPD 1945–1948, in: ASG 18 (1978), S. 1 ff.
Ders., Export englischer Demokratie? Zur Konzeption der britischen Besatzungspolitik in Deutschland, in: VfZ 17 (1969), S. 219–236
Ruge-Schatz, A., Umerziehung und Schulpolitik in der französischen Besatzungszone 1945–1949, Frankfurt/M. 1977
Ruhl, H.-J. (Hrsg.), Neubeginn und Restauration, (dtv-Dokumente) München 1982
Rupp, H. K., Politische Geschichte der Bundesrepublik Deutschland, Entstehung und Entwicklung. Eine Einführung, Stuttgart 1978
Ruß, W., Die Sozialversicherung in der DDR, Frankfurt/M. 1979
Sandberg, H. u. Kunert, G. (Hrsg.), Ulenspiegel. Zeitschrift für Literatur, Kunst und Satire 1945–1950, Berlin (O) 1978
Schachtner, R., Die deutschen Nachkriegswahlen, München 1956
Scharf, C. u. Schröder, H. J. (Hrsg.), Politische und ökonomische Stabilisierung Westdeutschlands 1945–1949, Wiesbaden 1977
Scharf, C. u. Schröder, H. J. (Hrsg.), Die Deutschlandpolitik Großbritanniens und die Britische Zone 1945–1949, Wiesbaden 1979
Schelsky, H., Wandlungen der deutschen Familie in der Gegenwart. Darstellung und Deutung einer empirisch-soziologischen Tatbestandsaufnahme, Stuttgart [2]1954

Schlarp, K.-H., Alternativen zur deutschen Außenpolitik 1952–1954: K.-G. Pfleiderer und die „deutsche Frage", in: Aspekte deutscher Außenpolitik im 20. Jahrhundert. Aufsätze. Hans Rothfels zum Gedächtnis, Stuttgart 1976, S. 211–248
Schlauch, W., Zur amerikanischen Deutschland- und Besatzungspolitik, in: ASG 20 (1980), S. 566–671
Schmidt, E., Die verhinderte Neuordnung 1945–1952, Frankfurt/M. 1970
Schmidt, U. u. Fichter, T., Der erzwungene Kapitalismus, Klassenkämpfe in den Westzonen 1945–1948, Berlin (W) 1971
Schmitz, K. Th., Deutsche Einheit und europäische Integration. Der sozialdemokratische Beitrag zur Außenpolitik der Bundesrepublik Deutschland unter besonderer Berücksichtigung des programmatischen Wandels einer Oppositionspartei, Bonn 1978
Schneider, D. M., Saarpolitik und Exil 1933–1955, in: VfZ 25 (1977), S. 467–545
Schneider, H., Das Wunder an der Saar, Stuttgart 1974
Schneider, H. u. Uffelmann, K., Zur Außenpolitik der Bundesrepublik Deutschland. Ein Reader für den historisch-politischen Unterricht, Paderborn 1977
Scholz, A. u. Oschilewski, W. G., Turmwächter der Demokratie. Ein Lebensbild von Kurt Schumacher, Bd. II, Berlin 1953
Schröder, G., Die Umsiedlerfrage in der gegenwärtigen Sozialpolitik, in: Arbeit und Sozialfürsorge 5 (1950) Nr. 6, S. 139 f.
Schröder, H.-J., Zur Genesis des Kalten Krieges, in: NPL 21 (1976), S. 488–506
Schröder, O., Zum Kampf der Arbeiterklasse gegen das Wiederaufleben von Unternehmerverbänden im Osten Deutschlands 1945–1948, in: Die Arbeit 1965 H. 9, S. 46–49
Schubbe, E., (Hrsg.), Dokumente zur Kunst-, Literatur- und Kulturpolitik der SED, Stuttgart 1972
Schubert, K. v., Wiederbewaffnung und Westintegration, Stuttgart 1970
Schüddekopf, Ch. (Hrsg.), Vor den Toren der Wirklichkeit. Deutschland 1946–47 im Spiegel der Nordwestdeutschen Hefte, Berlin 1980
Schultze, R., Der verschärfte Klassenkampf auf wirtschaftspolitischem Gebiet in der DDR unmittelbar nach ihrer Gründung, in: Jb. f. Wirtschaftsgesch. 1977, II, S. 45–63
Schulz, K.-P., Auftakt zum Kalten Krieg. Der Freiheitskampf der SPD in Berlin 1945/46, Berlin 1965
Schwan, H. u. Steininger, R. (Hrsg.), Besiegt, besetzt, geteilt – Von der Invasion bis zur Spaltung Deutschlands, eine historische Dokumentation, München 1979
Schwarz, H. P., Das außenpolitische Konzept Konrad Adenauers, in: Gotto, K. u. a., Konrad Adenauer. Seine Deutschland- und Außenpolitik 1945–1963, München 1975 (dtv), S. 97–155
Ders., Vom Reich zur Bundesrepublik. Deutschland im Widerstreit der außenpolitischen Konzeptionen in den Jahren der Besatzungsherrschaft 1945–1949, Stuttgart [2]1980
Ders., Die Ära Adenauer, Gründerjahre der Republik 1949–1957. Geschichte der Bundesrepublik Deutschland, Bd. 2, Stuttgart 1981
Schweigler, G., Nationalbewußtsein in der BRD und der DDR, Düsseldorf 1973
Schwering, L., Frühgeschichte der Christlich-Demokratischen Union, Recklinghausen 1963
Schwertner, E. u. Kempke, A., Zur Wissenschafts- und Hochschulpolitik der SED (1945/46–1966), Berlin (O) 1967
Selucký, R., Reformmodell CSSR, Reinbek 1969
Seraphim, P. H., Die Heimatvertriebenen in der Sowjetzone, Berlin (W) 1954

Shdanow, A., Über die internationale Lage, in: Neue Welt, Oktober 1947, S. 1–22
Sherwood, R., Roosevelt und Hopkins, Hamburg 1950
Sicherheitspolitik der Bundesrepublik Deutschland. Dokumentation 1945–1977, hrsg. und eingeleitet v. K. v. Schubert, Teil 1, Bonn 1978
Siebrecht, V., Der westdeutsche Arbeitsmarkt und der soziale Wohnungsbau, in: Gewerkschaftliche Monatshefte 2 (1951), S. 83–90
Slusser, R. (Hrsg.), Soviet Economic Policy in Postwar Germany, New York 1953
Smith, A., Churchills deutsche Armee, Bergisch Gladbach 1978
Smith, B. F., Der Jahrhundertprozeß. Die Motive der Richter von Nürnberg – Anatomie einer Urteilsfindung, Frankfurt/M. 1979
So lebten wir... Ein Querschnitt durch 1947, Willsbach (Württ.) 1948
Sörgel, W., Konsensus und Interessen. Eine Studie zur Entstehung des Grundgesetzes für die Bundesrepublik Deutschland, Stuttgart 1969
Solberg, R. W., Kirche in der Anfechtung, Berlin 1962
Sowjetische Reparationspolitik seit 1945, Hannover („Sopade Informationsdienst" Denkschriften, 34) o. J.
Spitaler, A., Probleme der Aufbringungsseite des Lastenausgleichs, in: Lemberg, E. u. a. (Hrsg.), Die Vertriebenen in Westdeutschland, Bd. 2, Kiel 1959, S. 396–417
Spotts, F., Kirchen und Politik in Deutschland, Stuttgart 1976
Stammer, O., Sozialstruktur und System der Werthaltung der Sowjetischen Besatzungszone Deutschlands, in: Schmollers Jb. 76 (1956) I, S. 55–105
Staritz, D. (Hrsg.), Das Parteiensystem der Bundesrepublik, Opladen 1976
Ders., Sozialismus in einem halben Lande. Zur Programmatik und Politik der KPD/SED in der Phase der antifaschistisch-demokratischen Umwälzung in der DDR, Berlin (W) 1976
Steininger, R., Zur Geschichte der Münchener Ministerpräsidentenkonferenz 1947, in: VfZ 23 (1975), S. 375–453
Ders., England und die deutsche Gewerkschaftsbewegung 1945/46, in: ASG 18 (1978), S. 41–118
Ders., Ruhrfrage und Sozialisierung in der anglo-amerikanischen Deutschlandpolitik 1947/48, in: VfZ 27 (1979), S. 167–240
Ders., Die britische Deutschlandpolitik in den Jahren 1945/46, in: Aus Politik und Zeitgeschichte B1 (1982), S. 28–47
Stettinius, E. R. J., Roosevelt and the Russians. The Yalta Conference, hrsg. v. W. Johnson, London 1950
Stöckigt, R., Der Kampf der KPD um die demokratische Bodenreform Mai 1945 bis April 1946, Berlin (O) 1964
Stolper, G. u. a., Deutsche Wirtschaft seit 1870, Tübingen ^{2}1966
Storbeck, D., Soziale Strukturen in Mitteldeutschland, Berlin (W) 1964
Suckut, S., Die Betriebsrätebewegung in der Sowjetisch Besetzten Zone Deutschlands und in Groß-Berlin 1945–1948, Phil. Diss. Hannover 1978 (Frankfurt/M. 1982)
Sywottek, A., Deutsche Volksdemokratie. Studien zur politischen Konzeption der KPD 1935–1946, Düsseldorf 1971
Ders., Die Opposition der SPD und KPD gegen die westdeutsche Wiederaufrüstung in der Tradition sozialdemokratischer und kommunistischer Friedenspolitik seit dem Ersten Weltkrieg, in: Huber, W. u. Schwerdtfeger, J. (Hrsg.), Frieden, Gewalt, Sozialismus, Stuttgart 1976, S. 496–610

Ders., Über die Anfänge der DDR-Wirtschaft, in: NPL 26 (1981), S. 59–73

Thalheim, K. C., Probleme des Wirtschaftswachstums in Mitteldeutschland, in: Ders. (Hrsg.), Wachstumsprobleme in der osteuropäischen Volkswirtschaft. Schriften d. Vereins f. Sozialpolitik 50 II (1970), S. 1–40

Thies, J. u. Daak, K. v., Südwestdeutschlands Stunde Null, die Geschichte der französischen Besatzungszone 1945–1948, Düsseldorf 1979

Thomas, K., Die Literatur der DDR als Spiegel von Gesellschaftsbewußtsein und Gesellschaftskritik, in: Wissenschaft und Gesellschaft in der DDR, München 1971, S. 256–284

Thomas, S., Der Schumanplan in der „Europapolitik" der BRD (1949–1952), in: ZfG 24 (1976), S. 275–291

Ders., Der Weg in die Nato. Zur Integrations- und Remilitarisierungspolitik der BRD 1949–1955, Frankfurt/M. 1978

Thurnwald, H., Gegenwartsprobleme Berliner Familien. Eine Untersuchung an 498 Familien, Berlin 1948

Tolstoy, N., Die Verratenen von Jalta. Englands Schuld vor der Geschichte, München 1977

Tormin, W., Geschichte der deutschen Parteien seit 1848, Stuttgart 1967

Trees, W. u. a., Drei Jahre nach Null, Geschichte der britischen Besatzungszone 1945–1948, Düsseldorf 1978

Treue, W., Die Demontagepolitik der Westmächte nach dem Zweiten Weltkrieg unter besonderer Berücksichtigung ihrer Wirkung auf die Wirtschaft in Niedersachsen, Hannover 1967

Trittel, G., J., Die Bodenreform in der britischen Zone 1945–1949, Stuttgart 1975

Uertz, R., Christentum und Sozialismus in der frühen CDU. Grundlagen und Wirkungen der christlich-sozialen Ideen in der Union 1945–1949, Stuttgart 1981

Uffelmann, U., Internationale Politik und deutsche Frage 1945–1947, Düsseldorf 1976

Ulbricht, W., Zur Geschichte der neuesten Zeit, Bd. 1, Berlin 1955

Unrecht als System, Dokumente über planmäßige Rechtsverletzungen im sowjetischen Besatzungsgebiet, Bd. 1, Bonn 1952

Ursachen und Folgen. Vom deutschen Zusammenbruch 1918 und 1945 bis zur staatlichen Neuordnung Deutschlands in der Gegenwart, hrsg. u. bearb. v. H. Michaelis u. E. Schrapler, Bd. 17–26, Berlin o. J.

Das Urteil von Nürnberg 1946, (dtv-Dokumente) München ^{3}1977

Vaillant, J., Der Ruf. Unabhängige Blätter der jungen Generation (1945–1949). Eine Zeitschrift zwischen Illusion und Anpassung, München 1978

Vaterland, Muttersprache. Deutsche Schriftsteller und ihr Staat von 1945 bis heute, Berlin (W) 1979

Verhandlungen des Deutschen Bundestages. Stenographische Berichte, Bd. 1 ff., Bonn 1950 ff.

Versprochen – Gebrochen. Die Interzonenkonferenzen der deutschen Gewerkschaften 1946–1948, Düsseldorf 1961

Vetter, H. O. (Hrsg.), Vom Sozialistengesetz zur Mitbestimmung, zum 100. Geburtstag von Hans Böckler, Köln 1975

Vogel, J., Kirche und Wiederbewaffnung, Göttingen 1978

Vogel, W. Die Ursprünge der Teilung Deutschlands in der Kriegszielpolitik der Alliierten, in: GWU 18 (1967), S. 193–212

Ders., Westdeutschland 1945–1950. Der Aufbau von Verfassungs- und Verwaltungseinrichtungen über den Ländern der drei westlichen Besatzungszonen, 2 Bde., Koblenz 1956, Boppard 1964
Vogelsang, Th., Das geteilte Deutschland, München 1966
Vorwerk, W., Zur Neugründung der Arbeitgeberverbände nach 1945, in: Der Arbeitgeber 28. 1. 1959, S. 34
Vysockij, V. N., Die deutschen Angelegenheiten auf den internationalen Beratungen der Jahre 1948 und 1949, in: ZfG 23 (1975), S. 384–402
Die Währungsgesetze, hrsg. v. J. Grassold, Stuttgart 1948
Wagner, J. V., Deutschland nach dem Krieg, eine illustrierte Dokumentation, Bochum 1975
Wallich, H. C., Triebkräfte des deutschen Wiederaufstiegs, Frankfurt/M. 1955
Weber, A., Haben wir Deutschen nach 1945 versagt? Politische Schriften, München 1979
Weber, H., Von der SBZ zur DDR 1945–1968, Hannover 1968
Ders., DDR, Grundriß der Geschichte, 1945–1976, Hannover 1978
Ders., Kleine Geschichte der DDR, Köln 1980 ([2]1988)
Weber, J. (Hrsg.), Geschichte der Bundesrepublik Deutschland, Bd. 1 (1945–1947), Paderborn 1979, Bd. 2 (1948), Paderborn 1981; Bd. 3 (1949), Paderborn 1982; Bd. 4 (1950–1955), Paderborn 1987
Ders., Sinn und Problematik der Nürnberger Kriegsverbrecherprozesse, in: Aus Politik und Zeitgeschichte B 48 (1968), S. 3–31
Weiß-Hartmann, A., Der Freie Gewerkschaftsbund Hessen 1945–1949, Marburg 1977
Wenzlau, J. R., Der Wiederaufbau der Justiz in Nordwestdeutschland 1945–1949, Königstein/Ts. 1979
Westdeutschlands Weg zur Bundesrepublik 1945–1949, Beiträge von Mitarbeitern des Instituts für Zeitgeschichte, München 1976
Wettig, G., Entmilitarisierung und Wiederbewaffnung in Deutschland 1943–1955, München 1967
Wieck, H.-G., Die Entstehung der CDU und die Wiederbegründung des Zentrums im Jahre 1945, Düsseldorf 1953
Wiggershaus, R., Geschichte der Frauenbewegung, Wuppertal 1979
Willis, F. R., The French in Germany 1945–1949, Stanford 1962
Winkel, H., Die Wirtschaft im geteilten Deutschland 1945–1970, Wiesbaden 1974
Winkeler, R., Schulpolitik in Württemberg–Hohenzollern 1945–1952, Stuttgart 1971
Winkler, H. A. (Hrsg.), Politische Weichenstellungen im Nachkriegsdeutschland. „Geschichte und Gesellschaft" Sonderheft 5, Göttingen 1979
Die wirtschaftliche Kapazität der Zonen. Der Wirtschafts-Spiegel, Sonderheft 2 (1947)
Wirtschaftszahlen aus der SBZ, bearb. v. H. Kalus, Bonn 1960
Wörtliche Berichte und Drucksachen des Wirtschaftsrates des Vereinigten Wirtschaftsgebietes 1947–1949, bearb. v. Ch. Weisz und H. Woller, 6 Bde., München 1977
Der Wohnungsbau in der Bundesrepublik Deutschland, bearb. v. W. Frey, Bonn 1951
Wolfram, A., Es hat sich gelohnt, der Lebensweg eines Gewerkschaftlers, Koblenz 1977
Wurzbacher, G., Leitbilder des gegenwärtigen Familienlebens, Stuttgart [4]1969
Yergin, D., Der zerbrochene Frieden. Der Ursprung des Kalten Krieges und die Teilung Europas, Frankfurt/M. 1979
Zapf, W., Wandlungen der deutschen Elite. Ein Zirkulationsmodell deutscher Führungsgruppen 1919–1961, München [2]1966
de Zayas, A. M., Nemesis at Potsdam, London 1977

Zeiger, J., Kirchliche Zwischenbilanz 1945. Bericht über die Informationsreise durch Deutschland und Österreich im Herbst 1945, in: Stimmen der Zeit 193 (1975), S. 293–312

Zentner, K., Aufstieg aus dem Nichts, Deutschland von 1945–1953, 2 Bde., Köln 1954

Ziebura, G., Die deutsch-französischen Beziehungen seit 1945. Mythen und Realitäten, Pfullingen 1970

Zink, H., The United States in Germany 1944–1953, Princeton 1957

Forschungsbericht über die seit 1982 erschienene Literatur*

(Hinweise auf Sammelrezensionen und Forschungsberichte sind in Anm. 6 der Einleitung zusammengestellt)

Übergreifende Darstellungen

Seit der ersten Veröffentlichung des Bandes Ende 1982 sind mehrere Darstellungen zur deutschen Nachkriegsgeschichte erschienen, die zum Teil über den hier behandelten Zeitraum hinausgreifen, zum Teil nur die Jahre vor der Staatsgründung 1949 betreffen. Die meisten beziehen sich jedoch entweder nur auf den westlichen oder den östlichen Teil Deutschlands.

Ansätze für eine Darstellung aller vier Besatzungszonen und beider Staaten seit 1949 gibt es bei *Steininger,* dessen beide Bände wichtige neue Materialien und Interpretationen zur alliierten (insbesondere britischen) Deutschlandpolitik liefern, jedoch nicht den Anspruch erheben können, auch im Hinblick auf die Innenpolitik und sozialgeschichtliche Themen eine umfassende Synthese zu bieten. Als Gesamtbilanz über vierzig Jahre der Entwicklung beider deutscher Staaten ist der 1989 erschienene umfangreiche Sammelband von *Weidenfeld* und *Zimmermann* mit einer großen Anzahl von Beiträgen gedacht. Autoren aus unterschiedlichen Disziplinen behandeln in Essays und knappen Längsschnitten Geschichte, Gesellschaft, Wirtschaft und soziale Sicherheit, Kultur, das politische System und die Außenbeziehungen der Bundesrepublik und der DDR. Hartmut Zimmermanns resümierende Betrachtungen am Schluß des Bandes über vierzig Jahre Zweistaatlichkeit sind gerade angesichts der im Erscheinungsjahr begonnenen Revolution in der DDR in einem doppelten Sinne eine instruktive Bilanz. Am engsten berührt sich in der Zielsetzung mit meiner Darstellung die in der Präsentation aufwendige Synthese zur Nachkriegsgeschichte bis 1961 von *Birke* in der Reihe „Die Deutschen und ihre

* Für seine Hilfe bei der Zusammenstellung und Auswahl der hier aufgeführten Literatur habe ich Gerd Meier, Bielefeld, herzlich zu danken.

Nation". Die Zäsur ist plausibel für die Nationalgeschichte, nicht unbedingt auch im Hinblick auf die innere Entwicklung der Bundesrepublik. Der vor allem in den außenpolitischen Passagen überzeugende, narrativ-chronologisch angelegte Band hat beide Staaten im Blick und will sowohl die Individualität wie die wechselseitige Abhängigkeit beider Staaten darstellen. Diese Leitfrage wird jedoch nicht wirklich eingelöst, zudem bleibt die Behandlung der DDR eher kursorisch.

Stark politikgeschichtlich ausgerichtet, aber ergänzt durch wesentliche Passagen über gesellschaftliche und kulturelle Entwicklungen, ist die voluminöse zweibändige Geschichte der Bundesrepublik der Amerikaner *Bark* und *Gress* angelegt. Sie überzeugt durch ihre Geschlossenheit, ihre breite Anlage und ihre zumeist abgewogenen Urteile. Als Alternative zu einer in sich geschlossenen umfassenden Gesamtdarstellung der Geschichte der Bundesrepublik sind die von *Benz* herausgegebenen vier Bände zu verstehen, in denen eine große Zahl von Spezialisten jeweils die wichtigsten Teilthemen aus Politik, Wirtschaft, Gesellschaft und Kultur in Längsschnitten über vierzig Jahre darstellt. Dem Nachteil der ausschnitthaften Analysen, die nur begrenzt in das gesamtgesellschaftliche Koordinatensystem integriert werden können, steht hier der nicht zu unterschätzende Vorteil gegenüber, daß viele Themenbereiche einbezogen werden, deren kompetente Behandlung für einen einzelnen Autor kaum möglich wäre. Insofern bieten diese Bände den thematisch bisher breitesten Überblick über die Gesamtentwicklung der Bundesrepublik. Ein in der systematischen Anlage ähnlicher, allerdings auf sozialgeschichtliche Themen konzentrierter Band ist von *Conze* und *Lepsius* herausgegeben worden. Er kann zwar keine Sozialgeschichte der Bundesrepublik ersetzen, schlägt aber mit der Leitfrage nach langfristigen sozialgeschichtlichen Kontinuitäten über politische Brüche hinweg erhellende Schneisen und belegt, wie wichtig die Erweiterung des Blicks auf größere historische Zeiträume für eine angemessene Erörterung des Kontinuitätsproblems nach 1945 ist. Der sozialgeschichtliche Ansatz erweist seine Ergiebigkeit besonders eindrucksvoll in dem Aufsatz von *Mooser* zur Arbeiterschaft über den Abschied von der „Proletarität".

Eine Reihe interessanter, vorwiegend politikhistorischer Studien vereint der Band von *Herbst* über Westdeutschland im ersten Nachkriegsjahrzehnt. Mit den Kategorien „Kontrolle" und „Integration" werden hier die außen- und innenpolitischen Entwicklungen erfaßt, die den Bruch mit der nationalstaatlichen Vergangenheit und die Integration eines demokratischen deutschen Staates in die westliche Völkergemeinschaft signalisieren.

Neben relativ knapp gehaltenen Gesamtüberblicken zur Bundesrepublik von *Thränhardt* und zur DDR von *Staritz* und *Weber* (1985), ergänzt durch eine Dokumentensammlung, ist zur Orientierung über die Forschung insbesondere auf die beiden Bände aus Oldenbourgs „Grundriß der Geschichte" von *Morsey* und *Weber* hinzuweisen, während sich der inhaltlich ausführlichere und ergiebige ältere Band von *Doering-Manteuffel* auf die Ära Adenauer beschränkt. Sowohl für die Ereignisgeschichte wie für die Forschungslage informativ und sehr nützlich sind auch die in der dtv-Reihe „Deutsche Geschichte der neuesten Zeit" erschienenen Bände von *Benz* und *Staritz* zur Vorgeschichte beider Staaten. In anderer Akzentuierung liegt zu den Stationen der Staatsgründung eine weitere Darstellung von *Benz* vor, die eine ausführliche Fassung der von ihm verfaßten Abschnitte in der umfangreichen Synthese von *Eschenburg* darstellt. Zum Nachschlagen und zur gezielten Information sind auch die beiden vorzüglichen Handbücher von *Potthoff/Wenzel* und *Broszat/Weber* hervorzuheben, die über das komplizierte Organisations- und Institutionengeflecht in den Besatzungszonen Aufschluß geben (zur SBZ werden auch informative Kurzbiographien geboten).

Der ertragreichen westdeutschen Forschung zur Bundesrepublik und auch zur DDR entsprechen keine auch nur annähernd gleichgewichtigen differenzierten Arbeiten aus der ehemaligen DDR. Knappe Überblicke wie der *Heitzers* sind nur als Beispiele orthodoxer Geschichtsinterpretationen zu werten. Ansätze einer erheblich breiteren und auch differenzierteren Interpretation der frühen Nachkriegsgeschichte bietet dagegen die 1989 erschienene und noch nach der „Wende" positiv hervorgehobene, umfängliche Gesamtdarstellung der Vorgeschichte der DDR von verschiedenen Autoren, die von *Badstübner* herausgegeben worden ist. Der Band ist aus heutiger Sicht insofern von besonderem Interesse, als er über viele inhaltliche Details hinaus auch gewisse Spielräume der zeithistorischen Interpretation ebenso wie das Korsett ideologischer Vorgaben für brisante politische Themen dokumentiert.

Westdeutsche Nachkriegsgeschichte war und ist zu einem wesentlichen Teil auch westeuropäische Integrationsgeschichte. Die Weichen dazu wurden vor allem in Washington, London und Paris gestellt, und die inneren Entwicklungen in Deutschland blieben von ökonomischen, politischen und militärischen Daten bestimmt, die die westlichen Kriegsalliierten in Auseinandersetzung mit ihrem ehemaligen Verbündeten in den Jahren des beginnenden und eskalierenden Kalten Krieges setzten. Daß der Wiederaufbau Westdeutschlands in diesen Zusammenhang der Rekonstruktion Westeuropas gehört und insofern auch Teil der Geschichte der amerikanischen Außenwirtschaft und der politischen Sanierungsstrategie ist, hat *Milward* ausführlich dargestellt. Einen ganz anderen Zugriff auf die europäische Geschichte wählen die Historiker, Politologen und Ökonomen, deren Beiträge von *Becker* und *Knipping* veröffentlicht wurden, indem sie nach der Perzeption von Politik und machtpolitischem Abstieg in den vier Ländern fragen, die vor dem Krieg zu den Großmächten gehörten. Die einzelnen Schritte des Weges nach Europa, die insbesondere mit dem Marshall-Plan beginnen, sind auf verschiedenen Ebenen umfassend dokumentiert (*Lipgens, Loth)* und analysiert worden (*Loth* aus europäischer.

Herbst aus deutscher Perspektive). Ein breites Spektrum von Beiträgen zu den unterschiedlichen Phasen und Ebenen der Eingliederung der Bundesrepublik in den Westen bietet der Sammelband von *Herbst u.a.* Eine problemorientierte, auf mehreren analytischen Ebenen angesetzte Gesamtdarstellung von vierzig Jahren bundesrepublikanischer Außenpolitik hat *Hanrieder* vorgelegt und damit ein Standardwerk geschaffen, das auch für die frühe Phase von großem Nutzen ist. Geschichtliche Darstellung der Länder ganz Europas mit einem einleitenden Überblick zur Formation der Blöcke bietet der von *Benz* und *Graml* herausgegebene Band der Fischer-Weltgeschichte. Die gesamteuropäische politische Nachkriegsgeschichte bis 1963 mit dem Kalten Krieg als Schwerpunkt und die Forschungsdiskussionen dazu skizziert auf sehr knappem Raum *Hillgruber*. Zwei handliche Dokumentensammlungen zur Vorgeschichte der Bundesrepublik und zur Ära Adenauer hat *Ruhl* zusammengestellt. Reiches Zahlenmaterial zur Sozialgeschichte beider Staaten bieten die Arbeitsbücher von *Rytlewski* und *Opp de Hipt*.

a) Deutschland nach 1945

Badstübner, R. u.a. (Hrsg.), Die antifaschistisch-demokratische Umwälzung, der Kampf gegen die Spaltung Deutschlands und die Entstehung der DDR von 1945 bis 1949, Berlin (O) 1989

Bark, D. L. u. Gress, D. R., A History of West Germany, Bd. 1: From Shadow to Substance, 1945–1963, Cambridge/Mass. 1989

Benz, W., Von der Besatzungsherrschaft zur Bundesrepublik, Stationen einer Staatsgründung 1946–1949, Frankfurt/M. 1984

Ders., Die Gründung der Bundesrepublik. Von der Bizone zum souveränen Staat, München ²1987

Ders. (Hrsg.), Die Geschichte der Bundesrepublik Deutschland, 4 Bde., Frankfurt/M. 1989

Birke, A. M., Nation ohne Haus. Deutschland 1945–1961, Berlin 1989

Broszat, M. u. Weber, H. (Hrsg.), SBZ-Handbuch. Staatliche Verwaltungen, Parteien, gesellschaftliche Organisationen und ihre Führungskräfte in der Sowjetischen Besatzungszone Deutschlands 1945–49, München 1990

Conze, W. u. Lepsius, R. M. (Hrsg.), Sozialgeschichte der Bundesrepublik Deutschland, Stuttgart ²1985

Doering-Manteuffel, A., Die Bundesrepublik Deutschland in der Ära Adenauer, Darmstadt 1983

Eschenburg, T., Jahre der Besatzung 1945–1949, Stuttgart 1984

Heitzer, H., DDR. Geschichtlicher Überblick, Berlin (O) ²1989

Herbst, L. (Hrsg.), Westdeutschland 1945–1955. Unterwerfung, Kontrolle, Integration, München 1986

Morsey, R., Die Bundesrepublik Deutschland. Entstehung und Entwicklung bis 1969, München ²1990

Potthoff, H. u. Wenzel, R. (Hrsg.), Handbuch politischer Institutionen und Organisationen 1945–1949, Düsseldorf 1983

Ruhl, K. J. (Hrsg.), Neubeginn oder Restauration. Dokumente zur Vorgeschichte der Bundesrepublik Deutschland 1945–1949, München 1982

Ders. (Hrsg.), „Mein Gott, was soll aus Deutschland werden", Die Adenauer-Ära, München 1985

Rytlewski, R. u. Opp de Hipt, M., Die Bundesrepublik Deutschland in Zahlen 1945/49 – 1980, München 1987

Dies., Die Deutsche Demokratische Republik in Zahlen 1945/49 – 1980, München 1987

Spittmann, I. u. Helwig, G. (Hrsg.), DDR-Lesebuch. Von der SBZ zur DDR, 1945–1949, Köln 1989; DDR-Lesebuch, Stalinisierung 1949–1955, Köln 1991

Staritz, D., Die Gründung der DDR, München 1984

Ders., Geschichte der DDR 1949–1985, Frankfurt/M. 1985

Steininger, R., Deutsche Geschichte 1945–1961, Frankfurt/M. 1983

Thränhardt, D., Geschichte der Bundesrepublik Deutschland, Frankfurt/M. 1986

Weber, H., Geschichte der DDR, München 1985

Ders. (Hrsg.), DDR. Dokumente zur Geschichte der Deutschen Demokratischen Republik 1945–1985, München 1986

Ders., Die DDR 1945–1986, München 1988

Weidenfeld, W. u. Zimmermann, H. (Hrsg.), Deutschland-Handbuch. Eine doppelte Bilanz 1949–1989, München/Bonn 1989

b) Europäische Integration

Becker, J. u. Knipping, F. (Hrsg.), Power in Europe. Great Britain, France, Italy and Germany in a Postwar World 1945–1950, Berlin 1986

Benz, W. u. Graml. H. (Hrsg.), Europa nach dem Zweiten Weltkrieg 1945–1982, Frankfurt/M. 1983

Hanrieder, W. F., Deutschland, Europa, Amerika. Die Außenpolitik der Bundesrepublik Deutschland 1949–1989, Paderborn 1991

Herbst, L., Option für den Westen. Vom Marshallplan bis zum deutsch-französischen Vertrag, München 1989

Ders. u. a. (Hrsg.), Vom Marshallplan zur EWG, München 1990

Hillgruber, A., Europa in der Weltpolitik der Nachkriegszeit 1945–1963, München ^{3}1987

Lipgens, W. u. Loth, W. (Hrsg.), Documents on the History of European Integration, Vol. I–IV, Berlin–New York 1985–1990

Loth, W., Der Weg nach Europa. Geschichte der europäischen Integration 1939–1957, Göttingen 1990

Ders. (Hrsg.), Die Anfänge der europäischen Integration 1945–1950, Bonn 1990

Milward, A., The Reconstruction of Western Europe 1945–1951, London 1984

Zu Kapitel I: Interessen, Planungen und Vereinbarungen der Alliierten bis zur Potsdamer Konferenz

Zu der alliierten Kriegsziel- und Besatzungsplanung sind einige Teiluntersuchungen erschienen. Vor allem die britische Deutschlandpolitik vor 1945 ist minutiös in zwei umfänglichen Bänden von *Tyrell* und von *Kettenacker* analysiert worden. Das Ziel des „Appeasement" von 1938 blieb auch für die britische Nachkriegsplanung aktuell: die Herstellung einer Gleichgewichtsordnung und die Verhinderung eines künftigen Krieges.

Die wichtigsten Etappen und die Verflechtungen der alliierten Deutschlandpolitik sind zusammenfassend dargestellt bei *Graml* (als erweiterte Fassung seines Beitrages in Eschenburgs Geschichte der Besatzungszeit). Im Mittelpunkt des Bandes von *Benz* steht zwar die Potsdamer Konferenz, jedoch bietet der Autor darüber hinaus einen gut lesbaren Überblick über die wichtigsten Bereiche des in Potsdam beschlossenen Neuaufbaus in Deutschland. Die Diskussion im Kontrollrat um die in Potsdam vereinbarten deutschen Zentralverwaltungen untersucht *Kraus* auf der Basis umfangreicher amerikanischer und britischer Akten. Je länger die Auseinandersetzungen dauerten, desto weniger engagierten sich die Besatzungsmächte dafür – auch nicht die Sowjetunion, die sich mit Lippenbekenntnissen nachdrücklich dafür einsetzte. So wurde bereits auf der administrativen Ebene die Teilung Deutschlands präjudiziert.

Benz, W., Potsdam 1945. Besatzungsherrschaft und Neuaufbau im Vier-Zonen-Deutschland, München 1986

Graml, H., Die Alliierten und die Teilung Deutschlands. Konflikte und Entscheidungen 1941–1948, Frankfurt/M. 1985

Kettenacker, L., Krieg zur Friedenssicherung. Die Deutschlandplanung der britischen Regierung während des Zweiten Weltkriegs, Göttingen 1989

Kraus, E., Ministerien für das ganze Deutschland? Der Alliierte Kontrollrat und die Frage gesamtdeutscher Zentralverwaltungen, München 1990

Tyrell, A., Großbritannien und die Deutschlandplanung der Alliierten 1941–1945, Frankfurt/M. 1987

Zu Kapitel II: Die Zusammenbruchgesellschaft

Der 40. Jahrestag der Kapitulation von 1945 hat 1985 eine Fülle von Artikeln und Abhandlungen hervorgerufen, die hier nicht aufgeführt werden, weil sie primär Reflexionen und historische Einordnungen bieten. Der traditionelle Charakter der Zäsur von 1945 ist aber – nicht zuletzt in der Begrifflichkeit – in der jüngeren Historiographie mehrfach in Frage gestellt worden. Daß es 1945 keine „Stunde Null" gab, ist längst ein Gemeinplatz. Der konkrete empirische Nachweis der These von den vielfältigen Kontinuitäten über 1945 hinweg fehlte jedoch noch. Hier hat der umfangreiche Sammelband mit dem provokanten Titel „Von Stalingrad zur Währungsreform" von *Broszat* u.a. interessante neue Anstöße geliefert. Die sechs Jahre zwischen den beiden Eckdaten 1943 und 1948 werden als revolutionäre Umbruchphase, als extreme Ausnahmesituation und als Inkubationsphase für eine neue Gesellschaft in verschiedenen Fallstudien dargestellt und interpretiert (u.a. zu den Kirchen, zur Revolution auf dem Dorf, zur Situation der Familie und der Frauen, zur SPD in einer Ruhrgebietsstadt). Damit ist ein Ansatz gewählt worden, der zwar nicht in allen Beiträgen durchgehalten wird, der aber wesentlichen Elementen der Erfahrungsgeschichte entspricht, wie sie sich in dem großen, von *Niethammer* geleiteten Oral-History-Projekt zum Ruhrgebiet zeigt. Ein gelungenes Beispiel der engen Verklammerung von Politik- und Sozialgeschichte anhand einer fränkischen Regionalstudie bietet *Woller*.

Zu einem der signifikantesten und gravierendsten Probleme der Nachkriegszeit, der erzwungenen Völkerwanderung und der Integration der Flüchtlinge in die deutsche Gesellschaft, ist mittlerweile eine Vielzahl von Einzelstudien und Projekten erschienen oder in Vorbereitung. Eine vorzügliche Bilanz der abgeschlossenen und der laufenden Forschung dazu liegt mit dem von *R. Schulze* u.a. herausgegebenen Tagungsband vor, der sich noch durch den Forschungsbericht von *Sywottek* ergänzen ließe.

Die historischen, administrativen und politischen Dimensionen des Gesamtproblems werden in wichtigen Einzelbeiträgen in dem von *Benz* herausgegebenen Taschenbuch erörtert. Eine sozialgeschichtlich dichte Regionalstudie zum Integrationsproblem hat *Erker* vorgelegt. Er zeigt am Beispiel einer fränkischen Region, wie langwierig, mühsam und voll von Rückschlägen der Weg „vom Heimatvertriebenen zum Neubürger" war und wie differenziert dieser Prozeß nach landsmannschaftlicher Herkunft und sozialer Schichtung verlief. Ein bislang sehr viel weniger bearbeiteter Aspekt der Zusammenbruchgesellschaft, der jedoch in Erinnerung der Zeitgenossen eine große Rolle spielt, sind die „Displaced Persons" und die alliierte Politik gegenüber diesen wegen der Veränderung der politischen Situation oft sozial gestrandeten Lagerexistenzen. *Jacobmeyer* hat dazu eine gründliche, auf Akten beruhende Untersuchung verfaßt. Für die SBZ, in der das „Umsiedler"-Problem (so die offizielle Terminologie) schon rein quantitativ besonders gravierend war, fehlen bislang entsprechend detaillierte Darstellungen. Ansätze – primär auf politisch administrativer Ebene – bietet der Aufsatz *Meinickes*. Der Autor bereitet eine größere Studie dazu vor; Teile davon sind in die auf Oral-History fußende, interessante Arbeit von *Plato* und *Meinicke* eingeflossen. Einen ganz anderen Teilaspekt des Integrationsproblems, die Wiedereingliederung von Kriegsgefangenen, die desillusioniert in ein zerstörtes Land zurückkehrten, hat für die

Westzonen *Smith* untersucht und dazu weit verstreutes Quellenmaterial zusammengetragen.

Ein Zentralproblem der frühen Jahre bis zur Währungsreform, der Hunger, hat erst jetzt eine gründliche und nicht nur auf impressionistischen Schilderungen fußende Behandlung erfahren. Das gilt insbesondere für die Habilitationsschrift von *Trittel* für die Bizone, in unterschiedlicher Form aber auch für die Regional- und Lokalstudien von *Stüber* und *Wildt*. Zur SBZ fehlen auch hier bislang genauere Untersuchungen. Den Faktor Hunger und Existenznot ernsthafter in die Geschichte Nachkriegsdeutschlands einzubeziehen, ist nicht zuletzt deshalb wichtig, weil nur so die Determinanten des politischen Verhaltens der Bevölkerung genauer bestimmbar werden. Hierzu sind neben den bereits erwähnten Bänden von *Niethammer* die vor allem am Beispiel der Duisburger Arbeiterschaft entwickelten Thesen zur Erklärung der relativen politischen Apathie von *Hochstein* wichtig. Ihre Arbeit bestätigt, daß viele politische Ziele der Arbeiterbewegung von der „Magenfrage" überwuchert wurden und daß deren Lösung vor allem individuell und kaum kollektiv angegangen wurde. Zur „Archäologie" der politischen Kultur der Bundesrepublik in der Besatzungsphase hat *Holtmann* einen interessanten, lokalhistorisch ausgerichteten Beitrag geliefert, der das gängige Bild der Apathie modifiziert.

Umfassende Analysen zu den prägenden Faktoren des politischen Bewußtseins in der exponierten, viergeteilten Hauptstadt liegen in der mehrbändigen Reihe „Demokratie und Antikommunismus in Berlin nach 1945" von *Hurwitz* vor. Vom Abwehrkampf der Berliner Bevölkerung und insbesondere der Sozialdemokratie ausgehend wird die Interaktion zwischen den Besatzungsmächten, der Bevölkerung und politisch engagierten Minderheiten untersucht und in der Verflechtung von autoritären Traditionen und Demokratiepotentialen die Prüfung der politischen Kultur dargestellt. Aussagen über das politische Bewußtsein der Jugend nach Kriegsende versucht anhand von zwölf Lebensgeschichten *Schörken* zu gewinnen. Daß es nach 1945 nicht nur „Männer der ersten Stunde" gab, hat sich zwar längst herumgesprochen, in die Historiographie jedoch erst zögernd Eingang gefunden. Nachdrücklich hat *Dertinger* sich dieses Themas angenommen. Neben Beiträgen in dem o. g. Sammelband von *Broszat* u. a. sind darüber hinaus vor allem die von *Kuhn* initiierten Quellen- und Materialbände „Frauen in der deutschen Nachkriegszeit" zu nennen. Über die Besatzungszeit hinaus bis zum Ende der Ära Adenauer bietet *Ruhl* Quellen zur Situation von Frauen in Westdeutschland. Auch hier ist für die SBZ und die DDR bisher hinsichtlich von Einzelanalysen und Quellendokumentationen über die sehr informative Studie zur Familienpolitik von *Obertreis* hinaus wenig Einschlägiges anzuzeigen.

Eine erhebliche Erweiterung unserer Kenntnisse haben in den letzten Jahren zahlreiche Quelleneditionen und Monographien zur Rolle insbesondere der evangelischen Kirche gebracht. Die wichtigsten theologischen und politischen Aspekte der Frage nach Neuorientierung und Rückwärtsgewandtheit des westdeutschen Protestantismus sind in den einzelnen Aufsätzen des Bandes von *Conzemius* und in den Monographien von *Möller* und *Noormann* dargestellt worden. Dabei wird u. a. von Greschat zu recht betont, daß trotz der auch innerkirchlich vorgebrachten Kritik an den restaurativen Tendenzen (mit dem „Rechristianisierungsprogramm" im Mittelpunkt) die Entwicklung des Nachkriegsprotestantismus mit dem Restaurationsbegriff nicht mehr zureichend charakterisiert werden kann. Das politisch delikate Problem der Entnazifizierung der evangelischen Kirche hat *Vollnhals* erstmals gründlich und kritisch untersucht. Die konkrete soziale Bedeutung der Kirche in der Gesellschaft des Zusammenbruchs wird in den ausführlichen Untersuchungen von *Rudolph* zum Vertriebenenproblem und *Wischnath* zum evangelischen Hilfswerk greifbar. Die zunächst noch stark traditionsbestimmte Politik der evangelischen Landeskirchen der SBZ/DDR gegenüber einer neuen Gesellschaftsordnung und einem kommunistischen Regime in den Jahren bis 1953 ist auf der Basis eines breiten neuerschlossenen Quellenmaterials von *Seidel* untersucht worden (mit ausführlicher Dokumentation). Für die katholische Kirche liegen bislang keine vergleichbaren intensiven Studien vor. Mit der Darstellung des Spitzengremiums des deutschen Laienkatholizismus, des Zentralkomitees der deutschen Katholiken, hat *Grossmann* jedoch einen wichtigen Teilaspekt der Nachkriegsgeschichte aufgegriffen. Einige wesentliche Grundsatzfragen der politischen Rolle beider Kirchen vor allem in der frühen Nachkriegszeit wurden in dem Sammelband von *Kaiser* und *Doering-Manteuffel* erörtert.

Benz, W. (Hrsg.), Die Vertreibung der Deutschen aus dem Osten. Ursachen, Ereignisse, Folgen, Frankfurt/M. 1985

Broszat, M., Henke, K.-D. u. Woller, H. (Hrsg.), Von Stalingrad zur Währungsreform. Zur Sozialgeschichte des Umbruchs in Deutschland, München ^{3}1990

Conzemius, V. u. a. (Hrsg.), Die Zeit nach 1945 als Thema kirchlicher Zeitgeschichte, Göttingen 1988

Dertinger, A., Frauen der ersten Stunde: Aus den Gründerjahren der Bundesrepublik, Bonn 1989

Erker, P., Vom Heimatvertriebenen zum Neubürger. Sozialgeschichte der Flüchtlinge in einer agrarischen Region Mittelfrankens 1945–1955, Stuttgart 1988

Freier, A.-E. u. Kuhn A. (Hrsg.), Frauen in der Geschichte, V. „Das Schicksal Deutschlands liegt in der Hand seiner Frauen" – Frauen in der deutschen Nachkriegsgeschichte, Düsseldorf 1984

Grossmann, T., Zwischen Kirche und Gesellschaft. Das Zentralkomitee der deutschen Katholiken 1945–1970, Mainz 1990

Hochstein, B., Die Ideologie des Überlebens. Zur Geschichte der politischen Apathie in Deutschland, Frankfurt/M. 1984

Holtmann, E. Politik und Nichtpolitik. Lokale Erscheinungsformen politischer Kultur im frühen Nachkriegsdeutschland. Das Beispiel Unna und Kamen, Opladen 1989

Hurwitz, H., Demokratie und Antikommunismus in Berlin nach 1945, Bd. 1: Die politische Kultur der Bevölkerung und der Neubeginn konservativer Politik, Köln 1983; Bd. 2: (zus. mit Sühl, K.) Autoritäre Tradierung und Demokratiepotential in der sozialdemokratischen Arbeiterbewegung, Köln 1984; Bd. 3: Die Eintracht der Siegermächte und die Orientierungsnot der Deutschen 1945–1946, Köln 1984; Bd. 4: Die Anfänge des Widerstandes, Köln 1990

Jacobmeyer, W., Vom Zwangsarbeiter zum Heimatlosen Ausländer. Die Displaced Persons in Westdeutschland 1945–1951, Göttingen 1985

Kaiser, J. C. u. Doering-Manteuffel, A. (Hrsg.), Christentum und politische Verantwortung. Kirchen im Nachkriegsdeutschland, Stuttgart 1990

Kuhn, A. (Hrsg.), Frauen in der deutschen Nachkriegszeit. Quellen und Materialien, Bd. 1: Schubert, D., Frauenarbeit 1945–1949, Düsseldorf 1984; Bd. 2: Freier, A.-E., Frauenpolitik 1945–1949, Düsseldorf 1984

Meinicke, W., Zur Integration der Umsiedler in die Gesellschaft 1945–1952, in: ZfG 36 (1988), S. 867–878

Möller, M., Evangelische Kirche und Sozialdemokratische Partei in den Jahren 1945–1950, Göttingen 1984

Niethammer, L. (Hrsg.), Lebensgeschichte und Sozialkultur im Ruhrgebiet 1930–1960, Bd. 1: „Die Jahre weiß man nicht, wo man die hinsetzen soll". Faschismuserfahrung im Ruhrgebiet, Bonn 1983; Bd. 2: „Hinterher merkt man, daß es richtig war, daß es schiefgegangen ist". Nachkriegserfahrungen im Ruhrgebiet, Bonn 1983; Bd. 3: (zus. mit Plato, A. v.) „Wir kriegen jetzt andere Zeiten". Auf der Suche nach den Erfahrungen des Volkes in nachfaschistischen Ländern, Bonn 1985

Noormann, H., Protestantismus und politisches Mandat 1945–1949, Bd. 1: Grundriß; Bd. 2: Dokumente und Kommentare, Gütersloh 1985

Obertreis, G., Familienpolitik in der DDR 1945–1980, Opladen 1986

Plato, A. v. u. Meinicke, W., Alte Heimat - neue Zeit. Vertriebene, Umgesiedelte, Flüchtlinge in der SBZ/DDR, Berlin 1991

Rudolph, H., Evangelische Kirche und Vertriebene 1945 bis 1972, Bd. 1: Kirchen ohne Land, Göttingen 1984; Bd. 2: Kirchen in der neuen Heimat, Göttingen 1985

Ruhl, K.-J. (Hrsg.), Frauen in der Nachkriegszeit 1945–1963, München 1988

Schörken, R., Jugend 1945. Politisches Denken und Lebensgeschichte, Opladen 1990

Schulze, R., Brelie-Lewien, D. v. d. u. Grebing, H. (Hrsg.), Flüchtlinge und Vertriebene in der westdeutschen Nachkriegsgeschichte. Bilanzierung der Forschung und Perspektiven für die künftige Forschungsarbeit, Hildesheim 1987

Seidel, J. J., „Neubeginn" in der Kirche? Die evangelische Landes- und Provinzialkirchen in der SBZ/DDR im gesellschaftspolitischen Kontext der Nachkriegszeit (1945–1953), Göttingen 1989

Smith, A. L., Heimkehrer aus dem Zweiten Weltkrieg. Die Entlassung der deutschen Kriegsgefangenen, Stuttgart 1985

Stüber, G., Der Kampf gegen den Hunger 1945–1950. Die Ernährungslage in der britischen Zone Deutschlands, insbesondere in Schleswig-Holstein und Hamburg, Neumünster 1984

Sywottek, A., Flüchtlingseingliederung in Westdeutschland. Stand und Probleme der Forschung, in: Aus Politik und Zeitgeschichte B 51/89, S. 38–46

Trittel, G. J., Hunger und Politik. Die Ernährungskrise in der Bizone (1945–1949), Frankfurt/M. 1990

Vollnhals, C., Entnazifizierung und Selbstreinigung im Urteil der evangelischen Kirche. Dokumente und Reflexionen 1945–1949, München 1989
Wildt, M., Der Traum vom Sattwerden. Hunger und Protest, Schwarzmarkt und Selbsthilfe in Hamburg 1945–1948, Hamburg 1986
Wischnath, J. M., Kirche in Aktion. Das Evangelische Hilfswerk 1945–1957 und sein Verhältnis zu Kirche und Innerer Mission, Göttingen 1986
Woller, H., Gesellschaft und Politik in der amerikanischen Besatzungszone. Die Region Ansbach und Fürth, München 1986

Zu Kapitel III: Besatzer und Besetzte – Gemeinsamkeiten und Konflikte

Die interessante, aber schwierige Frage nach den Interessenüberschneidungen und Interaktionen zwischen der jeweiligen Besatzungsmacht und den deutschen Entscheidungsträgern in Politik, Verwaltung und Wirtschaft ließ sich bislang nur für die Westzonen sinnvoll erörtern, da für die SBZ kaum ergiebiges Material zur Verfügung stand, es sei denn aus Erinnerungen von geflüchteten Politikern oder auch ansatzweise aus Memoiren von hohen Sowjetfunktionären wie *Tjulpanow*. Zumindest aus deutschen Archiven dürfte hier in Zukunft neues Material zu erwarten sein, während die SMAD-Akten offensichtlich weiterhin unzugänglich zu bleiben scheinen. Aufschlußreiche Einblicke in die realen sozialen und politischen Probleme (u. a. die Entnazifizierung) vermitteln die *Berichte der Landes- und Provinzialverwaltungen* für die Jahre 1945/46. Mit neuen Materialien aus dem ehemaligen FDGB-Archiv hat der amerikanische Historiker *Sandford* die Bodenreform und die Verstaatlichung der Großindustrie als Kernelemente des Volksdemokratie-Modells untersucht, das jedoch auf Grund des rigiden Kontrollanspruchs der Kommunisten bald jede Glaubwürdigkeit einbüßte.

Ein bislang völlig vernachlässigter Teilaspekt der frühen DDR-Geschichte, die Entstehung der Landes- und Provinzialverfassungen, die seit 1990 durch die Vereinigung und die Wiedergründung von Ländern erneut unerwartete Aktualität erhalten haben, ist von *Braas* detailliert analysiert und im Anhang auch dokumentiert worden. Damit werden Ansätze einer föderalistischen Tradition in der frühen DDR betont, die mit der Auflösung der Länder 1952 aus der politischen Realität und auch weitgehend aus dem Gedächtnis verschwanden. Eine trotz aller schiefen Urteile interessante Sammlung von Spezialabhandlungen zur Entstehungsgeschichte der DDR bietet *Schöneberg*.

Grundlinien und Schwerpunkte der britischen Besatzungspolitik werden zusammenfassend von *Marshall* und *Turner* nachgezeichnet. Die zentrale Rolle

General Clays, des für die amerikanische Besatzungspolitik wichtigsten Mannes und des „Vaters“ der Berliner Luftbrücke, sind von *Backer,* einem Mitarbeiter der amerikanischen Militärregierung, anschaulich dargestellt worden. Die Vorbehalte Clays und der amerikanischen Politik gegenüber der Teilung Deutschlands und die entscheidende Rolle sicherheitspolitischer Belange untersucht ausführlich *Krieger.* Den Konflikt zwischen wirtschafts- und sicherheitspolitischen Zielen der französischen Besatzungspolitik thematisiert am Beispiel der chemischen Industrie *Ludmann-Obier.*

Die Entnazifizierung fiel in den einzelnen Besatzungszonen nicht nur sehr unterschiedlich aus, sie ist auch nach wie vor unterschiedlich intensiv untersucht worden. Immerhin sind neben der umfassenden Darstellung zu Bayern von Niethammer nun auch Untersuchungen für andere Zonen oder Länder erschienen *(Henke, Krüger, Welsh, Meinicke).* Dabei mag ein Vergleich der Arbeiten von *Welsh* mit der des DDR-Historikers *Meinicke*, dessen Ergebnisse aus einer größeren Untersuchung nur als Aufsatz publiziert werden konnten, verdeutlichen, wie weit Forschungsmöglichkeiten zu einem politisch heiklen Thema gingen. *Welsh* kann für die beiden Länder Thüringen und Sachsen am Beispiel der personellen Säuberung in der Verwaltung, im Schulwesen und in der Justiz zeigen, wie eng eine konsequente politische Säuberung mit gezielter Personalpolitik als Mittel des politischen und sozialen Umbaus verbunden wurde. Zu den sowjetischen Internierungslagern, über die nach dem Umbruch in der DDR viele neue Informationen ans Tageslicht kamen, liegen erste knappe Analysen und Dokumentationen vor *(Deutschland Archiv).* Die britische Politik der Bestrafung und Umerziehung in den Internierungslagern ist auf breiter Materialbasis jetzt erstmals von *Wember* detailliert dargestellt worden.

Das positive Gegenstück zur Entnazifizierung, die Reeducation, ist im Teilbereich Schule und Bildung bereits gründlich aufgearbeitet worden. Dazu ist jetzt eine wichtige Ergänzung für die Hochschulen der britischen und amerikanischen Zone in der von *Heinemann* herausgegebenen Reihe zu nennen. Mehrere Teilaspekte des Gesamtproblems Umerziehung werden unter Einbeziehung anderer Länder (Italien, Japan) in dem Band von *Pronay* u. *Wilson* abgehandelt. Ein von mehreren Autoren als besonders erfolgreich beurteiltes Kapitel der politischen Umerziehung war die westalliierte Pressepolitik. Sie ist im Konzept meiner Darstellung entschieden zu kurz gekommen. Mit den Arbeiten von *Koszyk, Frei* und *Schölzel* liegen dazu nun wichtige Untersuchungen vor, die sowohl einen Gesamtüberblick als auch zonenspezifische Differenzierung bieten und überdies an einem Fallbeispiel (Frei) der Frage der Verflechtung von amerikanischen Eingriffen und deutschen Interessen detailliert nachgehen.

Während die wirtschaftliche Entwicklung der Westzonen sowohl insgesamt als auch in regionalen Einzelstudien, insbesondere zum Ruhrgebiet, relativ gut aufgearbeitet worden ist, liegen für die Ostzone erst mit den gründlichen Analysen von *Zank* und *Matschke* neuere westdeutsche Arbeiten vor, die trotz der schwierigen Quellenlage ein genaues Bild von den spezifischen Voraussetzungen und den wirtschaftspolitischen Maßnahmen der sowjetischen Besatzungsmacht und auch der SED liefern. Beide Arbeiten bemühen sich um eine realistische Einschätzung des Ausmaßes der Demontage. Während sich Zank vor allem auf das für einen Aufschwung zentrale Probleme der Struktur und der Lenkung des Arbeitskräftepotentials konzentriert, thematisiert Matschke stärker die politischen Komponenten in der industriellen Entwicklung der SBZ.

Neben verschiedenen politischen, ökonomischen und sozialen Problemen der britischen Zone insgesamt, zu denen die Sammelbände von *Foschepoth/Steininger* und *Petzina/Euchner* wichtige Beiträge liefern, hat das Ruhrgebiet als industrielles Herz Deutschlands in der zeitgenössischen Politik und auch in der Forschung stets besondere Aufmerksamkeit gefunden. Von den jüngeren Arbeiten sind hier die Untersuchungen von *Post* zur Rolle des Ruhrproblems in den alliierten Diskussionen sowie die Dokumentation von *Steininger* und *Müller-List (Neubeginn)* hervorzuheben.

Als eine der ganz wenigen gründlichen und kritischen Untersuchungen des politisch heftig umstrittenen Themas der Rolle der Unternehmer in der Politik ist vor allem die auf zum Teil erstmals erschlossenen Aktenbeständen fußende Gesamtdarstellung für die Bundesrepublik von *Berghahn* zu nennen. Einen Teilaspekt des Problemkomplexes, den unspektakulären, aber nachhaltigen Einfluß der Unternehmerverbände und Wirtschaftskammern in den Übergangsjahren „vom Plan zum Markt", hat *Plumpe* für die britische Zone analysiert. Die bislang wenig aufgearbeitete Rolle der Industrie- und Handelskammern als unternehmerische Interessenvertretung erörtert *Schulze*.

Backer, J. H., Die deutschen Jahre des Generals Clay. Der Weg zur Bundesrepublik 1945–1949, München 1983

Berghahn, V., Unternehmer und Politik in der Bundesrepublik, Frankfurt/M. 1985

Berichte der Landes- und Provinzialverwaltungen zur antifaschistisch-demokratischen Umwälzung 1945/46. Quellenedition, hrsg. von der Staatlichen Archivverwaltung des Ministeriums des Innern der DDR, bearb. v. Börnert, G. u. a., Berlin (O) 1989

Braas, G., Die Entstehung der Länderverfassungen in der sowjetischen Besatzungszone Deutschlands 1946/47, Köln 1987

Deutschland Archiv (1990) H 8, S. 1251ff., H 11, S. 1804ff. (zu den sowjetischen Internierungslagern.)

Foschepoth, J. u. Steininger, R. (Hrsg.), Die britische Deutschland- und Besatzungspolitik 1945–1949, Paderborn 1985

Frei, N., Amerikanische Lizenzpolitik und deutsche Pressetradition. Die Geschichte der Nachkriegszeitung Südost-Kurier, München 1986

Heinemann, M. (Hrsg.), Geschichte von Bildung und Wissenschaft, Reihe B, Sammelwerke. Hochschuloffiziere und Wiederaufbau des Hochschulwesens in Westdeutschland 1945–1952, Bd. 1: Die Britische Zone, bearb. v. Philipps, D., Hildesheim 1990; Bd. 2: Die Amerikanische Zone, unter. Mitarb. v. Schneider, U., Hildesheim 1990; Bd. 3: Die Französische Zone, bearb. v. Fischer, J./Bariéty, J./Hanske, P. u. Peters, A., Hildesheim 1991

Henke, K. D., Politische Säuberung unter französischer Besatzung, Stuttgart 1981

Koszyk, K., Pressepolitik für Deutsche 1945–1949, Berlin 1986

Krieger, W., General Lucius D. Clay und die amerikanische Deutschlandpolitik 1945–1949, Stuttgart 1987

Krüger, W., Entnazifiziert! Zur Praxis der politischen Säuberung in Nordrhein-Westfalen, Wuppertal 1982

Ludmann-Obier, M. F., Die Kontrolle der chemischen Industrie in der französischen Besatzungszone 1945–1949, Mainz 1989

Marshall, B., The Origins of Post-war German Politics, London 1988

Matschke, W., Die industrielle Entwicklung in der sowjetischen Besatzungszone Deutschlands 1945 bis 1948, Berlin 1988

Meinicke, W., Die Entnazifizierung in der sowjetischen Besatzungszone 1945–1948, in: ZfG 32 (1984), S. 968–979

Neubeginn bei Eisen und Stahl im Ruhrgebiet: Die Beziehungen zwischen Arbeitgebern und Arbeitnehmern in der nordrhein-westfälischen Eisen- und Stahlindustrie 1945–1948, bearb. von Müller-List, G., Düsseldorf 1990

Petzina, D. u. Euchner, W. (Hrsg.), Wirtschaftspolitik im britischen Besatzungsgebiet 1945–1949, Düsseldorf 1989

Plumpe, W., Vom Plan zum Markt. Wirtschaftsverwaltung und Unternehmerverbände in der britischen Zone, Düsseldorf 1987

Post, O., Zwischen Sicherheit und Wiederaufbau. Die Ruhrfrage in der alliierten Diskussion 1945–1949, Gießen 1986

Pronay, N. u. Wilson, K. (Hrsg.), The Political Reeducation of Germany and her Allies after World War II, London 1985

Sandford, G., From Hitler to Ulbricht. The Communist Reconstruction of East Germany 1945–46, Princeton 1983

Scharf, C. u. Schröder, H. J. (Hrsg.), Die Deutschlandpolitik Frankreichs und die französische Zone 1945–1949, Wiesbaden 1983

Schölzel, S., Die Pressepolitik in der französischen Besatzungszone, 1945–1949, Mainz 1986

Schöneberg, K. H. (Hrsg.), Die Errichtung des Arbeiter- und Bauernstaates der DDR 1945–1949, Berlin 1983

Schulze, R., Unternehmerische Interessenvertretung in Westdeutschland nach dem Ende des Zweiten Weltkrieges, in: Tel Aviver Jb. f. dt. Gesch. 19 (1990), S. 283–311.

Steininger, R. (Hrsg.), Die Ruhrfrage 1945/46 und die Entstehung des Landes Nordrhein-Westfalen. Britische, französische und amerikanische Akten, Düsseldorf 1988

Tjulpanow, S., Deutschland nach dem Kriege (1945–1949). Erinnerungen eines Offiziers der Sowjetarmee, hrsg. von Doernberg, S., Berlin (O) 1986

Turner, I. D. (Hrsg.), Reconstruction in Post-War Germany. British Occupation Policy and the Western Zones 1945–1955, Oxford–New York–Munich 1989

Welsh, H. A., Revolutionärer Wandel auf Befehl? Entnazifizierungs- und Personalpolitik in Thüringen und Sachsen (1945–1948), München 1989

Zank, W., Wirtschaft und Arbeit in Ostdeutschland 1945–1949. Probleme des Wiederaufbaus in der Sowjetischen Besatzungszone Deutschlands, München 1987

Zu Kapitel IV: Neuansätze und Traditionsbindung der Arbeiterbewegung und der bürgerlichen Parteien

Mit dem voluminösen Parteien-Handbuch von *Stöss* liegt jetzt ein Werk zur Geschichte und Struktur der westdeutschen Nachkriegsparteien vor, das in seinem konzentrierten Informationsgehalt und in seiner theoretischen Reflexion über Konzepte und Typologien nicht leicht zu überbieten ist und sämtliche Parteien und Parteigruppierungen berücksichtigt. Die Besatzungsphase, in der es auch manche exotische Blüten wie die „Wirtschaftliche Aufbauvereinigung" (WAV) gab, wird ausführlich einbezogen. Für die SBZ und die frühe DDR läßt sich – quellenbedingt – nur begrenzt der die Jahre 1945 bis 1952 umfassende Sammelband von *Weber* als Pendant dazu verstehen. Für die frühe Phase liegt mit der Edition der Sitzungsprotokolle des „Blocks" durch *Suckut* eine wichtige Quelle für die politische Praxis der noch nicht gleichgeschalteten Parteien vor. Es zeigt sich bei genauerer Analyse, wie differenziert das später so einheitlich wirkende Bild der „Blockflöten" vor allem in den Anfangsjahren, aber auch noch bis 1952 war. Die verschiedenen Flügel und das Ausmaß der von der SED-Linie abweichenden Positionen in der Ost-CDU hat vor allem die Dissertation von *Richter* offengelegt und damit zu einer beträchtlichen Veränderung des Urteils zum Beispiel über Otto Nuschke beigetragen. Daß aber auch innerhalb der SED noch in den fünfziger Jahren unterschiedliche (zum Teil regional oder generationsspezifisch geprägte) Strömungen verbreitet waren, hat *Stößel* aus zugänglichem Parteimaterial belegen können. Grundlegend für die Entstehung der KPD bleibt die Arbeit von *Benser*. Für die frühe SPD-Geschichte sind als subjektive Erfahrungsberichte die Zeitzeugeninterviews mit SPD-Funktionären der mittleren und unteren Ebene in der SBZ wichtig, ediert von *Bouvier* und *Schulz*.

Die praktischen Probleme eines Parteifunktionärs mit SMAD und SED zeigen beispielhaft die Erinnerungen von Peter *Bloch,* dem ehemaligen stellvertretenden CDU-Landesvorsitzenden der Mark Brandenburg, wohnhaft in Kleinmachnow, einem für großstädtische Mittelschichten beliebten Wohnort zwischen Berlin und Potsdam, mit einem überdurchschnittlich hohen CDU-Wähleranteil. Noch unmittelbarer und in ihrem Quellenwert authentischer geben die Tagebücher des LDP- und späteren FDP-Politikers Wolfgang *Schollwer* Auskunft über die Probleme „bürgerlicher" politischer Abweichler.

Erstmals in wissenschaftlichen Editionen verfügbar sind die Reden und Schriften Kurt Schumachers (*Albrecht*) und Jakob Kaisers (*Hacke*), daneben liegen bis 1957 die von *Buchstab* herausgegebenen Protokolle des CDU-Bundesvorstandes vor, die seltsamerweise Adenauer im Buchtitel haben – vielleicht ein nachträglicher Reflex auf die Struktur der frühen CDU als „Kanzlerwahlverein". Sehr aufschlußreich für die Person und die frühen politischen Aktivitäten sind die Briefe *Adenauers,* eher von begrenztem Interesse die Teegespräche, die der Kanzler mit ausgewählten Journalisten führte.

Als ertragreiche Monographien zu den großen Parteien sind insbesondere die einen breiteren Zeitraum abdeckenden Arbeiten von *Buchhaas, Grabbe* und *Klotzbach* zu nennen, für die Frühphase bieten neben den von *Grebing* edierten Briefen vor allem die Analysen der SPD-Entwicklung zur französischen Zone von *Kusch* und *Wolfrum* interessante neue Thesen und Ergebnisse. Die Entstehungsgeschichte der CDU in der britischen Zone, die zentrale Rolle Adenauers und die landesspezifischen Unterschiede innerhalb der Zone sind in der dickleibigen Habilitationsschrift von *Heitzer* in jeder Hinsicht erschöpfend behandelt worden. In den Prämissen und fundamentalistisch gefärbten Urteilen eher problematisch und vor allem hinsichtlich der CSU unzureichend ist dagegen die ebenfalls umfängliche Darstellung der Gründungsgeschichte der Union von *Becker.* Den äußerlich ähnlichen Prozeß der Sammlung unterschiedlicher Flügel und Regionalorganisationen bei den Liberalen verfolgen die Arbeiten von *Hein, Schröder* und *Rütten.*

Eines der bislang wenigen Beispiele zur empirischen Beantwortung der oft erörterten Frage nach Bruch und Kontinuitätslinien in der Arbeiterbewegung als „Kultur" bietet die Längsschnittuntersuchung zu Gelsenkirchen vom Kaiserreich bis in die siebziger Jahre dieses Jahrhunderts von *Goch.* Dabei wird detailliert belegt, daß eine „sozialdemokratische Lebensgemeinschaft" nach 1945 durchaus wieder aufgebaut werden konnte und sich erst in den sechziger Jahren endgültig auflöste.

Für die schon relativ früh intensiv erforschte Gewerkschaftsbewegung gibt es über die beiden auf breiter Quellengrundlage aufbauenden Arbeiten von *Fichter* und die grundlegende Spezialuntersuchung zur französischen Zone von *Lattard* hinaus wenig Analysen. Hinzuweisen ist jedoch auf die wichtigen, von *Mielke* u. a. herausgegebenen Quellenbände, die sowohl die in der Frühphase zentralen Organisationsprobleme als auch die Programmatik der westdeutschen Gewerkschaften breit dokumentieren. Als informativer Überblick über die Besatzungszeit und die Phase bis 1955 ist ferner auf die beiden Kapitel von S. Mielke und W. Müller in der von *Hemmer* und *Schmitz* herausgegebenen Geschichte der westdeutschen Gewerkschaften nach 1945 hinzuweisen.

Am Beispiel Kölner Betriebe hat *Rüther* erstmals in einer umfassenden Untersuchung die Rolle der Betriebsräte und das Verhalten der Arbeiterschaft in den Nachkriegsjahren genau analysiert – ein Themenbereich, den *Lauschke* in einem erweiterten Literaturbericht ebenfalls diskutiert.

Adenauer, K., Briefe 1945–1951, 3 Bde., hrsg. von Morsey, R. u. Schwarz, H. P., bearb. von Mensing, H. P., Berlin 1983–1985
Ders., Teegespräche 1950–1958, 2 Bde., hrsg. von Morsey, R. u. Schwarz, H. P., bearb. von Küsters, H. J., Berlin 1984–1986
Ders., „Es mußte alles neu gemacht werden." Die Protokolle des CDU-Bundesvorstandes, 1950–1953, bearb. v. Buchstab, G., Stuttgart 1986
Ders., „Wir haben wirklich etwas geschaffen." Die Protokolle des CDU-Bundesvorstandes 1953–1957, bearb. v. Buchstab, G., Düsseldorf 1990
Albrecht, W. (Hrsg.), Kurt Schumacher. Reden, Schriften, Korrespondenzen 1945–1952, Bonn 1985
Becker, W., CDU und CSU 1945–1950. Vorläufer, Gründung und regionale Entwicklung bis zum Entstehen der CDU-Bundespartei, Mainz 1987
Benser, G., Die KPD im Jahr der Befreiung. Vorbereitung und Aufbau der legalen kommunistischen Massenpartei, Berlin (O) 1985
Bloch, P., Zwischen Hoffnung und Resignation. Als CDU-Politiker in Brandenburg 1945–1950, hrsg. v. Suckut, S., Köln 1986
Bouvier, B. W. u. Schulz, H.-P. (Hrsg.), „. . . die SPD aber aufgehört hat zu existieren." Sozialdemokraten unter sowjetischer Besatzung, Bonn 1991
Buchhaas, D., Die Volkspartei. Programmatische Entwicklung der CDU 1950–1973, Düsseldorf 1981
Fichter, M., Besatzungsmacht und Gewerkschaften. Zur Entwicklung und Anwendung der US-Gewerkschaftspolitik in Deutschland 1944–1948, Opladen 1982
Ders., Einheit und Organisation. Der Deutsche Gewerkschaftsbund im Aufbau 1945 bis 1949, Köln 1990
Goch, S., Sozialdemokratische Arbeiterbewegung und Arbeiterkultur im Ruhrgebiet. Eine Untersuchung am Beispiel Gelsenkirchen, Düsseldorf 1990
Grabbe, H. J., Unionsparteien, Sozialdemokratie und Vereinigte Staaten von Amerika 1945–1966, Düsseldorf 1983
Grebing, H. (Hrsg.), Lehrstücke in Solidarität. Briefe und Biographien deutscher Sozialisten 1945–49, Stuttgart 1983
Dies., Entscheidung für die SPD. Briefe und Aufzeichnungen linker Sozialisten 1944–1948, München 1984
Hacke, C. (Hrsg.), Jakob Kaiser. Wir haben Brücke zu sein. Reden, Äußerungen und Aufsätze zur Deutschlandpolitik, Köln 1988
Hein, D., Zwischen liberaler Milieupartei und nationaler Sammlungsbewegung. Gründung, Entwicklung und Struktur der FDP 1945–1949, Düsseldorf 1985
Heitzer, H., Die CDU in der britischen Besatzungszone: Gründung, Organisation, Programm und Politik, Düsseldorf 1988
Hemmer, H.-O. u. Schmitz, K. T., Geschichte der deutschen Gewerkschaften von 1945 bis heute, Köln 1990
Klotzbach, K., Der Weg zur Staatspartei. Programmatik, praktische Politik und Organisation der deutschen Sozialdemokratie 1945–1965, Berlin 1982
Kusch, K., Die Wiedergründung der SPD in Rheinland-Pfalz nach dem Zweiten Weltkrieg (1945–1951), Mainz 1989
Lattard, A., Gewerkschaften und Arbeitgeber in Rheinland-Pfalz unter französischer Besatzung 1945–1949, Mainz 1988
Lauschke, K., „In die Hände spucken und ran!" Arbeiterschaft und Betriebsräte während der Nachkriegsjahre, in: Tel Aviver Jb. f. dt. Gesch. 19 (1990), S. 313–338

Mielke, S. u. a. (Hrsg.), Quellen zur Geschichte der deutschen Gewerkschaftsbewegung im 20. Jahrhundert, Bd. 6: Organisatorischer Aufbau der Gewerkschaften 1945–1949, Köln 1987; Bd. 7: Gewerkschaft in Politik, Wirtschaft und Gesellschaft (1945–47), Köln 1990; Bd. 8: Die Angestelltenfrage 1945–1949, Köln 1989
Richter, M., Die Ost-CDU 1948–1952. Zwischen Widerstand und Gleichschaltung, Düsseldorf 1990
Rüther, M., Zwischen Zusammenbruch und Wirtschaftswunder. Betriebsratstätigkeit und Arbeiterverhalten in Köln 1945 bis 1952, Bonn 1991
Rütten, T., Der deutsche Liberalismus 1945–1955, Baden-Baden 1984
Schollwer, W., Potsdamer Tagebuch 1948–1950. Liberale Politik unter sowjetischer Besatzung, hrsg. von Faßbender, M., München 1988
Schröder, K., Die FDP in der britischen Besatzungszone 1946–48. Ein Beitrag zur Organisationsstruktur der Liberalen im Nachkriegsdeutschland, Düsseldorf 1985
Stöss, R. (Hrsg.), Parteien-Handbuch. Die Parteien der Bundesrepublik Deutschland 1945–1980, 2 Bde., Opladen 1983/84
Stößel, F. T., Positionen und Strömungen in der KPD/SED 1945–54, Köln 1985
Suckut, S., Blockpolitik in der SBZ/DDR 1945–49. Die Sitzungsprotokolle des zentralen Einheitsfront-Ausschusses, Köln 1985
Walter, K., Neubeginn – Nationalsozialismus – Widerstand. Die politisch-theoretische Diskussion der Neuordnung in CDU und SPD 1945–1948, Bonn 1987
Weber, H. (Hrsg.), Parteiensystem zwischen Demokratie und Volksdemokratie. Dokumente und Materialien zum Funktionswandel der Parteien und Massenorganisationen in der SBZ/DDR 1945–1950, Köln 1982
Wolfrum, E., Französische Besatzungspolitik und deutsche Sozialdemokratie. Politische Neuansätze in Südwestdeutschland 1945–1952, Freiburg 1991

Zu Kapitel V: „Aufbruch“ in Kunst und Literatur

Zu der für die Zusammenbruchgesellschaft so charakteristischen Blüte (und auch Scheinblüte) der Kultur liegen immer noch vergleichsweise wenige Untersuchungen vor, wenn man von den beiden großen kulturhistorischen Gesamtdarstellungen von *Glaser* und *Hermand* absieht, die beide von ganz unterschiedlichen Standpunkten und auch mit gegensätzlichen Interpretationskonzepten einen guten Einblick in die Vielfalt kultureller Aktivitäten nach dem Ende der braunen Gängelung bieten. *Glaser* hat für die Phase bis zur Währungsreform auch einen längeren zusammenfassenden Aufsatz (mit Illustrationen) verfaßt. Knappe Hinweise zu allen Kultursparten, verbunden mit kurzen Portraits westdeutscher Großstädte in Form von Reportagen zum Kulturleben, bietet der reich illustrierte Ausstellungskatalog „So viel Anfang war nie“, herausgegeben von *Glaser* u. a. Aus diesem Projekt ist auch die Berliner Chronik von *Ranke* u. a. hervorgegangen.

In wichtigen Ansätzen sind jetzt die politisch-kulturellen Zeitschriften näher untersucht worden, die bis zur Währungsreform wie Pilze aus dem Boden schossen. Mehrere Beiträge dazu von *Brelie-Lewien* und *Laurien* sind aus einem Göttinger Forschungsprojekt hervorgegangen. Ein anschauliches Bild von den wenig bekannten Jugendzeitschriften bietet *Doderer*.

Die Zeitschriften lassen sich ebenso wie die von *Cobet* zusammengestellten Broschüren und Schriften unter der Frage nach Veränderungen der politischen Kultur ergiebig auswerten. Programmatisch besonders hervorstechend sind die gesammelten Aufsätze des Herausgebers der „Frankfurter Hefte" *Walter Dirks*. Unter inhaltlichen Gesichtspunkten bekommt dann auch die literaturästhetische Kritik an der Belanglosigkeit und Konventionalität der frühen Nachkriegsliteratur einen anderen Akzent, die Kontinuitätsdebatte erscheint in einem anderen Licht (*Kleßmann*).

Für den von Historikern meist ausgeblendeten Bereich der Architektur und der Städtebauplanung hat *Durth* die Vorgeschichte der Bundesrepublik im Dritten Reich eindrucksvoll analysiert und dokumentiert. Die Probleme des Wiederaufbaus der Städte werden kompetent von *Rabeler* dargestellt.

Zur Kunstentwicklung der SBZ und DDR – darauf konnte in dieser Darstellung nicht eingegangen werden – liegen mittlerweile einige Arbeiten vor, die auch für den Historiker von Interesse sein können, weil die Kunst viel von den politischen und sozialen Problemen der Zeit spiegelt (vorzüglich *Kober*, eher linientreu *Kuhirt* und sehr knapp *Feist*).

Brelie-Lewien, D.v.d., Katholische Zeitschriften in den Westzonen 1945–49. Ein Beitrag zur politischen Kultur der Nachkriegszeit, Göttingen–Zürich 1986

Dies. u. Laurien, I., Zur politischen Kultur im Nachkriegsdeutschland. Politisch-kulturelle Zeitschriften 1945–1949, in: Politische Vierteljahresschrift 24 (1983), S. 407–427

Cobet, C., Deutschlands Erneuerung, Frankfurt/M. 1985

Dirks, W., Sozialismus oder Restauration. Politische Publizistik 1945–50, Zürich 1987

Doderer, K. (Hrsg.), Zwischen Trümmern und Wohlstand, Literatur der Jugend 1945–1960, Weinheim 1988

Durth, W. u. Gutschow, N., Träume in Trümmern. Planungen zum Wiederaufbau zerstörter Städte im Westen Deutschlands 1940–1950, 2 Bde., Braunschweig 1988

Feist, G. (Hrsg.), Stationen eines Weges. Daten und Zitate aus Kunst und Kulturpolitik der DDR 1945–1988, Berlin 1988

Glaser, H., Kultur der Trümmerzeit. Einige Entwicklungslinien 1945–1948, in: Aus Politik und Zeitgeschichte B 40–41/85, S. 3–31

Ders., Kulturgeschichte der Bundesrepublik Deutschland, Bd. 1: Zwischen Kapitulation und Währungsreform 1945–1948, München 1985; Bd. 2: Zwischen Grundgesetz und Großer Koalition 1949–1967, München 1986

Ders. u. a. (Hrsg.), So viel Anfang war nie. Deutsche Städte 1945–1949, Berlin 1989

Hermand, J., Kultur im Wiederaufbau. Die Bundesrepublik Deutschland 1945 bis 1965, München 1986

Kleßmann, C., „Das Haus wurde gebaut aus den Steinen, die vorhanden waren" – Zur kulturgeschichtlichen Kontinuitätsdiskussion nach 1945, in: Tel Aviver Jb. f. dt. Gesch. 19 (1990), S. 159–177
Kober, K. M., Die Kunst der frühen Jahre 1945–1949. Malerei, Zeichnungen, Grafiken aus der Sowjetischen Besatzungszone, Leipzig 1989
Kuhirt, U. (Hrsg.), Kunst der DDR 1945–1959, Leipzig 1982
Rabeler, G., Wiederaufbau und Expansion westdeutscher Städte 1945–1960, Bonn 1990
Ranke, W. u. a. (Hrsg.), Kultur, Pajoks und Care-Pakete. Eine Berliner Chronik 1945–1949, Berlin 1990

Zu Kapitel VI: Kalter Krieg und Spaltung Deutschlands

Die zentrale Rolle, die der Marshall-Plan und seine Rezeption in der sowjetischen Führung als politischer Faktor für den Beginn des Kalten Krieges in seiner manifesten Form spielte, läßt sich kaum bestreiten. Die Maßstäbe der Beurteilung mögen sich heute, nach dem faktischen Zusammenbruch der alten Sowjetunion und des sozialistischen Staatensystems in Osteuropa, insofern ändern, als die Legitimität eines staatlichen, machtpolitischen Eigeninteresses der östlichen Vormacht angesichts ihrer fehlenden demokratischen Legitimation und angesichts der fatalen langfristigen Folgen der erzwungenen Isolation Osteuropas grundsätzlich in Frage gestellt werden kann. Die Formel der „reaktiven Mechanik" bleibt für die Erklärung des Eskalationsprozesses im Kalten Krieg deshalb nicht weniger treffend. Insofern hat auch der zehn Jahre nach der Entstehung der Einzelbeiträge erschienene Sammelband von *Haberl* und *Niethammer* seinen großen Wert behalten. Er fächert die Aspekte im einzelnen auf, die der Marshall-Plan in seinen außen- und innenpolitischen Wirkungen auf die Länder ganz Europas hatte.

Hogan stellt den Marshall-Plan in die Kontinuitätslinie des „New Deal" und arbeitet ähnlich wie Milward (siehe zu Kapitel 1) die starke integrative Komponente für die europäischen Volkswirtschaften heraus und zeigt so, daß „America made the European Way". Wenn Deutschland auch nicht Ursache des Kalten Krieges war, so rückte es doch immer stärker in das Zentrum, weil hier die Interessen am unmittelbarsten aufeinanderprallten und Alternativen in der politischen Praxis quasi widerlegt wurden. Wichtige Teilaspekte dieses Themenkomplexes werden in den Sammelbänden von *Foschepoth* und den Studien von *Kessel* und *Rupieper* behandelt. Rupieper hat auf der Basis eines breit erschlossenen amerikanischen Aktenmaterials im einzelnen gezeigt, daß nach der Gründung der Bundesrepublik die nationale Einheit eine ganz nachgeordnete Bedeutung gegenüber den nationalen Sicherheitszielen der USA hatte.

Daß es den USA – anders als es den Zeitgenossen deutlich geworden ist – in der Sicherheits- und Aufrüstungspolitik in Europa um ein „dual containment" sowohl gegenüber der Sowjetunion als auch einem potentiell starken Deutschland ging, zeigt *Schwartz*.

Entgegen der zeitgenössisch dominierenden Sicht des Marshall-Plans als eines ökonomischen Rettungsankers für eine zusammenbrechende deutsche Wirtschaft ist seine wirtschaftliche Bedeutung vor allem von *Abelshauser* in Frage gestellt worden. Seine These von der ökonomisch nicht entscheidenden Funktion für den wirtschaftlichen Wiederaufstieg hat jedoch viel Widerspruch (u. a. von Borchardt, Buchheim und Link) gefunden und eine Debatte ausgelöst, in der vor allem auf die zentrale Rolle des Hilfsprogramms zur Überwindung von Engpässen und zur Initiierung eines schnellen Aufschwungs hingewiesen wurde. Die Debatte um die ökonomischen und politischen Implikationen und Folgen des Marshall-Plans für Deutschland ist gut dokumentiert worden von *Schröder*.

In engem Zusammenhang mit dem Marshall-Plan und ebenfalls von Abelshauser begonnen steht die Diskussion um die politische und ökonomische Bedeutung der Währungsreform einschließlich der mit ihr verbundenen ordnungspolitischen Entscheidung für die soziale Marktwirtschaft. Die Gegenposition zu Abelshauser mit der nachdrücklichen Betonung der ordnungspolitischen Grundsatzentscheidung hat *Klump* vertreten. Scharfe Kritik einerseits an Abelshausers Übernahme des Rekonstruktionsmodells von Janossy und andererseits an der Interpretation von Produktionsziffern haben auch *Klemm, Trittel* und *Ritschl* geäußert. *Buchheim* hat diese Kontroverse zusammenfassend dargestellt (in: *Hampe*) und seine eigene Interpretation der ökonomischen Rolle der Währungsreform entwickelt.

Mit der Arbeit von *Wolff* gerät auch erstmals die Währungsreform in Berlin genauer in den Blickpunkt. Der Abbruch der Blockade ist nach Wolff vor allem aus taktischen Gründen erfolgt, um den Inselstatus Berlins als Faustpfand gegen den Westen nutzen zu können. Primär die politischen Aspekte der Berlinkrise für die Alliierten werden ausführlich von *Wetzlaugk* analysiert.

Der Weg zur Gründung beider Staaten 1949, wie ihn *Benz* und *Staritz* noch einmal zusammenfassend dargestellt haben, ist im wesentlichen bekannt. Neues Material aus dem Nachlaß des ersten Staatspräsidenten der DDR, Wilhelm Pieck, gibt jedoch Aufschluß über den Anteil der SED bei der Staatsgründung (*Staritz*). Demnach läßt sich jetzt die frühere Vermutung bestätigen, daß die SED seit 1948 auf eine Oststaatsgründung gedrängt hat, sich damit jedoch zunächst bei der noch zögernden Sowjetunion nicht durchsetzen konnte. Mit der unmittelbar vor der formellen DDR-Gründung von KPdSU und SED beschlossenen Einheitslistenwahl waren dann jedoch die Weichen für eine ostdeutsche Volksdemokratie gestellt, auch wenn es noch ein

Jahr dauerte, bis die Volkskammerwahl nach diesem Modell praktiziert wurde (*Suckut*).

Für die Westzonen ist mit den Arbeiten von *Pfetsch* und *Foerst* (Hrsg.) das föderalistische Element im Prozeß der Schaffung der Bundesrepublik neu untersucht worden. Besonders wertvoll sind bei Pfetsch, über die inhaltliche Analyse der alliierten Vorgaben und der Themenschwerpunkte in den Verfassungsberatungen hinaus, die Erhebungen detaillierter Sozialdaten über die Verfassungsväter (Verfassungsmütter stellen unter den insgesamt 2 138 Verfassungsgebern nur 8,4 Prozent).

Ein Thema, das sowohl in den Länderberatungen wie im Parlamentarischen Rat eine wichtige Rolle spielte, hat *Schockenhoff* bearbeitet. Er zeigt, daß es zumindest einen Konsens darüber gab, daß das Wirtschaftssystem anti-monopolistisch sein müsse. Aus den Beratungen und aus dem Text der Verfassung ergibt sich darüber hinaus, daß das Grundgesetz als prinzipiell offen für unterschiedliche – theoretisch somit auch für sozialistische – Wirtschaftsordnungen gedacht war.

Daß es auch in der sowjetischen Zone zunächst eine schwache föderalistische Tradition gab, hat Braas mit seiner Untersuchung der Länderverfassungen gezeigt (siehe zu Kapitel III). Die nicht ohne possenhafte Züge ablaufende Auseinandersetzung um die Hauptstadt des westdeutschen Provisoriums ist von *Pommerin* aufwendig erforscht worden. Der Autor zeigt, daß die Briten sich schon frühzeitig um eine Hauptstadt in ihrer Zone bemühten und stellt die diversen Querelen auf deutscher und alliierter Seite dar, bis die Entscheidung für Bonn fiel, das sich in seiner Hauptstadtfunktion als sehr viel dauerhafter erweisen sollte, als damals irgend jemand ahnte.

Der Prozeß der ökonomischen, politischen und militärischen Blockintegration ist für die Bundesrepublik in vielen Einzelaspekten behandelt worden und in Gesamtdarstellungen ausführlich eingeflossen (siehe zu Kapitel I). Mit der neuen Reihe *Akten zur Auswärtigen Politik der Bundesrepublik Deutschland* und den beiden Bänden über die *Anfänge westdeutscher Sicherheitspolitik* liegen dazu grundlegende Quellensammlungen vor, obwohl es gerade zu den außenpolitischen Entwicklungen schon bisher weder an Quellenmaterial noch an Analysen mangelte. Besonders intensiv sind die mit der Montanunion verbundenen Integrationsfragen analysiert worden (*Buehrer, Schwabe*). Daß es trotz verschiedener amerikanischer Neutralisierungspläne seit der Berlinblockade in den USA keine realistische Alternative zur Westintegration gab und selbst Kennans Neutralisierungspläne von 1948 in Richtung Westbindung ganz Deutschlands zielten, hat *Frohn* gezeigt. Die für das „Wirtschaftswunder", auch für die innere politische Entwicklung der Bundesrepublik zentralen Aspekte der Eingliederung in die Weltwirtschaft bis 1958 hat jetzt *Buchheim* zusammenfassend vorzüglich dargestellt und damit eine wichtige Ergänzung zu

Abelshauser geliefert. In handlicher und gut lesbarer Form sind die Phasen der Westintegration bis zum deutsch-französischen Vertrag von 1963 von *Herbst* dargestellt worden.

Abelshauser, W., Hilfe und Selbsthilfe. Zur Funktion des Marshallplans beim westdeutschen Wiederaufstieg, in: VfZ 37 (1989), S. 85–114

Akten zur Auswärtigen Politik der Bundesrepublik Deutschland, hrsg. von Schwarz, H. P. im Auftrag des Auswärtigen Amtes, Bd. 1: Adenauer und die Hohen Kommissare 1949–51, München 1989; Bd. 2: Adenauer und die Hohen Kommissare 1952, München 1990

Anfänge westdeutscher Sicherheitspolitik 1945–1956, hrsg. v. Militärgeschichtlichen Forschungsamt, Bd. 1: Von der Kapitulation bis zum Pleven-Plan, München 1982; Bd. 2: Die EVG-Phase, München 1990

Auftakt zur Ära Adenauer, Koalitionsverhandlungen und Regierungsbildung 1949, bearb. von Wengst, U., Düsseldorf 1985

Benz, W., Die Gründung der Bundesrepublik. Von der Bizone zum souveränen Staat, München [2]1987

Buchheim, C., Die Währungsreform 1948 in Westdeutschland, in: VfZ 36 (1988), S. 189–231

Ders., Die Wiedereingliederung Westdeutschlands in die Weltwirtschaft 1945–1958, München 1990

Buehrer, W., Ruhrstahl und Europa. Die Wirtschaftsvereinigung Eisen- und Stahlindustrie in Europa und die Anfänge der europäischen Integration 1945–1952, München 1986

Foerst, W. (Hrsg.), Die Länder und der Bund. Beiträge zur Entstehung der Bundesrepublik Deutschland, Essen 1989

Foschepoth, J. (Hrsg.), Kalter Krieg und Deutsche Frage. Deutschland im Widerstreit der Mächte 1945–1952, Göttingen 1985

Frohn, A., Deutschland zwischen Neutralisierung und Westintegration. Die deutschlandpolitischen Planungen und die Deutschlandpolitik der Vereinigten Staaten von Amerika 1945–1949, Frankfurt/M. 1985

Haberl, O. u. Niethammer, L. (Hrsg.), Der Marshall-Plan und die europäische Linke, Frankfurt/M. 1986

Hampe, P. (Hrsg.), Währungsreform und Soziale Marktwirtschaft. Rückblicke und Ausblicke, München 1989

Herbst, L., Option für den Westen. Vom Marshallplan bis zum deutsch-französischen Vertrag, München 1989

Hogan, M. J., The Marshall-Plan: America, Britain, and the Reconstruction of Eastern Europe, 1947–1952, Cambridge 1987

Kessel, M., Westeuropa und die deutsche Teilung: englische und französische Deutschlandpolitik auf den Außenministerkonferenzen von 1945 bis 1947, München 1989

Klemm, B. u. Trittel, G. J., Vor dem „Wirtschaftswunder“. Durchbruch zum Wachstum oder Lähmungskrise? Eine Auseinandersetzung mit Werner Abelshausers Interpretation der Wirtschaftsentwicklung 1945–1948, in: VfZ 35 (1987), S. 571–624

Klump, R., Wirtschaftsgeschichte der Bundesrepublik Deutschland. Zur Kritik neuerer wirtschaftshistorischer Interpretation aus ordnungspolitischer Sicht, Wiesbaden 1985

Pfetsch, F. R., Ursprünge der Zweiten Republik, Opladen 1990
Pommerin, R., Von Berlin nach Bonn: die Alliierten, die Deutschen und die Hauptstadtfrage nach 1945, Köln–Wien 1989
Ritschl, A., Die Währungsreform von 1948 und der Wiederaufstieg der deutschen Industrie, in: VfZ 33 (1985), S. 130–165
Rupieper, H.-J., Der besetzte Verbündete. Die amerikanische Deutschlandpolitik 1949–1955, Wiesbaden 1990
Schockenhoff, V., Wirtschaftsverfassung und Grundgesetz. Die Auseinandersetzungen in den Verfassungsberatungen, Frankfurt/M. 1986
Schröder, H. J. (Hrsg.), Marshallplan und westdeutscher Wiederaufstieg, Diskussionsbeiträge 1975–1990, Stuttgart 1990
Schwabe, K. (Hrsg.), Die Anfänge des Schuman-Plans 1950/51, Baden-Baden 1988
Schwartz, Th. A., America's Germany: John J. McCloy and the Federal Republic of Germany, Cambridge/Mass. 1991
Staritz, D., Die Gründung der DDR. Von der sowjetischen Besatzungsherrschaft zum sozialistischen Staat, München 1984
Ders., Die SED, Stalin und die Gründung der DDR. Aus den Akten des Zentralen Parteiarchivs, in: Aus Politik und Zeitgeschichte B 5/91, S. 3–16
Suckut, S., Die Entscheidung zur Gründung der DDR. Die Protokolle und Beratungen des SED-Parteivorstands am 4. und 9. Oktober 1949, in: VfZ 39 (1991), S. 125–175
Wengst, U., Staatsaufbau und Regierungspraxis 1948–53. Zur Geschichte der Verfassungsorgane der Bundesrepublik Deutschland, Düsseldorf 1984
Wetzlaugk, U., Die Alliierten in Berlin, Berlin 1988
Wolff, M. W., Die Währungsreform in Berlin 1948/49, Berlin 1991

Zu Kapitel VII: Die innenpolitische Absicherung der Westintegration

Daß der ökonomische Aufschwung mit Währungsreform und Marshall-Plan noch keineswegs vorprogrammiert war, daß die politische und militärische Westintegration innenpolitisch heftig umstritten war und daß auch die Sozialpolitik in der Anfangsphase nur die schlimmste Not ausgleichen, aber noch keineswegs ein stabiles und dichtes soziales Netz knüpfen konnte, kann aus heutiger Perspektive leicht aus dem Blick geraten. Um so wichtiger ist es, daß Historiker an solche Probleme und Hürden auf dem nur scheinbar gradlinigen Weg zum Erfolg erinnern.

Für die Wirtschaft hat das insbesondere *Abelshauser* getan, indem er die Krisensituation vor dem Durchbruch des Koreabooms 1950/51 und vor dem eigentlichen Beginn der „Langen Fünfziger Jahre“ darstellt. In der Öffentlichkeit am spektakulärsten verliefen die Auseinandersetzungen um die Wiederaufrüstung (vgl. für beide Staaten den Sammelband von *Fischer*) und die damit verbundene Deutschlandpolitik. Die Entscheidung für eine Wiederaufrüstung (mit starker Betonung der britischen Rolle) ist von *Steininger* umfassend analysiert worden, die Auseinandersetzung um die EVG auf verschiedenen Ebenen bei *Volkmann* und *Schwengler*. Steiningers „Wiederentdeckung" der schon weitgehend ausgereizten Debatte um die Stalin-Noten von 1952 hat bislang zu keinerlei Konsens geführt (zusammenfassend: Steininger im Sammelband von *Weber*). In der entscheidenden Frage, was Stalin wollte, sind wir zwar bisher kaum weiter als 1952, hinsichtlich der Position der Westmächte und Adenauers, die jedes Risiko in dieser Frage ablehnten, steht jedoch viel neues Material zur Verfügung, das mit anderen Akzenten die Priorität der Westintegration vor der Wiedervereinigung unterstreicht. Auch die Beiträge der Sammelbände von *Foschepoth* und *Weber* gehen auf die außen- und innenpolitischen Aspekte dieses Themenkomplexes ausführlich und kritisch ein. Angesichts aktueller Versuche, nach dem Ende der DDR auch die westdeutsche Geschichte umzuinterpretieren und Adenauers Politik visionäre Züge zu verleihen, behalten diese Beiträge ihre historiographische Bedeutung. Den politischen Willensbildungsprozeß und die engen Spielräume des ersten Bundeskanzlers in der Wiederaufrüstungsfrage untersucht anhand neuer Quellenbestände für die Zeit bis zum Korea-Krieg die Dissertation von *Höfner*.

Kein völlig neues Bild von Adenauers Kanzlerdemokratie, in der die Konflikte um die Außenpolitik ausgetragen wurden, aber eine Diskussion ihrer bisherigen Deutung und eine Darstellung ihres „Innenlebens" bietet das (reichlich umfänglich geratene) Buch von *Küpper*. Für die ersten beiden Legislaturperioden bietet jetzt die Edition der *Kabinettsprotokolle* eine erweiterte Quellenbasis, obwohl deren Charakter als Ergebnisprotokolle die Ergiebigkeit erheblich einschränkt.

Den Weg von Zonen und Ländern zur institutionellen Vorbereitung und zum Ausbau der Bundesinstitutionen sowie die Entfaltung der politischen Praxis der Kanzlerdemokratie hat *Wengst* präzise nachgezeichnet. Für den gleichen Untersuchungszeitraum hat der Autor auch eine gründliche Untersuchung der Gestaltung des Beamtenrechts vorgelegt. Obwohl er hinsichtlich der erfolgreichen Abwehr alliierter Reformvorstellungen den dominierenden Traditionsbezug betont und die bürokratische Kontinuität deutlich macht, verweist er nachdrücklich auf die – gerade auf dieser Basis gelungene – Integration der Beamtenschaft in den neuen Staat, zu dessen Konsolidierung und Effizienz sie wesentlich beitrug. Teilaspekte des Beamtenproblems in der frühen britischen Besatzungszeit behandelt *Reusch*. Wichtig für die Einordnung in die Nachkriegsgeschichte sind die Beiträge von *Schwegmann*.

Erstaunlich bruchstückhaft ist gegenüber dem Bereich der Außenpolitik immer noch die Bearbeitung der Sozialpolitik, deren Gewicht für den Aufbau eines funktionierenden parlamentarisch-demokratischen Systems kaum überschätzt werden kann. Am besten ist wohl die Thematik Montan-Mitbestimmung dokumentiert und analysiert worden (*Müller-List, Thum* sowie grundlegend insbesondere hinsichtlich der langfristigen Wirkungsgeschichte *Ranft*). Aber auch das eine schwere Niederlage der Arbeiterbewegung symbolisierende Betriebsverfassungsgesetz von 1952 ist mit neuem Material in seiner Entstehungsgeschichte detailliert dargestellt worden (*Buchhaas*). Als wichtige Ergänzung zu der grundlegenden Studie von Hockerts zur Sozialversicherung ist für die französische Zone die umfassende Arbeit von *Hudemann* zu nennen.

Den zwar erst längerfristig wirksamen, psychologisch als Signal aber wichtigen Lastenausgleich hat auf der Ebene des politischen Entscheidungsprozesses *Schillinger* genau analysiert. Demgegenüber ist der soziale Wohnungsbau, der für den Integrationsprozeß der Flüchtlinge und Vertriebenen von zentraler Bedeutung war, bisher in der Forschung nur sporadisch gestreift worden. Teilaspekte der Wohnungspolitik und der Wohnsituation werden in Form von Fallstudien und Überblicken in der Publikation von *Schildt* und *Sywottek* behandelt. Gutes Material zur Gesetzgebung und Finanzierung bietet der vom Bundesbauministerium erstellte Band *Wohnungspolitik*.

Die darüber weit hinausgehenden Probleme des Wiederaufbaus der Städte mit Konzepten von Traditionsorientierung und fragwürdiger „Modernisierung" hat mit eindrucksvollen Photos von Bausünden und gelungenen Beispielen für beide Staaten *von Beyme* dargestellt.

Abelshauser, W., Wirtschaftsgeschichte der Bundesrepublik Deutschland, Frankfurt/M. 1983

Ders., Die Langen Fünfziger Jahre. Wirtschaft und Gesellschaft der Bundesrepublik Deutschland, 1949-1966, Düsseldorf 1987

Beyme, K.v., Der Wiederaufbau. Architektur und Städtebaupolitik in beiden deutschen Staaten, München 1987

Buchhaas, D., Gesetzgebung im Wiederaufbau. Schulgesetz in NRW und Betriebsverfassungsgesetz 1945-52, Düsseldorf 1985

Fischer, A. (Hrsg.), Wiederbewaffnung in Deutschland nach 1945, Berlin 1986

Foschepoth, J. (Hrsg.), Adenauer und die Deutsche Frage, Göttingen 1988

Höfner, K., Die Aufrüstung Westdeutschlands. Willensbildung, Entscheidungsprozesse und Spielräume westdeutscher Politik 1945 bis 1950, München 1990

Hudemann, R., Sozialpolitik im deutschen Südwesten zwischen Tradition und Neuordnung 1945-1953. Sozialversicherung und Kriegsopferversorgung im Rahmen der französischen Besatzungspolitik, Mainz 1988

Die Kabinettsprotokolle der Bundesregierung, hrsg. von H. Booms für das Bundesarchiv, Bd. 1 bis 6 (1949-1956), Boppard 1982-1989

Küpper, J., Die Kanzlerdemokratie, Frankfurt/M. 1985

Müller-List, G., Montanmitbestimmung. Das Gesetz über die Mitbestimmung der Arbeitnehmer in den Aufsichtsräten und Vorständen der Unternehmen des Bergbaus und der Eisen und Stahl erzeugenden Industrie vom 21. Mai 1951, Düsseldorf 1984

Ranft, N., Vom Objekt zum Subjekt. Montanmitbestimmung, Sozialklima und Strukturwandel im Bergbau seit 1945, Düsseldorf 1987
Reusch, U., Deutsches Berufsbeamtentum und britische Besatzung. Planung und Politik 1943-1947, Stuttgart 1985
Schildt, A. u. Sywottek, A. (Hrsg.), Massenwohnung und Eigenheim. Wohnungsbau und Wohnen in der Großstadt seit dem Ersten Weltkrieg, Frankfurt/M. 1988
Schillinger, R., Der Entscheidungsprozeß beim Lastenausgleich 1945-1952, St. Katharinen 1985
Schwegmann, F.G. (Hrsg.), Die Wiederherstellung des Berufsbeamtentums nach 1945. Geburtsfehler oder Stützpfeiler der Demokratiegründung in Westdeutschland? Düsseldorf 1986
Steininger, R., Wiederbewaffnung. Die Entscheidung für einen westdeutschen Verteidigungsbeitrag: Adenauer und die Westmächte 1950, Erlangen 1989
Thum, H., Mitbestimmung in der Montanindustrie. Der Mythos vom Sieg der Gewerkschaften, Stuttgart 1982
Volkmann, H.E. u. Schwengler, W. (Hrsg.), Die Europäische Verteidigungsgemeinschaft, Boppard 1985
Weber, J. (Hrsg.), Die Republik der fünfziger Jahre. Adenauers Deutschlandpolitik auf dem Prüfstand, München 1989
Wengst, U., Beamtentum zwischen Reform und Tradition. Beamtengesetzgebung in der Gründungsphase der Bundesrepublik Deutschland 1948-1953, Düsseldorf 1988
Wohnungspolitik nach dem 2. Weltkrieg. Schriftenreihe „Forschung" des Bundesministers für Raumordnung, Bauwesen und Städtebau, Heft 482, Bonn 1990

Zu Kapitel VIII: Stalinismus in der DDR

Der Stalinismusbegriff, bis zur „Wende" in der DDR offiziell strikt tabuisiert, ist mittlerweile fast zum Passepartout für die Erklärung der DDR-Geschichte degeneriert. Trotz zahlloser Stalinismus-Debatten in Zeitungen und (weniger) in Fachorganen wird das Thema auf der Tagesordnung der Historiographie bleiben. Wichtig dürfte dabei vor allem eine differenzierte, d. h. vor allem zeitlich eingegrenzte Verwendung dieses Begriffs sein. Stalinismus als Etikett für die gesamte DDR-Geschichte wird inhaltsleer.

Ansätze für Bearbeitung und Neubewertung der verschiedenen „weißen Flekken" (dazu *Weber*) durch Historiker der ehemaligen DDR finden sich in den z. T. auf neuen Quellen beruhenden knappen Beiträgen des Sammelbandes von *Cerny*. Hier wird deutlich, wie weitreichend die Neuinterpretation der DDR-Geschichte und die Annäherung an die westdeutschen Positionen sind.

Zu Teilbereichen der im Kapitel „Stalinismus" behandelten Themen sind aber auch noch unter den alten Bedingungen des restriktiven Quellenzugangs sowohl in der Bundesrepublik wie in der DDR informative Studien entstanden, die belegen, wie weit man auch mit offiziösem Material, kombiniert mit Befragungen und westlichen Quellen, kommen konnte. Dazu gehört die wichtige Arbeit von *Richter* (siehe zu Kapitel IV) über die verschiedenen Flügel der CDU und ihre partiellen Abwehrversuche gegenüber der Gleichschaltung bis 1952. Dazu sind auch die Gesamtdarstellungen des Verhältnisses von Staat und Kirche, das für die fünfziger Jahre vor allem durch harte Konfrontationen geprägt war (*Dähn*), und der oppositionellen Gruppen und ihrer Aktionen zu rechnen (*Fricke*).

Die Härte des Kalten Krieges im Innern läßt sich exemplarisch an der mit problematischen Mitteln arbeitenden „Kampfgruppe gegen Unmenschlichkeit" verfolgen, deren Ziele und Aktionen *Merz* detailliert untersucht hat.

Zu einem der Schlüsselereignisse der DDR-Geschichte, dem 17. Juni 1953 (grundlegend dazu der Sammelband von *Spittmann* und *Fricke*), der vor allem als traumatische Erfahrung die SED-Politik der künftigen Jahrzehnte bestimmen sollte, konnte in der DDR Kritisches, d. h. von der offiziellen Lesart Abweichendes, nicht erscheinen. Gleichwohl gab es Nuancierungen, die jedoch kaum in der Historiographie, sondern eher in der Belletristik zu finden waren. Für die Gesamteinschätzung des 17. Juni, dessen lokale Ausprägungen schon im Sommer 1990 vielfach in DDR-Zeitungen kritisch beschrieben wurden, sind nun zusätzlich die Stasi-Berichte aufschlußreich, die *Mitter* in seinem Aufsatz verarbeitet hat. Sie legen zumindest nahe, die Opposition in der Bevölkerung als breiter einzustufen, ohne daß damit der Charakter als „Arbeiteraufstand" in Frage gestellt werden muß. Die Rolle Rudolf Herrnstadts im Vorfeld des 17. Juni hat biographisch mit neuen Quellen *Müller-Eubergs* detailliert untersucht.

Als neue Quelle, die wichtige Hinweise zur Beurteilung der SED-internen Opposition gibt, kann der 1956 verfaßte und erst 1990 von *Herrnstadts* Tochter herausgegebene, an die Partei gerichtete Rechtfertigungsbericht gelten.

Als ein Beispiel für Möglichkeiten einer differenzierten Darstellung jenseits der ausgetretenen Pfade offiziöser Kulturgeschichtsschreibung, wie sie trotz vorsichtiger selbstkritischer Ansätze der Band *„Die SED und das kulturelle Erbe"* repräsentiert, kann *Mittenzweis* Brecht-Biographie gelten (hier vor allem der 2. Band). Nicht nur zwischen den Zeilen wird hier erkennbar, wie man die „Formalismus-Debatte" und ihre politischen Konsequenzen in der Stalinzeit überstehen konnte. Als Gesamtüberblick, der die spezifische politische und ästhetische Rolle der Literatur in den verschiedenen Entwicklungsphasen der DDR gut veranschaulicht, ist auf *Jäger* zu verweisen, der ausführlich auch auf „die Ideologisierung nach Plan" (1949–1953) eingeht. Einen guten Gesamtüberblick über die Entwicklung der Schulpolitik mit wichtigen Hinweisen auf die Phasen des reformorientierten Umbaus und der Stalinisierung gibt jetzt *Anweiler*. Hinweise zur Geschichte der Presse, des Hörfunks und der Anfänge des Fernsehens in der frühen DDR findet man bei *Geserick*. Neue Einblicke in das gespannte Verhältnis zwischen SED und Intellektuellen bietet jetzt die Edition von Protokollen des Kulturbundes durch *Heider* und *Thöns*.

Als ironisches Postskript sei es dem Verfasser gestattet, zum Schluß auf eine Rezension dieses Bandes in der „Zeitschrift für Geschichtswissenschaft" (1984) zu verweisen, die zwar insgesamt ein tendenziell wohlwollend-positives Urteil formulierte, zu meiner Verwendung des Begriffs Stalinismus jedoch bemerkte, es werde möglicherweise erst einer neuen Generation bundesdeutscher Historiker bedürfen, bis auch die „sozialistische Etappe" des revolutionären Prozesses in der DDR „realistischer und ohne Voreingenommenheit" dargestellt werde. Tempora mutantur!

Anweiler, O., Schulpolitik und Schulsystem in der DDR, Opladen 1988

Cerny, J. (Hrsg.), Brüche, Krisen, Wendepunkte: Neubefragung von DDR-Geschichte, Leipzig–Jena–Berlin 1990

Dähn, H., Konfrontation oder Kooperation. Das Verhältnis von Staat und Kirche in der SBZ/DDR 1945–1980, Opladen 1982

Fricke, K.-W., Opposition und Widerstand in der DDR, Köln 1984

Geserick, R., Vierzig Jahre Presse-, Rundfunk- und Kommunikationspolitik in der DDR, München 1989

Heider, M. und *Thöns, K.*, SED und Intellektuelle in der DDR der fünfziger Jahre. Kulturbundprotokolle, Köln 1990

Herrnstadt, R., Das Herrnstadt-Dokument, hrsg. v. Stulz-Herrnstadt, N., Reinbek 1990

Jäger, M., Kultur und Politik in der DDR, Köln 1982

Merz, K.-U., Kalter Krieg als antikommunistischer Widerstand. Die Kampfgruppe gegen Unmenschlichkeit 1948–1959, München 1987

Mittenzwei, W., Das Leben des Bertolt Brecht oder der Umgang mit den Welträtseln, 2 Bde., Berlin (O) 1986

Mitter, A., Die Ereignisse im Juni und Juli 1953 in der DDR. Aus den Akten des Ministeriums für Staatssicherheit, in: Aus Politik und Zeitgeschichte B 5/91, S. 31–41

Müller-Eubergs, H., Der Fall Rudolf Herrnstadt. Tauwetterpolitik vor dem 17. Juni, Berlin 1991

Die SED und das kulturelle Erbe. Orientierung, Errungenschaften, Probleme, von einem Autorenkollektiv unter Leitung von Haase, H., Berlin (O) 1986

Spittmann, I. u. Fricke, K. W., Der 17. Juni 1953. Arbeiteraufstand in der DDR, Köln ^{2}1988

Weber, H., Weiße Flecken in der DDR-Geschichtsschreibung, in: Aus Politik und Zeitgeschichte B 11/90, S. 3–15

Personenregister

Sachregister

Bildnachweis

Bundesarchiv, Koblenz, S. 36, S. 38, S. 93, S. 138, S. 140, S. 148, S. 150 (o. l., o. r., u. l.), S. 183, S. 200, S. 213, S. 295. Johannes V. Wagner, Deutschland nach dem Krieg, Kapitulation – Neubeginn – Teilung. Eine illustrierte Dokumentation, Veröffentlichung des Stadtarchivs Bochum 1975, S. 75, S. 88. H. Weber, Kleine Geschichte der DDR, Gütersloh 1980, S. 143. Stadtarchiv, Bochum, S. 150, S. 189, S. 201. Ullstein Bilderdienst, Berlin (West), S. 305, S. 313 (o.), S. 315 (u.), S. 317. Carl Weinrother, Berlin (West), S. 306 (o.). Gesamtdeutsches Institut, Bonn, S. 205, S. 206, S. 306 (u.), S. 329 (o.), S. 329 (u.), S. 330 (o.), S. 330 (u.), S. 331 (u.), S. 332, S. 333 (o.), S. 333 (u.), S. 335. Bilderdienst Süddeutscher Verlag, München, S. 307 (o.), S. 307 (u.), S. 312 (o.), S. 316 (o.), S. 318 (o.), S. 319 (u.), S. 320 (o.), S. 321, S. 325 (u.), S. 327 (o.), S. 327 (u.), S. 238. Deutsche Presse-Agentur, Frankfurt/M., S. 309, S. 312 (u.), S. 320 (u.), S. 324 (o.), S. 336. Associated Press, Berlin (West), S. 310. Erich Anders, Hamburg, S. 311. Presse- und Informationsamt, Bochum, S. 313 (u.). Landesbildstelle, Berlin (West), S. 314, S. 316 (u.), S. 319 (o.). Staatl. Landesbildstelle Hessen, Frankfurt/M., S. 315 (o.). U.S. Information Services, Bonn, S. 318 (u.). roebild (Kurt Röhrig), Frankfurt/M., S. 322. Alfred Strobel, München, S. 323. Bundesbildstelle Bonn, S. 324 (u.). Keystone Pressedienst, Hamburg, S. 325 (o.), S. 326. Dieter-Eberhard Schmidt, Berlin, S. 331 (o.). Bundeszentrale für politische Bildung, Bonn, S. 294, S. 334 (4×).